International Business

국제경영학

개정판

이덕훈 저

도서출판 두남

개정판을 내면서

기업의 국제화는 기업이 사업에 필요한 자원을 얻기 위하여, 또는 해외시장을 개척하기 위해서 해외로 진출하는 과정을 지칭한다. 이러한 과정에 대해 챈들러(A. Chandler)는 기업 진화론적으로, 오마에 겐이치(大前研一)는 기업의 통합과정으로, 요한슨과 발네(Johanson& Vahlne)는 국제개입도(international involvement)의 증가과정으로 설명하고 있다. 그런데 국제경영에서 새롭게 등장한 문제인 본 글로벌기업과 글로벌경영위기로 등장한 빈부격차와 코르나 바이러스 등은 국제경영학을 새롭게 접근하는 계기가 되고 있다.

본 글로벌은 국제경영의 발전단계설을 주장한 챈들러의 기업진화론과 버논의 제품수명주기론을 새롭게 인식하는 계기가 되었다. 국제금융위기로 등장한 빈부격차는 사회적 혼란을 야기하고 사회문제를 해결하는 사회적 기업으로 이어지기도 한다.

1. 본 글로벌 기업(Born Global Company)

최근에는 이러한 전통기업 말고도 갑자기 국제기업으로 뛰어드는 본 글로벌 기업(BGC : Born Global Company) 이 등장하여 눈길을 끌고 있다. BGC의 명칭은 1993년 맥킨지사가 호주 제조업 협회에 제출한 보고서에서 처음으로 사용되었다고 한다.(McKinsey & Co., 1993; Rennie, 1993)

영국 이코노미스트지는 2020년 4월 11일 스페셜리포트에서 한국의 경제구조와 스타트업 생태계를 다뤄 눈길을 끌었다. 스타트업은 한국경제에 다른 미래를 제공한다(Startups offer a different future for South Korea's economy)는 타이틀로 재벌중심의 한국경제에 새로운 모델로서의 한국의 스타트업을 소개하였다. 한국은 수출주도 모델을 내세워 거대 재벌기업과 국가육성 제조업을 우선시하면서 부유한 나라로 발돋움했다.

한국은 선진국에 진입했지만 국가경제의 60%를 차지하는 서비스업의 생산성은 제조업의 절반에 불과하다. 여기에 필요한 것이 스타트업이고 유니콘기업이다. 유니콘기업이야말로 대표적인 본 글로벌이다. 한국의 유니콘기업과 데카톤기업의 성장이 약한 것은 기업가정신과 연결되므로 국제경영과 기업가정신의 연결고리로서 새롭게 보아야할 부분이다.

2. 글로벌 경영과 빈부의 격차-월가를 점령하라(Occupy Wall Street)

약 11여 전인 2011년 미국 뉴욕 월가에서 진행된 시위인 '월가를 점령하라(Occupy Wall Street)'는 구호를 외치며 시작된 반 자본주의에 대한 젊은 층의 불만을 들을 수 있었다. 2007년 9월 금리 인하를 기점으로 부동산 버블이 붕괴되면서 미국의 경제가 서브프라임 모기지태(Subprime Mortgage Crisis) 사태와 2008년의 금융위기는 대침체(Great Recession)이후 계속 위축되고 있는 상태를 일부에선 대공황(大恐慌, Great Depression)에 대비시켜 대침체(Great Recession)라고도 할 정도로 심각한 불경기였다. 일반인들 에겐 대침체보다는 2008년 글로벌 금융위기란 단어가 더 익숙하다.

월가 점령은 세계적으로 글로벌경기침체가 장기화되자 이에 고통 받던 젊은이들과 근로자들이 그간 억눌렀던 불만을 표출, 월가와 정치권, 사회의 불평등, 금융권의 부패와 무책임을 비판하고 빈부격차 해소를 요구하고 나선 것이다. 2011년 10월 15일에 대규모 시위를 미국의 주도적인 활동가들이 주장한 가운데 세계 주요 도시에서 반월가 시위가 전 세계 1500여 개의 도시에서 일어났다. 미국의 빈부 격차는 1930년대 대공황 이후 가장 심각한 수준으로, 미 국민 전체 소득 중 상위 1%가 차지하는 비중은 지난 30년 새 10%에서 24%로 급증한 반면, 미 국민 90%의 실질소득은 1970년에 비해 줄어들면서, 빈곤층이 전체 인구의 15%를 넘어섰다. 이에 따라 취직하기가 어려워진 젊은이들과 서민 근로자들의 불만이 표출된 것으로 세계적인 이슈가 되었다.

3. 사회적 기업의 등장

"빵을 팔기 위해서 고용하는 것이 아니라 고용하기 위해 빵을 판다" 사회적 기업인 루비콘 제과의 CEO인 릭 오브리(Rick Aubry)의 말인데 필자는 여러 학자들의 사회적 정의보다도 빈부격차의 사회현실을 꿰뚫는 간단하고 명쾌한 사회적 기업의 정의와 본질이라 생각한다.

요즈음 세계적으로 주목받고 있는 사회적 기업을 보면서 사회적 약자들과 함께 하며 자기인생의 가치를 충족시키는 창업의 새로운 면을 보게 되었다. 국제경영과 기업가정신, 사회적 가치실현의 종합적 혼합형테가 사회적 기업이고 사회적 기업가이다.

사회적 기업은 봉사만 하는 자선단체가 아니고 사회적 가치를 실현하는 동시에 수익을 창출할 수 있는 비즈니스 모델을 수립하고 운영하는 기업이다. 일반적인 영리 기업은 말 그대로 이윤 극대화를 추구하는 것에 비해, 사회적 기업은 영리를 추구하면서도 사회적 문제를 해결을 위한 기업이다.

4. 코로나 팬더믹과 세계경제

2005년부터 2019년의 세계 경제 성장을 GDP의 추이로 보면 2005년은 47.6조 달러, 2010년은 66.2조달러 2015년은 74.9조 달러, 2019년은 87.3조 달러로 15년 사이에 약 83% 증가하였다. 그러나 2020년에 신형 코로나바이러스(코로나19) 감영증의 폭발적인 유행으로 전세계에 큰 영향을 미쳤으며, 감염자 수는 전 세계 1억 7,000만 명을 넘었고, 사망자 수는 380만 명에 달했다.(IMF 2021,World Economic Outlook)

이에 따라 세계 각국은 감염 확대를 억제하기 위해 대면 커뮤니케이션이나 도항, 외출 등을 제한한 락다운을 실시하여 이 인간과 사물의 왕래를 제한함으로써 경제활동에 있어서의 공급망이 끊어지게 되었다. 글로벌 공급망이 깨어지게 되면서 재료의 공급은 물론 생산활동도 할 수 없게 되는 기업활동이 억제되었기 때문에 경제활동을 크게 정체되게 되었다.

현재는 정치, 경제, 사회, 국제환경 등이 창업(본 글로벌기업)에 직접요인이 될 뿐만 아니라 정보화, 글로벌화의 사고와 행동의 변화가 국제경영의 간접적 요인으로 등장하여 기업가, 즉 기업가의 기능이 더욱 중요시 되고 있다. 본서는 이러한 의미에서 국제경영의 필요성과 국제기업의 성장전략을 중심으로 최고경영자와 종업원, 고객 그리고 이에 대응하는 국제전략 등을 중심으로 상호 공존할 수 있는 국제경영이 이루어지도록 집필되었다. 그리고 부족한 이 책을 개정판으로 인도해준 도서출판 두남의 이승구 상무님과 한남대 박사과정의 제자인 모 대학 부총장을 역임했던 박종진 박사, 우송대학교의 이영석 교수, 한남대학교의 한광수 교수, 박인철 교수 등은 힘든 교정시기에 많은 도움을 주었다. 그리고 아직은 책을 쓸 만큼 건강과 지혜를 주신 하나님께 다시 한번 감사를 드립니다.

2022년 1월 글로벌 팬더믹을 맞이하여

대전의 한 P카페에서

이덕훈

차 례

글로벌화와 세계경제

제1장

제1절 새로운 경쟁대상으로서의 국제경영

오늘날 기업은 수송과 통신 등의 과학기술의 발달과 새로운 경영방식, 기업가의 혁신으로 급격하게 글로벌화(globalization)가 이루어졌으며, 그 결과로서 무국경(borderless) · 무국가(stateless)라는 글로벌 시대에 걸맞은 국제경영이 등장하였다. 특히 구소련의 붕괴로 인한 냉전체제의 종식은 이데올로기를 벗어나 군사적 경쟁보다는 경제적 경쟁이 우선한다는 새로운 세계질서를 불러왔다.

이러한 세계경제질서의 구조적 재편성과 정보통신(IT)산업의 발전에 의해 국경 없는 세계의 개막으로 선진기업들은 지구를 무대로 21세기 경쟁에 뛰어들고 있다. 따라서 국제경영이란 국경을 넘는 거래를 말하며 대상은 재화 · 서비스 · 자본 · 인력 · 기술 등이 포함된다.

다시 말해 국제경영이 현대 경제의 중심이 되며 선, 후진국을 망라하고 국제무역과 해외투자는 경제발전에 필수 불가결한 요소로 등장하고 있다. 그렇다면 국제경영이란 무엇을 의미하는가? 우리는 이것을 중심으로 그 경계와 한계를 알아야 할 것이다. 그러므로 글로벌화의 등장과 국제경영의 정의를 언급하면서 본 장을 열도록 한다.

1. 다국적기업의 등장

국제기업의 정의를 논한다는 것은 쉬운 일이 아니다. 이는 그 규모와 범위에 있어 세계적 패러다임(paradigm)의 흐름에서부터 민족의 문화까지 넓고도 세세한 부분이 국제기업 연구의 영역에 속하기 때문이다. 따라서 국제기업에 대한 개념을 알아보려면 다국적기업의 발달과 성장에 대한 배경을 간략히 살펴보고 정의를 내리는 것이 순서라 하겠다.

국제경영을 담당하는 주체로서의 다국적기업은 현대 자본주의의 가장 지배적인 조직체로 현재 여러 국가 및 국민의 경제적, 사회적, 정치적 및 문화적 생활에 막대한 영향과 힘을 미치고 있다. 그러나 이의 발전은 국내 및 국제경영 양면에 많은 물의와 모순과 불안요인을 야기시키는 계기가 되고 있다. 이러한 다국적기업의 역사는 중세의 코멘다(Commenda)제도나 17세기의 동인도회사(EastIndia Company)가 그 시초라고도 하고 또 어떤 경우에는 20세기 초의 영미계 석유회사들이 그 효시라고도 한다. 20세기 초부터 제1차 세계대전이 일어나기 이전까지 미국 및 유럽국가들이 전개한 국제경영활동을 요약하면, 미국 기업들은 원자재 확보 · 판로 확대 등을 위한 해외직접투자를 활발히 전개하기 시작했는데, 식민지가 거의 없었던 미국의 기업들은 주로 캐나다 · 중남미 · 유럽 등을 대상으로 삼아 해외제조활동과 미국제 상품의 수출과 판매자회사(marketing subsidiaries)를 통한 시장국들에서의 현지마케팅(overseas local marketing)을 포함한 해외상사활동(overseas merchandisingactivities)을 펼치기 시작했다. 이는 이 기간 동안에 해외자원개발 · 제조 · 상사계통의 미국 다국적기업들이 존재하기 시작했음을 뜻한다.

유럽 기업들도 원자재 확보 · 판로확대 등을 위한 해외직접투자를 전개하기 시작했으나 그들은 주로 식민지와 유럽 지역을 대상으로 하였으며, 서서히 해외 직접투자를 통한 해외제조활동에도 진출하기 시작했다. 그 당시 특히 독일계 기업들의 화학 · 전기산업 분야의 해외진출은 미국계 기업들을 능가할 정도였다. 그러나 현대적 의미의 현상은 1950년대부터라고 할 수 있다. 즉, 제2차 세계대전 이후 미국의 거대기업들이 국내시장에서의 기업이익의 저하, 각국의 수입제한, 천연자원 확보 등의 여러 이유에서 해외직접투자를 하기 시작한 데서 비롯된다. 이것이 곧 다국적기업의 역사이기도 하다. 상술한 바와 같이 다국적기업의 역사와 전개방법, 활동은 논자에 따라 견해를 달리하나 다국적기업이 세계경제와 시장의 출현을 개발하는 중요한 요인으로 인식되어 왔다는 점은 공통적으로 인정하는 바이다. 전후 영국을 대신하여 세계 자본주의경제권의 리더로 등장한 미국에 의해 주도된 다국적기업은 세계경제의 신장과 더불어 급격한 발전을 거듭하였으며 국제화의 선도적 역할을 담당해 왔다. 미국 기업들은 1950년대 후반 EEC(유럽공동시장)의 결성을 계기로 유럽에 진출, 세계적 영업 기반을 구축하였다. 이러한 미국 기업의 독주는 1960년대 중반 이후 유럽과 일본이 급격히 부상하면서 제동이 걸리고, 1970년대 후반 이후에는 소니, 히다치, 도요타, 닛산 등 일본의 다국적기업이 미국시장과 유럽시장으로 진출함으로써 무역적자로 인한 '일본 때리기(Japan beating)'가 등장하기도 하였다.

이 시기부터 1980년대까지는 미국 주도에서 일본, 독일 등 다극화현상으로 이어져 이념전쟁에서 경제전쟁으로 바뀌기도 하였다. 특히, 우리나라를 비롯한 신흥공업국의 급속한 경제성장이 수출확대 노력에 의한 기업의 국제화현상임이 명백히 드러남과 동시에 국제경영에 대한 관심이 고조되었다. 특히, 동서의 이념분쟁의 시대가 종언을 고하며 세계주의(globalism)와 지역주의(regionalism)로 대변되는 경제환경의 변화와 함께 재화 · 서비스 · 자본 · 정보의 매개자인 다국적기업의 역할은 증대되고 있으며, 국제경영학은 경영학의 한 분야로서 위치를 확고하게 차지하게 되었다. 1990년대에 들어서면서 러시아 · 동유럽 · 중국 · 베트남 등 구사회주의 국가들까지 외자유치에 열을 올리며 다국적기업들에 추파를 던지고 있어 국제경영은 말 그대로 전 세계에서 이루어지고 있다고 하겠다. 이상에서 우리는 국제경영의 발달과정을 간단히 살펴보았다. 즉 국제경영이 발달한 역사는 그리 길다고는 할 수 없으나 그 논의가 중심적인 문제로 대두된 것은 세계경제의 경계가 상호 간섭을 받기 시작하는 시기이며, '세계화'가 진전되기 시작하면서 그 의미가 깊어지고 있다.

2. 다국적기업과 빈부의 격차로 등장한 2000년대의 월가 점령

약 11여 전인 2011년 미국 뉴욕 월가에서 진행된 시위인 '월가를 점령하라(Occupy Wall Street)'는 구호를 외치며 시작된 반 자본주의에 대한 젊은 층의 불만을 들을 수 있었다. 2007년 9월 금리 인하를 기점으로 부동산 버블이 붕괴되면서 미국의 경제가 서브프라임 모기지(Subprime Mortgage Crisis) 사태와 2008년의 금융위기는 대침체(Great Recession)이후 계속 위축되고 있는 상태를 일부에선 대공황(大恐慌, Great Depression)에 대비시켜 대침체(Great Recession)라고도 할 정도로 심각한 불경기였다. 일반인들 에겐 대침체보다는 2008년 글로벌 금융위기란 단어가 더 익숙하다.

월가 점령은 세계적으로 글로벌경기침체가 장기화되자 이에 고통 받던 젊은이들과 근로자들이 그간 억눌렀던 불만을 표출, 월가와 정치권, 사회의 불평등, 금융권의 부패와 무책임을 비판하고 빈부격차 해소를 요구하고 나선 것이다. 2011년 10월 15일에 대규모 시위를 미국의 주도적인 활동가들이 주장한 가운데 세계 주요 도시에서 반월가 시위가 전 세계 1500여 개의 도시에서 일어났다. 미국의 빈부 격차는 1930년대 대공황 이후 가장 심각한 수준으로, 미 국민 전체 소득 중 상위 1%가 차지하는 비중은 지난 30년 새 10%에서 24%로 급증한 반면, 미 국민 90%의 실질 소득은 1970년에 비해 줄어들면서, 빈곤층이 전체 인구의 15%를 넘어섰다. 이에 따라 취직하기가 어려워진 젊은이들과 서민 근로자들의 불만이 표출된 것으로 세계적인 이슈가 되었다.

3. 글로벌화의 등장

인류의 세계질서는 모든 측면에서 깊은 차원의 구조 변혁을 이루고 있으며, 단순한 국제화를 넘어 글로벌화 즉 지구적 상호의존화를 형성하고 있다. 요즈음은 글로벌리즘이 세계를 움직이고 있는데, 이것은 문화적, 정치적, 경제적으로 각기 다른 세계를 하나의 사회 시스템으로서 파악하고, 그 시스템을 통하여 인류평화 · 경제적 복지 · 사회적 정의 · 환경과의 균형 등의 실현을 도모하려는 주의를 말한다. 이 주장은 '지구공동체의식'의 세계적인 확산을 배경으로 특히 1970년대 이후에 대두되기 시작했고, 1990년대에 들어서면서 일련의 상황이 명확한 계기가 되었다. 즉 기술과 교통 · 통신 기관의 발달에 의해 세계가 가까워졌다는 것과 세계인들의 초국경적 교류가 더욱 빈번해졌다는 것, 그리고 무엇보다도 세계가 글로벌경제로 바뀌면서 다국적기업의 초국가적(超國家的) · 탈국가적(脫國家的)인 사고에 의한 상호교류가 전개되기 시작했다는 것이 그런 상황이라고 할 수 있다. 기업이 세계화되면서 글로벌화가 등장하고 글로벌화는 기업의 세계화를 낳게 하여 이제 필수불가결한 요소로서 작용하고 있다. 무엇보다도 쓰나미, 엘리뇨와 같은 자연현상에 의한 지구의 환경 위협과 핵 위협 등으로 인류의 위기의식은 글로벌리즘을 한층 더 필요로 하고 있다. 오늘날 세계경제는 제2차 세계대전 이후 과학기술의 발달과 수송 · 통신의 발전으로 급격하게 국제화가 이루어졌으며, 그 결과로서 무국경(borderless)시대의 세계화 · 시장의 세계화가 이루어진 것이다. 시장의 세계화와 생산의 국제화가 이루어졌지만, 이는 기술 발전과 수송 기술의 발전 등에 기인한다. 이번에는 세계경제도 기상이변, 고령화, 유니섹스 등 외부환경에 영향을 받아 전략적으로 대응하는가를 살펴본다.

제2절 글로벌화와 세계시장

1. 시장의 글로벌화

미국 시장이나 프랑스 시장, 그리고 일본 시장이 아닌 '세계시장(globalmarket, 글로벌시장)'이 등장하고 있다. 이는 무역장벽, 거리, 시간, 문화의 장벽을 뛰어넘고, 개인의 기호 특성과의 차이를 초월하는 국제적 규격과 감각하의 표준화를 의미하기도 한다. 예를 들면, 코카콜라, 리바이스 청바지, 소니 워크맨, 맥도날드 햄버거 등은 맛과 규격 그리고 멋의 표준화로 세계시장을 창조하였다. 그러한 의미에서 피터 디켄(P. Dicken)은 요즈음의 세계를 '글로벌 이동(Global Shift)'이라고도 표현한다.[1)]

글로벌화는 세계경제의 통합과 상호의존이 한층 더 심화되는 방향을 의미한다. 글로벌화는 시장의 글로벌 및 생산의 글로벌을 포괄하는 다양한 양상을 지닌다. 시장의 글로벌화는 역사적으로 뚜렷하고 분리된 국가적 시장을 하나의 글로벌 상업중심지로 통합하는 것을 말한다. 무역장벽의 약화는 국제적인 거래를 쉽게 만들었다. 간혹 각국의 소비자 기호와 선호가 글로벌 기준을 적용하기 시작하고 있으며, 이로 인해 글로벌 시장이 창출되었다고도 한다. 시티그룹(Citigroup)의 신용카드, 코카콜라(Coca-Cola)의 음료, 소니(Sony)의 플레이스테이션, 맥도날드(McDonald)의 햄버거, 스타벅스(Starbucks)의 커피, 그리고 이케아(IKEA)의 가구 등과 같은 소비재는 이러한 경향의 전형적인 사례로 거론된다.

상술한 기업은 이러한 경향의 후원자 그 이상이며 촉진자이기도 하다. 그 이유는 동일한 제품을 세계에 공급하면서 글로벌 시장을 창출하는 경향이 있기 때문이다. 그렇다고 기업이 시장의 글로벌화를 촉진하고 그로부터 혜택을 받기 위해 거대한 다국적 규모가 되어야 한다는 것은 아니다. 미국의 경우, 수출기업의 약 90%가 종업원 100명 미만의 소규모 업체이며, 미국의 수출 규모에서 차지하는 비중은 지난 10년 동안 20%를 초과하여 성장해 왔다. 종업원 500인 미만의 기업이 미국수출업체의 97%를 차지하며, 평가에 의하면 미국 총수출의 30%에 육박한다. 대부분의 글로벌 시장은 글로벌화의 제동 요소로서 기호와 선호의 국가적 차이가 중요한 소비재 시장이기보다는 세계에 보편적 욕구를 제공하는 산업재와 원재료 시장이다. 이것은 알루미늄, 원유, 밀과 같은 공산품, 마이크로프로세스, DRAMs와 같은 산업재, 그리고 제트여객기, 컴퓨터 소프트웨어, 그리고 달러채권과 유로 채권 등의 금융자산, 니케이(Nikkei) 인덱스 또는 멕시코 페소(peso)와 같은 선물시장 등을 포함한다. 대부분의 글로벌 시장에서 유사기

1) Peter Dicken,Global Shift (Seventh Edition): Mapping the Changing Contours of the World Economy, The Guilford Press, New York, 2015.

업은 경쟁자와 직면한다. 코카콜라와 펩시(Pepsi-Cola)가 글로벌 경쟁자인 것과 같이 포드(Ford)와 도요타(Toyata), 보잉(Boeing)과 에어버스(Airbus), 중장비 업체인 카터필러(Caterpillar)와 고마쓰(Komatsu), 그리고 비디오게임에서 소니, 닌텐도(Nintendo), 마이크로소프트(Microsoft)가 글로벌 경쟁관계에 있다. 기업이 이러한 경쟁관계를 싫어하여 경쟁자가 없는 국가로 진출한다고 하더라도, 수많은 경쟁자가 우위를 점할 수 있는 시장을 방어하기 위하여 뒤따라 진입하는 것은 명백한 일이다. 기업은 세계의 모든 곳에 진출하며, 시장을 가로질러 동질성을 창출할 수 있는 제품, 운영전략, 마케팅 전략, 그리고 브랜드네임 등의 많은 자산을 다른 국가의 시장에 내놓는다. 그래서 큰 일치성은 다양성을 대신한다. 산업이 점점 증가하면서 독일 시장, 미국 시장, 브라질 시장 또는 일본 시장 하는 식으로 논하는 것은 더 이상 의미가 없어졌다. 대부분의 기업은 오로지 글로벌 시장만 생각한다.

2. 생산의 글로벌화

생산은 노동, 에너지, 토지, 그리고 자본과 같은 생산요소의 비용과 질 측면에서 국가적 차이로 발생하는 이익 확보를 위한 글로벌 입지에서 제품과 서비스를 조달하는 것을 말한다. 따라서 기업은 전체 비용구조의 절감 또는 품질의 향상, 제품의 기능성을 기대하며, 더욱 효과적인 경쟁을 가능하게 만든다. 생산의 세계화는 각국의 기업들이 원가나 재료, 임금 등을 이유로 움직이기 때문이며, 이것은 미국산이나 일본산이라는 게 의미가 없어졌다는 것을 뜻한다. $20,000의 GM의 르망이 있다. 한국에서 조립하는 데 $6,000 정도가 들었고, $3,500가 든 엔진 등은 일본제품이다. 그리고 $1,500은 독일의 디자인 비용, $800은 타이완과 싱가포르의 소부품 비용, $500 정도는 영국의 광고와 마케팅서비스 비용, $100 정도는 아일랜드의 데이터베이스 비용, 그리고 나머지 $7,600 정도는 미국의 변호사, 은행 보험대리인의 비용이다. 그렇다면 르망은 미국산인가, 한국산인가, 일본산인가? 이제는 어느 나라 제품인가 하는 의미는 사라졌다고 할 수 있다. 임금과 재료 그리고 디자인 등에서 가격과 품질이 맞으면 어느 곳이든 달려가서 자기 제품을 만드는 것이다. 제트여객기인 보잉777의 경우를 보아도 그렇다. 일본의 8개 공급업체는 비행기 동체의 일부(부품)와 날개를 만들었고, 싱가포르 공급업체는 기수(앞쪽) 랜딩기어 도어를 만들었으며, 이태리의 3개 공급업체는 날개 보조익(flaps) 등을 만들었다. 보잉 777은 전체의 약 30%가 외국 기업에 의해 만들어진 것이다. 보잉은 차기 여객기인 787의 경우에 이러한 글로벌 생산시스템을 더욱 유지하려고 하며, 약 65%를 외국기업에게 아웃소싱하려고 계획하였으며, 이중 35%는 일본의 주요 3개 업체에서 조달하려고 한다. 또한, 보잉이 외국 공급업체에 더 많은 생산을 아웃소싱하는 일부 이유는 공급업체의 전문성이 세계 최고이기 때문이다. 공급업체의 글로벌 웹은 더 나은 최종품을 생산하며, 경쟁사인 에어버스 인더스트리보다 항공기 수주점유율을 크게 하여 보잉의 승리기회를 향상하기 때문이다. 보잉은 또한 기회를 증가시키기 위해 외국에 생산을 아웃소싱하고 아웃소싱 국가의 항공사로부터 중요한 주문을 확보할 것이다. 인터넷은 방사선 작업을 인도로 아웃소싱하는 병원을 가능하게 하여, 미국의 내과 의사가 잠을 자는 밤 동안 인도에서 MRI 스캔과 같은 영상을 판독해서 아침에 결과를 받아볼 수 있게 할 수 있다. 유사하게 2003년 12월 IBM은 미국에서 인도 및 중국으로 약 4,300만 명의 소프트웨어 엔지니어가 이동하였을 것으로 파악하였다(소프트웨어 생산은 서비스 활동으로 지속된다). 많은 소프트웨어 기업이 현재 미국에서 설계된 소프트웨어의 기능 유지를 수행하기 위하여 인도 엔지니어를 고용하고 있다. 미국과 인도의 시차로 인하여, 미국 엔지니어가 잠을 잘 때, 인도인 엔지니어는 미국에서 작성된 소프트웨어의 디버깅(debugging) 검사를 수행하며, 다음 날 미국 엔지니어가 작업에 바로 착수할 수 있도록 미국으로 수정된 코드를 전송한다. 이러한 방법과 같은 가치창출(value-creating) 활동의 확산은 새로운 소프트웨어 프로그램을 개발하기 위해 필요한 시간을 줄이고 비용을 감소시킨다. 컴퓨터 메이커뿐 아니라 은행 부문에서의 기업들도 노동비용이 값싼 개발도상국에 고객콜센터와 같은 고객서비스 기능을 아웃소싱하고 있다.

GM 르망

미국 클린턴 행정부의 노동부장관이었던 로버트 라이시(Robert Reich) 교수는 미국제품, 일본제품, 독일제품, 또는 한국제품에 대한 논의가 무관하게 된 것은 보잉과 IBM과 같은 기업에 의해 확장된 결과라고 주장해 왔다. 라이시에 의하면, 점차적으로 다른 공급업체에게 생산활동을 아웃소싱하는 것은 본질적으로 '글로벌 제품'의 창출을 불러온다. 그러나 시장의 글로벌화처럼, 기업에게 너무 먼 생산의 글로벌화의 도입은 몇가지 유의점이 존재한다. 예를 들면 글로벌적인 입지에서 생산활동의 최적 확산을 성취하고자 하는 기업에 등장하는 방해물인데, 이러한 방해물은 국가 간의 공식 및 비공식 무역장벽, 직접투자의 장벽, 수송비용을 포괄하며, 각 이슈들은 경제적 · 정치적 위험과 연관된다. 일례로, 정보규제는 궁극적으로 방사선 의사의 비용이 저렴한 개발도상국에서 MRI(자기공명영상[磁氣共鳴映像: Magnetic Resonance Imaging]) 스캔 판독 과정을 아웃소싱하는 병원의 능력을 제한한다. 그럼에도 불구하고 시장과 생산의 글로벌화는 지속될 것이다. 현대 기업은 글로벌화의 중요한 행위자이며, 역동적 행동은 글로벌화를 촉진한다. 이처럼 생산의 국제화(globalization of production)가 이루어지는 것은 시장의 국제화(globalization of markets)가 성립되었기 때문이다. 다시 말하면 '글로벌커뮤니케이션 네트워크(global communication network)'를 통하여 CNN, MTV 등의 미디어가 세계 정보화를 창조하였고, 할리우드(Hollywood) 필름을 통하여 문화가 유입되었기 때문이다.

3. 사람의 글로벌화

미국에 가 보면 말 그대로 사람의 글로벌화가 이루어진 것을 볼 수 있다. 세계의 유명한 인재들을 받아들이고 있는 곳이 미국이다. 미국의 메이저리그만 보아도 미국사람보다도 외국사람이 더 많고 아시아에서도 한국의 유현진이나 일본의 오타니 쇼헤이 등 세계적으로 유명한 선수들은 다 있다. 지금의 예는 스포츠에 관한 것이었지만 사람의 이동, 즉 노동의 이동이 자유스러운 곳이야말로 경쟁력이 있다고 하겠다. 미국의 실리콘밸리에는 현재 약 7,000개의 첨단기술기업들이 있는데 그중에서도 휴렛팩커드와 오라클, 넷스케이프, 인텔 등은 우량기업들이다.

또한 세계 100대 기업의 20%가 이곳에 본사를 두고 있으며 미국 전체 벤처투자자금의 40% 이상을 이곳에서 유치한다고 하니 가히 세계 첨단사업의 중심지라고 할 만하다. 그리고 실리콘밸리는 이 지역만으로도 세계경제의 12위권의 수준이라고 하니 거의 우리나라의 경제 규모와 비슷하며, 약 25만 명의 백만장자가 이 지역에 살고 있다고 한다. 그렇다면 실리콘밸리의 경쟁력은 무엇일까? 실리콘밸리는 지식사회의 전형적인 모형을 보여 주고 있다. 특히 아이디어와 신지식을 돈으로 바꾸는 가장 효율적인 경제시스템을 가지고 있다. 인터넷 정보혁명의 진원지답게 하이테크산업 종사자의 비율이 73%에 이른다고 한다. 그러나 이것보다도 중요한 것은 실리콘밸리가 타 국가의 인력과 자원을 흡수하고 활용하여 효율화한다는 점이다. 인텔의 앤디 그로브 회장이 헝가리에서, 야후의 창업자인 제리 양이 대만에서 이민해 왔다는 사실은 그리 주목거리도 아니다. 마우스와 조이스택의 로지스택사의 다니엘 보렐 사장은 스위스 출신이고 소프트웨어의 보란드사의 필립스 칸사장은 프랑스인이기 때문에 오히려 이곳 토박이인 스티브 잡스와 워즈니악이 창업한 애플 컴퓨터의 성공이 드문 사례로 꼽힐 정도이다. 중국계와 인도계 이민자의 기여도는 대단하다.[10] 최근 실리콘밸리의 주요산업인 IC를 인도인과 중국인(Indian and Chinese)의 합성어라고 농을 할 정도로 아시아태평양 지역 출신의 경영자와 기술자가 많다. 특히 인도의 경우에는 영어를 사용하기 때문에 5만 명의 대학 졸업자 가운데 15,000여 명이 미국으로 진출하고 그중 대부분이 실리콘밸리에 취직한다고 한다. 또한 스탠퍼드대학의 박사과정 재학생의 50%와 벤처비즈니스 기술자의 30%를 중국계가 차지한다고 할 정도이다. 다인종 사회와 다인종 문화, 그리고 자유스러움, 새로움이 함께 하는 곳이야말로 효율과 경쟁력이 존재한다. 다시 말하면 글로벌 시대에 노동력의 이동은 경쟁력과 관계가 있다는 것이다.

미국의 시사주간지 〈타임〉(2008년 1월 17일 호)은 21세기 금융시대를 맞이하여 '나일론콩(Nylonkong)'이 뜨고 있다고 보도했는데 나일론콩이란 뉴욕, 런던, 홍콩의 영문자 일부를 딴 신조어이다. 이곳이 발달하고 있는 이유는 유럽, 미주, 아시아의 항구이면서 무역업이 발달했고 주요산업이 제조업에서 서비스산업으로 전환된 도시라는 점에 있다. 특히 세계 각지의 이민자와 외지인이 많다는 공통점을 갖고 있는데 2006년 뉴욕과 런던의 외지 출생자는 각각 34%, 31%이고 홍콩은 외국 국적의 중국인, 즉 화교가 가장 많은 도시이다. 노동의 자유, 개방이 활성화되어 노동력을 흡수할 수 있는 곳이야말로 글로벌 도시(global city)로서 경쟁력이 강화되고 있으며, 사람의 글로벌화는 문화의 흡수력을 포함하기 때문에 21세기의 창조성과 창조력으로 표현되고 있다.

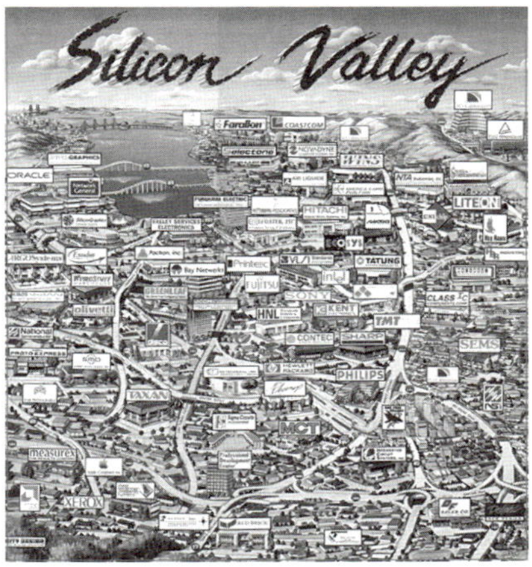

미국 내 이민자 출신 기업가 · 정치인 등을 회원으로 하는 '새로운 경제를 위한 파트너십(PNAE)'은 뉴 아메리칸 포천500'이라는 최신 보고서(2011.06)를 통해 미국 내 대표 기업에서 이민자들이 차지하는 비중을 분석했다. 경제전문잡지 '포천'이 2010년 발표한 연(年)수익 기준 '미국의 500대 기업' 가운데 약 41%(40.8%)가 AT&T나 구글처럼 이민자 혹은 이민자 자녀가 설립(공동설립자 포함)한 회사인 것으로 조사됐다. 이민자가 설립한 회사가 총 90개(18%), 애플이나 포드자동차처럼 이민자의 자녀가 설립한 기업이 총 114개(23%)였다.

다시말하면 애플, 구글, GE, 보잉, 맥도날드, 코카콜라, 코스트코, 씨티그룹…. 각 분야에서 최고를 다투는 이들 미국 기업들의 공통점은 모두 이민자 또는 이민자의 자녀가 설립했다는 점이다.

이민자와 이민자 자녀들이 세운 미국 500대 기업이 지난해 올린 수익은 약 4조2560억달러(약 4622조원). 미국을 제외하면 국내총생산(GDP) 기준으로 중국 · 일본에 이어 세계 3위권에 해당한다. 이들 기업이 전 세계적으로 고용한 직원 수만 1000만명이 넘는 것으로 나타났다.

10년 이 지난 PNAE는 뉴 아메리칸 포천500 2020 목록(2020.07)을 보면 포춘지 선정 500대 기업 중 44.2%, 즉 221개 기업이 이민자나 자녀가 설립한 것으로 나타났다고 발표하였다. 그 중 101개 기업은 외국인 출신(이민자)에 의해 설립되었으며, 다른 120개 기업은 이민자의 자녀들에 의해 설립되었다.

2011년에는 이민자기업이 40.8%로였으나 약 10년 후인 2020년에는 44.2%로 성장했으니 10년사이에 3.4%로 성장한 것으로 나타났다.

이들 이민자기업이 올린 수익은 2020년 현재 6조3000천억 달러로 독일의 1년 국민총생산(GDP)는 4조달러이고 일본의 5조2천억 달러를 상기하면 이민자들과 자녀들의 기업수익은 일본, 독일, 영국 등 많은 선진국의 GDP보다 크다고 하겠다. 사실, 뉴미국 포춘지 선정 500대(2020) 기업의 수입과 동등한 GDP를 가진 국가는 미국과 중국에 이어 세계에서 세 번째로 큰 경제규모로 볼 수 있다.

이민자기업으로 설립된 뉴 아메리칸 포춘지 선정 500대 기업은 1,370만 명의 직원을 고용하고 있다. 이민자들이 만든 기업은 일자리 창출의 강력한 원동력이다. 뉴아메리칸 포춘지 선정 500대 기업은 평균적으로 62,136명의 근로자를 고용하고 있으며, 비뉴아메리칸 포춘지 선정 500대 기업의 평균 근로자 수보다 12.1% 더 많은 직원을 고용하고 있다.

오늘날의 지식 기반 경제에서 고숙련 근로자는 기업, 지역 및 산업의 성공에 가장 중요한 자원이라고 할 수 있는데 미국의 기술 및 혁신의 중심지인 실리콘 밸리는 수십년 전에 등장했는데 고숙련 근로자는 거의 외국의 이민자로 채워지고 있다. 이민자는 2017년 자료를 보면 고숙련, 고용, 남성 인구의 약 17%를 차지하고 있다고 한다.[2)]

세계적인 관점에서 볼 때, 미국은 1,100만 명 이상의 숙련된 이민자들이 거주하고 있으며, 이는 전체의 약 3분의 1에 해당된다. 그 다음으로 가장 많이 이민자들의 수입

2) William R. Kerr,The Gift of Global Talent: Innovation Policy and the Economy Volume 20, 2020. pp.1-37

한 국가는 영국, 캐나다, 호주가 중심을 이룬다.

이민자들이 세운 국가인 미국에서 성공한 이민자 기업가 수가 많다는 것은 당연한 얘기처럼 들릴 수 있다. 하지만 보고서는 1850년 이후 미국 인구 가운데 해외에서 태어난 사람의 비율은 평균 10.5%에 불과하다고 지적한다. 최근에도 아메리칸 드림을 달성하는 이민자 수는 줄지 않고 있다. 1985년 이후 설립된 기업 가운데 총 41개사가 포천 500대 미국 기업에 포함됐는데, 이중 이민자(이민자 자녀 제외)가 설립한 기업의 비율은 19.5%였다.

PNAE는 마이클 블룸버그 뉴욕시장을 비롯한 미국 주요 도시 시장들과 스티브 발머 마이크로소프트 최고경영자(CEO) 같은 주요 기업인들이 모여 만든 초당적 기구다. 이민의 장점을 알리고 이민을 촉진해 미국 경제 발전을 추구하는 조직이다.

PNAE는 기업 창업자 중에 이민자나 그 가족이 많은 것은 새로운 세상에 도전하는 '위험 감수(Risk-taking)' 기질이 있고 이같은 기질이 자녀에게도 전수되기 때문인 것으로 분석했다.

파스칼 재커리(pascal Zachary)는 자신의 책 '글로벌 미(The Global Me)'[3]에서 이민에 대한 개방선은 혁신과 경제발전의 초석이 된다고 하였다. 그리고 이민의 개방선이 미국의 경제발전과 관련이 있다고 강조하며 일본과 독일의 경제적 쇠퇴는 국민의 동질성을 너무 강조한 때문이라고 주장한다. 다시 말하면 동질성보다는 "다양성이 국가의 부유함을 보여주는 지표"라고 생각하며 혼합된 잡종이 강하다는 사고이다. 즉, 혼합은 창조성을 낳고 인간 정신에 영양분을 공급하며 경제성장에 박차를 가하고 국가를 부강하게 한다"며 건전한 개방적 경쟁을 통해 새로운 환경에 적응하는 다양성의 속성이 글로벌 시대에 패러다임으로 자리 잡고 있다고 주장했다. 노동의 자유,개방이 활성화되어 새로운 노동력을 흡수할 수 있는 곳이야말로 글로벌 도시(global city)로서 경쟁력이 강화되고 있으며 사람의 글로벌화는 문화의 흡수력을 포함하기 때문에 21세기의 경쟁력으로 등장하고 있다.

이민자 출신이 창업한 미국의 대표 기업

포천 500 순위	회사명	창업자명	창업자 출신
7	AT&T	알렉산더 벨	스코틀랜드
22	프록터앤갬블	윌리엄 프록터 등	영국
39	골드만삭스	마커스 골드만	독일
40	화이자	찰스 화이자	독일
53	크래프트푸즈	제임스 크래프트	캐나다
62	인텔	앤드류 그로브	헝가리
76	뉴스코퍼레이션	루퍼트 머독	호주
86	듀폰	E.I. 듀폰	프랑스
102	구글	세르게이 브린	러시아
225	퀄컴	앤드류 비테르비	이탈리아

자료: 포천·PNAE

3) Pascal Zachary, The Global Me: New Cosmopolitans and the Competitive Edge Public affairs, 2000.

4. 전염병의 글로벌화

경제나 문화뿐 아니라 질병(전염병)도 글로벌화 되고 있다. 최근에는 진화된 교통수단을 통해 많은 사람과 제품이 더 빠른 속도로 전 세계에 확산되다 보니 사람과 함께 전염병(질병)이 대륙을 통해 전달된다. 에이즈, 결핵, 말라리아는 3대 감염이라고 불리며 매년 300만 명 이상의 생명을 빼앗고 있다. 그 대부분은 아프리카와 동남아시아, 남미 지역이다.

세계의 역사에서 가장 인류에게 충격과 피해를 준 것으로 알려진 것은 흑사병이다. 우리에게는 페스트(Pest) 로 알려진 흑사병(黑死病, Black Death, Great Plague)은 1347년부터 1349년에 걸쳐 유럽에서만 약 2억 명의 목숨을 앗아간 인류사상 최악의 전염병으로 알려져 있다. 유럽 전체의 인구는 흑사병으로 인해 지역에 따라 1/3~1/2 규모로 감소하였다. 14세기 유럽의 흑사병 희생자는 총 7천5백만 명에서 2억여 명에 달할 것으로 추정된다

흑사병이 14세기 유럽 전체로 확대된 것은 몽골 제국의 침략이라는 설과 몽고제국의해 유라시아 대륙의 동서를 연결하는 교역이 활발해진 것이 배경으로 나뉘어진다. 당시 베니스, 제노바, 피사 등 북이탈리아 여러 도시는 남독일의 은, 모직물, 슬라브인 노예 등을 대가로 삼아 아시아 향신료, 실크직물, 보석 등의 거래로 부를 획득했다. 이러한 이슬람과 유럽의 교역의 중심이 되고 있던 것은 인도양, 홍해, 지중해를 잇는 이집트의 알렉산드리아이며, 당시에 흑사병이 유럽에 상륙하기 전후에는 이슬람 세계에서도 맹위를 떨쳤다고 한다.

흑사병에 감염된 사람은 겨드랑이, 목, 사타구니 림프절이 고통스럽게 부어오르는 증상을 보이다가 닷새 정도 후에 치명적 상태를 맞았다. 치사율은 60%가 넘어 도시는 초토화되었다.

피렌체(Firenze)의 소설가이며 시인으로 알려진 지오바니 보카치오(Giovanni Boccaccio, 1313~1375)는 페스트가 세상을 어떻게 황폐화하는지를 목격했고 살아남은 그는 1351년 「데카메론(Decameron), 1348-1353」을 완성했다.

「데카메론」은 흑사병을 피해 모인 7명의 여성과 3명의 남성이 들려주는 100개의 이야기로 구성되었다. 보카치오는 피렌체에서만 10만 명 이상이 흑사병에 희생되었다고 기록했다.

교통 및 수송의 발달로 인해 전염병의 글로벌화로 등장한 예는 1918년 발생한 스페인 독감(Spanish flu)이다. 1차 세계대전시 당시 프랑스에 주둔하던 미군 병영에서 독감 환자가 나타나기 시작했다. 그리고 미군들이 귀환하면서 9월에는 미국에까지 확산되었으며 9월 12일 미국 첫 환자 발생 보고 후 30일 만에 미군 2만4천 명의 사망, 이어

50만 미국 시민이 사망했다. 예를들면 제1차 세계대전에서 죽은 사람이 1,500만 명 정도였는데 비해, 스페인 독감으로 1,700만~5,000만 명의 사람이 목숨을 잃었다고 하니 당시에는 대단한 치명적인 전염병이었다.

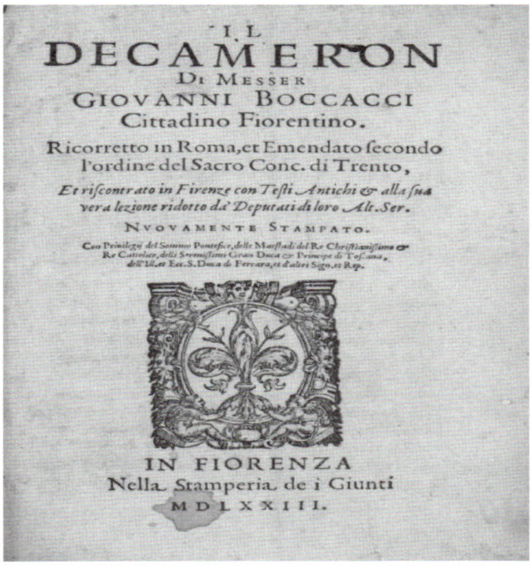

IL
DECAMERON
DI MESSER
GIOVANNI BOCCACCI
Cittadino Fiorentino.
Ricorretto in Roma, et Emendato secondo l'ordine del Sacro Conc. di Trento,
Et riscontrato in Firenze con Testi Antichi & alla sua vera lezione ridotto da' Deputati di loro Alt. Ser.
NUOVAMENTE STAMPATO.
Con Privilegi del Sommo Pontefice, delle Maestà del Re Christianissimo & Re Catolico, delli Serenissimi Gran Duca & Principe di Toscana, dell'Ill. et Ecc. S. Duca di Ferrara, et d'altri Sign. et Rep.
IN FIORENZA
Nella Stamperia de i Giunti
MDLXXIII.

데카메론

보카치오

21세기의 세계화에서 등장한 전염병은 코로나 바이러스감염증-19(,coronavirus disease, COVID-19)로 알려진 코로나19이다. 2019년 12월에 중국에서 첫 사례가 보고되었고[4] 전 세계적으로 퍼져나가면서 유행병으로 자리잡았다. 전 세계 사망자는 2022년 1월 현재 약 560만명으로 추정된다.

1) 코로나 팬더믹(Pandemic)과 언택트(untact) 시대

코로나19 이후의 비대면적 소비패턴으로의 진화와 언텍트시대의 확산은 기업과 비즈니스, 학교, 교회등 종교단체에도 직접적으로 연결되면서 과거와는 다른 소비문화와 기업문화가 등장하고 있다.코로나 팬데믹으로 인해 본격적인 언택트(untact)시대가 시작되면서 비즈니스와 업무 방식의 변화 등 전 세계적으로 문화가 바뀌고 있다.

학교에서도 수업은 대면수업만이 필요하다는 관념이 깨지면서 줌 수업과 동영상수업이 등장하는 것은 물론 종교단체에서도 비대면 미사와 예배, 예불등이 등장하고 회

4) Coronavirus COVID-19 Global Cases by the Center for Systems Science and Engineering (CSSE) at Johns Hopkins".Sep,2021

사 업무는 사무실에서만 해야 한다거나 직원도 면대면 면접을 통해서만 뽑아야 한다는 고정관념들이 깨지고, 물건도 대면 마케팅에서 비대면 마케팅으로 바뀌면서 디지털 트랜스포메이션이 촉발되며 다양한 언택트 비즈니스 기술들이 각광을 받고 있다.

비대면 언택트 비즈니스(untact business) 기술로서의 온 택트최근에 코로나 전과 다른 무엇보다 가장 큰 변화는 코로나로 인한 사회적 거리 두기로 원격 재택근무가 확대되면서 가정의 개인 컴퓨터가 업무환경으로 바뀌게 된 것이다, 업무를 위해 원격 VPN(Virtual Private Network)을 통해 사내 업무환경에 접속하게 된다. VPN은 가상 사설망으로 인터넷 같은 공중전화망상에 사설망을 구축할 수 있게 해주는 서비스를 말한다. 그런데 VPN 연결로 인한 PC의 성능 저하는 물론 개인 컴퓨터의 보안 위협이 기업 내부 네트워크로 전파될 가능성이 높아져 우려를 낳고 있다. 때문에 보안 유지는 물론 업무의 효율도 높이고 비즈니스의 연속성을 유지하기 위한 기술들이 주목을 받고 있다. 사회적거리두기로 사람간의 물리적 거리는 유지하되 개인 일상의 삶을 영위하고 사회가 정상적으로 운영되기 위해 언제든 원할 때 서로를 연결할 수 있는 '연결의 필요성'이 대두되면서 온택트(ontact)가 보편화되는 뉴노멀시대로 가고 있다. 언택트사회를 대비한 창업은 인공지능 중심의 융합기술 개발이 매우 중요하다. 인간만이 할 수 있다고 생각되었던 분야에 인공지능이 등장하여 인공지능 비롯한 사물 인터넷, 자율 주행차 등 우리나라에서 인공지능 전문가과 이와 관련된 창업이 많아질 것으로 예상된다. 새로운 직업으로는 빅데이터 전문가, 사물인터넷전문가, 인공지능전문가, 가상현실전문가 등이 각광을 받을 것으로 보고 있다.

5. 실리콘밸리와 보헤미안 지수

실제로 실리콘밸리 사업의 약 4분의 1이 이민자들에 의해 설립되었다. 그리고 현재 미국의 거대기업을 보면 그 설립자들이 외국인들이다. 지금도 실리콘밸리의 외국인 노동자는 25%에 달한다. 다양성 측면에서 〈표 1-1〉을 살펴보면 게이 지수가 한 지역의 하이테크산업 밀집도를 나타내는 아주 강력한 예측 자료가 될 수 있음을 알 수 있다. 게이 지수가 다양성을 재는 훌륭한 척도가 되는 이유는 동성애는 우리 사회에서 다양성의 마지막 전선을 나타내기 때문이다. 따라서 게이 공동체를 받아들이는 지역은 모든 종류의 사람들을 인정한다고 볼 수 있다.

다음으로 보헤미안 지수를 살펴보자. 보헤미안 지수는 작가, 디자이너, 음악가, 배우, 감독, 화가 등의 수를 집계한 것으로, 한 지역의 문화시설에 대한 기존의 척도를 잴 수 있다. 보헤미안 지수는 한 지역의 하이테크놀로지 기반에서 전반적인 인구 및 고용 증가에 이르는 모든 측면을 강하게 예기하는 것으로 드러난다(표 1-2 참조). 보헤미안 지수의 최고 10순위 중 5곳과 최고 20순위 중 12곳이 국가의 최고 20순위 하이테크놀로지 지역에 해당한다. 보헤미안 지수의 최고 20순위 지역 중 11곳이 최고 20순위의 가장 혁신적인 지역에 속한다.

표 1-1 — 하이테크지수와 게이지수

하이테크 지수 순위	지 역	1990년 게이 지수 순위	2000년 게이 지수 순위
1	샌프란시스코	1	1
2	보스턴	18	22
3	시애틀	5	8
4	로스앤젤레스	3	4
5	워싱턴 DC	7	11
6	달라스	12	9
7	애틀랜타	8	7
8	피닉스	23	15
9	시카고	17	24
10	포틀랜드	22	20

주 : 인구 100만 이상의 49개 지역을 근거로 한 순위.
자료 : 리처드 플로리다, 『신창조 계급』, 전자신문사, 2011, p. 389.

표 1-2 — 보헤미안 지수와 하이테크산업

하이테크 지수 순위	지역	보헤미안 지수 순위
1	샌프란시스코	5
2	보스턴	4
3	시애틀	7
4	로스앤젤레스	10
5	워싱턴DC	13
6	달라스	5
7	애틀란타	12
8	피니스	23
9	시카고	26
10	포틀랜드	6

자료: 리처드 플로리다, 『신창조 계급』, p.395

1) 다양성지수

복합적 다양성 지수(게이 지수, 도가니 지수, 보헤미안 지수를 모아 집계한 것)를 하이테크 지수 순위와 비교해 볼 때에도 앞의 사실들과 거의 동일한 결과를 보였다(〈표 1-3〉). 샌프란시스코와 보스톤 LA 등을 보면 하이테크지수와 보헤미안지수가 거의 비슷하게 나왔음을 알 수 있다.

표 1-3 — 다양성과 하이테크산업

하이테크 지수 순위	지역	보헤미안 지수 순위
1	샌프란시스코	1
2	보스턴	4
3	시애틀	8
4	로스앤제레스	2
5	워싱턴DC	7
6	달라스	14
7	애틀란타	13
8	피닉스	18
9	시카고	15
10	포틀랜드	16

자료 : 리처드 플로리다, 『신창조 계급』, 전자신문사, 2011, p.397.

실리콘밸리에서의 다양성과 창의성을 인재경영 벤치마킹을 예로 들면, 대부분의 인적자원 전문가들도 인재경영의 벤치마킹 모델로 실리콘밸리를 꼽는 데 주저함이 없다. 실리콘밸리는 인재를 어떻게 확보, 육성, 관리할까? 이곳의 기업들은 대규모 공채보다 내부 임직원들의 추천이나 인턴제를 통한 인재채용을 선호한다. 인재채용에 따르는 비용을 줄일 수 있을 뿐만 아니라 검증된 인력을 채용할 수 있는 장점이 있기 때문이다. 마이크로소프트는 신입사원의 40%를, 시스코시스템즈는 60%를 내부추천을 통해 확보하고, 인텔은 전체 신입사원의 70%, GE는 60%, 3M은 30%가량을 인턴십을 통해 채용한다.

이곳 기업들은 확보한 인재를 관리하기 위해 확실한 성공 보수를 보장한다는 공통점을 갖고 있다. 일한 만큼 돈을 벌 수 있도록 해 주는 것이야말로 우수인력을 장기간 확보할 수 있는 수단이며, 동시에 내부경쟁을 유도해 끊임없는 혁신이 가능토록 하는 원동력이라고 인식하기 때문이다. 가장 널리 활용되는 방법은 스톡옵션. 스톡옵션은 일시적인 보상 차원이 아니라 혁신적인 문화를 강화하는 장기적인 수단으로 활용도가 높다. 실제 시스코시스템의 경우 전체 지분의 5%가량을 임직원들이 갖고 있다.

최근 한 방송사의 다큐멘터리는 그러한 시각을 뒷받침하는 흥미로운 내용을 내보냈다. 첨단산업의 발전도를 가리키는 이른바 '보헤미안 지수'가 도시의 게이 지수와 비례한다는 사실은 의미 있는 인과성을 보여 준다. 도시의 '게이 지수'는 단순히 물리적 구성원의 수가 아니라 일반사람과는 다름을 인정해 주는 그 지역의 문화적 다원성과 포용력을 보여주는 척도가 된다. 따라서 약간의 일반화를 적용한다면 '다른' 가치에의 존중과 관용이 창의성을 동력으로 하는 첨단산업의 발전 지수와 연동된다는 해석이 가능하다는 것이다. 현재 인재의 글로벌 이동은 사실이다.

그렇다면 이러한 인재들이 어떠한 곳에 정착하기 쉽고 장착하려 하겠는가. 대답은 이미 나와 있다. 다양성과 그들의 자율성, 창의성이 인정되는 곳이다. 인재를 받아들이고 경제적 성장을 이루기 위해서 이제 다양성과 창의성은 필수요소이다. 개방적이고 포용적이면 다양한 공동체가 됨으로써 경제적으로 얻는 것은 많다. 경제적으로 성공하고 번영을 누리기 위해서 지역들은 경제 발전의 3T(기술, 인재, 관용)를 제공해야 한다. 만일 실패하면 그 지역은 쇠퇴할 것이다.

2) 스타트 업과 벤처 그리고 실리콘밸리

(1) 실리콘밸리

실리콘밸리는 그 지역만으로도 GDP가 약 65억달러로 추정되어 세계 12위의 수준이라고 하니 우리나라의 경제 규모와 거의 비슷하며, 약 25만명의 백만장자가 이 지역에 살고 있다.

실리콘밸리라는 단어를 처음 사용한 사람은 전자산업작가로 유명한 돈 호플러(Don Hoefler)로 알려져 있다. 1972년에 그가 사용한 이 명칭 속에는 투철한 창업정신, 그리고 미지에의 도전을 향한 기발한 두뇌들의 열정이 함축되어 있다고 한다. 일렉트로닉 뉴스(Electronic News)의 편집장 돈 호플러(Don Hoefler)가 1971년 'Silicon Valley USA' 라는 기사를 작성하면서 "실리콘 밸리(Silicon Valley)"라는 말을 처음 사용하면서 정착되었다. 당시의 실리콘 밸리는 상당히 제한된 지역 팔로 알토에서 산호세에 이르는 산타 클라라 카운티만을 지칭했다. 요즘 실리콘밸리는 최소한 앨라메다(Alameda)와 샌 마테오(San Mateo) 카운티의 남쪽 절반을 포함하고 있다. 그리고 중요한 하이테크의 교두보가 이들 카운티의 다른 지역에서는 물론, 콘트라 코스타(Contra Costa), 산타 크루즈(Santa Cruz), 심지어 마린(Marin)과 소노마(Sonoma) 카운티의 일부를 포함하는 것으로 나타났다.

실리콘밸리가 세계적으로 폭발적인 관심을 끈 것은 1990년대 중반부터이다. 1980년대 후반만 해도 미국은 불황에 빠져 있었고 이곳에서 연구하던 많은 학자들이 떠났다. 그러나 지금은 돈을 주어도 집을 얻기 어려울 만큼 경쟁력이 넘치고 심지어는 동부 지역의 하버드경영대학이 이곳에 연구센터를 설치할 정도로 발전했다.

실리콘 밸리

Electronic

New York, N.Y., Monday, January 11.

SILICON VALLEY U.S.A.

(This is the first of a three-part series on the history of the semiconductor industry in the Bay Area, a behind-the-scenes report of the men, money, and litigation which spawned 23 companies — from the fledgling rebels of Shockley Transistor to the present day.)

By DON C. HOEFLER

It was not a vintage year for semiconductor start-ups. Yet the 1970 year-end box score on the San Francisco Peninsula and Santa Clara Valley of California found four more new entries in the IC sweeps, one more than in 1969.

돈 호플러의 Silicon Valley USA 기사

실리콘밸리를 이야기할 때 스탠퍼드대학을 빼놓을 수 없고 스탠퍼드대학의 전기공학과 교수 프레드 터만(Fred Trman)을 언급하지 않을 수 없다. 1938년 그는 학생들이 일자리를 찾아 동부 지역으로 가야 하는 현실을 못마땅하게 생각했다. 그래서 그는 자신의 제자 휴레트(Hewlett)와 패커드(Packard)를 설득하여 휴레트의 집에서 전자계측 장비를 만드는 회사를 설립하도록 지원하였다.[5] HP는 이익분담과 개방, '배회경영'(management by wandering around)을 포함한 일련의 경영기법들 이른바 'HP방식(HP Way)'을 확산시키면서 미래의 실리콘 밸리를 위한 기반을 마련했다.

(2) 가젤기업(gazelles company)

실리콘밸리에는 현재 약 8,000개의 첨단기술 기업들이 있는데, 휴렛팩커드와 오라클, 넷스케이프, 인텔과 같은 우량기업들도 있다. 또한 세계 100대 기업의 20%가 이곳에 본사를 두고 있으며 미국 전체 벤처투자자금의 40% 이상을 이곳에서 유치한다고 하니 가히 세계 첨단사업의 중심지라고 할 만하다. 그리고 가젤기업(gazelles company)

---

5) 김병균(2001), 『벤처산업의 미래 전략』, 21세기북스, p.125.

으로 불리는 고속성장기업이 등장하면서 1989년과 1995년 사이에 평균 40개에서 1996년 70개로 늘어났을 정도이다.

여기서 말하는 가젤기업(Gazelles Company)이란 매출액이 과거 3년 연속 평균 20% 이상 지속적으로 고성장한 중소기업을 말한다. 1980년대 미국의 경제학자 데이비드 버치(David Birch)가 효율성을 추구하며 종종 해고를 하는 '코끼리 기업'에 비유해 빨리 달리면서 도약력이 뛰어난 영양류의 일종인 가젤과 닮았다고 해서 붙인 이름이다.[6]

원래 기술적 정의에 따르면, 가젤기업은 적어도 10만 달러의 수익 기반에서 시작하여 4년 이상 매년 적어도 20%의 수익을 증가시킨 고성장 회사를 말한다.[7]

이러한 가젤기업은 규모가 아닌 빠른 매출 성장을 특징으로 하지만, 이들은 중소기업에서 중경기업에 이르기까지 다양할 수 있으며 다음과 같은 특징을 지니고 있다.

① 가젤기업은 적어도 10만 달러의 기본 수익과 4년의 지속적인 매출 성장으로 빠르게 성장하는 젊은 기업이다.
② 가젤기업은 기술 산업에서뿐만 아니라 소매, 의류, 또는 식음료 산업에서도 발견된다.
③ 경쟁이 치열한 시장에서 가젤기업은 판매 속도가 20% 미만으로 감소하고 한 자릿수로 감소하는 것을 볼 수 있다.
④ 가젤기업은 일자리 창출로도 유명하며, 경제에 가장 적합한 신규 고용 원천의 하나라는 평가를 받고 있다.

데이비드 버치(David Birch)는 가젤기업이 경제에서 새로운 일자리의 가장 큰 창조자라고 주장하며, 가젤기업은 미국 전체 기업의 4%에 불과하지만 전체 신규 일자리의 70%를 차지했다고 추정했다.

(3) 실리콘밸리의 특징인 스타트업

실리콘밸리는 그 지역만으로도 GDP가 약 65억달러로 추정되어 세계 12위의 수준이라고 하니 우리나라의 경제 규모와 거의 비슷하며, 약 25만명의 백만장자가 이 지역에 살고 있다

가젤기업 등을 상징하는 스타드업은 스타트업(startup) 또는 start-up 기업을 의미하는 신생 창업기업은 미국 실리콘밸리에서 처음 사용되었다. 보통 혁신적인 기술과 아이디어를 보유하고 투자를 받기보다는 시드머니로 시작하는 경우가 많고 기술 기반

6) David Birch, "Employment Effects of Business Dynamics: Mice, Gazelles and Elephants" Small Business Economics, 2008, pp.85-100.

7) Magnus Henrekson and Dan Johansson, "Gazelles as Job Creators-A Survey and Interpretation of the Evidence", Research Institute of Industrial Economics, 2009, p.2.

회사의 성공 케이스가 많다. 한국에선 '벤처기업'과 '스타트업'이 동시에 사용되고 있는데, 서로 표현만 다르지 기능적으로 실질적인 차이는 없다. '벤처'는 영어가 아니라 일본어에서 차용된 것인데 '벤처 비즈니스'라는 말은 원래 일본의 호세이 대학(法政大学) 전 총장으로 일본 벤처 협회 특별 고문의 키요나리 다다오(清成 忠男) 교수에 의해 개념이 만들어지기 시작한 일본식 영어이다. 일반적으로는 VB로 표기되는 것이 많다. 영어로는 'startup company', 'startup'라고 최근에는 한국에서도 '스타트업'이라는 단어가 주로 IT 업계에서 많이 사용되고 있다. 굳이 구분한다면 스타트업은 IT 업계의 기술창업기업을 말하며 벤처기업은 일반적인 기술창업기업을 말하고 있다.

2010년대 들어 실리콘밸리 창업열풍을 소개한 도서들이 한국에 하나둘씩 들어오면서 '스타트업'이 자주 쓰이고 있다. startup 또는 start-up 기업은 확장 가능한 비즈니스 모델을 찾고, 개발하고, 검증하기 위해 기업가가 수행하는 회사 또는 프로젝트를 말한다. 일반적으로 창업은 자영업과 코스닥이나 나스닥등에 등록할 의사가 없는 사업을 포함, 모든 신규 사업을 지칭하는 반면, 스타트업은 단독 창업자를 넘어 크게 성장하고자 하는 기술지향적인 신규 사업을 지칭한다.

1990년대 후반, 미국의 실리콘 밸리에서 startup기업이 급성장했다. 급성장배경은 기업가와 투자자의 역할 분담이 있었다고 한다. 실리콘 밸리의 기업가의 대부분은 대학에서 최첨단 기술을 배운 젊은이 의욕과 시간은 충분히 있지만, 자금을 가지고 있지 않았다. 그들은 새로운 기술과 아이디어를 바탕으로 사업 계획을 작성하여 엔젤(angel = 천사)라는 투자자를 찾는다. 투자자들은 과거의 기업가이기도 한 경험으로 성장을 전망하여 기업이익을 기대하고 투자한다. 출자의 형태는 기업이 만드는 새로운 회사의 주식을 구입하는 형태를 취하여 성공하면 기업 가치가 향상되고 주식 매각 이익을 얻는다(실패하면 본전은 소멸한다). 또한 기업가와 투자자는 주식을 매체로 한 유한책임의 관계이므로 부채를 짊어진 것도 없고 다음 창업에 도전할 수 있었다. 미국에서는 민간 고용의 약 10%가 스타트업기업에 의한 고용 창출이며 고용 정책에서도 중요한 위치를 차지하고 있다.

3) 스타트업의 등장과 유니콘기업의 등장

(1) 유니콘기업의 등장

미국에서는 민간 고용의 약 10 %가 스타트업기업에 의한 고용 창출이며 고용 정책에서도 중요한 위치를 차지하고 있다. 스타트업은 첨단기술을 중심으로 초기에 높은 불확실성에 직면하고 높은 실패율을 보여 하이 리스크 하이 리턴(High Risk High Return)

으로 불릴만큼 고위험기업이지만 소수의 스타트업이 계속해서 성공하여 일부 스타트업은 고수익을 창출하여 유니콘(unicorns)기업이 된다.

이들 주위에는 벤처 캐피탈이나 엔젤투자자의 시드투자를 받는 것이 특징이다. 유니콘기업은 「창업10년 이내의」, 「비상장기업」으로 「평가액 미화 10억 달러 이상의 가치」를 지닌 「테크널리지 기업」의 4가지 조건을 갖춘 스타트업 기업이다.[8] 원래는 스타트업이 상장하기도 전에 기업 가치가 1조 원 이상 되는 것이 유니콘처럼 상상 속에서나 존재할 수 있다는 의미로 사용됐다.

유니콘 이란 단어는 2013년 여성 벤처 투자자인 '에일린 리(Aileen Lee)'가 처음 사용했다.[9] 유니콘은 신화 속에서 등장하는 이마에 뿔이 하나 달린 말을 뜻하는데, 여기서는 최근 미국 실리콘밸리에서 큰 성공을 거둔 스타트업을 통칭하는 말이다. 스타트업이 상장 전에 기업 가치 10억 달러 이상 성장하는 것은 상상 속에서나 존재하는 유니콘과 같이 희귀하다는 의미로 사용됐다.

유니콘은 2013년 벤처 투자자 에일린 리가 처음으로 사용했다. 기업가치가 100억 달러 이상의 스타트업은 데카콘(decacorn)이라 부르며 기업가치가 1,000억 달러(111조원) 이상인 스타트업은 헥토콘(hectorcorn)이라 부른다.[10] CB 인사이트(CB Insights)에 의하면 2021년 8월 현재 803개 이상의 유니콘이 있다고 한다. 바이트 댄스(ByteDance) 스페이스 엑스(Space X) 스트라이프(Stripe) 클라나(Klarna) 등 전 세계적으로 100억 달러 이상의 가치가 있는 데카콘은 30개에 달한다고 한다.

전자 상거래와 온라인 시장의 혁신은 매장 브랜드의 물리적 위치를 서서히 극복하고 있다. d예를 들면 미국 내 쇼핑몰의 감소로 인해 매출액이 2005년 8746억 달러에서 2015년 606억 5천만 달러로 감소했다.[11] 아마존과 알리바바와 같은 전자 상거래 회사의 출현(그들은 공개하기 전에 두 유니콘)은 직접 소비재를 구입하는 물리적 위치의 필요성을 감소시켰다고 전해진다. 여기에 대응하고자 2016년 월마트는 소비자 선호도에 적응하기 위해 미국 전자 상거래 회사인 젯트 컴(Jet.com)을 33억 달러에 매입했다.

한국에는 쿠팡과 엘로모바일이 유니콘이었지만 한국 쿠팡(주)는 비상장기업이지만 델라웨어에 본사를 둔 Coupang Inc.(모기업)는 뉴욕증권거래소에 상장되어 있어 유니콘이라 하지 않는다. 쿠팡은 나스닥이 아닌 뉴욕 거래소에 상장하였으며, 이로 인해

8) Hirst, Scott; Kastiel, Kobi (2019-05-01). "Corporate Governance by Index Exclusion." Boston University Law Review. 99 (3): 122

9) Fan, Jennifer S. "Regulating Unicorns: Disclosure and the New Private Economy." BCL Rev. 57 (2016): 583

10) Roberts, Daniel & Nusca, Andrew (2015). "The Unicorn List." Fortune. December 2015.

11) Ky Trang Ho(2016), How To Profit From The Death Of Malls In America, Forbes, 4 December

더 이상 유니콘 기업으로 분류되지 않는다. 쿠팡은 상장 후 한때 시가총액이 100조 원 이상으로 급등하였으나, 2021년 4월 말 이후로 주가가 급락하며 5월 20일 현재 약 75조의 가치를 평가받고 있다.

(2) 유니콘과 데카콘 기업

최근 미국 실리콘밸리에서는 유니콘보다 열배나 큰 '데카콘(Decacorn)'이 속속 등장하고 있다. 데카콘은 초거대 스타트업을 가리키는 신조어다. 기업공개(IPO)1) 전 기업 가치가 100억 달러($10 billion)를 넘어선 스타트업을 지칭한다. '유니(Uni)'와 '데카(Deca)'는 각각 '1'과 '10'을 뜻하는 접두사다.

데카콘 기업은 미국 블룸버그통신이 '에어비앤비(Airbnb)', '드롭박스(Dropbox)', '핀터레스트(Pinterest)', '스냅챗(Snapchat)', '우버(Uber)' 등 기업 가치가 100억 달러가 넘는 초거대 스타트업들을 유니콘 기업과 구분지어 표현하면서 사용되기 시작했다.

인터넷 사용 인구가 1999년 4억 명에서 현재 30억 명 이상으로 7배 이상 늘었다. 단순 기대치가 아닌 사업성이 확실한 점도 버블 논란을 잠재운다.

숙박시설이 하나도 없는 '에어비앤비(Airbnb)'의 투숙 고객이 3,000만 명이고, 자동차를 보유하지 않은' 우버(Uber)'가 매일 고객 300만 명을 실어 나른다. 수많은 이용자를 기반으로 한 소셜미디어 업체는 광고형 콘텐츠를 이용하기도 한다. 예전보다 수익 모델의 정립이 잘 돼 있다. 상장도 서두르지 않는다. 기업 가치를 증명한 후 기업을 공개한다.

데카콘은 미국 블룸버그통신이 '에어비앤비(Airbnb)', '드롭박스(Dropbox)', '핀터레스트(Pinterest)', '스냅챗(Snapchat)', '우버(Uber)' 등 기업 가치가 100억 달러가 넘는 초거대 스타트업들을 유니콘 기업과 구분 지어 표현하면서 처음 쓰이기 시작했다.

6. 창조도시의 개념

도시의 창조성이 미래의 경쟁력을 좌우할 것이라는 논의가 활발해지고 있다. 창조성은광범위하게 응용되고 개념 정의 된다. 창조성은 새로운 생산물이나, 새로운 아이디어, 새로운 서비스 등 이전에 없던 것을 만들어 내는 개념이다. 창조성은 문화와 예술의 만남, 공간과 문화의 만남, 정보 통신 기술과 공간의 만남 등 현재 존재하는 것들을 연결시키고 통합시키는 등의 연결(link)의 개념도 포함하고 있다.

창조성을 "독특한 방식으로 세상을 경험하거나 색다른 생각을 표현함으로써 우리의 문명을 변화시키는 것"으로 정의하고, 창조성을 이루는 3가지 요소로 영역, 현장, 개인

을 제시한다.[12)]

영역은 일련의 상징적 규칙과 절차, 문명이라는 특수한 공동체 또는 인류 전체의 지식 등을 의미한다. 현장은 새로운 아이디어나 창작물 등을 그 영역에 포함시킬지 결정하는 것이며, 개인은 영역의 상징을 사용하여 새로운 사고 또는 양식을 발전시키거나 새로운 영역을 만들어 내는 것이다.

창조성은 최근 창조계층(Creative Class), 창조산업(Creative Industries), 창조경제(Creative Economies)등으로 표현되며, 경쟁력에서 생산성을 초월하는 개념으로 조명받고 있다. 한편으로 창조도시는 창조계층(Creative Class), 창조산업(Creative Industries), 창조경제(Creative Economies)를 포괄하는 창조공간(Inclusive Creative)이라는 차별성도 갖는다. 이러한 창조도시의 연원은 창조성을 도시의 주요기능으로 인식한 제인 제이콥스(Jacobs, 1961, 1969)에서 찾을 수 있다. 그는 문화예술 활동으로 활발한 뉴욕 그리니치빌리지에서 개별성, 차별성, 엷은 사회적 연대감 등으로 창조적 공동체의 특성을 발견하였다.[13)] 또한 도시의 유능하고 창조적인 사람들이 모여 사는 현상을 발견하고, 창조도시에서 인적자본의 외부성을 중시하였다.[14)]

이와 유사한 범위에서 창조도시는 예술문화에서 새로운 사조를 육성하고 다양한 창의적 환경과 혁신적 환경을 마련하여 예술가, 창작자, 일반시민의 활발한 창의적 활동과 혁신적이고 창의적인 산업(창조산업)을 발전시키며, 지역과 시민 활동을 통해 지구온난화와 같은 전 세계적인 환경문제에 대한 해결책을 마련할 수 있는 역량을 가진 도시를 의미하기도 한다.

7. 창조계급과 창조산업

1) 사회적 자본에서 창조적 자본으로

플로리다(Florida)는 현대경제의 새로운 담당자로서의 '창조계급'의 등장과 발흥에 주목하여 그들의 에토스(ethos)와 일 및 라이프스타일 그리고 그들이 선택하는 커뮤니티의 특징을 분석하고, 창조계급이 거주하는 도시나 지역이야말로 경제적 퍼포먼스(성과, 공적)가 우수한 곳임을 알기 쉬운 구체적인 지표를 근거로 밝혀냈다. 그는 창조

12) Charles Landry, CREATIVITY AND THE CITY. THINKING THROUGH THE. STEPS. 2007.

13) Jane Jacobs(1961), The Death and Life of Great American Citie, ____________(1968), the economy of cites, random house.

14) 전택수(2004), 한국향토문화전자대전의 산업활용과 창조도시의 발전전략, 한국정신문화연구원, 한국향토사연구회 공동심포지움.

적 커뮤니티를 실현하기 위해서는 '창조성의 사회적 구조', 특히 사회적 문화적 지리적 환경(milieu)이 매우 중요하며, 최근 로버트 퍼트넘(robert D. Putnam)이 주창하는 사회관계자본(social capital)보다 '창조자본'을 중시하는 것이 중요하다고 주장한다.

2) 창조계급과 창조도시

플로리다가 '창조계급'이라고 부르는 사회계층[16)]은 '초(超)'창조적 핵심과 '창조적 전문직'의 두 가지로부터 완성되며, 전자는 ① 컴퓨터 · 수학 ② 건축 · 엔지니어 ③ 생명 · 자연과학 및 사회과학 ④ 교육 · 훈련 · 도서관 ⑤ 예술 · 디자인 · 엔터테인먼트 · 스포츠 · 미디어의 각 전문 직종, 후자는 ① 매니지먼트 ② 비즈니스 · 재무 ③ 법률 ④ 보험의 · 기사 ⑤ 세일즈 · 매니지먼트의 각 전문 직종에 의해 구성된다. 1999년 전자는 1,500만 명으로 미국의 취업자 전체의 12%, 후자를 포함하는 '창조계급' 전체는 3,830만 명에 이르며 취업자 전체의 30%를 차지하고 있다. 특히 창조계급의 중심이 되는 '초창조적 핵심'은 IT 및 바이오 등의 자연과학계의 연구개발이나 이노베이션에 관련되는 직업뿐만 아니라, 영상 · 음악 · 무대예술 · 미디어아트 등 예술계의 직업집단도 포함하고 있는 것이 새롭다.

플로리다에 의하면 이러한 두 사회집단의 집적을 나타내는 지표인 '하이테크 지표'와 '게이 지표'는 지역적으로 상관이 있는 것으로 나타나며, 샌프란시스코나 오스틴 등 최근 주목받고 있는 성장 지역은 두 지표가 모두 높다고 한다.[17)] '게이 지표'는 유럽에 전통적인 하이문화를 지향하는 엘리트층이 아니라 오픈마인드의 아방가르드 보헤미안으로 불리는 사회집단의 창조성을 강하게 풍기는 상징이 되고 있으며, 오페라/뮤지컬, 클래식/재즈 · 로큰롤 등 미국의 반문화가 가지는 유럽의 기성사회에 대한 도전적 태도가 명료하고, 그런 만큼 임팩트가 강하다.

3) 창조도시와 창조산업

유럽으로부터 퍼지기 시작한 창조도시의 붐은 북아메리카 대륙에 전개되었으며, 지금은 일본과 한국을 포함하는 아시아에 급속한 기세로 보급되고 있다. 이와 더불어 창조도시나 창조계급에 관련되는 새로운 산업론으로 '창조산업론'이 등장하고 있다. 영국에서는 1997년 '뉴 레이버(New Labor)'를 표방하는 블레어 수상이 등장한 이래 '제3의 길' 노선에 근거하여 대처 정권과는 다른 새로운 행정개혁이 전개되고 있지만, 그 포인트 중의 하나는 사회의 창조적인 힘을 이끌어 내는 예술문화정책으로의 전환이다. 예를 들면 문화미디어스포츠성(Department for Culture, Media and Sport, DCMS)

은 새롭게 취임한 크리스 스미스(C. Smith) 장관의 발안에 의해 태스크포스를 편성해 '창조산업'에 관한 개념의 정리와 통계적 정량화의 작업을 진행시켜 1988년과 2001년, 두 개의 보고서를 정리한 바 있다.[15]

여기서 중요한 개념이 되는 '창조산업'은 "개인의 창조성, 스킬, 재능을 원천으로 하여, 지적재산권의 활용을 통해 부와 고용을 창조할 가능성을 가진 산업"으로 정의되며, 이것을 근거로 광의의 예술문화산업을 다시 분류하고, '풍부한 창조능력'을 이끌어 내기 위해서 진흥책을 검토되고 있다. 구체적으로 음악, 무대예술, 영상 · 영화, 디자이너 · 패션, 디자인, 수공예품, 미술품 · 앤티크 시장, 건축, 텔레비전 · 라디오, 출판, 광고, 그리고 게임소프트(쌍방향의 여가 소프트) 및 컴퓨터소프트웨어와 관련되는 각 산업이 창조산업으로 분류된다.

2015년 현재 DCMS(Department for Culture Media and Sports)의 정의는 9개의 의 섹터즉 (1)광고 및 마케팅 (2)건축학 (3)공예 (4)디자인: 제품, 그래픽 및 패션 디자인(5) 영화, TV 제작, TV, 비디오, 라디오 및 사진 (6)IT, 소프트웨어 및 컴퓨터 서비스(7) 출판 (8) 박물관, 갤러리 및 도서관 (9)음악, 공연 및 시각예술 을 창조산업의 범위에 넣는다. 2001년을 기준으로 보았을 때 창조산업의 시장 규모는 약 1,730억 달러였으며, 그중 소프트웨어 분야의 시장 규모가 620억 달러로 가장 높은 비율을 차지하고, 디자인이 300억 달러, 출판이 150억 달러로 뒤를 잇는다. 전 세계적으로 볼 때에도 영국은 미국에 이어 세계 시장 전체의 7% 정도를 차지한다. 영국이 제시한 창조산업의 특징은 창의적 능력을 토대로 경제의 활력을 북돋우는 것이다. 즉 경제적 활력을 만들기 위해 창조적인 면을 어떻게 강구하는지가 주요한 관점이라 할 수 있다. 새로운 지식 자원을 창출하고 활용함으로써 고용을 증진하고 부를 창출한다는 개념이다.이처럼 창조산업이 영국에서 중요하게 부각한 까닭은 무엇보다도 이 분야의 성장세가 두드러졌기 때문이다. 1997년부터 2002년에 이르는 기간에 경제성장률은 3%인 데 비해 창조산업의 성장률은 6%에 이른다. 2004년에는 약 11만 개의 일자리가 생겼고, 약 180만 건의 고용이 발생했다. 또한 2003년 영국 수출액의 4%에 달하는 1,160억 파운드가 창조산업에서 발생한 것으로 집계되어 영국 경제의 핵심 산업으로 자리매김하게 됐다.[16] 그러나 영국의 창조산업을 들여다보면 아직 규모나 시장 접근성 등의 면에서 두드러진 약진을 보이지는 않은 것으로 조사된다. 이는 창조산업을 구성하는 기업들이 대부분 비즈니스 감각을 중시하기보다 자신의 창조적 작품이 갖는 명성을 중요시해 적극적으로 규모를 키우려는 노력을 하지 않고, 적극적인 마케팅 활동을 통해 수요

15) DCMS, creative industries mapping Document, 2001.

16) DCMS, Staying Ahead; The Economic Performance of the UK's Creative Industries, 2007.

를 발굴하려는 노력을 하기 어려운 구조를 갖고 있으며, 기술혁신을 포함한 다양한 혁신활동에 소극적인 점 때문인 것으로 풀이된다.

8. 새로운 창조의 쿨 브리타니아(Cool Britannia)

쿨 브리타니아는, 1990년대의 영국 문화의 활발한 듯, 쿨한 모습을 나타내기 위해서 미디어가 사용한 용어이다. 이 '쿨 브리타니아'란 표현은 마침 부흥의 기운이 감돌던 영국 문화업계를 적절하게 담는 듯 보였다. 특히 1996년 말 〈뉴스위크〉에서 런던의 새로운 문화를 소개하는 커버로 '세상에서 가장 쿨한 도시 속으로'(Inside the world's coolest city)라는 제목을 내걸었고, 이를 여러 매체와 광고에서 차용하면서 하나의 신조어로 자리잡았다. 이듬해인 1997년 영국 총선에서 토니 블레어(Tony Blair) 대표의 노동당이 18년간의 보수당 집권을 끝내고 압도적인 정권교체를 이뤄내면서, 젊고 새롭고 활기찬 기운이 영국 사회의 긍정적 분위기를 이끌고 있다는 보도가 잇따르면서, '쿨 브리타니아'란 표현은 이 시기를 표현하는 데 있어 더더욱 많이 쓰이게 되었다. 1970년대 후반부터 1980년대에 이르는, 대처의 보수당정권에 의한 정체나 혼란의 시대 후에 온 90년대의 공기를 나타내는 말이다.[17] 쿨 브리타니카는 1997년 정권교체로 '신 노동당'을 표방하던 토니 블레어 정부에서 영국의 낡은 이미지를 벗고 젊은 모습으로 나아간다는 국민 운동의 흐름이기도 했다.

9. 창조도시 빌바오의 구겐하임 박물관과 빌바오 효과

빌바오 현상은 빌바오 효과가 발생한 스페인 도시 빌바오의 이름을 따서 명명되었다. 빌바오는 스페인 굴지의 공업 도시였지만, 1990년대 이후 산업이 쇠퇴했다. 1991년 바스크 지방정부는 빌바오가 몰락의 늪에서 벗어날 수 있는 유일한 방법은 문화산업이라고 판단하고 1억 달러를 들여 구겐하임미술관을 유치하였다. 이후 바스크 지방정부는 프로젝트의 재원을 담당하고 프로젝트를 소유하며, 구겐하임재단은 미술관을 운영하고 주요 소장품을 제공하기로 협정을 맺고 프랭크 게리(Frank Gehry)의 설계로 7년 만에 건물을 완공하였다.

건물의 개통으로 많은 관광객이 발생하여 도시가 부유해지고 더 많은 일자리가 창출되었다. 이 박물관은 개장 이후 매년 약 백만 명의 방문객을 끌어들이고 있으며, 그

17) Stryker McGuire "This time I've come to bury Cool Britannia"

중 절반 이상이 해외에서 왔으며 스페인에서 가장 많이 방문하는 명소 중 하나로 등장한다. 건물이 개장한 지 몇 년 후인 2000년 경, 박물관은 도시에 약 1억 5천만 유로의 추가 수익을 제공하고 매년 2,600만 유로의 세금을 부과하여 3년 만에 박물관의 건설을 회수했다. 구겐하임 박물관은 또한 도시에서 약 4,500개의 추가 일자리를 창출했다.[18]

박물관의 개관은 관광객의 증가는 직접적인 경제효과뿐만 아니라 바스크 지방 전체의 상징이 도시의 이미지 제고에도 이어졌다. 이를 '구겐하임 효과Guggenheim Effect)' 또는 '빌바오 효과(Bilbao Effect)'라는 말이 등장한다.[19] 1997년과 2001년 사이에 관광객의 직접 지출액은 7억 7,500만 유로의 경제효과를 얻은 것으로 알려졌다.[20]

미술관의 건립이 도시 재생에서 핵심적인 역할을 했다고 평가받으며, 이후 이와 같이 상징된 건축물 또는 문화시설을 통해 도시재생효과를 얻는 것을 빌바오 효과라 칭하게 되었다.

빌바오의 구겐하임 박물관

18) 渡部哲郎『バスクとバスク人』平凡社,2004年, p200

19) Bailey, M., "The Bilbao Effect" Forbes (20-02-2002)

20) "The Bilbao effect: how Frank Gehry's Guggenheim started a global craze" OCT,2010

제3절 글로벌화와 기상이변, 고령화, 유니섹스

1. 기상이변과 재해복구

1) 기상이변과 재해복구관리의 등장

중국에서 2020년 5월 말부터 9월 초의 홍수로 인해 중국 중남부 지역에 호우에 의해 발생하여 6,000만 명의 이재민이 발생되는 피해가 났으며, 219명이 숨지거나 실종되었으며 가옥 54,000여 채가 무너지는 등 직접적인 경제 손실액은 1,789억 6,000만 위안에 이르고 있어, 막대한 피해가 초래된 것으로 드러나고 있다.

우리나라에서도 비슷한 시기에 2020년 6월 하순부터 8월 중순까지 한반도 전역에 걸쳐 집중적 또는 국지적으로 내린 호우로 사망자 31명이 발생하였으며 이재민이 약 8,143명으로 기록되어 우리를 놀라게 했는데 이는 지구온난화와 깊은 관계가 있다.

비슷한 시기인 2020년 7월 한달동안 일본 구마모토현을 중심으로 규슈 지방과 주부 지방 등 일본 각지에서 발생한 집중 호우로 82명의 사망자가 확인되었으며, 4명이 실종되었다. 피해 규모로는 15,335채 규모의 가옥이 파괴되는 큰 피해를 낳은 반면 교량도 역시 11곳만 피해를 입었다.

일본은 3년전인 2018년 6월 28일부터 10일 동안 집중호우로 기후현 구조시는 3일간 1,214mm가 내리며 총강수량이 1,000mm를 초과했고, 교토부 미야즈시는 466mm, 효고현 고베시에선 430mm 등 7월 한달 평년 강수량의 2배 이상을 기록하였다. 이 폭우로 일본 전역의 472만명에게 피난 권고 지시가 내려졌다. 결국 299명이 사망, 일본 최악의 인명피해를 가져온 홍수가 되었다.

그리고 2021년 7월 14일부터 이틀간 집중적으로 독일 서부, 벨기에, 네덜란드를 강타한 집중 호우로 인한 사망자가 최소 168명에 달했다. 사망자는 독일 141명, 벨기에 27명이다. 네덜란드는 사망자가 보고되지는 않았다. 이번 폭우의 주요 원인 중 하나로 전문가들이 지구 온난화를 지목하면서 탄소 배출을 줄여야 한다는 공감대가 확산되고 있다.

국제 연합의 전문 기관인 기후 변화에 관한 정부간 협의체(Intergovernmental Panel on Climate Change,IPCC)의 제4차 보고서에 의하면, 전 세계의 온난화로 인해 지역적 영향이 발생한다고 발표했다. 지구 온난화의 영향으로 지구 기온이 증가함과 함께 해수면 상승 및 강수량과 패턴의 변화, 아열대 사막 지방의 확장 등이 있다. 또한, 지구 온난화(global warming)로 북극의 축소와 지속적인 빙하, 영구 동토층, 해빙의 감소 등이 나타난다. 지구 온난화의 다른 영향으로는 극한 기후와 폭염의 증가, 가뭄과 폭우, 해양 산성화와 종의 멸종도 있다. 인간 생활에서는 농업 수확량의 감소[21]와 기후변화 난민의 발생이 있다.

2) 「BCM(Business Continuity Management, 업무(사업)연속성 관리)의 등장

BCM은 리스크 매니지먼트의 일종이며, 기업이 리스크 발생시에 어떻게 사업의 계속을 꾀하고, 거래처에 대한 서비스의 제공의 결여를 최소한으로 하는 것을 목적으로 하는 경영 수단이다. 다시 말하면 홍수나 지진, 그리고 쓰나미등의 재해로 인한 업무 중단으로부터 발생할 수 있는 중대한 위험을 최소화하는 것을 목적으로 하는 절차로, 평상시 중대한 업무중단 발생을 예방하고 업무장단 발생 시에는 핵심영업을 유지하거나 복구하는 일련의 활동 및 시스템을 말한다.

업무(사업)연속 계획(BCP : Business Continuity Planning)은 기업이 재해로 타격을 입은 뒤 기업이 손해를 최소화하고 업무관리를 어떻게 복구 재개하는지에 대한 계획을 말한다. 또는 비즈니스 연속성 및 복구 계획(Business Continuity & Resiliency Planning, BCRP)이라고도 한다. 기업에 대한 잠재적인 위협에 대처하기 위한 예방 외에도 재해 복구에 의한 사업의 지속적인 운영을 가능하게 하는 것을 목표로 한다[22]

다시 말하면 기업의 핵심 비즈니스 프로세스를 식별하고 핵심 업무를 처리하기 위한 대응 행동계획을 업무계속계획(BCP : Business Continuity Planning,)이라고 한다.

업무계속계획(BCP) 가수립되기 위해서는 업무영향분석(BIA : Bussiness Impact Analysis)이 필요하다. 업무영향분석(BIA)은 재해가 발생하여 업무 중단이 발생하였을 때 기업의 비즈니스에 미치는 파급영향을 설정하고, 업무중단에 대한 정량적/정성적 분석을 통해 복구우선순위를 도출하는 BCP의 핵심적인 분석을 말한다.

국내에서는 아직 생소한 리스크관리체계이며 우리나라에서는 금융감독원을 통해 BCP(업무연속성계획)라는 용어로 소개됐다. 재해 · 위기 상황에 대한 예방 · 대비 · 대응 · 복구 전 단계에 대한 대내외 역량확보와 체계운영 및 관리를 포함하는 포괄적 프로세스와 운영체계를 의미한다.

세계적으로는 2012년에 국제표준화기구에 의한 국제규격 ISO 22301(Business continuity management systems－Requirements)이 발행되었으며 2013년에는 지진과 쓰나미가 많

21) Battisti, David; Naylor (2009). "Historical warnings of future food insecurity with unprecedented seasonal heat". 《Science》 323 (5911): 240-4.

22) Alan Berman (March 9, 2015). "Constructing a Successful Business Continuity Plan". Business Insurance Magazine.

은 일본에서는 일본어 번역인 일본산업규격 JIS Q 22301(사업계속경영시스템 – 요구사항)이 제정되기도 하였다.

보안 및 탄력성에 대한 용어를 정의하는 국제 표준 ISO 22300 "Security and resilience – Vocabulary"에서는 BCM(Business Continuity Management)은 비즈니스 연속성을 구현하고 유지하는 프로세스(process of implementing and maintaining business continuity)로 정의되고 있으며 또한, 위의 정의에 포함되어 있는 업무계속(business continuity)은 혼란(업무중단) 중에 사전 정의된 용량으로 수용 가능한 시간내에 제품 및 서비스를 계속 제공할 수 있는 조직의 능력(capability of an organization to continue the delivery of products and services within acceptable time frames at predefined capacity during a disruption.)으로 정의되어 있다.

외국에서는 방제대비를 위한 새로운 비즈니스가 등장하고 있으며 일본 기업의 새 먹거리, '이상 기후 대비'라는 보고서에서 일본의 방재산업과 기업들의 성공사례를 소개해 주목받고 있다.

2. 고령화

고령화란 한 국가의 전체 인구에서 노인 인구가 차지하는 비중이 늘어나는 현상을 말한다. UN기준에 따르면 65세 이상을 뜻하는 고령 인구의 비중이 전체 인구의 7%를 넘는 연령구조를 갖는 국가는 '고령화사회(aging society)'이다. 65세 이상인 고령 인구가 전체 인구의 14% 이상이면 '고령사회(aged society)', 고령 인구 비중이 전체 인구의 20% 이상인 사회는 '초고령 사회(super-aged society)'라고 부른다. 고령화 이유는 크게 2가지가 있는데, 첫 번째는 의학 발달에 따라 개인별 평균 수명이 길어지고 이것이 노인의 증가로 이어졌기 때문이며, 두 번째는 경제적 여건에 따른 출산저하 현상으로 신생아 대비 노인 비율이 압도적으로 높아지고 있기 때문이다.

우리나라는 세계적으로 전례 없이 빠른 속도로 고령화가 진행되고 있다. 1960년만 해도 65세 노인 인구가 전체 인구의 2.9%에 불과하였고, 1980년대는 3.8%로 비교적 노인인구의 비중이 많지 않았다. 그러나 1990년대부터는 고령화가 급속화되어 전체인구의 5%가 노인인구가 되었고, 2000년에는 7.2%가 되어서 우리나라는 전체 인구 중 노인 인구의 비중이 7%가 넘은 '고령화사회'가 되었다. 노인 인구는 지속적으로 증가하여 2003에는 전체 인구의 8.3%를 차지하고 있다. 향후에도 노인 인구는지속적으로 증가할 전망으로, 2008년에는 10.1%, 2019년에는 14.4%를 차지하여 전체 인구 중노인 인구가 14%를 넘는 사회인'고령사회'가 될 전망이다.

우리나라의 고령화 속도가 세계에서 가장 빠르게 진행되고 있다. 프랑스의 경우는 고령화사회에서 고령사회로 되기까지 115년이 소요되었고, 영국 47년, 독일 40년이 소요되었다. 일본의 경우는 겨우 24년이 소요되었는데, 일본보다 우리나라의 고령화는 더욱 빠르게 진행되고 있어 고령화사회에서 고령사회로 되기까지 불과 19년이 걸릴 것이라고 추정하고 있다.

이에 따라 실버산업이 부각되고 있다. 선진국에서 고령 인구의 급증 및 공사연금제도의 확충으로 인한 고령자 경제력의 인구비율 이상의 증가, 고령자 간호 등 유료서비스 이용인구 증가, 공적기관의 고령자대책, 서비스의 실버산업에의 위탁 등으로 인해 실버산업의 수요가 급증하고 있다. 은을 뜻하는 '실버'라는 단어는 노인이라는 말이 갖는 부정적 이미지를 없애기 위해 판매자가 만들어 낸 것이다.

실버산업의 유형에는 ① 홈케어서비스(home care service)사업 ② 중간보호시설 및 1일 탁노소사업 ③ 유료의 양로 및 요양시설 ④ 노인전용의 의료서비스산업 ⑤ 케어하우징(care housing)의절차운영사업 ⑥노인을 대상으로 하는 관광 · 취미 · 오락 프로그램을 제공하는 사업 ⑦ 노인식품,노인의복, 노인용 생활용품의 제조 · 판매 사업이 있다. 그 밖에도 노인이 소유하고 있는 주택 등부동산을 담보로 종신생계비 · 의료비를 지급해주는 금융업, 노인전용식당, 노인만을 대상으로 하는 재활센터 등이 있다. 미국에는 홈케어 대행업소가 수익자 부담으로 있으며, 고령 후기의 노인을 대상으로 일상생활을 도와주는 노인생활조력센터(aging network service center)가 지역 단위로 있다. 또한 자녀의 주택 바로 옆에 조립식 집을 지어 자녀와 별거하면서도 동거하는 것과 같이 보살핌을 받을 수 있는 시스템인 ECHO가 있다. 한국도 경제가 발전하고 고령화된 인구가 많아지면서 이러한 요구가 높아지고 있지만 아직 실버산업이 본격화되지 못하고 있다.

3. 유니섹스

오늘날 여성의 사회진출 증대와 생활영역의 확대는 생활수준과 소득의 향상으로 비롯된 패션의 변화를 가져왔다. 1980년대 여성패션은 뚜렷한 경향을 띠는데, 직장에서 일하는 낮 시간에는 남성적이고 보수적인 테일러드 차림을 하고 여유시간에는 매력적이고 섹시한 여성적인 차림을 한다. 또한 남성과 여성의 의상 아이템이 상호교환되면서 많은 변화를 보이는데, 이러한 패션을 유니섹스(unisex)라 한다. 유니섹스(Unisex)는 남녀 겸용. 의상이나 헤어스타일 등 여러 면에서 남성 · 여성의 구별이 없어진 것을 이르는 말. 원래는 1956년 미국의 성(性) 과학자 솔로킹의 저서 「미국의 성혁명」에서 언급된 것으로 이후 사회 문화 현상에 큰 영향을 주었다. 이것이 패션계까지 파급되어 다양한 캐주얼 아이템과 브랜드에 활용되었다. 여성의 사회참여 증대로 인한 남녀 동등의식에서 발생한 것으로 여성다움, 남성다움을 초월한 이성의 요소를 공유하는 새로운 현상이다1967년 등장한 유니섹스 패션은 남녀 양성이 공동으로 착용할 수 있는 의복으로 사회 경향과 미래가 반영된 모드였다. 이러한 경향은 여성들에게 주어진 교육기회의 향상과 여성운동의 영향으로 나타난 여성 역할의 변화로 남녀의 역할이 상당히 유사해지면서 나타났고, 결과적으로 남녀평등이라는 민주주의적 사고를 도입시켰으며 활동적인 복식의 선호를 가져왔다. 1990년대 중반 존 나이스비트(John Naisbitt)는 메가트렌드에서 "21세기는 남녀를 구분할 수 없는 시대가 될 것"이라는 명제를 던진 바 있는데, 지금 세상은 그의 예언을 제대로 음미할 틈도 없이 변하고 있다. 이미 우리 사회는 '성 정체성'이라는 옛날 기준으로 읽어 내기 어렵게 됐다. 옷차림의 모호함은 물론이고 하는 일, 쓰는 이름, 입는 옷, 언어, 심지어는 직업에서조차 남녀의 구분이 사라지고 있다. 유니섹스란 의상, 헤어스타일 등 여러 면에서 남성과 여성의 구별이 없어진 현상을 일컫는 말로 20세기에 들어 양성성을 추구하는 세대들에게서 나타난 것이 특징이다. 즉 남성의 터프함과 여성의 차분함에 반기를 들어 여성도 당당해야 하며 남성 역시 섬세함이 필요하다는 시대적 흐름이라고 할 수 있다. 이러한 양성성이 패션으로 표현되는 것을 유니섹스 패션이라고 한다.

최근 패션계의 가장 큰 특징은 '보더리스(borderless)'현상이다. 남성과 여성의 스타일을 구분 짓는 스타일이 아니라 함께 입을 수 있는 유니섹스 패션이 유행 스타일로 자리 잡고 있다. 길거리에 나가면 헐렁한 티셔츠에 바지, 터무니없을 정도로 빅 사이즈의 점퍼를 남녀 구분 없이 누구나 멋지게 소화해 내고 있는 것을 볼 수 있다. 이미 유행이라는 단어보다는 사회적 추세로 받아들여야 한다는 말이다. 보더리스의 현상은 세계적인 브랜드의 광고와 미디어에서도 찾아볼 수 있다. 최근, 청소년처럼 터프한 복장의 여자 모델과 여자보다 더 여성 같은 아름다운 남자 모델이 똑같은 옷을 입고 등장한 광고를 자주 볼 수 있다. 여기서는 성의 경계나 패션의 남녀 구분이 사라진 것은 물론, 감정으로서도 인간의 내면적 모습이 표출되고 있음을 느낄 수 있다. 물론 지극히 여성스럽거나 터프한 스타일도 선보이고 있지만 예전과 달리 유니섹스 패션이 선호되는 것은 성의 경계가 무너진 사회현상이 패션으로 나타나고 있기 때문이다.

제4절 글로벌 경제의 현실과 나비효과

미국 주택경기 침체가 서브프라임 모기지(비우량 주택담보 대출) 위기와 소비침체로 확산되면서 세계경제의 경기침체에 대한 우려가 최고조에 달하고 있다. 뉴욕증시 폭락에 따른 서브프라임 모기지 위기는 금융업에 이어 제조업에도 파급되었고, 세계경제와 미국경제의 비동조화 현상에도 불구하고 한국, 태국, 터키, 브라질 증시가 8% 이상 하락했으며 모건 스탠리의 인터내셔널 이머징 마켓인덱스(MSCIEMI)도 7.9% 하락했음은 미국 증시의 하락이 세계의 증시시장에 직격탄을 준 것이라고 볼 수 있다. 1997년 금융위기는 태국에서부터 시작되었는데 인도네시아, 말레이시아, 한국까지 이어졌고 이 나라들의 위기는 아시아 전체는 물론이고 러시아, 브라질까지 이어져 말 그대로 세계경제가 하나의 시스템으로 이어져 있음을 경험하였다. 블룸버그 통신에 의하면 미국의 경제성장이 1% 감소할 경우 중국의 수출은 4% 줄어들고 GDP는 0.5% 감소하는 것으로 나타났다. 이처럼 세계경제는 어느 한 국가에 한정되지 않고 연결된 글로벌 경제의 움직임으로 나타나는 것이 요즈음의 현상이다. 이러한 현상을 나비효과(Butterfly effect)로 보고 있다. 나비효과란 미국의 기상학자 에드워드 노턴 로렌츠(Edward Norton Lorentz)가 1972년에 미국 과학부흥협회에서 실시한 강연의 제목인 '예측가능성-브라질에서의 한 나비의 날갯짓이 텍사스에 돌풍을 일으킬 수도 있는가(Does the Flap of a Butterfly's Wings in Brazil Set Off a Tornado in Texas?)'에서 유래한다. 일반적으로는 사소한 사건 하나가 나중에 커다란 효과를 가져 올 수 있다는 의미로 쓰이지만, 카오스 이론에서는 초기 조건의 민감한 의존성에 따른 미래결과의 예측불가능성을 의미한다. 때문에 이는 시공간을 가로질러 어떤 하나의 원인이 다른 결과를 초래하는 과정을 과학적으로 예측할 수 없다는 말이기도 하다. 그러나 좀 더 효과적으로 전달하기 위해 중국 북경의 나비의 날갯짓이 미국 뉴욕에서 폭풍을 발생시킬 수도 있다고 은유하여 더 유명하여 졌다. 나비효과는 지구상 어디에서 일어난 조그만 변화로 인해 예측할 수 없는 날씨현상이 나타났다는 것을 설명한 이론이다. 오늘날 글로벌 시대에 나비효과는 인정을 받고 있으며 디지털과 매스컴의 혁명으로 정보의 흐름이 빨라지면서 지구촌의 미세한 변화가 전 세계적으로 급속히 확산되어 경제적으로나 사회적으로 영향을 받는 것으로 나타나고 있다. 서브프라임 모기지 부실 여파로 미 금융권이 흔들리면서 부동산 담보대출과 전혀 상관없는 기업들까지 피해를 보는 사례가 나타나고 있는데, 뉴욕에 있는 식기류 제조업체인 오네이다 리미티드는 고수익 채권발행을 통해 1억 2,000만달러의 자금조달계획을 세웠으나 신용시장의 경색으로 채권발행을 포기했다. 이러한 것은 하나의 예에 불과하고 〈포춘〉은 앞으로 주식, 채권, 부동산 시장으로 이어져 투자심리, 소비심리에 영향을 미쳐 전 세계의 불황으로 이어질 것으로 예측하였다.

글로벌화에 대한 논의

제2장

제1절 글로벌화에 대한 논쟁

글로벌화(globalization)는 논쟁점이 아주 많은 개념이라고 하겠다. 불과 25년 전에는 상상도 못했던 일들이 현재는 일상생활의 일부가 되고 있다 그 때는 유학생 들에게 보편적 문젯거리였던 송금과 전보 등이 현재는 카드와 인터넷으로 해결되어 말 그대로 세계가 한마을 즉 지구촌이 되었다.

글로벌화현상은 많은 연구자를 참여시켜 많은 서적과 논문이 출판되었다. 그런데 흥미롭게도 글로벌화에 대한 정의가 여러 가지로 해석되고 있다. 지리학자 데이비드 하비(David Harvey)는 글로벌화를 시간과 공간의 압축으로 간주하였다.[1)]

모더니즘을 극복하기 위한 글로벌화는 생산방식에 있어서의 신축적 축적(flexible accumulation)으로의 전환이 필요하며 이는 부분적으로 새로운 조직형태(예를들어 수직적조직의 와해 재하청 시간제 고용 등)와 새로운 기술의 도입을 통해 가능하다. 이것은 결국 생산→유통→소비의 회전과정(자본의 순환과정)의 단축을 통한 위기해결로서 포디즘의 경직성을 대체하는 것으로 보는 시각도 있다. 다시 말하면 1950년대부터 1970년대에 이르기까지 유례없는 성장의 토대를 형성해왔던 핵심적인 포디즘적 제도 형태들이 두 번에 걸친 오일쇼크, 격렬한 국제경쟁, 금융 불안정성, 글로벌화 등에 신자유주의적으로 대응함으로써 스스로를 변형시켜 왔음은 신축적 축적(flexible accumulation)의 예라고 할 수 있다. 특히 보수주의적 반혁명으로 일컬어지는 탈규제 정책은 시장 주도적인 글로벌화를 더욱 촉진시켰다고 주장 한다.[2)]

1) David Harvey, The Condition of Postmodernity : An enquiry into Origins of Cultural Change, Basil Blackwell, 1990.

2) Robert Boyer & Daniel Drache(ed), States Against markets : The Limits Of Globalization,

사회학자 기엔(Mauro F. Guillén)은 세계의 경제, 정치, 사회의 구성요소와 그리고 일반적으로 행위자 사이에서 독자성과 상호의식(유연성)이 커지고 있는 과정으로 정의한다.[3] 즉 정치, 경제, 사회, 그리고 개인 간의 독자성과 유연성이 커지면서 어느 한 이데올로기나 초강대국만으로 세계를 움직일 수 없고 유기적으로 상부상조하여야 한다는 의미이다. 사회학자 사스키아 사센(Saskia Sassen)에 의하면 글로벌자본은 추상적인 세계경제나 버추얼 공간에서 전개되는 것이 아니고 구체적인 장소(space)를 필요로 한다.[4] 전략적으로 중요한 장소가 도시이며 특히 글로벌도시(global city)이다 전략적인 장소로서 글로벌도시에는 인프라 등의 물적인 설비가 클러스터링되어 기업을 고객으로 하는 서비스가 집중되며 전문가집단부터 저임금 노동자까지 광범위한 계층의 노동자를 끌어당기는 요인이 있다.

그리고 사센은 그녀가 주장하는 통치불능의 두 개의 뜨거운 감자인 제 3세계의 채무와 빈곤에 의해 유발되는 이민 등을 요인으로 글로벌화를 분석하고 있다.[5] 경제학자인 보르도, 테일러, 윌리엄슨(Bordo, Taylor and Williamson) 등은 글로벌화의 가장 중요한 특징은 상품, 노동, 자본시장의 국제통합 이라고 정의한다.[6] 즉, 과거와는 달리 상품, 노동, 자본이 전 세계적으로 자유롭게 이동될 수 있다는 것이다.

토머스 프리드먼(Thomas Friedman)은 그의 저서 [지구는 평평하다](The World is Flat, 2005)에서 글로벌화에 의해 균질화에 가고 있는 세계화 된 현상을 보고 '전보다 빠르고 작아진' 지구는 결국 '평평하다'고 주장한다.[7] 평평한 세계보다도 더 전에 글로벌화를 스트랜지(Susan Strange)는 국가의 퇴각(retreat from the state, 1996)[8]으로 인식하여 글로벌화를 국가보다는 무국가를 상징하는 지구의 등장으로 표현하기도 하였다. 경제적 의미에서의 글로벌화를 브라인엔(Richard O'Brien)은 현재의 지구적 금융통합

London : Routledge, 1996, pp.87-91.

3) Mauro F. Guille'n, "Is Globalization Civilizing, Destructive or Feeble? : A Critique of FiveKey Debates in the Social Science Literature", Annual Review of Socialogy 27, 2001.

4) Saskia Sassen, Globalization and its Discontents, The New Press, 1998.

5) Saskia Sassen, "A Message from the Global South", Guardian of London, Sep. 12. 2001, Governance Hot-spot : "Challenges We Must Confront in Post-September 11 World", http://www.ssrc.org/sept 11/essays/sassen.htm

6) Michael D. Bordo, Taylor Alan & Jeffery Williamson(eds), Globaliation in Historical Perspective, University of Chicago Press, 2003.

7) Thomas Friedman, The World is Flat:: A Brief History of the Twenty-first Century, Farrar, Straus, Reese, and Giroux, 2005.

8) Susan Strange, The Retreat of the State: The Diffusion of Power in the World Economy, Cambridge Studies in International Relations, 1996.

을 지리의 종언(end of geography, 1992)이라는 새로운 국면으로 표현하였으며[9] 케아인 클로스(Frances Caincross)는 글로벌화를 인터넷 등의 정보화시대로 나타난 기술과 사회의 빠른 변화의 속도로 거리의 죽음(death of Distance, 1997)[10]으로 표현하기도 하였다.

이상은 경제적 글로벌화에 가까운 표현이지만 정치학자인 나이(Joseph.S Nye, 2000)[11] 등은 글로벌화를 상호관계의 네트워크가 각 대륙에까지 확대되어가는 세계의 상태로 주장 하였다.

경영학자 인 코궂(B. Kogut)은 글로벌화를 세계의 문명이 점점 통합해 가는 과정으로 보았다.[12] 즉, 각각의 서로 다른 문화에서 나타난 시스템이 문제점은 있지만 글로벌스탠더드를 통하여 점점 표준화되는 과정으로 인식하였다는 의미이다. 각각의 전공에 따라 학자들 마다 다른 뜻으로 정의하였지만 그들의 공통점은 통합화의 과정 이라고 하겠다. 통합화의 과정에 관해서는 적어도 다음과 같은 세 가지의 논점이 등장하고 있다.

첫 번째 논점은 글로벌화에 대한기원과 확산에 관한 것 이라하겠다. 글로벌화에 대해서는 역사적 과정이 있다는 점에 공통인식을 갖지만 문제는 그 기원이 16세기인가, 19세기인가, 혹은 제2차 대전 이후로 보아야 할까 하는 점이다.[13]

최근에는 글로벌화의 범위에 대해서도 의견의 일치를 이루지 못하고 일부는 무국경(borderless)의 시대[14]로 보고 있으며 또 일부는 무국경의 시대가 전혀 타당성이 없다고 하지 않지만 아직은 시기상조로 보고 있기도 하다.[15] 글로벌화가 아무리 진전된다 할지라도 국민국가가 사라지거나 통합되어 '세계국가'로 되지 않는 상황에서는 자본의 세계화는 하나의 내재적인 경향으로만 남아있을 가능성이 크다. 왜냐하면, 각 국민국가는 국민들의 생활을 보호해야 할 의무가 있고 따라서 자국출신 자본 또는 자국에

---

9) Richard O'Brien, Global Financial Integration: The End of Geography, Chatham House and Council of Foreign Relations Press; 1992.

10) Frances Caincross, The Death of Distance: How the Communications Revolution Will Change Our Lives, Boston, MA: Harvard Business School Press, 1997.

11) Joseph S. Nye and John D. Donahue, Governance in a Globalizing World, Brookings Institution Press, 2000

12) B. Kogut, "Globalization", in M. Warner(ed), Concise International Encyclopedia of Business and Management, International Thomson Business Press, 2003.

13) K. Moore and D. Lewis, Birth of the Multinational, Copenhagen Business School Press, 1999.

14) Kenichi Ohmae, The Borderless World, Harper Business, 1990.

15) Pankaj Ghemawat, "Globalization : the Strategy of Differences", Harvard Business Review, vol.79 no.8, 2003.

정착하고 있는 자본의 축적과 팽창에 개입할 수밖에 없기 때문이다.

또한 각 국민국가들 사이에 이해대립이 존재하는 경우에는 자본의 세계화 경향이 주춤할 수 밖에 없기 때문이다. 더욱이 자본축적과정에 내재하는 노사대립, 무정부성, 과잉축적경향, 경기변동 등을 완화하기 위해서는 공권력이 개입할 수밖에 없기 때문이기도 하다. 자본은 공권력에 의존하지 않고서는 축적할 수 없고, 그리고 아직 세계국가의 형성이 불투명한 상황에서는 자본이 국민국가의 개입을 벗어나 자유롭게 활동할 수는 없다고 하겠다.[16)]

그러나 글로벌경제가 지속적으로 규모가 증가하고 지배적인 자본분파의 금융 및 생산을 위한 최적의 경제적 공간으로서의 국민경제를 능가한다는 사실이 국민경제가 종결되었다거나 중요하지 않다는 것을 의미하는 것은 아니라고 한다. 그렇지만 글로벌화의 움직임에 금융적, 산업적 축적이 국가적인 자본, 노동기술에 덜 의존적이고 점차 공동의 전략적 이해관계를 가지는 글로벌한 금융시장의 네트워크와 다국적기업에 포섭되고 있음을 주목할 필요가 있다.[17)]

두 번째 논점은 글로벌화의 원인에 대해서이다. 글로벌화는 커뮤니케이션과 수송에서의 신기술의 산물이라고 하는 견해도 있지만 정부와 기업의 글로벌화에 대한 책임역할도 중요하다.[18)] 이것이 글로벌화의 불가피성을 주장하는 이유이기도 하다. 그러나 글로벌화가 이루어진다고 해도 세계의 문명통합화의 역사는 일어나지는 않는다. 일부의 역사학자는 2차대전 전에 나타난 국제경제의 붕괴처럼 현재의 글로벌경제에도 그런 사태가 다시 등장할지 모른다고 보고 있다.[19)]

지금 전 세계를 뒤흔들고 있는 글로벌화의 주류는 무국경화 · 무국가화의 시장 20대 80의사회, 탈규제화 및 민영화와 작은 정부(small government)를 내포하고 있는 영미식의 자본주의라고 하겠다. 시장화를 통한 현대 자본주의의 주요 모순 및 자본주의간 범세계적 경쟁이라는 글로벌화과정은, 1990년대 이후 금융시장의 급격한 변동에 대해 경제제(諸) 지표(생산성, 고용, 성장률)를 가장 잘 유연하게 적응시켜 온 단기적 유연

16) 김수행, 『21세기정치경제학』, 새날 1998, pp.141-142.

17) Rechard B. Du Boff & Edward S. Herman, "A Critique Of Tabb On Globalization", Monthly Review, November 49-6 1997.

18) Bruce Kogut, "The evolutionary theory of the multinational corporation : within andacross-country options", in B. Toyne and D. Nigh(eds.), International Business : An Emerging Vision, Columbia, SC : University of South Carolina Press, 1997, pp. 470-488.

19) James Petras & Chronis Polychroniou, "Capitalist Transformation : The Relevance Of And Challenges To Marxism", in MARXISM TODAY, PRAEGER, Westport, Connecticut London, Chronis Polychroniou & Harry R. Targ, 1996.

성 대응형의 네오포디즘을 지향하지 않는다. 즉, 미국모델의 지배화 경향[20]의 세계화보다는 시장과 국가의 균형을 추구하고 사회적 안정성, 생태적 건강성, 국가적인 자주성을 포함하는 사회적 균형과 생태적 재편을 의미하며 인간노동력의 재평가를 중심으로 하는 즉 통제된 세계화를 절실히 요구하고 있다.[21]

세 번째 논점은 글로벌화의 귀결에 대해서이다. 논자에 따라서는 글로벌화를 각 국가를 유사한 방향으로 수렴해 가는 힘으로 보는 견해도 있지만 대개의 견해는 그렇지 않다. 100년 전과 비교해서 현재가 세계 각국 간의 격차가 더욱 넓혀졌다고 보는 견해가 일반적이다. 글로벌화는 국내 및 국가 간의 소득의 균등화를 가져다주었는가 그렇지 않으면 소득격차의 확대를 초래했는가, 여기에 대해서는 의견이 맞서고 있다. 글로벌화는 국가의 주권을 침식하는 것으로 인식되기도 한다.[22] 일부는 이러한 주장이 과장에 지나지 않는다고 간주한다. 사회학자들은 대중소비사회가 세계를 균질화, 동일화한다고 주장한다. 따라서 글로벌문화가 탄생하기 시작하였다고 보기도 한다.

제2절 글로벌화에 대한 제2의 논쟁: 세계화인가 반세계화인가

세계화는 인류 진화의 새로운 국면을 나타낸다. 이전의 국면이 국가화 즉 지역들에 기초했던 전(前) 자본주의적 공동체에서 국경과 영토를 기초로 한 자본주의적 국가 공동체로의 이행이었다면 세계화는 국경이 큰 의미를 갖지 않는 무국경화 혹은 무국가화 즉 새로운 인간공동체의 구축과정을 나타낸다. 근대에서 탈근대로의 이행이라고 부를 때 우리가 지시하는 것이 바로 이것이다. 이런 의미에서 본다면 세계화는 인류의 진화적 자기선택이며 삶의 내적 요구의 실현과정이라고 할 수 있다.

따라서 무국경화로 인해 정보와 사람, 상품이 이동할 수 있는 능력이 크게 확대되면서, 자본, 무역, 기술, 인력 등의 시장이 개방되고 소위 무한경쟁시대가 열리게 된다. 자본주의의 이상인 최고이윤을 창출하기 위해 유유상종(類類相從)의 클러스터가 형성되고 결국 그대로두면 세상은 가진 자 들과 못 가진 자들의 양극화로 갈 수밖에 없는 이치이다. 그래서 세계 각지에서 '글로벌리즘(globalism)' 자체를 부정하는 'anti-globalism' 운동도 거세게 일어나고 있다.

20) 야마다도시오 "21세기 자본주의의 발전모델: 대안을 찾아서", 경북대 국제세미나 1998.

21) 한 · 스 피터마르틴 · 하랄드슈만, 『세계화의 덫』, 영림카디널 1997, pp.392-418.

22) Stephen Kobrin, Foreign Policy NO.107, 1997, pp.65-78.

1. 반세계화주의의 견해

반세계화론자들은 세계화는 부자국가나 가난한 국가나 그룹이 그룹을 약탈하는 것 그 이상도 이하도 아니라고 하면서 세계화로 인해 빈익빈부익부 현상이 국가 간은 물론 한 국가내의 계층 간에도 심화되고 있다고 주장한다.

경제학자인 자그디슈 바그와티(Jagdish Natwarlal Bhagwati)는 반글로벌화 운동의 지지자들은 신흥국이나 발전도상국에서 저가의 상품이 들어오면서 고용이 위협될 것이라고 우려하는 선진국 노동조합 관계자, 글로벌화가 지구환경을 파괴한다고 주장하는 사람들, 글로벌화에 의해 개발도상국의 노동자가 착취되고 있다고 주장하는 사람들, 시장경제에 원래 반대하는 사회주의자 등 다양한 배경을 가지고 있다고 지적하고 있다.[23]

2001년 노벨상 경제학상을 수상한 조셉 스티그리츠(Joseph Eugene Stiglitz)는 글로벌화(세계화)의 필요성을 인정했지만, 반 글로벌화는 오히려 G8 · WTO 합의 등 워싱턴 컨센서스에 대한 반대를 나타내는 것으로 보고 있다.[24]

2008년 가을 세계금융위기 거쳐 2010년대 후반에는 자유무역 등 글로벌규모의 플레임과 이민 수용을 부정하고 자국 위주로 하는 풍조가 표면화했다. 2016년 영국에서는 유럽연합으로부터의 이탈의 의미인 브렉시트(Brexit)[25]를 묻는 국민투표가 이뤄져 이민유입 제한 등을 주창한 이탈파가 승리했다. 2016년 미국 대통령 선거에서 글로벌화를 싫어하는 유권자의 표를 모아 승리한 도널드 트럼프도 환태평양경제동반자협정(TPP,Trans-Pacific Partnership) 등의 틀을 부정하고 미국 제일을 내세우는 보호주의적 정책을 내세운 결과 2017년 1월 23일 TPP를 탈퇴했다.

최근에는 반세계화의 움직임 대신에 등장한 글로벌 정의 운동(Global Justice Movement)은 "기업의 세계화"에 반대하고 경제 자원의 평등한 분배를 촉진하는 세계화된 사회운동의 네트워크인데 미국 주도의 신자유주의와 달리 정치 · 경제 · 사회 등에 있어서의 인권, 민주주의, 평화, 사회적 공정의 구축 등의 글로벌화를 모색 · 추진하는 새로운 운동의 총칭이다.[26]

특히 프랑스에서는 「또 다른 세계를 지향하는 사람들」이라는 의미로 알테르몬디아리즘(Altermondialisme)이 사용되는데 영어로는 Alter-globalization인데 대안세계화

---

23) Jagdish N Bhagwati ,Defense Of Globalization, Oxford University Press, 2004.

24) Joseph Eugene Stiglitz, Globalization and Its Discontents,Norton 2002.

25) 브렉시트(Brexit)는 영국이 유럽 연합을 탈퇴한다는 의미로, 영국(Britain)과 탈퇴(exit)를 합쳐서 만든 합성어이다.

26) Kate Milberry: GEEKS AND GLOBAL JUSTICE: ANOTHER(CYBER)WORLD IS POSSIBLE 2009

(代案世界化)라고도 한다.

세계은행의 브랑코 밀라노빅은 전 세계 인구 85%에 해당하는 사람들의 1988~1993년 가계소득을 조사했다.[27] 그리고 각국의 국내 소득격차와 국가 간소득격차를 합쳐 지니계수(Gini' coefficient)를 계산한 뒤 이를 구매력평가(PPP) 기준으로 다시 산출했다. 지니계수란 소득격차를 재는데 가장 많이 쓰이는 지수로 0은 완전한 평등, 100은 한사람이 모든 소득을 차지하는 완전한 불평등을 뜻한다. 그 결과 전 세계 지니계수는 1988년 62.5였으나 1993년에는 66으로 급증했다. 전 세계빈부격차가 빠르게 확산되고 있다는 말이다.

유리 디코노프와 마이클위드, 두 경제학자는 밀라노빅과 똑같은 통계를 갖고 다른 방법으로 연구를 했다. 이 연구 역시 1988~1993년 사이에 전세계 소득격차가 크게 확대됐다는 똑같은 결론에 도달했다. 지니계수는 6이나 증가했다. 더욱이 전 세계인구 중 극빈층 10%에게 돌아가는 소득은 25% 줄어든 반면 가장 부유한 10%에게 돌아가는 소득은 8%나 늘어났다.[28]

한편, 유엔 개발프로그램(UNDP)의 1999년 '인간개발보고서'는 "지난 1960년 부국(富國) 국민(세계인구의20%)의 1인당 소득은 빈국(貧國) 국민(20%)의 30배였으나, 1997년에는 74배로 벌어졌다"고 발표함으로써 반세계화론자들의 주장을 뒷받침 해주었다.

1999년 11월 시애틀 반세계화운동은 하나의 분수령이었다. 시애틀 운동은 신자유주의적 세계화가 인류에게 대안이 될 수 없음을 웅변하면서, 체제에 대한 집단적 저항의 가능성에 대한 믿음이 부활하기 시작했음을 보여 준 신호탄이었다.

시애틀 운동 이후 출현한 반세계화운동에서 새로운 점은 무엇보다도 "총체성에 대한 인식, 어떤 특정한 양상이나 제도가 문제가 아니라 체제 그 자체가 문제가 있다는 인식"이었다. "시애틀 운동 이후 정치가 세계인을 그토록 흥분시키는 것은, 이 운동이 자본주의를 하나의 총체로 파악하고 그 정당성을 문제 삼고 있다는 점이다. 쟁점이 되고 있는 것은 이러저러한 불평등이나 실패가 아니라 자본주의의 부도덕함 및 인간과 자연의 상품화, 집단적 잠재력의 부정, 경제 · 사회 · 정치권력의 국가적 · 국제적 집중과 그 결과로 의미 있는 대중민주주의의 타락이다."[21] 반세계화운동에서 다양한 요구들이 무수히 제기되고 있지만, 그들을 통일시키고 운동에 새로움을 부여하는 것은 바로 이와 같은 반시장 · 반상품화 정서 즉 '반자본주의 정서'라고 할 수 있다.

세계화에 대한 반세계화 진보진영의 대응방식은 '아래로부터의 세계화(globali-

27) Branko Milanovich, "Two Faces of Globalization : Against Globalization as We Know It", World Development, vol.31 no.4, 2003, pp.667-683.

28) The Economist, 2001.6.26.

zation from below)', NGO류 신사회운동의 국제적 연대 등 주로 '새로운 국제주의(new international)'[22]의 예들이다. 이들은 세계화를 일단 시대적 추세라고 인정하고 세계화가 초래하고 있는 모순들에 효과적으로 대처하기 위해서는 아래로부터의 세계화가 필요하다고 주장한다. 위로부터 세계화를 지칭하는 자본에 효과적으로 맞서기 위해서는 아래로부터의 저항도 세계적으로 조직되어야 한다는 것이다.

이들은 "조직의 영역에서 사회변혁의 준거점으로서 국민적 차원을 분명히 떨쳐 버리는" '새로운 국제주의'를 제창한다. '자율적(autonomist) 마르크스주의'의 '새로운 국제주의' 지도적 이론가 네그리(A. Negri)와 하트(M. Hardt)는 최근 저작 『제국』에서 자본주의와 제국주의와 같은 마르크스주의의 핵심 개념의 현실성을 부정하고, 고전 마르크스주의 정치적 핵심인 노동자운동의 중심성도 거부하면서, '새로운 국제주의'로서 새로운 세계화를 제창한다.[23] 네그리와 하트는 진보진영이 세계화의 흐름에 맞설 것이 아니라 그것을 이용해야 한다고 권고한다.

2. 세계화주의의 견해

콜럼비아대학 경제학과 교수인 살라이마르틴(X. Sala-i-Martin)은 유엔개발프로그램의 보고서에서 "각국의 소득을 환율로 만 비교한 것이며 같은 금액이라도 나라마다 구매력이 다르다는 점을 전혀 고려하지 않았다"고 지적한다.[29] 각국의 구매력을 감안할 경우 부국 국민이 빈국국민 보다 잘사는 비율은 1960년의 11.3배에서 1998년 15.09배로 증가한 것에 불과하다고 한다. 더구나 세계화가 급속히 진전되는 1980년대 이후를 살펴보면 부국 대 빈국의 1인당 소득의 격차는 1980년 15.9배에서 1998년 15.09배로 감소하였다고 하여 세계화에 대해 찬성하는 주장을 편친다.

OECD의 연구보고서는, 1970년대에서 1980년대 사이 미국에서 소득불평등수준이 증가했지만 그 다음 20년의 기간동안에는 거의 모든 국가의 실질소득 수준이 증가했을 뿐만 아니라 대부분의 OECD 국가의 극빈층의 소득수준 또한 증가했음을 보여주었다. 또 한1 990년대와 2000년대의 자료를 포함한 미국의 2002년 연구보고서는 조사기간 동안 실업률의 감소가 저임금 노동자의 소득을 증가시켰으며 폭넓은 임금수준 향상을 가져왔다고 한다. 1998년에서 2000년 사이, 최저임금을 받는 10%의 노동자들의 소득은 평균임금을 받는 노동자들보다 두배나 빠르게 증가하였던 것이다. 만약 이러한 추세가 2000년대에 지속된다면 세계화가 소득수준의 불평등을 증가시킬 것이라는 비판

29) Xavier Sala-i-Martin, 2002. "The World Distribution of Income (estimated from Individual Country Distributions)," NBER Working Papers 8933.

은 타당성을 상실할 것이다.[30)]

또한 세계인구의 38%를 차지하는 친디아(chindia)로 지칭되는 중국과 인도의 세계경제에의 참여와 경제개발 만으로도 부국과 빈국의 소득격차가 크게 감소했음을 쉽게 알 수 있다고 주장하기도 한다.[31)]

세계은행의 조사에 따르면 하루 1달러 이하로 살아가는 사람들의 수가 1981년 15억에서 2001년 11억으로 줄었다. 수치상으로는 4억이 줄어든 것이지만 이 기간 동안의 개발도상국의 인구증가율을 함께 고려한다면 절대빈곤수준에서 살아가는 사람들이 세계 총인구에서 차지하는 비율은 33%에서 18%로 크게 감소한 셈이라는 것이다.[32)]

이상의 두 주장은 통계나 수치로 각기의 견해를 펼쳐 각각의 주장에 동조하는 그룹으로 이어지지만 세계화는 계속 진행중이며 또한 세계화에 의해 나타난 폐해나 행동도 계속 이어질 것으로 보고 있다.

3. 세계화의 확산과 경쟁과 선택

2006년 6월26일부터 29일까지 3일간 워싱턴에서는 제57차 국제통화기금 · 세계은행(World Bank, IBRD) 연차총회가 열렸고, 이를 겨냥한 세계화반대론자들의 시위대는 수차례나 경찰과 충돌, 수 백 명이 체포되고 다치기도 했다. 시위대의 주장은 세계경제의 불평등과 관계가 있으며, 국제통화기금 등 국제기구들이 이 책임으로부터 결코 자유로울 수 없다는 것이다.

세계화에 의해 승리한 쪽과 실패한 쪽이 등장하지만 세계화 자체는 일반적으로 경쟁과 선택을 줄이는 대신 불평등을 불러일으킨다. 사실 국경으로 인한 이점이 존재하는 상황에서 세계화의 많은 이득은 기업의 보이는 손에 의해 실제로 개방되고 있다. 좀 더 명백히 말하면 세계화의 영향과 관련된 잘못된 논쟁은 허황된 자료를 기초로 이루어지는 경우가 많다는 점이다. 세계화와 관련해 이루어져야 할 진실한 논의는 특히 국가 간 불평등을 야기한다는 주장을 비롯해 아주 많다. 하지만 그 논쟁은 두려움을 확산시키는 이데올로기에 의해 마구잡이로 이루어지면 안 되며, 진정으로 연구되어야 한다.

---

30) A. Charles Hill, Global Business Today(6th Edituon), McGraw-Hinn, 2010, pp.5-10.

31) Goldman Sachs, "Dreaming with Brics : The Path to 2050", Gloval Elomamin Paper No.99, 2003.

32) Shaohua Chen and Martin Ravallion, "How Have the World's Poorest Fared since the Early 1980s?", World Bank Working Paper, no.3341, June 2004.

4. 세계화에 대한 인식

세계화(globalization)가 급속도로 진전되고 있는 가운데 세계인들의 '세계화'에 대한 인식은 매우 긍정적이다. 동 아시아연구원(EAI) · 시카고국제문제협회(CCGA)가 2006년과 2007년에걸쳐 세계 17개 국가에서 실시한 여론조사 결과를 보면 다음과 같다.

조사를 실시한 14개 국가 대부분에서 과반수 이상이 세계화는 자국의 이익에 긍정적인 역할을 한다고 생각하고 있었다. 중국(87%) 1위, 2위인 한국(86%), 3위인 이스라엘(82%)과 4위 호주(65%), 5위 미국(60%)에 비해 세계화를 긍정적으로 생각하는 국가의 2위로 나타났다. 대 체로 대외무역이 해당 국가경제에서 차지하는 비중이 클수록 세계화에 긍정적인 것으로 평가할 수 있다. 필리핀(49%), 멕시코(41%), 러시아(41%)의 경우 우호적인 평가가 과반수를 넘지는 못했지만 부정적이라는 응답에 비해서는 그 수가 많다는 점을 고려하면 세계화에 부정적이라고까지 평가하기는 어렵다.

세계화의 부문별 영향에 대해서는 의견이 엇갈렸다. 17개국 평균을 통해 세계가 바라보는 세계화의 부문별 영향을 살펴보면 국가경제(71.8%), 기업(66.6%), 소비자(63.5%), 일자리창출(59.9%), 개인의 생활수준(57.4%) 등에는 세계화가 긍정적인 영향을 미치고 있다는 의견이 다수였다. 그러나 세계인의 눈에 세계화는 해당 국가 의고용안정과 환경부문에서 그다지 긍정적으로 비치지 않았다. 고용문제와 환경에 대해서는 우호적인 여론이 과반수에 미치지 못하였기 때문이다

한편, 한국의 경우 세계화가 긍정적인 영향을 미치는 부문과 그렇지 않은 부문에 대한 판단에 있어서는 다른 나라 국민들과 크게 다르지 않았다. 다만, 세계화의 과실이 국가경제와 기업 및 소비자들에게 주로 돌아간다는 인식은 세계의 평균적인 인식을 상회했고, 나머지 영역에 있어서는 세계평균과 거의 비슷한 수준이었다. FTA나 무역개방문제를 둘러싼 국내의 정치 사회적 갈등을 고려하면 세계화에 대한 긍정적인 인식이 예상보다 큰 것으로 볼 수 있다.

5. 렉서스와 올리브나무

뉴욕타임스의 칼럼니스트 토머스프리드먼(Thomas L. Friedman)은 그의 저서 렉서스와 올리브나무에서 세계화와 반세계화의 입장을 렉서스와 올리브나무로 예를 들었다.[33] 그는 세상의 반쪽은 더 좋은 렉서스를 만들고자 노력하며 냉전으로부터 새롭게

33) 토머스프리드먼, 『렉서스와올리브나무』, 창해, 2003.

부상하고 있는가하면 다른 반쪽은 아직도 누가 어느 올리브나무의 주인인지를 놓고 싸우고 있다고 상징적으로 주장한다. 한 쪽은 세계화체제에서 번영을 구가하고자 현대화에 진력하면서 경제체계를 합리화하고 우선순위를 명확히 정하고 있는데 반해 다른 한쪽은 과거사를 매듭짓지 못하고 그에 얽매여 있다는 것이다.

올리브나무는 곧 우리의 뿌리를 의미하고 이 세상에서 우리가차 지하고 있는 위치와 존재의미를 말해주며 우리가 한곳에 정착하게 해줌으로써 마치 배의 닻과 같은 역할을 한다. 그 리고 우리가 속한 가족과 지역사회 민족과 종교, 그리고 다른 무엇보다도 우리가 '우리 집'이라고 부를 수 있는 곳을 상징한다. 또한 우리가 이방인들과 마주치거나 협력할 때 집단에 속해 있다는 자신감과 안도감을 갖게 할 뿐만 아니라, 개인의 차원에서도 가정의 따뜻함이라든지 개성추구의 기쁨, 독특한 의식행위에서 얻는 동질감 그리고 사적 인간관계에서 얻는 친근함 등을 갖게 한다. 우리가 때때로 우리 자신의 올리브나무를 지키기 위해 아주 극렬한 싸움을 벌이는 것도 그래서이다.

올리브나무는 좋게 해석할 경우 식량만큼이나 인간생존에 필수적인 자긍심과 소속감을 안겨준다. 바로 이 때문에 국가라는 존재는 비록 약화될 수는 있어도 지구상에서 결코 완전히 사라질 수는 없을 것이다. 즉, 국가는 최후의 올리브나무이다. 언어적으로나 지리적으로나 그리고 역사적으로 국가는 우리가 어디에 속해 있는가를 표현해주는 최후의 보루이다. 사람은 저 홀로 부자일 수 있다. 또 한 사람은 자기 혼자서 똑똑할 수 있다 그러나 어느 누구도 홀로 완전한 인격체가 될 수는 없다. 인간은 누구나 어느 올리브 나무가 됐든 그 일부분이기 때문이다. 렉서스는 오늘날의 세계경제체제를 세계화시켜 가고 있으나, 실체가 불분명하고. 초국가적이며 모든 사람을 동질화시키고 모든 것을 표준화해 버리는 기술과 시장의 힘을 상징한다.

6. 다국적기업과 BOP층

세계지속가능발전기업협의회(WBCSE)는 지속가능한 생계형기업을 '빈민에게 혜택을 주고 기업의 수익에 이익이 되는 방식으로 빈민과 함께 사업을 수행하는 기업'이라고 정의하였다. 이는 또한 1990년대 말에 개발된 최근의 개념인 피라미드 밑바닥층(혹은 BOP)은 동시에 세계에 거주하는 40억 명의 빈곤층을 나타내는 사회 경제적 인구뿐만 아니라 빈곤을 다루려는 의도의 민간부문 기업 모델을 의미한다. 인구통계학적으로 볼 때, 이 집단이 바로 피라미드 밑바닥층(Base of the Economic Pyramid) 이다.

BOP 비즈니스의 정의에 대해서는, 다양한 논의, 생각이 존재한다. 여기에서는, 주로 개발도상국에 있어서의 BOP층(Base of the Economic Pyramid 층)을 대상(소비자, 생산자, 판매자의 언젠가, 또는 그 조합해)으로 한 지속 가능한 비즈니스이며, 현지에 있어서의 여러가지 사회적 과제(물, 생활필수품 · 서비스의 제공, 빈곤 삭감 등)의 해결에 이바지하는 것이 기대된다.

새로운 비즈니스 모델로서 취급하는 BOP는

1. 연간소득이 20,000달러 이상인 사람은 세계에서 1,75억명으로 1 일인당 연간 소득이 2002년 구매력 평가로 3,000달러 이하의 계층이며, 전세계 인구의 약 72%인 약 40억명이 BOP층에 속한다고 여겨진다.
2. 세계 인구의 약 72%

대부분의 경제체제는 이러한 빈곤층 시장에 관한 부분을 간과하거나, 무시하거나 심지어 이용해왔다. 기존기업 모델의 제품 및 서비스는 물류적 특성, 문화적 · 기술적 및 정치적 특성과 더불어 성숙한 경제에 맞추어 개발되었기 때문에 빈곤층 시장에 대해서는 거의 적용되지 않을 수 있다.

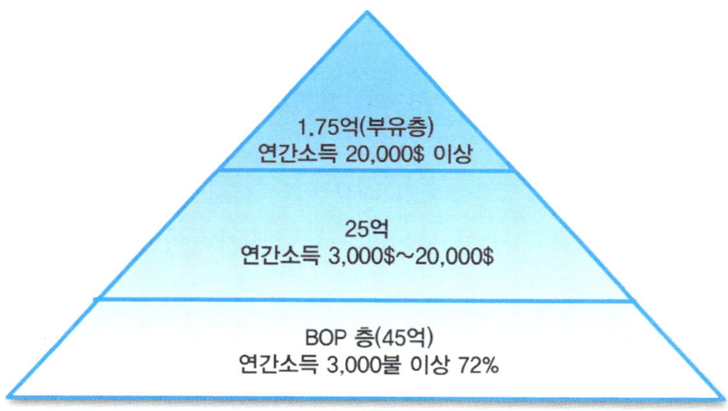

출처: 「THE NEXT 4 BILLION(2007 World Resource Institute, International Finance Corporation)」

[그림 2-1] 경제피라미드

1) 생계형기업의 요소

지속가능한 생계형기업의 핵심요소는 저렴한 가격으로 지역사회의 실제수요에 부응해야하고 지역공급자들과 유통자들을 기업의 공급망에 포함시키는 것과 관련되어 있다는 것이다. 즉, 빈곤층을 도와주는 입장이 아닌 능력 있는 동반자로서 기술 개발과 혁신의 원천으로 본다. 피라미드 바닥은 단지 기존의 제품과 서비스를 상위시장과 유사하게 유지하며, 작고 보다 값싼 형태(예로 향주머니, 일회용)로 마케팅함으로써 판매를 증가시키는 기회로서만 옹호되지는 않는다. 피라미드 바닥은 제휴와 가난한 사람들에 의해 분명히 표현되고 있는 현지의 자원 기반, 기반 시설 및 문화적 제도 위에서 구축되는 것이다.

2) 새로운 자본주의의 등장

공생의 경제, 사회적기업, 공동체살리기 등은 따뜻한 자본주의 즉, 자본주의 4.0과 깊은 관련이 있다. 아나톨 칼레츠키는 2010년 6월에 낸 자본주의 4.0: 위기 이후 새로운 경제의 탄생이란 책을 통해 2008년 금융위기로 신자유주의가 붕괴되고 새로운 자본주의로 나아가고 있다며, 이 새 시스템을 자본주의 4.0이라 지었다. 아직 '자본주의 4.0'은 대부분 사람들에게는 생소한 단어다. 자본주의 3.0은 1980년대 신자유주의 도래기부터 2008년 금융위기 때까지를 포함한다. 정치와 정부도경제의 영역으로 간주, 시장에 지나치게 개입하지 말아야 한다고 주장하고 효율성의 논리를 중심으로 파생상품, 주식, 부동산 등 금융경제가 활성화되던 시기였다.

자본주의 4.0은 '적응성 혼합경제'라고 부른다. 양극화에 의한 사회격차를 해소하고 정부와 시장의 상호의존적 관계가 의식적으로 인식되며, 대기업의 승자독식의 먹이사슬을 끊고, 큰나무에서부터 바닥의 이끼까지 모두 제 역할을 하는 공생의 숲 같은 따뜻한 자본주의를 지칭한다. 사회적기업도 마을기업도 따뜻한 자본주의를 지향하는 지속가능한 생계형의 공생형태 기업이다.

요즈음 몬드라곤의 기적이라 불리는 몬드라곤 협동조합의 선공이야기가 회자되고 있다. 몬드라곤 협동조합은 스페인의 바스크 지방에 거점을 둔 스페인 주요 10대 그룹 중 하나로 세계에서 가장 규모가 큰 협동조합으로 손꼽힐 정도로 성장했으나 초기에는 너무 빈약했다. 호세 마리아 아리스멘디 신부는 1943년 스페인에서도 변두리로 불리는 바스크 지방 내 몬드라곤 지역의 빈곤층 노동자 자녀들을 대상으로 한 교육사업의 일환으로 기술전문학교를 설립했으며, 이는 이후 기계 전반은 물론 전기, 전자, 설계 등을 전문적으로 배우는 공업기술학교로 발전하였다.

호세 신부와 공업기술학교 졸업생들은 노동자협동조합 형태를 기반으로 한 석유난로공장 울고(ULGOR)를 창립했고, 조합 내 자금 · 공제관리의 필요성을 느낀 조합원들은 이후 순차적으로 신용협동조합과 사회보장협동조합을 설립하여 1956년에는 4개의 협동조합이 통합된 그룹 울라르코(Ularco)가 창설됐고 이후 설립된 100여 개의 협동조합이 1986년에 하나로 합쳐져 오늘날 대규모 그룹의 모습을 띠기 시작하였다.

우리가 놀랄만한 것은 몬드라곤 협동조합 내 근로자 수는 2010년 기준 무려 총 8만

3359명에 달한다는 것이고 이 중 가장 많은 일자리를 창출한 분야는 유통으로 전체 근로자 중 50.4%가 이 산업에 종사하며 제조(45.1%), 금융(3.3%), 교육 · 연구(1.2%) 순으로 이어지고 있다는 것이다. 도한, 몬드라곤 협동조합의 가장 큰 특징 중 하나는 외부 투자유치를 철저히 배제한 채 오로지 조합원들의 출자금으로만 운영된다는 점이며 그리고 모든 조합원들은 협동조합의 중요한 사안에 대해 투표할 수 있는 권한이 있어 그룹 내 의사결정이 조합원 개개인의 자발적인 참여와 동의 하에 이뤄지고 있다는 점이다.

제3절 글로벌화에 대한 제3의 논쟁 : 문화충돌과 문화공존

2008년 북경올림픽의 개막식 행사에서 장이머우 감독은 종이, 화약, 나침반, 인쇄술 등의 중국의 4대 발명품을 보여 주어 세계인의 찬탄을 받았다. 중국의 문화와 역량을 발휘하는데 손색이 없었던 것이다. 2014년 9월 19일 인천 아시아드 주경기장에서 펼쳐진 제17회 아시안게임 개막식이 시작되면서 각종 비난과 혹평으로 가득 찬 네티즌 댓글들이 등장하는 등 '역대 최악의 개막식'이라는 오명을 듣고 있다. 2008년의 북경올림픽도 중국의 위상을 너무 자랑한 나머지 '제국주의' 혹은 '전체주의적 발상'이라며 서구 매체로부터 비난을 받았다. 하지만 이번 인천 아시안게임 개막식은 북경올림픽과 비교해 볼 때 문명과 문화를 포함하지 않았다는 면에서 정체조차 알 수 없는 괴이한 이벤트로 평하고 있는 사람들이 많다.

1) 문화와 문명의 차이

문화는 무엇이고 문명은 어떻게 다른가?

일반적으로 문명(文明, civilization)은 미개와 대응되는 진보된 인간생활의 총체를 지칭한다. 문명은 특히 도시의문화를 가리키는 경우가 많은데 그 유래가 라틴어의 키비스(civis : 시민) 나 키빌리타스(civilitas : 도시)이기 때문이라고 할 수 있다.

문명이라는 개념은 여러 가지 사실들을 포함한다. 즉 기술의 수준 예절의 종류, 학문적 인식의 발전, 종교적 이념 그리고 관습과 연결된다. 이러한 문명의 개념은 서구의 자아의식을 표현하고 있음을 알 수 있다. 이것을 민족의식이라고 말할 수도 있다. 여기에는 지난 2, 3세기 동안 서구사회가 그 이전의 사회들 또는 '더 원시적인' 동시대의 사회들보다 앞서 가지고 있던 모든 것들이 집약되어 있기 때문이다. 그들이 지닌 기술의 수준 예절의 종류 그 들의 학문적 인식 및 세계관과 그밖에 많은 것들의 발전을 그 개념을 통하여 표현하고자 하는 것이다.

2) 문화와 문명

19세기 말 문화를 최초로 정의한 인류학자 에드워드 타일러(Edward B. Tylor)는 '문명'과 '문화'를 동일시하고 있다. 철학자 플라톤·아리스토텔레스·토머스홉스(T. Hobbes) 등은 '문명'과 '사회'를 동일시하고 문명 이전을 무질서한 상태 자연상태로 여겼다. 그런데 자연상태라고 불린 무질서한 세계는 이른바 미개사회도 포함하여 인간사회 어디에나 존재한다는 것이 명확해져 이 이론은 논리적인 설득력을 잃게 되었다. 고대문명이 몇몇 지역에서 시기를 달리하여 발생하였는데 메소포타미아와 이집트에서는 BC 3500~BC 3000년 무렵 인더스강 유역에서는 BC 2500년 무렵, 중국에서는 BC 1500년 무렵에 저마다 문명이 형성되었다. 신대륙에서는 멕시코계곡과 페루에서 기원전후에 문명이 발생 하였으며 구 대륙의 문명과 독립적으로 탄생했다는 점은 분명하다. 고대문명이 발생한 이들 지역을 통하여 농경의 발전에 따르는 인구증가, 부(富)의 축적 직업의 분화(分化), 도시의 형성, 수력(水力)통제 토기제작과 직조織造) 등이 보인다.

이에 반해 문화는 인간이 자연상태에서 벗어나 일정한 목적 또는 생활이상(理想)을 실현하려는 활동의 과정 및 그 과정에서 이룩한 물질적·정신적 소득의 총칭이다. 특히, 학문·예술·종교·도덕 등 인간의 내적정신 활동의 소산을 지칭한다. 원래 문화(文化, culture)라는 말은 '인류의 이상을 실현해 가는 정신의 활동'을 뜻하는 경우와 '생활양식'을 총칭하는 경우가 있다. 사회과학의 여러 분야에서는 생활양식이란 의미에서 문화라는 개념을 사용하는 것이 보통이지만 이러한 의미에서의 문화에 관해서도 정의는 다양하며 그에 따른 시대적 변화도 엿볼 수 있다.

가장 중요한 차이는 문명에 있어서는 물질적·기술적인 부분이 중요하고 문화는 생활양식을 말한다는 점이다. 그러나 일상생활에서는 혼동하여 사용하여도 크게 어긋남이 없을 정도로 그 차이는 미세하다. 일반적으로 문화를 정서적인 발전으로 문명을 물질적·기술적인 발전으로 구별하기도 하나 그리 엄밀히 구별할 수 있지는 않다.

3) 동서냉전의 종식과 역사의 종말

프랜시스 후쿠야마(Francis Fukuyama) 존스홉킨스대 교수는 1989년 그의 저서 역사의 종말을 통해 "파시즘과 공산주의의 몰락과 함께 동서의 냉전은 끝났으며 인류는 자유민주주의라는 인간이 짜낸 최고의 지혜에 도달 역사 이후의 시대에 들어서고 있다"고 예견했다. 아울러 그는 역사 이후의 시대는 이데올로기 대신 종교와 민주주의 경제적 계산 기술적 문제들의 해결 환경에 대한 관심이 까다로운 소비자욕구의 충족 등과 자리바꿈을 할 것이라고 전망했다.

다시 말해 자본주의와 공산주의의 이념대결은 자본주의의 일방적 승리로 끝났으며 21세기는 시장이 정부의 역할을 대신할 것이고 초강대국들이 시장경제에 기능을 내주고 역사적 임무를 마칠 것이라고 주장한 것이다. 그의 이러한 주장은 세계의 이목을 집중시켰으며, 당시 공산주의 체제가 급격히 몰락하면서 힘을 얻었다. 구 소련의 붕괴와 해체과정과 함께 중동권 국가들의 체제전환이 급속히 이루어졌고 독일이 통일되었으며 아시아에서는 중국이 일부 제한적이긴 하지만 자유시장 경제체제를 적극적으로 도입하는 등 국제질서는 급변했다. 이러한 국제환경변화는 그의 주장의 정당성을 인정하는 것처럼 보였다.

하지만 후쿠야마는 9.11테러이후 그런 역사관을 바꾼 것으로 보인다. 그는 현세계의 위기가 무엇보다도 강력한 국가가 없어서 일어난 것으로 진단하고 강력한 국가가 다시 등장해야한다고 주장함으로써 15년 전에 역사의 종말을 통해 주장했던 자신의 견해를 번복하였다.

자유민주주의를 대신할 만한 선택지가 모두 사라진다는 의미에서 정치적 · 경제적 차원의 역사의 종말이라는 자신의 설은 정당하지만 이는 과학기술의 무한한 발전가능성을 염두에 두지 못했다는 사실을 인정한데서 출발한 것이다.

과학기술발전이 종언을 고하지 않았다는 점을 인정한 것이다. 과학기술이 종언을 고하지 않는한 역사의 종말은 없다는 것을 스스로 인정한 것이다.

4) 탈 냉전의 국제질서와 문명충돌

새뮤얼 헌팅턴(Sanmuel P. Huntington)의 문명의 충돌은 20세기 냉전의 종식과 21세기탈냉전의 국제질서를 설명하기 위한 시도이다. 프랜시스 후쿠야마는 자유민주주의는 인류가 만든 최후의 이데올로기로서 더 이상 개선의 여지가 없는 진화 의종점이며 역사의 종언이라며 모든 역사는 자유주의로 수렴되었다고 '자유주의일원론'을 설파하나 헌팅턴은 일원론적 세계정세인식을 거부하고 이념이 후퇴한 자리에 문명이 들어서서 세계정치는 복잡성과 갈등의 정도가 심화되었다고 주장한다. 그는 문명으로 종교를 기준으로 서구기독교, 그리스정교, 이슬람권, 아프리카, 힌두교, 유교, 그리고 일본을 꼽는다. 일본을 하나의 문명권으로 인정한 점이 독특하다.

헌팅턴에 의하면 각 문명권은 핵심국을 중심으로 문명의 이익을 위해 단합하고 두 개 문명의 이익이 상치되었을 때 '문명의 충돌'은 불가피하며 문명과 문명 사이의 충돌은 세계평화에 가장 큰 위협으로 문명에 바탕을 둔 국제질서만이 세계대전을 막는 가장 확실한 방어수단 이라는 것이다.

이에 문명에 기반을 둔 세계질서가 등장하며 국가들은 자기문명화의주 도국 혹은 핵심국(core state)을 중심으로 뭉친다. 보편성을 자처하는 서구의 자세는 다른 문명 특히 이슬람 중국과 갈등을 빚고 있다. 국지적 차원에서는 주로 이슬람권과 비이슬람권 사이의 단층선분쟁이 '형제국의규합'을 통해 확전으로 치달을 가능성이 상존한다. 분쟁을 저지하려는 핵심국의 노력도 두드러진다.

- 서구가 자신의 가치관을 주장하고 자신의 이익을 수호하기 위해 나설 때 비서구사회들은 선택의 기로에 놓인다. 어떤 나라들은 서구를 모방하여 서구에 합류하거나 '편승(bandwagon)'하려고 한다.
- 유교와 이슬람국가들은 자신의 경제력과 군사력을 확대하여 서구에 맞서고 서구를 '견제(balance)'하려고 한다.
- 탈냉전 세계정치의 중심축은 따라서 힘과 문화의 차원에서 전개되는 서구문명과 비서구문명, 이슬람, 힌두, 중화, 라틴아메리카, 일본, 그리스정교, 아프리카의 상호작용 이라는 다극화 · 다문명화의 양상으로 나타날 것이다.

1. 헌팅톤의 문명 충돌론의 등장

1989년 소련의 붕괴이후 국제체제는 양극체제 곧 민주주의와 공산주의란 이념의 지배로부터 벗어나게 되었다. 이른바 탈냉전시대가 도래한 것이다. 특히 서유럽과 미국

헌팅턴

인들은 이것을 사회주의에 대한 민주주의의 승리이자 사 회주의 경제에 대한 자본주의 경제의 우월성의 결과로 받아들였다. 따라서, 탈냉전 시대에는 서구사상이 전 인류에 보편화되고 서구주도의 세계질서로 재편될 것이라 생각했다. 즉, 미국이라는 세계초강대국과 서유럽을 중심으로 중국 일본 등이 주도세력이 되는 세계를 예상했고 이체제하에서 안정이 이뤄질 것이라 내다보았다.

그러나 민족문제 · 종교문제 · 문화적 차이 등이 이념을 대신하면서 각지역간의 차이로 인한 극심한 대립의 양상이 표출되었다. 거기에 제국주의 시대를 경험한바 있는 대다수국가들이 서구중심의 세계질서에 반발하면서 반서구주의적 성향이 전 세계적으로 확산되었다.

2. 문명 충돌론이란

탈냉전시대의 예기치 못한 상황을 고(故) 새뮤얼 헌팅턴은 '문명의 충돌'로 설명하고 있다. 냉전시대의 대립은 '이념적 가치'가 주도하였지만 이후의 시대는 이데올로기에 억눌려있던 '문명'들이 분출되어 세계를 재구성하고 이에 의한 대립이 일어날 것 이라는 주장이다. 여기에서 말하는 '문명'은 '야만'과 대비되는 '보편적 의미'의 '문명'이 아니라 언어나 종교 등 여러 가지 문화적 특질의 집합체로서 세계 여러 지역에 자리잡아온 '문명권'들을 의미한다.

그는 세계를 다극화 · 다문명화된 사회로 인식한다. 세계정치는 문화적 특성에 따라 재구성되고 문명공동체가 냉전시대의 낡은 블록을 대체한다는 것이 그의 이론이다. 즉 이념의 자리를 문명이 차지하고 문명의 단층이 세계정치의 갈등무대로 부상한다는 것이다. 그러므로, 그는 냉전이후 세계의 위험은 '각기 다른 문화에 속한 민족 간의 갈등'이 될 것으로 문명과문 명사이의 '단층선'이 갈등의 무대가 될 것이라고 말한다.

3. 그리스도교(서구문화) vs 이슬람교

새뮤얼헌팅턴이 상정하는 주요문명권은 7개정도로 중국, 일본, 힌두, 이슬람, 서구(미국 유럽), 라틴아메리카 그리고 아프리카이다. 그러나, 그는 '문명권'의 제1차적으로 중요한 경계는 '종교'라고 주장하며 그리스트교(서구)대 이슬람교의 대립양상이 가장 큰 비중을 차지할 것이라고 예견한다. 이슬람과 서구는 지난 1000년간 대립했고 그러한 대립은 두 문명 간의 차이에서 일어났다. 이슬람교와 그리스트교 모두 일신론적 사고방식이고 이는 그들 모두 세계를 '우리와 그들'이라는 이원적 구도 안에서 파악한다.

태생이 하나인 기독교와 이슬람교 두 종교는 왜 서로반목하고 싸우는가 한 태생이면서도 끊임없이 다투는 두 종교 의 다른점은 무엇인가 〈표 2-1〉의 이슬람교와 기독교의 비교에서 볼 수 있듯이 두 종교 비슷하지만 너무나 다른 특징으로 인해 물과 기름처럼 통합되기 어려운 점도 있다.

표 2-1 — 이슬람교와 기독교의 비교

이슬람교	기독교
하나님 알라 외에는 없다.	하나의 하나님이 성부 성자 성령의 삼위일체로 계신다.
예수 마호메트보다 열등한 선지자일 뿐이고 십자가에서 죽지 않았다.	하나님의 아들이며 십자가에서 대속물로 죽으시고 부활하셨다.
죄 다섯 가지 표준을 행치않는 것이다.	하나님께 반항하는 행위이다.
구원 자기스스로의 행위(다섯 가지 표준을 행함)로 구원을 얻고 죄값을 치른다.	예수그리스도를 믿음으로써 주어진다.

이러한 가치관의 대립과 더불어 20세 기 후반에 발생한 모슬렘의 인구증가와 그에 따른 이민과 실업자증가, 이슬람인의 문명에 대한 자긍심, 이슬람권 분쟁에 대한 서구의 개입, 사회주의의 붕괴 이슬람과 서구의 차이에 대한 인식 등은 두세력 사이의 분쟁을 기정사실화했다. 이러한 차이를 볼 때 이슬람권과 서구사이의 갈등은 단순히 이슬람원리주의나 테러리즘에 의한 것이 아니라고 주장한다. 현실적으로 두 세력은 계속적인 분쟁을 보여 왔다.

특히 서구가 상대적으로 영향력이 감소한 반면에 아시아 특히 동아시아의 경제력·군사력·정치력의 확대와 이슬람문명의 청년층 15~25세 인구의 폭발적 증가를 지적하며 현재 서구사회는 심각한 위협에 직면해있다고 주장한다.

4. 새 뮤얼 헌팅턴이론의 한계점

헌팅턴은 세계를 7개 문명으로 나눴지만 실질적으로는 서구와 비서구란 이분법적인 기준을 바탕으로 국제정치를 분석하고 있으며 유럽과 미국주도의 국제질서에 대한 비서구 특히 중국과 이슬람의 도전으로 현 상황을 진단하고 있다. 그것은 이슬람의 역동성이 비교적 소규모로 벌어지는 단층선 분쟁의 지속적인 원천이고 중국의 부상이 핵심국 사이에 벌어지는 대규모 문명전쟁의 잠재적 원천이라고 한 대목이나 서구는 다른 국가와의 관계에서 경제적 자산을 당근과 채찍으로 유효 적절히 사용함으로써 다른 국가들이 서구국가들을 이간질시키지 못하도록 결속을 다지고 정책공조를 공고히 하며 비서구 국가들 간의 차이점을 적극적으로 부각시키고 활용해야 한다고 주장한데서 알 수 있다.

헌팅턴의 문명충돌론은 분명 획기적이기는 하지만 국제정치이해의 객관적지표로서보다는 서구중심의 주관적 시각에 치우쳐서 현국 제정치를 해석하고 있다는 한계점을 갖고 있다.

5. 새 뮤얼 헌팅턴이론의 시사점

탈냉전시대를 맞이해 인류는 갈등과 전쟁보다는 평화와 공존의 길을 모색해야 한다. 물론 분쟁의 원인을 파악하는 것도 한 방법임에는 틀림없다. 그러나 세계의 협력은 '중국의 도전' 이나 '이슬람근본주의'에 관한 문제로 단정하기보다는 서구사회도 노력하여야 할 문제이다.

탈냉전시대는 더 이상 이념이 좌우하는 시대가 아니다. 또 한종교와 민족 문화적 차이에 의해 상호 대립하는 다문명시대가 되어서도 안된다. 서로의 존재를 인정하는 토대위에서 공존의 길을 모색해야 할 것이다. 9 · 11 뉴욕의 세계무역센터 테러사건은 독단적 · 강압적질서구축을 하려는 미국에 대한 반발이었다는 점을 서구사회도 알 필요가 있다.

1) 문명의 대화를 통한 문명의 공존

독일 프랑크프르트 대학의 국제관계학교수인 하랄트 뮐러(Harald Muller)는 문명의 공존에서 헌팅턴의 주장은 세계를 '우리'와 '그들', '선'과 '악'으로 나누는 냉전시대의 이분법과 논리적으로 비슷하다며 문명의 충돌을 비판한다. 핵심국도 그럴듯해 보이지만 패

하랄트 뮐러
(Harald Muller)

권국이 등장하며 주변국은 그 나라에 들러붙기 보다는 다른 지역과 동맹을 맺어 패권국을 견제하는 것이 현실이기 때문이다.

뮐러는 문명의 충돌은 미국적 국제관계학의 산물이고 사실은 세계사회의 역동성은 낯선 것과의 대결을 다층화하고 그로서 거부본능을 자극하지만 동시에 권력으로부터 자유로운 문명간의 대화가 이루어질 기회를 생산한다는 문명의 공존을 주장한다. 다시말해 문명에의 충돌이 아니라 상호의존과 글로벌화가 불러온 경제적필연성으로 문명이 변하고 있다는 것이다. 즉 뮐러의 문명의 공존은 세계의 문명권을 이원화된 대결구도가 아니라 상호보완적 파트너 관계 즉 전 세계를 유기적공동체로 보고자하는 논리를 전개하고 있다. 따라서 지금 서구에 필요한 것은 폐쇄가 아니라 개방이며 다른 문명에 대해 더 많이 배우는 것 이라고 주장 한다. 하랄트 뮐러(Harald Muller)는 헌팅턴의 이론을 비판하면서 문명의 조화와 공존이 가능한 새로운 세계질서를 모색한다. 뮐러는 현대 정치체제의 전형을 권력국가가 아니라 교역국가로 이해한다. 교역국가의 특징은 정부가 경제계의 요구에 개방적이고, 외교 목표를 설정할 때 경제계를 위시한 이익단체들의 의견을 존중하며, 권력과 안보의 문제보다 경제관계를 우선하고, 또 군비지출을 최소 수준을 유지하려고 노력하는 데에 있다고 그는 지적한다. 물론 교역국가는 오늘날 권력국가를 대체한 것은 아니지만, 권력국가의 헤게모니에 강력히 도전하고 있다는 사실은 충분히 수긍할 수 있다. 특히 세계화를 통한 상호의존의 과정, 그리고 세계 사회의 전지구적 커뮤니케이션의 심화는 교역국가에 내재한 역동성을 보다 강화할 것이라는 전망 역시 설득력이 있어 보인다. 뮐러는 이러한 역동성이 등장하는 이유를 다음과 같이 설명한다.

국민의 부를 증가시켜야 한다는, 국가의 가장 중요한 목표는 독자적인 행보로는 더 이상 도달할 수 없다. 고삐 풀린 경쟁이 가져올 손실을 피하기 위해서는 국제적인 규칙이 필요하다. 국가는 협력을 강요받고 협상에 참여하여 국제 정체, 다시 말해서 법의 형식을 갖춘 합의를 마련하여 경쟁의 부작용을 제거하기 위해 노력한다.

그 결과 국제법과 국제기구가 지속적으로 성장하며, 권력국가의 세력 균형의 논리 곁에 국제 협력이라는 교역국가의 역동성이 관철한다는 것이다

제4절 세계화의 주자로서의 맥도널드와 골든아치 이론

1. 골든아치이론

맥도날드가 글로벌 시대를 상징한다는 것은 토머스 프리드먼이 언급한 골든아치이론(Golden Arches Theory)에서 가장 설득력 있는 주장이라고 하겠다. 이 이론의 핵심은, "맥도날드가 진출한 국가 간에는 무력분쟁이 없다."

너무나 단순한 이론이지만 내포하는 의미는 무척이나 크다. 분쟁의 요소인 종교, 영토, 또는 정치적 차이를 더는 무력을 써서 해결하면 그 비용이 너무나 크다는 것을 인식하는 성숙한 국가가 되었다는 것을 의미한다. 맥도날드의 진출은 햄버거라는 미국 문화의 상징을 그만큼 쉽게 받아들일 수 있는 중산층이 커진 것을 상징하며, 중산층은 종교, 영토, 정치가 다르다는 이유로 타 국가와의 전쟁을 원치 않기 때문이라는 것이다.

2. 맥도날드화란?

맥도날드화(McDonaldization)란 패스트푸드점의 원리가 미국 사회와 그 밖의 세계에 더욱더 많은 부문들을 지배하게 되는 과정을 말하지만, 좀 더 포괄적으로 이야기하면 성공적이고 혁명적인 패스트푸드 레스토랑이 미국 사회를 비롯해 전 세계 수 많은 사회의 많은 분야를 지배해 가는 과정을 말한다.[34)]

조지 리처(George Ritzer) 같은 사회학자가 '사회의 맥도날드화'라는 용어를 만들어 내고, 세계 각국 통화의 구매력을 비교 · 평가하는 지표로 '빅맥지수(Big Mac Index)'라는 것이 등장할 정도로 맥도날드는 세계지표의 하나로 인정받고 있다. 그리고 어떤 학자는 맥도날드의 황금색 아치가 십자가보다 더 잘 알려져 있다는 조사결과를 발표한 바 있다.

맥도날드화 과정은 "글로벌화에 의한 문화의 세계적인 균질화(평등화)에 관한 최근의 정량화사상 속에서 패스트 푸드점의 원리가 점점 더 많은 분야를 지배하게 되는

---

34) 조지리처 『맥도날드 그리고 맥도날드화』, 시유시, 2003.

것"으로 요약할 수 있다.[35)]

다시말하면 맥도날드화는 합리화와 과학적 관리법의 재개념화이다. 이 사회가 변화하는 방향성을 나타내기 위해, 맥스 베버가 관료제의 모델을 이용한 반면, 조지 리치는 패스트푸드점을 보다 대표적인 현대의 패러다임으로 파악하고 있다.

맥도날드화에는 합리성의 불합리성(irrationality of rationality)이 불가피하게 나타난다. 전 세계에 보급된 맥도날드 프랜차이즈의 원리는 합리화의 현대적 발전의 표본이다. 패스트푸드 레스토랑이 그런 과정의 전형이라면 맥도날드화 과정은 지금까지 미국의 사회구조와 제도 대부분에 커다란 영향을 미치면서 전 세계 수많은 국가에 침투되었다. 맥도날드화 모델은 패스트푸드 레스토랑의 범위를 넘어서 고등교육, 채식주의, 테마파크, 정치 등 본질적으로 관계가 없어 보이는 일상적 소비에도 적용되어 왔다. 물론 모든 체계가 맥도날드화되어 가는 것은 아니다. 그러나 정도의 문제일 뿐 오늘날 사회제도가 맥도날드화의 영향권을 피해 가기는 어렵다. 맥도날드화가 모든 범위의 세계화과정에 접근하는 것은 아니어서 세계화의 수많은 경제적, 정치적, 제도적 특징이 맥도날드화와는 무관한 반면, 맥도날드화에는 세계적으로 미치는 영향력에 대한 분석보다 실제로는 더 많은 것이 내포되어 있다.

맥도날드화는 세계화의 연장선이 아니며 단독으로 세계화과정을 의미하지도 않지만 글로벌한 의미를 갖고 있으므로 세계화이론을 설명하는 유용한 모델이 될 수 있다.

3. 문화와 경제의 상호작용이 맥도날드이론

맥도날드로 대표되는 페스트푸드점의 경영방식은 효율성(efficiency), 계산가능성(calculability), 예측가능성(predictability), 그리고 통제(control)를 제공함으로써 성공을 거두어 왔다.[36)]

예를 들면 맥도날드 햄버거를 만드는 방법은 아주 자세하게 메뉴얼화되어 있다. 메뉴얼대로만 움직이면 되기 때문에 초보자라도 금방 배울 수 있다. 그리고 메뉴얼에는 계산방법, 손님접대방법, 인사방법까지 들어 있다. 직원들도 편리하고, 고용주들도 적은 비용으로 양질의 판매과정을 얻을 수 있다.

최근 들어 자본, 사람, 상품, 정보, 문화의 다국적 유입이 증가하면서 세상이 변화하고 있다. 영향력이 높은 경제적, 정치적, 인구통계학적, 문화적인 변화로 세계화에 대

35) Pieterse, Jan Nederveen. Globalization and Culture: Global Melange. Rowman & Littlefield, 2009.

36) David Harvey, The Condition of Postmodernity : An enquiry into Origins of Cultural Change, Basil Blackwell, 1990.

한 정치적, 시민적 관심이 증폭되었다. 세계화이론은 문화적, 경제적, 정치적, 제도적 요소를 강조하는 기반 위에서 동질성과 이질성 중 어느 것을 강조하느냐에 따라 분류된다.

문화의 세계화는 일반적 규범이나 관습인 동질성을 향한 추세로 흐르거나 아니면 많은 문화가 다양한 혼성물인 이질성을 유도하는 모방품을 만들어 내기 위해 상호작용하는 상황으로 이끌 수 있다. 장 피에르 바르니에(Jean-Pierre Warnier)는 지구 차원에서 일어나는 문화상품의 흐름을 '문화의 세계화'라고 지칭하며 우리가 오늘날 문화의 세계화에 대해 말하는 것은 대부분 '문화적' 재화(영화, 방송, 음반, 언론매체, 특히 잡지)의 일부 시장에 대한 글로벌화라고 주장한다.[37] 특히 세계 곳곳에서는 맥도날드와 코카콜라로 대변할 수 있는 미국화에 대한 우려의 목소리가 높다. 세계화이론은 세계의 특정 부분에 한정되지 않고 보편적인 현상으로 나타난다. 맥도날드화와 새로운 소비방법에 대한 연구를 통해 세계화이론의 전제와 주장을 설명할 수 있다.

문화와 경제의 상호작용이 맥도날드이론의 중심이다. 조지 리처는 문화적 요소를 강조하고 결과적으로는 경제적 요소, 특히 글로벌 자본주의 시장의 수익성이 맥도날드화 확산을 이끄는 원동력이라고 말한다.

4. 맥도날드의 현지화

글로벌화로 세계시장을 지배하는 미국의 대표적인 음식으로는 '맥도날드 햄버거'가 있다. 미국의 한 창업잡지가 2000년에 발표한 글로벌 프랜차이즈 순위에는 맥도날드가 1위에 올라 있다. 1955년에 프랜차이즈 사업을 시작한 맥도날드는 패스트푸드 열풍을 타고 유엔 회원국에 매장이 없는 곳이 없을 정도로 광범위한 판매망을 구축했다. 그러다보니 맥도날드는 '미 제국주의'의 상징으로 지구촌 곳곳에서 반(反)세계화 시위대의 공격 목표가 되기도 한다.

맥도날드가 반세기 만에 전 세계 패스트푸드 시장의 강자가 된 데는 문화가 다르고 식성이 다른 나라에 대한 현지화 전략도 한몫을 했다. 프랑스에서는 맥도널드의 상징인 로널드 대신 프랑스 만화의 주인공 아스테릭스가 캐릭터로 등장한다. 또 쇠고기를 먹지 않는 인도 사람들을 위해서 양고기와 닭고기의 '마하라자맥'과 야채로 만든 '베지버거'를 개발했고, R 발음을 잘 못하는 일본인을 위해서는 로널드를 아예 '도널드'로 바꾸기도 했다.

37) 장 피에르 바르니에, 『문화의 세계화』, 한울, 2008.

그 밖에도 머핀에 콩과 치즈, 칠리소스를 얹은 멕시코의 '맥몰레테스', 마늘 마요네즈 · 야채 · 아랍식 빵을 곁들인 '매카라비아', 호주의 토스트인 '베제마이트', 싱가포르의 '치킨 싱가포리지' 등 헤아릴 수 없이 많은 제품이 제각각 나름의 이미지를 갖고 있다.

맥도날드는 2019년 현재 전세계119개 이상의 국가에 38,695개 점포를 갖고 있다. 단 북한은 아직도 맥도날드가 없다고 한다. 맥도날드의 메뉴는 그들의 국가에서 다른. 여러 나라, 특히 아시아의 레스토랑은 수프를 제공하기도하며 지역 시장이 더 친숙한 식품을 만들기 위해 인도네시아의 맥라이스를 판매하거나 싱가포르와 일본의 에비(새우) 버거를 판매한다. 또한 독일과 다른 서유럽 국가에서는 맥도날드가 맥주를 판매하기도 한다.

이탈리아의 인기 있는 치즈 파르미지아노 레지아노를 넣은 쇠고기버거 '파르마 렉'은 2008년 9월 출시 이후 인기를 끌면서 이제는 이탈리아 국내산 브랜드로 착각을 일으킬 정도로 표준화의 대표적 브랜드인 맥도날드가 12개국에서 각각 차별화하여 현지화되기에 이르렀다.

제5절 롯데리아는 맥도날드와 경쟁이 되는가?

한국의 국내시장 1위인 롯데리아는 2009년 810개의 점포에서 2013년에는 1,140개 점포에서 2021년 5월 현재 롯데리아 매장은 1,300여개로 증가하여 맥도날드보다는 약 400여개 더 많다고 한다. 1972년 2월, 일본 도쿄에서 한국의 기업가인 신격호(辛格浩)에 의해 설립되어 1979년에 대한민국 서울에 설립되었다. 롯데리아는 이후 동아시아 전역에 퍼져 중국, 미얀마, 대만, 베트남 필리핀등 에 지사를 추가하고 있지만 맥도날드의 세계화 보다는 롯데의 아시아화라고 보는 것이 타당하다.

특히 일본과 한국에서 강세를 보이고 있으며 한국 에서는 롯데리아가 한 개도 존재하지 않는 기초자치단체는 전국에서 단 5곳밖에 안 될 정도로 롯데리아가 강세이며 일본에서도 일본 국내 점포수는 2007년 9월에 469점이었지만, 2009년 2월에는 524점으로 증가했으나 2011년 6월에는 398점으로 쇠퇴해 2017년 8월 현재 370점포까지 감소 중이다. 2020년 1월 일본 국내에 47도 도부현 모두에 출점 있었던 적이 있었지만 현재 매장이 없는 곳은 나가노현, 돗토리현, 시마네현, 고치현, 후쿠이현의 5개 현이라고 한다.

제6절 스타벅스(Starbucks)의 등장과 스타벅스 효과

스타벅스 는 워싱턴 주 시애틀에 본사를 둔 미국의 다국적 커피하우스 체인점이며 세계에서 가장 큰 커피 하우스 체인점이다.

2021년 11월 현재 80개국에 33,833개의 매장이 있었으며, 그 중 15,444개가 미국에 위치하고 있다. 이중 아시아가 가장 많은 점포를 차지하고 있는데 중국 3,600점포 일본: 1,415점포 대한민국: 1633개라고 한다.

커피 문화의 두 번째 물결의 상승을 일으켰다고 일컬어지는 스타벅스는 국가에 따라 대부분의 위치는 무료 와이파이 Wi-Fi를 제공하면서 젊은세대의 공감을 얻은 것으로 평가된다.

*스타벅스 효과(Starbucks Effect)

스타벅스가 입점한 건물과 주변 지역의 가치가 스타벅스의 집객 효과 때문에 엄청나게 뛴다는 것이다. 조금 더 깔끔하게 정리하자면 스타벅스가 일종의 키테넌트가 되어서 건물과 지역의 가치를 끌어올린다는 것이다

미국의 부동산 리서치 그룹인 질로(Zillow)가 발표한 자료 덕분에 유명해진 용어인데 1997년부터 2013년까지의 주택가격을 조사한 결과 스타벅스로부터 0.25마일(약 402미터) 이내에 위치 한 주택가격은 96% 상승한 반면 다른 지역은 65% 상승하는 데 불과했다는 것이다. 특히 보스턴, 필라델피아, 시카고, 워싱턴 D.C, 볼티모어에서 이런 현상이 많이 나타났다고 한다.

제7절 월마트의 등장과 월마트 효과

대형 할인점인 월마트의 경영혁신기법이 타 회사에게 전달되면서 생산성 증가가 이루어지면서 미국의 사회 경제 전반에 기여한 흐름을 '월마트 효과'라 부른다.

월마트는 전자문서교환(EDI : Electronic Data Interchange)의 도입과 함께 IT 도입, 업종개발과 글로벌 전개 등을 추진하여 그리고 물류 및 구매에서 규모의 경제효과가 나타나면서 경쟁사 대비 40%나 향상된 생산성을 기반으로 저가 정책(EverydayLow Prices)를 실현하였다. 그 결과 월마트는 1987년 단지 9%에 불과했던 시장 점유율을

1995년에는 27%로 세 배나 끌어 올리며 도소매업의 생산성 향상을 주도하였다. 이러한 월마트의 혁신에 자극받은 다른 경쟁업체들이 적극적으로 월마트의 혁신기법을 받아들이기 시작했다. 시어즈(Sears), 타겟(Target)과 같은 대형 경쟁업체들뿐만 아니라 패밀리 달러(Family Dollar), 마이어(Meijer), 튜즈데이 모닝(TuesdayMorning) 등과 같은 중·소형 업체들도 월마트의 혁신기법을 그대로 받아들였다. 그 결과 이들 역시 1995~99년 중 생산성이 28%나 증가하게 되면서 동종산업의 발전에 기여하였다. 이것이 이른바 월마트 효과(Wal-Mart Effect)이다. 월마트의 경영혁신이 다른 경쟁업체들에게 전파되면서 도·소매업 전체의 생산성 증가가 이루어졌고, 이것이 미국 경제의 생산성 증가에 가장 큰 기여를 한 것이다.

월마트는 끊임없는 새로운 혁신기법으로 성장을 이루면서, 약 반세기만에 세계 최대의 매출을 자랑하는 기업이 된다. 2017년 현재 월마트의 매출액은 4,859억 달러로 세계1위를 기록하였으며 전세계 약 230만 명의 직원은 매주 2억 7,000만 고객과 회원의 요구를 충족한다(Wal-Mart, 2018).

1. 월마트의 부정적 효과

패스트 컴퍼니 잡지의 수석 편집자인 찰스 피시먼(Charles Fishman)은 '월마트 이펙트(The Wal-Mart Effect)'라는 저서에서 월마트의 최저가 집착은 결국 소비자의 윤리적·합리적 소비 의식과 상생의 가치를 매몰시킬 위험이 있음을 지적했다.[38] 월마트는 소비자에게 좀 더 저렴한 가격을 제시하기 위해 끊임없이 원가 절감 노력을 한다. 그리고 유통 구조를 개선하고, 포장을 줄이며, 공급망의 효율성을 개선한다. 그런데 계속해서 효율화 하다보면 줄일 방법이 없다보면 나중에는 인건비와 재료비를 삭감하고, 공급 업체를 독촉해 공급가를 낮추게 된다. 또 수 많은 공장들은 중국 등 해외로 이전하게 되고, 값싼 플라스틱을 사용하게 되며, 자동화 등으로 매장당 직원 수도 줄이게 된다. 이 밖에 저개발국의 저렴한 노동력을 활용해 인권 문제가 생기고, 대량 양식으로 환경 문제도 발생한다.

그리고 전통적인 지역 쇼핑 지역의 생존 가능성을 지적하였으며 지역 임금에 대한 지속적인 하방 압력으로 지역경제에 초래하는 부정적인 요소도 언급했다.

38) Charles Fishman, The Wal-Mart Effect: How the World's Most Powerful Company Really Works--and HowIt's Transforming the American Economy, 2006.

2. 현지화하는 맥도널드

글로벌화로 세계시장을 지배하는 미국의 대표적인 음식으로는 '맥도날드햄버거'가 있다. 미국의 창업잡지가 2000년에 발표한 글로벌 프랜차이즈 순위에는 맥도날드가 1위에 올라있다. 1955년에 미국에서 프랜차이즈 사업을 시작한 도날드는 패스트푸드 열풍을 타고 전세계 유엔회원국에 매장이 없는 곳이 없을 정도로 광범위한 판매망을 구축했다. 그러다보니 맥도날드는 '미제국주의'의 상징으로 지구촌 곳곳에서 반反)세계화 시위대의 공격목표가 되기도 한다.

맥도날드가 반세기만에 전세계 패스트푸드 시장의 강자가된 데는 문화가 다르고 식성이 다른 나라에 대한 현지화전략도 한몫을 했다. 프랑스에서 맥도널드의 상징인 로널드대신 프랑스만화의 주인공 아스테릭스가 캐릭터로 등장한다. 또 쇠고기를 먹지않는 인도사람들을 위해서 양고기와 닭고기의 '마하라자맥'과 야채로 만든 '베지버거'를 개발했고 R 발음을 잘못하는 일본인을 위해서는 로널드를 아예 '도널드'로 바꾸기도 했다.

그밖에도 머핀에 콩과 치즈 칠리소스를 얹은 멕시코의 '맥몰레테스', 마늘마요네즈·야채·아랍식빵을 곁들인 '매카라비아', 호주의 토스트인 '베제마이트', 싱가포르의 '치킨싱가포리지'등 헤아릴 수 없이 많은제품이 제각각 나름의 이미지를 갖고 있다. 이탈리아의 인기있는 치즈파르미지아 노레지아노를 넣은 쇠고기버거 '파르마렉'은 2008년 9월 출시 이후 인기를 끌면서 이제는 이탈리아국내산 브랜드로 착각을 일으킬 정도로 표준화의 대표적 브랜드 인 맥도날드가 12개국에서 각각 차별화하여 현지화 되기에 이르렀다.

국제경영의 역사

제3장

제1절 국제경영과 해외진출

1. 국제경영과 해외진출

국제경영의 역사는 '국제무역의 역사' 또는 '다국적기업의 역사'라고 하는데 전자의 경우도 해당되는 경우가 있지만 담당 주체를 볼 때 후자인 다국적기업의 역사가 국제경영의 역사로 보는 것이 타당하다고 생각한다.[1)]

국제경영의 역사는 서로 언어가 통하지 않던 시기에도 물물교환 형식으로 이루어졌던 '침묵무역(silent trade)'으로부터 시작되었다. 말이 통하지 않거나 필요 없던 시기에 이루어졌으므로 '무언교환(Dumb barter)'이라고도 하며 불이나 북으로 신호를 하여 A그룹은 취급상품을 돌출장소에 놓아두고 B그룹은 그 장소에 도착하여 상품을 조사하고 교환하는 방법으로 무역을 하였다고 한다. 침묵교역의 유명한 예로서, 헤로도토스가 『역사』의 제4권에 기록한 것이 침묵무역의 시초인데 카르타고와 리비아가 행한 국제적 금 무역이 언어의 문제와 상인보호의 차원의 입장에서 시행되었다고 적혀 있다.[2)]

국제무역은 합자회사의 기원으로 일컬어지고 있으며 중세의 지중해 무역에서 나타난 코멘다(Commenda)제도[3)] 또는 아시아에서 무역을 위해 정부와 식민지 기업의 긴

---

1) Mira Wilkins, The Emergence of multinational Enterprise, Harvard University Press, 1970.

2) ヘロドトス、松平千秋訳『歴史 中巻』岩波書店〈岩波文庫〉、1971年。(原書 ἱστορίαι)

3) 중세의 지중해 연안에서 발생한 기업 형태를 말한다. 코멘다는 자본가(Commendator)가 상품 또는 금전을 제공하고 기업가(Tractator)로 하여금 그의 이름으로 해외무역을 영위하게 하고 그대가로서 이익 일부를 분배받는 제도로 오늘날의 합자회사 기원으로 보고 있다. 소키에타스는 코멘다보다 발전된 형태로 기업가가 단지 노무뿐아니라 자본의 일부를 출자한 형태를 말한다.

밀한 관계를 보증하기 위해 특허받은 네덜란드의 동인도회사(East India Company, 1602~1798)를 시초로 본다. 그러나 순수하게 민간기업으로서 해외 진출에 성공한 첫 번째 회사는 1880년 미국의 싱거 재봉틀 회사(Singer Sewing Machine, 1868년 창립)로 기록되고 있다.[4] 그리고 미국에서는 싱거 회사 이외에도 1914년에 34개 회사가 해외에 진출했으며 26억 5,000만 달러의 해외직접투자액을 기록했고 이는 당시 미국 GNP의 7%였다.[5] 한편, 1914년으로부터 70여 년 지난 1987년에 미국은 3,090억 달러의 직접투자액을, 기록 액수로는 110여 배 증가했지만 미국 GNP의 비율은 역시 7%를 기록하였다.

그러나 좀 더 현대적 의미의 해외 진출은 포드자동차가 1910년경부터 T형 포드를 수출하고 브라질, 아르헨티나 등에 조립라인을 두었으며 1920년대에 들어 100% 자회사의 신설을 기본 전략으로 1924년에 영국, 남아프리카, 1925년 독일, 오스트레일리아, 멕시코 등에 생산, 조립 거점을 구축한 것이라 주장하기도 한다.

전 세계적으로 다국적기업 수와 해외직접투자액에서 1위인 미국을 보면 2005년 기준 해외직접투자 누계액은 2조 700억 달러를 기록하고 있다. 일본무역진흥기구(JETRO)의 2020년 「세계무역투자동향시리즈」에 의하면 2019년의 미국의 해외직접투자 누계액은 38조 4300억 달러로 불과 15년 사이에 14배를 기록할 만큼 엄청난 성장을 보이고 있다. 2000년대에는 미국의 해외직접투자액은 연평균 1, 200억 달러에서 미국 상무부 경제 분석국(BEA)에 의하면 2020년 2251억 달러를 기록했다고 한다. 불과 20년 사이에 188%의 성장을 기록하였다.[6]

2. 동방무역의 탈피와 신대륙 발견과 확대되는 교역

1453년에 오스만 제국으로 불리는 오스만 투르크가 비잔틴제국을 무너뜨리고 중동 지역 전체와 동부 지중해를 장악함으로써 유럽과 아시아 간에 이루어졌던 동방무역이 전보다 어려워졌다.

15세기에 이르자 유럽의 국제무역은 일찍부터 항해술이 발달한 네덜란드, 스페인, 포르투갈, 영국 등 해양국가들의 상인과 한자(Hansa) 상인이 서로 나누어 담당하게 되었으나, 동방과의 무역은 인도 및 중국의 국제무역을 독점하고 있던 아라비아 상인에게 중개료를 지급하여야만 하는 상황이었다.

---

4) Donald A. Ball & Wendell H. McCulloch, Jr., International Business, IRWIN, 1990, p.8.

5) Mira Wilkins, The Emergence of multinational Enterprise, Harvard University Press, 1970.

6) ジェトロ2020年「世界貿易投資動向シリーズ」

그 이유는 동방에 이르는 일체의 국제무역 경로를 여전히 이슬람교도가 쥐고 있었기 때문이며, 그러자 동방무역에서 이슬람교도의 방해를 벗어나기 위한 방법의 필요성이 대두되었다. 그중 적극적인 것은 십자군에 의한 군사적 공세를 취하는 것이었고, 소극적인 것은 지리적 발견에 의하여 회교도와 정면충돌 없이 국제무역상의 목적을 달성하는 것이었다. 15세기 말은 서양인에게 매우 뜻깊은 역사의 전환점이다. 1492년 크리스토퍼 콜럼버스(Christopher Columbus, 1451~1506)가 인도로 가려다가 우연히 아메리카로 가는 항로를, 1497년 바스코 다가마(Vasco Da Gama)가 아프리카 희망봉을 경유하여 인도로 가는 항로를 발견하였다. 이리하여 유럽인들은 유럽을 벗어나 넓은 외부세계로 진출할 수 있는 발판을 마련하였다.[7]

스페인은 서인도제도와 남미, 그리고 필리핀을, 포르투갈은 이 루트를 이용하여 동방을 정복하는 데 성공하여 1510년에 고아(Goa)를, 1518년에는 마카오를 각각 얻을 수 있었다.

서인도제도의 스페인과 희망봉 경유의 루트를 독점하게 된 포르투갈은 동방 물자를 수입하고 서양 물자를 수출하는 독점 국제비즈니스업자로 활약하게 되어 이른바 '대항해 시대'를 개막하게 되었다.

이렇게 두 나라가 인도로 가는 항로를 찾아 나선 것은 동방무역 때문으로, 인도의 면직물, 또 인도나 동남아시아 각지에서 나는 후추, 정향, 육두구 등의 향신료와 중국의 비단이나 자기, 보석 등 유럽에서 비싼 값에 팔리는 동방 물산을 직접 수입함으로써 큰 이익을 내기 위해서였다.[8] 그러나 아시아, 아프리카, 남아메리카 등의 국가는 식민지를 경험하게 되었으며, 노예를 파는 상인도 등장하게 되었다.

희망봉 경유의 루트를 독점하게 된 포르투갈은 동방물자를 수입하고 서양물자를 수출하는 독점 국제비즈니스업자로 활약하게 된다.

독점적 동방비즈니스는 포르투갈에 엄청난 이익을 가져다주었으나 그 전성은 오래가지 못하고 발흥 시보다 오히려 더 빨리 몰락하여 1580년에 스페인에 합병되었다. 포르투갈은 1640년에 다시 독립왕국으로 되었지만, 그때는 이미 약체였기 때문에 잃었던 식민지를 회복할 수 없었다.

17세기는 네덜란드, 프랑스, 영국 등 3개국이 국제비즈니스와 해상의 패권을 놓고 서로 다투게 되었는데, 이를 먼저 차지한 것은 네덜란드였다. 1579년 반란을 일으켜 스페인으로부터 독립한 네덜란드는 특히 국내자원의 개발과 식민지 경영에 다 같이 관심을 경주함으로써 신흥강국으로 성장하였다.

---

7) 김영래, 『국제비즈니스의 이해』, 법영사, 1997, pp.81-110 참조.

그 결과 1602년에는 동인도회사를 설립하였으며, 1619년에는 바타비아(현 자카르타)를 건설하여 동인도회사 총독을 주재시킴으로써 현지인을 통치하기에 이르렀으며, 또한 일본의 나가사키의 '데지마'8)에 네덜란드 상관을 주재시켰다.

군대에 의하여 보호된 상선대는 연 3회(춘, 추, 동) 암스테르담과 바타비아 간을 왕복하며 동방 물자를 유럽으로 운반해 갔다. 따라서 자금력이나 국제무역량, 해상세력에 있어서 17세기는 완전히 네덜란드의 세계였다고 해도 과언이 아니었다.

그러나 18세기는 '네덜란드 타도'라는 기치 아래 프랑스 중상주의와 영국 중상주의가 다툰 시기였다. 특히 프랑스에는 콜베르(Cobert)와 같은 중상주의 정책에 일가견이 있는 현명한 재상이 뒤를 이어 나왔고, 이들은 국내산업의 보호와 더불어 상공업회사를 설립하여 대외 경제세력의 신장에 골몰하였으며, 식민지 경영에도 열심이었다. 양모의 수출국에 모직물의 수출국으로 전환하였던 영국은 수출을 담당할 유능한 합자기업도 육성하였다. 식민지 경영에서 동·서인도의 개발에 열을 올렸다.

영국동인도회사

8) D. G. Hall, A History of South-East Asia(4th ed), The MacMilllan Press, 1981 ; 石澤良昭, 『東南아시아史』, 白水社, 2004.

당시 영국의 국제비즈니스에서는 연초, 설탕, 모슬린(muslim)의 3대 상품이 유럽 이외 지역으로부터 수입된 상품의 2/3나 차지하고 있어서 식민지 경영에서 차지하는 비중은 높았다고 할 수 있다. 이들 상품은 영령재배지, 영인거류지, 영국상관 등의 활약에 의하여 공급된 저렴한 식민지 산품으로서 유럽에 신시장을 개척하여 재수출하는 새로운 국제비즈니스 패턴을 영국 국제비즈니스 역사에 남겼다. 3대 국제무역품에 대한 재수출 이익은 식민지에 대한 상품수출이익과 함께 영국 상인이 독점하였지만, 간헐적으로 도전해 오고 있던 네덜란드 상인 등의 경쟁을 본원적으로 배제하기 위해서 1660년에는 항해조례를 실시하기도 하였다.

이상에서 살펴본 바와 같이 바스코 다가마가 소아시아를 통하지 않고 인도로 갈 수 있는 항로를 발견하면서부터 국제비즈니스는 점차 한자 상인의 손을 떠나 원격지 간 항해에 막대한 모험을 건 신흥상인 계급에 넘어갔다. 그러나 새로운 항로의 발견과 이의 독점적 확보를 위해서는 상인의 힘만으로는 부족하였기 때문에 절대군주의 적극적인 지원이 뒤따르고 있었다. 초기에는 군주가 항해비용을 지원하는 정도였으나, 점차 절대군주와 상인이 결탁하여 독점적 항로 확보를 위한 해상패권을 경쟁국과 다투게 되었으며, 배타적 식민지 경영을 위하여 국가의 존망을 건 전쟁도 불사하였다. 그 결과 해상권을 쥐고 있는 국가만이 독점적으로 식민지 국제비즈니스를 할 수 있게 되었다. 따라서 해상패권은 포르투갈로부터 스페인, 네덜란드, 프랑스, 영국의 순으로 넘어갔으며, 그때마다 해상권을 쥔 국가가 독점적인 국제비즈니스 이익을 취할 수 있었다.

따라서 이 시기에 있어서의 국제비즈니스 상품 중주로 유럽에서 수입한 것은 중남미 지역의 금, 은, 동 등 광산물을 비롯하여 버지니아의 연초, 서인도제도의 설탕 등 농업 특산물이었고, 유럽에서 이들 지역으로 수출한 것은 일상생활이나 생산에 필요한 각종 잡화였다.

3. 향신료의 등장과 향료무역, 향료전쟁

1) 향료와 향신료의 등장

향신료는 음식물에 맵거나 향기로운 맛을 더하는 조미료를 말한다.[9] 일반적으로는 조미료를 총칭하는 말로 ① 후추(pepper), ② 크로브(cloves, 丁子, 丁香), ③ 너트메그(nutmeg, 육두구), ④ 시나몬(cinamon, 계피) 등 스파이스(spices)가 중심이 된다. 그리고 이런 스파이스는 정유 성분 · 신미 성분 · 색소 등을 포함한 식물질의 종자 · 과실 ·

9) 『민중엣센스국어사전』, 민중서림, 1997, p.27-26.

꽃 · 잎 · 줄기 · 나무껍질 · 뿌리를 사용하여, 육류 등의 좋지 못한 냄새를 제거하며 식욕 증진 · 소화 흡수를 돕고 방부 효과 등의 작용을 한다. 스파이스에 관해서는 16세기 이후 대중의 소비재가 된 후추와 값비싼 정향, 육두구 등으로 구별하고 있다.

향신료 가운데 일반이 가장 먼저 접할 수 있었던 것은 포르투갈이 다량으로 구입한 후추였으며, 이것은 인도를 중심으로 직접 대량으로 입수할 수 있었다. 그러나 정향과 육두구 등은 산출량이 적어 후추의 10배 이상의 가격에 거래되었고, 동방의 몰루카제도(Molucca Is., 말루쿠제도, 향료제도)[10]가 원산지였으며, 이슬람 상인들이 거래의 중심을 이루었다.

이들 귀중한 향신료는 당시에 이미 말레이반도의 무역항 말라카(Malacca)가 집산지로 되어있어, 여기에서 인도를 경유하여 유럽으로 운반하는 루트와 중국(명)으로 운반되는 루트가 확립되었다. 이 무역의 흐름 가운데, 말라카에서는 향신료 가격이 몰루카제도의 원산지 가격의 몇 배 이상으로, 이슬람 상인의 손을 거쳐 유럽으로 운반되었을 때에는 다시 20~30배 이상의 가격이 되었다.

인도로 진출하여 향신료무역의 많은 이익을 확보한 포르투갈은 한편으로 이슬람 무역상을 공략하여 빠르게 동진하여, 바스코 다가마의 최초의 항해 해로부터 15년이 지나지 않은 동안에, 말레이반도의 향신료 거래의 중심지인 말라카를 손안에 넣었고(1511년), 이어서 1514년에 몰루카제도도 지배하였다.[11]

원산지에서 공짜나 다름없는 향료가 소비자에게 유통되기까지 많은 상인의 손을 거치면서 은과 같은 값이 되어 엄청난 이익을 남겼다. 마젤란은 5척의 배에 237명의 승무원으로 항해를 시작했으나 3년 만에 일주하고 1522년 귀국할 때에는 배 한 척에 18명의 선원에 불과하였다. 물론, 마젤란은 1521년 필리핀에서 죽음을 당했으나[13] 부하들이 싣고 돌아온 향료는 그동안의 비용을 보상하고도 남았다 하니 당시 향료무역의 이익을 간접적으로 알 수 있다.

한편, 네덜란드는 세계 최초의 주식회사인 네덜란드 동인도회사를 설립하여(1602년),

---

10) 인도네시아에 속하며 뉴기니섬과 셀레베스섬의 중간지점에 위치한 군도(群島). 면적 7만 4,505제곱킬로미터 인구 185만이고 주민은 말레이족과 파푸아족의 혼혈족이고 주도(州都)는 암본이다. 많은 섬 중에서 할마헤라 · 세람 · 바루 등이 가장 크고 술라 · 바치안 · 오비 · 반다 및 암본 · 티도레 · 테르나테 등의 작은 섬들이 이 제도의 중요한 역할을 담당하고 있다. 주요산업은 농업과 어업 · 수렵으로 코프라가 주요수출품이다. 옛날에는 정향유(丁香油)의 산출로 유명하여 향료제도라고도 불렸다. 1683년 네덜란드의 통치권이 확립된 후 19세기초 나폴레옹전쟁 때는 영국군에 의해 점령되기도 하였으나 다시 네덜란드에 반환되었다가 제2차 세계대전 후에는 인도네시아에 귀속되었다. 식민지시대에 제국들간의 쟁탈전이 극심했던 곳이다.

11) 이균, 『국제무역의 역사』, 두남, 2006, p.243.

17세기 초두에 포르투갈을 몰루카제도부터 추방하여 귀중한 크로브, 너츠메그 등을 독점하고, 또 세이론 등을 제압하여 시나몬(계피)도 장악, 17세기에는 향신료 무역에 있어서 네덜란드의 패권이 확정되었다.[14)]

동인도회사는 주식회사의 형태를 취한 것으로 포르투갈의 왕실독점기구와는 달랐다. 회사라고 해도 국가로부터 독점권을 부여받아 동인도에 관한 모든 권한(정치적 · 군사적 권한을 포함한다)을 가진 일종의 국가기관이기도 했다. 동인도회사의 목적은 동인도 방면에서 포르투갈과 영국 세력을 몰아내어 향료무역을 독점하는 것에 있었다.

예를 들면 특정한 지역에 한해서 커피, 후추, 너츠메그(육두구), 정향나무, 인드고 등 특산물을 만들게 하고 강력한 거래 능력을 이용해 토착 지배자에게 지급하는 금액은 최저한에 머무르도록 했다. 특산물은 인위적으로 생산이 자유로이 조정되어, 서유럽으로 가지고 들어갈 때는 높은 가격으로 판매할 수 있었다. 이러한 정책은 처음에는 동인도회사에 큰 이익을 가져왔지만 점점 식민지의 행정상 · 군사상의 경비가 겹치고, 한편 가혹한 플랜테이션 기업이 현지 경제를 파괴하게 되자 회사의 경영도 점차 어렵게 되었는데, 그 무렵부터 급격하게 진출한 영국의 상업자본에 어이없이 그 권익을 빼앗기게 되었다. 그것이 1730년대의 일이다.

4. 글로벌무역의 초기단계: 마닐라 갈레온무역

1) 마젤란과 세계일주

필리핀의 역사에서 스페인 식민지 시대는 스페인이 필리핀을 정복한 1571년부터 미국 · 스페인 전쟁으로 필리핀에 대한 지배권이 미국으로 이양된 1898년까지의 시기를 말한다. 필리핀을 처음으로 유럽에 알린 사람은 스페인 왕실의 지원을 받아 세계 일주에 나선 포르투갈의 항해가 마젤란(Ferdinand Magellan)이었다.[12)]

마젤란이 1521년 필리핀의 사마르(Samar) 섬에 상륙한 이래 새롭게 등장한 레가스피(Miguel López de Legazpi)는 1566년 바랑가이 족장들의 대부분을 장악하는데 성공했다. 마침내 비사야와 뒤이어 루손에 최초의 식민제 정착지를 '가톨릭의 십자가 아래' 구축하였다. 그리고 이 섬나라의 국명을 당시 스페인의 국왕이던 펠리페 2세(Felipe II)의 이름을 따서 필리핀(Philippines)으로 정하고, 마닐라에 총독을 두어 이후 328년간이나 지속되는 식민 지배를 시작하게 된다.

---

12) 이덕훈, 스페인 식민지시기의 필리핀에서의 중국계 메스티조의 등장과 역할, 동남아시아연구 24권 4호, 한국동남아학회, 2014년 11월, pp.249-253 참조.

레가츠피의 동상

마젤란의 초상

레가츠피는 초대 필리핀총독(1565-72)으로 임명되었다. 그러나 필리핀에서는 스페인이 기대했던 향신료와 신대륙에서 발견되었던 금, 은 등의 귀금속의 광산물은 발견되지 않았다. 스페인 식민지통치에 의한 징수수입만으로는 가톨릭포교와 원정, 전쟁 등의 비용을 충당할 수 없었다. 이러한 상황하에서 스페인의 활동을 경제적으로 지원한 것이 마닐라 아카풀코를 이은 갈레온 무역선이었다.13)

스페인 식민지통치하의 필리핀제도에 있어서의 갈레온 무역기(1565년-1815년) 의 시기에는 국제무역의 시초, 국제무역의 탄생으로 보기도 할 만큼 동서양의 물품이 교차 되었던 시기이기도 하다. 특히 이시기에 있어서의 중국인의 상업 활동과 정착은 후일 중국계 메스티조의 등장과도 관계가 깊다고 하겠다.

마닐라 갈레온(Manila Galleon)이라 불리는 필리핀의 마닐라와 남미스페인식민지의 아카풀코사이에 이뤄진 갈레온무역은 1565년부터 시작하여 1815년까지 250년에 걸쳐 매년2척(후기에는 1척)으로 편성되어 스페인에게 엄청난 이윤을 남겼다.14) 마닐라 총독들은 마닐라-아카풀코 무역범선(Manila-Acapulco trade Gallenon)의 선주로서, 또한 상인들에게 무역권을 분배해주는 행정관료 로서, 짧은 재임기간에도 불구하고 엄청난 부를 축적할 수 있었다. 16세기 말부터 19세기 초엽에 걸쳐, 중국 및 여타의 이웃국가들로부

13) 池端雪浦編, 『東南アジア史 II 島嶼(とうしょ)部』, 山川出版社, 1999. p.100,

14) 伊藤禎一, 東南アジアの経営風土, 白桃書房, 1992, p.168,

터 상품을 실어 나르는 마닐라-아카풀코무역은 식민지 중앙정부와 이권에 개입한 가톨릭 교단에 높은 수익을 직접적으로 제공하여 왔다.

포르투칼이 1557년에 마카오를 확보하여 중국무역으로 막대한 이익을 올리자 스페인도 중국과의 교역을 노리기 시작하였다. 1571년에 필리핀의 수도를 세부섬에서 루손의 마닐라로 이전한 것과 동시에 난파한 중국선을 구조해준 것을 계기로 중국의 비단을 중심으로 도자기 등의 상품을 마닐라로 가져오면서 마닐라 갈레온은 국제무역으로 이어지게 되었다.

2) 비단과 은의 교역 : 마닐라 갈레온무역

마닐라 갈레온 무역은 단순한 스페인식민지 필리핀과 스페인식민지인 멕시코의 아카풀코 간의 무역이 아니고 銀의 수요에 목말라했던 중국까지 포함된 세계무역의 탄생이었다고 해도 과언은 아니다. 마닐라 갈레온 무역은 세계사에서 등장하는 비단과 은의 교역으로 중상주의의 스페인의 제국주의의 발상과 남미, 아시아가 함께 이루어진 무역이다. 즉, 마닐라 갈레온 무역은 단순한 스페인식민지내의 교역이 아닌 글로벌화를 이룬 초기적사건이며 유럽인, 아시아인, 남미인의 총체적으로 통합된 세계무역의 흐름으로 보아야 한다(그림 3-1 참조).

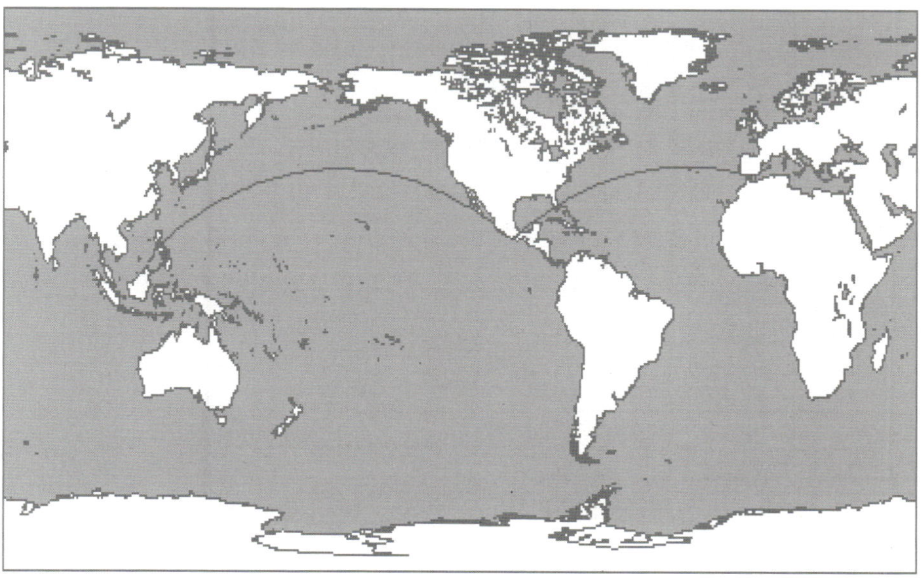

[그림 3-1] 마닐라 갈레온무역과 Spanish Crown Trade Route(SCTR)

1565년에 최초로 마닐라 갈레온의 초기 개척선 으로 인식되고 있는 산 페드로(산 파브로라는 설도 있음)가 계피(cinnamon) 등의 향신료를 갖고 멕시코의 누에바 에스파냐(뉴스페인)로 향했다. 선교사 우르다네타(Andrés de Urdaneta)가 태평양북부(북위 39도30분)까지 역상해서 편서풍으로 3개월 반에 걸쳐 멕시코의 아카풀코 에 도착하여 마닐라 갈레온의 동쪽항로를 발견하였다.[15] 멕시코의 아카풀코에서 마닐라로 향하는 서쪽항로(귀로)는 동쪽항로처럼 시간이 걸리지는 않았고 무역풍으로 마리아나제도를 통과하여 필리핀으로 귀환하였다. 이 길은 16-18세기에 동서양의 무역의 가장 중요한 루트로서 인정되고 있다.

1565년 누에바 에스파냐의 레가스피(Legaspi)가 세부에 주 근거지를 마련했다가 1571년 마닐라로 수도를 옮긴 것은 전략적 행위로서, 다름 아닌 중국과의 무역을 생각한 것이라고 할 수 있다. 당시 마닐라는 중국무역으로 보아도 좋았지만 전략적으로도 중요한 지점에 위치했을 뿐 아니라 항구로서의 입지도 훌륭했었다.[16]

① 은의 교역

1571년에 중국의 비단을 멕시코의 아카풀코로 가져가자 은의 생산에 의해 경제력이 높아졌던 누에바 에스파냐 및 페루에서 엄청난 인기가 있었다. 중국의 비단은 아카풀코를 통해 베라쿠르스에서 세빌리아로 이어져 말 그대로 아시아-아메리카-유럽으로 이어지는 글로벌무역으로 등장하였던 것이다. 아카풀코에서 마닐라로 돌아오는 길에 중국의 명왕조가 통화로서 필요로 했던 은을 가져오면서 마닐라 갈레온은 삼각무역의 형태로 발전하면서 급속히 발전하기에 이르렀다. 따라서 이러한 삼각무역의 형태에 대해 1571년에 스페인이 물자집산지로서 마닐라를 건설하기 전 아메리카와 아시아간의 교역루트는 없었다고 하면서 지구상에서의 글로벌화는 1571년에 시작되었다고 주장한다.[17] 마닐라 갈레온의 시초를 1565년보다 중국의 비단과 남아메리카의 은(銀)의 교역이 시작된 1571년을 마닐라 갈레온의 시초로 보는 것이 타당하다고 생각한다.

은이 세계무역의 자극에 중요한 역할을 한 것과 중국의 중심적 역할을 아담스미스도 이렇게 주장하고 있을 정도이다.[18]

---

15) 柳沼孝一郎, スペイン帝国の太平洋覇権確立~海外領土拡張政策と東アジア進出の歴史背景~, 神田外語大学紀要第 24号, 2012., p.215.

16) Thomas W. Barker, Silver, Silk and Manila. Factors Leading to the Galleon Trade, p.16

17) Dennis o Flynn and Arturo Giráldez "Born with a 'Silver Spoon': The Origin of World Trade in 1571," Journal of World History, Vol. 6, no. 2, (1995): pp.201-221.

18) Adam Smith, An Inquiry Into the Nature and Causes of the Wealth of Nations, Vol. II, 1776, (Indianapolis: Liberty Fund, 1981).

신대륙의 은이 중심상품의 하나로 생각된다. 이것에 의해 구세계의 양단인 유럽과 중국 사이의 무역이 이루어져 세계에서 2개의 멀리 떨어진 지역은 이렇게 해서 두꺼운 파이프로 서로 확실하게 연결되고 있다.

상술한바와 같이 신대륙 아메리카의 은이 필리핀에 유입되면서 마닐라는 아시아와 아메리카 그리고 본국스페인을 있는 중개지 역할을 하게 된다. 1573년에 2척의 갈레온 선이 아카풀코에 중국비단 712상자, 도자기 22,300개를 운반하였다. 중국 명나라가 통화로서 필요로 했던 은을 마닐라의 중국인들이 갖고 귀향하면서 갈레온 무역은 급속히 확대되었다. 1574년에는 6척, 1575년에는 12척의 중국의 정크선이 마닐라에 상품을 날랐다.

마닐라 갈레온의 1591~1780년의 사이의 수입은 필리핀 1년 경상비의 10~15%에 해당할 정도의 막대한 경비를 조달했다. 이 경비의 중심은 사실 중국의 신대륙에 의한 은의 공급과 유럽의 중국의 비단 수요에 의해서 본격적으로 시작되었다고 할 수 있다. 아시아의 비단은 세계에서 애호되는 상품이지만 오직 중국에서만이 생산할 수 있었다.

② 중국의 일조편법

중국의 은에 대한 수요는 명나라가 1570년 '단일화폐'(single-whip)인 일조편법(一條編法)개혁을 추구하면서, 각종의 세금은 전 국토에 통일된 세금으로서 銀으로만 지급하는 세제가 확립되었다.[19] 중국이 당시 세계인구의 1/4을 갖고 있으면서 중국주위의 국가들이 조공관계를 갖고 있었으므로 일조편법제도는 아시아지역은 물론, 인도, 이슬람, 그리고 유럽까지 이러한 무역제도가 이어졌다고 하겠다.[20]

중국경제는 무척 거대하기 때문에 중국이 은을 결제수단으로 함으로서 중국에서의 은의 시장가격은 아메리카, 일본, 유럽 등의 국가보다 훨씬 높게 상승하는 원인이 되었다. 16세기 초, 중국에서의 금은비가(金銀比價)는 1 : 6으로서, 인도(1 : 8), 페르시아(1 : 10), 유럽(1 : 12) 등과 비교해보아도 중국의 은의 가치가 월등히 높은 것을 알 수 있다. 이런 점에서, 금의 상대가격이 낮고 은의 상대가격이 다른 지역과 비교해 두배 가까이 높았던 중국으로 은이 몰려드는 것은 당연하다고 할 수 있다.

신대륙의 은이 필리핀으로 유입되면서 마닐라 갈레온 무역선은 스페인령 아메리카에 비단을 갖고 온다. 비단이야말로 당시 유럽 및 스페인에서 최고 상품이기 때문이

---

19) 중국 명(明)나라 후기부터 청(淸)나라 초에 있었던 세(稅)와 요역제도. 편(鞭)은 편(編)·변(邊)으로도 기록하며, 생략해서 일조법(一條法)·조편(條鞭)이라고도 한다. 세·요역 각 항의 복잡한 내용을 일조로 모아서 징수했기 때문에 이 이름이 생겼다.

20) Hamashita Takeshi "The Tribute Trade System and Modern Asia", In Japanese Industrialization and the Asian Economy, ed. by A. J. H. Latham. London: Routledge, 1994, p.9.

다. 1393년, 명나라 정부는 뽕나무 재배 농가에는 그 수가 많다고 하더라도 전부 토지세를 면제해주는 혜택을 베풀었는데 이로 인해서 뽕나무 재배 농가가 증가하면서 중국의 비단 생산량은 급격히 증가하게 된다. 1550년경의 비단산업의 대표적 도시인 소주(蘇州)는 비단에 종사하는 인구가 약 50만명에 도달하였을 정도이다. 明왕조도 황실 비단공장에 관심을 갖고 있었지만 清왕조가 들어서면서 비단산업은 국가산업으로 인식될 정도로 발전한다. 비단산업의 3개 도시 항주와 남경, 소주를 합치면 1,863개의 직기와 7,000명의 직공이 있었다고 한다. 이러한 명말청초의 비단산업의 발전을 서양산업화의 성공 전에 보여준 세계의 거대산업의 하나로 표현할 정도이다.[21] 17세기 포르투갈의 역사학자인 보카로(Bocarro)는 17세기의 중국의 비단생산량은 매년 2,500톤이 생산되었는데 그중 1/3인 800톤가량이 해외로 수출되었다고 한다.[22]

③ 스페인과 잉글랜드의 전쟁과 네덜란드의 독립

해양 패권을 장악하고 아메리카 식민지에서 단독으로 부를 축적하던 스페인과 이를 보고 도전한 잉글랜드는 1585년 충돌하게 된다. 잉글랜드인 해적 프랜시스 드레이크(Sir Francis Drake)의 국가 공인 해적선으로 불리는 사략선(私掠船, Privateer)[23]이 아메리카 대륙을 탐험하며 스페인 선박을 공격해 약탈하였으며, 이 30만 파운드가량의 막대한 재화를 잉글랜드 엘리자베스 1세(Elizabeth I) 여왕에게 바쳤다. 이에 엘리자베스는 드레이크에게 작위와 훈장을 수여하였다. 스페인은 드레이크의 처벌을 요구했으나 잉글랜드는 이를 무시하였으며, 해군까지 가세해 해적질에 열을 올렸다.

헨리 8세부터 시작된 종교적 갈등과 포르투갈 왕위를 둘러싼 전쟁(War of the Portuguese Succession), 스페인령 네덜란드의 독립 세력을 잉글랜드가 지원 등과 어울려 스페인은 잉글랜드를 침략하여 1588년에 칼레 해전(Naval Battle of Calais)이 일어나게 된다.

1588년에 벌어진 스페인의 무적함대와 잉글랜드 왕국 함대의 해전으로 유명한 칼레 해전은 영국-스페인 전쟁(1585~1604)의 주요 전투 중의 하나이며 스페인 함대는 북해에서 만난 두 번의 강한 태풍으로 인해, 퇴각하면서 81여척의 배가 침몰 되는 큰 손실을 보았고, 스페인 함대의 영국 침공은 좌절되면서 스페인제국의 명성은 흔들리기 시작했으며 식민지 네덜란드가 1588년 독립하면서 네덜란드의 시대가 도래하게 된다.

---

21) Chuan, Hang-Sheng, 1975. "The Chinese Silk Trade with Spanish-America from the Late Ming to the Mid-Ching Period" in Studia Asiatica Essays in Asian Studies in Felicitation to the Seventy-fifth Anniversary of Professor Ch'en Shou-yi, ed. Laurence G. Thompson (San Francisco: Chinese Material Center). p.107.

22) George Bryan Souza, The Survival of Empire: Portuguese Trade and Society in China and the South China Sea, 1630-1754, Cambridge University Press, 1986, p.46

23) 국가로부터 타국의 선박을 나포하고 노략질을 할 수 있는 허가를 받아 해적질을 하는 선박

네덜란드 역시 사략선이 인정되면서 스페인의 상선을 공격하여 성장하였는데 당시에는 자국의 통상로를 확보하기 위해 해적질과 약탈을 국가가 인정하였기 때문에 대항해 시대의 해상무역을 약탈행위 또는 사략무역이라고도 한다.

네덜란드 사략선은 신대륙에서 돌아온 스페인 상선을 습격하거나 스페인 지배하의 마을을 태우는 등 스페인 해상세력에 대해 게릴라전을 전개해 독립전쟁에 공헌했으며 영국의 여왕 엘리자베스 1세가 프랜시스 드레이크에 사략면허를 주고 여왕이 투자했을 때의 이익률은 6000%에 달했다는 설도 있다[24)]

3) 마젤란 교역으로서의 마닐라 갈레온무역

마닐라 갈레온 무역은 18세기이후에는 은과 비단의 세계적 흐름보다는 생태학적 교역으로 변했다고 볼 수 있다. 18세기 중엽에 이르자 중국의 인구가 극적으로 증가하였는데 이는 생태학상의 변화에 의해 가속되었다. 즉, 신대륙에서 마닐라 갈레온 무역에 의해 누에바 에스파냐(신스페인)에서 가져온 감자, 땅콩, 옥수수 등의 구황작물에 의해 기근이 감소되었기 때문이다. 상해근처에서는 땅콩이 재배되었고 복건의 해안지방에서는 감자가 화남지방에서는 옥수수가 대량으로 재배되었던 것이다.[25)]

옥수수를 저장하는 아즈테가 국왕신하의 그림

이처럼 은의 시대에 시작된 서구인과의 만남과 접촉에 의한 서반구사회(아메리카) 와의 교역이 은과 비단보다는 인류에 엄청난 도움을 주었는데 18세기에 이르면서 아메리카에서 태평양지역에 가져다준 생물환경상의 충격을 맥네일(John McNeil)은 컬럼버스 교역[26)]에 빗대어 마젤란 교역으로 부르고 있다.[27)] 마젤란교역은 생태학적교역으

24) 篠原陽一『帆船の社会史』高文堂出版社、1983年, p.82.

25) Alfred W. Crossby, The Columbian Exchange: Biological and Cultural Consequences of 1492(Contributions in American Studies #2) Greenwood Press, 1972, p.199.

26) 컬롬부스 교역(Columbian Exchange)은, 1492년부터 계속된 동반구와 서반구의 사이의 식물, 동물, 음식, 인구(노예를 포함한다), 병원체, 철기, 총, 사고의 확대로 광범위하게 걸치는 교역을 표현할 때에 이용되는 말이다. 이것은, 세계의 생태계, 농업, 문화의 역사에 있

로 인류에게 기근의 감소를 가져다준 것으로 평가하고 있다.

18세기 후반기부터 마닐라 갈레온무역은 은과 비단보다는 보다 수익률이 높은 설탕, 대마, 코프라(copra; 야자 열매 말린 것), 인디고(indigo; 青藍) 및 그 밖의 여러 작물의 수출로 대체되기 시작하였고, 이러한 수출은 여러 나라의 무역선들에 의해 이루어졌는데, 이 경향은 19세기 전 기간을 관철한다. 스페인 식민주의를 위한 이러한 수출작물의 대규모경작이 식민지에게 부과되었다. 1811년 마지막 갈레온 배가 마닐라를 떠났고 1815년 아카풀코를 떠나 마닐라로 귀환하면서 약250년 간 지속된 갈레온 무역은 종말을 고하게 된다.

5. 노예무역과 노예상인

16세기경 새로운 식민지인 서인도제도의 사탕수수 농장이 급속히 확대되고, 또한 아메리카 대륙에서 유럽인의 식민지가 확장됨에 따라 원주민을 사용했지만, 원주민 인디언들의 인구가 감소하고 노동 공급원으로 만족스럽지 못하다는 것을 알게 되자 방향을 아프리카로 돌려[28]대체노동력으로서 흑인 노예의 필요성이 증대되었다.

노예무역은 아프리카 서안에 노예 집적지를 확보했던 포르투갈인에 의해 전담되었으나 16세기 말에서 17세기 후반에 걸쳐 네덜란드 · 프랑스 · 영국 등이 신대륙과 아프리카 서안의 스페인 · 포르투갈 두 나라의 독점권에 침투하여 경합을 벌이면서 무역기지 · 식민지를 건설하였다. 스페인은 노예독점권인 아시엔토(Asiento)를 사용하여 흑인 노예의 안정 공급을 도모했고 네덜란드의 서인도회사는 브라질에 진출하여 사탕수수와 노예무역을 장악하였다.

사실 이 시기에 아프리카 노예와 대서양 노예무역이 없었다면, 남미 대륙이 지닌 잠재적인 경제적 가치는 인정되지 않았으며 실현되지 않았을 것이다. 왜냐하면 포르투갈도 스페인도 새로운 영토를 개발하는 데 소요될 예비 노동력이 없었기 때문이다. 즉, 아프리카에서 노예 공급원을 포착하여 문명화하면서 값싼 인력을 공급하여 도시를 건설하고, 적대적인 국경선을 안정화하고, 광산을 개발하고, 대규모 농장(플랜테이션)인 아시엔다(hacienda)와 파센다(fazenda)를 건설할 수 있었다.[29]

어 중대한 사건이다. 많은 새롭고, 다른 물건이 두 개의 반구에서 교환되어 미국 대륙과 유럽에서 혁신적인 사건이 되었다. 1492년의 크리스토퍼 · 컬롬부스의 「신세계」에의 도달에 연관되어, 이 명칭이 사용되었다.

27) John R McNeill, Islands in the Rim: Ecology and History In and Around the Pacific, 1521-1996, 1996.

28) 모시스핀리, 『고대노예제도와 모던이데올로기』, 민음사, 1998, p.207.

17세기 후반부터 영국령 자메이카가 브라질에 대신하여 사탕수수 생산의 중심지가 되자, 영국은 1662년 의회에서 네덜란드가 하던 노예무역을 왕실이 후원하는 왕실의 모험회사(Royal Adventure)를 허가하였으나 재정비할 필요성이 나타났다. 따라서 1672년에 노예무역의 독점회사로 설립한 왕립아프리카회사(Royal African Company)를 중심으로 하여 영국 · 아프리카 · 서인도를 연결하는 이른바 삼각무역(三角貿易)을 경영하여 1698년까지 영국의 모든 식민지에 독점적으로 아프리카 노예를 공급했다.[30)]

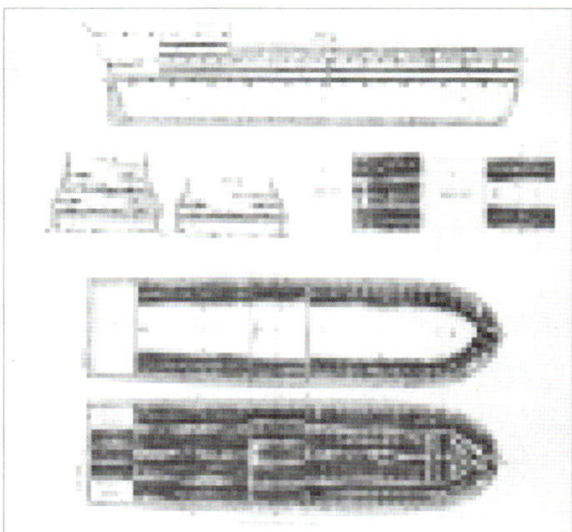

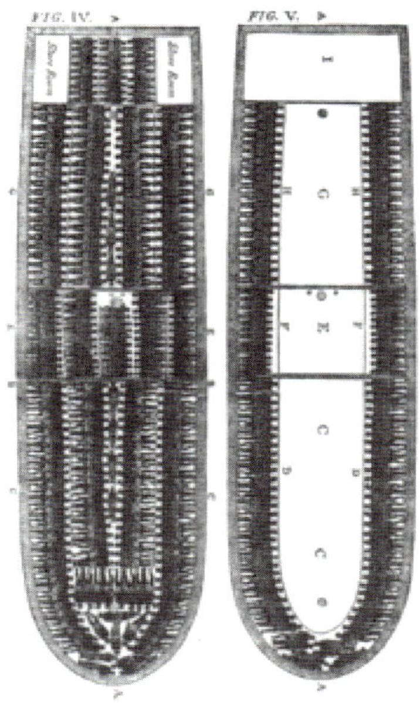

노예무역선의 흑인적하도

29) Franklin Knight & Colin A. Palmer, Atlantic Port Cities : Economy, Culture and Society in the Atlantic World, 1650-1850, Chapel Hill, 1989와UNESCO General History of the Caribbean, volume III : The Slave Societies of the Caribbean, London and Basing stoke : UNESCO Publishing/Macmillan Educational Publishing, 1997을 참고할 것

30) 에드먼드 S. 모건, 『미국의 노예제도와 미국의 자유』, 비봉출판사, 1997, p.371.

사례

대서양의 삼각무역

■ 설탕 · 총 · 노예의 삼각 무역

대서양의 삼각무역

대서양 삼각 무역 삼각형의 정점으로 맞는 지역은, 유럽 · 서아프리카 · 서인도제도의 3지역. 옆에 해당하는 무역 루트는 유럽의 배에 의한 일방통행이 되고 있어 또, 특정의 해류를 타고 있다.

- 카나리아 해류: 유럽 → 섬유 제품 · 람주 · 무기 → 서아프리카
- 남적도해류: 서아프리카 → 노예("검은 적하") → 서인도제도 등
- 멕시코만류 · 북대서양 해류: 서인도제도 등 → 설탕 · 면("하얀 적하") → 유럽

17세기부터 18세기에 걸쳐 영국을 시작으로 유럽에서는 커피숍의 풍습이 퍼져, 설탕의 수요가 급격하게 높아졌다. 거기에 따라, 설탕을 생산하는 서인도제도 및 브라질 북동부등에서는 노동력이 필요했다.

이러한 상황 아래에서, 유럽으로부터 출항한 배는, 카나리아 해류를 타고 서아프리카에 섬유 제품 · 램주 · 무기를 옮겼다. 수출된 무기는 대립하는 그룹간에 제공되어 포로(노예)의 확보를 재촉하게 되었다. 이러한 물건과 교환으로 얻은 노예를 실어, 남적도해류를 타 서인도제도나 브라질(브라질 남동부에는 브라질 해류)로 향해, 교환으로 설탕을 얻고, 멕시코만류와 북대서양 해류를 타고 본국에 돌아왔다(노예 무역). 이렇게 하여 유럽 → 서아프리카 → 서인도제도 → 유럽이라고 하는 일방통행의 항로가 성립해, 「삼각 무역」이라고 해졌다. 노예의 일부는 미국 남부로 수출되어 대부분 면화의 플랜테이션에서 일하게 되었다. 면화는 영국의 직물 공장에 수출되어 산업혁명의 기반으로 되었다고 여겨지고 있다. 노예무역의 평균적인 이익률은 10%-30%라고 전해지고 있다.

영국은 무역전쟁에서 네덜란드를 제압한 다음, 이어서 프랑스를 제압한 끝에 1713년 위트레흐트조약으로 에스파냐령에 대한 노예수출의 독점특허권인 아시엔토도 획득하였다.

노예무역에서 삼각무역의 내용을 살펴보면, 본국에서 노예를 사는 데 필요한 럼주(酒)·총포·화약 등을 싣고, 아프리카 서해안에 이르러 흑인 노예와 교환한 뒤 아메리카 대륙으로 건너가 노예를 팔고, 그 대금으로 식민지 물산을 구입하여 본국으로 돌아오는 것이었다.

이러한 노예무역을 통하여 영국에서도 특히 브리스틀·리버풀의 상인은 정부의 보호를 배경으로 사탕수수와 노예 무역을 독점하여 노예선의 모항으로서 이름을 떨쳤다. 그리고 항시(港市)의 번영과 아울러 막대한 이익을 올림으로써, 서인도는 영국의 중상주의적 식민제국의 중추적인 역할을 하게 되었다. 더욱이 17세기 후반 이래 북아메리카 남부의 담배·쌀·곡식·인디고 생산의 대농장에서도 흑인 노예를 부려서, 아메리카 독립 당시 그 수요는 50만 명에 이르렀다.

1771년에는 영국의 노예무역선의 총수가 190척이나 되었고, 연간 4만 7,000명을 운반하였는데 이윤은 30~100%에 이르렀다. 반면, 100톤의 노예선에 400명 이상 적재하여 항해 중에 1/6이, 길들이는 동안에 1/3이 죽었다고 하며, 중간 항로에서의 잔혹하고 비참한 실정은 말로 표현할 수 없는 지경이었다고 한다. 일명 '흑색 다이아몬드'라고 불린 흑인 노예를 아프리카에서 매입할 때는 보통 럼주·화약·직물(織物) 등을 추장에게 지급하였으나, 1750년 이후에는 노예수렵의 약탈·거래로 이루어졌다. 특히 흑인 노예 수출의 중심지로는 서아프리카 기니만(灣)에 면하는 해안지역을 지칭하는데 동쪽은 현재 나이지리아의 니제르강 델타지대에서 베냉을 거치며, 서쪽은 토고와 가나의 국경 부근에까지 이른다. 16세기에서 19세기에 걸쳐 이루어진 노예무역(奴隷貿易) 가운데 이 부근 해안에서 노예 거래가 가장 활발하게 이루어지자, 유럽인들이 이 해안을 노예해안(slave coast)이라고 불렀다.

1761년부터 1810년까지의 50년간이 노예무역의 전성기라 불리는데, 이 시기에 약 300만 명에서 400만 명에 이르는 흑인 노예가 이주되었다고 한다. 이러한 과정을 거쳐 유럽의 상인에 의해서 신세계에 운송된 흑인 노예는 300년 동안에 1,500만 명이 이주되었다.

강대국의 자본주의적 침탈로 일컬어지는 이 시기에 특히 플랜테이션을 이용하여 경작한 설탕과 커피는 당시 선진국이었던 영국, 프랑스, 네덜란드, 스페인, 포르투칼 등의 항해 능력에 의한 흑인 노예의 이주와 그들의 땀의 결정체였다고 하겠다. 18세기의 프랑스의 작가 베르나르댕 드 생 피에르는 양심적 사고에 의해 다음과 같이 지적하였다. "커피나 설탕이 유럽의 행복을 위해서 꼭 필요한 것인지는 잘 모르겠다. 그러나 이것들이 지구상의 거대한 두 지역에 불행을 초래했다는 것은 잘 알고 있다. 아메리카는 이 두 작물의 경작지를 대느라고 인구가 줄었으며, 아프리카는 그것들을 재배할

인력을 대느라고 허덕였다."

이 시기의 커피와 설탕은 수많은 사람들을 불행으로 이끈 문제의 상품이다. 1,000만 명이 넘는 아프리카 흑인들이 신대륙에 노예로 끌려가서 무슨 일을 했느냐고 묻는다면, 물론 한마디로 답할 수야 없겠으나 사탕수수 재배와 설탕 정제가 가장 중요한 부분이었다고 답할 수 있다.[31]

이러한 인력의 강제 이주화는 18세기 말에 치열하게 일어났던 구미 열강들의 식민지 쟁탈전과 어울려 일부에서는 국제경영의 역사를 '식민지의 역사'로 보는 견해도 있으며, 이 시기는 노예무역과 노예상인을 언급하지 않고는 국제무역을 논할 수 없다.

6. 일본의 도자기산업과 동인도회사

도요토미 히데요시(豊臣秀吉, 1536~1598)는 1587년 천주교 금지를 선포하였고 1597년 2월 5일 허락을 받지 않고 일본에 들어와 선교활동을 한 22명의 예수회 선교사를 나가사키에서 처형하였다. 막부는 1639년 포르투갈 상인들이 일본에 오는 것을 금지하고, 기독교와 관계가 없는 네델란드 사람들과 중국인들에게만 나가사키의 데지마(出島)에서 무역하는 것을 허가했다.

이 시기에 일본의 최고 실력자 도요토미 히데요시는 1592년 조선을 침공하여 임진왜란을 일으켰다. 나고야(名古屋, 현재 히젠의 가츠라 지역)에 지휘소를 차린 그는 출정군을 9개로 나누어 20만 명이 넘는 수군과 육군을 선두로 부산포를 공격하였고 서울에서 평양까지 파죽지세로 몰아붙였다.

임진왜란 이후 막사발은 일본으로 건너가 찻잔으로 사용되었으며, 수수하고 꾸밈없는 자연미를 갖춘 생활용품으로 각광을 받았다고 한다. 조선 도공이 만드는 막사발은 '이도다완(井戸茶碗)'이라는 보물이 되어 일본인들이 '도자기 전쟁'이라 부르는 임진왜란을 일으키는 계기가 되었으며, 일본인들이 데려간 조선 도공들은 일본 도자기산업의 중심이 되었다

히젠(현 사가현)의 나베시마번에서는 '이삼평'이 아리타의 덴구골에서 이즈미산의 도석을 사용하여 백자기를 굽기 시작했다고 한다. 이삼평(李參平)은 임진왜란 때 조선에 출병한 사가번(佐賀藩)의 번주(藩主) 나베시마 나오시게(鍋島直茂)가 1598년(선조 31) '일본의 보물'로 삼고자 끌고 간 조선 도공의 한 사람으로, 사가현(佐賀縣) 아리타(有田)

31) "주경철 교수의 문명과 바다35 : 설탕과 노예", 〈한겨레신문, 2008.5.30.〉

에 살면서 1616년 뎅구다니(天狗谷)에서 가마를 설치하고 도자기를 구웠다. 일본 이름으로는 가나가에 산페이(金江三兵, 또는 金江三兵衛)로 불린다.

그가 창시한 가마의 도자기는 '아리타도기'라 이름 지어져, 아리타에서 12킬로미터 정도 떨어진 이마리(伊萬里) 항구를 통하여 일본 전국으로 퍼짐으로써 '이마리도기'라는 별칭과 함께 명성을 떨쳤으며, 아리타도기의 창시는 일본 도자기사상 획기적인 사건으로 기록되었다.

이 시기에 자기를 대표했던 중국의 징더전(景德鎭)이 청나라가 등장하면서 전쟁으로 인해 자기의 생산과 유통이 금지되었다. 1659년경 아리타의 자기는 중국 자기를 대신하여 네덜란드 동인도회사로 인해 서양에 수출되면서 세계적으로 이름을 드날리게 되었다.

사례

노예시장에서의 조선인

전쟁에 참여한 군인들이 사로잡히면 '포로(捕虜)'라고 부른다. 하지만 전쟁과 전혀 관련 없는 민간인이 끌려가면 '피로인(被擄)'이라고 부른다. 흔히 일본에 살고 싶어서 스스로 일본으로 간 일본식 도래인과는 다르다.

임진왜란과 정유재란시에 피로인을 40만 명이라 보는 학자와 일본측은 5만 명으로 보고 있으나 나는 12만 명~17만 명 정도로 추정하고 여자가 남자의 2배 정도로 끌려갔다고 보고 있다.

이 많은 피로인과 노예시장과 관계가 있다. 당시 포르투갈 상인들은 노예 시장에서 조선인 노예를 선호했다고 한다. 그 이유는 조선인들의 근면 성실함, 아프리카 흑인 노예와 아메리카 원주민 노예보다도 값싼 가격으로 거래됨으로 조선인 노예 선호에 많은 영향을 미쳤다. 예를 들면 조선인 노예 1명과 조총 1정 가격을 비교한 것을 들어볼 수 있는데, 조선인 노예 1명의 가격은 당시 일본의 화폐 단위로 약 3문 정도였으며 조총 1정에 120문으로 따라서 조총 1정의 가격으로 조선인 노예 약 40여 명을 살 수 있었다고 파악할 수 있다. 그만큼 일시적으로 많은 조선인이 노예로 팔려 갔다.

당시 피로인의 정황을 정유재란 때 승려이면서 의사로서 종군했던 진언종 승려인 게이넨 일기인 『조선일일기(朝鮮日日記)』에 자세히 기록되어 있다.

일본에서 온갖 상인들이 왔는데, 그중에 사람을 사고파는 상인도 있어서 본진의 뒤에 따라다니며 남녀노소 할 것 없이 사서 줄로 목을 묶은 후 여럿이 줄줄 옭아매 앞으로 끌고

가는데, 잘 걸어가지 못하면 뒤에서 쫓아가서 몽둥이로 두들겨 패는 모습은 지옥의 아방이라는 나찰이 죄인을 잡아들여 괴롭히는 것과 같을 것이다. (중략) 이처럼 사람들을 사서 원숭이 목에 줄을 매어 끌고 다니는 것처럼, 소와 말을 끌게 하고 무거운 짐을 들게 하는 등 괴롭히는 모습이 보는 눈을 애처롭게 하는구나. (朝鮮日日記, 1597년 11월 19일)

당시 게이넨은 조선인들을 원숭이처럼 묶은 뒤 우마를 끌게 하고, 무거운 짐을 지고 가게 하면서 볶아대는 일본 상인들의 행태를 차마 눈으로 볼 수 없다고 기록했다. 이들은 조선에서 나고야에서 나가사키에서 팔려나갔고, 또 마카오에서 인도로 베트남으로 그리고 유럽까지 팔려 나갔다.

17세기 바로크를 대표하는 벨기에의 화가 루벤스의 눈에 띄어 명화 '한복 입은 남자(A Man in Korean Costume)'의 그림 모델이 됐다고 한다. 이 사람은 안토니오 코레아(Antonio Corea)이며 한편 1979년 10월 7일 〈한국일보〉에는 이탈리아 남단 알비 시에는 코레아(Corea) 씨의 집성촌이 있다는 기사가 실렸다. 그 시조로 거론되는 인물은 정유재란 때 노예로 팔린 조선 소년 '안토니오 코레아'인 것으로 알려져 있다. 이것을 보더라도 노예 시장에서 팔린 조선인은 피로인의 기록에서 제외되었기 때문에 수많은 납치된 조선인들의 연구도 필요하다.

7. 영국-인도 중국의 삼각무역

1) 차 · 아편 · 면직물의 삼각 무역

삼각형의 정점이 되는 지역은, 영국 · 인도 · 중국(청)의 3개의 나라로 옆에 해당하는 무역 루트는 실제로는 양방향 통행이며, 또 인도의 중계 무역의 형태를 하고 있기 때문에, 삼각형의 형태로 되어 있지 않지만, 어음의 유통에 의해서 삼각형이 되고 있다.

- 청(중국) → 차 → 영국
- 영국 → 면직물 → 인도
- 인도 → 은(銀), 후에 아편'

영국과 인도의 2국간 무역으로는 영국의 무역흑자, 영국과 청(중국)의 2국간 무역으로는 영국의 무역적자가 계속 되고 있었지만, 對인도 흑자로 對중국적자를 보충 하지 못하고, 국제통화의 지위에 있던 은(銀)이 대가로 해서 영국으로부터 청에 유출되고 있었다. 다만, 이 시기, 이미 환어음에 의한 국제 무역이 성립하고 있었기 때문에, 어음 교환소가 있는 런던으로부터 직접 청에 은이 유출하고 있던 것은 아니고, 중계 무역지가 되고 있던 인도로부터 청에 은이 유출되고 있었다(인도의 대청(중국)적자).

사태 타개를 도모하기 위해, 영국은 인도에서 아편을 제조해, 청에 밀수하는 활동이 등장하였다. 이러한 정책이 추진된 것은, 「외국에 돈이 나가면 손해다」고 하는 중상주의적인 견해에 영국이 따랐기 때문에 중국(청)으로는 아편 소비가 확대되면서, 銀은 인도의 면제품 수입을 경유하여 영국으로 건너갔다.

청은 이 거래에 대해 대량의 銀유출에 휩쓸려 밀수의 단속 강화를 도모했지만, 그것이 아편 전쟁으로 연결되게 된다.

8. 산업혁명

18세기에 이르면서 기술의 발명 및 혁신에 따라 종래의 수공업 양식을 대신한 새로운 기계로 대규모 생산이 가능하게 되자, 협소한 국내시장으로부터 일약 세계시장을 목표로 삼게 되었다. 또한 생산, 판매, 금융으로부터 노사에 이르기까지 종래의 경제 제도에서는 볼 수 없었던 새로운 양식이나 문제들이 제기되었다.

이것이 토인비가 주장하는 산업혁명(Industrial Revolution)이다. 18세기 말부터 19세기 초에 걸쳐 주로 영국의 섬유공업에서 이러한 일련의 산업혁명이 일어났다. 영국에서는 다른 국가보다 일찍 여러 혁명을 거쳤고, 봉건제가 해체되어 정치적인 성숙과 안정이 이루어지면서 이전보다 자유로운 농민층이 나타났다. 이들을 주축으로 농촌에서는 모직물 공업이 발달하게 되었고, 나아가 근대적인 산업으로 발전해 갔다. 또한 영국에서는 풍부한 지하자원, 노동력을 보유하고 있었으며, 식민지 지배 등을 통해 자본도 많이 확보하게 되었다.

18세기에 들어서 영국 내외에서는 면직물의 수요가 급증하자 대량생산방법을 찾게 되었고, 기계와 동력 장치 등을 발명하여 그에 따라 대량생산이 시작되었는데, 이를 산업혁명의 출발점으로 본다. 그 후 면직물 공업이 산업혁명을 거의 주도하게 된다. 농민층 분해의 진전과 함께 선대객주제(先貸客主制)와 매뉴팩처의 형태를 취한 초기 자본주의적 생산관계가 그 밖의 유럽 여러 나라에서보다 순조롭게 나타나게 되었으며, 17세기 중엽 절대권력을 일소한 시민혁명이 발생하였다.

산업혁명 중에는 기계가 무수히 많이 발명되었다. 방적기만 해도 수력방적기, 자동방적기 등이 개발되었으며, 역직기 등도 발명되었다.

나중에는 정밀도가 높은 자동선반과 공작기계가 제작되고, 1830년 이후에는 기계에 의한 기계의 대량생산체제가 확립되었다. 이때부터 기계는 생산을 지탱하는 중요한 역할을 하게 된다.

철도도 산업혁명 때 등장하게 된다. 조지 스티븐슨이 증기기관차를 발명함으로써 1825년 석탄을 갱도에서 뱃길까지 운반하는 목적으로 스톡턴과 달링턴을 오가는 철도가, 1830년에는 맨체스터와 리버풀을 오가는 철도가 개통되어 엄청난 성공을 거두었다. 그 후 이 성공에 자극받아 철길은 영국 전역에 설치되기에 이르렀으며, 국내시장의 확보는 물론 영국 산업자본의 대동맥 역할을 하게 된다. 후에 철도는 전 세계에 보급되었다.

제임스 하그리브스의 제니방적기

영국에 이어 프랑스, 독일, 미국 등에서도 산업혁명이 일어났지만, 어느 나라든지 대개가 선진국인 영국으로부터 숙련기술자가 기술을 전하였거나 새로운 기계가 수입되는 등 기술 도입과 시스템 도입을 통해서 비로소 가능하였다.

1800년에서 1900년까지 100년간에 걸친 영국의 발전은 구매력의 변화를 고려해 볼 때 약 24배가 증가하였다. 1800년부터 1826년까지는 나폴레옹전쟁이나 그 영향에 의하여 다소 정체되었지만, 1826년부터 1846년까지는 수입이 연평균 3.5%로 증가하였다. 수출이 가장 증가한 것은 1827년에서 1846년에 이르는 19년간으로 동기간 중에 수출 규모는 약 2배나 늘었다.[32)]

32) A. L. Bowley, A short History of England's Foreign trade in the 19th Century : its Economic

이와 같은 영국 국제무역과 경영의 발전을 주류로 한 유럽비즈니스의 발전은 19세기 국제무역의 발전의 주요한 요인이 되었다. 19세기에 있어서 국제무역에 참가하였던 중요 국가의 국제비즈니스 합계액을 보면, 1800년에 14조 7,900만 달러이던 것이 1900년에는 201조 500만 달러로 늘어났으며, 특히 19세기 후반부터는 더욱 급속히 늘어나 20세기 초인 1913년에는 404조 2,000만 달러를 나타냄으로써 약 100년간의 국제비즈니스 합계액은 거의 30배가 되었을 정도로 확대되었다(〈표 3-1〉 참조).

또한 1850년 영국은 전 세계의 공업생산의 28%를 차지했고, 강철의 70%, 면직물의 50%가 영국 제품이었다. 또한 전 세계 상선의 1/3이 영국 소유였으며, 금융자본의 90%가 영국 파운드화로 결제되었다.

표 3-1 — 19세기의 세계 국제비즈니스 규모

(단위: 백만 달러)

연도	1800	1820	1830	1840	1850	1860	1870	1880	1890	1900	1913
금액	1,479	1,659	1,981	2,789	4,049	7,246	10,663	14,761	17,519	20,105	40,420

주: 당시 세계 국제비즈니스에 참가하고 있던 주요국민을 집계한 것이기 때문에 다소 과소평가된 것으로 보임.

자료: 猪谷善一, 「貿易史」, 博文社, 1978, p.38.

이와 같은 영국 국제비즈니스의 급격한 신장은 영국의 자유무역운동에 유럽대륙, 특히 프랑스를 비롯하여 독일, 네덜란드 등의 제국과 심지어는 보호무역론이 강하였던 미국에서까지 다수 찬성자를 발견할 수 있었던 데에 기인한 것이다. 그 결과 영국의 무역 의존도는 매우 높아져 1880년대에는 수입 의존도만 하여도 무려 33%에 이름으로써 명실공히 무역국가로서의 면모를 과시하였다.

이상에서 본 바와 같이 19세기는 과거 어느 시대의 어느 기간보다도 급속히 변화한 변혁의 시기였다. 개인의 이윤 추구를 미덕시하는 경제원칙이 경제사회 전반에 걸쳐 뿌리 내리기 시작하였으며, 새로운 기술에 의한 생산력의 증대와 교통수단의 혁신으로 인해 국제상품화율이 현저히 증가하였다. 여기에 고전파 경제학에 근거를 둔 자유무역운동이 각국의 호응을 받음으로써 국제비즈니스의 신장은 괄목할 만한 것이었다. 그러나 18세기와 마찬가지로 19세기의 국제비즈니스도 영국이 주도하였으며, 특히 산업혁명을 가장 먼저 치른 영국은 말 그대로 '세계의 공장'이었다.

무역 구조도 크게 변하였다. 1차산품 중심의 구조에서 공산품의 비중이 현저하게 늘어나게 되자, 천연자원의 부존이나 기후 등 일부 조건의 유리성만을 지니고 있던

and Social Result, Antiqbook, 1983.

식민지의 중요성은 상대적으로 줄어들고 그 대신에 인구가 많고 구매력이 높은 지역에의 무역이 활발해졌다. 이러한 현상은 산업혁명을 거치면서 경제순환과정에서의 흐름이 생산에서 소비로 서서히 옮겨가기 시작하였음을 의미한다.[20)]

그 결과 국제경쟁의 논리도 크게 변하였다. 18세기까지만 해도 국제비즈니스상품의 국제경쟁력은 상품 그 자체에 있었던 것이 아니라 지리상의 발견에 의한 선점이나 해상패권의 확보에 의한 배타적 공급독점, 또는 중상주의정책의 강화에 따른 경쟁력의 인공적 유지 등에 의하여 지탱되어 왔다. 그러나 국제비즈니스에 점하는 공산품의 비중이 늘어났을 뿐만 아니라 새로운 기술의 채용으로 인해 제품의 가격을 경쟁적으로 인하하게 되자, 이제는 국제경쟁력을 상품 외적인 물리적 힘에서가 아니라 상품의 제조과정에서 찾지 않을 수 없었다. 이러한 변화는 당시 국제비즈니스에서 계속 물리적 힘을 행사하여 자국 상품의 경쟁력을 유지하고 있던 영국에서부터 시작되어, 마침내는 국제비즈니스 자유화 운동으로 번지게 되었다.

제2절 현대 국제비즈니스

1. 20세기 전반기의 국제비즈니스 : 20세기 초~제2차 세계대전 전

20세기로 들어와 제1차 세계대전 때까지의 10여 년간에 걸쳐 국제비즈니스상에 나타난 큰 특징 중의 하나는 독일의 대외 국제비즈니스가 급증하였다는 사실이다. 그 밖에 미국, 프랑스, 벨기에, 네덜란드의 비중도 상승하였다. 〈표 3-2〉에서 알 수 있는 바와 같이 영국은 여전히 국제비즈니스에서 1위를 점하고 있었으나, 상대적으로는 떨어졌다.

표 3-2 — 20세기 초 세계 국제비즈니스에 점하는 국가별 비중

(단위: %)

나라별 \ 연도	1904년	1912년
유럽		
영국	18.0	16.2
독일	11.7	12.6
네덜란드	7.1	6.8
프랑스	8.7	8.8
벨기에	6.3	6.5
러시아	3.4	3.4
오스트리아	3.5	3.3
이탈리아	2.8	3.0
아프리카	1.9	1.9
오스트레일리아	2.0	2.2
아시아		
인도	3.6	3.5
중국	1.7	1.6
일본	1.4	1.4
아메리카		
미국	9.8	9.6
아르헨티나	1.7	2.1
캐나다	1.9	2.6
브라질	1.3	1.6

자료: 猪谷善一, 「貿易史」, 博文社, 1978, p.79.

세계대전의 원인에는 여러 가지가 있겠으나 중요한 것 중의 하나는 국제비즈니스 통계를 통해서도 알 수 있다. 즉, 세계시장에 대한 영국과 독일의 경쟁은 19세기 말부터 계속되어 오다가 20세기 초 10년 동안에는 독일이 영국을 크게 위협하였다.

영국의 국제비즈니스는 19세기 전반을 통하여 약진하였으나, 1870년 이후에는 그 약진력이 상대적으로 둔화되었다. 그 원인은 첫째, 영국 식민지의은 가격(銀價)이 하락하여 현지인의 구매력이 극히 감소하였는데 그중에서도 특히 인도, 중국 등 동양시장이 부진하였고, 둘째, 19세기 후반에는 청 · 일 전쟁, 미 · 서 전쟁, 러 · 일 전쟁, 발칸전쟁 등이 잇따랐으며, 특히 발칸전쟁에서는 전쟁비용으로 2억 5,000만 파운드를 지출함으로써 영국 경제가 큰 타격을 받았다.

2. 국제무역의 확대와 다국적기업의 등장

특히 제1차 세계대전과 1930년대의 세계공항은 '국제무역의 정체, 각국 경제의 성장 둔화' 등으로 국제기업의 성장을 둔화시켰으며, 이 시기를 '국제경영의 암흑기'라고 부르기도 한다.

일반적으로 다국적기업과 국제경영의 현대적 현상은 제2차 세계대전 후인 1950년대부터라고 할 수 있다. 즉, 제2차 세계대전 후에 미국의 거대기업들이 국내시장에서의 기업이윤율의 저하, 각국의 수입 제한, 천연자원 확보 등의 여러 이유에서 해외직접투자를 하기 시작한 데서 비롯된다. 이것이 요즈음 이야기하는 현대적 의미의 다국적기업의 역사이기도 하다.

제2차 세계대전 후 미국의 마샬플랜의 경제원조에 의해서 유럽의 경제가 부흥됨에 따라 미국의 제조업이 속속 유럽에 직접투자를 행했다. 1950년의 9억 달러에서 1960년대에는 38억 달러로 그리고 1970년대에는 137억 달러로 급증했다.

이러한 다국적기업에 제조업 투자가 증가한 이유로는 다음과 같은 점을 지적할 수 있다.[21]

① 유럽시장이 광대하고 성장성이 높다는 점
② EC가 형성되어 수출이 불리해졌다는 점
③ 달러 가치가 과대평가되어 파운드, 마르크, 프랑 등의 과대 입수로 직접투자가 용이했다는 점
④ 1950년대 후반부터 유리한 기회를 노리는 유럽 달러시장이 형성되었다는 점
⑤ 미국의 경영자원(합리적인 경영관리, 기술개발 능력 등)이 뛰어났던 점

국제경영은 제2차 세계대전과는 대조적으로 국제무역의 급속한 확대와 더불어 그 역량을 발휘하기 시작하였다. 다시 말하면 대량생산(mass production)과 해외시장이 확립되면서 국제기업의 역할이 증대되기 시작하였다. 대량생산은 제2차 세계대전의 승패에도 나타나 모든 국가에서 대량생산은 신화처럼 받아들이게 되었다.

제2차 세계대전 후 즉 1950~1970년대에 설립된 다국적기업들은 크게 다음의 세 가지 범주로 구분된다.

첫째는 미국 기업 위주로 형성되었으며, 미국 기업은 전 세계 다국적기업의 약 50%를 차지하였다. UN의 정의에 합치하는 자회사로 해외에 최소한 한 개 이상을 둔 회사들의 총수는 1973년에 7,481개사였는데 비해 해외에서 최소한 한 개의 자회사 이상을 가진 미국 기업의 총수는 2,567개사였으며 그 구성 비율은 27.1%였다.[22]

둘째는 제조업(40%)이 주를 이루었고 나머지는 석유(12%)가 차지하였을 정도로 이 시기에는 제조업 중심의 다국적기업이었다.

세 번째는 1980년대에 이르러서 계속되는 세계경제의 장기 침체 속에서 종전에 누렸던 팍스아메리카나(Pax Americana)[23]의 지위가 상실되어 일본 기업이 다국적기업의 핵으로 등장하였다.

따라서 1980년대 말과 1990년대에 이르면서 미국과 EU를 중심으로 한 유럽 그리고 일본의 3자 관계(triad)가 형성되었다. 국제경영은 다국적기업의 역사라고 하듯이 국제기업의 정의에 대해서도 많은 주장이 있다.

미국의 경영학자 피터 드러커(Peter F. Drucker) 교수는 국제기업을 개념, 정의하면서 국제기업의 행동적 특성(behavioral characteristics)을 주장하였는데, 국제기업이란 국제적 관점에서 사고(thinks internationally)를 하는 최고경영층을 지닌 기업체라고 하였다.[24]

그에 의하면 국제기업이란 전 세계를 대상으로 항상 투자 대안을 검토하고 최종 의사결정을 하며 투자 기회가 자국 내에 있지 않고 해외에 있다는 사실만으로 해외투자 기회를 추구하지 않는 기업인을 의미한다고 보았다.

파머와 리치맨(Farmer & Richman)은 2개국 이상의 독립국가에서 국제적 활동을 이루는 기업으로 정의하면서 국제적 활동에는 수출입, 기술제휴, 턴키프로젝트, 증권투자 및 직접투자를 들고 있다.[25]

또 일본 와세다대학의 에나츠 켄이치(江夏健一) 교수는 그의 책 〈다국적 기업요론〉에서 기업이 해외에서 제조와 판매 등의 거점을 가진 국제화는 다음의 네 가지 단계로 구분된다고 하고 있다.[26] 즉, 점의 국제화, 선의 국제화, 면의 국제화 및 입체의 국제화이다.

① **점의 국제화**: 서태평양권, 유럽, 북미 등에 소수의 거점이 점재하고 있으나 상호 간에 관련을 취하지 않는 단계

② **선의 국제화**: 이러한 지역 내의 거점이 상호 간에 협력관계를 취하고 있는 단계

③ **면의 국제화**: 각 지역 내에 지역본사의 기능을 지니고 있는 거점이 있으며, 그것이 지역 내의 거점을 기능적으로 통활하고 있는 단계

④ **입체의 국제화**: 각 지역본사 간, 세계본사 간의 연계관계가 고도로 진행되고, 각 지역의 특성을 충분히 존중하면서 세계적으로 갖가지 로지스틱스(logistics)를 세울 수 있는 단계

기업의 국제화는 궁극적으로 입체형으로 진화하는 것이지만, 각 단계를 하나씩 하나

씩 밟아 가면서 발전한다.

리차드 다베니(Richard A. D'Aveni, 1994)는 기업 간 경쟁이 격화됨에 따라 지속적인 경쟁우위를 구축하기가 어려워지고 있는 상황을 '하이퍼(초) · 경쟁'(Hyper Competition)이라고 명명했다. 다베니는 경쟁을 격화시키는 요인으로 제품 라이프 사이클 · 제품 개발 과정의 단축화, 신기술의 출현, 진입 기업의 증가 등을 꼽고 있다.

그리고 그림 위에 나타낸 전통적 견해의 라이프 사이클을 예로 들어 경쟁 우위의 시작과 종결을 나타내고 있다. 이를 바탕으로 기업은 개발된 신제품에 우위성이 있고 그 우위성을 유지할 수 있는 한 이익을 수확하는 것이 가능해진다. 그러나 궁극적으로는 경쟁사가 반격함으로써 그 우위성은 상실된다. 그러나 이러한 제품 라이프 사이클에서 경쟁 우위를 수립하고 유지할 수 있었던 시대와는 달리, 기업이 지속적인 경쟁 우위를 구축하는 것은 점점 더 어려워지고 있다.

여기서 기업은 끊임없이 신제품 개발을 해 경쟁사의 반격을 받는 것보다 빨리 경쟁 우위를 구축함으로써 시장에서 지속 가능한 우위성을 효과적 · 장기적으로 구축해야 한다고 다베니는 주장했다. 이것은 "일시적인 경쟁 우위"라고 불리는데 그것을 도시하면 그림과 같이 나타낸다. 다베니가 주장하는 "지속적인 경쟁 우위"는 장기간 큰 이익을 구축하려고 시도하지만 "일시적인 경쟁 우위"는 단기간에 작은 이익을 연결할 수 있음을 나타내고 있음을 알 수 있다.

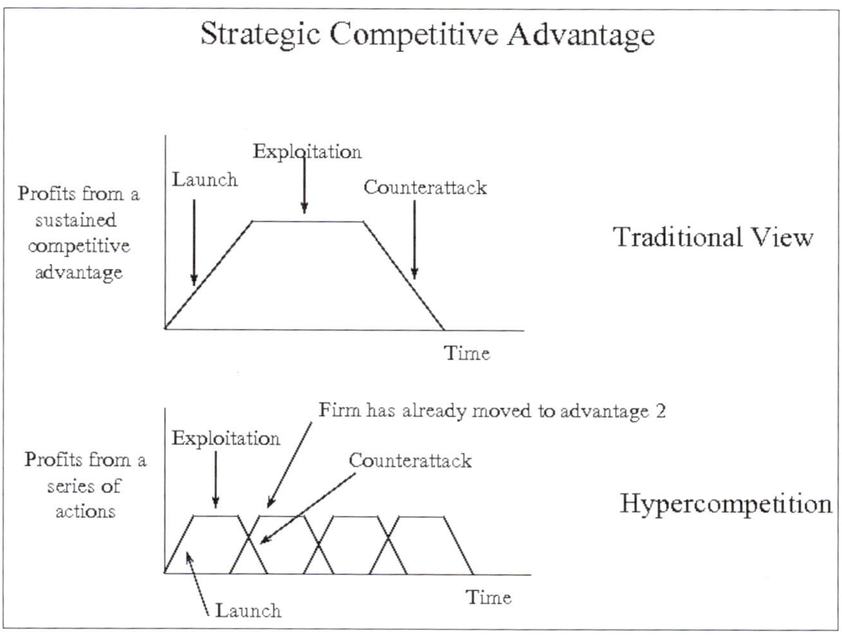

제3절 다국적기업의 연도별 변화

1. 세계 다국적기업 50개사의 연도별 변천

〈표 3-3〉 전통적 견해와 하이퍼 경쟁 1981년부터 2021년까지의 40년 동안 세계 유수의 다국적기업의 연도별 순위의 변천이다. 물론, 매출액과 수익에서 약간의 차이는 있지만 이 흐름으로 우리는 시대적 기업의 변천사를 알 수 있다.

우선 1981년부터 26년 동안 부침 없이 5위권을 유지하고 있는 회사가 엑슨모빌(Exxon Mobil) 제너럴모터스(GM) 이다. 그중 제너럴모터스(GM)는 2007년에 5위를 기록한 것 이외에는 10위권에 진입한적이 없다. 그사이에 새로 진입한 토요타는 1988년부터 8위 1995년 6위 2007년 6위 2017년 5위 2021년 9위를 기록 하면서 기염을 토하고 있다.

표 3-3 — 세계 다국적기업 10개사의 연도별 변천

순위	1981	1988	1995	2007	2017	2021
	회사명	회사명	회사명	회사명	회사명	회사명
1	Exxon	General Motors	Royal Dutch/Shell	Wal-Mart Stores	Wallmart	Walmart
2	Royal Dutch/Shell	Royal Dutch/Shell	Exxon	Exxon Mobil	State Grid	State Grid
3	Mobil	Exxon	IBM	Royal Dutch/Shell	Sinopec Group	Amazon
4	General Motors	ford Motor	General Motors	BP	China national petroleum	China National Petroleum
5	Texaco	International Business Machiness	General Electric	General Motors	Toyota Motor	Sinopec Group
6	BKP	Mobil	Toyota	Toyota Motor	Volkswagen	Apple
7	Standard (Cal.)	British Petroleum	ford	Chevron	Royal Dutch Shell	CVS Health
8	ford	Toyota	Hitachi	Daimler Chrysler	Berkshire Hatahway	UnitedHealth Group
9	Standard (Indiana)	IRI	Sony	conoco Phillips	Apple	Toyota Motor
10	ENI	General Electric	Mitsubishi	Total	Exon mobile	Volkswagen

자료: 1981년-Stopford and Dunning, *Multinationals: company Performance and Global Trends*, Macmilian Publish, 1983, pp.113-114(단위: 10억 달러), 1988년-(단위: 10억 달러), 1995년-Unctad 1995년 자료(단위: 10억 달러), 2007년-*Fortune*, "The 2002 Global 500" 중 발췌(단위: 100만 달러) 2017년 *Fortune*, "The 2002 Global 500" 중 발췌 2021년 *Fortune*, "The 2002 Global 500" 중 발췌

2020년 4월 29일 일본의 마이니치신문이 보도한 2019회계연도(2019년4월1일~2020년3월31일) 세계 판매 대수에 따르면 도요타자동차그룹은 1,045만 6,593대를 팔았다. 1년 전보다는 판매량이 1.4% 줄었지만 4년 만에 폭스바겐을 제치고 세계 판매 1위 자리를 탈환했다.

그리고 월마트는 2002년에 글로벌 500대 기업 1위에 등극한 이래 20년 동안 세계 1위를 유지하고 있다.

2. 주요국가의 글로벌 500대 기업수의 연도별 변천현황

〈표 3-4〉은 한국을 포함한 미국, 중국, 일본, 프랑스, 독일의 6대 국가별 500대 기업 수와 변화의 추이를 나타낸 표이다. 미국은 1993년 161개사에서 2003년 192개사로 증가 현상을 보이고 2010년 이후 감소세를 보여 2020년 139개, 2013년 132개, 2018년 126개, 2021년에는 122개를 기록하고 있다. 이에 반해 중국은 1993년에는 다국적기업이 하나도 없었으나 2003년 11개사, 2010년 46개 2013년 89개, 2018년 103개 2021년에는 135개로 미국을 제치고 1위를 차지하였다.

표 3-4 ― 주요국의 글로벌 500대 기업수의 추이현황

	주요국의 글로벌 500대 기업 수					
	1993	2003	2010	2013	2018	2021
미국	161	192	139	132	126	122
중국	0	11	46	89	103	135
일본	128	88	71	62	52	53
프랑스	30	4	39	31	28	26
독일	32	35	37	29	29	27
한국	12	13	10	14	15	15

자료: 포춘 글로벌(fortune global)500 각년도 판에서 작성

일본은 1993년 128개사로 미국에 이어 2위를 기록했으나 2003년 88개사로 감소 현상을 보이고 2010년에는 71개, 2013년 62개 2018년 52개 2021년에는 53개로 나타나 있다.

프랑스도 1993년에는 30개였으나 2003년에는 4개로 감소를 보였으나 2010년에는 39개로 급격한 증가를 보였으나 점차 감소하면서 2021년에는 26개를 기록하고 있다. 독일

은 1993년에는 32개였으나 2010년에는 37개로 증가했으나 전차 감소를 보이면서 2021년에는 27를 기록하고 있다.

우리나라는 1993년 12개사, 2003년 13개사, 2010년 10개사로 감소하였으나 2013년에는 14개로 증가했으며 2018년에는 15개 2021년 15개로 미미한 증가세를 보이고 있다.

한국경제연구원의 자료로 2000년부터 20년간의 한국, 미국, 중국, 일본의 500대 기업의 흐름을 그림으로 나타낸 것이다.

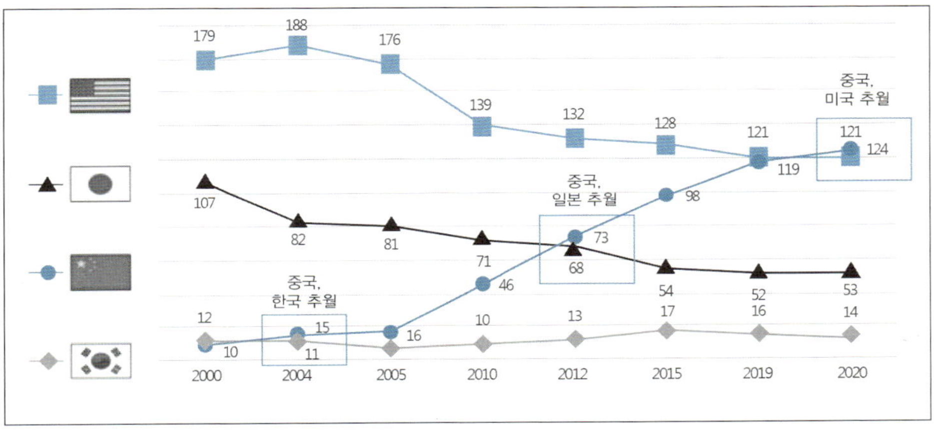

자료: Fortune Global 500

한 · 미 · 일 · 중 글로벌 500대 기업 수 추이

2000년까지만 해도 글로벌 500대 기업에 속한 기업이 겨우 10개사에 불과했던 중국은 2004년 15개사로 한국(11개)을 추월했고, 2012년에는 73개사로 일본(68개)을 추월했다. 이후, 지속적으로 증가하여 2020년 124개사로 사상 처음으로 미국(121개)을 제쳤다.

미국은 2000년 179개사, 2005년 176개사, 2010년 139개사 등 감소 추세를 보였고, 결국 2020년 121개사에 그치면서 중국에 1위를 내주었다. 일본은 2000년 107개로 미국 다음으로 많은 기업이 글로벌 500대 기업에 포함되었으나, 2005년 81개, 2010년 71개 등 지속적으로 감소해, 2012년 68개로 중국에 추월을 허용했다.

2020년 포춘 글로벌 500에 포함된 기업 수의 경우 중국이 5개사 늘어난 124개이며, 일본은 1개 늘어 53개 기업이 포함됐다. 미국은 전년과 같은 121개 기업인 반면, 한국은 2019년 16개사에서 SK하이닉스(125,000원 상승 2000 -1.6%), LG화학(696,000원 상승 43000 6.6%)이 빠지면서 14개사로 줄었다. 국내기업의 순위 하락도 심각한 것으로 나타났다. 2020년 글로벌 500대 기업에 포함된 한국 기업 14개사 중 전년보다 순위가 하락한 기업은 10개사였다.

구체적으로, △ 삼성전자(2019년 15위 → 2020년 19위), △ SK(주)(73위 → 97위), △ 포스코(171위 → 194위), △ LG전자(185위 → 207위), △ 한국전력(193위 → 227위) 등이었다. △ SK하이닉스(2019년 335위), △ LG화학(2019년 490위)은 2019년 글로벌 500대 기업에 포함됐으나, 2020년에는 제외됐다.

글로벌화와 국제경영의 등장

제4장

제1절 다국적 기업과 글로벌화

1. 전통적인 비교우위 요인

애덤 스미스(Adam Smith)가 제창한 국제적인 전문화의 개념을 기초로 하여, 국가 간의 생산요소 부존비율과 그 가격의 차가 존재하기 때문에 비교우위가 나타났고 그 결과로서 상품이 국제적으로 이동한다고 생각하는 것이 전통적인 무역론이다.

전통적인 국제자본이동론에서는 상품과 마찬가지로 이윤을 구하기 위해 자본이 국가 간을 출입한다고 생각하여 왔다. 그러나 경영자원으로서 자본과 노동을 대상으로 하는 전통적인 이론에 의해 오늘날의 글로벌화에의 행동의 일면은 설명할 수 있다고 하더라도 현실의 업의 행동은 이 테두리를 훨씬 뛰어넘고 있다고 하겠다.

2. 기업성장의 요인

과거에는 노동력, 현지물가 등이 주요요인이었지만 최근에는 기술, 노하우, 전략의 입안이나 경영 관리력, 기업가정신 등 소위 소프트적인 경영력의 우위성이 직접투자라는 자본의 이동을 가져다주는 커다란 원천이 되고 있는 것이 현실이다. 자본, 노동, 소프트적인 경영력 등의 경영자원이 패키지로서 이동하는 것이 현재의 직접투자이다. 이러한 현실에서 기업은 본래 성장을 지향하면서 최적의 행동을 추구하는 주체라고 생각하기도 한다. 국내보다는 해외에서 사업의 기회가 커진다면 필연적으로 경영자원을 해외에 이전한다. 기업의 다국적화를 진화론적으로 취급하는 견해가 로빈슨(R. Robinson)에 의해 등장하였다.

제2절 국제경영의 정의

국제경영학에서 논의되고 있는 국제경영은 그 역사의 일련성과 환경의 변화성 때문에 개념을 확고하게 규정하기에 어려움이 많다. 또한 학자들의 연구목적과 연구방법, 시대에 따라 그 정의가 다를 수 있다.[1]

그러나 일반적으로 국제경영은 규정기준에 따라 두 가지 견해로 나눌 수 있다. 첫 번째는 국제경영이란 국경을 넘는 사업활동을 경영교육의 학문적 연구의 대상으로 하는 분야로, 여기에서 국경을 넘는 사업활동의 대상에는 재화, 서비스, 자본, 인력, 기술이전, 그리고 인력관리 등이 모두 포함된다[2]고 하는, 국경선을 기준으로 하는 로보크(S. Robock), 시몬즈(K. Simmons)와 츠비크(J. Zwick)의 견해이다. 두 번째는 국제경영이란 한 나라, 한 영토, 또는 한 식민지이상의 사람 또는 기관에 영향을 미치는 공사(公私)의 경영활동을 대상으로 하는 연구 및 실무의 한 분야[3]라고 하는, 활동지역의 수를 기준으로 하는 로빈슨의 견해이다.

이처럼 두 견해는 국경과 활동지역의 수를 기준으로 하고 있다는 점에서 상이하나, 2개국 이상에서 일어나는 경영활동의 현상으로 보고 있다는 공통점을 갖고 있다. 따라서 국제경영이란 2개국 이상에서 이루어지는 경영관리활동(management), 2개국 이상에서 관련되는 경영활동(business)으로 정의할 수 있다.[4]

---

1) 보통 'International Business'라고 지칭할 때는 세 가지의 뜻을 가지고 있다. 먼저 급격한 환경의 변화로 야기되는 복잡성·다양성·단절성·불확실성·위험성 등으로 특징되는 세계 및 지역시장과 진출국으로부터 영향을 주고받으며 기업이 수행하는 국제경영활동인 '국제경영(international business)', 두 번째로 일정한 목적을 실현하기 위해 전략전술 등을 개발하여 실제로 국제경영활동을 수행하는 '국제기업(international business)', 세 번째로 경영학의 일부로 국제경영과 국제기업 및 국제경영환경 등 관련관제를 연구하는 학문분야로서 '국제경영학(고유명사 사용할 때, International Business)'이 있다.

2) S. Robock, K. Simmonds & J. Zwick, International Business and Multinational Enterprises, Richard D. Irwin, Inc., 1972, p.3. [International Business as a field of management training and scholarly research deals primarily with business activities that cross national boundaries, whether they be movements of goods, services, capital, or personnel ; transfer of technology ; or even the supervision of employees.]

3) R. Robinson, International Business Management, Hindsale, N.Y. : Dryden Press, 1978, p.17. [International Business as a field of study and practice encompasses that public and private business activity affecting the persons or institutions of more than one national state, territory, or colony.]

4) R. L. Daft, Management, Dryden Press, 1991, p.603.

이상에서 국제경영에 대한 논의를 하였지만 국제경영학에 대해서는 확정적으로 정의 내리기가 곤란하다. 그 이유는 국제경영학의 연구방법이 확립되지 못한 이유도 있지만, 국제경영이 내포하고 있는 포괄적인 성격 때문이다. 즉 경영활동에서 특정 기능(생산관리, 마케팅, 재무 등)을 대상으로 연구가 이루어질 수 있으나, 국제경영학은 대상에 있어 이들 특정 기능을 망라한 기업의 국제적 경영활동을 포괄적으로 다루어야 한다.

연구방법에 있어서도 연구목적과 분석대상에 따라 학자마다 달리 사용하고 있기도 하다. 그러므로 국제경영학에 대한 학문적 성격을 논하기보다는 이 학문이 포함하고 있는 범위를 그림으로 예시하여 이해하도록 하자.

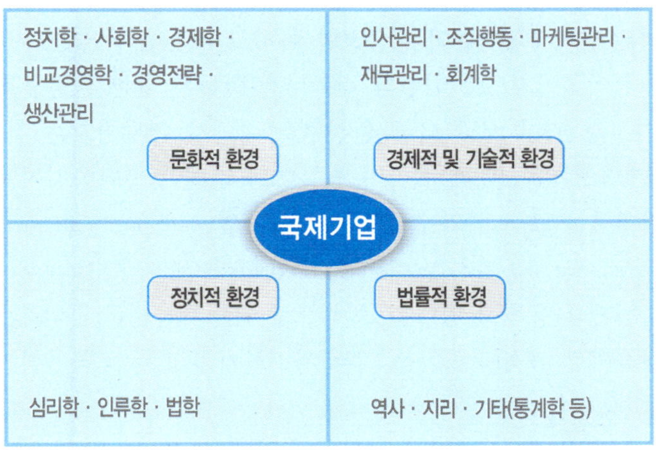

[그림 4-1] 국제경영학의 인접 학문

위의 그림에서 보면 국내 기업경영 그 자체도 경영환경적인 면에서 비슷하다고 할 수 있으나 비교경영학이라든지, 심리학, 인류학, 역사, 지리 등의 면에서 보면 국제경영과는 엄청난 차이를 보이고 있다고 하겠다.

다만, 이것이 국제경영에서만 적용된다고는 말할 수 없지만, 그 중요도에 있어 기존의 경영 일반보다는 보다 구체적이고 체계화하여야만 하는 환경적 요인의 속성이라고 할 수 있을 것이다. 이상은 국제경영에 대한 이해를 돕고자 설명하였다. 그렇다면 국제기업에 대해서, 즉 행동의 주체인 국제기업에 대해 어떻게 정의를 하고 있는지 알아볼 필요가 있다.

제3절 국제기업의 개념

1. 국제경영과 국제기업의 정의

국제경영이란 2개국 이상에서 이루어지는 경영관리활동, 또는 2개국 이상에서 관련되는 경영활동으로 정의하였다. 국제기업이란 2개국 이상의 나라에서 사업을 하는 기업을 말한다.

기업적 측면에서 보면 국내기업이란 본질적으로 단지 하나의 국민경제의 틀내에서 비즈니스 활동을 영위하는 기업을 가리킨다. 이런 종류의 기업의 비즈니스 활동은 원칙으로 정치적, 법률적, 경제적, 사회적, 문화적으로 통일된 환경구조를 지향하는 것이 된다. 국제기업은 단지 그 기업의 제품뿐만 아니고 자본이나 기술, 기타 모든 경영적 자원이 외국에서 이루어지므로 기업의 비즈니스 활동은 다른 환경구조에서 이루어지며 기업의 의사결정 역시 서로 다른 환경구조 속에서 이루어지는 것이 일반적이다.

국제기업의 개념 정의에 대해서는 아직 통일된 견해에 도달하지 못하고 있는 실정이다. 국제기업이라는 표현 이외에 흔히 다국적기업(multinational enterprise), 초국가, 초국제기업(supernational or transnational enterprise), 세계기업(global enter- prise) 등의 표현이 비슷하게 사용되고 있다. 일반적으로 국제기업은 국가의 경계를 넘어서 다른 나라에서 생산하고 마케팅 활동을 하는 지구화기업 또는 초국가기업으로 인식되고 있다.[5]

이 중에서 다국적기업이라는 말이 가장 보편적으로 쓰이고 있다. 다국적기업이라는 말은 제2차 세계대전 이후에 학계, 경제학, 저널리즘 세계 등을 막론하고 각국에서 널리 사용되어 오고 있으며, 오늘날의 경제현상을 논함에 있어서는 무시할 수 없는 것이 되고 있다. 그 후 이와 비슷한 용어들이 많이 사용되어 규모의 형태와 경영활동의 형태에 따라 다국적기업, 국제기업, 초국적기업 등으로 용어를 확대하여 부르기도 한다.

다국적기업이란 용어가 그 내용에 있어서 어느 정도 통일적인 견해와 학문적체계가 이루어진 것은 1960년을 전후한 시기라고 할 수 있다. 다국적기업이란 용어의 어원을 보면 처음에는 세계기업(world enterprise)이라고 불렸으며, 이는 세계기업의 창조(Creating a World Enterprise)_라는 논문이 〈하버드 비즈니스리뷰〉에 발표된 1959년 말이라고 하겠다.[6] 클리와 디시피오는 이 논문에서 미국의 대기업이 세계적 규모에서

5) D. Hellriegel and J. W. Slocum, Management, Addison-Wesley, 1992, pp.108-110.

6) G. H. Clee and A. discipio, "Creating a World Enterprise", Harvard Business Review, Nov-Dec, 1959.

경영활동을 전개하기 위해서는 어떠한 경영이념하에서 행동하여야 할 것인가를 다룰 때 국적을 초월하는 대기업을 세계기업이라 명명하였다.

한편, 다국적기업이란 용어는 1960년에 릴리엔달(D. E. Lilienthal)이 『다국적 기업의 경영(Management of Multinational Corporation)』에서 처음 사용했으며 1964년에 키처(Kircher)는 '초국적기업(transnational enterprise)'이란 용어를 사용하기도 하였다.

그런데 국제경영활동을 수행하는 경영주체로서 국제기업을 정의하는 데는 학자들 간에 별 차이가 없지만, 이에 대한 명칭과 평가기준이 다양하게 병존해 있다. 예컨대 루트(F. Root)와 버논(R. Vernon)은 다같이 다국적기업으로 표현하고 있지만, 루트는 보다 추상적인 표현으로 다국적기업을 정의하는 데 비해 버논은 구체적인 평가기준을 설정하여 다국적기업을 정의하고 있다. 포터(M.Porter)는 세계시장을 하나의 시스템으로 보아 각국의 경영전략을 논하면서 국제경영을 정의하였다.

롤퍼(Rolfe), 브럭(Bruck)과 리(Lee)는 투자와 매출액 등 일정 비율의 성과로 다국적기업을 정의했고, 후드(Hood)와 영(Young), 그리고 UN은 국가의 수와 최고경영자의 의사결정 등 구조와 형태를 중심으로 다국적기업을 정의했다. 또한 베어먼(Behrman), 버논(Vernon) 등은 경영활동이 일어나는 국가의 수로 다국적기업을 정의했다.

이상과 같은 혼란 속에서 국제기업(다국적기업)을 정의하기란 여간 곤혹스러운 일이 아니므로 표로 정리하여 살펴보도록 하자. 〈표 4-1〉에서 보면 다국적기업에 대한 정의가 크게 구조, 성과, 형태, 다각적 관점이라는 네 분류로 나뉘는데, 국제기업에 대한 개념 정리에서 다국적기업의 정의는 그리 일반화하기가 쉽지 않다는 것을 알 수 있다. 그러면 우리는 어떤 측면을 보아야 하는가? 국제기업에 있어 그 정의보다는 이들의 행동적인 측면을 설명함으로써 다국적기업의 정의와 이해를 도울 수 있을 것이다.

표 4-1 — 다국적기업의 정의: 1959~2000

학 자	명 칭	본 질	관점
G. H. Clee & A. 야 Scipio	world enterprise	• 다국적기업에 대한 최초의 이론적 정의(1959년) • 마케팅 · 연구개발 · 생산활동이 국경을 초월하여 이루어짐[경영이념이 국제적]	형태
H. V. Purlmuter	multinational corporation	• 경영자의 태도를 본국중심적(ethnocentric), 현지국중심적(polycentric), 지구중심적(geocentric)으로 나눔 • 다국적기업은 지구중심적 경영을 하는 기업	
M. Porter	global corporation	• 세계시장을 하나의 시스템으로 보아 각국의 경영전략을 유기적으로 조정	

학 자	명 칭	본 질	관점
D. E. Lilienthal	multinational corporation	• 다국적기업이란 용어를 처음 사용(1960년) • 1개국 이상에서 해외생산활동 • 경영자가 세계적 차원에서 시장개발 · 연구 · 생산에 대한 의사결정을 내림 [경영활동이 일어나는 국가의 수≥2]	구조
J. N. Behrman	multinational enterprise	• 기업이 국경에 의해서 분리되어 다수국가의 통치하에서 활동하면서도 내부적으로는 통제된 기업 즉 '다양성 속의 통일성(unity in diversity)'을 강조 [기업 소유권자의 국적수≥2]	
R. Vernon	multinational enterprise	• 다수국의 해외 자회사와 본사 간의 기업집단(cluster of coporation)으로, 이들 기업집단은 인적 · 재무적 자원을 공동으로 사용하고 동일한 전략에 의해서 운영됨 [대기업 + 6개국 이상에 제조업 투자]	
R. D. Robinson	multinational firm or corporation	• 다국적기업을 National → International → Transnational → Multinational → Supernational 과 같은 발전하는 단계로 보았다. • 소유 · 경영의 다국적화와 시장 · 자산의 국적적 분산	
Pierre Goetschin & D. P. Kircher	transnational enterprise	• 최고경영층의 국적수≥2	
S. E. Rolfe	transnational firm or corporation	• 매출액, 투자, 생산, 고용 등의 해외 부분비용이 25%	성과
J. K. Bruck and F. A. Lee	multinational corporation	• 해외 부분의 매출액, 이익, 자산, 종업원 수는 일정 비율	
Neil Hood & Stephen Young	multinational enterprise	• 1개국 이상의 수익자산을 소유 · 통제 · 관리하며, 해외직접투자를 통해 해외생산활동을 하는 기업	구조와 형태
UN	multinational corporation	• 2개국 이상에서 생산 또는 서비스활동 • 소유와 경영의 다국적화 및 최고경영자의 국경을 초월한 의사결정	
F. Root	multinational enterprise	• 여러 나라의 생산 중심 활동 + 국경선을 초월하여 직접 통제	다각적 관점

학 자	명 칭	본 질	관점
Yair Aharoni	multinational corporation	• 다국적기업의 정의를 위한 접근법을 다음과 같이 3가지로 분류 ① 구조적 기준(structual criterion): 해외대상국가의 수, 소유권, 최고경영자의 국적, 조직구조 ② 성과 척도(performance yardstick): 매출액, 이익, 자산, 종업원의 수 ③ 형태적 특성(behavioral characteristics): 경영자의 국제적 사고 여부	종합적

참고: G. H. Clee & A. di Scipio,7) D. E. Lilienthal,8) D. P. Kircher,9) S. E. Rolfe,10) J. Fayerweather,11) UN,12) J.N. Behrman,13) J. K. Bruck and F. A. Lee,14) Yair Aharoni,15) R. D. Robinson,16) Neil M. Jocoby,17) H. V.Purlmuter,18) W. A. Dymsza,19) Endel J. Kolde,20) R. Vernon.21)

자료: UNCTAD(1993, 1999), UN, 2007 ; Yair Aharoni, "On the Defination of a Multinational Coporation", Quartely Review of Economics and Business, Autumn, 1971, pp.27-37 ; 방호열, 『국제경영학』, 법문사, 1990, p.50.

---

7) G. H. Clee and A. di Scipio, "Creating a World Enterprise", Harvard Business Review, Nov-Dec 1959.

8) D. E. Lilienthal, Management of Multinational Coporation, in Melvin Anshen and G. L. Bach, N.Y. : McGrow-Hill, 1960, p.119.

9) D. P. Kircher, "Now the Transnational Enterprise", Harvard Business Review, Mar-Apr 1964.

10) S. E. Rolfe, The International Corporation, ICC, 1969, p.10.

11) J. Fayerweather, International Business Management : a Conceptual Approach, New York McGraw, 1969, p.13

12) Dep. of Economic and Social Affairs(DESA), United Nations, New York, 1973, pp.45

13) J. N. Behrman, "Some Patterns in the Rise of the Multinational Enterprise", The University of North Carolina Graduate School of Business Research Paper(18), Chapel Hill, 1969, pp.58-60.

14) J. K. Bruck and F. A. Lee, "Foreign Content of U. S. Corporation Activies", Financial Analysis Journal, Sep-Oct 1966 ; "Foreign Investments Capital Control, and Balance of Payment", The Bulletin, New York University Institute of Finance(Apr), 1968, Appendix Table 1.

15) Yair Aharoni, "On the Defination of a Multinational Coporation", Quartely Review of Economics and Business, Autumn 1971, pp.27-37.

16) R. D. Robinson, "Joint Venture of Transnational Business", International Management Review, vol.1 no.1, 1964.

17) Neil M. Jocoby, The Center Magazine, vol.Ⅲ no.1, Center for Study of Democratic Industries, Santa Barbara, Calf., May 1970. [A multinational corporation owns and manages businesses in two or more countries. It is an agency of direst, as opposed to portfolio, investment in foreign countries, holding and managing the underlying physical assets ather than securities based upon those assets.]

표 4-2 — 다국적기업으로서의 본 글로벌

Luostariene and gabrielson	Born Global	국내시장이 위치한 대륙이외의 지역에서 총매출액 대비 50%이상을 달성한 기업	본 글로벌 벤처
Gieason and wiggenheorn	Born Global	설립 후 6년 이내에 해외시장에서 매출을 달성한 기업	본 글로벌 벤처
Zhou et al	Born Global SMEs	설립 후 3년 이내에 수출 및 수입을 포함한 형태로 국제화를 시행하여 수출로부터 10% 이상의 매출을 달성한 기업	본 글로벌 중소기업

최근에는 국제벤처등 설립직후부터 국제화를 시행하여 해외시장에서 경쟁적 우위를 갖는 다국적 중소기업이 등장하고 있다. 〈표 4-2〉처럼 설립시기부터 국제화를 하는 기업을 Born Global로 규정하고 총매출액 대비 50% 이상을 해외시장에서 판매한 기업[22]이나 설립후 3년 이내에 국제화를 시행하고 수출로부터 10% 이상의 매출액을 달성한 기업[23] 혹은 6년 이내에 국제화를 시도한 기업[24]으로 정의하고 있는 것을 보면

18) H. V. Prelmuter, "The Tortuous Solution of Multinational Corporations", Columbia Journal of World Business, Jan-Feb 1969, pp.11-14.

19) W. A. Dymsza, Multinational Business Strategy, McGraw-Hill : New York, 1972, p.45. [In our treatment, we distinguish between the international firm in general and the multinational company in particular. The "international company"is a generic term that comprises with various degrees of world orientation in their business; on the other hand, the "multinational firm"is one type of international company.]

20) Endel J. Kolde, International Business Enterprise(Second Edition), Englewood, New Jersey : Prentice-Hall, Inc., 1973, pp.134-136. (모형을 사용해서 분석)[The basic notion in any defination of multinational enterprises is that of a number of affiliated business establishments which funtion simultaneously in different countries.]

21) R. Vernon, Sovereignty at Bay, 1971, p.4.

22) Luostarinen, R. and M. Gabrielsson. 2004. 'Finnish Perspectives of International Entrepreneurship', in Leo Paul Dana (ed.), Handbook of Research on International Entrepreneurship, pp.383-03. Cheltenham: Edward Elgar.

23) Lianxi Zhou1, Wei-ping Wu2 and Xueming Luo, Internationalization and the performance of born-global SMEs: the mediating role of social networks, Journal of International Business Studies(2007) 38, 673-690.

24) Kimberly C. Gleasona, Joan Wiggenhornb, Born globals, the choice of globalization strategy, and the market's perception of performance Journal of World Business Volume 42, Issue 3, September 2007, Pages 322-335

앞으로는 국제신생벤처(international new venture)기업을 포함한 정의가 포함되어야 한다.

2. 본 글로벌(Born Global)의 정의

최근 인터넷의 보급과 클라우드 펀딩에 의한 새로운 자금 조달의 기반 형성에 의해 창업해서 얼마되지 않아 곧 해외 전개와 글로벌 비즈니스를 노리는 기업의 국제화가 진전되고 있다. 이러한 형태를 의식한 기업은 '본 글로벌'기업 등으로 불리며 기업의 국제화에 관한 연구 등에서도 주목받고 있다.

기존 기업의 국제화 프로세스에 대해서는 일정기간의 국내사업 후 국제무역(수출)과 기술공여 단계를 거쳐 마지막으로 해외직접투자(현지생산이나 현지에서의 연구개발 등)로 향하는 점진적 · 연속적 · 단계적인 국제화의 전개 프로세스가 중심적 생각이었다. 예를 들어 제조회사의 경우 수출이나 기술공여 기간을 거친 후 대외적 직접투자에 의해 현지생산이나 연구개발 등의 활동을 전개하는 것이다. 이처럼 기존기업은 국내에서 사업을 한 후 점차로 해외로 확대해 나가는 프로세스에 대해 본 글로벌 기업을 나타내는 현저한 특징으로서 기업초기부터 바로 해외시장에 진입하거나 또는 동시에 다수의 해외국가에 진입하거나 또한 경험이 한정적인 가운데 합작회사를 형성하는 등 창업 곧 국제적인 활동을 전개하는 것을 들 수 있다.

본 글로벌 기업은, 벤처기업, 하이테크계 스타트업, 그리고 이른바 글로벌 기업의 각각의 요소를 통합하는 형태라고 할 수 있다. [25)]벤처기업이란 사업이 소규모인 것과 대기업과 비교하면 자원이 한정적이라는 점에서 유사성이 있다. 또한 첨단 기술을 기반으로 하는 혁신적인 신규 창업기업이라는 점에서 하이테크계 스타트업과 유사하다. 게다가 글로벌 시장에서 서로 경쟁하고 있는 점에서 글로벌 기업과 유사하다. 본 글로벌 기업은 이러한 요소가 조합되어 기업 후 곧 수출, 기술 공여, 현지 생산 및 R&D 등 국제적 사업 활동을 시작할 수 있어 전통적인 국제화 프로세스에서는 축적할 수 없었던 지속 가능한 경쟁 우위를 가진 것으로 여겨진다.

1) 본 글로벌에서 ICT의 역할

본 글로벌 기업의 출현의 이유에 대해서는, 우선, 시장 상황의 글로벌화, 세계 시장 경제의 통합의 진전, 인터넷을 비롯한 ICT(Information and Communications Technology)

---

25) 総務省「グローバルICT産業の構造変化及び将来展望等に関する調査研究」(平成27年)

에 의한 비즈니스의 글로벌화의 진전 등의 외적 요인을 들 수 있다. 둘째, 희소한 경영자원의 유효이용, 국제적인 경험이 풍부한 인재의 증가, 기업가정신의 대두 등 내적 요인을 들 수 있다.

이러한 내적 요인과 함께, 본 글로벌 기업의 성장에 있어서 ICT가 중요한 역할을 하고 있다고 생각된다. 예를 들어, 본 글로벌 기업은 전사적인 커뮤니케이션 및 마케팅 커뮤니케이션은 물론 판매 거래, 상품 수주에서 입금 관리까지 일련의 작업(서플라이 체인 관리)과 고객 관리(고객 관계 관리)에서 인터넷을 적극적으로 활용하고 있다. 기타 국내외 파트너, 공급업체, 고객, 대리점, 유통업체, 개발 파트너 등과의 관계 구축 · 지원에 있어서 인터넷을 활용하고 있다.

제4절 국제기업과 국제경영

기업의 국제화는 야마사키와 다케다(山崎清, 竹田志郎)에 의하면 수출에 의해서 이루어진다.[26] 그러나 수출의 경우와 직접투자의 경우는 국제화의 정도가 결정적으로 다르며, 후자의 경우는 전자에 비하여 현저히 그 국제화의 과정이 깊다고 한다. 생산회사가 수출을 상사에 의뢰할 때는 물론 자사가 해외에서 현지 판매회사를 갖는 경우라도 기본적 생산활동은 국내에 있고, 경영전략이나 조직 역시 국내 중심적이다.

한편, 해외에 대한 직접투자가 전제되는 경우에는 기업은 경영자원의 배분을 국제적 관점에서 최적화하고, 그 국제적인 활용으로부터 이익을 올려 성장을 꾀한다. 이러한 경우의 국내적 관점은 국제화에 따라서 점차 주도성을 잃고 국제적 관점에 의해 바뀐다. 따라서 국내활동은 세계적 활동의 일환에 지나지 않게 되는 것이다.

그러면 국제화과정에 대해 살펴볼 필요가 있겠다. 이를 크게 일반적인 과정에서 언급되는 것과 신흥공업국의 과정으로 나누어 볼 수 있다.

먼저 로빈슨은 기업의 해외활동 및 세계적 자원배분 정도, 소유국가, 기업경영관리의 특성 등을 기준으로 기업의 국제화과정을 구분하고 각 단계별 국제기업의 명칭을 다르게 부여하고 있다. 즉 기업은 국가기업(nation firm) → 국제기업(inter- national firm) → 다국적기업(multinational firm) → 초국적기업(transnationalfirm) → 초국가기업(supernational firm)의 과정으로 발전되면서 국제화를 이루어나간다는 것이다(〈표 4-2〉 참조).

26) 山崎清 · 竹田志郎, 『テキストブック國際經營』, 有斐閣ブックス, 昭和57, pp.20~22를 참고할 것.

표 4-2 — 로빈슨의 기업국제화과정

단계 명칭	해외사업 내용	해외사업의 비교	소유	기업경영관리의 주체
국가기업	상품수출 및 기술제휴	국내산업의 일환	본사국	본사국 모기업
국제기업	상품수출 및 현지생산판매	상호의존성과 독립성이 공존함	본사국	본사국 모기업
다국적기업	상품수출 및 현지생산판매	국내·해외 동등함	다수국	본사국 모기업
초국적기업	상품수출 및 현지생산판매	국내·해외 일체화	다수국	다수국
초국가기업	상품수출 및 현지생산판매	국내·해외 일체화	국제기구	국제기구

자료: R. D. Robinson, "Beyond the Multinatioal Corporation", *Inpublished Manuscript*, 1973, p.27.

한편, 팅(W. Ting)은 제품개발전략을 중심으로 신흥공업국 기업의 국제화 과정을 모방기, 계량기, 선도기의 세 단계로 구분하였다(<표 4-3> 참조).

표 4-3 — 팅의 신흥공업국기업의 국제화 경로

의사결정 요소	모방기	계량기	선도기
마케팅	저	중	고
디자인·설계	고	고	고
생산	고	고	저
구매	고	중	저
생산자 관리	고	고	저

자료: W. Ting, "The Producting Development Process in NIC Multinationals", *Columbia Journal of World Business*, Spring 1982, pp.76-81.

신흥공업국의 기업은 선진국 제품을 모방하여 이를 신흥공업국 여건에 적합하도록 개량하여 경쟁우위를 얻고 이를 기반으로 새로운 시장을 개척해 나간다.

이러한 과정에서 신흥공업국기업의 국제화가 이루어지는데, 기업의 국제화가 진전될수록 마케팅 기능과 연구개발의 기능이 중요한 역할을 하게 된다.

표에서 보듯이 기업의 국제화는 일반적으로 국내의 활동이 국제활동의 기반으로 포함되어 있다.

이와 같은 조건을 갖출 수 있는 기업은 거의가 대기업이고 다국적기업이라고 부를 수 있다. 다국적기업이든 비(非)다국적기업이든, 기업의 국제화가 진전되면 기업은 순수한 의미에서도 국내경영에서 크게 또는 적게 국제경영의 분야에 들어가지 않을 수 없다. 이러한 의미에서 국내경영과 국제경영 간의 유사성과 공통성이 있는 것은 사실이다. 상이한 점은 외부적인 요인의 상이성과 사회문화적 환경의 차이라 하겠다.

그러면 기업국제화의 공통적 결정요인은 무엇인가 하는 점이 대두된다. 기업국제화에 공통적 결정요인에 대한 학자들의 견해로 대신하기로 한다(〈표 4-4〉 참조).

표 4-4 — 기업국제화의 공통적 결정요인

연구자	결정요인	특 징
그라이너(Greiner, 1972)	기업조직의 연륜과 능력	
요한슨과 비더샤임 홀 (Johanson & Weidersheim-Paul, 1975)	• 사회 · 문화 · 심리적 거리감 • 현지시장의 규모	현지판매법인의 설립은 심리적 거리의 영향을 받지만 현지생산법인의 경우에는 그렇지 않음.
데이비슨과 해리건 (Davidson & Harrigan, 1977)	• 제품의 특성 • 시장 진출 순서 • 시장의 특성 • 시장 진출 시기	
요한슨과 발네 (Johanson & Vahlne, 1978)	• 기존 시장에 대한 위협 • 기업 내부 능력 및 경험 • 시장 기회 • 성장 의지	
빌키와 워렌 (Bilkey & Warre, 1978)	• 기업 특유의 비교우위 • 경영관리자의 기업목표 달성 의지 • 예상되는 수출의 기업목표에의 기여도 • 수출에의 조직 참여 정도	
카부스길과 네빈 (Cavusgil & Nevin, 1981)	• Bilky & Warren이 제시한 네 가지 변수 간의 상호작용	통계적 기법을 사용하여 실증적으로 검증
보르첼 (Wortzel, 1981)	• 기업의 제품에 대한 경험 • 제품의 마케팅 필요조건 • 제품의 유통구조 • 무역장벽	신흥공업국의 국제화단계 결정요인을 실증적으로 연구

그중 데이비슨과 해리건은 제품의 특성과 시장의 특성을 중심으로 설명하였고, 요한슨과 발네는 기존 시장과 기업의 내부능력으로 국제화를 설명하였다. 보르첼은 신흥공업국의 국제화단계를 제품과 마케팅으로 설명하였다.

그러나 기업의 국제화는 당해 기업이 위치해 있는 환경과 개별 기업의 능력과 경험에 따라 달라지며, 산업별 또는 국가별로 차이가 있기 때문에 '최적결정요인'은 있을 수 없다는 것이 일반적이다.

하지만 국제경영의 가장 큰 장점은 현지국의 경제성장의 기여와 역할을 빼놓을 수 없으며 '기술이전의 담당자', '변혁의 대리인'으로 불리고 있는 것도 이러한 측면이 있기 때문이다. 2개국 이상에서 이루어지는 경영활동, 2개국 이상에서 관련되는 경영활동을 국제경영으로 정의하는 것 역시 국제기업, 또는 다국적기업과 깊이 관련되며, 국제경영이 미국에서 일찍이 학문의 한 분야로서 발전된 것은 다국적기업의 눈부신 성장과 방대한 경험의 축적에 의해서라 할 수 있다. 그렇다면 기업국제화의 과정은 어떠한 면에서 바라볼 수 있는가? 그 과정을 도식화함으로써 이해를 돕고자 한다.

일반적으로 국내기업에서 다국적기업으로까지 발전하는 과정을 조직의 면부터 이해하여 보면 [그림 4-2]와 같다.

A의 단계에서는 기업의 해외활동이 수출에 전적으로 의존하고 있고, 실제의 수출업무는 국내 또는 해외의 상사에 위탁하고 있다.

B, C의 단계에서는 각기 해외에 판매자회사, 조립 또는 가공자회사를 갖고 있지만, 이것은 실질적으로는 수출의 연장이다.

D의 단계에서는 처음으로 기업이 국내에 본사와는 독립된 해외사업본부를 갖고 해외에 제조자회사를 설립하여 자사의 유통경로를 마련한다.

E의 단계에서는 본국에 본사가 있지만 해외사업의 통괄은 해외 베이스회사에 위임된다. 더욱이 다국적화가 진전되면(F의 단계), 본사 자체가 전사적으로 다국적기업이 되어 본국의 사업회사를 포함한 세계의 각 사업회사를 통괄한다.

D단계부터 본격적으로 다국적기업에 들어간다고 간주해도 좋다. 이에 대하여 국제경영은 A부터 F까지를 커버하고 있다. 따라서 국제경영은 수출부터 자회사, 해외사업본부, 지사, 다국적기업 등을 모두 포함한다고 하겠다.

또한 국제기업관리의 유형에 대하여, 펄뮤터(H. V. Perlmutter) 교수는, 국제기업에 있어 본사의 자회사(子會社)에 대한 태도를 중심으로 에스노센트릭(ethnocrntric), 폴리센트릭(polycentric), 리지언센트릭(regioncentric), 지오센트릭(Geocentric)으로 구분하였다.[27]

첫 번째로, 에스노센트릭이란 자민족중심(自民族中心)의 기업 유형을 말하며 무슨 일이든 본사를 중심으로 한 기업을 의미한다. 이는 내셔널리즘(nationalism)을 경영의 기본으로 하는 경영체제로서 본사에 의해 모든 의사결정이 이루어지는 기업을 말한다.

두 번째로, 폴리센트릭이란 다국중심(多國中心)의 기업 유형을 말하며 의사결정에 있어서 권한, 자회사 통제의 방법, 임원 구성 등 모든 조직과 경영면에서 자회사 중심의 형태를 취한다.

세 번째로, 리지언센트릭이란 국제적인 면에서 각 지역 중심의 기업 유형을 말하며,

27) H. V. Perlmutter, op. cit., p.918.

국제경영의 대상시장을 일부 또는 각국 시장을 개별적으로 세분화하여 전략적 목표로 삼고 각각의 시장에 최적의 제품, 생산, 판매, 조직, 재무, 인사, R&D, 일반적 관리시스템을 창출하는 국제경영체제를 의미한다.

네 번째로, 지오센트릭이란 지구 중심적 기업 유형을 말한다고 볼 수 있는데, 특정 국가에 구애받지 않고 본사와 상호의존관계에 있는 해외 자회사가 유기적으로 결부되어 전 세계를 사업 활동의 영역으로 하여, 좁은 내셔널리즘의 입장을 넘어서 임원을 적재적소에 배치하는 형태를 말한다. 이 형태의 기업의 경우 각 나라의 법과 정치가 허용하는 범위에서 기업활동을 하게 된다.

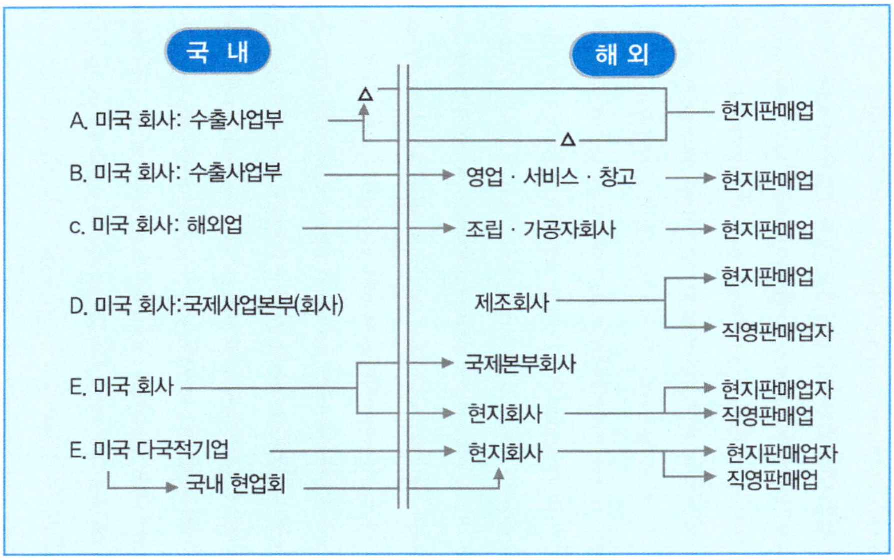

자료: Endel J. Kolde, *International Business Enterprise*(Second Edition), Englewood, New Jersey : prentice-Hall, Inc., 1973, p.178.

[그림 4–2] 기업국제화의 과정

〈표 4-5〉에서 보듯이 국제화가 진행될수록 기업경영자의 태도나 의사결정과정이 차크라바티(B. Chakravarthy)와 펄뮤터(H. Perlmutter)가 말하는 소위 EPRG 프로필에 따라 본국시장 중심, 해외시장 중심, 지역시장 중심, 세계시장 중심으로 점차 변화해 가야 한다는 것을 암시하고 있다.

이상의 내용을 정리하면 〈표 4-5〉와 같다.

표 4-5 — EPRG 프로필하에서의 기업의 태도

기업의 태도	본국 중심적 (ethnocentric)	해외시장 중심적 (polycentric)	지역시장 중심적 (regiocentric)	세계시장 중심적 (geocentric)
목표	수익성(생존)	공적수용(합법성)	수익성 및 공적수용	(생존 및 합법성)
통제 - 목표설정의 방향 - 커뮤니케이션 - 자원의 분배	상 → 하 계층적(본사에서 많은 명령 하달) 투자기회를 본사에서 결정	상 → 하 거의 없음 거의 없음	지역과 자회사 간의 상호타협 수직적 및 수평적 커뮤니케이션 본부로부터의 지침아래 지역은 자율배분	기업의 모든 수준에서 협상지역 내에서 수직적 커뮤니케이션 범세계적 계획, 배분
전략	범세계적인 통합전략	국별 반응전략	지역적 통합 및 국별 반응전략	범세계적 통합 국별 반응전략
구조	계층적인 제품사업부	자치적인 국가 단위를 가진 계층적인 지역사업부	매트릭스를 통한 결합된 제품 및 지역조직	네트워크 조직
문화	본국	현지국	지역	범세계적

자료: B. Chakravarthy and H. Perlmutter, "Strategic Planning for a Global Business", *Golumbia Journal of World Business*, Summer 1985, pp.3-10.

이상과 같이 국제기업과 국제경영의 관계에 대해 설명을 하였는데, 구체적으로 국제기업이 취하는 국제화 유형에 대해 설명이 필요하리라 생각된다. 그러므로 이를 설명하도록 한다.

제5절 기업의 국제화

기업의 국제화는 우선 수출, 해외지사 그리고 해외 경영의 순으로 발전하는데 해외시장 진출은 수출 방식에 의한 해외진출과 계약 방식에 의한 해외진출과 직접투자 방식에 의한 해외진출로 구분한다. 그 밖에 전략적 제휴로서 글로벌 네트워크를 구성하는 부분이 있다고 할 수 있는데 이 부분에 대해서는 13장의 '국제기업과 전략적 제휴'에서 구체적으로 설명하도록 하고 여기에서는 수출, 계약, 직접투자의 세 가지 관계에 대해서 그 특징을 살펴보도록 한다. 우선 이를 표로 나타내면 다음과 같다.

표 4-6 — 기업의 국제화 유형

수출 방식에 의한 해외진출	• 간접수출(Indirect Exporting) • 자사대리점/유통업자를 통한 수출(Direct Agency/Distributer Exporting) • 자사지점/자회사를 통한 수출 · 간접 수출(Indirect Exporting) • 자사대리점/유통업자를 통한 수출(Direct Branch/Subsidiary Exporting)
계약 방식에 의한 해외진출	• 라이센싱(Licensing) • 프랜차이징(Franchising) • 관리계약(Management Contract) • 건설/턴키계약(Construction/Turnkey Contract) • 계약생산(Contract Manufacture) • 공동생산계약(Co-Production Manufacture)
직접투자 방식에 의한 해외진출	• 단독투자(신설)(Sole Venture: New Establishment) • 단독투자(취득)(Sole Venture: Acquisition) • 합작투자(신설/취득)(Joint Venture: New Establishment/Acquisition)

〈표 4-6〉을, 이후에 설명할 것이지만, 이해를 돕기 위해 국제기업의 활동과 자본의 관계 즉 기업생산요소로서 자본의 비율로 나타내면 [그림 4-3]과 같다.

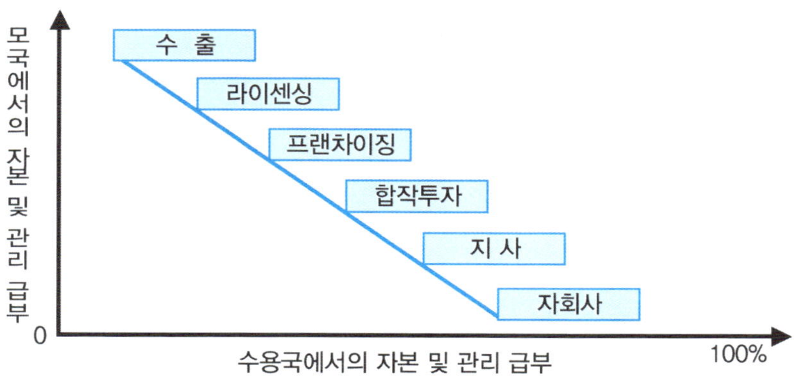

출처: H. G. Meissner & S. Gerber, "Die Austandsinvestitionen als Entscheidungsproblem", in *BFuP*, No.3, 1980.

[그림 4-3] 기업의 국제적 활동과 당사국의 기업생산요소

1) 수출 방식에 의한 해외진출

수출 방식에 의한 해외진출은 기업이 국내에서 생산된 제품을 현지국에 수출한다는 점에서 계약 방식이나 해외직접투자 방식에 의한 해외진출과 근본적으로 다르다. 수출 방식에 의한 해외진출에는 간접수출과 직접수출이 있다.

먼저, 간접수출(indirect exporting)은 기업이 제품을 국내에 있는 중간수출업자(국내 판매조직, 수출관리상사, 협력기구 등)를 통해 해외로 수출하는 경우로, 제품을 생산한 기업은 제품을 중간수출업자에게 판매하는 것으로 모든 수출업무를 마치게 된다. 따라서 제품을 생산한 기업은 수출선이나 수출마케팅전략에 대한 통제권을 갖지 못한다. 간접수출은 주로 후진경제권에서 수출 경험이 없거나 수출 전문인력을 이용할 수 없는 경우 또는 수출 규모가 아주 작은 경우 등에 많이 이용된다.

직접수출(direct exporting)은 제품을 생산한 기업이 다른 중간수출업자를 거치지 않고 직접 해외에 있는 고객에게 제품을 수출하는 경우를 말한다. 직접수출의 경우, 제품을 생산한 기업은 시장조사, 고객접촉, 가격결정, 물적 유통, 수출서류 작성 등과 같은 제반 수출마케팅을 직접 계획하고 수행하게 된다. 직접수출은 간접수출보다 기업 내에서의 활동이 훨씬 더 발전된 단계로서 시장 개입의 범위가 훨씬 더 확대되어 국제화의 개입도 증가된다.

제품을 생산하여 수출하고 있는 기업들은 필요에 따라 대규모 시장에는 직접수출 방식을 이용하고 소규모 시장에는 간접수출 방식을 이용하는 등 직접수출과 간접수출을 상호보완적으로 활용할 수 있다.

2) 계약 방식에 의한 해외진출

계약 방식에 의한 해외진출은 기업이 자사가 보유하고 있는 기술이나 지식을 일정한 대가를 받고 외국기업에게 이전하기로 하는 장기계약을 체결하여 해외시장에 진출하는 방식이다. 계약 방식에 의한 해외진출은 단순히 상품만이 아닌 기술이나 지식을 이전하는 수단이라는 점에서 수출 방식에 의한 해외진출과 다르다. 계약 방식에는 라이센싱, 프랜차이징, 관리계약, 턴키 프로젝트, 컨소시엄, 계약생산 등이 있다. 이에 대해 설명하면, 첫째, 라이센싱(licensing)은 라이센서(licensor)와 라이센시(licensee) 간에 라이센서가 보유하고 있는 특허(patern)나 노하우(know- how), 등록상표(trademark) 또는 기술공정(technical process) 등의 상업적 자산을 일정한 로열티(royalty)나 수수료(fee)를 지불하고 제공받기로 하는 계약을 체결하여 해외시장에 진출하는 국제경영방식이다. 라이센싱은 라이센서의 입장에서는 적은 위험과 비용으로 해외시장에 쉽게 침투할 수 있다는 장점이 있고, 라이센시의 입장에서는 유명 제품의 브랜드를 활용할 수 있다는 장점이 있다.

둘째, 프랜차이징(franchising)은 프랜차이저(franchisor)가 소유권이 독립된 프랜차이지(franchisee)로부터 일정한 수수료를 받고 상표 등에 대한 사용권을 허가해 주고 기업의 운영까지를 계속적으로 지원해 주는 국제경영 방식으로, 라이센싱의 한 형태라고 할 수 있다(〈표 4-7〉 참조). 프랜차이저와 프랜차이지는 양 기업이 서로 독립성을 유지하면서 최종 소비자에게 이르는 재화 및 서비스의 일부를 각기 생산한다는 점에서 수직적 통합과 유사하다. 프랜차이징은 맥도날드, 버거킹 등의 즉석식품, AVIS 등의 자동차 임대업, 건설, 음료, 모텔, 주유소등의 산업에서 많이 이용되고 있다.

표 4-7 — 국제 프랜차이징과 국제 라이센싱의 차이점

구분	국제 프랜차이징	국제 라이센싱
계약 내용	영업 노하우, 지적소유권 상표, 경영자원 등을 포함하는 사업 전반에 관한 지속적인 지원계약임	특정 제품의 생산기술이나 브랜드 사용에 관한 계약임
대가	가맹점 간 표준화된 프랜차이징 수수료	도입자 교섭력에 따라 로열티 수준 달라짐
기업 설립	계약을 통해 사업이 처음 시작됨	이미 설립되어 있는 기업이 기술도입자가 됨
계약 기간	보통 5~10년이며, 갱신 가능함	16~20년이 보통이며, 도입기술의 특허 기간을 넘지 않음
파트너 선정	전적으로 사업본사가 가맹점을 선정하며, 교체에 대한 통제권이 있음	기술제공자, 기술도입자 선정, 양측의 역할 모두 큼.
신기술 제공	가맹점은 계약의 일부로 사업본사의 신상품, 신영업방식을 꾸준히 제공받을 수 있음	기존 기술만이 계약의 대상이 되어, 새로 개발되는 기술은 이전되지 않음
해당 산업	일반적으로 식당, 학원 등 소비자 서비스에 집중되어 있음	제품주기상 성숙기의 표준화된 제품이나 브랜드 이미지가 높은 소비자제품

미국에서는 다점포 가맹점주를 '멀티 유닛 프랜차이지(multi-unit franchisee)'라고 부른다. 1개의 점포를 운영하는 가맹점주는 '싱글 유닛 프랜차이지(single-unit frachisee)', 2개 이상 점포를 운영하는 가맹점주는 멀티 유닛 프랜차이지라고 구분한다. 특히 멀티 유닛 프랜차이지 중 여러 브랜드를 운영하는 점주를 '멀티 브랜드프랜차이지(multi-brand franchisee)'라고도 하고, 수십~수백 개의 점포를 운영하는 기업형 프랜차

이지를 '메가 프랜차이지(mega-franchisee)'라고 한다.

셋째, 관리계약(management contract)이란 합작투자의 한 형태로 파트너 중 한쪽은 운영시설을 소유하고 다른 한쪽은 경영을 담당하는 형태의 국제경영 방식이다. 이때 경영을 담당하는 파트너는 '관리적 노하우'를 제공하는 대가로 합작업체의 일부 소유권이나 로열티 또는 관리대가를 수수한다. 관리계약은 현지정부가 자국이 몰수한 해외투자 자산을 자기 나라 사람이 관리할 수 있는 능력을 갖출 때까지 일정 기간 동안 운영해 주도록 위탁하는 경우나, 공장설비를 판매한 기업이 그 사업체를 위탁하여 경영하는 경우, 그리고 더 이상 기존 시설의 운영이 불가능하여 사업을 다른 분야로 전환하기 위해 그 시설을 해외기업에게 위탁하여 경영해야 하는 경우 등에 이용된다.

넷째, 턴키 프로젝트(turnkey project)는 일명 플랜트수출(plant export)이라고 하는데, 기업이 외국으로부터 공장이나 기타 산업시스템을 발주받아 이를 설계 · 건설한 다음, 그 초기까지를 담당한 후 프로젝트를 완공하여 해외 발주자가 당해 프로젝트를 독자적으로 운영할 수 있도록 경영관리나 근로자 훈련 등과 같은 서비스를 추가로 제공하는 턴키 플러스(turnkey plus) 방식도 있다. 턴키 프로젝트에서는 엔지니어링 기술과 노동 및 경영관리기법이 해외 발주자에게 복합적으로 이전되는 것이 일반적이다. 턴키 프로젝트의 공급업체는 완성된 시설을 제공하고 그 대가로 기계설비대금과 공장설계, 공정 노하우, 현지인 훈련 등에 대해 일정한 대가(fee)를 받는다.

다섯째, 계약생산(contract manufacture)은 기업의 자사가 직접 제품을 생산하여 해외에 수출하기보다는 생산능력을 가진 현지기업을 선정하여 그 기업으로 하여금 자사가 요구하는 제품을 생산하여 공급하도록 하는 계약을 체결하고, 이 계약하에서 생산된 제품에 대한 마케팅은 자기 기업이 책임을 지는 경우이다. 계약생산은 통상 자기 기업이 직접 제품을 생산할 여력이 없거나, 현지의 값싼 노동력이나 원자재를 이용하고자 하는 경우, 그리고 현지생산과정에서 발생할지도 모르는 소유권문제 등에 따른 충돌을 피하고자 하는 경우에 활용된다. 주문자상표부착 방식에 의한 수출(Original Equipment Manufacturing, OEM)도 일종의 계약생산이라고 할 수 있다.

제조업자 개발생산(ODM · Original Development Manufacturing) 은 설계 · 개발 능력을 갖춘 제조업체가 유통망을 확보한 판매 업체에 상품이나 재화를 공급하는 생산방식이다. 단순 하도급 형태인 주문자상표부착(생산)(OEM · Original Equipment Manufacturing) 방식과는 다르다. 예를 들어 대만의 팍스콘은 아이폰을 생산하는 업체로, 미국의 애플이 완성한 설계도에 따라 그대로 위탁생산만을 하기 때문에 OEM이다.

반대로 한국콜마(Kolmar Korea Co)는 화장품을 기술개발부터 생산까지 전 과정을 도맡지만, 아모레퍼시픽, LG생활건강, 미샤, 더 페이스샵 등의 고객사 상표를 부착하고 고객사의 유통망을 통해 판매되는데, 이를 ODM이라고 한다. 생산자가 이러한 방식의 사업모델로 비즈니스를 영위하는 이유는, 생산 기술은 있으나 유통이나 마케팅 면에서 기존 시장의 진입장벽이 높기 때문이다[28]. 한국콜마 전체 매출의 95% 이상은 ODM 사업에서 발생한다. 직원 30% 이상이 연구원이고 연 매출의 6% 이상을 신소재나 신기술 연구에 투자하고 있다.

연구소는 화장품, 의약품, 건강기능식품 부문을 모두 합해 총 11개가 있다. 화장품연구소는 기초화장품, 색조화장품, 소재를 구분해 별도 연구한다. 의약품은 생명과학, 제재 등으로 구분되고 건강기능식품도 신소재식품 등을 연구한다.

3) 직접투자 방식에 의한 해외진출

직접투자 방식에 의한 해외진출은 기업이 제품을 해외 현지에서 직접 생산하여 마케팅하기 위해 생산시설을 설립하기 위한 자본을 현지에 투자하는 경우를 말한다. 현지에서의 제품생산은 모든 부품을 본국에서 수입하여 현지에서 단순히 조립 · 가공만 하는 방식으로부터 제품 전체를 완전히 현지국의 생산요소를 사용하여 생산하는 방식에 이르기까지 다양하다. 이를 살펴보면, 첫째, 단독투자(sole venture)는 기업의 의결권 주 95% 이상을 자사가 소유하는 형태로 해외에 진출하는 경우로, 이렇게 설립된 기업을 완전소유자회사(wholly owned subsidiary)라고 한다. 단독투자는 예전에 존재하지 않던 기업을 새롭게 설립하여 진출하는 신설(greenfield) 방식이나 기존에 현지에서 가동되고 있는 기업을 매수하거나 그 기업과 합병하여 진출하는 매수 · 합병(Merger & Acquisition, M&A) 방식을 이용할 수 있다.

일반적으로 단독투자 방식에 의한 해외진출은 기업이 강력한 독점적 우위를 소유하고 있거나 제품의 생산과정에서 모기업이 자회사에게 원자재를 공급한다든지 또는 그 반대의 관계가 성립되는 경우 등에 주로 활용된다. 단독투자 방식에 의한 해외진출은 제품이나 기술에 대한 강력한 통제가 가능하고, 자사의 경영방침을 독자적으로 운용할 수 있으며, 기술이나 노하우의 누출을 방지할 수있다는 이점이 있다.

둘째, 합작투자(joint venture)는 2개 이상의 기업, 개인 또는 정부기관이 영구적인 기반 아래 특정 기업체의 운영에 공동으로 참여하는 국제경영 방식으로 전체 참여자가 공동으로 소유권을 갖는다는 특징을 가지고 있다. 공동소유의 대상은 주식자본, 채무, 무형고정자산(특허권, 외장권, 상표권, 영업권), 경영 노하우, 기술 노하우, 유형고정자산(기계, 설비, 토지) 등 매우 다양하다.[29]

28) [ODM전성시대]④ 국내 화장품 ODM 도입한 한국콜마…중국 발판 삼아 세계시장 노려

29) E. J. Kolde, International Business Enterprise(2nd), Englewood Cliffs, New Jersey : Prentice-

합작투자는 합작에 참여하는 기업들이 소유권과 경영을 분담하며 자본 및 기술 등 상대방 기업이 소유하고 있는 강점을 서로 이용하고 위험을 분담할 수 있다는 장점이 있다.[30] 따라서 합작투자는 단독투자에 비해 자회사에 대한 통제보다는 현지 파트너의 기여를 필요로 하는 경우에 주로 이용된다.

이상으로 국제기업의 국제화 유형을 정리해 보았다. 우리가 여기서 한 가지 명심해야 할 것은 이 유형의 종류에 의미를 두는 것이 아니라 그 '관리'에 의미를 두어야 한다는 점이다.

이러한 점에서 국제기업과 국제경영의 관리에 던져 주는 의미는 급변하는 환경 속에서 더욱 절실하다고 할 수 있을 것이다. 특히 2000년대에 들어와서 국제기업의 경영환경은 급변하고 있는데 EC통합, NAFTA 탄생 등 세계경제의 지역주의 현상이 두드러지면서 역내 보호무역주의 풍조가 확산일로에 있다. 이러한 지역주의의 증가는 그만큼 해외시장 진출이 어려워지고 있다는 것을 의미하며, 여기에 덧붙여 1989년 하반기부터 소련을 비롯한 동구권 국가들이 개혁과 개방이라는 큰 물결을 일으키고 있어 WTO 체제와 함께 세계경제의 큰 변수로 등장하고 있다.

따라서 이러한 세계적인 경제질서의 재편과 함께 국적을 초월한 무국적(stateless) 기업의 시대가 펼쳐지고 있다. 최근 급증하고 있는 해외직접투자, 세계적인 매수 · 합병, 외국기업과의 전략적 제휴 등을 통해 명확하게 국적을 구분할 수 없는 글로벌 기업들이 등장하고 있다. 즉 무국적기업들은 국적기업(다국적 기업)들로부터 변모된 것이다. 국적기업(다국적기업)들은 해외활동을 하나의부가적인 영업으로서 취급했고 명령체제와 국적은 분명하였다.

한편, 짧아진 라이프사이클과 소비자 욕구의 다양한 증가로 인해 기업들은 인수합병과 전략적 제휴 등을 통하여 외국기업과 협력하면서 해외에서 새로운 기술, 자본 및 노하우를 위한 돌파구를 찾게 되었다. 이러한 기업의 무국적화의 이점들을 살펴보면, 첫째, 무역장벽의 회피, 둘째, 정치문제의 회피, 셋째, 규제조치에 대한 우회, 넷째, 노동자에 대한 교섭력 증대, 다섯째, 수요변화에 대처, 여섯째, 기술혁신 능력의 향상을 들 수 있다.

소위 무국적기업과 본국과의 연대를 살펴볼 때 무국적화의 추세는 어느 정도 한계가 있다는 사실을 인정하지 않을 수 없으며 무국적화가 진전된다고 하더라도 본국과 연계되지 않은 기업이란 생각할 수 없다. 끝으로, 미래 예측이 전혀 불가능한 현 상황에서 이익이 있는 곳이라면 어디든지 쫓아가는 현지화를 통한 기업의 무국적화는 증가될 것이지만 본국의 역할을 전혀 배제한 기업 활동이란 불가능하다고 보아야 한다.

Hall, 1973, p.192.

30) J. Hladik, International Joint Ventures, Lexington, Mass : Lexington Books, 1985.

1. 국제화 발전단계

해외진출 형태는 일련의 발전단계를 취한다는 생각이 일반적이다. 이른바 발전단계설(스테이지 · 모델)이다.

발전단계설은 많은 연구자에 의해 다른 단계가 만들어지고 있지만 더닝(JohnH. Dunning의 분류에 따라 다음의 패턴으로 국제화가 진행된다는 생각이 일반적일 것이다.[31)]

- 제1단계: 간접수출
- 제2단계: 직접수출(해외에서의 자사 판로 개척, 현지 판매 자회사 설립)
- 제3단계: 현지생산(부품의 현지 조립, 생산)
- 제4단계: 현지생산(신제품 현지생산)
- 제5단계: 지역 · 글로벌적 통합

제1단계 간접수출은, 위에서 본 것처럼, 국내 수출대행업자(상사 등)에게 의존한 도메스틱 단계이다. 자사 제품의 물건은 해외에 유통되지만 관리는 모두 국내에서 완결되는 상태이다. 덧붙여 국내의 수출업자에 대한 의존에서 벗어나는 하나의 과정으로 외국 수입청부업자와 국내에서의 접촉을 들 수 있다. 거래 장소는 국내이더라도 현지의 수입판매업자와 직접 컨택을 하는 편이 보다 안심이라고 많은 수출업자는 생각한다.

제2단계 직접수출에 도달하면 해외에 자사 판매 자회사를 설립하여 자사 제품을 수입한다. 이것에 의해 간접수출단계에서 문제가 되었던 현지 시장 · 고객과의 접점이 실현되어 현지 시장 요구에 대한 보다 세세한 대응이 가능해진다.

제3단계 부품 현지 조립 · 생산단계에는 모든 것을 국내에서 조립해 완성품을 현지에 수출하는 것보다도 오히려 부품을 수송하는 편이 싼 경우, 관세도 그 편이 낮은 경우, 또한 보다 저비용으로 노동력을 활용할 수 있는 경우와 같은 이유로 도달한다.

제4단계 신제품 현지생산단계는 해외생산의 본격적 단계이다. 현지국에서의 관세장벽을 준비하거나 현지 부품 조달률의 요구 수준을 높이거나 다양한 규제에 당황하는 경우, 그러한 정치적 상황에 대한 대응으로서 현지 생산이 가속된다. 위에서 보았던 대로 현지 생산에는 직접투자(완전 소유 자회사, 혹은 합작), 라이센싱, 계약 제조와 같은 형태가 있다.

제5단계 지역 · 글로벌적 통합에서는 해외 현지에서 단지 생산만을 실시하는 것이 아니라 보다 고부가가치적인 활동을 국경을 초월해서 실시하게 된다. 연구개발(특히

---

31) John H. Dunning, Multinational Enterprise and the Global Economy, Addison-Wesley Publising Company, 1993, pp.183-208.

기초 연구)과 같은 국내 지향이 매우 강한 기능도 해외에 일부 이전하여 해외 겨냥 제품 개발을 본국과 현지에서 상호의존관계 아래에서 실시한다.

또한 본국과 현지국이 단지 일대일 관계가 아니라 해외시장을 지역(초국가로서의) 내지 글로벌적인 단위로 파악할 수 있어, 하나의 현지국 내에서의 연구개발, 생산, 마케팅과 같은 많은 활동이 다른 해외국의 활동과 연동하는 방향으로 향한다. 이러한 흐름이 제5단계이다.

2. 국제화와 소유정책

해외직접투자에 따른 해외진출에서의 중요 결정 사항으로는 아래의 내용이 있다.

첫 번째 눈금의 옵션 축은 완전소유 혹은 합작과 같은 선택이다. 완전소유의 장점은 전략이나 오퍼레이션 내지 중요한 경영자원에 대해 완전한 컨트롤이 되는 점이다. 사내의 문제점도 빠른 의사결정이 가능하다. 해외 거점은 조직 내부이므로 지식, 노하우의 이전도 보다 쉽다. 또한 능력, 자원이 사내에 축적되어 보관 유지하기 쉽다. 또한 이익을 한 개 회사에서 독점할 수 있는 부분이 유리하다.

그 반면 단점으로는 투자를 독점으로 실시하여 실패 리스크를 혼자 지게 된다. 또한 현지환경 조건이 급변하여 이미 입지로서는 적합하지 않게 되어도 투자를 회수할 수 없는 이상 쉽게 철수할 수 없다. 또한 보호주의 나라의 경우 특히 정치적 압력, 심한 비난·공격의 표적이 될 수 있다.

합작의 경우는 어떨까? 장점은 완전소유의 단점의 반대가 된다. 즉 단독의 경우에 비해 투자액이 적어도 되는 점, 파트너로부터 중요한 지식이나 노하우를 민첩하게 입수할 가능성이 있는 점, 현지기업과의 합작이라는 측면에서 정치적 비난·공격을 피할 수 있는 점, 그리고 무엇보다도 상대와의 사이에 리스크를 분산할 수 있는 점을 들 수 있다.

그 반면 단점으로는 자사와 상대와의 전략적인 통일의 어려움, 조정의 곤란함, 자사의 컨트롤을 상대에게 양보, 의사결정의 늦음, 수익의 절반에 대한 자사몫의 감소와 같은 점을 들 수 있다. 덧붙여 합작에도 여러 가지 종류가 있다. 합작은 완전소유자회사와 포트폴리오 투자의 중간에 위치한다. 주식 보유 비율 95% 이상의 것이 완전소유자회사, 5% 미만의 것을 포트폴리오 투자, 그 중간(즉 5% 이상 95% 미만의 것)을 합작으로 하는 구분이 일반적이지만, 20%, 80%를 카트오프 비율로 하는 견해도 많다. 또한 합작의 출자 비율에 따라 50% 이상의 것을 과반수소유(majorityownership), 50%의 것을 공동소유(co-ownership), 그리고 50% 미만의 것을 소수소유(minority ownership)라고 구분한다.

합작의 형태로는 자국 기업과 해외 현지국 기업과의 사이에 결성되는 전통형 합작 이외에 자국 기업과 제3국 기업 간에 구성하는 합작이나, 자국 기업이 현지 자국 기업과 구성하는 합작도 있다. 일본 기업의 아시아에서의 합작을 조사한 마키노 등은 흥미로운 결과로 통상 대표적이라 할 법한 자국 기업과 해외 현지 기업 간의 두 회사 합작은 전체의 약 3할에 지나지 않고 그 밖의 타입(즉 제 3국 기업이나 현지에서의 자국 기업과 사이의 합작, 삼사 이상의 합작)이 많은 것을 지적했다. 또한 전통적이라 불리는 자국 기업과 해외 현지국 기업과의 합작에서는 현지 자회사 퍼포먼스가 가장 높은 대신에 철수 비율도 가장 높았다. 현지 자국 기업과의 합작은 철수 비율은 낮고 퍼포먼스도 상당히 높았다. 제3국 기업 합작 경우는 철수 비율이 매우 높고 퍼포먼스도 낮은 것으로 밝혀졌다. 여기에서 알 수 있듯이 한마디로 합작이라고 해도 꽤 다양하다.

두 번째 눈금의 옵션 축은 그린 필드로 갈지 매수로 갈지의 선택이다. 이것은 어디까지나 자신의 손으로 처음부터 활동을 시작할지 현지 기업을 매수할지의 선택이다. 둘 사이에는 장점과 단점 면에서 큰 차이가 있다.

그린 필드에서 차분히 시작하는 방식에 비해, 해외 기업 매수의 메리트는 다음과 같이 요약할 수 있다. 우선 매수에 의해 무엇보다도 민첩하게 현지의 기존기업으로부터 각종 경영자원을 입수할 가능성이 있다. 그것들을 자기 자신이 부담하려면 훨씬 긴 시간이 걸린다. 자사의 전략 도메인의 새로운 보강, 새로운 비즈니스 도메인에 관한 참가를 꾀한 도메인 확장 전략, 혹은 미개척의 도메인을 시야에 넣는 도메인의 탐색 전략과 같은 목적을 위해서도 매수는 유효하고 민첩한 시책이다.

또한 경영자원으로서는 현지 기업이 갖는 대외적 네트워크도 입수할 수 있다. 현지국 시장에 대한 접근, 바이어, 공급자와의 관계 등이다. 특히 참여 장애가 높은 나라의 경우 유통망에 관한 액세스는 대략 불가능한 경우가 많다. 자주 플랫폼형 매수라고 불리는 것은, 피매수 기업의 대외적 네트워크를 이용하여 현지시장으로 들어가는 경우가 있기 때문이다.

그 반면 단점도 많다. 그 최대의 경우는 현지국에서의 정치적 · 심리적 반발이다. 또한 현지국의 컨트리 리스크에도 주의가 필요하다. 중국 등의 경우 특히 지적소유권의 보관 유지에 유의할 필요가 있다. 이탈리아의 어느 안경 메이커에서 발생한 중국의 쑤저우(蘇州)에서의 지적소유권을 둘러싼 트러블은 전형적일 것이다. 중국 기업과의 선글래스의 제조에 관한 합작에서 중국 측이 이탈리아 기업으로부터 노하우를 흡수 후 돌연 자사 브랜드로 비슷한 제품을 단독으로 제조판매를 단행했다. 그 이탈리아 기업은 합작 상대의 지적소유권 침해라고 중국 측에 맹렬히 항의했지만 중국 측에는 전혀 통하지 않았다. 그 뜻을 중국 정부에 항의했지만 역시 완전히 받아들여지지 않았다. 이와 같이 처음의 달콤한 견적도 뒤집는 코스트가 발생할 수도 있는 리스크를 떠맡게 된다.

참고: 국제화 관련 용어에 대한 개념 정의

국제화와 더불어 자주 등장하는 용어들 또한 많은데, 세계화, 현지화, 개방화 등이 그 대표적인 예이다. 이들 용어는 국제화와 일맥상통하는 개념을 가지고 있는 것이 사실이지만 혼란을 주기도 하고 때로는 비슷한 뜻으로 사용되기도 하므로 그 개념들을 정리할 필요가 있다.

가. 국제화

국제화(Internationalization)란 국경의 개념이 점차 의미를 잃고 국가 간의 상호의존과 거래, 교류가 심화되는 과정과 관련된 제반 현상이라고 할 수 있다. 보통 세계화, 개방화, 자율화 등의 개념까지 포괄적으로 수용할 수 있는 광범위한 개념으로 해석될 수 있다. 그 이유는 세계화는 개별 국가 개념 자체의 약화와 관련된 것이라고 볼 때 국제화는 진전단계상 종착 지점쯤으로 볼 수 있으며, 개방화와 자율화는 국제화의 중요 측면들인 시장 및 문화, 의식의 개방과 경제활동에 대한 규제 완화 등을 강조한 개념으로 이해할 수 있다.

국제화에 대해서는 두 가지 차원, 즉 하나는 전반적인 변화의 흐름이나 추세와 관련해서, 또 하나는 기업, 정부, 개인 등 개별 주체의 입장에서 변화과정으로서 파악할 수 있다. 국제화 및 이와 관련된 용어들이 사회의 각 분야에 모두 해당되지만 역시 가장 밀접하게 관련된 것은 경제 분야라 할 수 있다. 이 점에서 상기 두 차원은 기업의 활동에 영향을 주는 배경요인으로서의 국제화와 기업 자체의 국제화라고 할 수 있을 것이다.

나. 세계화

세계화(globalization)는 국가 간의 경계나 장벽이 약화된다는 국제화의 개념을 넘어 국가 간의 차별성이 엷어져 개별 국가의 개념이 약해지는 것을 의미하는 용어로, 국가 간의 차이보다는 인류 공통의 보편타당한 가치가 중시되고 세계가 단일의 공동체로 확산된다는 것이다.

하버드대학의 레비트(Theodore Levitt) 교수는 1983년 〈하버드 비즈니스 리뷰〉에 발표한 시장의 세계화(The Globalization of Markets)라는 논문을 통해 세계시장의 동질화 현상을 역설한 바 있다.[32] 기술발전에 따른 통신, 여행, 수송 수단의 발달이 국가 혹은 지역 단위의 특성이나 소비자의 선호도 차이를 감소시켜 균질화 추세를 가져오고 있다는 것이다. 이러한 주장을 액면 그대로 받아들여 모든 영역에 적용하기에는 무리가 있지만 하나의 중요한 흐름임에는 틀림없다.

다. 현지화

현지화(localization)란 국제화나 세계화처럼 하나의 전반적인 흐름이나 추세로 파악될 수 있는 측면보다는 기업의 국제경영전략상 선택할 수 있는 전략상 즉 기업국제화의 한 단면이다. 현지화는 특정 해외시장에서 기업활동을 해당 국가 시장의 상황에 가급적 맞추는 방향으로 전개해 나가는 것을 의미한다. 즉 생산, 인사, 마케팅활동 등을 현지 혹은 지점 등에서 현지 사정을 고려하여 계획하고 집행하는 경향을 말한다. 따라서 현지 자회사는 현지 국가에서 외국기업으로서의 이미지보다는 오히려 해당국 국내기업과 비슷한 것으로 인식되기를 원하며 의사결정에 있어 전 세계적관점이나 기업 전체 조직 입장보다는 해당 국가나 자회사 입장을 중시하는 편이다. 이런 점에서 볼 때 현지화는 기업국제화의 한 측면으로 파악될 수 있되 세계화에 대비되는 개념이라고도 할 수 있다.

---

32) Theodore Levitt, "The Globalization of Market", Harvard Business Review, May-June 1983, pp.92-102. [이러한 세계화 추세와 그 개념을 기업의 국제경영전략에 연결시킨다면 그것은 '세계화 전략'이 된다. 세계화 전략 혹은 경영전략의 세계화라는 것은 세계시장을 독립된 다수의 국가시장으로 보지 않고 하나의 단일시장으로 인식하여 조달(sourcing) 및 조립(assembling) 활동을 포함한 생산 활동과 마케팅 활동 등을 전 세계적 관점에서 전개해 나가는 것을 의미한다.]

글로벌 기업환경의 변화

제5장

중소기업중앙회(2020년)의 자료에 의하면 한국은 100년 이상 된 장수 기업이 두산(1896년)동화약품, 신한은행(이상 1897년), 우리은행(1899년), 몽고식품(1905년), 광장(1911년), 성창기업(1916년), KR모터스(1917년), 경방(1919년) 등 9개가 100년을 넘었다. 200년 이상 기업은 하나도 없다. 한국은행 자료에 의하면 창업한 지 200년이 넘는 장수기업이 세계 57개국에 7,212개사, 이중 일본 3,113개사로 43%, 독일 1,563개사로 22% 등을 차지하지만 우리나라는 한곳도 없었다. 그 외 유럽에서는 프랑스 331개사, 영국 315개사, 네덜란드 292개사, 사회주의 국가인 러시아도 149개사를 기록하고 있다.

일본은 100년 이상된 기업이 2020년의 노포기업수는 3만 5018개가 된다. 한일비교를 해보면 9개 vs 35018개 게임이 되지 않을뿐 아니라 상대가 되지않는다. 닛케이 BP 컨설팅의 2021년 자료에의하면 중국의 동영상 플랫폼 시과스핀(西瓜視頻)이 조사한 자료에 의하면 중국은 100년 이상의 기업이 5개라고 한다. 중국은 청나라가 멸망후 중일전쟁, 국공전쟁,그리고 사회주의 국가를 거치면서 문화대혁명을 거쳤다. 문화대혁명 기기에는 비즈니스 사업 자체가 인정받지 못했을것으로 판단했는데 문화대혁명 때문에 이 아니었기 때문이라고 하고 있다. 동영상 플랫폼 시과스핀(西瓜視頻)은 보다 근본적인 문제는 '경영자의 이념'에 있다고 했다. 중국에서는 손쉽게 벌고 싶은 경영자가 곧 경영을 다각화해 실패하는 경우가 많다. 또한 최신 설비를 도입해도 종업원 교육을 소홀히 하여 실패를 한다는 것이다.

제1절 국제기업과 글로벌기업 환경

국제 기업환경은 기업들에게 끊임없는 변신을 요구하고 있다. 변화하는 새로운 흐름에 잘 적응하고 변신하여야만 기업은 지속적으로 생존할 수 있다.

미국의 경제잡지인 포춘誌는 매년 미국의 500대 기업을 조사하고 있다. 그 결과에 의하면 1960년대에 미국 100대 기업 중 90년대에도 100대 순위 안에 남아있는 기업들은 약 20%에 불과하다고 한다. 일본의 경우도 1952년부터 82년 사이 대기업의 2/3가 사라졌다고 한다.

우리나라의 경우도 예외는 아니다. 1965년부터 1975년까지 10년이란 기간 동안 기업의 생존율은 21%이며, 1975년부터 85년까지의 생존율은 30%이다.[1] 60년대의 10대 재벌 중 현재 남아있는 그룹은 삼성과 LG에 불과하다. 이와 같이 한때 영원할 것 같았던 대기업들이 30년을 넘기지 못하고 사라지는 이유는 무엇일까? 여러 이유가 있을 수 있겠지만 아마 가장 큰 이유는 변화하는 새로운 환경에 적절하게 대응하여 변신하지 못했기 때문이다.

최근에는 100년넘는 기업인 코닥, GM, 리먼브라더스, RBS, 등 100년 넘는 기업들도 도산하고 있다. 그 이유는 급변하는 국제환경에 적응하지 못하기 때문이다.

다시말하면

- 과거성공모델에 안주하여 경쟁력저하로 간 기업 : GM, LEHMAN BROTHERS

1) 공병호, 『한국기업흥망사』 명진출판, 1993, pp.15-41.

- 후발기업의 추월로 인해 경쟁력이 약화된기업으로 시대변화를 외면한 기업: KODAK, Reader's Digest
- 준비없는 확장으로 급격한 유동성위기를 가져와 도산한 기업: RBS, K-mart 등이 있다.

1. 국제환경의 변화 추세

미래의 기업환경에 대해서 여러 미래학자들은 모두가 국경 없는 세계화와 장벽없는 무한계의 환경변화를 강조하고 있다. 미국의 미래학자 존 나이스비트(John Naisbitt)등은 현대사회의 '거대한 추세(Megatrend)'로서 무국경의 글로벌 경제(Borderless Global Economy)와 자유시장 사회주의, 문화국수주의(Cultural National- ism), 그리고 아시아 태평양 지역의 미래환경에 대하여 미래학자들은 고도의 첨단 기술 등의 발전과 큰 사회발전에 힘입어 아시아가 세계의 정치, 경제 그리고 문화적 중심으로 부각될 것을 전망하고 있다.[2)]

돈 탑스코드(Don Tapscott) 등도 정보기술(Information Technology)의 발전을 중심으로 컴퓨터와 정보통신기술이 때와 장소에 관계없이 모든 사람들과 조직이 네트워크로 연결되어 상호작용을 할 수 있게 만드는 장벽 없는 무한경쟁의 열린 사회를 전망하면서, 미래 환경 하에서 살아남기 위해서는 정보기술 활용과 기업경영에 있어서 근본적인 패러다임 변화가 요구됨을 강조하고 있다.[3)]

WTO체제가 출범된 이후 기존의 국제무역질서가 크게 변화하고 있다. 무역장벽이 완화되고, 각 부문에서 시장개방이 확대되어 감에 따라 세계 경제가 점차 국경 없는 무한경쟁의 시대로 본격 진입하게 된 것이다. 과거에는 후진국, 발전도상국 등에게 혜택을 주었으나, 지금은 모두가 똑같은 조건하에 경쟁을 하여야 한다.

이제는 국경과 국가체제 등이 경쟁 장벽의 역할을 더 이상 할 수 없어서, 국적에 상관없이 모든 기업들은 정부간섭, 지원 등이 없이 글로벌시장, 지역시장, 국가시장 등에서 공정하면서 공격적인 경쟁을 해야 하기 때문이다. 그러한 의미에서 글로벌 기업환경을 보아야 하고 연구해야 할 것이다.

---

2) John Naisbitt and Patricia Aburdene, Megatrends 2000, New York : Avon Books, 1990.

3) Don Tapscott Growing up Digital economy. The rise of new general Mcgraw hill 1996

2. 글로벌 기업환경

1) 글로벌 기업환경의 의의

국제경영이란 구체적 기업목적을 달성하기 위하여 국제 경영적 환경요소를 고려해 넣고, 다양한 경영전략수단을 활용하면서 적게는 2개국에서 많게는 200개국 정도의 국경을 넘나들면서 수행하는 모든 형태의 상거래와 기업 활동을 말할 수 있으며, 글로벌 기업환경이란 기업이 국경을 넘어 국제기업활동을 수행할 때 부딪히게되는 기업환경이다.4)

다시 말하면, 국경을 초월하여 비즈니스를 하는 특정 기업의 입장에서(통제 가능한 기업내부환경보다는) 근본적으로 통제 불가능한 기업외부환경(Uncontrollable External Environment)을 말한다.5)

여기에서 말하는 통제 불가능한 기업외부의 글로벌기업환경이란 글로벌시장, 지역시장, 국가시장 등 3개 차원의 경제, 정치, 법률, 사회문화(언어, 미학, 종교, 태도와 가치관, 사회기구), 역사, 경제지리 등의 요소들이 포함된다.

오늘날의 기업은 단지 내수시장인 국내시장만을 대상으로 기업활동을 전개하지는 않으며, 국제화시대에 대응하여 외수 시장인 해외시장 즉 국제시장을 전제로 한 수출을 포함하는 국제기업활동을 전개하지 않을 수 없다.

일반적으로 기업이 국내에서의 생산 및 판매 활동을 벗어나 해외로 그 활동 무대를 넓힐 때 국내경영활동과 달리 취급되어야 한다. 왜냐하면 국제경영이 이루어지는 무대, 즉 국제환경이 국내환경과는 본질적으로 다르기 때문이다. [그림 5-1]은 글로벌 기업의 환경요소를 나타낸 것이다.

기업들이 그런 통제 불능한 국제 비즈니스 환경요소들을 계속 주시하고 분석, 파악하여 글로벌 기업 활동에 반영시키고 또한 활용해야 하는 이유는 국제 비즈니스의 기회, 리스크를 야기 시키는 환경적 이질성이 존재하기 때문이다. 또한 국제 비즈니스 관리에 반영되고 해외시장별 진입, 침투전략 결정에 이러한 환경요인들이 반영되기 때문이다.

그리고 해외 비즈니스 환경 속에서 운영하는 글로벌기업들은, 현지 입장에서는 외국계통이다. 그러므로 그들은 현지 비즈니스 활동의 모든 측면에서 특별한 적응을 강요당할 수도 있으며, 그렇지 않더라도 솔선하여 현지적응을 할 필요가 있기 때문이다.

4) 김원수, 기업환경론 "변화, 적응, 그리고 창조", 다산출판사, 1991, p. 386.

5) 반병길, 단일 글로벌시장 시대의 국제경영(제4판), 박영사, 1998.

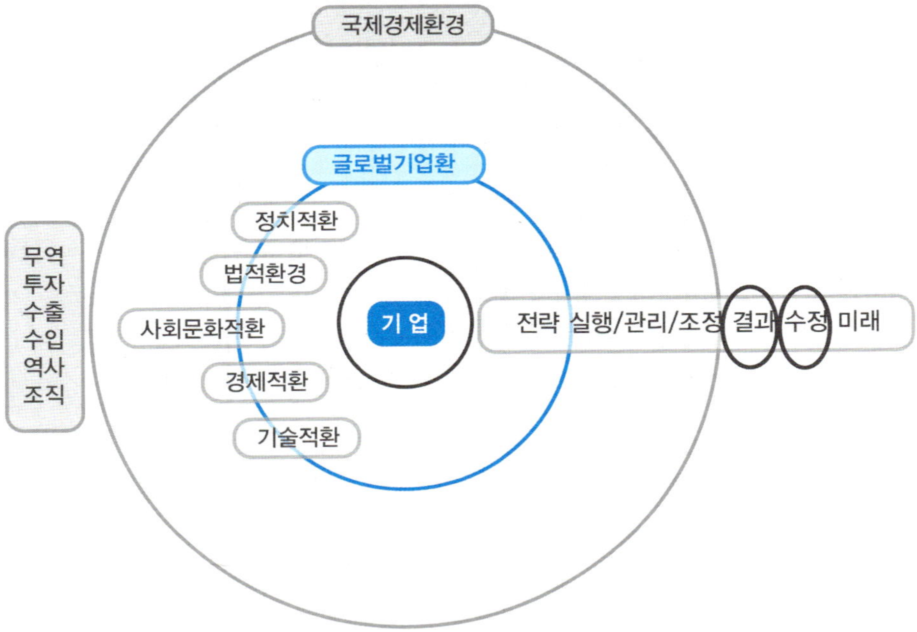

[그림 5-1] 글로벌 기업의 환경요소

2) 국내환경과 국제환경의 차이점

국제경영은 국경선을 넘는 경영활동과 2개국 이상에서 벌어지는 경영활동으로 정의할 수 있다. 따라서 국제환경도 크게 국경선을 넘어가는 과정에서 나타나는 환경요소와 해외 현지에서 나타나는 환경요소로 나누어 볼 수 있다. 예컨대 상품 · 인력 · 기술 · 자본 등을 국가간에 이동시킬 때 나타나는 국경선상의 또는 국제적인 제약은 전자에 속하는 환경요소라 할 수 있고, 언어 · 풍습 · 법률 · 화폐 등 현지국가에 존재하는 특수한 시장환경은 후자에 속하는 환경요소라 할 수 있다.

(1) 국경선상의 환경요소

기업이 한 나라에서 다른 나라로 경영활동을 전개하는 과정에서 경영자는 1개국 내에서 당면하는 여건과는 본질적으로 다른 다음과 같은 여러 가지 문제에 부딪히게 된다.

① 수송문제

국내경영의 경우 우리나라를 포함하여 영토가 그리 크지 않은 대부분의 국가는 본사와 자사간의 연락이나 생산지와 판매지 사이의 수송이 1일 내에 이루어지며, 미국이나 러시아 같이 영토가 광활한 나라에서도 항공편은 1일내, 철도, 도로 등의 육상운송은 대부분 1주일이내에 이루어진다. 그러나 국제경영의 경우, 이들 간에 존재하는 거리적 분리는 며칠에서 2~3개월에 이르는 상당한 시간과 비용을 소모시켜 경영활동의 효율성을 저하시키는 원인이 된다.

② 외환거래상의 위험

경영요소의 하나인 자본이 국경을 넘어갈 때 대부분의 경우에는 두 가지 이상의상이한 화폐가 개입되는 까닭에 외국화폐의 교환, 즉 외환의 문제를 야기 시킨다. 외환은 외환수수료를 지불해야 된다는 부담도 있으나, 그보다도 화폐가치의 변동에 따르는 환위험(Foreign exchange risk)을 발생시킨다는 점에서 국제경영상의 중요한 문제가 되고 있다. 즉, 자국의 화폐가 상대적으로 평가절하 되는 경우, 그 화폐를 다른 나라의 화폐와 바꿔야하는 기업은 상당한 환차 손실을 입게 되므로 경영자는 이러한 위험을 줄이기 위한 노력을 하여야 하는 것이다.

③ 경영상의 특수성

국가간의 거래 및 경영활동에는 국내에서 사용되지 않는 특별한 방법 및 절차로 실무가 이루어지며 특수한 경영문제가 등장한다. 예컨대 신용장, 영사송장, 원산지증명 등의 서류는 국제간의 교역에서만 이용되는 실무적 수단이며, 전술한 외환문제에 관련된 제반업무나 국제이전가격 결정 등에 관한 의사결정도 국제경영에서만 나타나는 문제이다.

④ 이동의 제약

지난 여러 세기에 걸친 국제교류의 커다란 흐름은 국경선이 점차 낮아지고 교류되는 상품의 물량이 증가하는 경향이었다. 그러나 아직까지도 국가 사이에 존재하는 국경선은 상품, 화폐 등은 물론 경영자 자신의 이동까지도 법적으로 제약하고 있는 엄연한 장벽으로 존재하고 있다. 더구나 2000년대 이후의 세계적인 불황과 함께 경영요소의 자유로운 국제이전을 제약하는 신 보호무역주의의 물결은 국제경영활동을 더욱 어렵게 만들고 있다.

(2) 현지국내의 환경요소

기업이 해외로 진출하여 일단 현지에 자리를 잡고 그 안에서 경영활동을 전개하게 되었다면, 경영자는 앞에서 열거한 국경선상의 환경요소를 어느 정도 극복한 셈이 된다. 그러나 현지의 시장환경은 그 경영자가 친숙해 있던 본국의 시장환경과 비교할 때 다음과 같은 몇 가지 면에서 근본적으로 다른 속성을 갖고 있으며, 경영자가 이것을 이해하지 못하는 한 현지에서의 경영활동은 숱한 난관에 봉착하게 될 것이다.

① 정치적 환경

기업이 국제화되면서 국내와는 상이한 정치적 환경에 접하게 되는데, 정치적 사건들이 기업의 국제경영활동에 영향을 미칠 때, 통상 이를 정치적 위험이라 한다. 이러한 정치적 위험으로 인해 기업은 재산상의 손실을 입을 수 있는데, 심한 경우에는 재산을 몰수당하거나 또는 기업이 현지국으로부터 완전히 철수해야 하는 경우도 있다.[6] 국제기업이 당면하는 정치적 환경은 다양하다.

오늘날 세계에서 의사결정과 행위의 주체가 되는 기본단위는 국가이다. 또한 정부는 대내적으로 국민을 통치하고 대외적으로 국가의 주권을 대표하는 최고 기관이다. 따라서 정부는 국가와 국민의 이익(National Interest)을 보호하기 위하여 타국 또는 타국민에 대하여 일정한 견제 및 제약이 되는 조치를 취하게 된다.

현지에 진출한 국제기업의 경영자는 현지정부와 이해관계가 여러 가지 면에서 상충되고, 이에 다라 직접 · 간접으로 많은 압력을 받게 되는데, 이러한 차별적 조치는 현지에서의 경영 활동에서 국제기업경영자를 현지경영자보다 불리한 위치에 서게 만드는 것이 보통이다. 나라에 따라서는 수입과 외국의 투자에 대한 정치 · 법률적 환경이 저마다 다르다. 이에 영향을 미치는 요인으로는 다음과 같다.

㉠ 정치적 불안정성: 국제기업은 현지국의 정치정세뿐만 아니라 앞으로의 정치적 안정성도 고려하여야 한다. 나라에 따라서는 정부가 손바닥 뒤집듯이 극단적인 정책변경을 하기도 하며, 정부의 변혁이 없더라도 정권을 누가 쥐느냐에 따라 새로운 대중의 요구에 반응을 보이고자 정책을 바꾸기도 한다. 극단적으로는 외국기업의 재산을 몰수함은 물론 보유통화를 동결하거나 수입할당을 요구하거나 새로이 과세를 하기 때문이다[7].

㉡ 통화규제: 원칙적으로 판매자는 자신들에게 가치가 있는 통화로써 거래를 함으로써 이익을 얻으려 한다. 그러나 경우에 따라 외국정부는 그와 같은 통화로써 거래하는 것을 제한 내지 금지하는 경우가 있는데 이것이 통화규제이다.

---

6) 정치적 위험은 국가위험(Country Risk)개념과는 상이하다. 이른바 국가위험은 현지국에 행해진 투자나 공여된 차관 등 재무자산에 대하여 그 나라의 정치적 · 사회적 및 경제적 여건에서 발생하는 채권 또는 투자회수상의 위험을 총칭하는 개념으로 주로 외국투자를 하는 은행의 투자위험을 의미한다. 그러므로 정치적 위험과 국가위험은 투자주체, 노출되는 자산의 내용, 노출기간, 손실의 형태, 위험회피방안 측면에서 상이하다.

7) 그러나 한가지 유의해야 할 것은 단순히 특정국가가 정치적으로 불안정하다든가, 정치적 변화가 자주 일어난다고 해서 모두 정치적 위험이 되는 것이 아니라, 기업 또는 특정산업과 관련하여 그 수익성이나 영업활동에 영향을 미칠 때 정치적 위험이 된다.

㉢ 정부관료: 진출국의 정부가 능률적으로 외국기업지원, 관세처리 및 시장정보체제 등을 어느 정도 정비하여 운용하고 있느냐 하는 것도 큰 영향을 미친다. 사실상 여러 가지 무역장벽요인이 있다고 하더라도 관리에게 뇌물(Bribe)과 같은 것을 주기만 하면 장애가 제거되는 것과 같은 비합리적인 정부관료들의 행위도 문제가 된다. 이는 국제공정거래질서를 해치는 요인이다.

이 부분에 있어 한국은 그렇게 바람직한 결과를 보이고 있지 않다.

국제투명성기구(Transparency International)에서 발표한 바에 따르면, 1999년도 뇌물지수(Bribe Payers Index)를 발표에서 "한국 기업들의 뇌물공여는 3.4점으로 세계 2위"라고 밝혔다. 이에 따르면 수출주도 19개국 가운데 스웨덴 기업들이 가장 투명한 것(10점 만점에서 8.3점)으로 나타났으며 이어 오스트레일리아, 캐나다(8.1점) 순이었다. 또한 미국과 독일은 9위(6.2점), 일본은 14위(5.1점), 한국은 18위(3.4점), 중국(홍콩 포함)이 최하위(3.1점)였다. 그러나 2002년에는 18위(3.9점), 2006년에는 (5.8)로 21위(30개국가)를 기록하였다. 2011년에는 13위(7.9점)을 기록하여 조금씩 상승되고 있다. 국제투명성기구(Transparency International)에서 2011년 이후로는 뇌물공여지수(BPI)를 더이상 조사하지 않고 있다. 지금까지의 조사를 보면 선진국들은 뇌물공여지수(BPI)가 높다.

OECD(Organization for Economic Cooperation and Development)사무국은 2016년 5월 발간한 '뇌물 척결'(Putting an End to Corruption) 보고서에서"부패가 민간부문 생산성을 낮추며 공공 투자를 왜곡하고 공공 재원을 잠식한다"면서 경제에 직접적인 악영향을 미친다고 분석했다.

OECD는 세계지적재산권기구(WIPO)가 발표하는 글로벌혁신지수(Global Innovation Index: GII)와 국제투명성기구(TI)의 국가별 부패인식지수(CPI) 사이에 뚜렷한 반비례 관계가 성립하고 있음을 그 증거로 들었다. 공공부문 부패에 대한 전문가 인식을 반영해 이를 점수로 환산한 부패인식지수가높으면 혁신지수는 떨어진다는 것이다.

한국은 2016년 1월 국제투명성기구가 발표한 2015년 국가별 부패인식지수에서 OECD 34개 회원국 중 체코공화국과 함께 공동 27위로 하위권에 머물렀다. OECD가입국 중 한국보다 낮은 국가는 헝가리 · 터키 · 멕시코 등 6개국이었다. OECD 사무국에 따르면 부패 인식이 낮은 국가보다 높은 국가는 해외직접투자(FDI)를 유치할 확률이 15% 포인트 낮은 것으로 나타나는 등 부패는 투자 유치에 도악영향을 끼쳤다고 한다.

OECD는 부패가 경제뿐 아니라 "불평등과 빈곤을 심화하고 평화와 민주주의 발전을 저해하는 등 사회적으로도 부정적인 영향을 초래한다"고 지적했다.

부패인식지수가 25.2% 상승할 때 소득 불평등 척도인 지니계수가 11포인트 상승해 소득 불평등이 심해졌다. 특히 선진국의 개발도상국에 대한 공적개발원조(ODA)의 경우 원조를 받는 국가 부패로 ODA의 15~30%가 횡령되는 것으로 추정되는 등부패는 선진국보다 개도국 사회·경제에 악영향이 더 크다고 평가했다.

OECD는 각국의 반부패 활동 강화를 위한 국제협력을 강조하면서"뇌물방지협약 이행과 조세와 금융정보 공유 활성화, 언론 기능 강화"를 주문했다.

한국은 김영란법이라 불리는 부정청탁 및 금품 등 수수의 금지에 관한 법률(약칭 청탁금지법)이 통과된후 부패인식지수는 상승하기 시작했다.

홍콩 정치경제위험자문공사(PERC), 독일 베텔스만재단(BF) 등 CPI와 관련된 국제평가 기관들은 최근 우리나라 반부패 여건에 대한 긍정적 논평을 연이어 발표하고 있다.

※ 홍콩 정치경제위험자문공사(PERC) 논평('19.3.27.)

- (한국의) 권익위는 부패근절을 위한 업무를 매우 진지하게 임하고 있고, 국민들이나 공직자들 사이에 발생하는 뇌물수수 등을 근절하는데 매우 효과적인 모습을 보여주었음

※ 독일 베텔스만재단(BF) 논평('19.10.28.)

- 청탁금지법 시행으로 선물주기와 같은 한국의 전통적 관행이 효과적으로 제한되고 있음

지난해 유럽반부패국가역량연구센터(ERCAS)가 발표한 2019년 공공청렴지수(IPI)에서도 우리나라는 117개국 중 19위로 2017년에 비해 5단계가 상승(격년 측정)했으며, 아시아 국가중 1위를 차지했다. 또 2019년 '뇌물위험 매트릭스' 평가에서도, 200개국 중 23위를 기록했다.

㉣ 정치적 불안정성과 강제적 몰수: 현지정부는 보상없이 기업의 재산을 몰수(confiscation)할 경우가 있는데, 이는 재산수용(expropriation)과 국유화(nationalization)의 2가지로 나누어진다. 재산수용은 일반적으로 한 기업의 재산을 강제로 징수하는 것을 말하고 국유화는 전체산업을 강제로 징수하여 처분하는 행위를 말한다. 이러한 행위는 여러 가지 이유로 정부에 의해 나타나는 것으로 각국 정부의 정체에 의해 취득(acquisition)과 특별재산의 조정으로 구분한다.

표 5-1 — TI(국제투명성기구)의 뇌물공여지수(BPI)현황

국 가 명	BPI(뇌물공여지수)						BPI개선도		CPI(2005)		CPI(2020)	
	2006년		2002년		2011							
	순위	점수	순위	점수	순위	점수	'06년	'02년	순위	점수	순위	점수
Switzerland(스위스)	1	7.8	3	8.4	1	8.8	-0.6	0.7	7	9.1	3	85
Sweden(스웨덴)	2	7.6	2	8.4			-0.8	0.1	6	9.2	3	85
Australia(호주)	3	7.6	1	8.5	6	8.5	-0.9	0.4	9	8.8	11	77
Austria(오스트리아)	4	7.5	4	8.2			-0.7	0.4	10	8.7	15	76
Canada(캐나다)	5	7.5	5	8.1	6	8.5	-0.6	0.0	13	8.4	11	77
United Kingdom(영국)	6	7.4	8	6.9	8	8.3	0.5	-	11	8.6	11	77
Germany(독일)	7	7.3	10	6.3	4	8.6	1.0	0.1	16	8.2	9	80
Netherlands(네델란드)	8	7.3	6	7.8	1	8.8	-0.5	0.4	11	8.6	8	82
USA(미국)	9	7.2	13	5.3	10	8.1	1.9	-	17	7.6	25	67
Belgium(벨기에)	9	7.2	7	7.8	3	8.7	-0.6	1.0	19	7.4	15	76
Japan(일본)	11	7.1	14	5.3	4	8.6	1.8	0.2	21	7.3	19	74
Singapore(싱가포르)	12	6.8	9	6.3	8	8.3	0.5	0.6	5	9.4	3	85
Spain(스페인)	13	6.6	11	5.8	11	8.0	0.8	0.5	23	7.0	32	62
United Arab Emirates (아랍에미리트연합)	14	6.6							30	6.2	21	71
France(프랑스)	15	6.5	12	5.5	11	8.0	1.0	0.3	18	7.5	23	69
Portugal(포르투갈)	16	6.5							26	6.5	33	61
Mexico(멕시코)	17	6.5			26	7.0			65	3.5	124	31
Hong Kong(홍콩)	18	6.0	16	4.3	15	7.6	1.7		15	8.3		
Israel(이스라엘)	18	6.0							28	6.3	35	60
Italy(이탈리아)	20	5.9	17	4.1	15	7.6	1.8	0.4	40	5.0	52	53
South Korea(대한민국)	21	5.8	18	3.9	13	7.9	1.9	0.5	40	5.0	33	61
Saudi Arabia(사우디아라비아)	22	5.8			22	7.4			70	3.4	53	52
Brazil(브라질)	23	5.7			14	7.7			62	3.7	94	38
South Africa (남아프리카공화국)	24	5.6							46	4.5	69	44
Malaysia(말레이지아)	25	5.6	15	4.3	15	7.6	1.3	0.4	-	-	57	51
Taiwan(대만)	26	5.4	19	3.8	19	7.5	1.6	0.3	32	5.9	28	65
Turkey(터키)	27	5.2							65	3.5	86	40
Russia(러시아)	28	5.2	21	3.2	28	6.1	2.0		126	2.4	129	30
China(중국)	29	4.9	20	3.5	27	6.5	1.4	0.4	78	3.2	78	42
India(인도)	30	4.6			19	7.5			88	2.9	86	40

자료: 국제투명성기구 http://www.transparency.org, 국가청렴위원회 http://www.kicac.go.kr, 한국투명성기구 http://www.ti.or.kr/

② 법률적 환경

현 사회의 제관계를 규정하는 규범으로서 법률환경은 그 사회에 속한 주체들의 활동을 규율한다, 기업활동이 국제적으로 확대됨에 따라, 기업은 국제적인 법률환경에 노출되며, 이러한 국제법률환경은 기업활동을 직접적으로 통제할 수 있는 근거가 된다.

국제경영활동이 대규모화되고 고도화 될수록 국제법률환경이 기업활동에 미치는 영향력은 커지게 되며 현지국의 법률체계를 이해하지 못하고 국제기업활동과 관련된 의사결정을 내린다는 것은 마치 눈을 감고 운전하는 것처럼 위험하고 무모한 일이라 할 수 있다.

국제거래는 거래당사자가 서로 다른 국가에 소재하기 때문에 거래관계에 적용될 법을 어떻게 결정할 것인가 하는 것은 매우 중요한 문제이다. 국제거래의 발생과 더불어 당면하게 되는 국제거래에 대한 법률환경 특성은 현지국에 국한된(nation specific) 것과 국제거래에 일반적인 것으로 구분할 수 있는데 현지국에 국한된 제도라는 것도 전체적인 구조는 국제적인 틀을 유지하면서 그 내용과 제도운영에 있어서 국가간에 이질적인 특성을 반영하는 성격을 지닌다.

㉠ 현지국의 법률환경: 먼저, 현지국에 국한된 것으로는 현지국의 일반적인 기업활동에 대한 규제 및 법적 체계 등이 있는데, 기업일반에 대해 규정하는 상법, 특정사업에 관한 사업법, 경쟁정책과 관련한 공정거래 및 독점금지에 관한 법 등이 여기에 속한다.

이외에도 기업의 국제거래와 관련한 무역, 외환, 관세 및 조세, 투자 등과 관련된 제반 법규가 있다. 무역과 관련해서는 잠정긴급수입제한(TSG : Transi- tional Safeguard)이나 특별긴급수입제한(SSG : Special Safeguard) 등 수입금지품목을 설정하여 운영한다든지 또는 특정산업의 수출을 장려하기 위한 지원제도 등 현지국의 무역정책이 반영된 대외거래법이 있다.

국제거래의 실물부문을 지원하는 외환제도와 관련해서는 자본조달이나 과실송금에 대한 규제나 국제기업의 자금운영에 관한 조건과 규칙을 명문화한 외환관리법 등이 대표적이다.

관세제도에는 상계관세(CVD : Countervailing Duty)나, 반덤핑관세제도(AD : Antidumping Duty) 등 자국의 유치산업을 보호하거나 불공정거래로부터 자국시장을 보호하기 위한 법적 조치들이 있으며, 조세제도에는 다국적기업들의 이전가격 조작방지를 위한 이전가격과세제도와 이중과세방지제도 등이 있다. 투자제도와 관련하여서는 외국인 투자에 대한 사업별 제한 또는 지분제한, 외자 유치제도 등이 있다.

㉡ 국제법률환경: 국제거래에 일반화된 법률환경은 국제상사거래법(國際商社去來

法), 국제거래법(國際去來法), 국제사법(國際私法) 등이 적용된다.

국제상사거래법은 국제거래의 형식과 방법을 결정해주는 법으로 국제거래가 국제상사거래법에 제시한 형태로 이루어질 때 국제거래로 인정받고 그 실행을 보장받을 수 있다. 생산이 종료된 시점에서 재화를 국경선을 넘어 옮기는 과정에서 발생되는 운송, 해상, 보험, 관세와 관련된 법과 결제 등과 관련된 방법과 형식을 결정하는 국제계약법과 국제결제, 보증법이 대표적인 국제거래법이다.

국제사법은 국제거래가 당사자간에 원만히 이루어지지 않는 경우, 국가간의 분재해결 방안을 다루는 법이다. 국제분쟁이 발생할 경우 준거법을 무엇으로 하는가, 소송 및 중재과정을 어떻게 하는가 등이 이와 관련된 주요 법률환경이라 할 수 있다.

국제사법은 국제거래과정에서 분쟁이 발생하는 겨우 그 문제를 해결하는 방법 또는 그러한 발생상황을 대비하기 위해 사전에 어떠한 제도적 장치들을 갖추어야 하는가에 대한 지침을 마련해 준다고도 할 수 있다.

통상법이라 불리는 국제경제법은 자유롭고 공정한 국제 교역조건을 형성하고 감시하기 위한 국제기구와 관련된 법, 각국 정부당국의 제도운영의 기준을 제시하는 다양한 형태의 협약 등을 일컫는다. 또한 P.L법 산업스파이업, 지적소유권등이 새롭게 등장하고 있다.

ⓐ 산업스파이(corporate espionage): 산업스파이는 과거에는 쉽게 찾아볼 수 없었으나 근래 IT의 눈부신 성장과 함께 생겨난 신종범죄로 해외유출시 국가경쟁력에 심각한 타격을 줄 수 있다. 이는 인터넷 등 정보통신기술의 발달과 외국 기업과의 교류증대에 따라 해외유출의 유혹과 기회가 늘어나고 경제규모의 성장과 핵심개발 기술의 유출 대담성 등에 따른 피해액 급증으로 분석된다. 이웅혁 경찰대 교수는“기술유출범죄의 화이트칼라로서의 특성에 주목하며, 제재의 신속성, 확실성, 엄격성이라는 범죄예방의 억지이론을 언급하고 있다. 그리고 거짓말탐지기의 주기적 검사가 이에 부합하는 효과적 예방수단이라 제언한다”고 말했다. 기술유출에 대한 기업의 대비책으로 보안담당부서 설치 · 보안관련 규정제정 · 보안장비설치 등 여러 가지 제도적 · 물리적 방안을 생각해볼 수 있으나, 무엇보다 인적 관리의 중요성에 주목해야 한다. 우리나라는 세계적인 IT강대국임을 자랑하고 있지만 정보 유출로 인해 날로 그 수명이 줄고 있다. ‘나 하나쯤이야’하는 생각이 국가 경제를 망하게 할 수도 있는 엄청난 나비효과를 불러일으킨다. 그러므로 이에 따른 체계적인 대책마련이 시급하다

ⓑ PL법: 제조물의 결함으로 인하여 소비자 또는 제3자의 생명, 신체, 재산 등에 손해가 발생했을 경우 그 제조물의 제조업자나 판매업자에게 손해배상 책임을 지게 하는 법리를 제조물책임(Product Liability; PL)이라고 한다.

이러한 제조물책임이 입법된 배경으로는 첫째로, 산업사회의 진전과 현대의 과학기술이 고도로 발달함에 따라 소비자에게 제공되는 제품도 고도화 · 복잡화되고, 이에 따라 소비자는 상품의 성분, 성능, 제조공정 및 사용방법 등에 관한 모든 정보를 스스로 알 수 없게 되었을 뿐만 아니라 제조자와 소비자 사이에 분쟁이 발생하여 소송으로 해결하려고 하여도 소비자는 소송수행 및 입증 등에 어려움이 적지 않게 된다.

따라서 소비자보호와 제조물의 안전성확보를 위하여 결함 제조물로 인한 손해에 대하여 제조자와 판매자에게 손해배상책임을 확대하여 왔으며, 기본적으로는 소비자의 입증부담을 경감하는데 의의가 있다.

즉, 제조물책임법이 없는 현재에는 제조물 관련 사고의 피해자가 제조업자에게 손해배상을 청구하기 위해 서는 현행 민법 제750조(불법행위책임)의 규정을 적용하여 ① 가해자(제조업자)의 과실 ② 손해의 발생 ③ 손해의 발생과 과실과의 인과관계를 입증하여야만 한다.

그러나 제조물의 제조기술이 고도화되고 복잡화됨에 따라 피해자가 제조업자의 과실을 입증한다는 것은 곤란하게 되어, 피해자의 입증부담을 경감한다는 측면에서 『제조업자의 과실』이라는 주관적인 요건을 『제조물의 결함』이라는 객관적인 요건으로 변경함으로써 소비자 피해를 보다 쉽게 구제하는데 그 목적이 있다.

둘째로, 제조물의 결함으로 인하여 제조물자체에 손해가 그친 경우에는 제조물책임법을 적용하지 않으며 제조물책임법이 적용되는 경우는 제조물의 결함으로 소비자의 생명, 신체 또는 재산상에 손해가 발생하여야 하는 확대손해를 구제하는데 그 의의가 있다.

ⓒ 지적재산권: 지적창작물에 부여된 재산권에 준하는 권리를 말한다. 지적재산권은 보통 산업분야의 창작물과 관련된 산업재산권(특허권, 실용신안권, 상표권, 디자인권)과 문화예술분야의 창작물과 관련된 저작권으로 나눈다.

이 밖에도 반도체 배치설계나 온라인디지털콘텐츠와 같이 전통 지적재산권의 범주에 속하지 않는 것을 따로 분류하여 '신지적재산권'이라고 한다.

최근에 지적재산권이란 용어 대신 지식재산권(知識財産權)이란 용어를 사용하는데, 지적재산권은 원래 일본에서 사용하던 용어로서 이를 우리말로 바꿔 표기하기 위하여 지적재산 용어 대신 '지식재산'이란 용어를 대한민국 특허청에서 새로 만들었다. 그러나 학계나 법조계 등 모든 영역에서 지적재산권이 란 용어를 사용하고 있으며, 유독 특허청에서만 지식재산권이란 용어를 쓰고 있다. 특허청에서는 1998년 4월 특허행정 정책자문위원회의 심의를 거쳐 지적재산권을 지식재산권으로 개칭 사용하기로 하였다.

2007년 6월말에 서명된 한미 FTA 협정문에는 '지식재산권'이란 용어를 사용하지 않으며, '지적재산권'이란 용어를 사용하고 있다(협정문 제18장). 한국의 행정부처 중 '지적재산권'과 관련이 있는 부처는 대한민국 문화관광부, 정보통신부, 농림부 등이 있는데 이 부서들은 모두 '지식재산권'이란 용어를 사용하지 않고 '지적재산권'이란 용어를 사용하고 있다.

③ 사회 문화적 환경

기술발전과 경제발전 그리고 정치적 환경의 변화는 사회문화에 많은 변화를 가져온다. 기업체의 관점에서 볼 때 사회문화환경의 변화는 사회구성원들의 가치관과 태도 그리고 행동에 영향을 준다는 점에서 중요성을 지니고 있다. 특히 사회문화환경의 변화는 외적으로 시장수요와 고객의 구매행동에 영향을 주고, 내적으로는 조직구성원들의 태도와 행동에 영향을 준다는 점에서 전략적 의의를 가지고 있다.

문화[8]란 인간 집단이 여러 세대를 통해 형성해온 하나의 생활양식 또는 규범으로서 어머니의 뱃속에서부터 천성적으로 가지고 태어나는 것이 아니라 생활을 통해 반복적으로 습득된 하나의 행위이다. 기업이 국제경영활동을 수행하는 과정에서 직면하게 되는 수많은 어려움은 현지의 문화를 제대로 이해하지 못하기 때문에 발생하는 경우가 많다.

이때 비록 각국의 문화간에는 이질적인 요소가 너무 많고 또 문화적인 차이도 아주 크지만 이러한 문화적 차이는 결코 이해 불가능한 것이 아니며, 그것을 제대로 파악·분석하여 효율적인 대응방안을 강구 할 수 있다면 오히려 하나의 중요한 전략으로 활

8) 문화에 대한 여러 학자들의 정의를 살펴보면 타일러(E. B. Tylor)는 '지식, 신앙, 예술, 법률, 도덕, 관습, 그리고 사회의 한 구성원으로서 인간에 의해 습득된 모든 능력이나 관습 등을 포함하는 복합적 총체(Complex Whole)'라고 정의하고 있고, 화이트(L. A. White)는 '상징행위에 의거한 사물 및 사건들을 신체 외적인 맥락 즉 인간 유기체와의 관련하에서 보다는 다른 상징물과의 관련하에서 고려했을 때 그것을 문화'라고 정의하고 있다. 따라서 두 학자의 견해를 종합해 보면, 문화란 비록 우리가 그것을 꾸준히 배우고 있다는 사실을 인식하지 못하고 있지만 오랜 세월 동안의 반복적인 문화적 과정을 거쳐 자기도 모르는 사이에 몸에 배게 된다. 따라서 인간 행동의 대부분은 그가 소속하고 있는 문화의 여러 가지 속성과 일치하게 이루어지게 되며, 그러한 인간행동은 의식적인 사고를 통해서 이루어지기보다는 무의식적·습관적으로 이루어지게 된다. 그러기 때문에 역사는 바꿀 수 있어도 문화는 바꿀 수 없다는 예기가 가능한 것이다.

용할 수도 있는 것이다. 외국에 단기간 또는 장기간 근무를 하게 되는 경영자는 현지의 각 문화요소에 대하여 그 특질을 충분히 이해하고 적응해야 하겠으나, 그 중에서도 특히 유념하여야 할 요소 몇 가지를 살펴보면 다음과 같다.

㉠ 언어: 이질적인 문화요소는 제품의 수출이나 라이센싱, 그리고 해외 직접투자와 같은 국제경영활동에 중대한 영향을 미치게 되는데, 그 중에서도 가장 먼저 들 수 있는 것이 언어이다. 언어는 1차적인 의사소통수단의 하나로서 암묵적인 문화적 환경을 내포하고 있기 때문에 현지국의 문화를 이해하는데 있어서 가장 기초적인 요소가 된다.

표 5-2 — 세계인구 비율에 대한 모국어

언 어	비 율
중국어	20%
영 어	6%
힌두어	4.5%
러시아어	3.5%
스페인어	3.0%
포르투칼어	2.0%
일본어	2.0%
아랍어	2.0%
프랑스어	1.5%
독일어	1.5%
기 타	54%

자료: *The Economist Atlas* (The Rconomist Books), 1991, p.116.

〈표 5-2〉는 세계인구의 모국어에 대한 비율이다. 이것을 보면, 중국어를 모국어로 하는 비율은 세계인구의 1/5 즉 20%를 차지하고 영어, 힌두어 등이 그 뒤를 이어서 세계언어로 등장하고 있다. 그러나 국제기업에 있어서 이러한 인구비율보다는 국제어로서는 영어가 단연 앞서고 있으며, 인터넷이 등장한 이후로는 국제어로 그 위치가 높아가고 있다. 다시 말하면 국제경영자의 첫 번째 필요조건은 외국어를 잘하는 것이 무엇보다 중요한 것이다. 영어를 모국어로 하는 사람들의 100개 대기업 경영자가 뽑은 영어이외의 필요한 언어이다(〈표 5-3〉 참조).

표 5-3 — 영어권의 경영자가 생각하는 유용한 비즈니스 언어

순 위	언 어
1	일본어
2	불 어
3	스페인어
4	독일어
5	중국어
6	러시아어
7	아랍어
8	포르투칼어
9	이태리어
10	한국어

자료: Scott, James Calvert, and Diana J. Green, "Foreign Languages and International Business Correspondence: Perspectives from the Business Communities of Two English-speaking Nations," in *Precedings of the 1992 Delta Pi Epsilon National Research Conference*, edited by Robert B. Mitchell, 85-93,. Little Rock: Delta Pi Epsilon, 1992.

따라서 국제 비지니스 활동을 성공으로 이끌려면, 국제경영자들은 지역, 국가, 민족, 부족, 문화사이에 존재하는 언어장벽(Language Barriers)을 효과적으로 극복할 수 있어야 한다. 그 이유를 살펴보면, 첫째, 특정언어는, 특정문화의 모든 측면과 직접적으로 밀접하게 연계되어 있다. 그렇기 때문에 특정언어는 그 언어를 만들어낸 특정문화의 특성과 가치관을 반영한다. 둘째, 복수의 구어들과 기타 언어들이 존재하는 많은 국가들의 경우에도, 어느 한 언어만 가지고는 같은 나라 국민들 사이에도 원활히 커뮤니케이션을 할 수 없기 때문이다.

셋째, 서로 다른 국어를 사용하는 외국인들끼리 영어와 같은 공통 언어를 사용하는 경우에도, 그들 사이의 커뮤니케이션 역시 어려움이 많고 정확성이 결여될 수밖에 없다.

이와 같이 문화권에 따라 언어가 전혀 다르고, 또 그것이 암묵적으로 현지의 문화를 함축하고 있기 때문에 국제경영활동을 수행하는 과정에서 외국어를 사용할 때에는 단어나 문법 그리고 사고방식이나 개념까지도 명확히 할 필요가 있다.

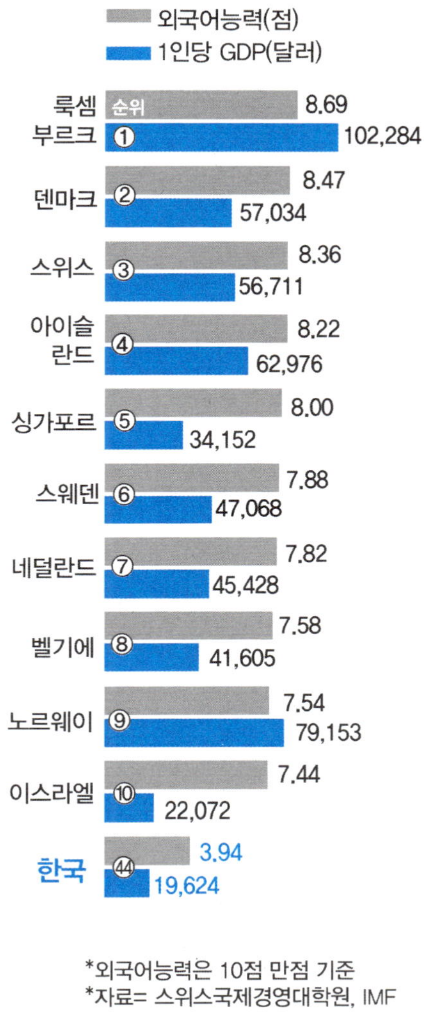

[그림 5-2] 국가별 외국어능력과 소득관계

[그림 5-2]의 국가별 외국어 능력과 소득관계를 보면, 외국어능력(10점 만점) 8.69인 룩셈부르크는 1인당 GDP가 10만 달러를 넘었으며, 덴마크도 외국어 능력 8.47에 5만 7천 달러를 기록하고 있다.

특히 아시아권의 싱가포르는 8.0점을 기록하고, 3만 4천 달러인데, 한국은 외국어 능력 3.94에 1만 9천 6백 달러이다. 이를 토대로 외국어 능력과 소득관계는 상관관계가 있는 것처럼 보인다.

그러나 미국, 일본 등 선진국의 경우 모국어 능력이외에 외국어 능력이 없어도 소득이 많으며, 필리핀처럼 영어를 공용어로 하고 있다고 해서 소득이 많은 것은 아니다.

그러나 대부분의 겨우 외국어능력과 소득의 관계는 정비례 한다고 보는것이 일반적이다.

㉡ 교육수준: 교육은 기존의 문화와 전통을 다음 세대에게 전파시키는 기능과 문화적 변화를 일으키는 기능을 수행한다. 국제경영자들은 각 시장국들이 각기 어떤 목적으로 교육제도를 운영하고 있는지, 어떤 수준의 국민교육을 시키고 있는지를 파악할 필요가 있다.

왜냐하면, 교육수준은 국가에 따라 큰 차이를 보일 뿐만 아니라 GNP 수준이나 경제발전 수준과 밀접한 상관관계를 가지고 있다. 또한 시장국별로 소비자 시장의 특성을 판단하고 현지 비즈니스 활동에 활용할 수 있는 인적자원이 어느 정도 필요한지를 판단할 때에 고려해야할 중요한 요소 중의 하나이기 때문이다.

일반적으로 교육수준이 다르면 시장의 성격도 다르게 나타나는 경향이 있으며, 이는 여러 가지 측면에서 다국적기업 활동에 중대한 영향을 미치게 된다.

㉢ 종교: 종교도 사회의 가치체계나 다국적기업의 경영활동에 중대한 영향을 미칠 수 있는 문화요소이다. 특히 종교에 따라서 생활태도, 제품의 선택, 구매방법 등이 크게 다를 수 있기 때문에 국제경영활동에 많은 영향을 미치게 된다.

물질문명, 언어, 교육 등은 특정 문화에서 관찰 가능한 겉으로 나타나는 현상이며 행동인 반면에 종교, 신앙, 사상, 태도, 금기, 미신 등은 관찰 가능한 겉으로 나타나는 현상 및 행동을 낳게 하는 기초에 해당된다.

그러므로 국제경영자들은 시장국별로 국민들이 소비자로서 어떤 제품, 서비스를 얼마만큼 어떤 이유로 구매하는지, 직장인으로서 어떤 직업태도를 가지고 얼마나 열심히 일하는지 등을 파악하여 현지 비즈니스 활동에 활용하기 위해서도, 시장국 별로 문화의 종교적 측면도 분석, 파악해야 한다.

[그림 5-3]은 세계 주요종교를 그래프로 표시한 것이다.

오늘날 G8 국가는 미국, 일본, 독일, 영국, 프랑스, 이탈리아, 캐나다, 러시아를 말하지만 일본을 제외한 7개국은 기독교 국가이거나 많은 기독교 인구를 갖고 있는 국가이다. 그러나 2050년이 되면 미국만이 기독교 국가를 대표하고 기독교가 아닌 종교적 다양성의 중국과 일본, 힌두교인 인도, 이슬람국가인 인도네시아가 포함될 것으로 보고 있다.

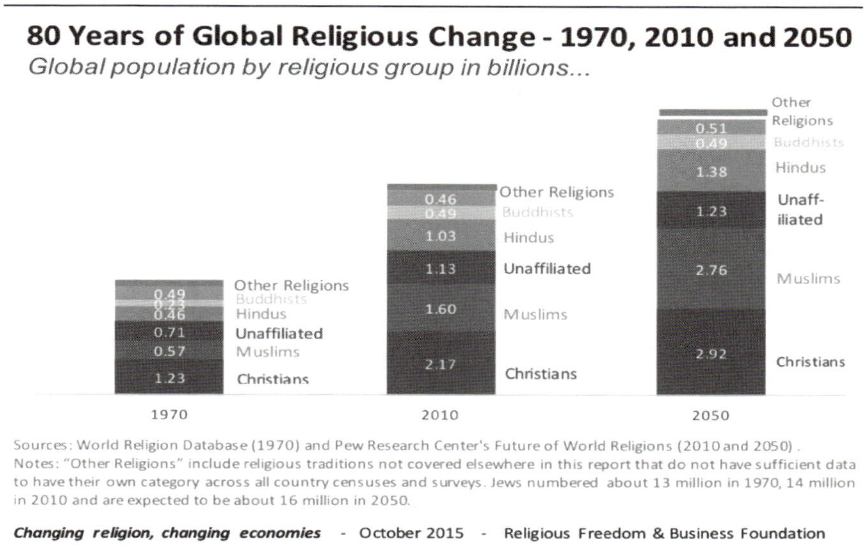

[그림 5-3] 80년간 글로벌 종교의 변천 1970–2010, 2050

1970년대에는 크리스찬이 12억3천만명이었고 이슬람교는 5억7천만명, 힌두교는 4억6천만, 불교도는 2억3천만명이었는데 40년이 지난 2010년에는 기독교 인구는 21억7천만명, 이슬람은 거의 3배에 가까운 16억으로 급격히 증가했으며 힌두교의 인구도 2배가 넘는 10억으로 증가하였다. 그런데 40년 뒤인 2050년에는 기독교인구는 29억2천만명으로 조금 증가하는 것에 비해 이슬람 인구는 27억7천만명으로 증가, 힌두교 인구도 13억 8천만명으로 증가하는 것으로 예상하고 있다. 이슬람 인구의 팽창으로 이슬람 경제권이 막강해질 것으로 보고 있다.

세계은행이 발표한 2006년 통계자료를 근거로 각 종교별로 나타난 국가의 GNP를 보면 다음과 같다.

종교와 경제성장에 관한 연구는 실증적 연구 분야에서는 소홀히 되어왔던 것이 사실이다.[9]

그러나 종교와 경제성장에 관한 논의는 꾸준히 계속되어온 바 실질적인 1인당 GNP를 보고 평가하기도 한다, 또한 카톨릭 국가, 기독교 국가, 라고는 하지만 국교이외의 경우는 50%이상의 신도수를 보고 평가한 것이다.

9) Robert J. Barro, Rapael Mccleary,Religion & Economic Growth, National Bureau Economic Research, working paper NO 968 2003. May.

표 5-4 — 가톨릭과 경제지표

(단위: $)

대륙	국가	1인당 GNP	순위	대륙	국가	GNP	순위
유럽	네덜란드	42,670	13	남아메리카	과테말라	2,640	1221
	룩셈부르크	76,040	1		니카라과	1,000	54
	리투아니아	7,870	73		도미니카	2,850	116
	리히텐슈타인	66,000	4		엘살바도르	2,540	123
	모나코	124	209		온두라스	1, 200	147
	몰타	13,610	54		코스타리카	4,980	89
	벨기에	38,600	18		쿠바	g	-
	스위스	57,230	6		트리니다드앤토바고	13,340	55
	스페인	27,570	33		파나마	4,890	90
	슬로바키아	9,870	64		푸에르토리코	f	-
	슬로베니아	18,890	47		베네수엘라	6,070	77
	아일랜드	45,580	9		볼리비아	1,100	149
	오스트리아	39,540	17		브라질	4,730	92
	에스토니아	11,420	59		아르헨티나	5,150	86
	이탈리아	42,020	28		에콰토르	2,100	118
	체코	12,680	57		우르과이	5,310	85
	크로아티아	9,330	65		콜롬비아	2,740	119
	포르투칼	18,100	48		파라과이	1,400	142
	폴란드	8, 190	70		페루	2,920	115
	프랑스	36,550	22		칠레	6,980	76
	헝가리	10,950	61				
아시아	필리핀	1,420	139	아프리카	가봉	5,000	88
오세아니아	괌	e	-		르완다	250	199
북미	캐나다	36,170	23		앙골라	1,980	130
	멕시코	7,870	73		우간다	300	194
					콩고	950	155
중동	-	-	-				

주 1: 다수종교가 대립적인 경우(스위스-카톨릭 48%, 기독교 44% ; 트리디나드 앤 토바고-카톨릭 34%, 기독교30% ; 우간다-카톨릭, 기독교 각각 35%)

주 2: 각 국가의 종교와 GNP는 자료의 한계상 분석이 가능한 국가를 표시하였음. 그리고 동일한 GNP 소득순위가 있을 수 있고, 모든 순위가 1부터 마지막까지 존재하지 않음.

주 3: a-순위화목적으로 유일하게 사용된 측정. b-GNP data는 GDP를 참조. c-회귀를 근거로 한 측정. d-탄자니아의 본토만 측정. e-고 소득국가로 분류됨($9,361 이상). f-중상 소득국가로 분류됨 ($3,031에서 $9,360). g-중저 소득국가로 분류됨($761에서 $3,030). h-저 소득국가로 분류됨($760이하)

주 4: 아성의 주1과 2는 이하의 자료에서 동일하고 이는 다음 자료원에 의한 것임.

자료: 종교관련-한국 외교통상부 내부자료. GNP 관련 - World Development Indicators database (GNP per capita 1998, Atlas method and PPP), World Bank, 7/1/99. 세계은행 2006년 기준통계

표 5-5 — 기독교와 경제지표

(단위: $)

대륙	국가	1인당 GNP	순위	대륙	국가	GNP	순위
유럽	노르웨이	66,530	3	남아메리카	바하마	e	-
	덴마크	51,700	7		아루바	e	-
	독일	36,620	20		자메이카	3,480	102
	스웨덴	43,580	12	아프리카	가나	520	177
	아이슬란드	50,580	8		나미비아	-	-
	핀란드	40,650	15		나이지리아	640	176
아시아	-	-	-		남아공	5,390	84
오세아니아	뉴질랜드	27,250	34		레소토	1,030	153
	사모아	2,270	126		마다가스카르	280	196
	파푸아뉴기니	770	164		스와질랜드	2,430	124
	팔라우	f	-		잠비아	630	173
	피지	3,300	104		케냐	580	175
	호주	35,900	24		탄자니아	350	189
북미	미국	44,970	10		통가	2,170	127
중동	-	-	-				

주 : 다수종교가 대립적인 경우(독일-기독교 63.4%, 카톨릭 34.6% ; 사모아-기독교 50%, 카톨릭 45% ; 나이지리아-기독교 52%, 회교-48% ; 마다카스카르 기독교 48%, 토착신앙 47% ; 탄자니아 기옥교 40%, 회교30%; 케냐 기독교 30%, 토착신앙 50%)

표 5-6 — 이슬람과 경제지표

(단위 : $)

대륙	국가	1인당 GNP	순위	대륙	국가	GNP	순위
유럽	알바니아	2,960	144	남미	-	-	-
	터어키	5,400	83	아프리카	니제르	260	197
아시아	말레이시아	5,490	80		리비아	7,380	75
	방글라데시	480	180		말리	440	185
	부르나이	e	-		보리타니	740	168
	아르카니스탄	h	-		모르코	1,900	133
	우즈베키스탄	610	174		세네갈	750	167
	인도네시아	1,420	139		소말리아	h	-
	카자흐스탄	3,790	99		수단	810	162
	파키스탄	770	164		알제리	3,030	108
오세아니아	-	-	-		챠드	480	180

대륙	국가	1인당 GNP	순위	대륙	국가	GNP	순위
북미	-	-	-		튀니지	2,970	113
중동	바레인	14,370	51				
	사우디아라비아	12,510	56				
	시리아	1,570	137				
	아랍에미리에이트	23,950	36				
	오만	9,070	63				
	예멘	760	166				
	요르단	2,660	121				
	이라크	g	-				
	이란	3,000	109				
	이집트	1,350	143				
	카타르	e	-				
	쿠웨이트	30,630	29				

주 : 다수종교가 대립적인 경우(독일-기독교 63.4%, 카톨릭 34.6% ; 사모아-기독교 50%, 카톨릭 45% ; 나이지리아-기독교 52%, 회교-48% ; 마다카스카르 기독교 48%, 토착신앙 47% ; 탄자니아 기독교 40%, 회교 30%

표 5-7 — 불교와 경제지표

(단위 : $)

대륙	국가	1인당GNP	순위
동남아시아	라오스	500	178
	미얀마	h	-
	베트남	690	169
	캄보디아	480	180
	태 국	2,990	111

주 : 동남아시아 이외에서는 발견 못함

표 5-8 — 유교와 경제지표

(단위 : $)

대륙	국가	1인당GNP	순위
동아시아	한국	17,690	49
	일본	38,410	19
	중국	2,010	129
	홍콩	28,460	32
	대만	-	-
	싱가폴	29,320	31

주 : 동아시아 이외에서는 발견못함

표 5-9 — 기타 국가와 경제지표

(단위: $)

대륙	국가	1인당 GNP	순위	대륙	국가	1인당 GNP	순위
아시아 아프리카				유럽	그리스(그리스정교)	21,690	40
					러시아(러시아정교)	5,780	79
	인도(힌두교)	820	161		루마니아(루마니아정교)	4,850	91
	이스라엘(유대교)	18,580	46		불가리아(불가리아정교)	3,990	94
	이디오피아(정교)	180	203		영국(영국국교)	40,180	16
					우크라이나(러시아정교)	1,95	131
					유고슬라비아(세르비아정교)	g	-

주 : 이디오피아-이디오피아정교 50%, 회교 40%

카톨릭 국가의 경제지표를 보면 유럽 국가들은 남미, 아프리카, 아시아권보다 전반적으로 소득수준이 높음을 알 수 있다.

기독교권도 유럽 국가들과 미국이 높고, 남미권은 낮게 분포되어 있다.

가톨릭 국가와 기독교 국가를 보면 식민지를 겪은 남미와 아프리카 국가들의 경제 지표를 논하기는 어렵고 이들 국가를 제외하고 보면 별차이가 없지만 기독교 국가가 약간 높음을 알 수 있다.

그리고 이슬람권은 대체적으로 낮으나 산유국과 비산유국의 차이가 크다.

예를 들면 중동지역의 쿠웨이트는 30,000달러를 기록하고 있으나, 아프리카의 니제르는 260달러를 기록 엄청난 차이를 보이고 있다.

또한 유교를 종교로 보느냐 하는 견해는 있을 수 있으나, 유교문화권으로서의 동북아 경제권의 파워도 막강하다.

사회주의 국가인 중국을 제외하면 일본, 싱가폴, 홍콩등을 유럽지역보다 높게 나왔으므로 유교경제권의 성장이라는 말이 등장할 정도로 대단하다.

불교와 힌두교 국가도 일반적으로 높지 않다. 동남아시아에 있는 불교권 국가들의 소득이 태국을 제외하고 1,000달러 미만인 것을 보면 경제와 종교가 전혀 관계가 없다고는 할 수 없는 부분도 있다.

㉣ 종교와 경제발전: 2004년 미국 세인트루이스연방은행의 케빈 클라센(Kevin L. Kliesen) 연구원과 프랑크 시미트(Frank Schmid) 연구원은「지옥에 대한 두려움이 경제를 발전시킨다」는보고서를 펴냈다.[10]이들은 생산성과 투자 같은 전통적인

---

10) Kliesen, Kevin L. & Schmid, Frank," Fear of Hell Might fire up Economy,"Federal Reserve Bank of St. Louis-Regional Economist, Jul 2004.

경제성장 요인 외에 비전통적인 경제성장 요인이 있는지를 분석한 결과 종교와 경제의 상관관계가 높다고 밝혔다. 지옥이 있다고 믿는 국민이 많은 나라'(지옥 믿음 비율'이 높은 나라)일수록 국민소득이 높았다는 것이다.

구체적으로 각 나라의'국민들 중 지옥의 존재에 대한 믿음을 가지고 있는 사람들의 비율'과 1인당 국민소득(2001년 기준)을 보면 미국이'71%~3만4,320달러'인 데 반해 아일랜드는'53%~3만2,410달러,'일본은'32%~2만5,130달러', 영국은'28%~2만4,160달러', 불가리아는'10%~6,890달러'로 국민들 중 지옥의 존재에 대한 믿음을 가지고 있는 사람들의 비율과 소득 사이에 상관관계가 있었다는 것이 이들의 설명이다.

세계적 석학인 로버트 배로와 레이첼 매클레리(Robert J. Barro and Rachel M.McCleary) 역시 이와 비슷한 주장을 폈다. 전 세계 59개국 국민들의 종교집회 출석률과 천국, 지옥, 신의 존재 여부 등에 대한 설문 내용을 토대로 종교와 경제 성장의 상관관계를 분석한 결과 신앙심이 강한 국민이 많은 국가일수록 경제성장률이 높았다는 것이다. 다만 종교집회 참석률만 높을수록 경제성장률은 오히려 떨어지는 것으로 나타났는데, 이는 종교집회 참석률이 높아질수록 경제발전에 쓰일 수 있는 시간과 재원이 비효율적으로 쓰여 오히려 생산성을 떨어뜨리는 측면이 있기 때문이란 것이 배로 교수의 설명이다.[11)]

특히 지옥과 천국의 존재에 대한 믿음에 대한 연구를 살펴보면 지옥에 대한 믿음이 강할수록 경제성장이 현저하게 촉진된다고 한다. 즉, 천국이라는'당근'보다 지옥이라는'채찍'이 사람들로 하여금 처벌에 대한 두려움을 갖게 해 생산활동에 더열심히 참여하도록 한다는 것이다.

로렐 켄달(Laurel Kendall)은「한국 샤머니즘과 자본주의 정신에 대한 연구」에서 기복신앙의 주 고객이 주로 재벌과 대기업을 주축으로 한 경제성장(근대화) 과정에서 소외된 중소기업과 소규모 자영업자와 서민계층이라고 보며, 종교에 미치는 사회경제적 측면의 영향을 주목한다.[12)]

배로와 미첼(Robert Barro and Joshua Mitchell)은「종교적 신념과 경제성장」이라는 논문에서 세속화 가설과 근대화이론의 접근으로 경제를 정부의 시장 간섭과 삶의태도, 종교와 경제 그리고 사회적 삶을 종교적 신념과 교회참여의 관계로

11) "Religion and Economic Growth"≠NBER, working paper, Harvard University, April 8, 2003.

12) Laurel Kendall," Korean Shamans and Defining'Religion': A View from the Grass Roots,"in Jacob K. Olupona (ed.), Beyond Primitivism, London: Routledge, 2004.

설명하였다. 특히, 후발국에서의 근대화와 경제성장은 회사제도 등의 제도적 미성숙의 발생과 사회적 제도가 비종교적인가 더 종교적인가의 차이가 있으며, 조직적 종교(교회)에의 참여와 종교적 신념에 의해 경제적 성숙도가 결정된다고 하였다.[13)]

㉤ 사회구조: 사회구조는 가족제도나 사회계층 그리고 여타 조직을 포함하는 개념으로서 지역별 · 문화권별로 큰 차이를 보이는 것이 일반적이다. 사회기구 중에서 가장 기본적인 형태는 가족관계(Kinship)에 바탕을 둔 가족제도이다.

가족은 가계(Household)로서 소득창출, 구매, 소비의 단위라는 사실 때문에, 인구수가 같을 경우에 가계수가 많은 시장국들이 이익적인 시장국들이기 때문에 국제경영자들은 시장국별 현지 비지니스 활동에 반영시키기 위해서도 시장국별로 특유한 가족제도를 분석, 파악할 필요가 있다.

어느 문화는 가족과 비즈니스의 관계가 강한 국가가 있으며, 어느 문화는 가족과 비즈니스의 관계가 약한 국가가 있다. 예를 들어 미국, 캐나다 등 유럽국가는 약한 편이며, 이태리, 한국, 중국, 브라질 등은 가족과 비즈니스의 관계가 강하게 나타난다. 우리나라의 재벌문제는 여러 가지가 있는데, 그 중에서도 가장 문제점이 가족 승계권 문제이다.

또한 문화적 환경의 마지막 요소인 사회구조는 계층간의 이동성, 사회적 지위의 결정요인 등이 포함된다. 모든 인간이 평등하다고 믿는 사회는 이 세상에는 거의 없는 반면, 대부분의 사회는 인간과 집단의 사회적 지위를 결정하는 전통적인 평가 시스템을 가지고 있다. 사회적 지위는 경제적 위치뿐만 아니라, 인종, 문화, 교육, 언어의 차이에 의해서도 결정되어진다.

국제기업의 경영자에게 이와 같은 사회구조에 속한 변수 중 특히 두 가지 즉, 계층간의 이동성 및 기업에 종사하는 사람에게 주어지는 사회적 위치가 특히 관심의 대상이 된다. 만약 경직적인 사회구조로 인해 많은 유능한 사람들이 관리자의 위치에 오르지 못한다면, 그 사회의 관리효율성은 매우 떨어질 것이다. 또한 그 사회에서, 기업에서 경력을 쌓아 가는 사람들에게 주는 사회적 지위가 낮다면 유능한 사람들을 기업경영으로 이끌기는 어려울 것이다.

④ 경제적 환경

국제경영활동은 기본적으로 국가간 경제적 환경의 차이에 의해 발생된다고 해도 지

13) Robert Barro and Joshua Mitchell, Religion and Civil Society and Civil Society Religious Faith and Economic Growth: What Matters Most-Belief or Belonging? (June 17, 2004).

나치지 않다. 국경선을 넘어서는 기업활동이라는 국제경영이라는 정의에 입각해볼 때 국제경영활동을 전개하는 기업에 있어서 진출하고자 하는 현지국의 경제적 환경의 파악은 국제경영업무의 기본이 된다.

일반적으로 경제적 환경이란 기업경영활동을 둘러싸고 있는 국민 경제적 여건으로서의 환경이다. 즉, 경제적 환경은 재화 및 서비스의 생산과 분배에 관한 지역·국가·국제적 상태 또는 여건을 지칭한다.[14)]

국제경영의 시장국별 환경 프레임워크를 분석, 파악하는 과업의 일부로서, 국제경영자들은 우선적으로 다음과 같은 절차로 관심 있는 시장국들의 국민경제를 분석하여 경제환경을 파악해야 한다. 첫째, 전반적인 경제환경, 둘째, 현재의 시장규모, 셋째, 미래의 시장잠재성, 넷째, 전반적인 경영환경 및 경쟁환경을 파악해야 한다.

기업이 처해있는 경제상황은 기업의 환경적응, 대응전략의 수립과 기업의 바람직한 모습을 구현하는데 있어서 매우 중요한 영향을 미친다. 역사적 관점에서 보면, 자본주의 경제의 발전단계가 곧바로 기업과 사회관계를 판단할 수 있는 기준이 되며, 현실적으로 보더라도 인구규모·소득분포·정부의 경제계획 및 재정·금융정책의 운영성격, 경기흐름상태, 시장의 성격·산업구조[15)]·자본시장·사회간접자본[16)] 등이 기업경영활동에 직접적이고 절대적인 영향을 미치고 있다.

⑤ 기술환경[17)]

21세기를 앞둔 지금의 세계는 그 어느 때 보다도 활발한 국제화, 개방화의 움직임을 보이고 있으며, 아울러 국가경쟁의 핵심요소로서 기술이 그 중심으로 이동됨에 따라 새로운 경제 질서 하에 기득권과 독점권을 확보하려는 치열한 기술 헤게모니 쟁탈전을 전개하고 있다.

최근 기술개발과 관련된 국제환경은 기술우위를 확보키 위한 국가간 기술개발경쟁이 갈수록 치열해지고 기술보호주의가 강화되고 있는 한편 첨단기술이 점차 대형화, 복잡화 되어감에 따라 국가간 협력도 확대되고 있는 등 혼조의 양태를 띄고 있다. 따

14) Wood, D. J., Business and Society, New York : Harper Collins Publishers, 1990., pp.26-27.

15) 특정국가의 산업구조가 어떠한가에 따라 상품이나 서비스 소요조건, 소득수준 및 고용수준 등이 달라진다.

16) 사회간접자본이 충분하지 못할 때 국제기업의 입장에서는 경영외적인 불이익을 받게 되어 경영비효율이 초래될 수밖에 없다.

17) 기술환경(Technological Environment)은 현대기업의 전략환경에 많은 변화를 가져오는 중요한 원인이다. 기술은 좁게는 산업기술, 응용과학, 그리고 공학을 의미하며 넓게는 특정의 사회집단이 그 구성원들에게 물질적 문명재(The material objects of civilization)를 제공하는 방법의 집합체인 지식을 의미한다.

라서 기업의 경영활동에서 기술의 중요성이 급격히 높아지고 있는 가운데, 해외시장 진입과 개발의 수단으로서 기업의 국제기술이전전략[18]이 종래의 보조적 입장에서 점차 핵심적 요소의 일부로 변하고 있다.

이러한 변화는 1980년대 중반 이후 급변하는 국제사업환경에 대한 기업의 전략적 대응의 결과로 인식되는데, 이와 관련한 주요 기술환경 변화는 반도체, 정보통신, 유전공학 등의 부분에서 본격화되었다. 특히 정보기술의 개발 · 보급은 전 산업분야에 걸쳐 획기적 변화를 촉진하였다. 컴퓨터, 위성TV, FAX, Internet, 광섬유, 초고속통신망 등을 포함한 강력한 정보통신망들의 확산으로 말미암아, 개도국, 과거 공산국 들까지도 점증적으로 정보를 기간산업으로 하는 국경 없는 경제에 흡수되어 가고 있다. 이와 같은 기술환경의 급속한 발전으로 말미암아, 전 세계적으로 확산되는 기술보호주의, 기술개발 자금부족과 위험에도 불구하고, 국제기업이 경쟁력을 확보하기 위해서는 국제기술이전의 전략화와 이의 성공적인 관리가 요구된다.

제2절 국제 경제 환경과 지역시장

1. 지역발전과 변화

세계적인 미래학자들은 아시아는 북아메리카에 이어 세계에서 가장 강력한 지역으로 성장할 것으로 예측하고 있다. 아시아는 1993년에 세계 24개 산업 경제 선두 국가의 성장률을 6배 이상 능가했으며 1990년대 각 해에 최소 4배 이상 급성장했다. 어떻게 해서 유럽, 일본과 미국이 겨우 평균 2% 성장하는 동안 아시아가 평균 7%나 성장할 수 있는 걸까?(일부 국가는 더 빠른 성장을 보이는데 예를 들어 중국은 12%이다.)

드러커(P. Drucker)는 21세기의 주역은 아시아 태평양 지역 이라고 했듯이 아시아는 새롭게 솟아나는 태양으로 표현하기도 한다. 그 이유는 아시아가 자체 시장으로서 신속한 출현, 그리고 그 결과 외국 투자자들로 하여금 매력을 느끼게 만드는 것 등을 포함하는 논리에 있다.

보수적인 가설은 10억 아시아인 전체가 — 북아메리카, 남아메리카, 유럽의 인구 전체와 맞먹는다. — 어떤 소비적인 힘을 지닌 가정에 살고 있다는 것이다. (이 말은 그

---

18) 국제기술이전은 국적이 다른 두 기업 사이에서 일어나는 기술의 교환, 이전, 흡수에 관련한 모든 경제활동으로 정의할 수 있다.

들이 컬러 TV, 냉장고, 오토바이 등의 기본 상품 정도는 살 수 있다는 뜻이다.) 아마 4억 명에 이르는 소비자들이 적어도 1993년의 부국 평균과 대등한 수입이 있어서 집, 자동차, 컴퓨터, 휴가, 건강관리, 교육 등에 쓸 수 있을 것이다.

그리고 이 모든 소비자 수요가 발생한다면 이를 가능케 하기 위해 어마어마한 투자가 필요할 것이다. 전력 시설, 도로, 그리고 무엇보다도 공항. 일본의 장기 신용 은행은 이러한 투자 수요를 다음 10년 간 1조 달러에 이를 것으로 보고 있다.

이러한 이유 때문에 수많은 시장 담당자가 아시아에 대한 생각을 조정해야 했다. 얼마 전에 휴렛 패커드 같은 회사들은 아시아를 많은 노동 수요가 있지만 그 외는 잠재성이 없는 지역으로 보았다. 현재 휴렛 패커드는 아시아 전역에 걸쳐 13,000명의 인력을 유지하고 있으며 1992년에 20억 달러의 매출을 기록했는데 이것은 회사 전체 매출의 약 8분의 1에 해당한다.

아시아 소비자들이 더욱 더 번창하고 회사 재산에 있어 더욱 중요해짐에 따라, 휴렛 패커드 사는 아시아 지역 활동을 확장하고 성능을 높였다. 1991년 일본에 연구소를 설립했고 92년에는 일본과 말레이시아에서 새로운 수공업 시설을 열었다. 또 싱가포르의 프로젝트 관리와 설계 능력을 강화했다. 지역 시설에 대한 그러한 투자로 인해 추가 매출에서뿐만 아니라 회사에 미국에는 부족한 기술과 전문 지식을 제공함으로써 이익을 냈다.

"우리 같은 회사는 여기서 판매하면서 경쟁을 해야 한다"고 휴렛 패커드 사의 아시아 태평양 기구 홍콩 지사장인 리팅이 말했다.

2. 외국시장과 환경

외국 시장 환경에 대한 평가는 시장의 규모와 성격과 관련 있는 경제적 변동사항을 평가하는 데에서 시작되어야 한다. 수많은 가치 있는 여러 가능성으로 인해, 시장의 첫 심사는 시장 잠재성의 사전 평가를 위해 경제 기준의 광범위한 배열과 아울러 효율적이면서도 효과적으로 진행해야 한다.

세계를 가장 기본적으로 5개 그룹으로 나눌 수 있는데, 미국, 영국, 프랑스, 독일, 일본으로 세계 주요 산업 국가로 이루어져 있다. 때로는 7개 그룹으로 확대되기도 하고(이태리와 캐나다를 포함하여) 10개 그룹이 되기도 한다.(스웨덴, 네덜란드, 벨기에를 합해서) 또한 확대되어서 경제협력개발기구(OECD) 회원국을 포함하기도 한다.(OECD는 24개 국가로 이루어진다. 서유럽 국가들, 미국, 캐나다, 일본, 호주, 뉴질랜드)

중간 수입 개발 도상국 중에 중요한 나라들은(NICs) 인데 여기에는 싱가포르, 대만, 한국, 홍콩, 브라질, 멕시코가 포함된다.(일부는 명단에 말레이시아와 필리핀을 더하기도 한다.)

예를 들어 1990년대 말까지는 한국은 세계 전자 시장의 7%를 점유할 것으로 예상된다. 또 이 국가들 중 상당수는 중요한 시장이 될 것이다.

석유 수출국 기구 특정 회원국과 나이지리아, 베네수엘라, 인도네시아 같은 나라에서 주요 석유 수출 국가들은 국제 시장 참여에 있어 유가에 의존하고 있다. 배럴 당 달러 가격이 1995년까지 20 달러 대 중간보다 훨씬 오를 것으로 보는 분석가는 거의 없다. 그것은 이러한 국가에게 유리하지 못할 것이다.

많은 미개발 국가들이 미래에 산업화 노력의 성공 여부에 의존할 것이다. 사람이 만든 대용물에 의해 일용품 가격이 내려갈 수도 있는, 자원이 풍부한 국가라도 그러하다. 개발 도상국의 하나인 중국은 1980년대에 생산을 늘리기 시작한 이후로 미국에 직물을 수출하는 나라 중 두 번째로 큰 국가가 되었다.

절망적인 빈곤의 이미지에도 불구하고 인도에는 7천 5백만 이상의 중산층 소비자가 있다. 이것은 독일보다도 많은 것이다. 이 범주의 특별한 그룹은 주요 부채를 안고 있는 국가들로 이루어져 있는데 이집트와 페루 등이 있다. 그들이 세계 시장에 참여하는 정도와 형태는 주로 주요 산업 국가 정부와 다국적 상업 은행들과 어떻게 부채 문제를 해결하느냐에 달려 있다.

이전의 중앙 계획 경제에서는 급격한 변화가 진행중이다. 높은 자본 유입이야말로 중부 유럽에 새로 출현하는 민주국가들과 독립 국가 공화정의 현대화에 열쇠가 될 것이다. 이 국가들은 공산주의의 잘못된 정치의 세월과 6백억 달러에 이르는 외채 때문에 어려움을 겪고있다.

서구의 기술, 운영, 그리고 더 나은 일자리를 제공하고 더 지방적으로 제조되고 수입된 소비자 상품을 가게에 들여놓을 수 있는 마케팅 지식이 요구될 것이다. 그룹 안에서도 전망이 각기 다르다. 헝가리, 체코 공화국, 폴란드 같은 국가의 미래가 루마니아, 불가리아, 발트어 국가, 러시아의 그것보다 훨씬 나아 보인다.

3. 국가별 경제 발전과 시장의 분류

시장의 분류는 창시자와 의도된 사용법에 따라 달라질 것이다. 시장 담당자들은 생산품과 직접 관련된 것들을 사용함으로써 계획 목적을 충족시키고자 경제적 변동 사항을 결합시키거나 회사 시장을 도울 것이다. 이를테면 시장의 구매 능력 등이 있다.

가령, 〈표 5-10〉에는 일반 전기 회사가 사용하는 경제 분류 시스템이 요약되어 있다. 이 방식에는 네 개의 기본 범주로 나뉜 국가들이 있는데, 엄격한 정부 통제와 중앙화된 획득이라는 독특한 특성으로 인해 중앙 계획 경제가 개별적으로 고려되어진다.

이 형태에서는 인구, 국민총소득, 지리, 국가 생산 비율로서의 수공업, 1인당 소득 등의 일반적인 국가 고려 사항과 회사와 마케팅 노력에 이득이 되는 더 좁은 의미의 산업 특수적인 고려 사항을 고려한다. 여기에는 생산품의 사용 범위, 총수입, 이 수입품들의 미국 몫 등이 있다.

표 5-10 — 국가별 전기 / 전기 제품 사용에 있어서의 경제 발전 변동 사항

- **미개발국**: 이 나라들은 주로 농업 또는 생산업 경제이다. 제한된 하부 구조와 높은 출산율로 인해 1인당 소득과 전력 사용이 낮다. 인구가 많은 중심지로만 전력화가 제한된다. 보통, 기본적인 전기 설비는 수입된다.
- **초기 개발 도상국**: 이 나라들에서는 하부 구조의 초기 발전이 시작되었고 초기 산업이 있다. 특히, 광업과 선별된 오두막 제조업자들이 그렇다. 목표 경제 부문은 1인당 소득과 전력 소비가 여전히 많지 않을지라도 높은 성장률을 누릴 수도 있다. 점차 더 세련된 전기 설비가 수입되는데 그것은 생산업의 전진된 통합을 이루기 위한 경우가 흔하다.
- **반 선진국**: 이 나라들에서는 하부 구조의 급속한 팽창과 폭넓은 산업 다양화가 시작되었다. 따라서 1인당 소득과 전기 소비가 급속도로 늘어난다. 자유 재량 소득의 증가와 전력화로 인해 자동차 소유가 더 늘어나고 중산층 팽창 와중에 전력 사용도 늘어난다. 더 많은 양의 고 기술 설비가 수입된다.
- **선진국**: 이들 나라는 하부 구조도 잘 발달해 있고 1인당 소득이 높으며 전력 사용이 많다. 그리고 산업 다양화가 대규모로 이루어진다. 또한 이들 나라의 특성은 인구 비율과 경제 성장률이 낮다. 또 수공업에서 서비스 산업으로의 중심 이동 - 특히 수송, 통신, 정보 체계도 그러한 특성이다.
- **중앙 계획 국가**: 이 국가들에 대한 개별적인 목록이 경제 발전 단계의 높고 낮음을 나타내는 것은 아니다. 이 국가들을 위의 네 범주 중 하나에 넣는 것도 가능했을 것이다.

뒤따르는 논의는 외국 시장을 식별하고 미래 목록이나 기입 방법의 변화에 가장 적절한 시장 심사를 돕는 일련의 기준을 요약하고자 하는 것이다. 국제 기구, 각각의 정부, 사조직이나 단체 같은 부수적인 원천으로부터 즉시 정보의 이용이 가능한 변동 사항이 이루어진다.

U.N 통계 연감, 세계 은행 출판물, 그리고 각 국가의 통계 요약에서는 시장 조사의 출발점을 제시해 준다. 시장이 발달할수록 그만큼 많은 자료를 이용할 수 있다. 자료들은 인구, 수입 등의 더 넓은 범주의 고안에는 물론 과거의 발전에도 이용 가능하다. 예를 들어 〈국제 비지니스〉에서는 매년 세계 상품 및 서비스 산출의 90% 이상을 차지하는 116개국을 토대로 시장 규모 지표를 발행한다.

4. 시장의 특성

시장의 주요 차원은 인구와 관련된 변동 사항들과 시장의 여러 특성, 하부 구조, 환경의 지리적 특성, 그리고 경제에 외국의 관련 정도 등을 고려하여 얻을 수 있다.

1) 인구

세계의 총 인구 수가 2000년에 60억을 넘어섰다. 어느 특정한 시장의 인구수가 시장 규모의 가장 기초적인 지표 중 하나를 제공하고, 그 자체로서 보편적인 매력을 지니고 널리 얻을 수 있는 어떤 주요 품목에 대한 잠재적 수요의 지표가 된다.

세계 주요 지역마다 인구가 골고루 분포하는 것은 아니다. 세계 인구의 절반 이상이 아시아에 있다.

유럽 연합에 속한 국가들이 서부 유럽 인구의 79%를 차지하고 있으며 1995년에 유럽 연합이 더 커지면서 85%로 늘어날 것이라는 점에 주목함으로써 마케팅 지표에 관해 이 인구 수치를 분석해 볼 수 있다. 아시아에서 가장 큰 두 국가인 중국과 인디아는 아시아 인구 중 거의 70%를 차지한다. 유럽에서 또한 가장 인구가 밀집된 것을 찾아낼 수 있다.

그로 인해 전략적으로 위치한 운영 중심지와 세계 주요 시장에 대한 준비된 접근을 국제 시장 담당자가 할 수 있는 것이다.

시장 담당자가 더 잘 이용할 수 있도록 인구 수치 그 자체도 의미 심장한 범주들로 나뉘어져야 한다.

미래에 시장 입성 결정이 있을지도 모르므로, 관심 대상 지역에서 인구 돌출을 분석하고 가능한 지표에 초점을 맞추어 볼 가치가 있다.

북유럽의 인구 성장률은 다음 30년 동안 거의 0에 가까울 것이다. 반면 아프리카 인구는 세 배로 늘어날 것이다. 심지어 성장률이 낮거나 0인 시장에서도 그 소식이 국제 시장 담당자에게 꼭 나쁜 것만은 아니다.

25 ~ 45세 사이의 사람들의 수가 지금부터 1995년 사이에 증가할 것인데 그들은 가장 부유한 소비자에 속한다. 그들은 가족 유대를 형성하고 개인 돈벌이 잠재력이 절정에 이름에 따라 가구 상품을 대량으로 소비하기 시작했다. 2000년경에는 여가 상품과 건강 관리, 관계 서비스에 더 많은 소비를 할 것으로 예측된다.

인구 증가율 양식에 영향을 주기 위해 정부는 사기업의 도움을 받아서 전혀 다른 사회적 마케팅 임무에 착수해야 할 것이다. 이것의 범위는 더 큰 가족(　스칸디나비아)에 대한 동기를 높이고 부여하는 것에서부터 가족 계획 노력의 증가에까지 이를 것이다(예 태국). 그런 정부 계획의 결과에 관계없이, 시대적 흐름은 세계 시장을 "가진 자"와 "가지지 못한 자"로 나누는 현상을 가속화할 것이다. 개발 도상국에 시장을 개척하려는 회사측에서 보면, 낮은 개인 구매 능력과 기본 상품 마케팅에 있어 증가하는 정부의 개입 때문에 더 많은 조정 능력이 필요할 것이다.

2) 시장과 인구

시장 담당자의 흥미에 의존해 본다면, 인구 수치는 각 시장의 구체적 특성을 나타내는 것으로 분류될 수 있다. 나이 분포와 예상 수명은 시장의 발전 정도와 밀접한 관련이 있다. 중년층이 증가하고 65세 이상 인구의 몫이 더 커지는 산업국가에서는 새 생산물과 서비스로써 국제 시장 담당자에게 독특한 기회를 줄 것이다. 예를 들어, 미국의 많은 회사에서 성인용 기저귀를 시장에 내놓고 있다.

시장에서의 예상 수명이 늘어나고 새로운 목표 시장의 이용이 가능해지면서, 국제 시장 담당자들은 해외에서 생산품을 마케팅 함으로써 그것의 수명 사이클을 늘릴 수 있을지도 모른다. 인구 통계의 해석에는 어느 정도 경험 지식이 요구될 것이다. 한 예로써, 새 피임약의 시장 잠재성 평가에 있어 여성의 어느 나이 범위가 포함되어야 하는가? 이것은 개발 도상국의 어린 10대로부터 성숙 과정이 늦은 북구 국가의 더 높은 연령층에 이르기까지 달라질 것이다.

3) 경제발전과 가구

국제 시장 담당자에게 중요한 변수는 가구 규모이다. 가구라는 말은 관계가 있건 없건 간에 가족 간의 유대가 있는 모든 사람을 가리킨다. 유럽 연합 내에서 1977년 이후로 가구 평균 규모는 2.9명에서 2.7명으로 줄었고 더 줄어들 것으로 생각된다. 가구의 전면적인 증가와 평균 규모의 뒤이은 감소 뒤에 있는 한 가지 요소는, 이혼, 그리고 홀로 사는 가구 수의 증가였던 것이다. 1인 가구가 노르웨이와 독일에서는 매우 흔하다. 이는 콜롬비아 같은 국가와 뚜렷이 비교되는데, 콜롬비아의 평균 가구 규모는 6인이다.

경제 발전으로 인해 가구 수는 더 많아지지만 규모는 작아지므로, 식품, 설비, 가구 용품의 국제 시장 담당자들은 수요 방식에 적응해야 한다. 예를 들어 그들은 단일 용도의 냉동 식품과 소형 기구들을 내놓을 수 있는 것이다.

4) 도시화와 소비 패턴

많은 시장의 도시화 증가로 인해 소비 패턴이 뚜렷이 바뀌었다. 전체 퍼센티지로서의 도시 인구는 부룬디에서의 낮은 6%로부터 벨기에의 높은 97%에 이르기까지 각기 다를 것이다. 도시화 정도는 흔히 회사가 직면한 마케팅 임무의 성격을 나타내는데, 분배에 있어서만 그런 것이 아니고 시장 잠재성과 구매 습관에 있어서도 그렇다. 도시 지역에는 다른 소비자들과 통신 매체에 노출됨으로 인해(전시 효과) 마케팅 노력을 더 잘 받아들일 수 있는 소비자들이 많이 있다.

최근에 도시화가 이루어지고 급속도로 발생하는 시장에서 시장 담당자는 교환원으로서 부수적인 책임을 떠맡는다. 특히 소득이 낮고 생산품의 알맞은 사용에 대한 조건이 적절치 못할 때 그러하다. 이것은 특히 그리스, 스페인, 포르투갈 등 빠른 산업화가 이루어지는 나라에서 그러하다.

국제 자료를 이용할 때 국제 시장 담당자는 구조의 정의가 여러 가지 부수적인 출처에 따라 달라질 수 있음을 인식해야 한다. 예를 들어 도시화의 개념은 어디서 일하느냐에 따라 다른 의미를 지닌다. 미국에서는 도시 지역이 2천 5백 명 이상의 거주자가 있는 장소로 정의된다. 스웨덴에서는, 집의 간격이 200미터 미만에 적어도 200명이 사는 건축 지역을 의미한다. 모리셔스에서는, 법적 한도가 선포된 마을이다.

따라서 비교성은 수단(또는 정의)이 아닌 목적과 관련이 있다.

5) 소득

시장에는 인구 뿐 아니라 구매력도 필요하다. 이것은 소득, 가격, 저축, 신용 이용도의 기능이다.

인구 수치로 평가할 수 있는 기본 주요 품목을 제외하면, 소득이야말로 대부분의 소비자와 산업 제품, 서비스에 있어 시장 잠재성의 가장 큰 지표가 된다. 시장 담당자가 여러 국가의 대규모 생산품에 대한 정보를 이용하기 위해서는 소득 분배에 관한 더 많은 지식이 요구된다.

구매력 평가에 있어 흔히 국민 총소득(GNP)이 주요 지표로서 사용된다. 이 수치는 스위스의 27,510달러와 방글라데시의 180달러에서 알 수 있듯이 나라간의 큰 차이를 보여준다.

GNP 수치를 널리 이용하는 것은 용이성 때문이지만 그래도 신중하게 사용해야 한다. 산업 국가에서는 가장 부유한 10%의 인구가 모든 상품과 서비스의 20%를 소비하는 반면, 개발 도상국 각각의 수치는 47%까지 높아질 수 있다. 어떤 시장에서는 소득

분배로 인해 인구 계층 간에 큰 격차가 생긴다. 경제가 발전할수록 소득 분배는 그만큼 더 중산층 쪽으로 집중되는 경향이 있다.

국제시장 담당자는 다음의 분류를 계획 지침으로 이용할 수 있다.

① **매우 낮은 가족 소득.** 생활 경제는 소비가 개인 생산이나 물물교환에 의존하는 시골 인구에 의해 특성 지워지는 경향이 있다. 일부 도시 중심지가 시장이 될 수도 있다. 예 카메룬

② **대부분 가족 소득이 적은 경우.** 마르크스 노선에 따라 산업화하는 경제 국가들은 가능한 한 많은 산업 자본 형성을 위해 개인 소득을 희생시킨다. 대부분의 상품이 국가가 소유한 기업에 의해 국내 생산되거나 양국 무역 협정의 결과로 시장에 나온다. 예 중국

③ **매우 적거나 많은 가족 소득.** 일부 국가에서는 2개 분포 양식의 소득 분포 형태를 보인다. 인구 대다수가 생활 수준에 간신히 턱걸이해서 살지도 모르나, 수입(사치) 품목에 대한 강력한 시장이 있다. 부자들은 정말 부유하고 그에 따라 소비할 것이다. 예 인도, 멕시코

④ **저소득, 중간 소득, 고소득.** 산업화가 이루어짐에 따라 소득 증대와 함께 중산층이 생겨난다. 저소득층과 고소득층은 사회 계층 장벽이라는 전통적인 이유로 인해 유지되는 경향이 있다. 예 포르투갈

⑤ **대부분 중간 소득.** 선진 산업 국가들은 소득 분배에 있어 극한을 줄이는 제도와 정책을 시행하는 경향이 있다. 그 결과, 크고 안락한 중산층이 국내 및 수입 제품과 서비스를 폭넓게 구매할 수 있다. 예 덴마크

국가의 소득 수치가 일반적인 시장 잠재성의 지표가 되긴 하지만, 여러 모로 왜곡되기도 한다. 부수적인 출처로부터 얻을 수 있는 수치는 흔히 미국 달러에 있다. 만일 관련된 흐름이 어떤 식으로든 왜곡된다면 1인당 소득은 구매력의 참된 반영이 안 될지도 모른다.

예를 들자면, 미국 달러의 환율 변동으로 인해 진정한 소득과 생활 표준 수치가 왜곡될 수도 있다. 만일 생산품의 양에서 진정한 차이가 반영되려면 다른 국가들의 상품과 서비스를 지속적으로 평가해야 한다.

6) 구매력 평가지수

구매력 평가지수(PPP)를 환율 대신 쓰는 것은 이 목적을 이루기 위해서이다. PPP는 유통의 한 단위가 다른 나라에서 살 상품과 서비스의 양을 사기 위해 한 나라에서 얼

마나 많은 유통 단위가 필요한지를 나타낸다. 둘째로, 통화상의 단위를 사용하는 것은 적절하고 포괄적인 소득 측정이 되지 않을 수도 있다.

예를 들어, 대부분의 소비가 자기 생산이거나 물물 교환인 개발 도상국에서는 재정 자료에만 의존하는 것은 생활 수준을 너무 과소 평가하는 것이 된다. 게다가 산업 국가의 국가 소득 수치의 특징인 여러 서비스 관련 품목(예 경호 서비스, 여행)은 발전 단계가 낮은 시장에는 존재하지 않는다. 더군다나, 생산품과 서비스의 비용을 고려해야 하는데 나라마다 크게 다르기 때문이다. 한 예로, 나라가 부유한데도 불구하고 일본인들은 다른 산업화 민주 국가 평균 가정이 누릴 수 있을 듯한 것과 똑같은 생활 양식은 즐기지 않는다. 일본 건축성의 자체 기준에 따라서, 11.4%의 일본 가정이 기준 미만의 집(50평방 미터 미만의 집 또는 4명 가족에 부엌 하나와 방 세 칸 딸린 아파트, 부부용 29평방 미터의 집)에서 살아간다. 여러 모로 보아, 일본인들의 생활 수준은 수출 주도 경제의 목표 아래 복종한 것이다.

일반적으로 소득 수치는 시장의 초기 심사에 유용하다. 그러나, 생산품이 구체적인 경우에는 소득이 중요하지 않을 수도 있고 놀라운 시나리오가 나올 지도 모른다. 중국의 오토바이, TV 세트 같은 일부 품목은 위엄 높은 가치 때문에 봉급에 비해 고가임에도 불구하고 수요가 많다. 어떤 품목은 그 기원이 외국이기 때문에 수요가 있다.

예를 들어 유럽의 고급 자동차들은 1인당 소득은 낮더라도 살 능력이 있고 기꺼이 차를 사려하는 부유한 소비자들이 있는 국가에 이익이 남는 시장을 갖고 있다. 더욱이, 시장에서 소득의 부족으로 인해 규격화된 제품의 마케팅이 지장을 받을 수도 있으나 동시에 조정된 제품에 대한 기회도 제공한다. 같은 국가 내에서 소득 수준에 상당한 차이가 있는 포장 상품 회사는 두 개의 분리된 목표 소득 층에 맞도록 방치 제품을 내놓았다.

분무기 속에 든 규정 상품과 플라스틱 통 속에 든 덜 비싼 제품이었다. 싼 부품과 재료로 대체함으로서, 국제 시장업자는 소비재와 산업재를 풍부한 시장에 성공적으로 적응시키고 폭넓은 고객 층에 접근할 수 있다.

7) 소비형태

국가의 데이터 수집 시스템이 지식 정도에 따라서, 소비형태에 대한 경제 데이터를 얻어 분석할 수 있다. 꼭 필요한 분야에 자금을 지출하는 정도는 소비자가 다른 제품을 구입하기 위해 대략 얼마의 돈을 남겨두느냐 뿐만 아니라 시장의 발전 수준을 가름하는 척도가 되기도 한다.

엥겔의 법칙은 소비자의 지출 형태에 관한 몇몇 보편성을 설명해 주고 있으며 정밀한 자료가 이용되지 못할 경우에 보편적으로 사용된다. 그리고 이 법칙은 가족의 수입이 증가할수록 식료품에 들어가는 비율은 감소하고, 집안 일에 지출되는 비율은 거의 일정하며, 저축이나 기타 제품을 구입하는데 사용되는 비율은 증가할 것이라고 말한다.

제3절 국제 무역 시장

1. 1990년대, 2000년대의 소비자 : 새로운 차이점

1990년대의 산업세계는 시장 변화로 인하여 엄청난 성장을 이룩할 것이다. 베이비붐 세대가 산업화를 거치며 중년으로 정착하게 됨으로서, 소비재 시장은 규모뿐만 아니라 구매력 또한 엄청나게 늘어날 것이다. 미국에서, 1990년대 동안 가장 인구수가 늘어나게 될 그룹은 40~59세 연령층이지만, 80대 이상의 비율도 엄청나게 증가할 것이다. 미국(1964)보다 훨씬 앞선 1950년대에 이미 베이비붐이 종결된 일본은 30 ~ 40대는 줄어들고 60~69세는 급격히 증가하고 있다.

전후 베이비붐이 뒤늦게 찾아온 유럽연합(EU)에서는 인구 성장 경향이 완만하다. 70~74세의 유럽인들 때문에 급격한 인구증가가 이뤄지지 않는 반면, 20대의 인구는 상당수 감소하고 있다.

한국도 베이붐세대(55~63년)가 은퇴하면서 사회적문제가 대두되었고 20~30대의 인구는 줄어들고 출산이 감소되어 사회적으로 커다란 변화가 오고 있다.

2. 고령화 사회와 소비자

대만, 한국, 싱가포르 같은 신흥 공업국들 역시 고령화 사회로 진입하고 있다. 보건상태의 개선과 경제발전으로 인한 생활 변화로 인해, 출산율이 감소하게 되고 인구분산도 선진국의 형태로 이뤄지게 된다. (저개발 국가는 짧은 수명과 높은 유아 사망률, 높은 출산율 등으로 인해 전통적으로 저령화를 유지할 것이다.) 예를 들어 한국과 싱가포르에서 가장 급격히 늘어날 연령층은 50~64인 반면, 25세(한국)와 35세(싱가포르) 이하의 인구는 대체로 감소하게 될 것으로 보고 있다.

2000년이 되면서, 이들 두 나라의 노동가능 인력(15~64세)이 증가하기 때문에 생산능력이 향상될 것이다.(한국 71%, 싱가포르 72%) 따라서 신흥 공업국은 노동자들의 소비재 소비로 인해 강력한 시장으로 부상하게 되었다.

1980년대 대만은 겨우 인구의 69%만이 TV를 보유했지만, 1986년에는 88%, 1994년에는 99%에 이르렀다. 기타 소비재 판매 역시 신흥 공업국에서는 비슷한 추이를 보였다. 대부분의 개발 도상국에서, 모든 연령에 걸쳐 인구가 증가할 것으로 기대하고 있지만, 지금 이 순간에도 고령화가 진행되고 있다.

예를 들어 말레이시아에서는, 1990년대 가장 증가하게 될 연령층은 45~59세이다. 그리고 나이지리아 역시 모든 연령층에서 급격한 인구 증가가 이뤄지겠지만, 그 중에서도 70~74세가 가장 증가하게 될 것이다.

노동가능 인구만큼 미래의 경제와 소비요구를 잘 나타내는 통계자료는 없다. 이들은 노동 인력인 동시에 아이들과 노인들을 부양하는 존재다. 선진국의 노동가능 인구 비율은 높은 반면, 후진국은 그렇지 못하다. 소비시장의 핵심 요소는 언제나 그렇듯이 노동에 참여하는 여성의 수다. 직업 여성들은 힘이 들지 않는 장치나 음식 같은 제품을 포장하고 만들 수 있는 요구를 생성하기 때문이다.

직업 여성은 전업 주부보다는 좀 더 많은 유용 수입을 가지고 있다. 대부분의 나라에서, 여성의 노동인구 비율은 2000년경까지 증가하게 될 것이다.

여성노동 인구수가 현저히 낮은 아랍 국가는 더더욱 그러하다. 그 외 주목할 만한 인구 경향은 전 세계적으로 진행되고 있는 도시 집중화다. 일반적으로, 인구가 증가하고 있는 나라에서, 도시 인구는 급격히 증가하는 반면, 인구가 감소하고 있는 나라(가령, 독일)에서는 도시 집중화가 서서히 둔화되고 있다.

그러므로 기업은 도시를 목표로 하는 제품과 서비스를 공급할 수 있도록 계획을 세워야 한다. 세계 인구, 특히 산업 국가의 고령화에 수반하여 부의 분배도 이루어져야 한다. 한편, 부와 구매력은 북미에서 독일, 이탈리아(현재 세계 4위의 경제력), 일본, 그리고 신흥 공업국들로 끊임없이 옮겨가고 있다. 반면에 국내의 부는 노년층으로 이동하고 있다.

60대 이상의 인구가 급격히 증가하게 되면, 건강관리, 복지, 그 외 부산물에 들어가는 요구가 엄청나게 늘어난다. 그 외 미래의 소비재 요구의 성향을 나타내는 단서는 현재의 소비재 판매 상황뿐만 아니라 국가의 하부구조 개선을 실시함으로써 찾아낼 수 있다.

예를 들어, 개인 컴퓨터 보급률이 높은 미국은, 상대적으로 낮은 일본과 비교했을 때, 미국은 소프트웨어 시장이 커지는 반면, 일본은 컴퓨터 판매의 주요 시장이 된다. 어떤 나라는 장기적으로 볼 때 더 큰 이득을 보장해 준다. 중국은 인구 6,000명 당 한 명 꼴로 컴퓨터를 가지고 있지만(미국은 4명당 한 대), 판매량은 향후 수 십 년 간 매년 22.4%씩 증가할 것으로 예상한다. 이와 유사한 예로, 미국의 TV 보급률(100명당 81)은 세계 최고지만, 전 세계적으로 TV 판매율이 포화상태에 이른 시장은 스페인, 말레이시아, 브라질 등이다. 2000년까지는 TV를 소유하는 인구수는 전 세계적으로 5% 정도 계속 증가할 것이다.(아시아의 경우는 그 2배에 이를 것이다.)

컬러 TV 판매를 VCR과 비교했을 때, 비록 전자는 구 기술을, 후자는 신기술을 대표하지만, 그 양상은 비슷하다. 그러나 유럽에서의 판매 상황은 방송수준과 프로그램 선택권의 문제로 해서, 미국과 일본보다는 다소 떨어진다. 누구나 말하듯이, 기업들은 고객들이 더 많은 돈을 쓰도록 학수고대하고 있다. 그리고 경제가 성장해서 판매가 늘어나고 고령층이 기업에 이윤을 남겨준다고 할지라도, 젊은층과 중년층을 위한 제품시장에서도 새로운 산업경제 시대의 엄청난 시장 잠재력을 발견하게 될 것이다.

참고: 고령화사회

(1) 고령화사회–고령사회, 초고령사회로의 움직임(년도별통계)에서 산업과의 관계

고령화란 한 국가의 전체 인구에서 노인 인구가 차지하는 비중이 늘어나는 현상을 말한다. UN 기준에 따르면 65세 이상을 뜻하는 고령 인구의 비중이 전체 인구의 7%를 넘는 연령구조를 갖는 국가는 '고령화사회(aging society)'다. 65세 이상인 고령 인구가 전체 인구의 14% 이상

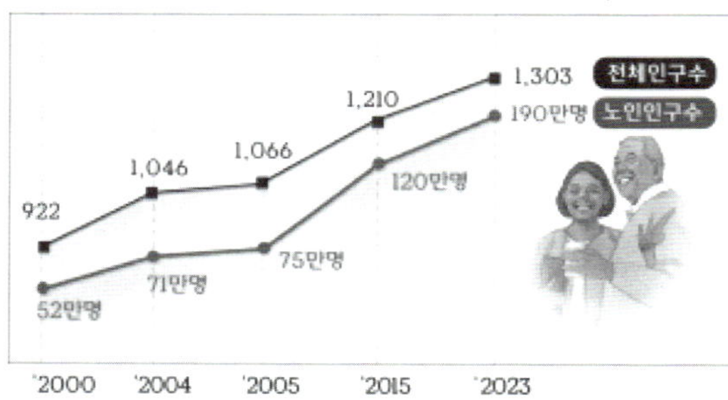

이면 고령사회(aged society) 고령인구 비중이 전체 인구의 20% 이상인 사회는 '초고령사회(super-aged society)'라고 부른다. 이가 발생하는 이유는 크게 두가지가 있는데 하나는 의학발달에 따라 개인별 평균 수명이 길어지고 이가 노인의 증가로 이어졌기 때문이며 두 번째로는 경제적 여건에 따른 출산저하 현상으로 신생아 대비 노인비율이 압도적으로 높아지고 있기 때문이다.

우리나라는 세계적으로 전례없이 빠른 속도로 인구고령화가 진행되고 있다. 1960년만 해도 65세 노인인구가 전체인구의 2.9%에 불과하였고, 1980년대는 3.8%로 비교적 노인인구의 비중이 많지 않았다. 그러나 1990년대부터는 인구 고령화가 급속화 되어 전체 인구의 5%가 노인인구가 되었고, 2000년에는 7.2%가 되어서 우리나라는 전체 인

구 중 노인인구의 비중이 7%가 넘은 '고령화사회'가 되었다. 노인인구는 지속적으로 증가하여 2003에는 노인인구는 전체인구의 8.3%를 차지하고 있다. 향후에도 노인인구는 지속적으로 증가할 전망으로 2008년에는 10.1%, 2019년에는 노인인구가 14.4%를 차지하여 전체 인구 중 노인인구가 14%를 넘는 사회인 '고령사회'가 될 전망이다. 우리나라의 고령화속도가 세계에서 가장 빠르게 진행되고 있다. 프랑스의 경우는 고령화사회에서 고령사회로 되기까지 115년이 소요되었고, 영국 47년, 독일 40년 등이 소요되었다. 일본의 경우는 겨우 24년이 소요되었는데, 일본보다 우리나라의 인구고령화는 더욱 빠르게 진행되고 있어 고령화사회에서 고령사회로 되기까지 불과 19년이 걸릴 것이라고 추정하고 있다.

이에 따라 실버 산업이 부각 되고 있는데 선진국에서 고령인구의 급증 및 공사연금제도의 확충으로 인한 고령자 경제력의 인구비율 이상의 증가, 고령자 간호 등 유료서비스 이용인구 증가, 공적 기관의 고령자대책 서비스의 실버산업에의 위탁 등으로 인해 실버산업의 수요가 급증하고 있다. 은을 뜻하는 '실버'라는 단어는 노인이라는 말을 갖는 부정적 이미지를 없애기 위해 판매자가 만들어낸 이름이다.

실버산업의 유형에는, 1. 홈케어서비스(home care service)사업, 2. 중간보호시설 및 1일 탁노소사업, 3. 유료의 양로 및 요양시설, 4. 노인전용의 의료서비스산업, 5. 케어하우징(care housing)의 절차운영사업, 6. 노인을 대상으로 하는 관광 · 취미 · 오락프로그램을 제공하는 사업, 7. 노인식품, 노인의복, 노인용 생활용품의 제조 · 판매사업이 있다. 그 외에도 노인이 소유하고 있는 주택 등 부동산을 담보로 종신생계비 · 의료비를 지급해 주는 금융업, 노인전용식당, 노인만을 대상으로 하는 재활센터 등이 있다. 미국에는 홈케어 대행업소가 수익자부담으로 있으며, 고령 후기의 노인을 대상으로 일상생활을 도와주는 노인생활조력센터(aging network service center)가 지역단위로 있다. 또한 자녀의 주택 바로 옆에 조립식 집을 지어 자녀와 별거하면서도 동거하는 것과 같이 보살핌을 받을 수 있는 시스템인 ECHO가 있다. 한국도 경제가 발전하고 고령화된 인구가 많아지면서 이러한 요구가 높아지고 있지만 아직 실버산업이 본격화되지 못하고 있다.

3. 의류소비율과 임금수준

유럽에서는, 의류에 소비되는 비율이 전체 소비의 5~9%에 해당하지만, 저 개발 국가에서는 그 비율이 현저히 낮을 것이다. 임금 수준이 낮은 지역에서, 의류구입 비율은 전체 비율과 비교하면 매우 낮다. 동유럽 국가에서 식료품에 들어가는 비용은 극히 높지만, 생필품에 소요되는 비율은 극히 낮다. 현재 남아있는 소비(생필품, 여가, 교통비) 중심 지역은 단기간의 판매 연기에도 엄청난 영향을 받기 때문에, 일반적으로 시장의 신뢰도를 나타내는 척도로 활용된다. 제품의 보급이나 분배에 관한 자료 — 시장 내 생필품의 비율에 관한 정보 — 는 시장의 잠재력 평가에 이용된다.

대체 시장과 부수 제품에 대한 요구는 시장업자에게 관심 있는 기회를 제공할 수도 있다. 제품의 보급률이 낮으면 신중을 기해서 접근할 기회가 생긴다. 왜냐하면 그것이야말로 시장에 접근할 수 있는 기회이거나 또는 낮은 임금 수준으로 인한 대체 제품, 인식의 부족 등을 나타낼 수 있기 때문이다.

인식부족의 예로서, 전통적인 사회에서 시간 절약형 전자레인지는 미국에서 만큼의 관심을 끌지 못했다. 일반적인 소비 특성이 가치 있을지 몰라도, 제품의 중요한 차이를 덮어버릴 수도 있기 때문에 신중하게 살펴보아야 한다. 가령, 유럽의 가정 기구는 미국보다 더 작아지는 경향이 있다.

그러나 현재 사용하고 있는 제품에 관한 정보는 간접적으로나마 국제 시장 업자들에게 도움을 줄 수 있도록 제공되지 않고 있다. 한 가지 예로서, 많은 전화 수와 보급 상황으로 전화 설문을 통해 시장 조사가 가능할 수 있다.

4. 시장과 인플레이션

일반적으로, 시장의 문제는 인플레이션과 관련 있다. 즉, 변화무쌍한 인플레이션 비율은 국제 시장의 문제를 복잡하게 만든다. 미국, 독일, 그리고 일본 같은 선진국들은 최근 인플레이션 비율을 한 자리 수준으로 유지할 수 있게 되었다. 그러나 이 순간에도 볼리비아, 아르헨티나, 이스라엘 같은 나라는 엄청난 인플레이션으로 고통을 겪고 있다.

인플레이션은 산업재 소비자와 일반 소비자의 능력에 영향을 미치며 아울러 일정치는 않지만 시장업자의 구매 과정과 소비자의 구매 행위에 끼어 들 수 있으므로, 시장업자는 소비자의 요구를 충족시킬 수 있도록 (경제적이면서도 품질저하가 없는)제품에 변화를 주고, (효과적으로)홍보하며, (소비자와 연관하여)보급해야 한다.

급속히 증가하는 가격에 대해, 정부는 가격 통제를 실시할 것이다. 제품에 대한 최대 설정 가격이 국제 시장업자들에게 받아들여지지 않으면, 장래의 투자가 이뤄지지 않거나, 생산이 멈춰질 수도 있다. 국제 무역 시장의 또 다른 문제는 부채에 관한 것이다. 많은 개발 도상국들이 1조 2천억 달러의 채무에 시달리고 있다.

남미 국가들은1980년대를 "잃어버린 10년"이라고 부르지만, 다른 나라들도 간접적으로 고통을 겪었다. 1980년, 미국은 남미를 상대로 수입한 것보다 60억 달러 이상을 수출했다. 이러한 부채 위기는 이 지역의 구매력을 붕괴시켰고 이자 지불을 위해 수출을 독려하게 되었다. 1987년에 이르자, 미국은 대 남미와의 무역에서 150억 달러의 적자를 기록했고, 그 해 무역 손실의 10%에 해당하는 210억 달러를 허공에 날렸다. 성장을 지속하기 위해서, 많은 기업들은 10~15년 앞을 내다본 시장잠재력으로 개발 도상국을 찾아 나서고 있다.

미국 기업들은 이 지역에서 정부의 지원을 받는 일본 기업뿐만 아니라 낮은 금리로 정부의 도움을 받고 있는 유럽 기업과 경쟁을 하고 있다. 이러한 시장에 접근하기 위해서는 일자리를 창출할 수 있도록 정치 지도자의 도움과 수출 증대가 이루어져야 한다.

예를 들어, 헤인즈 사는 51%의 지분을 갖는 합작투자를 통해 여러 개발도상국에서 활동을 하고 있다. 브라질에서 복사기와 프린터를 판매하기 위해서, 제록스사는 브라질산 강철을 유럽에 수출하고, 브라질산 베니션 블라인드뿐만 아니라, 연간 1억 달러 정도의 기타 제품을 미국에 수입한다. 프랑스, 일본, 그리고 미국 같은 선진국들은 채무국의 부담을 덜어주기 위해 여러 가지 방안을 모색중이다.

5. 인프라스트럭처

인프라스트럭처의 유용성과 능력은 해외 시장 기능 평가에 있어서 매우 중요하다. 개개 국제 시장업자는 시장 기능에 참여하는 기관 — 시장 의사교환, 보급, 정보, 금융 — 뿐만 아니라 운송수단, 의사교환에 대해서 그 지역 시장이 제공하는 서비스에 전적으로 의지하게 된다. 철강 소비, 시멘트 생산, 전기 생산과 같은 척도들은 시장의 전반적인 산업화와 관련 있으며 산업재와 서비스 공급자에 의해 효과적으로 이용된다. 예를 들어, 자본 당 에너지 소비는 시장의 잠재력을 판단하는 척도다.

그러나 시장업자가 명심해야 할 것은 에너지는 (전류와 전압 관계처럼) 시장에 놓이게 될 제품과 적절하게 양립할 수 있어야 한다. 기본적 인프라스트럭처의 공존과 확장은 아시아와 남미의 농산물 생산량 증대에 커다란 기여를 하고 있다. 필리핀 정부는 농촌 전력화 프로그램에 농업 발전 기금의 5%를 책정했다. 이와 유사한 의미로 기본적인 도로시설은 농산물을 운반하는데 필수적이다.

아프리카 대륙 여러 등지에서 농민들이 가장 근접한 도로로 나가는 데만 해도 도보로 하루이상 소요된다. 결국 농산물이 시장에 도달할 수 없기 때문에 운송 및 통신수단을 개선하지 않은 상태에서의 생산성 향상 대책은 무용지물이다. 뿐만 아니라, 사회간접시설이 미비하기 때문에 아프리카 농민들은 새로운 기술로부터 단절된 상태며 농산물 출하를 할 수 없다. 농산물을 유통시키기 위해서는 도로, 철도, 항로에 의한 운송네트워크가 필요하다.

세계 주요 운송(육상, 해상운송) 흐름이 아래 삽입된 칼라 도표에 요약되어 있다. 킬로 당 화물 톤 수에 따른 철도 운송량 분석결과에서 그 운송력을 연구할 수 있는 한 가지 방안이 제시된다. 그러나 이러한 통계적 수치가 항상 철도운송의 실상을 반영하는 것은 아니다. 인도에 비해 중국의 철도운송시스템은 5배의 적하력을 지니고 있는데, 이 시스템의 20%가 이중트랙을 이용하며 여객 운송 칸이 늘어나고 있다는 점을 감안한다면 놀라운 적하력이 아닐 수 없다.

철도운송의 비중이 크다고 해도 국제 마케팅 담당자들은 다른 유통수단에 의존해야 한다. 중국에서는 물류처리가 엄청나게 까다롭게 때문에 이를 전국적으로 유통시키는 것은 현실화하기 힘들고 이렇듯 물류처리 난항으로 광저우, 상하이, 베이징 등지의 주요물류센터의 확장이 더뎌지고 있다. 자동차, 버스, 기차와 같은 수많은 대중교통수단을 이용하여 도로운송상태와 도로운송네트워크를 점검할 수 있다.

통신수단도 운송수단 만큼이나 중요하다. 시장내외에서 일개 회사가 다른 업체들과 의사를 전달할 수 있는 능력을 분석할 수 있는데, 이는 통신인프라(전화, 방송 및 언론매체)지표를 이용함으로써 가능하다. 과거 동부권 여러 국가들은 세계 최악의 전신전화 시스템을 보유하고 있다.

서유럽의 경우 100명당 주요 전신주가 49개인 반면, 러시아는 12개, 헝가리는 9개, 폴란드는 8개를 보유하고 있다. 시스템 개선비가 비싸긴 하지만 세계 시장에서 경쟁력을 높이고 외국 투자를 유치하기 위해서는 필요하다. 공식적 분석결과로는 가동중인 전화서비스의 질적인 측면이나 서비스 도달 가능 범위를 파악할 수 없다. 특히, 이집트의 수도 카이로는 빈번하게 발생하는 통화두절, 저질의 서비스로 악명이 높다. 상용(마케팅 관련) 인프라 사용에 대한 데이터를 지속적으로 제공받을 수 없는 사태가 종종 발생하는데, 분석의 기초가 되는 이러한 데이터는 Overseas Business Reports와 같은 정부부처나 Business Equipment Manufacturers' Association과 같은 무역협회 혹은 Advertising Age와 같은 무역관련 간행물을 통해 획득할 수 있다.

회사의 국제개입이 증가하면 할수록 신생시장 분석시 은행, 광고대행사, 유통업자

등으로 이루어진 기존의 부양 네트워크에 대한 의존도가 커진다.

사례

한국여성의 노동시장 참여율

한국 여성의 노동시장 참여율은 1963년 34.4%에서 1990년 40.4%로 늘었으며, 2004년 현재는 53.9%로 OECD 평균 60.1%에 훨씬 못 미치고 있다. 이는 OECD 국가 가운데 터키(29%), 멕시코(43%), 그리스(54%)를 제외하고는 가장 낮은 수준이다. 2016년에는 63%로 증가했지만 이 역시 이는 OECD 국가 가운데 가장 낮은 수준이다.

피에르 포르탕(Pierre Fortin) 캐나다 퀘벡주립대학 몬트리올 캠퍼스(UQAM) 경제학과 교수는 퀘벡주가 지난 20년간 운영해온 보육 프로그램의 경제적 효과에 대해 연구했다. 한마디로 이야기하면 여성과 보육의 권위자이다. 그가 얻은 결론은 '1달러를 쓰면 1.75달러로 돌아온다'이다.[19] 이데일리기사를 참고하면 다음과 같다.

포르탕 교수는 "퀘벡 여성의 노동시장 참여율은 2016년 현재 85%로 전 세계 1위다. 특히 1997년 시작한 정부의 공보육 확대정책으로 0~5세 아이를 가진 여성의 노동시장 참여율은 20년 전보다 16%포인트 가까이 수직 상승했다"며 "같은 기간 다른 캐나다 연방정부 여성의 노동시장 참여율이 67%에서 71%로 고작 4%포인트 늘어난 것과 대비된다"고 말했다.

노동시장 참여율 85%. 20~44세 여성 10명 중 8.5명이 일을 하고 있다는 뜻이다. 대표적 복지국가인 스웨덴이나 네덜란드, 덴마크 등이 80~84%로 퀘벡보다 낮고 미국은 73%다. 한국은 63%로 경제협력개발기구(OECD) 중 꼴찌다.

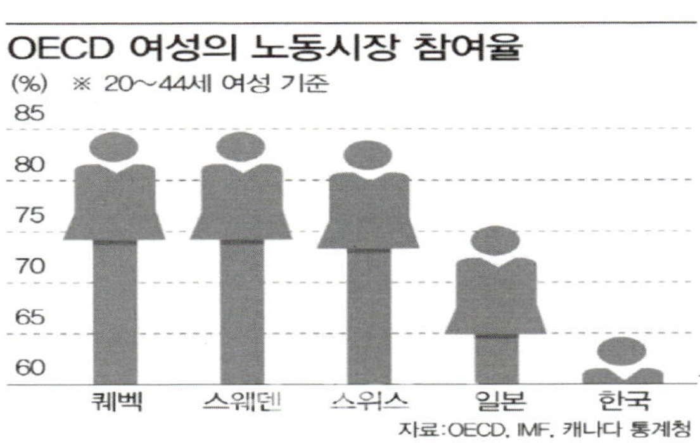

19) 이데일리 2017.12.21.기사

크리스틴 라가르드 국제통화기금(IMF)총재가 여성의 노동시장 참여율을 높이면 한국의 국내총생산(GDP)이 10% 더 늘어날 수 있다"고 주장했다. 2017년 9월 7일 서울 종로구 포시즌스호텔에서 열린 '2017년 기획재정부-한국은행-IMF-피터슨연구소 국제컨퍼런스' 개회사에서 밝혔다.

그녀는 아시아가 부상하고 발전함으로써, 2007년에서 2016년까지 글로벌 성장의 56퍼센트를 기여했지만 노동시장에서 성별 차이를 줄이는 경우, 일본은 9퍼센트, 한국은 10퍼센트, 인도는 27퍼센트까지 GDP를 증가시킬 수 있다고 주장했다. 우리에게 주장하는 바가 크다.

작지만 강한 나라 '강소국' 스위스 인구는 800만 명에 불과하다. 적은 인구에 국가면적도 4만1277㎢로 우리나라 크기의 41% 수준이다. 반도 안 되는 셈이다. 2012년 경제협력개발기구(OECD) 통계에서 스위스 전체 고용률은 79.4%로 80%에 육박한다. 여성 고용률도 일찌감치 70%를 넘긴 73.6%이다. OECD 평균 여성 고용률은 57.2%이다. 작은 국가 특성상 자원인 노동력을 잘 이용하고 있는 셈이다. 스위스가 유럽 내 '히든 챔피언'이라 불리는 원동력이다.

스위스 정부는 노동정책에 있어 적극적으로 양성평등을 강조하고 있다. 1982년 연방헌법에 양성평등을 원칙으로 정하고 1988년 양성평등처(The Federal Office for Gender Equality)를 신설한 후 1996년 양성평등과 관련 연방이 고용차별금지법을 제정했다. 연방은 주기마다 양성평등 모니터링 조사를 실시해 각종 관련 수치를 공개하고 있다. 2011년 국가 양성평등 수준을 나타내는 세계경제포럼(WEF)이 발표한 성격차지수(GGI)에서 136개국 중 스위스는 9위로 줄곧 10위권 이내를 기록한다. 한국은 111위였다.

네덜란드의 동방무역과 동인도회사의 발전

제6장

네덜란드 황금 시대(Dutch Golden Age)는 네덜란드의 역사에서 무역, 과학, 군사, 미술이 세계에서 가장 존경받던 시대를 말한다. 일반적으로 1588년(네덜란드 공화국 의탄생)에서 1672년까지의 시기를 말한다. 1580년대 신성 로마 제국의 영토부터 세계에서 가장 우수한 해운국, 경제대국이 되기까지의 네덜란드의 변천은 코엔라드 울터 스와트(Koenrad Wolter Swart)는 "네덜란드의 기적"이라고 하고 있다.[1)]

네덜란드에서 무역, 산업, 예술, 과학이 꽃이 피는 데는 여러 가지 이유가 있었지만 필요조건으로서, 풍차나 이탄(泥炭, llang)으로부터 저렴한 에너지를 얻을 수 있었고, 운하로 간단하게 도시에 수송할 수 있었던 것이다. 제재소의 발명으로 전세계의 무역에 사용되는 거대선박이나, 공화국의 경제적 이익을 지키는 군사적인 거대군함의 건조가 가능해졌기 때문이다.

네덜란드 황금 시대(Dutch Golden Age)를 이뤘던 아시아의 동방무역의 개최와 그것을 가능케한 네덜란드 동인도회사와 네덜란드의 향신료무역과 이를 가능케한 종교적 관용으로 등장한 상인정신과 패권국가로서의 네덜란드에 대해 살펴보기로 한다.

1. 세계최초의 주식회사로서의 동인도회사[2)]

황금기 네덜란드에서 세계무역의 전략적 장치가 된 것은 동인도회사(Dutch East India Company)이다. 동인도회사야말로 「주식회사」제도의 기원이고, 세계최초의 다국적기업이며 근대 자본주의로 연결되는 시스템의 탄생이기도 하다. 또, 국경을 넘은

---

1) Koenrad Wolter Swart, The Miracle Of The Dutch Republic As Seen In The Seventeenth Century,An Inaugural Lecture Delivered At University College, London, 6 November, 1967.

2) 이하의 부분은 이덕훈, 네덜란드의 동방무역과 동인도회사의 발전과 역할, 경제연구, 20집, 2015년 2월을 참고하였음.

상거래(국제경영,국제무역)를 국가경제 발전의 기본으로 하는 통상 국가를 담당하는 전략 시스템으로서 그 후의 세계경제사의 패러다임(paradigm) 전환을 가져오는 주체의 등장이기도 했다.

1602년에, 네덜란드 연방 의회의 결의에 의해서, 세계에서 최초의 주식회사가 탄생했다. 이른바, 네덜란드 동인도회사이다. 정식으로는 「연합동인도회사(Vereenighde Oost Indische Compagne: VOC "United East India Company)」라고 불린 이 회사는 자바섬의 바타비아(현재의 자카르타)에 본거지를 두어, 국가로부터 동인도(현: 인도네시아) 지역에서의 독점적인 무역권과 함께, 식민지에서의 입법권, 징세권, 통화의 발행권, 재판권, 또 조약의 체결권으로부터 전쟁의 수행권 까지 인정되고 있었다.[3] 라이벌의 영국 동인도회사(East India Company: EIC)는 보다 빠른 1600년에 활동을 개시했지만, 주식회사의 형태가 된 것은 1657년 이후였다.

네덜란드동인도회사의 마크

네덜란드 동인도회사(VOC) 전성기에는 약 40척의 전함, 약 150척의 상선, 약 1만명의 군대를 포함하였는데 그 형태는, 현대의 주식회사의 흐름과는 상당히 동떨어진 것으로, 무역도 하면서 행정이나 전쟁도 대행하는 체제이다. 말하자면 식민지에 뿌리를 내린 또 하나의 국가라고 할 수 있다. 무역이나 식민지로부터의 징세에 의한 막대한 이익은, 국가에의 상납금이나 주주에게의 배당금으로 해서 환원되어 주주에게는 연간 약20%, 많을 때는 50%의 배당이 지불되었다고 한다. 네덜란드 동인도회사의 뒤를 쫓아 동인도 진출을 도모한 영국이나 프랑스와의 치열한 싸움이나 식민지의 반란에 의해서 쇠퇴해, 네덜란드 동인도회사는 1798년에 해산했다.

본 장은 세계최초의 다국적기업으로 일컬어지는 네덜란드 동인도회사(Vereenighde Oost Indische Compagne: VOC)를 살펴보기 위해 동방무역의 역사적 흐름을 살펴보고 네덜란드에서 어떠한 역사적사건으로 인해 동인도회사가 등장하게 되어, 주식회사의 기원으로 일컬어지고 있는가에 대해 그 흐름에 대 살펴보기로 한다.

3) Julia Adams, Principals and Agents, Colonialists and Company Men: The Decay of. Colonial Control in the Dutch East Indies. American Sociological Review Vol.61.no.1 1996.Feb. American Sociological Association. pp.13-14.

2. 동방무역의 선구자 포르투갈의 아시아진출

■ 그리스도포교와 향신료를 위한 항해

1487년 8월에 바르톨로메우 디아스(Bartholomeu Dias)는 리스본을 출발하여 1488년 초에 희망봉을 경유하여 동년 12월에 리스본에 도착하였다. 희망봉이 발견되어 대서양에서 인도양에 이르는 항로가 개척되어 향료무역이 시작되었다. 약 5년 뒤에 컬럼버스(Christopher Columbus)는 서쪽 항로로 아시아에 도달하기 위해 산타페 협정을 맺고[4] 산타 마리아 호등 범선 3척을 이끌고 1492년 8월 3일 남스페인의 바로스 항구를 출발 10월12일에 바하마제도의 산살바도르에 도착하였다. 이른바 컬럼버스의 신대륙의 발견이다.

바스코 다가마

컬럼버스

스페인왕실이 신대륙의 해협발견에 분주하고 있을 시기에 포르투갈은 동쪽항로를 개척하여 무역권을 확대시켜 동남아시아의 향료무역으로 관심을 돌렸다. 바스코 다가마(Vasco da Gama)는 포르투갈 왕 마누엘 1세의 뜻을 이어 1497년 가브리엘호(Gabriel), 라파이엘호(Rafayel), 베리오호(Berrio)등 4척으로 된 탐험대를 이끌고 리스본을 떠나 남아프리카의 희망봉을 돌아, 1498년 5월 20일 인도의 캘리컷(Calicut)에 도착하였다. “그리스도와 향신료를 위해(christos e espiciarias!)”라는 모토처럼 가톨릭을 전도와 향신료무역을 위해 이 항로를 개척하였다. 이로써 포르투갈이 인도무역을 독점하는 길이 열렸다. 이 항로는 ‘인도 항로’라 불리며 유럽인이 아시아에서 활약하는

4) 1492년 4월 17일 맺은 협정으로 컬럼버스에 대해 이후에 발견된 섬들과 대륙의 총독, 부왕, 군사령관의 요직이 세습으로서 주어지며 이들의 영토와의 교역에서 얻은 금, 은, 보석, 향신료의 10%가 무세금으로 컬럼버스의 수입으로 인정받은 협정이다.

데 큰 발판이 되었다.[5)]

바스코 다 가마가 인도에 도착하기 전, 수세기 동안 향료 무역은 베네치아 상인들이 독점하고 있었다. 15세기 말에 베네치아에 입하하던 향료가 극단적으로 감소하고 가격은 급등하였다. 예를 들면, 1497년까지 후추(胡椒)가격은 1 hw당 42-48 두카트(ducat)였는데 1499년에는 2배가량의 80 두카트, 1500년에는 130 두카트까지 급등하였으며, 정향(丁香)과 육계(肉桂) 와 육두구(肉豆蔻) 등도 비슷한 경향을 보였다.[6)] 15세기 말의 이른바 대항해 시대에 유럽의 아시아 진출이 시작되었다. 그 중 가장 큰 동기는 향신료의 입수이다. 선단을 달린 포르투갈의 바스코 다 가마(Vasco da Gama)는 1498년, 인도 서남의 후추해안으로 불렸던 말라바르 해안(Malabar Coast)으로 부터 대량의 향신료를 갖고 돌아가 막대한 이익을 취했다([그림 6-1] 참조).

[그림 6-1] 바스코 다가마의 인도항로 개척도

■ 카사다 인디아(Casa da Índia)의 역할

포르투갈정부는 1502년 바스코 다 가마를 다시 인도로 보내 인도양에 함대를 상주

5) 이덕훈, 글로벌무역으로서의 마닐리 갈레온 무역과 중국인과 일본인의 교역, 일본문화학보, 2014년 8월, p.264.

6) V. M Gordino, 1953, le repri venetian et egyptien et la route du cap 1496-1533, in Eventail del' histoire vivante, hommage a lucien febure 2, 1953,p289과 ヴァスコ・ダ・ガマのインド航海記,大航海時代叢書〈第1〉航海の記録,岩波書店, 1965, pp.450-457.

시켰으며 현지에는 상관(factory)와 요새(fort)를 설치하여 후추교역 독점의 기틀을 쌓았다. 말라바르 해안을 원산지로 한 후추는 동남아시아의 환금작물로 이식되어 16세기 초에는 말라바르 3600톤이었지만 동남아도 2500톤이 되어 유럽의 수입량의 40% 정도의 비율을 차지하기에 이르렀다. 포르투갈의 해외진출은 포르투갈 왕실의 생존이 걸려있을 정도로 중요하게 생각하여 1507년 무역을 총괄하는 기관으로서 설립된 왕실의 직속기관인 카사다 인디아(Casa da Índia: 인도상무원)가 설립되어 향료를 취급하는 인도관, 금을 취급하는 미나(mina)[7]관, 노예를 취급하는 노예관의 3부문으로 나뉘어져 관리되었다.

카사다 인디아의 역할은 아시아, 아프리카의 각지에 산재해 있는 상관에서 보내진 향료, 금, 사탕 등의 상품을 수취하여 프랑스의 플랑드르 상관으로 보내져 유럽의 각 시장에 매각하고 은 등을 수입하여 각지의 상관에 다시 보내지는 소위 해외무역의 중추기관이었다. 또 인도의 선단을 관리하고 해외상관의 직원을 임명하는 권한도 갖고 있었다.[8] 이런 이유 때문에 포르투갈은 1505년 스리랑카(시일론)를 점령한 후, 포르투갈의 인도 총독 아퐁소 디 알부르케르케(Alfonso de Albu- querque, 1453~1515년)는 1510년 인도의 고아(Goa)와 실론 섬과 말레이 반도의 말라카를 점령(1511년)하고 동인도 향료 무역을 장악했다. 1512년, 알부케르케는 몰루카 제도에 도착해 이곳 사람들과 직접 교역하면서 육두구와 정향 무역을 독점했고 곧 베네치아 상인들을 능가했다.[9] 포르투갈은 1515년에 호르무즈 해협, 1557년 마카오(Macao)등의 식민지를 쟁탈하면서 향료무역에 앞장섰고, 16세기 내내, 정향 무역을 지배했다. 포르투갈이 무역면허증과 통행증에 해당하는 카르타즈(cartaz) 제도는 후추를 나르는 선박에게 주어졌으며 카르타즈의 수를 제한하며 무역을 독점하였다.[10]

16세기 초의 포르투갈의 향료무역은 16세기전반(1505~1518년)에 40,000~50,000퀸탈[11](quintal)이며 후반이 되면 60,000~70,000퀸탈로 성장하였다. 그중 후추의 비율은 20,000~30,000퀸탈이며 계피와 육두구 등이 각각 10,000퀸탈 정도이며 생강 등의 향료도 나타나기 시작하였다. 이것들은 말라카의 동인도의 산물이었다.[12] 16세기 후반

---

7) 지금의 아프리카의 가나에 있는 엘미나를 지칭함.

8) 金七 紀男,ポルトガル史,増補版. 彩流社 2003, pp.104-105.

9) 増田義郎,ポルトガルとアジア（1）国際関係紀要第８巻第２号,亜細亜大学国際関係研究所, 1999. pp.35-37.

10) 김동엽, 15-16세기 동남아 해상무역의 특성과 변화: 포르투칼의 진출과 영향을 중심으로, 『동남아시아 연구』 21권 2호, 2011, pp.22-23.

11) 1 퀸탈(quintal)은 100kg, 100파운드에 해당된다.

12) Charles Ralph Boxer 'A note on Portuguese missionary methods in the East, 16th-18th

(1587~1588년)이 되면서 유럽의 향료수요는 배로 증가하여 인도산만 으로는 부족하였다. 이것을 보충하기위해 등장한 것이 동남아시아의 후추였다.[13] 포르투갈인 으로서 동방제국기(Suma Oriental)를 저술한 토메 피레스(Tome Pires)[14]는 포르투갈의 아시아 점령 후 얼마 되지 않아 1511~1512년과 말라카(1512~1515년)에 체재 한 기록 속에서 당시의 동남아시아와 남아시아각지의 후추의 생산과 무역에 관한 귀중한 기록이 포함되어 있다. 동방제국기에 의하면 말라바르(Malabar)지방의 연간 후추생산량은 약3,750톤 정도라고 할 정도로 많은 후추가 생산되고 있었다고 한다. 16 세기말의 네델란드 항해가 린스호텐(J. H. van Linschoten)은, 1580년대 당시의 포르투갈 무역선에 의한 후추 연간 수송량을 2,000톤 내지 2,400톤으로 추정하고 있다.[15] 말라바르지방의 2/3는 포르투갈로 수출되었음을 알 수 있다.

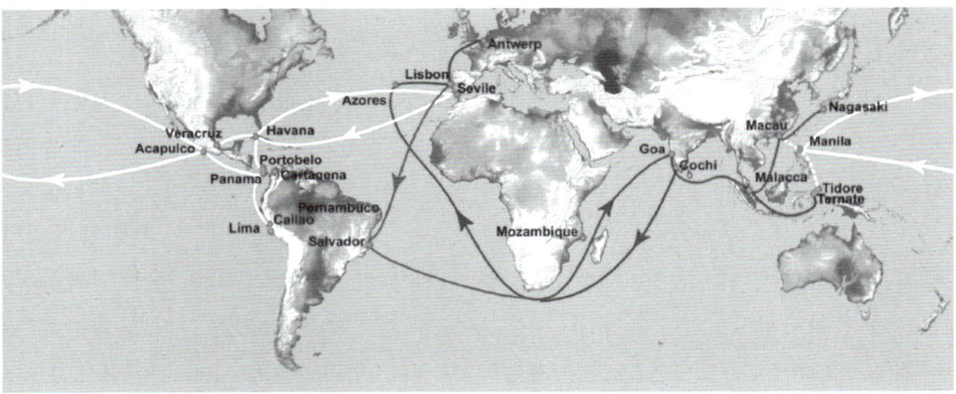

주: 검은선은 포르투칼의 인도항로, 흰선은 마닐라 아카풀코 항로

[그림 6-2] 포르투칼의 인도항로와 마닐라-아카풀코 무역로

1543년 프란시스코 사비에르의 일본도착이래 14년이 지난 1557년에 포르투갈은 마카오의 거주권을 중국으로부터 인정받자 마카오를 기지로 일본무역에 적극적으로 나

centuries', Ceylon Historical Journal, 1-4 (1960-61), 1965, p.55.

13) Anthony Reid: Southeast Asia in the. Age of Commerce, 1450-1680. Vol. n: Expansion and crisis, xv,. 390 pp. New Haven and London: Yale University Press, 1993. pp.9-10.

14) 「Tomé Pires, "Suma Oriental" トメ・ピレス 東方諸國記, 生田滋・池上岑夫・加藤栄一・長岡新治郎譯注(大航海時代叢書

15) Jan Huygen van Linschoten, Itinenan'o, voymgge of schipvaertnaer Dost ofle Portzrgael Indien, Amsterdam,1596. 岩生、渋沢、中村訳注『リンスホーテン、東方案内記』大航海時代叢書皿、東京、岩波書店、1968年, p.762.

서기 시작하여 많은 포르투갈선이 일본 규슈 나가사키의 항구에 입항하였다. 포르투갈은 아시아진출초기부터 이지역의 무역을 원칙적으로 국왕의 독점적경영하에 두었지만 1550년경부터 대중국 및 일본무역을 국왕 또는 고아총독이 임명하는 항해와 무역의 총책임자로서 전권대사격인 카피탕 모르(capitao mor)의 통제하에 운영하기로 하였다.[16]

포르투갈은 아시아지배의 중심지로서의 고아와 마카오, 나가사키무역은 카피탕 모르의 관할하에 놓여져 매년 600내지 800톤의 나와로 불리는 대형범선이 거의 1척 또는 2척의 정크를 동반해서 일본항구에 입항하는 것이 관례였다([그림 6-2] 참조). 카피탕 모르 제도 하에서 포르투갈의 무역선은 중국의 생사나 견직물을 일본으로 갖고 와서 그대가로 일본의 銀을 받아 金銀比價가 높은 중국에 매각함으로서 거액의 이익을 취했다.[17]

16세기후반의 일본은 조선으로부터의 銀정련기술인 회취법(灰吹法)이라 불리는 신기술도입으로 은을 생산하여 세계유수의 銀 생산국으로 등장하였고 중국의 비단과 교역된 銀은 매년2만~2만5천kg에 달했다고 한다.[18] 이 액수는 점점 상승하여 17세기 초에 이르면 일본에서 해외로 나간 銀은 년간 15만kg까지 상승했다고 추정되고 있다.[19] 17세기의 일본의은 생산량은 세계 銀생산량의 3분의 1을 차지할 정도로 대량의 은을 생산하여 아시아의 은의 수출국으로 등장하기도 하였다. 이러한 銀생산은 포르투갈을 나가사키로 끌어들이는 중요한 요인이 되기도 하였다.

스페인은 신대륙 발견후 정복과 그리스도교 포교를 축으로 한 정복, 식민지정책을 깔아 아메리카대륙에 누에바 에스파냐(Nueva España: 멕시코) 와 페루 부왕령(副王領) 등의 확고한 식민지를 구축하고 그 여세를 더욱 서쪽으로 이동시켜 레가스피 원정대를 파견하여 동아시아진출을 꾀하였다. 1565년 10월 3일 선교사인 우르다네타(Andres de Urdaneta)에 의해 아메리카대륙과 동양을 잇는 귀항로인 토나비아(tornaviaje)가 개척되어 레가스피의 필리핀건설에 이르게 되었다([그림 6-2] 참조).[20] 포르투갈의 인도

---

16) Charles Boxer, The Great Ship from Amacon. Annals of Macao and the Old Japan Trade, 1555-1640 (Lisbon:) Centro de Estudos Histo ricos Ultramarinos, 1959; pp.8-11

17) 高橋 保, 16世紀におけるイベリア勢力のアジア進出と日本像の変容 : 黄金の国ジパングから銀の国ジャパンへ. Bulletin of the Sohei Nakayama IUJ Asia Development Research Programme 3. p.187, 1991-03.

18) リンスホーテン 『東方案内記』岩生成一・渋沢元則・中村孝志訳､岩波書店､大航海時代叢書８, 1968, p.250.

19) 岩生成一, 朱印船貿易史の研究, 吉川弘文館, 1958, p.329

20) 柳沼孝一郎,スペイン帝国の太平洋覇権確立~海外領土拡張政策と東アジア進出の歴史背景~, 神田外語大学紀要第24号, 2012.

항로에 대항하기 위한 향신료와 귀금속을 차지하기 위한 불가결한 조건인 아시아의 항로 개척이었다.

3. 동방무역과 네덜란드동인도회사의 등장배경

1) 동인도무역과 하우트만

16세기 중엽부터 스페인에 대해서의 반란중인 네덜란드는, 스페인의 무역 제한, 선박 나포 등의 경제적 압박에 괴로워하고 있었다. 당시 동남아시아의 향신료 거래로 강한 세력을 가지고 있던 포르투갈이, 1580년에 스페인에 병합 되면서, 포르투갈의 리스본(Lisbon)등을 통한 향신료 입수도 곤란하게 되어 있었다. 1588년 스페인의 무적함대가 패배하고 스페인에 병합된 포르투갈의 동방무역이 서서히 감퇴될 때[21] 네덜란드는 독자로 아시아 항로를 개척해, 포르투갈(스페인에 병합 되고 있었음)에 대항할 필요가 있었다.[22]

네덜란드의 동방무역을 설명할 때 코르넬리스 더하우트만(Cornelis de Houtman)을 빼놓고 설명할 수 없다. 네덜란드의 고민은 포르투갈의 동인도 무역 독점이 견고하다는 것이었다. 동인도 항로는 포르투갈에 의해 철저한 국가 기밀로 관리되고 있었고, 어느 세력도 포르투갈이 항로상의 요충지를 확보하여 구축한 철통 독점체제를 뚫지 못하고 있었다. 포르투갈 왕실의 항해허락을 받지 못한 국가의 선박들이 무모하게 항해에 나섰다가는 포르투갈 군함에 나포되어 선박을 몰수 당하기 십상이었다.

1595년 네덜란드에서 얀 하위헌 판 린스호턴(Jan Huyghen van Linschoten)은 '동방으로 향하는 열쇠'라 불린 『이티네라리오(Itinerario)』가 출간되었다. 책의 저자인 린스호턴 은 네덜란드 출신의 회계사로, 포르투갈령 인도 고아에서 5년 넘게 체류하는 동안 수집한 내용을 바탕으로 귀국 후 인도와 주변 지역 일대에 대한 견문록을 집필하고 있었다. 내용 중에는 그간 베일에 가려 있던 인도, 동남아, 동중국해에 이르는 동방항로의 세부 정보를 담은 항해 안내서(Reys-gheschrift)가 포함되어 있었다고 한다.

1595년 동인도 항로 개척을 목적으로 상인들이 결성된 합자회사인 콤파니에 반 베레(Compagnie van Verre, 원국회사) 의 사업을 수행하기 위해 하우트만(Cornelis Houtman)을 단장으로 하는 4척의 선단(함대)이 암스테르담에서 출항한다.

---

21) Jan Glete. Warfare at Sea, 1500-1650: Maritime Conflicts and the Transformation of Europe. London and New York: Routledge, 2000. pp.76-84

22) 石坂昭雄,オランダ共和国の経済的興隆と17世紀のヨーロッパ経済.:その再検討のために. 北海道大學 經濟學研究 = THE ECONOMIC STUDIES,.24(4): 1974. pp.953-957

네덜란드 상업자본이 기획한 동방항해로 코넬리스 드 하우트만(Cornelis de Houtman)이 이끄는 4척의 선대가 테셀(Texel)항을 1595년 4월 출범했다. 희망봉을 넘어서고, 일행은 포르투갈의 함대를 피하기 위해서 마다가스카르섬 북부로부터 곧바로 순다 해협을 목표로 하는, 대담하고 리스크가 높은 항로를 채취했다. 6천㎞의 인도양 횡단행이다. 그리고 포 20문을 장비한 230톤의 신예선 홀란디아(Hollandia)호와 암스테르담호, 마우리티우스호, 다이후켄(Duyfken)호의 네덜란드선 4척은 1596년 6월 23일, 염원의 밴텐(Bantam, Banten)에 도착했기 때문이다.

함대는 악전고투 끝에 1596년 자바섬의 반탐 Bantam에 도착하여 염원하던 향신료를 구입한 후, 출항한 지 2년만인 1597년 암스테르담으로 귀환하였다. 도중에 한 척이 손실되고 249여 명의 선원 중 생존 귀환자가 89명에 불과하였으며, 수익도 얻은 것은 없었지만 포르투갈의 독점인 동인도 항로를 대신한 새로운 동방항로(동인도항로)를 열었다는 것만으로도 네덜란드로서는 역사적이고 획기적인 사건이었다고 할 수 있다.

이 항해로 선대는 1척을 잃고 249명 있었던 승무원도 89명이 되어, 잃은 것의 크기에 비해 얻은 것은 별로 없었지만, 네덜란드 최초의 동방 진출이었기 때문에, 그 후의 역사를 생각한다면 역사적이고 획기적인 사건이었다고 할 수 있다.

코르넬리스 더 하우트만(Cornelis de Houtman,1565–1599)

1599년 6월에는 코르넬리스 더하우트만(Cornelis de Houtman)이 이끄는 네덜란드 함대가 아체(Aceh)해안에 도착하였는데, 하우트만과 아체 사이에 우호적으로 교섭이 진행되던 와중 포르투갈 세력이 아체를 선동하여 네덜란드 함대를 공격하게 했다. 네덜란드 함대는 아체의 공격에 패배하고 코르넬리스 더 하우트만 본인은 전사했으며, 그의 동생 프레데릭 더하우트만(Frederik de Houtman)은 아체의 포로가 되었다.

네덜란드인의 최초의 항해는, 1595년에 행해졌다. 코르넬리스 더 하우트만(Cornelis de Houtman, 1565~1599)이, 동쪽 회전으로 자바섬에 이르렀던 것이다. 하우트만의 항로는, 같은 동쪽 회전에서도 포르투갈과는 달랐다.[23] 예를 들면, 포르투갈의 동쪽 회전 항로는, 「희망봉→아프리카 동해안을 북상→인도양→말라카→몰루카제도」로의 항해를 네덜란드의 하우트만의 동쪽 회전 항로는, 「희망봉→

23) Cornelis de Houtman,Jacob Cornelissoon van Neck,渋沢元則, 生田滋 譯:東インド諸島への航海, 岩波書店, 1981를 참조할 것.

인도양 → 자바섬 → 몰루카제도」로 축소되었다.

[그림 6–3] 포르투갈의 항로

[그림 6–4] 히우트만의 항로

즉, 「아프리카 동해안을 북상」 하는 과정이 생략된 것이다. 그 비밀은 무역풍에 있었다. 무역풍이란, 일년 내내 일정 방향으로 부는 바람으로, 북반구에서는 북동의 바람, 남반구에서는 남동의 바람이다. 하우트만은, 이 무역풍을 타고, 단번에 인도양을 횡단했던 것이다. 1596년, 하우트만의 선단은 자바섬의 반텐(반탐)항에 착안했다. 당시, 이 땅은 반텐(반탐) 왕국의 지배지로서, 후추의 중개 무역으로 유명한 지역이었다. 하우트만은 여기서, 반 강제로 향신료를 손에 넣어 네덜란드에 귀환한다. 바스코 다가마의 인도 항로 발견 보다는 100년이 늦었지만. 이 항해에는 역사적인 의의가 있었다. 무역풍이 처음으로 이용된 것이다. 네덜란드 해상 제국의 첫 단계를 밟은 것이다.

1595년부터 1597년까지의 항해를 통해서 자바섬의 반텐과의 왕복항로에 성공을 거두면서 몇 개의 회사가 동남아시아와의 거래를 본격화시켰다. 아시아의 고가의 물산을 직접 현지로부터 수입하여 큰 이익을 얻으려고 생각한 9명의 암스테르담 상인은, 1595년에 공동으로 출자한 함대를 처음으로 아시아에 파견했다. 이 항해가 일정한 이윤을 얻을 수 있을 가능성을 나타내면서, 네덜란드 각지에 20개 정도의 무역회사가 설립되어 몰루카제도(향료 제도)등 에서 육두구(nutmeg), 메이스, 크로브(정향) 등의 고급 향료 등을 경쟁하여 수입했다. 많은 회사의 과당경쟁에 의한 이익 감소를 두려워한 나라의 지도자들은 1602년에 복수의 회사를 통합시켜, 여기에 네덜란드 동인도회사 「연합 동인도회사(Vereenighde Oost Indische Compagne: VOC "United East India Company)」가 설립되었다. 1602년 3월, 운명의 기업 「동인도회사」가 설립되었다. 정확히 표현하자면, 연합 동인도회사, 즉, 「식민지 경영을 위한 특허를 받은 회사」가 출발했던 것이다.[24] 이미 1600년에 영국 동인도회사는 설립되었지만, 네델란드 동인도회사의 자본금 650만 굴덴(Gulden)은 영국동인도회사의 자본금의 10배 이상이며, 규모의 면에서 압도하고 있었을 뿐 아니라 회사로서의 성격(출자 형태)도, 영국동인도회사가 한번 항해하고 귀항하면 해산하는 당좌 기업」으로서의 성격과 비교해보면 영속성의 주식회사로서의 특징을 갖추고 있었다.[25]

2) 암스테르담의 종교적관용과 이민의 증가

물론, 동인도회사가 갑자기 등장한 것이 아니고, 선행 모델이 존재했었던 것은 사실이다. 대항해 시대에 선행한 포르투갈 · 스페인을 쫓아 동아시아와의 무역에 참가한 네덜란드는, 1595년부터 1601년까지 「선구회사(Voor-Compagnieen)」라고 불리는 아시아 무역을 목표로 하는 공동출자 형태의 회사를 낳아, 15개의 선단에 65척이 아시아로 향했다.[26] 즉, 스페인 왕 필리페 2세에 의한 식민지 네덜란드의 억압과 강경한 종교

24) Martine Julia Van Ittersum, Profit And Principle: Hugo Grotius, Natural Rights Theories And the Rise of Dutch Power in the East Indies, 1595-1615 (Brill's Studies in Itellectual History): 1999. pp.371-80.

25) Femme S. Gaastra, "War, Competition and Collaboration: Relations between the English and Dutch East India Company in the Seventeenth and Eighteenth Centuries," in The Worlds of the East India Company, ed. H.V. Bowen, Margarette Lincoln and Nigel Rigby (Woodbridge, Suffolk: Boydell Press, 2002), p.5

26) Douglas A. Irwin, "Mercantalism as a Strategic Trade Policy: The Anglo-Dutch Rivalry for

탄압(Protestant의 이단심문)에 반발해 1568년에 시작한 對 스페인 독립전쟁(80년 전쟁)의 과정에도, 직접 아시아와의 무역 회로를 확보하려고 하는 「선구회사」에 의한 다양한 시도가 있었다. 이 움직임을 결정지은 것은, 1580년 이후 포르투갈왕도 겸하게 된 스페인의 필리페 2세에 의한, 네덜란드선의 리스본(Lisbon) 기항 금지였다. 이 금지령은 네덜란드 무역선의 동양 무역에의 열정을 일으키는 계기가 되었다. 그리고 잇달아 탄생한 선구회사에 의한 과잉 경쟁을 회피하기 위해서 설립된 것이 「동인도회사」였다. 포르투갈의 아시아 무역이 왕실의 독점이었던 것과는 달리, 동인도 회사의 경영에 자극을 주는 동기는 기업으로서의 「자유와 이윤」이었다. 16세기 후반부터 17세기에 걸쳐 암스테르담은 거대화되었는데 그 이유는 상인들이 여러 국가에서 이주하였기 때문이다. 창업기의 동인도회사의 출자자는 남부 안트웨르펜(안트워프) 출신자가 많지만, 거기에는, 80년 전쟁의 격전에서 1585년에 안트웨르펜이 함락, 프로테스탄트의 상공업자가 자산을 가지고 도주하여, 대부분이 암스테르담으로 이주한 배경이 있다. 16 세기말로부터 스페인 · 포르투갈에서 이교도에게의 압력이 강해지면서, 많은 유태인이 암스테르담에 이주했다. 암스테르담에 최초의 유대교회당(시나고그)이 생긴 것은 1597년이었다.

18세기에는 동인도회사의 출자자에게 유태인 자본이 유입하기 시작한다. 1585년의 인구가 약 3만 명 이었던 암스테르담이 40년도 안된 1622년에는 108,500명으로 증가했는데 그 이유는 이민이었다.[27] 그중 3 35,000명이 남부네덜란드 출신이었다. 암스테르담은 기독교외에 유대교, 재세례파(Anabaptist), 가톨릭, 루터파, 청교도 등의 다양한 사람들이 모여서 거대해졌다.[28] 17세기의 암스테르담은 「인종의 용광로」로 변해져 자유도시가 이루어졌다. 이들은 스페인계 유태인인 세파르딤(Sephardim)이나 프랑스의 개신교신자인 위그노(Huguenot), 아르메니아인 등을 이용하여 유럽전체의 네트워크를 이용한 교역을 시도하였다.

다수의 유태인으로서는 암스테르담은 새로운 예루살렘으로 불렸고 이들 유태인은 주식의 거래를 즐겼고 그들만의 네트워크를 중요시 하였다. 근세의 암스테르담은 종교적관용의 도시로 알려져 가톨릭, 개신교, 유대교(세파르딤), 아르메니아 사도교회(아르메니아인) 등도 자유롭게 경제활동에 종사할 수 있었던 것은 네덜란드로서가 타국

---

the East India Trade", Journal of Political Economy, 99, no. 6 (1991): p.1307.

27) 桜田美津夫, 「オランダ共和国のユダヤ人－アムステルダムのセファルディムを中心に－」『史観』140号, 1999. pp.17-31.

28) 水島治郎,移民都市アムステルダムの生成,千葉大学大学院人文社会科学研究科研究プロジェクト報告書第２５７集『都市コミュニティにおける相互扶助と次世代育成』2013.

보다는 상업 활동이 자유로웠기 때문이었다.

1578~1630년까지의 암스테르담의 상인을 연구한 헬델부룸(Gelderblom)[29]은 1580년대 말까지 200명의 상인이 안트웨르펜에서 암스테르담으로 이주하였으며 1609년까지 약 450명의 거대 도매상이 암스테르담으로 이주하여 국제무역에 종사하였음을 밝혀냈다.

브루레즈(Brulez)[30]는 안트웨르펜에서 이주한상인은 암스테르담의 상인전체의 1/3에 해당한다고 하였을 정도로 안트웨르펜상인의 역할은 크게 작용하였다고 하겠다. 이들은 종교분쟁으로 이민을 왔기 때문에 더 이상 잃을 것도 없다는 헝그리 정신으로, 리스크를 두려워하지 않고 동인도회사에 걸었다. 암스테르담은 1606년에 네덜란드연방 공화국 경비의 58%를 부담하였고 1670년의 암스테르담의 인구는 20만이 되었다. 종교에 얽매이기보다는 자유와 무역중심으로 움직인 암스테르담의 영향을 받은 네덜란드 동인도회사는 일본과의 교역에도 商敎一治(가톨릭포교와 무역을 같이함) 의 스페인, 포르투갈은 실패했지만 종교보다는 무역위주의 네덜란드 동인도회사는 1609년 일본막부와 교역에 성공하여 나가사키에 상관을 두고 1640년 이후에는 일본과 유일하게 무역을 하는 서양국가가 되었다.

3) 향료전쟁과 동인도회사의 향료로의 집중

당초, 네덜란드 동인도회사는 아시아에서의 활동 거점을 원해, 향료 제도나 말레이반도, 보르네오, 수마트라 등을 찾았지만, 1619년에 자바섬 서부의 바타비아(현재의 자카르타)에 성을 쌓아 여기를 거점으로 했다. 17세기의 최성기에는, 나가사키로부터 동남아시아, 인도 대륙, 페르시아까지 50개소 이상의 요새나 상관을 갖고 있었다. 네덜란드 동인도회사는 어디까지나 기업이다. 나가사키 데지마(長崎出島)와 교역을 하고 있던 것은, 국가로서의 네덜란드가 아니고, 기업으로서의 동인도회사이며, 「네덜란드 상관장」은 외교관은 아니고 기업의 종업원이었다. 단지, 포르투갈의 거점인 마카오의 공격이나 대만 점거(1622년)로 나타난 것처럼, 군대까지 보유한 「무장된 商社」이기도 했다. 「國策商社」라는 표현도 있지만, 모두가 국가의 의사로 움직이는 것은 아니지만, 특허장 아래에 국익을 실현하는 업태였다. 해양 대국으로서 빛났던 17세기의 네덜란드는 당시의 유럽 11개국의 보유하는 배에 필적하는 소유 선박 수(1만5천척)를 자랑하고 있었다.

---

29) Oscar Gelderblom, "Antwerp Merhants in Amsterdam after the Revolt", in P. Stabel, B. A. Greve (eds.), International Trade in the low Countries (14th-16th Centuries): Merchants, Organization, Infrastructure, Leuven, 2000, pp.223-241.

30) Brulez, W. (1960) "De Diaspora der Antwerpse koopkui op het einde van de 16e eeuw", Bijdragen voor de Geschiedenis der Nederlanden, 15, pp.279-306.

표 6-1 ― 유럽에서 아시아로 향한 선박 수(1500-1800년)

(단위: 척)

	1500–1599년	1600–1700년	1701–1800년
포르투갈	705	371	196
네덜란드	65	1,770	2,950
영 국		811	1,865
프랑스		155	1,300
그 외		54	350
합 계	770	3,161	6,661

주: 1500-1599년의 네덜란드 수치는 1590년대 것만

출전: Angus Maddison, The World Economy : A Millennial Perspective(Paris:OECD Publications, 2001) p.63.

〈표 6-1〉에서 나타나는 것처럼 16세기에는 포르투갈이 705척을 아시아로 보냈는데 네덜란드는 65척으로 상대가 되지 않았으나 동인도회사 설립 후 인 17세기에는 1,770척으로 포르투갈의 약5배로 증가했으며 영국은 811척으로 약 46%를 차지하였다. 18세기에도 네덜란드의 선박수가 2,950척으로 17세기와 비교하여 67% 증가하였다. 전체유럽의 선박수인 6,691척의 44%를 차지하여 최대의 아시아무역국으로 등장하게 된다. 한편 네덜란드에 이어 많은 선박을 아시아에 파견한 국가는 영국이었다. 영국의 선박수는 1,865척으로 전세기에 비교하여 130%정도 증가했는데 전체 유럽 선박 수의 28%를 차지하여 비율로는 큰 차이가 없다. 18세기에 들어서 큰 약진을 보인 국가는 프랑스 이다. 17세기에는 겨우 155척을 보냈으나 18세기에는 867% 성장한 1,300척으로 유럽 전체 선박 수의 약 20%까지 성장하였다.

네덜란드 동인도회사(VOC)는 단지 물류 채널로서 아시아로부터 향신료나 차, 은을 가지고 돌아가는 시스템이 아니고, 유럽과 아시아를 연결하는 정보 교류의 회로이기도 하였다. 네덜란드 동인도회사의 목표는 첫 번째, 자바섬에 기지를 만드는 것과 두 번째는 향료 무역을 독점하는 것이었다. 이 두 목표를 달성할 수 있도록, 네덜란드는, 향료제도(몰루카제도)로부터 잉글랜드와 포르투갈을 쫓아냈다. 이러한 「선택과 집중」은 17세기 전반, 네덜란드에 눈부신 성공을 가져왔지만, 17세기 후반에는 쇠퇴하기 시작하여 몰락해 간다.

1605년, 네덜란드 동인도회사는, 향료 제도에 최초로 선단을 보냈다. 성과는 최고였으며, 테르나테섬(Ternate)에서 포르투갈인을 내보내고, 암본섬(Ambon)의 점령에 성공한다. 당시 테르나테섬은 정향, 암본(암보이나)섬은 육두구를 독점적으로 산출하고

있었다. 이 두개는 당시에는 스파이스(향료)라고 불려 향신료의 최고급품으로 여겨졌다([그림 6-3] 참조).

다음에, 네덜란드가 노린 것은 말라카이다. 말라카는, 인도양과 향료제도를 잇는 요충으로, 포르투갈이 지배하고 있었다. 1606년, 13척의 네덜란드 함대가 말라카를 공격했다. 점령은 할 수 없었지만, 인도로부터 구원하러 온 포르투갈 함대에게 대타격을 주었다. 이렇게 해서, 포르투갈 해상 제국은 사실상 붕괴했다. 향료 무역의 패권 분쟁은 네덜란드와 잉글랜드로 한정해졌던 것이다. 또, 1609년, 네덜란드는 일본의 히라도에 상관을 개설하였다.

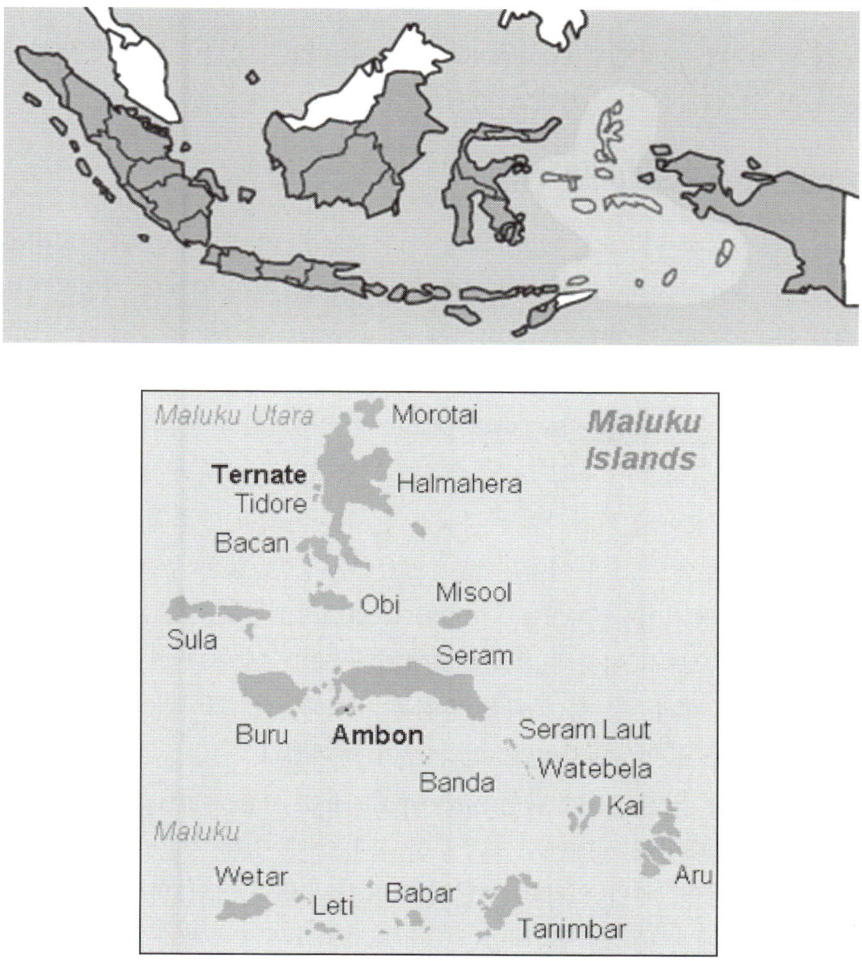

[그림 6-5] 몰루카(향료)제도의 테레나테 섬과 암본 섬

네덜란드 동인도회사(VOC)의 목표는 우선 고급 향료를 산출하는 몰루카제도였지만, 바로 해역 아시아의 대부분에 활동을 넓혔다. 1605년에는 몰루카 제도에 요새를 쌓아, 스페인인이나 영국인 등의 라이벌과 싸우면서, 현지 지배자와의 전투나 내정 간섭을 통해서 지배를 강하게 했다. 네덜란드 동인도회사(이하 VOC라고 함)는 일부 지역에서 향료의 강제 재배를 개시했지만, 그것만으로는 생산이 성장하지 않는 것을 인식해, 현지에서 수요의 높은 산품의 수입에 임했다.

특히 인도의 면직품이 몰루카제도(향료제도) 뿐만이 아니라 인도네시아 제도 각지에서 엄청난 수요가 있음을 알게 된 VOC(네덜란드 동인도회사)는, 인도에의 진출을 가속화했다. 인도에서는 이미 진출한 포르투갈로 부터 방해를 받았지만, VOC는 각지의 영주와 교섭해, 1606년 이후 인도의 해안지역에 상관을 설치했다. 특히 염색과 직조품의 중요 산지인 코로맨델(Coromandel)지방에는 많은 상관이 놓여져 인도에 있어서의 VOC의 염색과 직조품 거래의 중심이 되었다.

4) 네덜란드 동인도회사와 암본

네덜란드 동인도회사(VOC)는 당초부터 자바 서부를 아시아의 활동 거점이라고 생각해 최초 그 중심은 자바 서쪽 끝의 반텐에 놓여졌다. 자바 서부의 거점은 인도양을 넘은 배가 몰루카 제도로 향할 뿐만 아니라, 남지나해를 북상해 중국에 가기 위해서도 중요한 중계 기지가 된다고 생각할 수 있었다. 명왕조는 외국 상인의 항구출입을 엄격하게 제한하고 있었지만, 포르투갈인은 1557년에 지방관헌에 의해 마카오 거주가 인정되고 있었다.

포르투갈이 마카오에서 나가사키로 중국산 생사를 가져와 일본 銀을 가지고 돌아가는 아시아의 중계무역으로 큰 이익을 얻고 있었음을 안, VOC가 중국무역에 대해 크게 관심을 갖게 한 동기이다. VOC는 1619년에 반텐으로부터 그 속국인 쟈야카르타(Jayakarta)를 빼앗으면서 이곳에 거점을 옮겼지만, 자바 서부로부터 몰루카 제도와 중국으로 향하는 두 개의 루트를 통괄할 방침은 유지되었다. 쟈야카르타는 바타비아로 개명되어 네덜란드 동인도회사(VOC)의 본부가 놓여졌다.

향료제도의 일각, 암본(암보이나섬 Amboyna Island: Ambon Island)은, 향신료의 산지로서 알려졌다. 대항해 시대에서 육두구를 산출할 수 있는 것은, 암본섬과 반다 제도만 가능했다. 당연, 유럽 열강의 쟁탈의 목표가 되었다. 1512년, 우선 포르투갈이 암본(암보이나)섬에 진출, 그 후, 네덜란드가 포르투갈을 구축했다. 1615년에는, 새롭게 잉글랜드가 진출해, 네덜란드와 격렬하게 싸웠다.

1600년대 초, 네덜란드와 영국은, 육두구를 둘러싸고, 격렬하게 싸우고 있었다. 그런 가운데, 암본섬에서 무서운 학살사건이 일어난다. 1623년 2월, 네덜란드 상관을 배회하는 이상한 인물이, 네덜란드 측에 체포되었다. 그는 영국 상관원으로, 네덜란드 상관을 조사 감시하고 있었다. 영국 상관원의 고백에 의하면 놀랄 만한 사실이 판명되었다. 영국 측이 네덜란드 상관을 습격한다는 것이다. 네덜란드측은 선수를 쳐 영국 상관을 습격, 음모를 확인했다. 그리고 다음달에는 상관원 20명을 처형했던 것이다.[31] 이것이 역사에 유명한 암보이나 사건이다. 20명중 일본인 용병이 9명이 살해되었는데 그 중 조선 사람으로 보이는 토메 코레아(Them Corea: 50세)가 있었다는 기록을 보면 임진왜란 때에 잡혀간 사람 중의 한 사람으로 보인다. 이 시기에, 유럽 본국에서는, 네덜란드와 영국은 향료전쟁을 끝내려 하고 있었다. 네덜란드 동인도회사와 영국 동인도회사의 합병이야기까지 오르고 있었을 정도이다. 그런데 암보이나 사건이 전해지면서 교섭은 결렬되어 네덜란드 동인도총독의 쿤도 관리 책임이 추궁 당해 해임되었다.

장기적으로 보면, 이 사건은 네덜란드에 쇠퇴를, 영국에는 번영을 가져왔다. 네덜란드 동인도회사의 선택 집중품목인 향신료 가격의 하락되면서, 향료 무역에 특화한 네덜란드는 몰하였으며, 영국은 인도 경영으로 거액의 부를 쌓아 올렸기 때문이다. 향료를 대신할 해외무역을 고민하던 영국은 인도로 눈을 돌렸고, 교역 초기에 수입된 값싸고 질 좋은 인도산 면직물에 대항하기 위해 영국인들은 기계를 통한 대량생산을 모색하고 이것이 나중에는 산업혁명으로 이어졌기 때문이다.

아시아에서의 네덜란드의 대공세는 1640년에 시작했다. 1641년, 근근히 유지되고 있던 말라카의 포르투갈 요새를 함락시키면서 네덜란드는 1652년에는 남아프리카의 희망봉에 중계 기지를 건설하여

「네덜란드 → 희망봉 → 자바섬」

의 직통항로를 확립했다. 1663년에는 인도 본토를 침공해, 포르투갈 상관을 차례차례로 점령했다. 그 다음은, 대만, 마카오, 나가사키에까지 진출한다. 이렇게 하여, 17세기 중반에는, 네덜란드 해상 제국이 확립했던 것이다.

이러한 발전 과정에서, 네덜란드는 세계 유수의 금 보유국의 지위에 오르고 있었다. 이러한 상황에서, 네덜란드에서 여유의 돈이 생기면서 역사상 첫 경제 버블이 등장하였다. 튤립 파동(Tulip mania)은 17세기 네덜란드에서 벌어진 과열 투기현상으로, 사실상 최초의 거품 경제 현상으로 인정되고 있다. 당시는 네덜란드의 황금 시기였고, 네덜란드에 새롭게 소개된 식물이었던 튤립의 구근이 너무 높은 계약 가격으로 팔리

31) D. K. Basset, 'The Amboyna Massacre of 1623', Journal of Southeast Asian History,1:2, 1960.

다가 갑자기 가격이 급격하게 하락한 일이 일어났다. 튤립 파동의 정점은 1637년 2월이었다. 튤립은 숙련된 장인이 버는 연간 소득의 10배보다 더 많은 값으로 팔려 나갔다. 튤립 파동은 역사상 기록된 최초의 투기로 인한 거품이었다.[32] "튤립 파동"이란 용어는 이제 거대한 경제적인 거품(자산 가격이 내재적인 가치에서 벗어날 때)을 가리키는 은유로 사용되기도 한다.

4. 주식회사의 기원으로서의 네덜란드 동인도회사

스페인의 신대륙발견 결과 상술한바와 같이 포토시의 은광이 개발됨과 가격혁명의 원인이 될 정도의 막대한 양의 은이 스페인에 유입되기에 이르렀다. 이것은 당연한 일이지만 스페인령 아메리카에 대한 본국의 생산물, 특히 모직물이 광대한 판로를 보여주었지만 스페인 본국의 모직물공업은 빈약한 상태에 있어 신대륙의 팽대한 수요를 스페인산의 모직물로는 채울 수 없어 당시 스페인 지배하의 남네덜란드에서 생산되는 모직물이 스페인을 경유하여 신대륙에 수출되고 있었다. 이미 이시기의 네덜란드는 포도밭이 없는데 포도주를 마실 수 있었고 목재가 없는데도 세계에서 제일 많은 배를 건조 할 수 있었고 양이 없는데도 모직물을 생산할 수 있었던 중계무역의 이점을 취하던 시기였다.

네덜란드 동인도회사(VOC: Verenigde Oostindisch Compagnie)는 1602년 3월 20일에 요한 판 올덴바르네페르트(Johan van Oldenbarnrevelt)에 의해 네덜란드에서 출발되었다. 아울러 정식으로는 네덜란드 의회(Staten-Genraal)로 부터 네덜란드 동인도회사에게 「특허」(Octrooi)가 주어진 날이다. 여기에 「특허」(Octrooi)란, 동인도회사의 경우에는 「남아프리카 희망봉 동쪽의 모든 토지에 거래상의 독점권을 21년간(후에 21년마다 갱신되어 사실상은 1799년까지 계속되었으며, 이 독점권은 후에, 화폐의 주조권, 군대, 사법, 행정에 대해 무제한하게 주어졌다.)이 「특허」가 주어진 것으로부터 「특허회사」(Geoctrooieoer de compagnie)이라고 하여 이 「특허 회사」가 된 날이 네덜란드 동인도회사 발생의 날이라고도 한다.[33] 네덜란드의 입법 의회는 동일한 권위를 1621년에 네덜란드 서인도 회사에, 남미 및 서아프리카에도 주었다.

---

32) 셈페르 아우구스투스(Semper Augustus)라는 진종의 구근은, 최고치로 1만 3000프로린의 값이 붙었다 당시, 네덜란드의 해병의 월급이 10프로린이었으므로, 구근 1개가 급여 100년분에 해당될 정도였다.

33) Wil O. Dijk, Seventeenth Century Burma and the Dutch East India Company 1634-1680, Singapore: Singapore University Press, 2006., p.58.

네덜란드는, 네덜란드 동인도회사(V.O.C.)가 설립되기 이전에 1594년에 9명의 암스테르담 상인에 의해서 설립된 원격지회사(원거리회사: De Compagnie van Verre : Voorby Capodi Bona Sperunza)가 있어, 동양무역에 종사하고 있었다. 이 회사는 9인의 사원으로 구성되어 총독(stadthoulder)과 연방의회로부터 여러 가지 많은 상업상의 특권을 받아 상선대를 조직하여 1595년에는 동인도를 출발하여 1597년에 귀항하였다.[34] 1597년 말에는 암스테르담에서 新암스테르담 동인도회사(Nieuwe Compagnie te Amsterdam)가 설립되어 연방회의 와 호란토 주회에서 각종의 특권이 주어지면서 상선대의 준비가 완료되면서 앞의 선구회사와 합병되어 구회사(Oude Compagnie)가 성립된다. 이구회사는 1598년초에 상선대를 파견함과 동시에 1600년에 이르기까지 4회의 항해를 실행하였다. 그리고 1600년에 이르면서 구회사와 신 브라반트회사가 합병하여 암스테르담의 시정부로부터 동인도 무역독점권을 부여받은 연합암스테르담 동인도회사(Verenigde Oostindisch Compagnie te Amsterdam)가 성립되어 상선대를 파견하고 있다. 이처럼 암스테르담을 중심으로 한 호란트 주와 비슷한 움직임이 제란트(Zeeland) 주에서는 동인도무역을 위해서 1597년에 페에르 동인도회사(Veerse Compagnie) 이어 1508년에 미델부르크회사(Middelburse Compagnie)가 설립되어 1600년에 페에르 동인도회사의 사원의 대부분이 미델부르크에 합류하면서 연합제란트동인도회사(Verenigde Zeeuwse Com- pagnie)가 설립 되었다.

구체적으로는 65척이 15개의 상선대로 나뉘어져 동인도를 향해 출항하였다. 무엇보다도 경제적으로 명백하게 된 것은 동인도의 후추, 향료 등의 매입가격의 등귀와 암스테르담에서 이들 수입상품의 판로가격이 하락세를 보여 네덜란드의 상업자본은 동인도무역에 종사하는 각종의 회사기업이 포괄적인 합병과 이것에 의한 매점적 독점의 확립으로 이어졌다는 것이다. 이결과 연합동인도회사(VOC: Verenigde Oostindisch Compagnie)가 1602년 3월에 설립되었다.[35]

외면적으로는, 이사의 사업으로서의 「선구회사」는, 이사나 출자자도 항해마다 「출자」를 받고 「항해가 종료하면 귀국하고, 귀국시에 판매가 종료되면, 출자금은 이익금과 함께 「출자자」에게 배당되어 이사는 자신의 출자에 대한 배당 외에 귀국시 가져돌아간 짐의 판매 수입의 1퍼센트 이상을 자기의 몫으로서 받고 있었다. 이와 같이 「선구회사는 항해마다 청산되기 때문에 「당좌기업」(Gelegenheits Ge · Sellschaft)이라고 불린 근거라 하겠다.[36]

34) 大塚久雄, 株式会社発生史論,大塚久雄著作集〈第1巻〉,岩波書店, 1969年, pp.334-335.

35) Kerry Ward, Networks of Empire: Forced Migration in the Dutch East India Company, Cambridge University Press, 2009, pp.126-128.

당좌 기업을 포함하는 네덜란드 동인도회사는, 특허장에 나타난 10년의 기간(물론 연장할 수 있음)을 갖는 「영속적 기업」으로서 성립되었기 때문에 이 「영속적 기업이 지금까지의 「당좌 기업으로서의 선구 회사」와 구별되어 오늘날의 「주식회사」의 특징을 가진 「주식회사」에의 첫 단계로 보는 것이 타당하다고 생각한다.

주식회사의 특징으로 네덜란드 동인도회사(VOC)에서 보여 지는 것은 대자본의 집적으로 볼 수 있다. 이 특징은 증권, 특히 주식의 발행과 깊은 관계가 있다고 할 수 있다. 네덜란드 동인도 회사는 창업 자본을 주식(share)의 발행으로 조달한 것 자체는 특필할 만한 사항 이었으며 그리고 그 주식이 암스테르담의 증권거래소(Beurs)에서 거래되었다는 것은 당시로서는 상상하기조차 어려운 혁신적 기법이었다. 이 증권거래소는 1609년에 암스테르담에서 개업했는데 암스테르담, 제란트, 델프트, 로테르담 등의 합계 642만 4,588 굴덴(Gulden)으로 1,143명의 주주가 있었다.

17세기 중 에는 암스테르담의 상업거래는 16억 굴덴에 달했고 또 유가증권에 대해서는 18세기 초 세계에 유통하고 있는 2/3의 약20억 프랑을 취급했다고 평가되고 있다.[37] 당시 주식회사가 아니면 이렇게 많은 금액을 모집할 수 없었으며 영국의 동인도회사의 자본금의 10배에 달한 액수와 많은 주주의 참가가 현대 주식회사의 기원이라고 할 만한 이유라고 하겠다.

5. 세계최초의 다국적기업

세계최초의 다국적기업으로 일컬어지고 있으며 주식회사의 기원으로 일컬어지고 있는 네덜란드 동인도회사((VOC · :Verenigde Oostindisch Compagnie)의 등장배경과 네덜란드 특히 암스테르담의 종교적 관용과 상업 활동의 자유를 통한 이윤의 획득, 그리고 네덜란드가 등장하기 전의 스페인, 포르투갈의 동방무역에 대해 살펴보았다. 스페인과 포르투갈에 의해서 해외식민지 경영은 번영하여 이 움직임은 16 세기말이 되어 네덜란드, 영국, 프랑스 등의 다른 서구 제국에도 파급되었다. 스페인은 1580년에 포르투갈 병합이 이루어져, 아시아 식민지도 종속시켰다. "태양이 지지 않는 나라"를 일시적으로 실현했지만, 네덜란드가 독립(1581), 1588년에는 스페인이 자랑하는 무적함대(Invincible Armada)가 영국의 해군에 의해 괴 멸적 타격을 받아 대패했다(아르마다 해전, 1588.7).

---

36) 科野 孝蔵,オランダ東インド会社の歴史, 同文舘出版, 1988年

37) ルフラン,ジョルジュ(Lefranc, Georges)町田 実,小野崎 晶裕 共訳, 文庫クセジュ,商業の歴史, 1976, p.86

아르마다 해전에서 대패하여 위신을 상실한 스페인은 서구의 최고제국으로부터 급락하여 쇠퇴하여 갔다. 한편 포르투갈도 스페인 병합 후에는 많은 아시아 거점을 잃어갔고 1640년에 재독립하면서 일시적으로 영국에 종속되는 지위까지 내려가면서 무역거점은 브라질로만 한정되었다.

17세기후반의 동이도회사의 해병

이시기에 등장한 네덜란드 동인도회사(VOC)는 동방무역을 시도하였는데 무엇보다도 VOC의 최대의 특징은 특허장[38]에 의해 17인 중역회가 동인도에서 각종의 조약을 체결하는 것과 자위를 위하여 전쟁을 행하는 것, 요새를 구축하고 화폐를 주조하는 권한을 받은 것, 그리고 지방에 장관이나 사령관을 두어 치안유지 등을 유지하는 권한이라고 할 수 있다. 영국의 동인도회사(EIC)는 초기부터 이러한 권한이 없었으며 이러한 점 에서는 네덜란드 동인도회사의 독특한 점이라고 할 수 있다.

그러나 이러한 권한은 원래 국가가 보유하는 권한이며 이러한 권한을 회사가 보유하였기 때문에 「국가내의 국가」라고 할 수 있다. VOC(네덜란드 동인도회사)가 전쟁권

38) 특허장에는 다음과 같은 사항이 포함되어 있다. 1. 동인도회사이외의 선박이 동인도에 항해하는 것을 한다. 2. 특허기간은 21년으로 한다(단 연장가능). 3. 출자자는 신탁하는 형태로 투자하는 것이 아니고 회사에 직접 투자한다. 4. 이사 및 주주의 책임은 유한책임으로 한다. 5. 주식은 증권화 되어 양도가 가능하다. 6. 17인 중역회의를 두어 회사의 의결을 결정한다.

한을 보유함으로서 상선이 무장을 하는 것이 아닌 군함이 상업을 하는 것으로 보아야 한다. 사실 VOC는 약 40척의 군함, 약 150척의 상선, 약 1만 명의 군대를 보유하였는데 아프리카의 희망봉을 넘으면서 「하나의 국가」라는 표현이 정확하다고 할 수 있다. 네덜란드는 VOC에게 이러한 권한을 주어 포르투갈, 스페인에 이어서 동남아시아에 형성된 통상 네트워크를 형성하였다.

6. 패권국가로서의 네덜란드

네덜란드 동인도회사를 논할 경우 등장하는 논리가 근대 세계스템론 인데(이 논리는 많은 토론이 필요하지만) 주창자인 월러스텐(Immanuel Wallerstein)은 모든 국가는 세계 시스템 내에 있으며, 어느 중심 국가가 생산 · 유통 · 금융의 모든 면에 다른 중심 국가를 압도하고 있는 경우, 그 국가는 「헤게모니 국가(패권 국가)」라고 불린다고 하였다. 월러스텐에 의하면, 헤게모니는 네덜란드 · 영국 · 미국의 순서로 이어졌다고 주장한다.[39] 다만, 헤게모니는 항상 어느 국가가 잡고 있는 것이 아니고, 상술한 세 나라의 경우, 네덜란드는 17세기 중엽, 영국은 19세기 중엽, 그리고 미국은 제2차 세계대전 후부터 베트남 전쟁까지의 시기에 헤게모니를 잡고 있었다고 주장 한다.

일반적으로는 영국 · 미국에 관해서는 헤게모니 국가였던 것에는 거의 이론이 없지만, 네덜란드에 대해서는 그 우위는 인정하지만 패권국가라고 까지 부를 수 있을 정도는 도달하지 않았다고도 생각하는 학자들도 많다. 그러나 근대 세계 시스템의 특징에 자본주의를 예로 들고 있다고 한다면 이 논리는 근거가 있다고 생각한다.

패권국가 국가이든 아니든 네덜란드는 한동안 세계시장의 중심지였는데 그 이유는 당시의 다국적기업인 네덜란드 동인도회사를 통한 세계의 상품과 유통 그리고 주식을 움직이고 있었다는 점에서는 강력한 국가였다고 평가할 수 있다. 이렇게 강력한 네덜란드가 등장하게 된 요인은 글로벌시티로서의 암스테르담의 종교적관용과 상인의 자유 등의 새로운 스타일의 글로벌적요소를 포함한 것도 중요하다고 할 수 있다.

네덜란드 동인도회사는 아시아와 유럽을 잇는 무역과 아시아간의 무역에도 종사한 것 이외에도 아시아각지에 수많은 상관을 두어 아시아內 무역을 하여 네덜란드인과 유럽인 뿐 아니고 아시아 현지인을 종업원으로 채용하여 다민족종업원으로 구성되어 광범위한 지역에서 활동한 다국적기업 내지는 초기 글로벌 기업의 이미지를 나타내고 있었다. 아시아에서만 1701년~02년에는 64개소, 1751~52년에는 76개소로 증가하고 있

---

39) 이 매뉴얼 월러스틴, 유재건, 서영건, 현재열 옮김 근대세계체제. 2중상주의와 유럽 세계경제의 공고화 1600~1750년까지 2013년

고 상관의 설치, 폐지 등을 반복하면서 네트워크를 구축하여 고효율의 상품과 정보를 교환하였다. 이점은 영국 동인도회사와 프랑스 동인도회사와는 다른 점이라 하겠다.

글로벌화에 관한 정의는 정치, 경제, 사회적 접근에 의해 그 정의를 달리 한다. 사람이 자유롭게 움직이는 무국가의 개념과 자본(돈)을 중심으로 지구적 금융통합을 표현한 지리의 종언, 상품이 인터넷 등으로 전 세계의 모든 지역에 전해지는 현실을 기술과 사회의 빠른 변화의 속도로 인식하여 거리의 죽음으로 표현한 것을 보면 지구가 가까워졌음을 각각의 개념에서 표현한 것으로 볼 수 있다. 즉, 사람, 물건, 돈은 거리가 멀어짐에 따라 이동량이 감소되는 거리감소 효과(distance decay effect)가 나타나기가 쉽다.

교통, 통신수단의 발달은 거리라는 장벽의 극복, 시간과 공간의 압축 하에 지구는 축소되고 가까워졌음을 상징적으로 나타낸 것이라 할 수 있다. 세계의 역사에서 교통, 통신의 발달 등에 의해서 각 지역간의 분업시스템이 형성되어 고정화되거나 재편되는 과정[40]을 글로벌화 또는 세계의 一體化(통합: integration)로 인식하는 데는 이견이 없으며 일반적으로는 이러한 일체화개념의 등장은 16세기 이후의 대항해시대 이후 본격화 되었다고 보고 있다.[41]

이러한 정의에 따르면 -네덜란드→희망봉→자바섬을 연결하여 태평양-인도양-대서양을 횡단하여 광역사슬구조를 형성하여 글로벌상품의 세계를 가져다 준 VOC무역은 글로벌무역의 초기에 해당된다고 할 수 있다.

---

40) Immanuel Wallerstein, The Modern World-System I: Capitalist Agriculture and the Origins of the European World-Economy in the Sixteenth Century Academic Press, 1974

41) 川北 稔, 近代世界システムI—農業資本主義と「ヨーロッパ世界経済」の成立—I. ウォーラーステイン(著), 川北 稔(翻訳) 서문참조.

국제기업과 국가이익

제7장

흔히 우리는 현대나 삼성 등 우리나라 기업이 국민경제에 공헌하는 것에 대해서 긍정적으로 평가하는 반면 C, K, E, J 등의 외국계 기업이 국내에서 기업활동을 할 경우에는 부정적인 견해를 보이기도 한다. 이것은 세계화가 진전됨에 따라 기업활동의 국가적 경계, 특히 외국기업의 자본과 기술의 이동에 대해 국민경제에 반한다는 입장 때문에 그러한 것이며, 외국의 다국적기업은 영리라는 목적이 정당화되면서 국내기업이 위축되지 않을까 하는 견해 때문에 그런 것으로 판단한다. 그러나 점차 국가적 경제의 경계가 자국에 국한되지 않는 이상 무조건적으로 자국 우선주의의 입장을 고수해서는 안 될 것이다. 물론 국제기업에 대해 긍정적으로만 바라보자는 것은 아니며, 다만 국제기업이 한 국가의 경제적 이익 또는 크게 세계경제에 어떤 영향을 미치느냐 하는 점을 평가해 보아야 할 것이다.

그렇다면 국제기업은 국민경제나 세계경제를 위해서 어떠한 존재인가? 이 문제는 '세계 경제시스템' 자체를 효율적으로 보느냐, 아니면 종속관계로 보느냐, 그리고 민족국가의 경우 국가이익을 극대화하는 자기중심적 논리로 보느냐에 따라 답을 달리할 수 있다.[1] 그러므로 국제기업과 국가이익의 관계에 대한 문제점과 그 영향을 살펴보기 전에 이론적인 토대로서 국제기업에 대한 시각을 비교하면서 이 장을 열기로 한다.

---

1) 이러한 논리는 Robert Gilpin, "Three Models of the Future", in C. F. Bergsten andL. B. Krause(eds), World Politics and International Economics, The Brookings Institution, 1975, pp.37-62를 참조할 것.

제1절 국제기업에 대한 시각

1. 종합적인 시각

국제기업과 국민경제 혹은 국제기업과 세계경제의 관계에 대한 견해는 크게 자유주의, 종속이론, 보호주의로 나누어 볼 수 있다.

1) 자유주의

세계경제를 지배하는 경제사상 중에 자유주의(liberalism)는 국가 간의 거래가 극대화됨으로 인해 국민경제에 이득이 되고 세계경제의 효율에 긍정적 영향이 있다는 견해로, '자유무역'과 '외환거래의 자유화'라는 구체적인 정책으로 표현되고 있다. 사실상 두 차례의 세계대전은 유럽보다는 미국의 경제력이 상대적으로 강화되는 결과를 낳았고, 이 과정에서 미국은 자유무역이 자국과 세계경제에 이득이 된다고 보아 자유주의 사상이 세계경제질서를 주도하게 되었다.

자유주의 견해에 따르면 국제기업은 세계경제의 효율을 증진시키는 기관으로 보이는데, 시장의 불완전성으로 제품의 가격이 균일화되어 있지 못하면 국제기업은 세계적인 조직과 정보망을 이용하여 자원을 싼 곳에서 비싼 곳으로 이동시킴으로써 세계시장에서 더 효율적인 자원배분을 가능하게 한다는 것이다.[2)]

국제기업의 효율적인 자원배분에 대해 절대적으로 신뢰하는 일부 극단적 자유주의자들은 1960년대 말 국제기업의 전성기 때, 경제적 성공이 지배적인 관심사가 되어 정치 조직인 '민족국가'의 기능을 진부하게 만들 것이라고 말하기도 했다.[3)] 물론 이러한 견해는 1970년 말 유가인상, 자원민족주의, 보호무역주의로 인해 그 힘이 약해졌으나, 설득력을 가지고 있다고 할 수 있다.

2) 종속이론

세계경제를 선진국이 후진국을 착취하는 불공평한 시스템으로 보고, 현재 선진국이

---

2) A국이 B에비해서 자본이 싸다면(금리가 낮다면) 국제기업은 A국에서 자본을 조달해서 B국으로 이를 이동시키며 그 결과 A국과 B국의 자본비용은 접근하게 되고, 따라서 더 효율적인 자원배분이 이루어진다는 것이다.

3) Raymond Vernon, Sovereignty at Bay, New York : Basic Books, 1971. 이러한 견해를 '궁지에 몰린 주권(Sovereignty at Bay)' 모형이라고 부른다.

잘살게 된 것은 불공정한 무역 거래를 통해서 부가 후진국에서 선진국으로 이동했기 때문이라고 보는 견해이다.[4] 종속이론의 주창자는 세계경제를 중심부(metropolis, 선진국)가 주변부(periphery, 후진국)를 착취하는 수직적 시스템으로 보며, 국제기업은 이 착취과정에서 선진국의 이익을 대변하는 도구로 본다.[4] 국제기업은 중심부에 본부를 두고 있으며 본부 국가와 본부 사람들의 이익을 위해서 일한다고 보고 있다, 따라서, 국제기업주도하의 경제체제에서는 뉴욕이나 런던 같은 중심부에서 연구개발과 금융을 포함하는 모든 핵심적 기능과 전략적결정이 이루어지며 주변국가에서는 생산활동이나 원료조달과 같은 '하급'기능만 수행된다는 주장이다. 이 견해에 따르면 국제기업의 활동이 민족국가에 불리하기 때문에 국제기업을 엄격히 규제해야 한다는 입장이지만, 한 나라가 국제기업을 규제한다고 하더라도 기업은 신축적으로 대응하기 때문에 별 효과가 없을 것이다. 그러므로 여러 나라가 공동으로 국제기업을 규제할 필요가 있다는 것이다. 구체적으로는 선진국은 후진국으로부터 원자재를 수입하고 대신에 공산품만을 수출하는 두 상품간의 교역조건이 역사적으로 후진국에 불리하게 되어왔다는 주장이다. 그 결과 후진국의 자원이 선진국에 의해서 부당하게 착취되었다고 보는 것이다. 1960년 대중반부터 중남미국가를 중심으로 해서 강력하게 대두된 이 견해는 제3세계의 호응을 얻었으며 그 결과 1974년에는 UN총회에서 '신국제경제질서 New International Economic Order)'를 선언하게까지 되었다. 신 국제경제 질서란 국가의 주권의 존중과 공평한 경제거래를 주장하는 제3세계의 선진국에 대한 요구이며 이는 경제질서인 선진국중심의 자유주의에 대한 대안적 제안이다.

종속이론은 '네오 막스주의(Neo-Marxism)'라고도 하며, 기본적으로 자본주의가 주도하는 세계경제를 불평등한 관계로 본다. 일례로 라틴아메리카의 공업화과정은 외국자본에 의해 지배되었고 공업화를 위한 국가 정책이 다국적기업에 의해 압도당하였다는 점 등을 들어 제국주의의 제2단계로 간주하고 있었다.[5]

(1) 종속이론과 남아메리카

라틴아메리카 국가들은 20세기 초부터 꾸준히 경제성장을 이룩해가는 미국에 비해 성장속도가 느렸다. 비교우위론에 따르면, 교역을 하는 양국은 같이 발전해야 하는데 그렇지 않은 상황에 대해 라틴아메리카 학자들을 중심으로 의문을 품었고, 그 원인에

4) Stephen Hymer, "The Multinational Corporation and the Law of Uneven Development", in Jagdish Bhagwai(ed.), Economics and World Order-From the 1970's to the 1990's, New York : The MacMillan Co., 1972, pp.113-140.

5) Amin Samir, Imperialism and Unequal Development, Monthly Review press, 1977.

대해 규명하기 시작했다.[6] 1929년 세계공황과 1930년대의 세계적 대불황으로 인하여 수출경제에 타격을 입은 남아메리카는 외국자본 계열기업의 국유화 · 민족화와 함께 수입대체 공업화를 적극적으로 추진하였다. 그러나 제2차 세계대전의 종료와 함께 남아메리카의 고립성이 해제되는 한편 수출주도형 성장론의 부활, 수입대체 공업화의 부진, 국제적 · 국내적 소득격차의 확대, 다국적기업의 세력팽창, 관료적 권위주의가 대두하였다. 그때 남아메리카의 사회과학자들은 '저발전(低發展, underdevelopment)이란 무엇인가? 왜 저발전이 지속되고 있는가?'에 관한 질문을 제기하기에 이르렀고, 저발전에 대한 문제의식이 종속이론으로 대두되었다. 그들은 서유럽 사회의 발전이론이 남아메리카사회의 분석에는 적합하지 않다고 판단, 남아메리카에 적합한 이론적인 틀을 구축하려고 하였다.

(2) 남아메리카 : 종속이론의 등장

1960년 쿠바혁명 성공과 함께 문화적제국주의의 침투 등 내부지향적 발전의 한계가 등장하면서 종속이론이 남미에서 탄력을 받게 되었다. 일반적으로 종속이론의 연원은 UN 산하 라틴아메리카경제위원회(ECLA), R. 프레비시, P. A. 바란, P. M. 스위지, A. G. 프랑크 등의 마르크스 또는 신마르크스 사조(思潮)에서 찾을 수 있다. ECLA는 1948년 설립되어 제2차 세계대전 후 수출주도형 성장론의 부활에 대항하여 수입대체 공업화의 필연성 및 이론적 정당성을 옹호하는 이론을 펼쳤고, 이들 학자들은 바로 ECLA 이론에 대한 비판에서 출발하여 1960년대 후반 이래의 라틴아메리카 종속이론의 주류를 이루고 있다.

1958년 카스트로와 체게베라

1960년5월 하바나 광장에서 혁명성공기념

6) 신명순 d제세계정치론, 법문사 1987, p.161.

이런 상황을 배경으로 하고 ECLA(Economic Commission for Latin America)의 권고와 주장에 의한 수입 대체적 공업화 정책의 추진 및 그것의 실패에 따른 반성과 쿠바 혁명의 성공이라는 세 가지 요인에 의해 종속이론은 태동하였다.

먼저, ECLA의 수입 대체적 공업화 정책이란 수출에 의존하고 있던 라틴 아메리카의 부(富)가 제1차 세계대전과 대공황으로 인해 급격히 감소된 결과로 라틴아메리카와 같은 저발전국이 취할 수 있는 대책이란 공업화와 내부지향적 발전을 이룩하는 것밖에 없었다. 비교우위에 입각한 국제분업이 전 세계적인 규모에서 무역확대를 유도할 수 있을지는 모르지만, 발전국과 저발전국에서 각각의 수입품에 대한 소득탄력성의 불균형은(공산품의 소득탄력성, 1차상품의 소득탄력성) 무역 조건에 있어 오랫동안 저발전국이 발전국에 종속될 수밖에 없는 상황을 야기시키는 것이다.

둘째로 수입 대체적 공업화 정책의 실패이다.

1960년대 라틴아메리카의 내부지향적 공업화정책은 외자도입과 원조 등을 기반으로 하였으며 대외무역에서의 불평등 감소와 국내경제 중심으로의 이전이 기대되었던 수입대체적 내부지향적 발전노선은 그 지역을 경제적 · 사회적으로 매우 심각한 위기 상황에 놓이게 만들었다.

수입대체적 공업화정책은 저개발국에서의 주요 상품 제조를 고무시킴으로써 단기적으로는 선진국에 대한 공산품수입의존도를 감소시킬 수 있었다. 그러나 한편으로는 후발국으로 하여금 외국으로부터 기계설비, 원자재, 부분품, 그리고 다량의 농산물을 수입하게 만들었다.[7]

더욱이 수입대체화에 도입된 기술은 막대한 자본을 필요로 하며 노동절약적이어서 실업을 양산하는 결과를 초래하게 되어, 국가 간의 상호의존성(interdependence)은 후진국의 종속 상태를 의미하는 것이었다.

다국적기업에 의한 수직적 · 수평적 기업통합 현상으로 그 모습이 드러난 해외자본은 지배력 강화와 동시에 공업 부문의 집중화(concentration)와 독점화(monopolization)를 강화했고, 이에 따라 후발국의 독립적인 발전 가능성이 점차 약화되어 가고 있으며 또한 경제, 사회, 그리고 정치적인 면에서도 해외자본의 영향력하에 예속되어 가고 있었던 것이다.[8]

선켈(Sunkel)은 다국적기업에 의한 후진국에의 침투를 오늘날의 종속(present- day dependency)현상으로 보았고,[9] 도스 산토스(Dos Santos)는 새로운 종속으로 명명하고

7) 염홍철, 『다시읽는 종속이론』, 한울아카데미, 2003, p.41.

8) 염홍철, p.43.

9) Osvaldo Sunkel, "National Development Policy and External Deperdence in Latin America",

있다.[10)] 그러나 사회주의 체제가 내부적인 모순과 비효율로 무너진 지금 자본주의에 대한 대안은 나오지 않고 있기 때문에 종속이론도 어느 정도 퇴색했다고 보는 것이 옳을 것이다. 이것은 중남미 국가가 '세계적 자본주의'에 동참하고 있는 것을 보면 알 수 있다.

3) 보호주의

위의 두 견해가 서로 반대적이기는 하나 상호의존적인 경제관계를 말하고 있는데,[11)] 보호주의는 세계경제가 국가이익에 의해서 좌우된다고 보는 입장이며, 세계경제에 있어 국제기업의 역할에 대해 크게 관심을 가지고 있지 않다.

또한 미국에 의해서 주도되었던 자유주의적인 경제질서는 어느 정도 한계에 와 있으며, 이제 세계경제는 여러 경제권으로 나뉘어 블록화해 갈 것으로 본다. 이러한 다원체제하에서는 각국 또는 경제블록이 자국의 국내외적인 목표(완전고용, 물가안정, 성장, 안보 등) 달성을 위해서 적극적으로 시장에 개입하여 국익을 극대화해야 한다는 입장이다. 이런 점에서 18세기의 무역수지흑자를 통해서 금의 유입을 극대화하려던 국익제일주의와 유사하며, 이를 '신중상주의(neo-mercantilism)'라고도 부른다.[12)]

이상에서 나타난 세 가지 견해에 대해서는 어느 것이 옳고 그른가에 대해서 판단하기는 쉽지 않다. 다만 몇 가지 문제점을 언급함으로써 그 추세를 이해하는 것이 중요하다 할 것이다. 자유주의, 종속주의, 보호주의 에 대한 시각은 〈표 7-1〉 국제기업에 대한 시각에 나타나 있다.

Journal of Development Studies, Vol. 6 No. 1, 1969.

10) Dos Santos, Deren dencia Cambio Social, Santigo ; 염홍철, 『다시읽는 종속이론』, 한울아카데미, 2003.

11) 자유주의와 종속이론은 공정한 거래든 착취든 간에 국가간의 상호 의존성을 중시하고 있다.

12) 보호주의 또는 신중상주의가 보는 세계경제는 비관적으로는 세계경제가 국가별 경쟁이 치열해지면서 주요경제권 간의 경제적 마찰이 점차 심화되어 세계경제는 1930년대와 같은 무질서상태로 돌아갈 것이라고 보는 견해와 낙관적으로는 세계경제가 블록화 되어가겠지만 경제권 간에는 협상과 양보를 통해서 어느 정도 질서있는 경제시스템이 구축되어 갈 것이라는 견해 등 두가지가 있다.

표 7-1 — 국제기업에 대한 시각

견해	긍정적	부정적
자유주의	세계경제를 지배하는 경제사상 중에 자유주의(liberalism)는 국가 간의 거래가 극대화됨으로 인해 국민경제에 이득이 되고 세계경제의 효율에 긍정적 영향이 있다는 견해로 '자유무역'과 '외환거래의 자유화'라는 구체적인 정책으로 표현되고 있다.	
종속이론		세계경제 자체를 중심부(metropolis, 선진국)가 주변부(periphery, 후진국)를 착취하는 수직적 시스템으로 보며, 국제기업은 이 착취과정에서 선진국의 이익을 대변하는 도구로 본다.
보호주의	다원체제 내에서는 각국 또는 경제블록이 자국의 국내외적인 목표(완전고용, 물가안정, 성장, 안보 등) 달성을 위해서 적극적으로 시장에 개입하여서 국익을 극대화해야 한다는 입장. 즉 상기 두 견해의 반대적인 입장과는 다름.	

먼저, 자유주의는 국제기업에 대해 너무 긍정적으로 보고 있는데, 하이머(Stephen Hymer)가 지적했듯이 개발도상국의 다음 세 가지 문제를 해결할 수 없는 문제점이 존재한다.

① 개도국의 중 · 상류층에 맞는 활동을 하기 때문에 빈곤문제나 소득분배문제에 기여하지 못한다.
② 국제기업은 개도국의 국제수지 및 외채문제를 해결하지 못한다.
③ 국제기업은 개도국의 공업화와 도시화에 따른 교육과 훈련의 필요를 충족시켜줄 수 없다.

결국 국제기업은 자유무역과 자유로운 외환거래 아래 개방된 경제시스템 안에서 그 능력을 최대한 발휘할 수 있는 조직이며, 이런 면에서 민족국가는 국제기업의 활동의 범위를 결정하는 데 있어 여전히 중요한 역할을 한다고 보아야 할 것이다.

다음으로 종속이론도 현실적인 거리가 존재한다. 첫째, 세계경제를 선진국과 개도국으로 이원화해서 보고 있으며, 선진국 간에 이해가 일치한다고 가정하고 있다. 둘째, 종속이론은 개도국을 선진국의 경제력에 의해서 좌우되는 무기력한 존재로 보고 있다. 이는 제3세계의 단결과 경제력이 성장하는 것, 그리고 경제가 다원화해 가는 것을 보면 상당한 현실적 거리가 있다고 할 수 있다.

이런 관점에서 종속이론은 글로벌화가 점진되고 있는 현재에는 국제기업의 부정적인 측면만을 강조한다고 평가할 수 있다.

마지막으로 보호주의도 현실적인 거리감이 있는데, 교통과 정보통신이 발달하여 세계가 좁아지고 세계시장이 동질화되고 있는 추세를 감안할 때 자국의 이익만을 무한정 추구할 수는 없다는 것이다.

이렇게 볼 때, 크게 자유주의와 보호주의의 주도에 대해 앞으로의 추세가 주목된다고 하겠으나, 현실적으로는 세계경제가 미국과 기타 경제세력 간의 경쟁, 자유주의와 보호주의 대립, 개도국의 생존을 위한 투쟁 등 몇 가지 현상이 함께 공존한다고 할 것이다.

2. 국제기업의 역할에 대한 분류

랄(Sanjaya Lall)은 국제기업(다국적 기업)에 대한 학설을 긍정적 입장과 부정적 입장으로 나타내고 있다.[13] 긍정적 입장으로는 첫째, 자본주의 기업 체제의 도덕적·실천적 장점을 암묵적으로 신뢰하는 데 기반한 '경영학적 접근(business school approach)'[14]이며 둘째, 자유기업체제는 후생증진에 가장 효과적인 수단이라고 가정되기 때문에, 개발도상국에 제시되는 방안은 당연히 자유기업체제에 대한 규제, 간섭 및 공적소유를 최소화하도록 하는 '전통경제학적 접근(traditional economic approach)'[15]이다. 그리고 셋째, 국제기업(다국적 기업)의 과점적·수탈적 그리고 집중적 성격에 관심을 가지고 있는 학자들의 접근 방법인데, 이들은 기본적으로 외국투자가 바람직하다는 점은 확신하고 있으나 외국투자에 대한 통제와 공적규제를 권고하는 '신 전통주의적 접근(neo-traditional approach)'[16]을 중심으로 한다.

---

13) Lall, S., *Developing countries in the International Economy: Selected Papers* (London, The Macmillan Press, 1981), pp. 51-57.

14) 이 분야의 연구는 국유화에 어떻게 대항할 것인가에 대한 순수한 조직적인 분석으로부터, 조세부담을 극소화하기 위래 금융수단을 어떻게 잘 활용할 것인가에 관한 연구(Robbins, S. M., and Stobaugh, R. B., *Money in the Multinational Enterprise*, New York, Basic Books, 1973), 그리고 어떻게 가장 이익적인 소유권전략을 수립할 것인가 하는 연구 등에 이르기까지 다양하다.

15) 이 접근의 지지자는 킨들버거(Kindleberger, C. P, *American Business Abroad: Six Lectures on Direct Investment*, New Haven and London, Yale University Press, 1969)와 버논(Vernon, R., 전게서) 등이 있다.

16) 이 접근방법은 외국인 투자가와 피투자국 간에 이익이 일치하지 않을 수 있다는 가능성

이렇게 국제기업에 대한 긍정적인 접근들은 국제자본주의의 장점을 강조하고 있는데 이에 반해 부정적 입장으로는 첫째, 국가소유에 의한 개발의 장점을 강조하며 투자기업이나 자본수출국보다는 피투자국인 개발도상국의 입장에서 보다 적합한 요소, 특히 기술을 최대한 끌어내는 동시에 외국투자의 비용과 규모를 극소화시켜야 한다는 점을 강조하고 있다는 점과 동시에 국내생산업자들이 바람직한 형태의 성장 및 분배를 책임지고 유지할 수 있는 능력이 있다고 가정하는 '민족주의적 접근(nationalist approach)'[17] 이 있다.

둘째, 자본주의적 제도 및 방법들이 개발도상국에 침투함으로서 생겨나는 사회적·정치적·경제적 영향을 분석하고, 개발도상국들은 본래적으로 가지고 있는 종속 상태 때문에 결코 진정한 개발을 이루지 못할 것이라고 결론짓는 '종속이론적 접근(dependence school approach)',[18] 이 있으며 셋째, 자본주의적 제도의 가치는 공격의 대상이 되며,

---

을 솔직히 인정하고 있으며, 이러한 이익의 불일치를 조정하는 수단으로는 다국적 기업에 대처하는 국제적 2정치기구의 설립[Goldberg, P. M. and Kindelberger, C. P., "Towards a Gatt for Investment: A Proposal for Supervision of International Corporation", *Law and Policy in International Business*, Summer 1970, pp.295-325.]이나 각종 국가적 조치의 실시로부터[Behrmasn, J. N., *National Interests and Multinational Enterprise: Tensions Among the Northatlantic Countries*, Englewood Cliffs, New Jersey, Prentice-Hall, 1970] '다국적 기업의 거대성'을 공격하여 경쟁을 회복하기 위한 급전적 정책전환[Bannock, G., The Juggernauts: *The Age of Big Corporations*, Weidenfeld and Nicolson, 1971]에 이르기까지 다양하다. 대체로 이 학파의 지지자들은 다국적 기업을 국민국가보다 훨씬 강하고 영속적인 존재로 간주하고 있으며 다국적 기업이 국민국가를 따라가기보다는 국민국가가 다국적 기업을 따라 잡아가는 진화과정 중인 존재로 보고 있다.

17) 이의 결과는 외국투자에 대한 엄격한 규제, 케이스 바이 케이스에 다른 협상, 보다 유리한 거래를 위한 거래선 확대, 개발도상국 간의 정보교환 등을 강조하는 정책을 권고하고 있다. 이러한 접근을 지지하는 학자는 스트리튼(Streeten, P. P., "*The Multinational Enterprises abd the Theory of Development Policy*", World Development, Oct. 1972, pp. 1-4.), 스트리튼과 랄(Streeten, P. P., and Lall, S., *Summary of Methods and Findings of Study of Private Foreign Manufacturing Investment in six Developing Countries*, UNCTAD, May 1973.) 및 바이트 소스(Vaitsos, C. V., *Transfer of Resources and Preservation of Monopoly Rents(mimeo)*, Harvard Development Advisory Service, 1970.) 등을 들 수 있다.

18) 종속학파의 극히 온건한 해결책은 민족주의 학파의 해결책과 거의 차이가 없지만 극단적인 것은 마르크스주의 학파에 가깝다. 마르크스주의적이지도 않고 민족주의적이지도 않은 입장에 선 학자로는 산토스dos Santos, T., "The Structure of Dependence", *American Economic Review*, Papers and Proceedings, 1970, pp. 231-236.], 선켈[Sunkel, O., "National Development Policy and External Dependence in Latin America", *Journal of Development Studies*, pp. 23-48], 하이머[Hymer, S. H. "The Multinational Corporations and the Law of Uneven Development", in (ed.) Bhagwati, J. N., *Economics and the*

해결책은 오로지 국내의 혁명과 외국자본의 완전한 거부에 있다고 보는 '마르크스주의적 접근(Marxist approach)'[19]이 있다.

이렇게 볼 때 국제기업의 역할을 어떻게 보느냐를 놓고 학자들 사이에는 많은 의견이 나타나고 있는데, 세계후생증대 및 기술혁신의 주도자이자 전파자라는 신고전학파의 '최선적' 견해에서 시작하여 제 3세계 착취의 수단이라는 마르크시스트의 '최고악'적 견해에 이르기까지 극단적으로 나타나고 있다.

이상과 같이 국제기업에 대한 학자들의 시각을 살펴보았다. 그러나 중요한 것은 국제기업에 대한 현지국의 시각은 어떠한 것인가? 하는 문제점을 가지고 있다. 이를 살펴 보면, 크게 자유주의와 국민주의 시각으로 나눌 수 있다.

자유주의는 외국자본의 진출이나 현지에서의 활동에 대해 현지국 정부가 가능하면 통제와 개입의 폭을 줄이고자 하는 것을 말하며, 국민주의는 그 반대의 경우를 가리킨다. 즉 자유주의적 시각을 가진 현지국은 자유방임주의 정책을 실시하는 반면, 국민주의적 경향이 강한 현지국은 현지기업을 보호한다던가 국민적 후생을 극대화시키기 위해 개입주의적 정책을 선호한다. 이를 〈그림 7-1〉을 통해 보면 다음과 같다.

자유주의는 각 시대에 있어서 세계경제를 주도하던 영국, 미국 같은 나라에 의해 주창되었으며, 국민주의는 뒤늦게 산업혁명기에 들어간 독일 같은 후발 자본주의 국가에서 배양되어 제 2차 대전 후 전후복구나 산업화 문제에 직면했던 프랑스, 일본, 한국 같은 나라에서 뿌리를 내려 국제기업에 대한 시각이 단적으로 하나의 주의에만 접근한다고는 할 수 없다. 국민주의는 정부의 개입정책을 중심으로하는 시장경제의 원리 속에서 그리고 국제기업의 진입의 제한을 중심으로 하는 개입의 일면적인 타당성을 보여주기도 한다.

World Order, New York, The Macmillan Press, 1972, pp. 113-140.] 등이 있다.

19) 매그도프[Magdoff, H., *The Age of Imperialism*, New York, Monthly Review Press, 1969], 스위지와 매그도프[Sweezy, P. M., and Magdoff, H., *The Dynamics of U. S. Capitalism*, New York, Monthly Review Press, 1972] 등은 다국적 기업의의 탄생과 다국적 기업이 개발도상국에 미치는 영향들을 고려한 제국주의적 이론을 발전시켜 왔으며, 특히 개발도상국 문제와 관련해서는 프랭크[Frank, A. G., *Lumpenbourgeoisie and Lumpendevelopment*, New York, Monthly Review Press, 1972.] 및 와이스코프[Weisskopf, T. E., "Capitalism Underdevelopment and the Future of the Poor Countries", in (ed.) Bhagwait, J. N., Economics and the World Order, New York, The Macmillan Press, 1972, pp. 43-77] 등이 있다.

<table>
<tr><th></th><th>자유주의</th><th>국민주의</th></tr>
<tr><td>투자 및 경영활동의 자유화 · 최초투자시 · 자회사의 활동</td><td>자유방임(laissez-faire)정책
자본이동의 자유화
시장경제원리에 일임</td><td>개입정책
진입저지 · 제한정책
정부의 개입</td></tr>
<tr><td>이론적 배경</td><td colspan="2">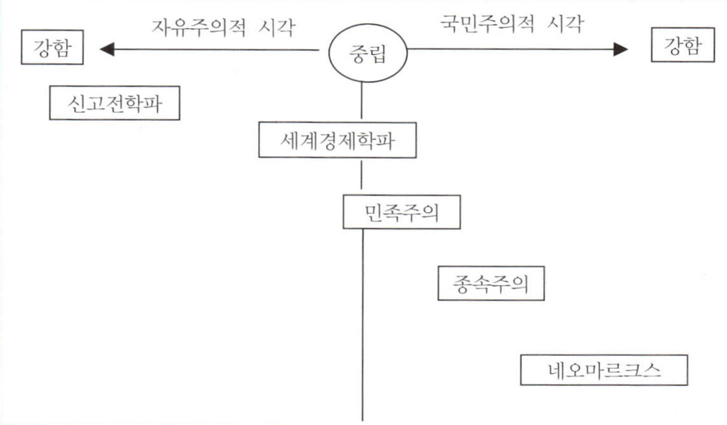
</td></tr>
<tr><td>대표적인 국가</td><td>미국, 벨기에, 독일, 네덜란드, 덴마크</td><td>일본, 프랑스, 한국</td></tr>
</table>

자료 : 안세영, 다국적 기업 경제학, 박영사, 1993, p.306.

[그림 7-1] 국제기업에 대한 현지국의 시각

제2절 남미에서의 종속이론의 등장

1. 다국적기업의 착취와 남미의 종속이론

남미의 해방신학은 1950~60년대 남미라고 하는 독특한 상황에서 탄생하였다. 이 시기를 설명하자면 다음과 같다. 1940~50년대의 남미는 "자족적 경제개발의 가능성에 대한 낙관주의"가 팽배하던 시기였다. 하지만 근 20년에 2차에 걸쳐 국제적인 지원을 받아 경제개발정책을 추진하였음에도 불구하고 선진국과의 격차뿐 아니라 자국 내에서 조차 빈부격차가 줄어들기는커녕 오히려 더 벌어진 '저발전의 발전'이라는 구체적 통계를 접하게 되었다.[20]

보니노(Jose M. Bonino)는 "개발과 저개발은 두 개의 독립된 실체나 연속선상의 두

20) 허호익, 「신앙, 성서, 교회를 위한 기독교신학」(동연, 2009), p.80.

단계가 아니라 두 개의 상호관련을 가진 과정이다. 라틴 아메리카의 저개발 상태는 북쪽 선진국가 발전의 어두운 그늘이다. 북쪽 선진 국가들의 발전은 제 3세계의 저개발 위에서 이루어졌다. 이것은 개발과 저개발의 문제를 넘어선 재배와 종속의 관계이다."라고 주장한다. 북쪽 선진국들과 주변 국가들 혹은 지배국과 종속국들은 동일한 역사의 다른 부분이며 상호간에 서로 다른 국가의 내부구조와 문화적 삶의 형태를 좌우한다. 종속국의 입장에서는 이러한 현상을 '종속의 국제화'(internationalization of dependence) 라고 부른다. 이러한 국제적인 종속의 상태를 다른 말로 표현하면 다국적기업에 의한 경제적 지배라고 볼 수 있다.

영국 대신에 들어선 미국의 다국적기업은 거대상사, 은행침투, 제조업, 상업, 매스미디어, 교육 등을 통하여 라틴아메리카의 종속의 도를 더욱 심화시켜 왔다. 그러므로 라틴 아메리카가 미국의 다국적기업에 종속되어 있는 한 국민총생산액 GNP은 증가될 수 있으나 자국 내의 경제발전은 진행되지 않으며 대외의존도는 날로 심화되어 국내산업은 완전히 도산하게 될 것이다. 결국 발전과 저개발의 역사적 현상은 국제자본주의 팽창의 결과요, 주변국의 모든 정책은 중앙국의 다국적기업의 이해관계에 의해 결정된다고 말할 수 있겠다. 여기서 다국적기업에 의한 라틴 아메리카의 착취 상황을 구체적으로 살펴보면 다음과 같다. 그중 9가지중 좀 더 현실적인 것만 5가지만 살펴보기로 한다. [21)]

1. 라틴 아메리카 인구 2/3 정도가 육체적으로 기아 상태라 할 정도로 영양실조에 걸려있다. 어떤 지역에서는 식사 대신 코카나무의 잎을 씹거나 알콜, 심지어는 진흙을 먹고 있다.
2. 라틴 아메리카의 몇몇 국가에서는 인구의 3/4이 문맹이다. 다른 국가들에서는 문맹자 인구가 20~60%에 이르고 있다. 아르헨티나와 같이 비교적 발전된 국가에서도 지난 10년 동안 문맹과 미취학률이 증가하고 있다. 그러나 쿠바는 실제적으로 문맹을 퇴치했고 칠레도 그렇게 되고 있는 중이다.
3. 라틴 아메리카 농업인구의 대다수는 토지가 없다. 라틴 아메리카의 농업, 산림, 그리고 목축자원의 2/3 혹은 그 이상이 국내 지주와 외국 회사의 손에 통제되거나 그들의 소유이다. 미국의 자본가들은 지난 5년 동안 최근에 개방된 브라질의 아마존 지역 중 6억 에이커를 사들였다.
4. 라틴 아메리카에 있어서 대부분의 자원개발사업은 외국법인의 손에 의해 진행되거나 지배되고 있으며 상당한 비율의 이익이 다른 나라들로 유출되고 있다. 그와

21) 고재식, 해방신학의 재조명, 사계절, 1986, pp.100-103.

같은 형태로 라틴 아메리카에 있어서 대부분의 생산과 분배기관들은 부재 외국자본에 의해 통제되고 있다. 1950~1965년 사이의 라틴 아메리카에 대한 미국인의 투자는 38억 달러에 달하고 있다. 그 기간에 미국으로 들어간 이익은 113억 달러이다. 그 기간의 외국 원조액을 공제하더라도 미국의 순이익은 50억 달러나 된다. 최근에는 외국의 은행들이 이 지역 여러 국가들의 대부분의 은행과 금융기관들을 사들이고 있다.

5. 콜롬비아, 아르헨티나, 브라질, 그리고 우루과이를 제외한 대부분의 남미국가의 피고용인율은 미국이나 유럽대륙에 비해서 현저하게 낮다. 미국은 40.8%, 유럽은 45%, 오스트레일리아는 43%인 데 비하여 라틴 아메리카는 30%이다. 브라질, 우루과이, 아르헨티나에서도 지난 5년 동안 실업률은 계속 증가하고 있다.

여기서 다국적기업의 횡포로 극심한 피해를 입은 브라질의 경우를 간략히 살펴보자. 브라질의 경제발전은 다국적기업의 발전과 더불어 비로소 가능했으며 또 다국적기업의 요청에 따른 것이었다. 브라질의 경제개발은 다국적기업의 현지생산을 중심으로 한 것으로서 브라질의 이러한 경제개발 결과 극심한 빈부의 격차와 종속의 심화가 초래됐다. 그리하여 브라질 산업의 41.6%가 미국인의 수중에 들어갔고, 임금의 구매가치는 23.5%하락했으며 투자가들에 대한 이익배당금은 4년 동안(1964~1968) 4.2%가 증가했고 계속 증가하고 있다.

명백한 사실은 브라질이 다국적기업의 공장이 되고 말았다는 점이다. 즉 브라질 국민은 값싼 예비 노동력이며 브라질의 정부, 군대, 그리고 경찰은 이 다국적 기업의 공장장 감독으로 전락했다는 것이다.[22] 이러한 다국적기업은 라틴 아메리카 사람들을 인간으로 대하기보다는 단순한 상품시장의 도구로 취급하고 있다. 그리하여 인간의 생명에 직접적인 영향을 끼치는 의약품까지도 미국등 선진국에서는 판매금지령이 내려졌는데 남아메리카인들에게는 판매되고 있는 실정이다.[23]

상술한 바와 같이 소위 남아메리카제국은 종속이론에 입각해서 볼 때도 중앙국인 미국(다국적기업)에서 경제적으로 벗어나기 어려운 가운데서 어려움을 겪고 있는 중에 있다. 중앙국은 원료를 획득해서 제조한 상품을 주변국에 팔게 되는 것이다. 남아메리카는 원료공급자요, 동시에 제조된 상품을 다시 수입하는 결과가 되고 중앙국인 미국은 상품을 만들어서 주변국인 남아메리카에게 시장판로를 열어 놓은 셈이 된다.

---

22) Jose M. Bonino, Doing Theology in a Revolutionary Situation(Philadelphia, PA: Fortress, 1975, p.28

23) Penny Lernoux, Cry of the People, 이부영역, 민중의 외침, 분도출판사, 1984. pp.232-240. 고재식 편저, 해방신학의 재조명, pp.102-103. 참조

프랭크(Andre Gunder Frank,February 24, 1929 - April 23, 2005)가 라틴아메리카의 저개발연구를 시작한 것은 1962년-64년경, 남미의 경제발전론의 주요한부분은 칠레의 산티아고에 본부를 둔 유엔 의 라틴아메리카 경제위원회(Economoic Committee For Latin America, ECLA)로부터였다. 그리고 그는 ECLA의 경제발전론은 라틴아메리카를 토양으로 한 선진공업국 중심의 근대화 주의적 발전론과 급격히 대립한 측면의 중앙국-주변국 논리를 중심으로 라틴아메리카의 체계적분석을 이루었다.

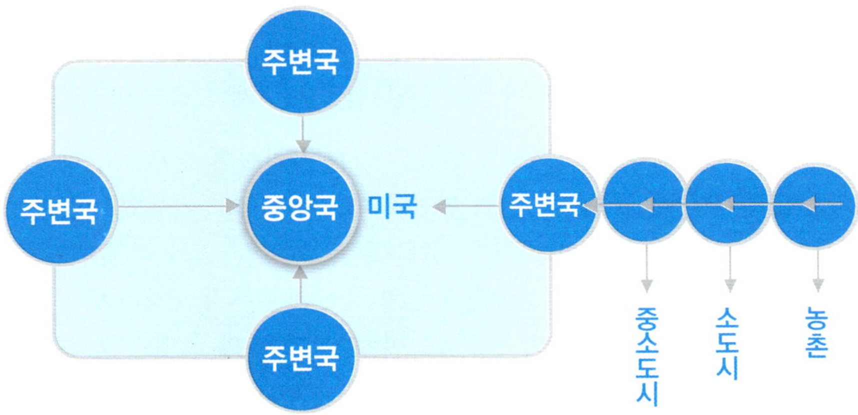

[그림 7-2]

프랭크의 주장은 [그림 7-2]에서 볼 수 있듯이, 세계의 중앙엔 미국(다국적 기업)이 있고, 주위의 위성국(주변국)을 중심해서 도시, 지방이 있다고 보는 것이다.

미국의 다국적 기업에 종속되어 있는 한, 국민 총생산 소득은 증가될 수 있으나, 자국내 경제 발전은 진행되지 않고 있으며, 외부의 통제는 날로 강화되어, 국내 산업은 도산에 이르게 될 것이다. 그리고 주변국의 모든 정책은 중앙국의 다국적 기업의 이해관계에 의해서 결정되는 것이다. 그래서 남미에 있어서 발전은 자본주의의 전복을 요청하고, 발전을 위한 사회주의의 여건을 조성해야 한다[24]고 말했다.

프랭크는 중앙국(미국)에서는 경제가 정치를, 주변국에서는 정치가 경제를 지배한다.[25]고 했다. 그러므로 주변국에서는 민중의 복지엔 눈을 돌리지 않는다고 했다. 이와 같은 사실에서 다국적기업과 종속구조 내에서의 계급의 관계를 Frank이론에 입각

24) A. G. Frank, Capitalism and underdevelopment in Latin America (N.Y.: Monthly Review Press, 1969), pp.124~142.

25) 상게서, p.9.

해서 보기로 한다.

1) 다국적 기업에 의해서 세워진 군사정보는 남미에 있는 다국적 기업의 최대한의 자유를 보상하는 책임을 가진 경찰국가이다.
2) 다국적기업은 군사정부를 군사적 수단으로 뒷받침해야 한다.
3) 국내 부르주아는 민주화 및 민중의 복지에는 눈감아 버리고, 자기생존을 위해서는 군사정부에 의존하게 된다.
4) 따라서 민중은 그들을 제거해야 할 악마로서 낙인찍게 된다.
5) 민중에 반(反)한 정책을 고수하면 생존할 수 있고, 고수하지 못하면 사별이라는 긴박감에 빠져들게 된다.
6) 따라서 남미의 민족주의는 두 가지 종류가 있다고 할 수 있겠다. 지배계급은 민중을 위하느냐, 아니면 다국적 기업을 위하느냐이다. 민족주의적 정신분열이라고 해도 과언이 아니다. 남미는 생존을 위해서 후자를 선택하고 있는 것이다.

따라서 남미의 국가들이 자본주의의 그물에서 벗어나는길은 "사회주의적 발전에로 이어지는 혁명"[26]뿐이라고 Frank는 주장하고 있다.

한편 이러한 다국적기업은 라틴 아메리카의 정치 엘리트들을 지배하게 된다. 프랭크의 이론에 의하면 중앙국(미국)에서는 경제가 정치를, 주변국에서는 정치가 경제를 지배하게 된다. 중앙국의 정치가는 다국적기업의 활동을 보장해 주지 않으면 안 되기 때문에 종속국에서의 다국적기업의 이익 추구에 방해가 되는 요인들을 제거하기 위해서 군사적 원조를 하게 되고, 심지어는 군사 쿠데타를 지원하기도 한다.

이렇게 중앙국의 다국적기업에 의하여 극심한 피해를 입은 종속국의 민중들은 1960년대 이래 수많은 민중봉기를 시도했다. 이렇게 되자, 라틴 아메리카에서는 다국적기업을 배후세력으로 한 군사독재정권이 출현하게 되었다.[27]

이처럼 남미의 자본주의적 발전정책들은 기대했던 결과를 가져오지 않았으며, 그것은 실망을 넘어 깊은 불신과 비관주의가 팽배하게 하였다. 다시 말하면 이러한 사회적 배경은 1960년대 ECLA의 권고와 주장에 의한 수입 대체적 공업화 정책의 추진 및 그것의 실패에 따른 반성과 쿠바혁명의 성공이라는 세 가지 요인이 있다. 본고에서는 쿠바혁명의 성공을 제외한 두 가지 요인만 설명하기로 한다.

첫째, ECLA의 수입 대체적 공업화 정책이란 수출에 의존하고 있던 남아메리카의 경제가 1차 대전과 1930년대 대공황으로 인해 급격히 감소된 결과로 남아메리카와 같은

26) 상게서, p.58.
27) 고재식, 「제 4장 해방신학과 가난의 문제」, 『해방신학의 재조명』, 1986, p.103.

후진국이 취할 수 있는 대책이란 공업화와 내부 지향적 발전을 이룩하는 것밖엔 없었다.[28] 비교 우위에 입각한 국제 분업이 전 세계적인 규모에서 무역확대로이어지기는 했지만, 선진국과 후진국에서의 각각의 수입품에 대한 소득 탄력성의 불균형은(공산품의 소득 탄력성, 1차 상품의 소득 탄력성) 무역 조건에 있어 오랫동안 후진국이 선진국에 종속될 수 밖에 없는 상황을 야기시키는 것이다.

둘째로 수입 대체적 공업화 정책의 실패이다. 수입 대체화에 의해 도입된 기술은 막대한 자본을 필요로 하는 것이었으며, 노동절약적이어서 실업을 양산하는 결과를 초래했다.[29] 수입 대체적 공업화는 라틴 아메리카 제국의 지나친 외국무역에의 의존, 공업화 과정의 외국 자본에 의한 지배, 문화적 제국주의의 가속적 침투, 국민 대중의 궁핍화를 심화시키면서 내무 지향적 발전노선의 한계가 드러났다. 미구에즈 보니노(Miguez-Bonino)는 이때 남미가 자신이 북미에 '종속'되어 있다는 기초적인 사실을 발견하게 되었다고 말한다.[30]

미구에즈 보니노에 의하면 스페인으로부터의 정치적 해방은 완전한 해방이 아닌 앵글로 색슨으로의 신식민지로의 이전(종속)을 의미했다고 주장하였다. 그리고 라틴 아메리카 국가들을 보는 서구세계의 관점은 무엇이었는가? 라고 재정립한 결과 다음과 같은 관계라고 대답한다. 아르헨티나는 밀과 고기, 브라질은 커피였고, 칠레는 초석(硝石)과 구리였으며 중앙 아메리카 국가들은 바나나의 자원이었다. 쿠바는 설탕이었고 베네주엘라는 석유였다.[31]

즉, 상술한 바와 같이 약 20년간에 걸친 '자본주의적 개발정책'을 실험한 이후, 남미 사람들은 이제 개발의 종착역이 저개발이며, 자본주의 경제의 역학은 중심부와 주변부를 창출하고, 남미는 처음부터 (북미에) 구조적으로 종속되어 있었다는 것을 깨닫게 된 것이다.[32] 즉, 종속이론이라 불리는 이 이론은 서구의 발전이론이 남미 사회를 분석하는 데 적합하지 않다고 보고, 저발전의 원인을 선진제국의 종속에서 찾아 종속으로부터의 탈피를 주장했다. 이처럼 '종속이론'이 남미 해방신학의 태동에 매우 중요한 역할을 했다는 점은 대단히 중요하다.

종속이론은 신고전주의 경제이론의 국제경제 관계론에 대한 비판으로, 또한 전통적

---

28) 신명순, 「제3세계정치론」, (법문사, 1987), pp.161.

29) 염홍철, 「다시읽는 종속이론」, (한울아카데미, 2003), pp.41.

30) Jose Miguez Bonino, Doing Theology in a Revolutionary Situation (Philadelphia: Fortress Press, 1975), pp.14-15.

31) Harvie M. Conn, 「해방신학의 세계」, 『해방신학연구』, 성광문화사, 1984, pp.22-26

32) Gustavo Gutierrez, *A Theology of Liberation: History*, Politics, and Salvation (Maryknoll, N.Y.: Orbis, 1973), pp.51-54.

인 근대화 모델에 대한 반발로 발전되었다.[33]

종속이론이 하나의 학설로서 자리를 굳히기까지의 과정 또는 배경에 대하여 위의 두 가지 요인 외에 1960년을 전후하여 남아메리카에서 크게 유행하고 있던 마르크스 주의적 민족해방 운동의 번성, 그 중에서도 쿠바 혁명의 성공이라는 요인이 한 가지 더 있다. [34]

이 같은 요인에 의해 해방신학의 움직임은 이미 1968년 제2차 남미 주교단 총회(메데인회의)에서 이 지역의 「핍박받고 억압받는 사람들의 목소리가 가톨릭교회의 지도자(사제)들의 공식 회의에서 대변된」 때에 시작되었다고 할 수 있다.[35] 여기에서 핍박받고 억압받는 사람은 다국적 기업이나 군부, 대농장주 등에 의해 지배받던 농민 등의 가난한 사람들을 말한다.[36]

2. 남미에서의 가난과 해방의 신학의 등장

라틴아메리카 주민들은 경제적으로 식민으로 가난하며 억압과 고통을 당하고 있다. 그러면서도 그들은 자기 본질을 잃지 않고 남아있는 자들로, 그들이야말로 진실로 하나님의 구원의 대상이요, 천국 건설의 주역이요, 미래의 주인공이라고, 구티에레즈 신부는 주장한다.

이처럼 해방신학자들은 하나님의 나라에서는 가난한 자가 본질적인 역할을 수행하며 하나님은 그들이 가난하기 때문에 그들을 선택하셨다고 말하고 있다.

"가난"(poverty, poor)이란 2가지 개념이 함축되어 있다. 성서에서 가난이란 개념은 어느 정도 서로 상충되는 개념이다. 한편으로는 약(弱)한 자, 억압받는 자를 지지하면서 반드시 시정되어야 할 불명예스런 상황을 뜻하고, 다른 한편으로는 영적(spiritual) "어린애 다움." 하나님 앞에서 "겸양"의 뜻으로 되어 있고, 그것 자체가 하나의 근본적인 덕목이 되어 있다. [37] 물론 해방신학자들은 가난하고 억압받고 있는 자에 대한 해방

---

33) 종속이론은 남미에서는 종속의 외적 요소를 강조하는 프랑크(Andre Gunder Frank)의 보다 강경하고 단순한 이론과, 내적 즉 국내 계급적 요소를 강조하는 카르도소(Fernando Henrique Cardoso)의 이론이 서로 대립하였다.

34) 이와 같은 시각에 근거하여 종속이론은 어떤 학문적 사조에 의해 출현하게 된 것이라기보다는, 쿠바 혁명의 예와 같은 식민지 또는 신식민지 민중들의 진정한 인간적 삶의 구현을 위한 투쟁과정의 소산이자, 나아가 이러한 투쟁의 진로를 지도하는 역할까지 맡고 있는 것으로 평가하기도 한다.

35) R.アビド・山田経三「解放の神学と日本」明石書店,1985, pp.7.

36) 딘 윌리엄 펌 엮음, 강인철 옮김, 제3세계의 해방신학, 분도출판사, 1993, pp.31-32.

37) 양견, 남미해방신학, p.91

구티에레즈

의 근거를 성서에서 찾는다.[38]

해방 신학은 그 신학의 근거를 성서에 두고 있지만 그 성서해석의 기본자세는 억압받았던 사람들의 입장에서 성서를 해석한 것으로 보고 있다. 이 상황은 유럽교회의 신학적 전통에서 탈피하려는 성서지향이기도 하다. 유럽교회의 전통적 신학은 현실의 사회와 신앙의 공동체에서 어느 정도 떨어져있는 부분에서 전문가가 문헌학적 정확함에 그리고 지금까지의 전통을 중심으로 읽은 성서해석이 정확하다고 인정되어온 경향이 있다.

이것과 비교하여 해방 신학의 성서해석은 실제의 신앙에 있어서의 사람들의 공동체가 현실의 사회 속에서 삶을 영유하는 가난한자의 입장에서 성서를 해석하고 있다.

미구에즈 보니노에 따르면, "오늘날 주린 자를 먹이고, 헐벗은 자를 입히고, 병든 자와 옥에 갇힌 자를 돌보는 유일한 방법은 혁명뿐"이다.[39] 구티에레즈에 따르면 그것은 곧 "기존질서로부터의 근본적인 단절, 즉 사적재산제도의 근본적 변혁과 사회혁명" 뿐이다.[40] 보니노나 구티에레즈에 있어서의 가난의 개념은 해방을 위한 투쟁에서 공통점에 있다. 즉 가난한 자는 자기 해방을 위한 억압하는 체제를 변혁시킬 것이고 하나님 앞에서 겸양한 자는 악한 세상에서 공의를 이루려 억압당하는 가난한 자로 전락되어 버린다. 그런데 왜 해방이라는 단어를 사용했을까? 왜냐하면 해방이라는 용어는 '개발' 혹은 '발전'이라는 용어가 주지 못하는 메시지, 즉 (남미에) 근본적인 변혁이 필요하다는 메시지를 아주 명확하게 전달해주기 때문"이다.[41]

해방신학자들의 표현은 근본적 사회변화를 요구하는 혁명과 사회혁명 등으로 나타나기 때문에 거칠고, 폭력적으로 보일 수도 있지만, 가난한자의 입장에서의 해방신학은 신의 언어를 민중의 목소리 속에서 들으려 했던 신의 언어관의 새로운 전환이야말로 그 새로움이 있다고 지적하지 않을 수 없다. 레오나르도 보프(Leonardo Boff)는 이점에 대해서 성서의 해석 그것보다는 성서에 의한 사람들의 생활의 해석이 중요 하고 성서해석의 목적은 교과서적인 의미를 현대라는 시대의 현실화하는 것이라고 진술하

38) 이제희, 「해방신학의 도전과 문제점」, 『해방신학 -이데올로기의 도전과 문제점-』, 1988 통일사상연구원, p.75.

39) Miguez Bonino, Doing Theology in a Revolutionary Situation, p.44.

40) Gutierrez, A Theology of Liberation, pp.16-17.

41) Gutierrez, Ibid., 24-25.

고 있다.

남미 해방신학에서의 '해방'은 원래 '사회적 해방' 즉 '가난한 자들의 물질적 해방'을 의미한다. 가난한 자들을 해방하시는 하나님에 대한 성서적 성찰과 고백은 늘 있었지만, 해방신학의 '해방'이라는 용어는 특별히 수탈적인 세계 자본주의 체제에 대한 종속성으로부터의 사회적 · 경제적 그리고 정치적 출애굽을 강조하는 용어였던 것이다.[42]

구티에레츠는 출애굽의 경험을 다음과 같이 설명한다. 출애굽기의 처음 몇장을 보면 유대백성이 종되었던 땅(13:3; 20:2, 신 5:6) 애굽에서 살면서 당한 억눌림, 곧 억압(1:10-11), 고역(5:6-14) 학대(1:13-14), 강요된 산아제한(1:15-22) 등이 묘사되어 있다. 이 같은 상황에서 하나님이 해방자 모세의 소명감을 일깨우셨다(3:7-10). 하나님의 보내심을 받아 모세는 자기 백성의 해방을 위한 길고 험한 투쟁을 시작했다.

출애굽은 이스라엘 백성이 비참과 소외당함이 없는 사회를 건설할 수 있는 약속된 땅을 향한 긴 행군이다. 출애굽의 하나님(the god of nature)은 자연의 하나님이라기보다는 역사와 정치적 해방의 하나님(the god of history and of political liberation)이시다. 하나님의 백성의 희망은 잃어버린 낙원을 되찾기 위해 신화적인 원시의 동산으로 되돌아가는 것이 아니라 새로운 도시, 곧 그리스도를 중심으로 하는 인간적이고 형제애가 있는 도시(a human and brotherly city)를 향하여 나아가는 것이다.[43]

크로아트(croatto)도 출애굽 사건이 결코 끝난 것이 아니라고 주장 한다. 그래서 그는 말한다 출애굽 사건은 제3세계의 억눌린 백성인 우리에게 있어서 해방의 선언이다 우리가 이 출애굽 사건을 오늘도 이루어 나가야한다. 왜냐하면 출애굽은 히브리인들을 위한 일회의 사건이 아니라 하나님이 모든 사람들을 위하여 계획하신 해방의 표현이기 때문이다.[44]

더욱이 가난하고 억압받는 사람들에 대해 우선적 선택을 그 신학적 근거를 성서 가운데에서 찾으려 하고 있다는 점은 매우 현실적이다. 해방신학의 해석학이 요구하고 있는 것은 성서가 가지고 있는 변혁의 힘을 재발견하여 이것을 현실사회에 활용하는 것이다. 이것은 이데올로기적 선입관을 가진 방식은 아니다. 성서종교는 그리스도의 구제가 있고 종말론적인 성격을 가진 성서 덕분에 개방적이며 약동적인 종교라고 보고 있다.

---

42) 장윤재, 세계화와 시대 남미해방신학의 유산, 2009년, 한국민중신학회 세미나.

43) 나용화 해방신학비판, 기독교문서 선교회, 1983, pp.63-64.

44) 나용화 해방신학비판, p.65.

3. 기업과 사회에서의 해방신학

해방신학을 중심으로 하는 그리스도교 등의 각 종교의 부흥에 관해 미국 사회주의계 잡지인 Monthly Review(1984년 7 · 8월호)는 "종교와 좌익"이라는 특집을 다루었다. 특집의 서문에서 코넬 웨스트(C. West) [45]는 1980년대에 볼 수 있는 종교의 눈부신 부흥은 다음 세 가지 이유에 의한다고 한다.

첫째, 선진자본주의 국가에 의해 이루어지는 제1세계에서는 소비를 중심으로 하는 자본주의문화를 기반으로 사람들은 「실존적 투자처」에 대한 욕구나 감정적 안정성을 충족하지 못하고 자기 존재이유도 찾지 못한다. 여기에서 종교가 국가주의나 인종차별주의와 나란히 그러한 감정의 배출구가 된다. 개인중심의 자본주의 윤리에서 종교를 통한 근린지역 등에 관여하게 된다.

둘째, 특히 제3세계에서 자본주의적 지배가 전통사회로 관철되는 것에 반발하는 경우도 있다. 즉, 종교는 제3세계의 공업화, 도시화, 계급화에 의해 잃게 되는 개인의 의미 그리고 정치전쟁에 대한 전략을 제공한다. 해방신학이 이러한 예이다.

셋째, 이것도 제3세계의 현상이지만 자본주의지배에 대한 반서구적형태의 반항으로 종교가 기능한다. 예를 들어 그리스도교 이외에도 이란의 이슬람혁명처럼 독특한 문화 · 종교에 의해 서구의 가치체계나 제국주의에 대항하는 케이스도 있다.

상술한 바와 같은 좌익 측면에서의 종교의 기능에 대한 용인은 제1세계, 제2세계, 제3세계에서의 오늘날의 현상에서 종교가 큰 역할을 달성하고 있음을 시사한다. 특히 사회주의국가 같은 경우(제2세계)에서도 예를 들어 폴란드에서의 가톨릭이 차지하는 지위에서 볼 수 있듯이 종교는 결코 무시할 수 없는 것이다.

어느 경우에서든 자본주의의 현상에 대한 종교적 측면에서의 비판은 혹독하다. 다음으로 미국에서의 기독교와 자본주의의 관계를 살펴보면 다음과 같다.

앞서 서술한 바와 같이 바티칸은 해방신학을 인정한다. 즉 가톨릭의 기본적 입장은 물질숭배를 비판하고 인간존엄을 강하게 강조한다. 그 예로 부옹(A. F Buono)과 니콜스(L. Nichols)가 지적하듯이 1984년에 미국 사제들에 의해 발표된 「가톨릭의 사회교설과 미국경제에 관한 교서」에서 주장된 교리를 들 수 있다.[46] 여기서는 모든 인간의 존엄을 지키고 증진하기 위해서는 노동을 통한 자기실현을 가능하게 하는 경제체제가 필요하다는 사실, 그 체제는 적정한 자금과 부가수당을 제공할 것이며 가족, 국가 전

---

45) Cornel West, *Religion and the Left: An Introduction,*" Monthly Review 36.3 (July- August 1984).

46) A. F Buono and L Nichols, *Corporate Policy, value and Social Responsibility,* (Praeger, 1985), pp.100.

세계에 걸친 통일성을 가져와야만 한다는 것 등의 조건이 충족되어야만 한다고 주장한다. 이「교서」는 자본주의를 부정하지 않지만 노동을 중시하는 입장에서 매우 강하게 비판한다고 말할 수 있다. 가톨릭은 본래 자본보다도 노동을 우선시하는 전통을 가진다.

또한 가톨릭의 급진주의(radicalism)의 예로서 캐버너(J. Kavanaugh)의 비판이 지적되고 있다.[47] 캐버너는 현재의 경제체제(자본주의)가 신의 진정한 화신인 인간보다도 물질을 상위에 두고, 사랑보다도 획득, 경쟁, 소유를 추구하도록 작용한다. 그렇기 때문에 그와 같은 세계에서 기독교인은 고고함을 지니며 물질로부터 해방된 혁명적이고 성스러운 성품(聖性)을 실천해야 한다고 주장했다.

더 나아가 세티(S.P Sethi)와 스테이들마이어(Steidlmeier)는 해방신학과 자유주의적 자본주의(liberal capitalism)와의 대비를 다음과 같이 나타내고 있다.[48] 사회 기초, 사회구조 및 자유의 의미에 대해서는 자유주의적 자본주의가 사회계약 범위 내에서, 자유롭게 활동하는 개인을 중심으로 하는데 반해, 해방 신학은 사회가 신앙에 의해 결속된 집단이며 그 사회, 더 나아가서는 국제사회에도 하층계급이 존재한다고 한다. 또한 해방신학은 개인의 자유보다 국민전체의 자유를 중시한다. 그리고 벌린(I · Berlin)의 소극적 자유(무엇 무엇으로 부터의 자유)가 아닌 적극적 자유(무엇 무엇을 하는 자유)를 강조한다.[49]

요컨대 해방신학은 성직자를 리더로 하여 다국적기업이나 군부 등에 억압받고 있는 빈곤한 사람들을 자유롭게 하며 보다 인간적으로 성장할 것을 지향하고 있다고 파악되고 있다. 세티(S.P Sethi)들은 이와 같은 해방신학이「기업과 사회」론에 새로운 패러다임을 제기했다고 간주한다.

즉 서술한바와 같이 빈곤한 사람들이나 그들의 커뮤니티를 중시한 시점에서 기업과 사회를 분석하는 패러다임이다. 이 패러다임에 따르면, 예를 들어 다국적 기업에 의한 기술이전 문제에 관해서도 단순히 기업에 이익이 되는 기술이전이 아닌 현지주민에게 플러스가 되는 기술이전이여야만 한다.

---

47) John F. Kavanaugh,Following Christ in a Consumer Society, (Orbis Books, 1981).

48) S.P Sethi and P Steidlmeier, *A New Paradigm of Business-Society Relationship in the Third World: The Challenge of the Liberation Theology, in L.E Preston ed.Research in Corporate Social Performance and Policy*, (JAI,Vol.10, 1988).

49) I. Berlin, *Four Essays on Liberty,* (London: Oxford University Press, 1969). 小川晃一,小池圭・福田歓一・生松敬三訳、「自由論」,みすず書房, 1971.

4. 다국적기업등 자본주의 일탈과 종교적 비판

해방신학이 전개한 사상과 운동은 미국의 자본주의(다국적기업)하에서 눈앞에 벌어진 가난한 많은 민중을 방치해서는 안된다고 생각한 신앙의 양심에서 출발하였다고 생각한다. 그리고 신학자, 성직자등의 지식인층과 민중의 만남에서 상호작용적 운동중에 발전한 해방신학은 사람들에게 물리적으로 지원뿐이 아닌 정신적인 삶의 활력을 주었다. 지금까지 사회의 주변에서 가난하며 억압받고 종교에 매몰되어온 사람들에게 가장 크게 느껴진 것은 자기가 생각하여 자신들의 생활과 인생을 주체적으로 살아가는 것에 대한 종교라는 가치관 에서 새롭게 방향을 정해준 것 이라고 생각한다. 이러한 종교적방향전환은 엄청난 정치개혁의 요인이 되었다고 할 수 있다. 그리고 이러한 전환은 세계적인 흐름으로 변화되어 약자의 입장에서 강자를 대변하는 역할을 하였다고 하겠다. 그 예로 가톨릭의 해방신학 이후의 기독교회 내에서의 자본주의적(다국적기업) 저항을 살펴보기로 한다. 모라노(R · W · Morano)는 1970년부터 1979년까지 10년간 미국의 장로교회 미국침례교회, 개혁파교회 등 대표적인 10개의 종파가 주주로서 어떻게 기업행동에 저항했는가를 분석했다.[50] 저항의 형태로서 주주총회에서는 의사표명, 제품 보이콧, 주식매각, 공개 질문장, 소송 등이 있다. 따라서 경우에 따라서는 이와 같은 교회의 항의 행동은 마르크스주의자나 뉴 레프트(신좌익)와 같다는 비난도 받았다. 그 상대는 남아프리카 진출기업, 공해기업 혹은 제3세계에서의 인권 억압국(예 마르크스 정권하의 필리핀)에 진출한 기업 등이다.

결국 모라노(R · W · Morano)에 의하면 어느 사회에서 부정이 발생하여 부정에 의해 박해를 받는 사람이 존재할 때 프로테스탄트 교회가 기존대로 개인적인 구원이나 개인적 경건주의에만 관련한다면 본래 목적인 인간의 구원은 가능하지 않게 된다. 그래서 이미 1900년대에 사회에 참여하려는 사회적 복음(social gospel)이 생겨났다. 남북전쟁 후의 미국에서 공업화와 도시화에 따라 자본주의가 야기한 사회문제가 표면화되었을 때, 그리스도교의 복음에서 사회문제에 임해서 해결을 시도한 프로테스탄트 교파 내의 운동을 말한다. 그때까지 개인 영혼의 구원에만 관여했던 복음을 사회적인 구원을 가져오는 복음으로서 이해하고, 아동 노동의 폐지, 노동조건의 개선 등 주로 노동자의 사회문제에 임하고, 19세기 말부터 20세기 초에 이른 미국의 교회와 신학의 일대세력이 되었다.[51] 특히 라우센부시(Walter Rauschen- busch)의 「그리스도교와 사

50) R · W · Morano, *The Protestant Challenge to Corporate America,* (UMI Research Press, 1982).

51) 사회적복음의 대표적인 지도자에는 오하이오주의 회중파교회의 목사로 「사회적 구원」(1902)을 쓴 글래든(Washington Gladden, 1836~1918), 하버드 대학의 신학교수로 유니테어

회적 위기」(1907)나 「사회적 복음의 신학」(1917)은 많은 사람들에게 읽혀졌다. 1970년대에 들어 그 경향이 한층 강화되었다.[52)]

이상 기독교의 자본주의체제 및 기업 이탈행동에 대한 비판을 개관했다. 특히 가톨릭 교리에서 볼 수 있는 약한 자에 대한 존중이나 자본보다 노동을 중시하는 입장은 오늘날 제3세계의 상황뿐이 아닌 많은 나라에서 사회문제해결의 실마리를 제공한다. 지금까지 M · 베버가 주장하는 프로테스탄트적 근면(세속적 금욕)에 의해 야기된 경제발전은 다국적 기업을 매개로 하여 단순히 구미(歐美)뿐만이 아닌 제3세계까지 마이너스적인 면을 떠맡기고 있다. 가난한자와 약자의 존중 이란 면에서 기업의 모든 CEO들은 상기 서술한 사회적 복음과 해방신학이념에 주목할 필요가 있다.

5. 종교와 사회적 책임투자

최근에 사회적 책임투자(SRI: Socially Responsible Investment)라는 말도 생겨났는데, 사회적 책임을 지고 있는 기업에 투자하는 것을 의미한다. 미국의 감리교 목사인 타이슨과 커벳(Luther Tyson and Jack Corbett) 둘 다 사회적 약자들을 위해 평화, 주거 및 고용 문제에 종사했다. 이들은 펀드를 만들어 종교적 신념에 반하는 무기, 담배, 주류 및 도박을 취급하는 기업에는 투자하지 않았는데 이것이 '팍스월드펀드'의 시초이다. 그후에는 환경 분쟁의 소지를 안고 있는 기업, 지배구조상 문제를 일으키고 있는 기업들을 투자대상에서 제외시키고 있다.[53)] 북미 유럽 등 구미선진국에서는 지난 2005년 기준으로 북미 2,100조 원, 유럽 1,200조 원 규모로 성장했다. SRI펀드는 미국 전체 펀드투자액 중 나날이 그 비중을 높여 가고 있다. 초기 사회책임투자는 윤리나 도덕성에 근거한 투자 결정이 주를 이뤘다. 특정 기준에 벗어나는 기업에는 투자를 하지 않는 네거티브 방식이었다. 지금은 환경 사회 및 기업 지배구조(ESG)를 투자 분석 및 의사 결정에 완전히 통합하는 지속 가능한 투자라는 프로세스를 통해 투자자들에게 경종을 울리고 있다.

리언파의 목사 피보디(Francis G. Peabody, 1847~1936), 신시내티의 회중파교회의 목사로 복음파동맹의 총 간사로서 운동을 조직화한 스트롱(Josiah Strong, 1847~1916), 그리고 사회적 복음을 사람들의 마음과 혼에 호소한 북침례파의 로체스터 신학대학교수 라우센부시(Walter Rauschenbusch, 1861~1918)가 있다.

52) R. W. Morano, ibid., p.16.

53) www.paxworld.com

제3절 국제기업과 정치적 개입

1. 국제기업의 규제 논의

1) 국제기업 규제 논의의 정치 · 경제적 배경

(1) 선 · 후진국 간의 대립

국제적 기관에서의 다국적기업 규제 논의는 각 기관의 구성주체와 설립이념의 특성에 따라 규제의 배경, 목적, 내용과 방법 등이 상이하다. UN에서의 규제 논의 역시 타 기관과는 다른 배경의 일면을 갖는다. 지난 10여 년간 UN 및 UN 관계기관(특히 UNCTAD)에서의 경제문제에 관한 논의는 종종 남북대립, 즉 북미, 유럽, 일본 등 선진공업국과 개도국의 대립이라는 양상을 보였다.

즉 남북 간의 경제문제에 관하여 개도국 측은 그동안 간과하여 왔던 불평등한 현상(개도국 판단으로)의 개선을 촉구하고 선진국 중심의 국제경제질서의 개편을 요구하면서 북측의 성의 있는 해결을 강력히 요청하였고, 이에 대하여 선진국 측은 점진적이고 온건한(선진국 판단으로) 대응방법을 모색해 오고 있다. 물론 개도국 요구의 일부가 실현된 경우도 없지 않았으나, 북측에 대한 남측의 비난은 날로 첨예화되어 가고 그 요구는 보다 적극적으로 되어 가고 있는 것이 최근의 현상이라 하겠다. 다국적기업을 둘러싼 UN에서의 규제 논의도 이와 같은 남북문제의 일반적 배경을 고려하여 이해할 필요가 있다.

(2) 다국적기업의 행동 규제

다국적기업에 대한 규제는 UN의 일부 지침이나 지역적인 규제책만이 존재하고 있는데, UN은 초기에 "다국적기업은 국경을 초월하여 거대한 세력을 장악하고 있음에도 불구하고 정부와는 달리 그 정책과 행동에 대해 책임을 지지 않는다. 그뿐만이 아니라 다국적기업은 순수 국내기업과는 달리 공공이익과의 조화를 최대한으로 확보하려는 어떤 권력기관의 지배나 규제도 받지 않는다. 따라서 다국적기업의 권력행사를 지도하고 국제사회에 대한 책임을 그 활동 속에 포함시킬 수 있는 제도와 방안을 강구할 수 있느냐 하는 것이 문제가 된다"[54]라고 하였다.

---

54) UN, Department of Economic Social Affairs, Multinational Corporations in World Development, New York : United Nations, 1973, pp.23.

다국적기업의 행동을 규제한다는 관점에서의 논의는 1960년대 말부터 77그룹을 중심으로 전개되었다. 즉 1968년 제2회 UNCTAD 총회에서는 선진국 민간기업이 채용되는 제한적 상관행(restrictive business practices)[55]에 대한 검토를 결의하였으며, 다국적기업문제가 포괄적으로 하나의 중심적인 논의 대상으로 취급된 것은 1972년 7월 ECOSOC가 '개발과정과 국제관계에 대한 다국적 기업의 영향(The Impact of MNC on the Development Process and on International relations)'이라는 결의를 채택한 것이 최초라고 할 수 있다.

그런데 이러한 결의가 채택된 것은 다국적기업문제와 남북문제의 해결을 기원하는 선진국 측의 경제적인 문제의식도 중요한 이유였지만, 보다 직접적인 계기는 다국적기업에 대한 정치적인 문제의식이었다. 즉 동 결의는 1970년 7월에 칠레에서 사회주의 정권인 아옌데 정권이 수립될 당시, 미국의 대표적 다국적기업의 하나인 IT&T(International Telephone & Telegraph Corp.)[56]가 좌파의 아옌데(Salvador Allende) 후보의 당선을 저지시킬 목적으로 대통령선거에 개입했다는 사실이 1972년에 밝혀지면서 이에 분격한 칠레가 다국적기업문제를 UN에서 다룰 것을 강력히 요구하여서 이루어진 것이었다.

칠레의 아엔데 대통령

구테타 주역의 피노체트

55) 카르텔 등 경쟁제한행위, 사업제한, 수출규제, 시장유통 및 배분에 관한 협정, 기술이전계약상의 제한조건 임의적인 이전가격조작 독점적 관행 등을 지칭한다.

56) 미국전화통신기기제조회사인 인터내셔널텔레폰 앤드텔레그래프(International Telephone & Telegraph Corp.)의 약칭 이 회사를 오늘날의 위치 1982년 현재 전 미국 16위 회사로까지 끌어올린 사람은 1959년 미사일 생산으로 알려진 H. S. 제닌인데 그는 레이세온사 부사장에서 ITT사 1장으로 들어온 뒤 집중적으로 합병활동을 전개하였다. 렌트카회사로 유명한 에이비스, 호텔체인으로 유명한 쉐라톤 및 홀리데이인 대규모제빵회사 가운데 하나인 콘티넨털베이킹 등 수많은 회사를 합병했다.

이런 정치적인 문제 외에도 다국적기업의 '비윤리적인 문제'에 대해 그 심각성을 인식할 수 있다.[57]특히 판매금지 의약품의 판매, 유독성 농약 판매, 분유 판매 사건, 담배 판매, 무기 판매[58] 등의 사례에서 나타나고 있는데, 판매금지 의약품의 사례로는 인도 등 제3세계 국가에서의 규제 미비를 악용하여 비윤리적인 약품을 판매한 치바가이기(IBA-GEIGY AG) 등 다국적 제약회사를 들 수 있고, 한국의 사례로서는 훼히스트(Hoechst), 베링거인겔하임(Boehringer Ingelheim) 등을 들 수 있다.

특히 치바가이기를 포함한 다국적 제약회사는 중증 신경병인 스몬스병을 유발하는 약품인 멕사포름(Mexaform)과 엔테르비오포름(Enterovioform) 등을 생산 · 판매하여 물의를 일으킨 바 있다. 이들 기업이 판매하는 약품에는 스몬스병을 유발하는 클리오퀴놀(Clioquinol)이 함유되어 있는데, 일본에서는 이 약품을 복용한 후 수천 명이 스몬스병에 걸렸고 수백 명이 사망하여 이른바 스몬스 스캔들이 1976년 6월 8일자 일본신문에 보도되기도 하였다.

또한 유독성 농약 중 DDT(Dichlorodiphenyltrichloroethane)는 1972년 이후 미국에서는 농작물 경작지역에서의 사용이 완전히 금지되었고 그 사용도 엄격한 제한을 받고 있다. 그럼에도 불구하고 미국의 생산기업 몬산토케미컬사(Monsanto Chemical Corporation)는 많은 후진국의 외국 수입업자에게 DDT를 여전히 판매하고 있다. 그리고 이러한 농약산업은 개발도상국에서 급속히 증대되어 가고 있다.

다음으로 네슬레(Nestle)의 분유 판매 사례를 들 수 있는데, 네슬레의 분유가 아프리카 국가에 판매되기 시작하였을 때 유아사망률이 높아지기 시작하였다. 물론 분유와

57) 강태구 다국적기업경영론, 무역경영사, 1994, pp.241-246.

58) 아시아 국가들은 최근 3년 동안 전세계 무기수입의 35%를 차지하고 있다(S. W. William, "Arming the Third World : The Role of the Multinational Corporation", in C. J. Dixon, D. Drakakis-Smith and H. D. Watts(eds), Multinational Corporations and the Third World, London & Sidney : Croom Helm, 1986, pp.66-90)

유아사망률의 인과관계에 대해서는 각각의 견해가 달랐지만, 종전까지 모유를 먹이는 어머니들이 분유를 사용함으로 인해 설사를 일으키는 박테리아 및 불결한 식수와 함께 유아들에게 공급되어 결정적으로 해로운 두 가지 결과를 가져오게 했다. 즉 유아들은 모유 속의 '항체 성분'을 섭취할 수 없었으며, 분유를 아끼고자 하는 어머니들이 많은 양의 물을 섞음으로 인해 유아에게 해로운 결과를 가져왔다는 것이다. 당시 자메이카는 상업적 유아용 우유 제품을 회수할 것을 건의하기도 했는데, 네슬레는 오히려 의사들에게 무료 견본을 제공하고, 우유간호원(간호원 복장을 하고 어머니들에게 우유를 권하는 판매원)을 고용하는가 하면, 병원을 퇴원하는 산모들에게 퇴원 기념으로 선물을 제공하는 등 대중매체 광고를 계속하였다.[59)]

그리고 담배 판매 사례로는, 담배가 건강에 유해하다는 입장에서 보건관계자들과 소비자단체들은 필립모리스(Phollip Morris)를 비롯한 담배제조회사 기업들이 지난 20년간 세계 담배소비량을 75%나 증대시켜 놓았다고 비난하고 있으며, 개발도상국의 잎담배 생산을 수익성이 높은 것으로 만듦으로써 담배 생산을 늘려왔다고 비난하고 있다.[60)]

2000년대 전후에도 다국적기업의 비윤리 행태는 여전히 나타나고 있다.[61)]1998년 나이키는 파키스탄과 캄보디아에서 아동을 생산과정에 고용하여 세계적 문제를 일으켰고, 이로 인해 영업이익의 37%가 급락하였다. 2001년 말 크리스마스를 겨냥하여 출시된 소니의 플레이스테이션(play station)이 네덜란드 세관으로부터 수입 불가 판정을 받았다. 그 원인은 플레이스테이션 부품 중 모니터와 시스템 본체를 연결하는 전선피복에서 중금속인 카드뮴(Cd)이 허용기준인 100ppm을 초과하여 검출되었기 때문이었다. 이로 인해 소니는 수입금지 조치 및 부품 교체, 기회 손실 등으로 약 2,000억원의 피해를 입었다.

더구나 최근 중국에서는 수많은 다국적기업의 환경법규 위반 혐의로 조사를 받기도 하였다.[62)] 중국에 진출한 마쓰시타(松下)와 네슬레, 펩시콜라, 3M 등 33개의 거대 다국적기업들이 환경법규 위반 혐의로 일제 조사를 받았다. 뿐만 아니라 리스트에는 세

---

59) 1979년 범교회단체(ICRR)와 유아제품항의 운동연합(INFACT)은 공동으로 제3세계에대한 최대의 유아제품공급회사인 네슬레사를 상대로 전세계적인 불매운동을 펼쳤다. 이 불매운동은 6년반동안 지속되었고 여기에는 교회, 가톨릭단체, 의사, 간호사, 교 사 및 기타전문직을 대표하는 70개 이상의 미국단체들이 참여했다.

60) J. Lowe, The Secret Empire : How 25 Multinationals Rule the World, Homewood, III, Business One Irwin, 1992, pp.137-151

61) 이하는 임지애(환경운동연합기업사회책임팀국장,) "다국적 기업에 대한 환경분야 국제규약", 인권과 평화를 위한 국제민주연대발표문을 요약정리함.

62) 헤럴드경제, 2006.11.7.

계 500대 기업이 상당수 포함되었으며, 일례로 500대 기업 랭킹 47위인 상하이(上海) 마쓰시타는 오염처리 시설 미비로 기준치를 초과해 폐수를 방류했으며 175위인 미국계 펩시콜라(지린성의 창춘)도 폐수 오염물이 기준치를 초과한 것으로 드러났다. 500대 기업 중 53위인 네슬레(상하이)는 환경보호를 위한 검증 절차 없이 공장을 가동했으며, 심지어 3M은 환경영향평가 심사를 밟지 않고 생산에 들어간 것으로 밝혀졌다. 나라별로는 일본(11개)과 미국(8개) 기업에 이어 스위스, 독일(시멘스)계 기업들이 주류를 이루고 있고, 업종별로는 식품 · 전자 · 화공 · 기계제조 등 주요 산업이 망라되어 있다. 이들 기업들의 생산 거점은 상하이, 저장성(浙江省), 푸젠성(福建省), 광둥성(廣東省), 쓰촨성(四川省) 등 중국 전역에 산재해 있다.

이상에서 보면, 다국적기업 활동의 정치적 측면과 국제관계에의 영향은 경제적 측면과 함께 비윤리적인 문제까지 규제에 대한 중요한 단서를 가지고 있다고 할 수 있다. 그러나 국제기업에 대한 피투자국의 문제는 그 해결에 있어 여간 복잡하고 곤란한 것이 아니다. 다음에서는 과연 국제기업과 피투자국의 관계에 있어 그 문제점을 살펴보기로 한다.

제4절 국제기업과 제한적 국가이익

1. 국제기업과 투자국의 국가이익

1973년 제1차 석유파동 당시 미국 정부는 미국의 다국적기업인 대규모 석유회사들이 기업 이익만을 생각한 나머지 석유수출국기구(Organization of Petroleum Exporting Countries, OPEC)의 압력에 굴복하여 국가이익에 반하는 행동을 취한 적이 있다. 이것은 주요 에너지 공급원으로서 자국 기업이 국가의 안보와 주권에 직접적 영향을 미친다는 것을 인식하고, 국가이익에 반하는 점에 대해서는 국가주권을 강력히 행사하기로 시사한 바 있다.

이 점에 있어 다국적기업과 본국 간의 관계를 살펴보는 것은 중요하므로 다음을 보기로 한다.

1) 국제기업의 본국정부 규제 회피

일반적으로 다국적기업과 국가주권 간의 충돌을 보통 다국적기업과 개발도상국 간의 문제로만 이해하려는 경향이 있으나, 다국적기업은 선진 자본주의 국가주권과의 관계에 있어서도 충돌을 빚는 예가 허다하다.

실제로 어떤 국가의 경우에도 자국경제의 주요 부문이 다국적기업과 같은 외국자본에 의해 과다하게 소유되는 경우 전통적인 경제정책 수단인 통화정책, 재정정책, 반트러스트 정책, 임금 및 소득정책의 성격과 유효성이 변질되는데, 오늘날과 같은 다국적기업의 대규모성과 영향력은 미국에서조차도 경제정책 수립의 유연성을 감소시킬 정도에 이르고 있다.[63)]

대표적 선진국인 미국 정부의 경우에도 지속적인 국제수지 적자에 직면하면 자국의 다국적기업으로 하여금 해외투자를 억제하도록 권고하기도 하고, 때로는 법적 조치를 강구하여 이를 강력히 제재하는 경우마저 없지 않았다. 그러나 미국 기업이라고 해서 이러한 미국 정부의 정책에 일치하게 행동하고 있는 것은 아니다. 미국 다국적기업은 이러한 미국 정부의 정책과는 아무런 상관없이 자사의 목표에 따라 필요한 경우 해외로부터 이익송금을 억제하기도 하고 또 현지 금융시장을 통해 자금을 조달하는 방법으로 투자활동을 계속하였다.

정부의 정책결정에 중대한 영향을 미치고 있는 다국적기업들의 영향력이 커진 결과, 점차 미국의 연방정부조차도 다국적기업을 충분히 통제하기 어려운 상황에 이르고 있다.

2) 독점금지법

미국의 독점금지법은 외국기업이 미국 기업과 계약관계를 맺거나 미국 시장에서 영업활동을 수행하는 경우 그 영향을 받게 되어 있다. 또 외국인이라고 할지라도 미국 내에 자산을 보유하고 있거나 사업활동을 하고 있는 경우, 또는 회사직원이 상주하는 경우에는 미국법의 관할권하에 들게 된다.[37)] 또 미국 다국적기업의 해외 생산활동이 미국 경제와 어떤 관련을 가지고 있는 한, 동 법은 해외에 주재하고 있는 미국 다국적기업에도 적용된다.[64)]

한편 유럽 국가들도 로마협약(Treaty of Rome)에 독점금지를 명시하고 있으며, 여기에는 가격 및 거래 조건의 담합 생산 및 투자 제한, 시장 및 공급원 분할, 상이한 조건 제시에 의한 경쟁 제한 등이 포함된다.

그러나 다국적기업들은 규제를 회피할 수 있는 능력이 있을 뿐 아니라, 독점금지 조치에 대한 효력을 통제할 수도 있다. 일본의 경우 합병과 관련한 엄격한 독점금지법을

63) S. Hymer, "The Efficiency(contradiction) of Multinational Corporations", American Economic Review, Vol.LX No.2, May 1970, p.447.

64) R. D. Robonson, International Business Management(2nd ed), Hinsdale, III, The Dryden Press, 1978, pp.554-555.

가지고 있기는 하지만 거의 실행되지 않고 있다.

3) 대적통상법(COCOM)[65]

미국 다국적기업 해외 자회사의 행동은 그 소재국 법률의 관할하에 놓이게 되지만 동시에 미국 기업의 자회사인 만큼 미국 법률에 의해서도 규제를 받게 된다. 즉 이러한 모순은 적성국으로 지정해야 될 몇몇 국가와의 거래에 대적통상법을 적용한 미국의 경우에 잘 나타나고 있다. 한때 미국은 어떤 특정국에 소재하고 있는 미국 다국적 기업의 해외 자회사가 소재국의 정책에 따라 적성국인 구소련 또는 중공에 제품을 수출하는 경우 이것이 대적통상법의 적용 대상이 되었다.

이러한 문제와 관련하여 킨들버거(C. P. Kindleberger)는 어떤 기업이 해외에서 외국 법하에 조직된 경우, 그들을 통하여 미국이 자국의 대외 안전보장정책, 군사정책 그리고 경제정책까지를 수행하려고 하는 것은 회의적이라고 주장한다. 이 견해로는 미국 국무성이 미국 IBM에 대해 프랑스 군대에 컴퓨터를 판매하는 것을 저지하는 것은 합법적이지만, 프랑스 IBM에 대한 컴퓨터 판매를 저지하는 것은 합법적이지 못하다고 지적하고 있다.[66]

미국은 이러한 맥락에서 오랫동안 베트남이나 북한, 쿠바 등에 대한 무역제한을 계속해 왔다.

(1) 대공산권수출조정위원회(對共産圈輸出調整委員會, Coordinating Committee for Export Control to Communist Area)

전략물자의 대공산권 수출규제에 관한 자유주의국가 정부 간의 비공식 협의기관으로 1949년 미국의 주도하에 결성되었다. 약칭 코콤(COCOM)으로 불린다. 북대서양조약기구(NATO) 가맹국 중 아이슬란드를 제외한 15개국과 일본이 함께 조직했으며 1989년 오스트레일리아가 새로 가입하였다. 본부가 파리에 있었기 때문에 '파리위원회'라고도 하였다. 당초 400여 개 품목에 대해 수출을 통제했으나 공산권의 기술 향상으로 규제가 무의미해진 품목은 제외하고 군사 목적으로 전용 가능한 반도체 및 통신장비 등을 새로 추가하여 150여 개 품목에 대해 수출을 통제하였다. 1951년에는 대중국수출조정위원회(친콤, CHINCOM)를 발족시켜 대공산권뿐만 아니라 중국에 대해서도 수출 품목을 통제하였다. 냉전체제의 종식으로 1991년에는 반도체, 감응장치 및 레

65) Coordinating Committee for Export to Communist Areas

66) C. P. Kindleberger, American Business Abroad : Six Lectures on Direct Investment, New Haven and London : Yale University Press, 1969, p.44.

이더 등 10개 부문 핵심 리스트를 제외하고는 모든 품목의 수출을 허용하였으나, 유명무실해진 코콤은 1994년 3월 자진 해체하였다. 이를 대신해 세계평화에 위협이 되는 나라에 무기 · 기술 수출금지를 목적으로 1996년 4월 바세나르협정이 성립되었다.

(2) 바세나르협정(Wassenaar Arrangement, WA)

냉전시대 대공산권수출통제위원회(통칭 코콤)를 대신해 무기 관련 수출을 국제적으로 관리하는 협정이다. 코콤은 구미 16개국과 일본이 공산권 국가를 대상으로 맺은 군사기술 · 전략물자 수출 규제협정이었는데 1994년 3월에 폐지되었다. 바세나르 협정은 냉전당시 미국이 주도한 수출 통제 협정인 대공산권 수출 통제 위원회의 적자이며, 1996년 7월 12일 네덜란드 바세나르에서 조인되었다. 바세나르 협정은 코콤보다 덜 엄격하며, 협약국의 수출통제의 투명성을 높이는데 초점이 맞춰져 있으며, 강제성은 없다. 이 협약을 유지하는 사무국은 오스트리아의 비엔나에 위치하여 있으며, 코콤과 비슷하지만 바세나르 협약은 법적 구속력이 있는 조약이 아니며 42개국이 참여하고 있다.

원래의 이름은 이중 사용 품목과 일반적인 전략물자에 대한 수출에 대한 바세나르 협정(The Wassenaar Arrangement on Export Controls for Conventional Arms and Dual-Use Goods and Technologies)이며 일반적으로는 바세나르 협정이라고 한다. 규제 대상은 무기 및 군사적으로 전용 가능한 기술로 총 110여 품목이다. 가맹국이 비가맹국에 대한 대상 품목 수출을 허가한 경우 자발적으로 사무국에 통보하도록 되어 있으나, 수출에 대한 찬성과 반대의 판단은 각국에 맡긴다. 이 협약은 법적 구속력이 없으며 벌칙도 없다. 규제 대상국에 대해서는 명문화되어 있지 않지만, 미국이 테러지원국으로 지명한 이란 · 이라크 · 리비아 · 북한이 사실상 상정되어 있다. 한국도 회원국으로 가입하였다.

2. 국제기업과 피투자국의 이익

1) 국제기업의 해외진출에 대한 규제정책

대부분의 국가들은 국제수지상의 이유 때문에 자국 자본의 수출을 통제하는 정책을 쓰고 있는데, 자본수출 통제는 일차적으로 자국의 국제수지 적자를 축소시키는 데 그 목적이 있다. 또 국가에 따라서는 일본, 한국 등과 같이 국가의 특수한 목적을 달성하기 위해 해외투자를 통제하고 필요에 따라서는 해외직접투자를 봉쇄하는 경우도 있다.

자본수출 통제는 비록 연구결과들이 서로 상반된 견해를 보이고 있지만 해외투자자가 투자국의 직장 상실, 외환소득 감소, 경쟁력의 약화를 초래한다는 데 그 근거를 두고 있다.[52)]

과거 미국 정부는 미국 기업의 이익을 보호해야 할 의무가 있다고 생각했으나 1970년대 초부터는 정책이 점차 바뀌기 시작하였다. 미국의 이러한 변화는 다음의 사례에서 찾아볼 수 있다.

1969년 페루 정부는 미국 기업인 미국엑슨모바일의 자회사인 International Petroleum Company의 자산과 시설을 수용한 바 있는데, 이 다국적기업의 주식은 뉴저지스탠더드석유회사(Standard Oil of New Jersey), 현재의 엑슨모빌이 소유하고 있었다. 또 1971년에는 칠레의 사회주의 정부인 아옌데 정권이 주요 미국 광산기업의 현지 자회사를 수용한 바 있다.[53)]

그러나 미국은 위 두 사례의 경우 라틴아메리카와 외교정책 및 정치적 관계를 들어 강경책을 철회하였고 법률에 의한 보복조치도 취하지 않았다.[54)]

2) 국제기업에 대한 장려책

선진국 및 개발도상국은 외국인 투자 유입에 따른 경제적 효과를 향유하기 위하여 외국인 투자를 적극적으로 유입하기 위한 각종 유인책을 제공하고 있다. 물론 유인책이 나라마다 다르기는 하지만 일반적으로 다음과 같다.

첫째, '세제상의 유인책'으로 세금감면, 세금유예, 특정 기간 동안의 법인세 및 원천과세 면제 등을 들 수 있다. 이것은 외국인 투자를 유인하려는 국가들이 가장 많이 사용하고 있다.[67)]

둘째, '관세상의 유인책'으로 외국인 투자기업의 사업활동과 관련하여 피투자국에 수입되는 장비, 부품, 원료 등에 대해서 관세를 부과하지 않거나 낮은 관세율을 적용하여 혜택을 제공하는 경우를 들 수 있다. 또 고관세 부과 및 수입통제 등을 통해 수입을 줄이거나 제거하여 외국인 투자기업에 혜택을 제공하기도 한다.

셋째, '보조금 지급'으로 외국인 투자를 유인하기 위해 피투자국의 정부기관이 장·단기 자금을 지원해 주거나 특별히 낮은 이자율로 자금을 대여하는 경우도 있다. 또 공장건설 보조금, 종업원 훈련 보조금 등을 지급하기도 한다. 제정상의 유인책은 피투자국이 활용할 수 있는 용이한 정책수단이며, 투자유치 경쟁에 필수불가결하기 때문에 계속적으로 활용되고 있다.

---

67) Bereau of Economic Analysis, U. S. Direct Investment Aboard, Washington, D. C., U. S. Department of Commerce, Dec 1985.

이상의 유인책 외에도 많은 국가들은 외국인 투자를 유치하기 위하여 과실송금보장, 투자자본에 대한 환수보장, 기타 정부의 각종 지원정책을 제공하고 있다.

3) 국제기업에 대한 제한정책

(1) 진입 통제

피투자국은 신청된 외국인 투자 프로젝트를 자국의 기준에 따라 심사하게 된다. 외국인직접투자에 대한 이와 같은 진입 절차상의 규제는 진출 기업에게 추가비용을 부담시킴으로써 투자진출에 대한 장애요인이 되고 있다.

선·후진국을 막론하고 대부분의 국가들은 특정 산업 부문에 대한 외국인 투자를 강력히 제한하고 있다. 선진국인 OECD 국가의 경우에도 특정 산업에 대한 외국인 투자를 강력히 제한하고 있는데, 핀란드의 어업이나 스웨덴의 전매 및 광산업, 이태리의 광산업, 그리고 아일랜드의 소맥제분업 등이 그 예에 속한다. 또 대부분의 개발도상국에서는 특정 천연자원산업에 대한 외국인 투자를 강력히 제한하고 있다. 그 밖에 대부분의 국가들이 방송, 수송, 전매, 전력, 전자, 은행, 보험과 같이 민감한 서비스산업 분야에 대한 외국인 투자를 강력히 제한하고 있다. 또 피투자국들은 선·후진국을 막론하고 다국적기업이 이러한 분야의 기업을 매수하지 않는지에 항상 주의를 기울이고 있다. 또 정부가 이러한 산업을 독점적으로 운영하는 경우도 있고, 때로는 외자도입법상 외국인 투자가 완전히 금지되어 있는 경우도 있다.[68]

(2) 소유권 제한

피투자국은 외국인 투자기업의 영향력을 줄이고 국내기업의 성장을 촉진시키기 위해 외국인 투자기업의 소유권을 제한하는 정책을 이용하고 있다. 외국인 소유 제한으로는 1970년 후반 일부 개발도상국이 채택했던 최대지분 제한, 1980년대 초 중국, 인도, 멕시코 및 몇몇 개발도상국의 소유권 규제를 들 수 있고, OECD 국가 중에서는 호주, 일본, 포르투갈, 스페인 등이 외국인 투자에 대한 규제를 강화한 바 있다. 그러나 1980년대 후반에 이르러서는 멕시코와 같은 국가가 U$ 1억 이하의 기업에 대해서도 외국인 투자기업의 완전소유를 인정하는가 하면 그 밖에 호주, 인도, 인도네시아, 일본, 말레이시아, 뉴질랜드, 유고 등도 외국인 투자기업에 대한 소유제한을 완화하였다.

선진국들이 대부분 사업면허 및 국적제한 등과 같은 간접적인 방법으로 외국인 투

68) K. D. Walters and R. J. Monsen, "State-Owned Business Aboard : New Competitive Threat", Harvard Business Review, March-April 1979, pp.160-170.

자를 제한하고 있는 데 반해 대부분의 개발도상국들은 보다 직접적인 방법으로 외국인 투자를 규제하고 있다. 최근 들어 개발도상국들은 외국인직접투자에 대한 자유화를 추진하여 투자 부분에 대한 제한을 완화하거나 또는 특정 제한 부문에 대한 외국인 소유 비율을 증대시키는 경우가 많다.

(3) 천연자원 유출 통제

역사적으로 다국적기업이 개발도상국의 천연자원을 오랫동안 독점적으로 지배해 왔음은 주지의 사실이다. 특히 선진제국 기업들이 자원 확보를 위해 독점 형식으로 개발도상국에 진출한 예를 쉽게 찾아볼 수 있다. 1970년대 전반 이전까지 7대 국제석유자본들이[69] 세계 석유를 완전히 지배한 바 있고, 미국의 아나콘다와 케네코트가 칠레의 구리(銅)를, 벨기에 기업 유니온 니미엘이 자이레의 구리를 그리고 남아프리카와 미국기업이 잠비아의 구리를 완전히 지배하는 한편, 전체 자본주의 국가가 동광석의 70%를 장악하기도 하였다.

특히 몇몇 1차 산품이 전체 무역의 대부분을 차지하는 일부 개발도상국의 경우(예로 잠비아의 구리[91%], 자이레의 구리 및 코발트[52%], 에콰도르의 원유 및 바나나[65%] 등) 1차산품에 대한 다국적기업의 지배는 결국 개발도상국의 경제적 종속을 의미한다.

(4) 이행 요구(performance requirement)

이행 요구는 피투자국 정부가 투자기업에게 이행할 것을 요구하는 사항을 의미하는데, 이는 대부분 현지 부품조달 비율(local content), 최소 수출이행 요구, 현지화 요구 등의 형태를 띤다. '로컬 콘텐츠(local contents)'는 최종재에 일정 수준의 현지 부품을 반드시 사용할 것을 요구하는 것이며, 최소 수출이행 요구는 현지에서 생산된 제품의 최소 수출비율 및 현지시장 판매한도를 의미한다.

또 피투자국은 총고용 중 일정 수준은 반드시 현지인을 고용하도록 하는 의무고용 비율을 이용하기도 한다. 그 밖에도 이행 요구에는 기술이전, 외환, 수입제한, 생산규모 등도 포함된다.[70]

한편 선진국에 의해서도 이행 요구가 있는데, 입찰절차, 수출요구, 현지부품사용 요구 등이 그것이다.[71]

---

69) Standard Oil of New Jersey(현재의 Exxon), Royal/Dutch Shell, Mobil, British Petroleum, Texaco, Standard of California, Gulf Oil 등 7개 7사.

70) United Nations Centre on Transnational Corporation, New Issue in the Urguay Round of Multilateral Trade Negotiations, New York : UNCTC, 1990.

71) M. O. Suilleabhain, "Investment Incentives and Performance Requirements", in I. Walter

(5) 재산수용(expropriation)

피투자국의 외국인 투자기업에 대한 재산수용은 기업의 해외진출을 저해하는 가장 치명적인 장애요인이 되고 있다. 재산수용은 재산몰수(confiscation)보다 훨씬 넓은 의미로, 보상의 유무에 관계없이 국가가 특정 기업의 소유권을 강제로 징수하여 처분하는 행위를 의미한다.

역사적으로 외국자본에 대한 재산수용은 1968년 페루가 미국계 기업 Inter- national Petroleum Company를 수용한 것을 비롯하여, 1969년 볼리비아의 걸프오일(Gulf Oil)과 US스틸(U. S. Steel) 수용, 1969년 리비아의 옥시덴틀 석유(Occi- dental Petroleum) 유전 수용, 1971년 칠레의 미국 동광산 수용, 1979년 베네수엘라의 미국 철강 및 석유산업의 수용, 그리고 사우디아라비아의 아람코(Aramco) 수용 등을 들 수 있다.

걸프 유에스 스틸

한편 재산수용은 국유화에 포함되기도 하는데, 국유화의 예로는 1960년 쿠바의 카스트로가 내·외국인 소유에 관계없이 모든 재산을 국유화, 1979년 팔레비 퇴각 이후 이란이 기업과 산업을 국유화, 그리고 프랑스 미테랑 대통령이 대통령으로 당선된 1981년 이후 몇몇 기업과 개인은행을 국유화한 것을 들 수 있다.

제2차 세계대전 이후 재산수용 및 국유화가 급격히 증대한 바 있는데, 코브린(S. J. Kobrin)에 의하면 1960~1979년 사이 559건의 외국기업이 현지국 정부에 의해 인수(takeover)된 것으로 분석된다.[72)]

재산수용 및 국유화는 피투자국이 외국인 기업을 최종적으로 통제하고자 하는 경우 이용되는 가장 극단적인 정책의 하나이다. 외국기업에 대한 통제수단으로서 재산수용

---

and T. Murray, Handbook of International Business, New York : John Wiley & Sons, pp.15, 315-327.

72) S. J. Kobrin, "Expropriation as an Attempt to Control Foreign Firms in LDCs : Trends from 1960 to 1979", International Studies Quarterly, 1984(28), pp.329-348.

은 1970년대 중반을 기점으로 하여 적용이 점차 줄어들고 있다.

이상에서 외국인투자에 대한 최근의 제한 정책을 살펴보았으나 전반적으로 외국인 직접투자에 대한 자유화는 크게 진전되어 가고 있다고 할 수 있다. 그중에서도 신흥공업국가들의 정책은 규제보다는 자유화의 방향으로 변화되어 가고 있는 데 반해 선진국들의 정책은 신흥공업국가들에 비해 규제 비중이 점차 높아지고 있다.

최근 중남미에 좌파정권이 등장하면서 자원국유화와 함께 자원민족주의의 흐름이 나타나고 있어 세계경제에 이상기온이 흐르고 있다('중남미의 외국계기업 국유화' 참조).

사례

자원국유화

자원 국유화는 영국, 미국, 프랑스 등 선진국의 국제석유자본에 의해 이루어졌고 1950년대에 석유자원국가에 의해 시도되었으며, 산유국들은 석유자본에 대항하여 1957년에 석유수출국기구(OPEC)를 창설하였고 1968년에는 아랍석유수출국기구(OAPEC)를 결성 국유화, 산유량 조절, 유가안정 등을 지향하며 석유를 자원무기화 하여 자원민족주의의 경향을 보이기도 했다.

최근에는 중남미에서 좌파정권의 등장하에 자원국유화가 이루어지면서 50년 전에 이루어졌던 자원민족주의의 흐름이 나타나고 있다.

〈뉴스위크〉(2008년 5월 12일)는 '옛 카우디요(대중에 영합해 권력을 장악하려는 정치가)의 귀환'이라는 기사에서 힘든 시절 중남미에 번창했던 포퓰리즘이 오히려 경제가 번성하고 있는 지금 또다시 목소리를 높이고 있다고 보도했다.

포퓰리즘의 확산 대상은 외국계 기업의 국유화가 대표적이다. "엔텔이 쌓은 부는 대통령의 것도 아니고 정부의 것도 아니다. 그것은 모든 볼리비아인의 것이다." 에보 모랄레스 볼리비아 대통령이 지난 1일 이탈리아의 텔레콤이탈리아 자회사인 통신기업 엔텔을 비롯, 4개 외국계 기업 국유화를 선언하면서 뱉은 말이다. 영국 석유업체 BP(British Petroleum)가 50% 지분을 가진 차코와 영국 애시모어 에너지가 운영하는 송유관업체 트란스레데스, 독일과 페루 기업이 운영하는 에너지 물류 회사 CLHB 등도 이번 국유화 대상에 올랐다. 이번 조치는 우고 차베스 베네수엘라 대통령의 자원 국유화정책 노선을 이은 것이라는 지적이다.

아르헨티나 정부가 최근 단행한 곡물 수출관세 인상도 포퓰리즘의 한 사례로 꼽힌다. 〈뉴욕타임스〉는 최근 "아르헨티나는 1950년대 후안 페론 전 대통령 시절부터 농축

산업자들의 이윤으로 빈민들을 먹여 살리는 정책을 유지해 왔고 지금도 그렇다"고 분석했다. 멕시코는 공공노무 사업을 시작했으며 온두라스도 비슷한 프로그램을 준비 중이다. 제2의 차베스로 불리는 라파엘 코레아 에콰도르 대통령도 저금리 대출 등의 선심성 정책을 내놓고 있다. 중남미 최대 산유국인 베네수엘라는 막대한 원유 수입을 대중에 영합하는 데 사용하고 있다.

중남미의 포퓰리즘은 '좌파정권의 등장'과 깊은 관계가 있다.

남미 지역에서 좌파정권은 1990년 칠레, 1998년 베네수엘라, 2000년대에 들어서면서 브라질(2003), 아르헨티나(2003), 우루과이(2004), 볼리비아(2005), 파라과이(2008), 페루(2011) 등 8개국으로 확산, 우파정권은 콜롬비아, 수리남과 가나 등 몇개 안 된다. 미국 주도의 신자유주의적 개혁 실패로 인해 대부분의 남미 지역 국가에서 실업률이 10%를 상회하고 있고, 빈민층은 전체 인구의 43%인 2억 2,000만 명으로 추산되고 있다.

Map of Latin America showing countries with members of the Sao Paulo Forum ruling parties (red) and non-Sao Paulo Forum ruling parties (blue) in 2011, 2018 and 2020 left to right.

분홍생 물결이라는 뜻으로 중남미 지역의 좌파정치 블록을 일컫는 단어로서 90년 중반 베네수엘라 등을 중심으로 좌파 정부가 연쇄적으로 발생한 현상을 지칭하는 단어이다.

2011년 경에는 붉은색 지역이 나타내는 것과 같이 집권 여당은 주로 좌파가 차지 했었으나 2018년 브라질 자이르 보우소나루(우파)의 당선으로 인하여 중남미의 대부분이 우파 정권이 집권하였다. 하지만 2020년을 기점으로 페루에서 급진좌파인 페드로 카스티요의 승리로 핑크 타이드 열풍이 다시금 남미지역에 불고있음을 나타내고 있다.[73)]

73) Gold, M., & Zagato, A. THE PINK TIDE. zzz, 1.

글로벌기업과 국가

제8장

제1절 글로벌기업과 국가의 논리

2006년 〈이코노미스트〉(2월 23일)는, 리카르도(D. Ricardo)가 기업의 고수익만큼 한 국가의 번영과 행복에 기여하는 것은 없다고 했지만, 기업과 국가 간의 번영에 대한 상관관계는 깨졌다며 이른바 기업과 국가 간 비동조화(decoupling) 현상이 심화되고 있다고 지적했다. 이 지적은 1990년대에 미국에서도 등장하였다.

리카도

로버트 라이시(Robert Reich)는 우리들은 누구인가(Who is US?)라는 논문에서 'US' 즉 '우리들'과 'USA'라는 2중 의미의 단어로 새로운 문제의식을 제기하였다.[1] 그는 2가지 형태의 회사, 예를 들면 미국인이 경영하고 미국에 본사를 두면서 생산거점은 OEM으로 해외합작 사업으로 움직이는 기업(IBM, 모토로라)과, 외국인이 경영하면서 외국에 본사를 두었지만 미국에 생산거점을 두고 많은 미국인을 고용하는 기업(소니, 필립스, 혼다) 중 어느 쪽이 '우리'냐고 물었다. 그리고 국적을 넘어 미국에서 생산하고 미국에 고용을 창출하는 기업이 미국 기업이라고 주장하였다.

로버트라이시

1) Robert Reich, "Who is US", Harvard Business Review, Jan-Feb 1990.

또한 그는 글로벌화가 진전되면서 파생된 세계의 공공적 이익과 국가이익의 마찰과 갈등을 지적하면서 글로벌 기업들은 인력의 55%를 외국에서 고용하고 매출의 59%를 해외에서 벌어들이고 있기 때문에 국가이익과 기업의 이익 개념의 마찰을 주장하였다.

이처럼 기업과 국가의 논리가 비동조화되는 것에 일본의 〈니혼게이자이 신문〉은 최근 '회사란 무엇인가'라는 시리즈를 통해 기업력(企業力)이 국력(國力)을 추월하고 있다며, 매출액이 웬만한 나라의 국력 즉 국가 GDP를 넘어서는 글로벌 초거대기업들이 속속 등장하고 있는 점을 들었다.[2] 2004년 기준으로 기업과 국력을 보면, 월마트 매출액은 2,880억 달러로 오스트리아의 2,901억보다는 약간 적지만 2억 인구의 인도네시아의 2,576억 달러보다 많고, 미국의 GM자동차는 1,935억 달러로 핀란드(1,865억 달러)와 비슷한 규모이다. 한국의 삼성전자는 716억 달러로 아랍에미리트(710억 달러)보다 많고 현대자동차(464억 달러)는 베트남(452억 달러)의 경제력과 비슷하다.

2012 회계연도에 월마트(Wal-Mart)는 약 4,440억 달러의 매출을 기록했으며 이는 오스트리아의 GDP보다 200억 달러 많은 금액이다. 월마트가 국가라면 세계 26위의 경제 대국이라고 한다. 3조 달러에 달하는 애플의 시가총액(2021년)은 영국, 인도의 GDP보다 높다. 시가총액으로 보면 현재 전 세계에서 미국, 중국, 일본, 독일 4개국만이 애플의 시가총액보다 높은 GDP를 보유하고 있다고 한다.

이러한 예를 보면, 과거처럼 국가경쟁력이 기업의 경쟁력으로 이어지는 것이 아니고 오히려 초글로벌 기업의 경쟁력이 국가의 경쟁력으로 이어진다고 해도 과언은 아니

2) 〈日本經濟新聞〉, 2008.5.30.

다. 또한, 과거 본국 기업의 성장이 자국 내의 고용과 창출로 이어졌지만 이제는 기업들이 글로벌화되면서 저임금 국가로 이전함에 따라 이 논리도 깨어졌고 우리기업이라는 개념도 우리나라 사람이 경영하는 기업이 아니고 우리나라에서 생산하며 고용을 창출하는 기업이야말로 우리기업으로 간주할 수 있다는 논리가 등장한다.

국가의 경제력을 상징하는 지표가 GDP(국내총생산)에서 GNI(국민 총소득)로 바뀌고 기업과 국경을 뛰어넘는 활동(해외생산, 해외직접투자)에 의해 국력개념은 더욱 변질되고 국가의 영토를 기초로 한 생산력보다는 부가가치가 높은 정보, 기술, 지식 등 시스템에 의해 새로운 경제력이 대두되고 있다. 이러한 국가를 리차드 로즈크랜스(Richard Rosecrance) 교수는 '가상국가(vitrual state)'로 표현한다.[3] 가상국가란 공업국가, 통상국가보다 국가의 개념이 좀 더 희박해진 글로벌화에서 나타난 국가이다.

제2절 글로벌화의 촉진요인

최근 국제비즈니스는 기하급수적으로 성장하고 있다. 세계무역기구(WTO)의 통계에 의하면 1950년대 세계의 GDP에서 수출이 차지하는 비율은 1% 정도였지만 2004년에는 22%를 차지하는 것으로 나타났다.[4] 불과 50여 년 사이에 22배 성장한 것은 20세기 최대의 규모라고 할 수 있다.

그렇다면 국제비즈니스가 무슨 이유로 지난 몇 십년 동안 급증하였는가를 알아보기로 하자. 일반적으로는 글로벌화를 자극하는 전략적 요인과 글로벌화를 촉진하는 환경적 요인[5]으로 나뉜다.

1. 전략적 요인

1) 핵심역량

국내시장에서 발전된 핵심역량은 기업의 글로벌화의 주요 자극적 수단으로서 등장한다. 핵심역량은 다른 경쟁기업에 비해 특별히 뛰어난 자원과 능력을 의미하는데 이

3) Richard Rosecrance, "The Rise of the Virtual State", Foreign Affairs, Jul-Aug 1996.
4) World Trade Organization web site, www.wto.org
5) Ricky W. Griffin & Michael W. Pustay, Internatonal Business(Fifth Edition), Pearson Prentice Hall, 2007, pp.12-16.

것을 독자적 능력으로 표현하기도 한다. 새로운 시장에서는 핵심역량만이 다국적기업의 매출액과 이익을 증가시킬 수 있다고 하겠다. 예를 들면 노키아(Nokia)는 핀란드에서 뛰어난 휴대폰기술로 국내시장을 지배하고 나서 빠르게 해외에 진출하여 세계의 기업으로 성장하였다. 싱가포르항공도 1972년 이래로 고객만족과 신뢰로 아시아에서 성장하면서 지금은 34개국 88개 도시로 서비스를 확장하여 글로벌 기업으로 성장하였다.

2) 자원 획득과 공급

원료, 노동, 자본, 기술과 같은 자원을 획득하기 위하여 해외에 진출하는 것이 또 다른 글로벌화의 원인이다. 현지에서 부족한 제품과 서비스를 해외에서 취득하는 경우를 말한다. 예를 들면 북미의 식품도매상들은 커피와 바나나를 남아프리카에서, 일본은 캐나다에서 목재를, 석유는 중동에서 구입한다. 그리고 미국 광고업자들은 남아프리카의 케이프타운에서 해외 촬영을 즐겨한다. 그 이유는 광고장비나 요원들을 로스앤젤레스의 40%도 안 되는 가격으로 이용할 수 있기 때문이다.

3) 새로운 시장 추구

국제적 확장을 위한 상업적 동기도 새로운 시장 추구의 원인이 된다. 기업의 국내시장이 성숙단계에 이르면 매출액과 이익 성장은 어려워진다. 예를 들어 프록터앤드갬블(Proctor & Gamble), 유니레버(Unilever), 콜게이트(Colgate) 등의 회사는 미국, 캐나다, EU 등의 치약시장이 성숙되었다고 생각하면 중국, 인도, 인도네시아 등의 시장을 상대로 공격적 경영을 하게 된다.

즉, 규모의 경제를 취득하기 위하여 기업은 다각화를 통해 이익극대화를 목표로 새로운 시장을 필요로 한다.

제3절 글로벌화의 환경적 요인

1) 정치적 환경의 변화

20세기 초기에는 다국적기업의 해외무역이나 투자가 정부 정책의 벽에 의해 새로운 시장에의 진출이 좌절되었다. 제1차 세계대전 이후 미국, 영국, 프랑스와 독일 등의 국가에서 관세와 수입할당제 정책을 취해 1930년대에는 국제무역과 투자가 감소되었다. 그러나 제2차 세계대전 이후에는 이러한 정책이 변화되었다. 세계의 주요 무역국들은 관세와 할당이란 벽을 낮추기 위해 노력하였다. 관세 및 무역에 관한 일반협정(GATT)과 WTO 등은 이러한 예이고, EU 그리고 NAFTA(북미자유협정) 등은 지역적 코드를 통해 회원국만의 투자와 관세의 벽을 낮춰주고 있는 역할을 하고 있다.

2) 기술적 변화

(1) 글로벌화와 기술발전

기술발전은 기업의 국제화와 경영의 국제화에 엄청난 영향을 주었다. 우선 자원을 이용하는 새로운 방법과 재화와 용역의 생산방법 그리고 통신 · 수송의 새로운 방법 등이 등장하였다. 마차 대신에 자동차가, 범선 대신에 기선이 등장하고, 비행기, 타자, FAX, 전화, 전보, 컴퓨터에 이르기까지 인류의 기술발전에 의하여 국제화가 이루어졌다고 해도 과언이 아니다. 세계 곳곳의 사건들이 그날로 전 세계에 알려지는 이른바 지구촌(global village) 시대가 온 것이다.

이러한 지구촌 시대에는 각각의 문화가 공존하면서 전 세계인들이 갖고 싶어 하는 욕구(needs)의 공통화가 이루어지고 있다. 자동차, 컴퓨터, TV 등은 현대인에 있어서 필수불가결한 물건이다. 특히 컴퓨터를 통한 정보화와 비즈니스는 각국의 국력과도 비교될 만큼 중요하게 여겨지고 있다. 마이크로소프트(Microsoft)나 야후(Yahoo) 등의 조그만 회사가 가치로는 세계 제일을 자랑하는 정보화 시대가 도래한 것이다. 이 모든 것이 기술발전 없이는 생각할 수도 없었을 것이다.

1. 인터넷과 디지털

국제경영의 발전을 논함에 있어 기술을 무시할 수 없듯이, 아마도 수많은 기술 중에 가장 중요한 혁신기술의 하나가 마이크로프로세서라고 할 수 있다. 마이크로프로세서는 개인과 회사의 정보를 위한 강력한 힘과 저코스트 때문에 폭발적인 성장을 가져다주었다. 인공위성이 발사된 지 30년도 지나지 않아 지금은 무선통신과 세계를 하나로 움직이는 인터넷과 광학섬유 등이 나타나 국제경영의 혁명적 역할을 하고 있다.

이러한 기술의 발전은 마이크로프로세서 없이는 발전할 수 없었으며, 이것은 시간이 흐르면 흐를수록 저비용으로 고객들을 만족시키고 있다. 예를 들면, 1973년에 뉴욕에서 런던으로 국제전화를 할 경우 3분에 $13.73이었는데 20년이 지난 1993년에는 $1.78로 하락하였으며 2000년에는 1분당 5cent로 가능해졌다. 그리고 인터넷과 월드와이드

웹(world wide web, www)의 경우도 1990년에는 100만 명의 사용자를 기록하였으나 1995년에는 4,000만 명 정도이고 2000년에는 1억 5,000에서 2억 명 정도로 증가하였고, 2005년에는 10억 명 정도로 증가하였다.[6)]

인터넷과 정보통신산업을 기반으로 이루어지는 모든 경제활동인 e-비즈니스는 디지털경제의 대명사이다. 산업혁명을 계기로 시작되었던 산업사회의 경제와는 달리, 인터넷을 주요 기반으로 하는 사업인 전자상거래나 인터넷 쇼핑몰, 검색 서비스 등을 말한다. 이러한 사업들은 디지털 기술의 발달로 세계적인 네트워크를 통해 생산과 소비, 유통의 새로운 질서를 확보함으로써 시공간을 뛰어넘는 새로운 경제 패러다임으로 확산되고 있다. 인터넷을 기반으로 하기 때문에 아이디어가 있으면 적은 인력으로도 사업을 할 수 있으며 기술개발 등 경제활동이 빠르게 이루어진다. e-비즈니스의 가장 큰 특징은 벤처이다. 초기에는 많은 비용이 들지만 일정 시기가 지나면 이익이 폭증하는 수확체증의 법칙이 작용하는 것이 벤처의 특징이다.

디지털경제를 지배하는 키워드는 외형적 팽창보다 그 속에서 일어나는 거대한 패러다임의 변화이다. 신속 · 정확을 생명으로 하는 디지털의 특성을 집약한 광속 경제, 세계를 국경 없는 경쟁체제로 묶는 메가컴피티션(Mega-Competition), 시너지효과를 위해 여러 기업이 힘을 합친 C-커머스(Collaborative Commerce) 등 새로운 경제용어들이 양산되고 있다.

2. 수송기술의 발전

제2차 세계대전 이후 기술발전에 있어 수송 발전의 역할은 두드러졌다. 물론 전쟁 때문에 발전된 기술도 있지만 경제적으로 보았을 때 상업용 제트기와 컨테이너의 발전은 비용과 효율적인 면에서 고객과 기업의 획기적인 만족을 가져다주었다. 다시 말하면 넓고 광활한 지구를 축소시켜 지구촌으로 만들어 주는 역할을 하였다([그림 8-1] 참조).

이러한 경향은 제트비행기의 출현으로 더욱 뚜렷해져 서울에서 도쿄까지의 거리를 비교해 보아도 100년 전 배가 운송수단일 때에 비하면 시간적으로 훨씬 빨라졌다.

---

6) A. Cane, "Competition Down the Line", Financial Times, January.19.1995, p.11.

제4절 글로벌화와 국가경쟁력

하트와 네그리의 '제국'에서는 국민국가가 약해졌다고 주장하는데, 이것은 거짓말이다. 전 세계 모든 지역에서 국가는 오히려 강화되어왔고 그 활동은 확장되었으며, 경제 및 시민사회에 대한 국가의 개입은 언제 어디서든 이루어지게 되었고 적절한 국가의 개입은 국가경쟁력이란 단어로 표현될 정도로 중요하게 등장한다.

1. 국가경쟁력

우리나라 사람들이 국가경쟁력 평가순위에 유달리 관심을 갖는 이유는 급속한 경제발전을 이룩하였기에 우리가 봐도 40년 전의 한국과 20년 전의 한국, 그리고 현재의 한국이 달라졌고 외국에서도 40년 전과 20년 전의 평가가 달라 세계 속에서 우리의 위치를 확인하고자 하기 때문일 것이다. 더욱이 세계 어느 국가보다도 단시간 안에 급속한 경제성장을 이룩한 국가인 만큼 그 평가에 대한 기대도 크다.

그러나 우리는 OECD에 가입하면서 선진국을 향한 몸부림을 치고 있지만 정치적으로나 경제적으로 전환기에 있다고 하겠다. 현재의 한국 사회는 민주화가 이루어지면서 노사 갈등을 비롯하여 진보와 보수의 갈등 등 사회의 이익집단의 주장이 여기저기서 터져 나오고 있으며 이에 따른 사회적 갈등의 골도 깊어 가고 있다. 경제적으로는 지난 1997년 말 한국을 진흙 수렁으로 몰아넣었던 IMF외환위기 이후, 후발국의 모델로 평가받던 정부 주도의 경제 모델을 탈피하고 글로벌스탠다드에 부합하려는 노력이 진행되면서 국가경쟁력에 대한 관심이 높아지고 있다.

우리나라의 국가경쟁력을 자체 분석한 보고서가 2010년 11월에 처음으로 나온다고 한다. 기획재정부에 의하면 정부는 우리나라의 국가경쟁력을 체계적으로 분석하고 이를 선제적으로 정책에 반영하기 위해 자료수집과 분석과정을 거쳐 11월에 국가경쟁력 보고서를 발간할 계획이다.

재정부 관계자는 "이번에 처음 만드는 국가경쟁력 보고서는 경쟁국과 비교해 장단점을 파악하자는 데 의미가 있으며 국가별 순위가 나오더라도 상위만 공개하고 하위권은 상대국을 배려해 언급하지 않을 방침"이라고 말했다.

그동안 우리 정부는 국제경영개발원(IMD)과 세계경제포럼(WEF)의 국가경쟁력 순위 발표 자료를 배포하고 분석하는 데 그쳐 수동적으로 대응하고 있다는 지적을 받아 왔다.

특히 IMD와 WEF 등의 평가는 국가 간 순위 결정에 중점을 두고 있어 개별 국가에 대해서는 제대로 분석이 이뤄지지 못하고 있다는 불만이 제기되어 왔다.

정부의 국가경쟁력 보고서는 기존의 순위 방식에서 탈피해 강점과 약점 분석에 비중을 두는 아일랜드의 경쟁력 보고서를 모델로 나라별 국내총생산, 환경지표, 삶의 질, 기업성과, 생산성과 혁신 등이 담길 것으로 예상된다.

이 보고서에는 주요 20개국(G20) 및 경제협력개발기구(OECD) 회원국 그리고 대만, 싱가포르, 홍콩 등이 집중적인 비교 대상이 될 것으로 보인다. 또한 경쟁력 관련 주요 지표를 포함해 시장구조, 대외개방, 기업환경, 인프라 등 경쟁력 결정 요소와 국민소득, 삶의 질, 환경, 기업성과, 생산성과 혁신, 가격과 비용 등이 총망라될 예정이라고 한다.

2. 국가경쟁력의 개념

최근 들어 널리 사용되고 있는 국가경쟁력(national competitiveness)이라는 개념은 매우 다기하다. 어떤 사람은 이것을 수출의 가격경쟁력의 개념으로 사용하고 있고, 어떤 사람은 개방화의 개념으로 쓰고 있으며, 또 어떤 사람은 정치 · 경제 · 사회 · 문화에 있어서 국력의 총합이라는 개념으로 쓰기도 한다. 이와 같이 국가경쟁력은 사용하는 사람의 입장에 따라서 그 개념을 달리한다. 그러나 국제화를 통한 국가경쟁력의 강화라는 내용은 모든 사람에게 공통적으로 나타나고 있다.

장기적 관점의 국가경쟁력개념으로서의 OECD의 국가경쟁력의 개념은 자유롭고 공정한 시장조건하에서 한국가가 세계시장의 요구에 맞는 재화와 용역을 생산가능하게 함으로써 장기간에 걸쳐 자국민의 실질소득을 유지하고 확대해가는 수준으로 정의하였다.

국가차원의 생산성향상의 개념으로서의 EU의 정의[7]는 생산성 효율성 수익성의 요소를 삶의 질을 제고하고 사회적 후생을 증가시키는데 강력한 수단으로 정의 하였다.

국가혁신역량(innovative capacity)를 중심으로 하는 미국의 정의[8]는 세계시장의 요구에 맞춰 고부가가치상품과서비스를 생산함으로써 모든 미국인들의 실질소득을 증가시킬 수 있는 국가의 능력으로 정의하고 있다.

기업을 지원하는 국가의 능력을 중시하는 IMD의 정의[9]는 자국영토 내에서 활동 중인 기업들에게 국내적 · 세계적 경쟁력을 유지하게 하는 환경을 제공해주는 국가의 능

7) EU Competitiveness Advisory Group.1999.

8) U.S.Competitiveness 2000.

9) he World Competitiveness Yearbook 2000.

력으로 정의하고 있다.

제도와 정책에 대한 능력을 중시하는 WEF의 정의[10]는 높은수준의 일인당 GDP 성장률을 유지하도록 하는 국가의 능력으로 중기적으로 높은 경제성장률을 지지해주는 제도와 경제정책의 세트를 의미한다.

미래의 잠재력을 중시하는 일본경제연구센터의 정의[11]에 의하면 경제성장의 결과가 아니고 미래의 경쟁력으로 어느 국가가 향후경쟁력을 키워갈 소지가 있는가 없는가를 의미한다고 정의 하였다.

대한민국의 대통령 자문국가 경쟁력강화위원회(2008)의 개념은 규제개혁 공공부문개혁 투자유치 법제도선진화를 통해 투자활성화 와 경제의 효율성제고로 정의하였는데 이는 한국의 특성에 맞는 경쟁력 개념이라 하겠다.

국제화 시대에 지리적 제약이 없다 보니 국가경쟁력이라는 말은 어색한 표현이라고 하는 학자도 있다. 이들은 국제경쟁에서 실제 경쟁을 하는 주체는 기업이지 국가가 아니기 때문에 국가경쟁력이라는 개념은 허공에 뜬 개념이라고 주장한다. 따라서 국가경쟁력을 알려면 국제경쟁력의 개념을 알아야 할 것이다.

"국제경쟁력은 경쟁국 제품과의 가격(노임, 임대료, 이자 등), 비가격(품질, 디자인, A/S 등), 기술(신제품 기술, 신공정 기술) 측면에서의 비교우위를 가지는 것으로 이 세 요소의 종합적인 우열이 국제경쟁력을 결정한다. 국제경쟁력은 수출경쟁력과 외국 상품에 대한 수입대항력을 함께 뜻하지만 보통은 수출경쟁력만을 의미한다."

국제경쟁력은 기업 혼자만의 힘으로 향상시키기에는 한계가 있다. 그 이유는 기업이 국제경쟁력을 높이는 데 필요한 양질의 인력과 과학기술, 각종 투자를 위한 금융지원 및 제도 그리고 사회간접자본 등은 국가만이 제공할 수 있기 때문이다.

따라서 국가경쟁력의 주체는 정부, 기업, 국민이고, 각 주체별 경쟁력 제고와 함께 모든 주체가 선순환관계를 이루어야 시너지가 창출됨과 동시에 국가경쟁력이 향상될 것이다.

---

10) The Global Competitiveness Report 2000.

11) 日本經濟研究,アヅア研究 2000.12

3. 국가경쟁력에 대한 찬반론

"국가가 과연 경쟁력이 존재하며 경쟁하는가?"에 대한 개념 자체에 대해 찬반론이 존재한다. 국가가 경쟁력의 주체가 되고 국가경쟁력의 실체가 존재하는가에 따라 의견이 대립되는데 로라 타이슨(Laura Tyson),마이클포터 등이 찬성론을, 폴 크루그먼(Paul Krugman)이 반대론을 대표한다.

찬성론에서는 기업경쟁력이 기본이지만 국가와 기업은 다르며, 정부 역할과 경제정책 및 제도가 기업경쟁력에 결정적으로 영향을 미친다는 전제에서 출발한다. 클린턴 행정부 경제자문위원회(CEA) 위원장이었던 로라 타이슨의 국가경쟁력 개념(미국인들이 삶의 질이 유지되거나 향상되도록 국제경쟁에서 이길 상품과 서비스를 생산할 수 있는 미국의 능력)은 미국의 국가경쟁력위원회(Council on Competitiveness)의 개념이 되어 매년 발간되는 경쟁력 보고서의 기초를 이루고 있다. 즉, 국가생산성national productivity)을 같은 산업의 외국경쟁기업에 비하여 자국기업이 보다 빨리 혁신하고 향상할 수 있도록 환경을 제공하는 능력으로 정의하여 적극 옹호하여 국가차원의 전략과 정책이 필요하다고 주장한다.

이에 비해 반대론은 특정 정부가 자신의 정치적 이해관계와 경제정책 이념을 실현하기 위하여 국민을 설득하기 위한 수단으로 국가경쟁력이라는 수사를 사용한다고 주장한다. 클린턴의 국가경쟁력 개념(각 국가는 세계시장에서 경쟁하는 커다란 기업과 같다)도 1993년 재정적자 축소를 위한 정부지출 감소와 증세 등 고통스러운 정책을 설득하기 위한 수단이었다고 비판하면서, 국가와 기업은 둘 다 경쟁을 하는데, 다만 경쟁하는 방식과 목표가 다르고 그것이 초래하는 결과가 다양하게 나타난다고 한다. 즉, 국가경쟁력은 무의미하고 틀린 개념이며 국내 생산성domestic productivity)이 국민의 삶의 질을 결정하는 가장 결정적 변수라고 한다. 이들은 국가경쟁력이 아니라 자국기업들의 국제경쟁(international competition)만이 존재한다고 주장한다.

4. 국가경쟁력평가기관

1) IMD

스위스 로잔에 위치한 국제경영개발원(International Institute for Management Development, IMD)에서는 매년 5월 전 세계 61개 국가 및 권역의 국가경쟁력을 종합평가, 순위를 매겨 '세계경쟁력 보고서(World Competitiveness Yearbook)'로 발표하고 있다. IMD는 국가경쟁력을 기업의 경쟁력을 지속시킬 수 있는 제반여건을 창출하고 유지할 수 있는 국가의 능력으로 보고 경제운영성, 정부행정효율, 기업경영효율, 발전 인프라 등 4개의 분야로 각국의 경쟁력을 평가한다.

2) IMD의 세계경쟁력 평가 결과 분석(2008-2021년)

스위스 국제경영개발원(IMD)의 '2021년 세계경쟁력 평가'에서 기획재정부에 따르면, IMD의 2021년 국가경쟁력 평가에서 한국은 2019년 28위에서 2020년 23위, 2021년 23위로 2년 연속 동일한 순위를 유지했다. 우리나라는 ▲2008년 31위 ▲2009년 27위 ▲2011년, 2012년 22위 ▲2019년 28위 ▲2020년, 2021년, 23위를 기록하였다.

표 8-1 — IMD 국가 경쟁력 평가 결과

	07	08	09	10	11	12	13	19	20	13
- 국가경쟁력 순위	29	31	27	23	22	22	22	28	23	22
• 아시아 · 태평양 국가 중 순위	10	11	10	8	8	6	7	9	7	7
• 인구 2천만명 이상 국가 중 순위	12	13	11	9	9	8	9	11	8	9
• G20 국가 중 순위			8	7	7	6	7			7

자료제공: 기획재정부

인구 2천만명 이상의 국가 29개국 중에서는 2년연속으로 8위를 기록하였다.

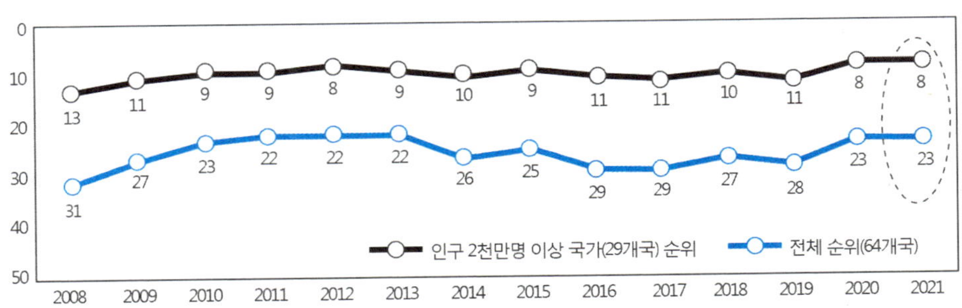

[그림 8-1] IMD 국가경쟁력 한국 순위변화 추이[12)]

12) 기획재정부 2021년 IMD 국가경쟁력 평가 결과

3) WEF

스위스 제네바에 위치한 민간 국제기관인 세계경제포럼(World Economic Forum, WEF)이 매년 130여개 국가를 대상으로 행하는 국가경쟁력 평가를 말한다.

1979년 이후 국제경영개발원(IMD)과 공동으로 발표해 오다, 1996년부터 각각 독자적으로 발표하고 있다. 통상 IMD는 상반기에, WEF는 하반기에 국가경쟁력 평가 결과를 발표한다.

평가 주체는 WEF 내에 있는 세계경쟁력 네트워크(Global Competitiveness Network)가 담당하며, 평가는 경쟁력 평가지수(Global Competitiveness Index)를 따라 수행된다.

경쟁력 평가지수는 ① 기본요인 ② 효율성 증진 ③ 기업혁신 및 성숙도 등 3개 분야로 구분되고, 각 분야는 2~6개 부문으로 다시 구분되어 총 12개 부문 110개 항목으로 구성되어 있다. 110개 항목 중 32개 항목은 통계자료를 통해 평가가 이루어지며, 나머지 78개 항목은 설문조사를 통해 이루어진다.

통계자료는 WEF가 국제통화기금(IMF), 세계은행(WB), 국제연합(UN), 세계보건기구(WHO), 국제결제은행(BIS) 등 국제기구의 통계를 직접 수집하고 있으며, 설문조사는 국가별 협력기관에 의뢰하여 조사하고 있다. 우리나라의 경우 한국과학기술원(KAIST)이 협력기관으로 되어 있다. 조사 대상 국가는 130여 개국이며, 1인당 국민소득에 따라 5단계로 구분하고 단계별 가중치를 달리하여 평가한다.

예를 들면 1인당 국민소득이 낮은 국가일수록 '기본요인' 분야에 속한 4개 부문 43개 항목에 가중치를 60%로 두는 반면, 소득이 높은 국가일수록 '기본요인' 분야 가중치는 20%로 낮추되 '기업혁신 및 성숙도' 분야에 속한 2개 부문 16개 항목에는 30%의 가중치를 주는 식이다.

WEF의 국가경쟁력 평가는 2012년의 19위에서 25위로 하락하였다. △기본요인(제도적 요인 · 인프라 · 거시경제 등 4개 부문) △효율성 증진(노동시장 효율성 · 금융시장 성숙도 등 6개 부문) △기업혁신 및 성숙도(2개 부문) 등 총 3대 분야 · 12개 부문으로 구성된다. 우리나라는 이 12개 부문 중 거시경제(전년 9위→7위), 시장규모(12위→11위)를 제외하곤 대부분 전년 대비 제자리걸음이거나 순위가 크게 하락한 것으로 나타났다.

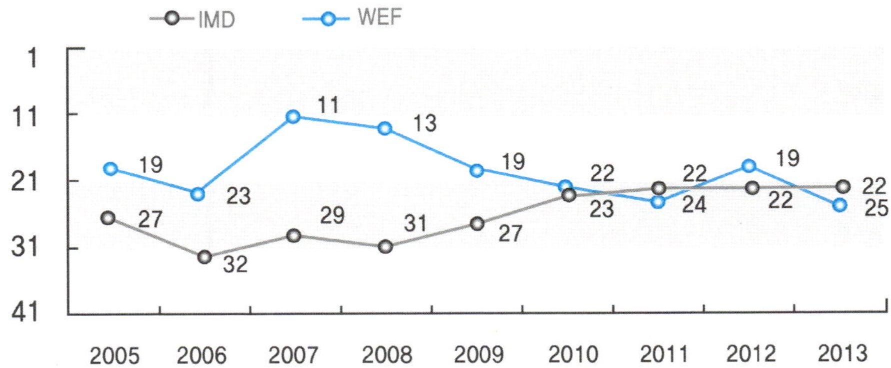

[그림 8-2] 우리나라 WEF 및 IMD 국가경쟁력 추이

특히 정책결정 투명성을 비롯해 규제개선(법체계 효율성), 테러에 의한 기업비용, 기업이사회의 유효성 등 21개 항목으로 구성된 제도적 요인은 전년도 74위(2013년 총 148개국)에서 올해 82위로 8단계 하락했다. 이 부문은 이명박정부 말인 2012년(62위)과 비교했을 때 20단계나 떨어져 하락폭이 가장 큰 분야로 꼽혔다. 노동시장 효율성도 78위에서 86위로, 고등교육 및 훈련도 19위에서 23위로 하락했다. 또한 금융서비스 및 대출 용이성, 은행건전성 등 금융시장 성숙도(81위 → 80위)도 여전히 중하위권을 벗어나지 우리나라는 2007년도 이후 3년 연속 가장 높은 단계인 '혁신 주도 경제'로 분류되어 평가받고 있다.

4) 대한민국 국가경쟁력강화위원회

국가경쟁력강화위원회는 국가경쟁력을 강화하여 경제를 활성화하기 위해 이명박 정부가 2008년 초에 설치한 대통령자문기관이다.

'국가경쟁력'이라는 용어는 스위스 국제경영개발연구원(IMD)과 세계경제포럼(WEF), 세계은행(IBRD) 등이 앞다퉈 순위를 발표하고 이를 언론이 대서특필 하면서 우리 국민에게 매우 친숙해졌다. 하지만 데이터가 풍부함에도 어떤 나라가 국가경쟁력이 높은지는 명확하지 않다. 기관별로 평가 방식이 제각각인 데다 국가별 랭킹에도 큰 차이가 있기 때문이다.

(1) 뒤죽박죽 국가경쟁력 순위

IMD와 WEF는 한국의 국가경쟁력평가가 2013년에는 비슷하게 나타났지만 2007년의 경우와 2008년의 경우네는 평가가 엇갈리게 나오고 있다. 노동시장 불안정성이 커져 등급을 하향 조정했기 때문이다. IMD의 데이터는 이와 딴판이다. 같은 기간 한국의 순위가 31위에서 27위로 높아졌다. 한국 경제의 역동성을 높이 샀다는 게 이 기관의 분석이다.

같은 시기 같은 나라의 경쟁력 변화를 두 기관이 정반대로 해석한 셈이다.

다른 나라의 사례를 봐도 의문스럽기는 마찬가지이다. 후진국이 선진국보다 높은 점수를 받는 일이 비일비재하다.

IMD와 WEF는 수시로 평가지표를 바꿔 왔다. IMD는 8개 항목으로 경쟁력 요인을 분류하다 2001년부터 이를 4개로 축소했다. WEF 지표는 변화가 더 심하다. 2000년 이후 거의 매년 한두 개 평가 항목이 추가되거나 빠졌다. 매년 기준이 바뀌다 보니 지난해와 올해의 경쟁력을 시계열적으로 분석하기 힘들다는 게 전문가들의 중론이다.

상황이 다른 국가들을 동일선상에서 비교한다는 점도 비판의 대상이다. 비교우위와 경쟁산업이 상이한 국가들을 한꺼번에 측정하다 보니 '평가를 위한 평가'가 이뤄지고 있다는 뜻이다.

(2) 새로운 지표의 필요

각국 정부는 모호한 국가경쟁력 지표로 혼란을 겪고 있다. 자국의 상대적인 위치와 장단점을 기존 지표로 파악하는 게 힘들기 때문이다. 국가경쟁력강화위원회 관계자는 "개발도상국 중 상당수가 IMD나 WEF의 자료를 참고해 국정 운영 방향을 결정하고 있다"며 "보고서의 오류가 정책 오류로 이어질 가능성을 배제하기 힘들다"고 말했다.

국가경쟁력을 담당하는 각국 정부와 민간조직이 대거 참여하는 협력체인 세계경쟁력위원회(GCC)가 새로운 지표를 만들기로 한 것은 기존 지표의 부작용을 줄이기 위해서이다.

GCC는 한국산업정책연구원(IPS)의 모델이 가장 구조적 오류가 적다고 보고 이를 발전시켜 새로운 평가기준을 만들기로 했다. 국가와 연구기관 간 거대 네트워크를 통해 지표의 완성도를 높이겠다는 게 GCC의 생각이다.

IPS는 2001년부터 각국 경쟁력 보고서를 내고 있다. IPS 보고서는 요약문, 국가경쟁력 구조, 본문, 순위, 국가별 정보 등 5가지 정보를 제공한다. 국가경쟁력 연구의 세계 최고 권위자인 마이클 포터 하버드대 교수의 방법론을 근간으로 하여 다음 9개 부문을 평가한다.

① 경영 여건
② 생산 조건

③ 수요 조건
④ 관련산업 등 물적 요인과
⑤ 근로자
⑥ 정치가 및 관료
⑦ 기업가
⑧ 전문가
⑨ 기회요인

KOTRA 현지 무역관을 통한 심층 인터뷰와 시뮬레이션의 과정까지 거친 후 최종 점수를 토대로 산출한다. GCC가 올해부터 IPS에 지표를 추가로 제공하기 시작해 GCC-IPS 모델이 정착되면 세계적 권위를 가진 새로운 국가경쟁력 순위로 자리매김할 가능성이 있다.

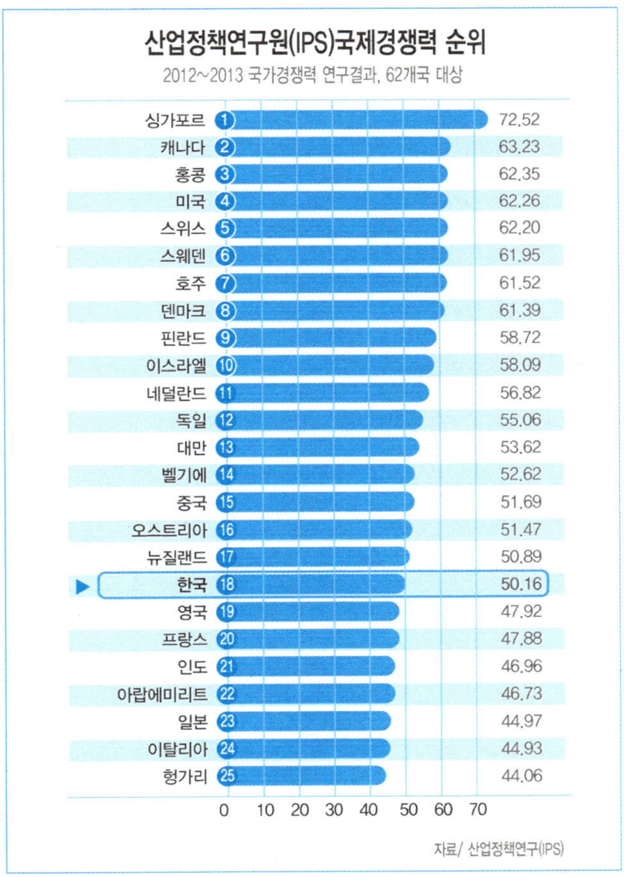

5. AT커니와 <포린 폴리시>의 글로벌화 지수

글로벌화에 대한 기존의 논의와 개념 정리가 구체적인 수치로 측정되지 않고 있다는 점이 개념적 모호성을 가중시켜 왔고 이는 글로벌화란 무엇인지를 명확하게 이해하기 어렵게 만들었다. 가장 일반적으로 사용되는 글로벌화의 의미는 경제, 문화 혹은 정치가 국가 간 상호의존성이 높아지고 있는 것이다. 그러나 실제로 이러한 글로벌화를 구체적으로 측정하려는 노력이 부족하였다. 예를 들면 특정 국가가 글로벌화된 경제에서 얼마나 서로 긴밀히 연결되어 있는가? 연결되어 있다면 어느 정도로 긴밀한 연결관계를 가지는지를 어떻게 알 수 있는가? 글로벌화가 후퇴하고 있는지 혹은 여전히 글로벌화가 진전되고 있는지를 어떻게 알 수 있는가? 물론 글로벌화란 개념이 너무 광범위한 의미를 담고 있어 통계적인 측정을 통해 완전히 이해하기는 힘들 것이다.

글로벌화 지수를 비교할 수 있는 대표적인 통계로는 미국의 〈포린 폴리시(Forein Policy)〉와 컨설팅 회사인 AT커니(A. T. Kearney)가 공동조사를 통해 글로벌화의 수준을 계량화한 세계화 지수가 있다. 앞서 지적한 대로 많은 영역에서 다양한 의미로 글로벌화를 언급하고 있지만 글로벌화를 구체적으로 측정하고자 하는 노력은 부족하였다. 반면 AT커니의 글로벌화 지수는 아이디어, 사람, 경제의 통합을 가속화시키는 원동력을 구체적인 몇 가지 영역으로 구분하여 이를 측정하고 있다.

〈표 8-2〉에서와 같이 최근 조사에서는 경제적 교류에 집착했던 기존 조사와 달리 개인간 이동, 인터넷, 정치적 참여 등 사회 분야의 통합을 글로벌화 지수에 포함시켜 기업뿐 아니라 개인의 변수를 크게 부각시켰다는 데 의의가 있다. 또 표본을 기존의 62개국에서 신뢰할 만한 자료수집이 가능한 국가를 확대하여 72개국을 대상으로 크게 네 부분에 대한 평가를 종합하여 순위를 결정한다.

① **국제사회 참여도**: 국제사회 참여도는 평화 유지 활동, 국제기구 가입 정도, 대사관 유치 활동으로 평가한다.

② **인터텟 환경**: 인터넷 환경은 인터넷 사용자 수, 인터넷 호스트 수, 인터넷 서버의 안정성을 기초로 평가한다.

③ **개인의 해외접촉 빈도**: 이 부문은 해외여행, 국제전화 사용 빈도, 소득이전을 근거로

평가한다.

④ **세계경제와 교역 정도**: 이 부문에서는 무역, 직접투자를 근거로 평가한다.

표 8-2 — AT커니의 세계화지수 평가항목

차 원	항 목	계산방법
국제사회 참여도	• 평화유지활동 • 국제기구가입정도 • 대사관유치활동	• 참여국제기구수 • 참여미션수/UN안보리미션수 • 국내외국대사관수
인터넷환경	• 인터넷사용자수 • 인터넷호스트수 • 인터넷서버의안정성	• 사용자수/인구 • 호스트수/인구 • 보안서버수/인구
개인의 해외접촉빈도	• 해외여행 • 국제전화사용빈도 • 소득이전	• (입국자출국자)/인구 • (수신발신)/인구 • (수취지급)/GDP
세경제와의 교역정도	무역 직접투자	• 수출수입/GDP • 유입유출/GDP

6. 국별 순위

AT커니와 〈포린 폴리시〉는 4가지 부문의 총 11개 변수를 측정하여 세계화 수준을 지수화해 각국의 세계화 순위를 매겼다. 2003년에 발표한 세계화 지수의 경우 아일랜드는 높은 평가를 받았다. 반면 2007년에는 싱가포르가 1위를 차지했다. 그 밖에 종합 순위에서 상위를 차지하는 국가로는 홍콩, 네덜란드, 스위스, 아일랜드, 덴마크, 미국, 캐나다, 요르단, 에스토니아의 순이었다. 한국은 2003년 28위에서 2007년 35위로 하락했다.

7. 각 부문별 글로벌화 순위

AT커니의 글로벌화 지수에서 경제 부문의 경우 홍콩, 싱가포르, 에스토니아, 네덜란드, 덴마크가, 개인 수준의 경우 홍콩, 스위스, 싱가포르, 아일랜드, 요르단이 높은 순위를 보였다. 기술 수준에서는 미국, 캐나다, 호주, 뉴질랜드, 덴마크가, 정치 수준의 세계화는 요르단, 가나, 프랑스, 오스트리아, 아일랜드가 높게 나타났다.

8. 글로벌도시지수(Global Cities Index: GCI)

글로벌 도시 지표(Global Cities Index: GCI)는 세계적인 컨설팅 기업 커니(Kearney)의 글로벌 도시의 경쟁력을 발표하는데 2008년에 시작되어 이번에 13번째를 맞는다. 전 세계 156개 도시를 '비즈니스 활동', '인적 자원', '정보 유통', '문화적 경험', '정치적 관여'의 5가지 관점에서 29개 평가 기준을 토대로 종합적으로 순위를 매긴다.

1) 글로벌 도시 지수(GCI)는 기업 활동, 인적 자본, 정보 교환, 문화 경험, 정치적 참여 부문의 29개 척도를 바탕으로 함
2) 글로벌 도시 전망(GCO)은 개인적 삶의 질, 경제, 혁신, 거버넌스 부문의 13개 척도를 기반으로 만들어짐
   - 분석 결과 2020년 세계에서 가장 경쟁력이 있는 도시는 뉴욕으로, 가장 미래의 잠재력이 풍부한 도시는 런던으로 나타남
     - 글로벌도시 지수는 뉴욕, 런던, 파리, 도쿄 순으로 나타나 전년과 동일한 순위를 나타냈으나 베이징이 9위에서 5위로 크게 순위가 상승하였음
     - 글로벌도시 전망은 런던, 토론토, 싱가포르, 도쿄 순으로 나타나 토론토(11위 → 2위), 도쿄(6위 → 4위) 등의 선전이 눈에 띄었음
     - 한국의 유일한 글로벌도시인 서울은 글로벌도시 지수에서 전년의 13위에서 4계단 하락한 17위, 글로벌도시 전망에서 전년의 44위에 비해 다소 상승한 42위를 기록함
   - 보고서는 COVID-19에서 빠르게 회복하고 도시 경쟁력을 찾기 위해 도시 가치를 창출하고, 국제적 연결성을 향상시키며, 도시 공간을 보다 지속가능하고, 회복력이 강하며, 포용성이 높도록 변화시키는 것에 초점을 맞추어야 한다고 주장하고 있다.

제5절 다국적기업과 내셔널리즘

2020년에 전 세계가 코로나(covid19) 사태로 홍역을 치르고 있다. 국가마다 방식은 조금씩 달라도 거의 모든 국가가 국경봉쇄와 외출금지 등 강한 통제 정책을 펴며 첨단 기술까지 활용해 자국민의 생명과 건강을 지키려 한다. 신형 코로나 바이러스 판데믹

발생하기 전에는 강하게 비판했던 인종차별, 글로벌화를 맞이하여 무국경시대니 지구촌이니 하던 국가들이 국가간의 이권정쟁이 노골적으로 표면화되면서 보이지 않는 내셔널리즘이 대두하게 되었다.

1. 내셔널리즘의 정의

1) 내셔널리즘이란 무엇인가?

웹스터 국제 사전(The NEW Webster 's International Encyclopedia)에서는 내셔널리즘을 "공통의 문화, 언어, 영토뿐만 아니라 공통의 목표를 공유하는 정치적이고 사회적인 태도를 가진 사람들이 그들의 그룹에 대해 깊은 충성심을 느끼는 것을 말하며, 또한 내셔널리즘은 경제적 중상주의, 부유한 중상층의 성장, 그리고 강하고 집중화된 군주권을 발생시키는 뿌리를 가졌다."라고 하고 있으며,[13] 콜롬비아 대백과 사전에 정의된 것을 요약하면, "내셔널리즘은 국가의 정치적이고 사회적인 철학에 있어 최고이며, 국가의 복지에 과대하게 이용되는 경우가 있으며, 일반적으로 정치와 문화적인 면에서 국적성(nationality)이 적용된다. 현대국가의 성립에 중요하고 건설적인 역할을 가져왔지만, 극단적으로 파시즘이나 나찌즘을 형성하였으며 국가의 자기기익을 정당화했다. 그래서 강한 내셔널리즘은 다른 국가에 대해 적대감을 가지기도 한다"라고 한다.[14] 리더스 다이제스트 대백과 사전(The reader's Digest Great Encyclopedic Dictionary)은 "자기 조국 및 자기조국의 정치 · 경제적 이익과 열망 그리고 사회적 · 문화적 전통 등에 대하여 흔히 발생할 수 있는 맹목적 애국심을 내포한 헌신이다. 국가들 사이에 있어서 공동의 복지가 집단적이고 협조적 행동보다는 독자적 행동에 의하여 더욱 고무된다는 신념이나 주의"를 말한다. 즉, 국제주의와는 구별되는 것으로써 국가적 자주성을 위한 희망 또는 행동이라고 정의한다.

2) 내셔널리즘과 한국의 경제내셔널리즘

내셔널리즘의 한마디로 정의하기는 어렵지만, 어니스트 게르너 Ernest Gellne은 "정치적 단위와 문화적 또는 민족적인 단위를 일치시키려는 사상이나 운동"이라고 정의했다.[15]

스탠포드의 철학 백과 사전은 "내셔널리즘과의 용어는 대개 두 가지 사건으로 설명

13) The Webster's International Encycleopedia, Trient Press, International, 1991, p.745.

14) The Columbia Encyclopedia, Third Edition, Columbia University Press, 1963, p.1460.

15) Gellner, E. 1983. Nations and Nationalism. Oxford: Basil Blackwell.

한다.[16)]

(1) 네이션의 구성원이 그들의 내셔널 아이덴티티를 걱정할 때의 상태

(2) 네이션의 구성원이 자기 결정의 달성 또는 지속을 요구하고 있는 행동이라고 정의했다.

마루야마 마사오(丸山眞男)는 "내셔널리즘이란 국가의 통일, 독립, 발전을 지향하고 추진하는 이데올로기 및 운동"이라고 정의했다.[17)]

우리나라에서는 내셔널리즘을 민족주의나 국가주의등으로 번역되고 있지만 필자는 "과거 조선시대에 사대주의와 식민지경험으로 나타난 속국의식을 탈피하려는 이데올로기로서 남북의 통일과 경제우선의 경제내셔널리즘"이라고 생각한다.

경제내셔널리즘이란 IMF구제금융시 이를 경제국치로 생각하여 나타난 금모으기 운동을 들수 있다. 금모으기 운동은 1997년 IMF 구제금융 요청 당시 대한민국의 부채를 갚기 위해 국민들이 자신이 소유하던 금을 나라(대한민국)에 자발적인 희생정신으로 내어놓은 운동이다. 당시 대한민국은 외환 부채가 약 304억 달러에 이르렀다. 전국 누계 약 351만 명이 참여한 이 운동으로 18억 달러 어치의 약 227톤의 금이 모였다.[18)] 외환위기를 조기졸업한 원동력으로 금모으기 운동 등 국민의 단합(54.4%)이 최우선으로 손꼽혔는데 이는 국가경제의 어려움 속에서 국민들 자발적으로 나타난 경제 내셔널리즘이다.

최근에는 일본 제품 불매 운동인 노재팬 운동을 들수 있다. 일본의 2019년 대한민국의 일본 제품 불매 운동(Korean boycotts of Japanese products in 2019)은 대한민국 내에서 7월부터 시작된 일본, 또는 관련 기업의 제품을 구매하거나, 소비하지 않겠다는 취지의 운동이다.

대한민국 대법원의 기존의 강제 징용 관련 판결 이후, 삼성전자나 SK하이닉스 등의 대한민국 국내 기업에서 반도체 생산에 필요한 원자재 수출을 일본이 규제하면서 발생한 한일 무역 분쟁으로 인해서 본격적으로 촉발되었다. 불매운동이 길어지면서 판매량이 급 감소한 한국닛산은 8년보증을 약속하고 철수하였다.

경제적 독립과 자급자족을 위한 운동은 아시아 · 아프리카 신생독립국이나 개발 도상국 뿐만 아니라, 독립은 되어 있지만 아직 후진 상태에 있는 라틴아메리카 국가들 사이에 특히 유행되고 있다. 내셔널리즘은 많은 국가들로 하여금 급격한 경제발전과 자급자족을 증진시키기 위한 경제정책의 채택을 고무하고 있으나, 이러한 경제정책은

16) Nationalism - Stanford Encyclopedia of Philosophy

17) 丸山眞男著『現代政治の思想と行動』未來社, 2006年新装版, p.279.

18) 남애리. "IMF 외환위기 극복". 국가기록원

외국인 소유기업에 대하여 대단히 제한적이라는 사실이다. 이러한 제한의 대표적인 것으로는 수입규제, 원자재의 현지조달, 차입규제, 이익송금규제, 및 투자와 관련된 장벽들이다.

오늘날 국제기업 경영에서 논의되는 내셔널리즘이란 제2차 세계대전을 계기로 하여 식민지 지배를 받았던 제 3세계 국가들이 근대화를 이루는 단계에서 표면화 되어온 민족주의적 의식의 고조나 국민의 주체성에 대한 주장 등과 관련되고 있다. 일반적으로 내셔널리즘을 구성하는 심리적인 구조는 광범위하고 거기에 포함되는 요소도 언어 · 문화 · 종교 · 풍속습관 등 다양하며 역사적 깊이와 상호관계를 가지고 있는 경우가 많다.

이러한 심리적 공통기반은 대부분의 경우 일정지역에 거주하는 사람들에게 무엇인가 집단으로서 통일적인 감정을 부여하고 있다. 자기가 소속하는 정신적 연대감은 인류의 사회생활의 시작과 더불어 발생하였으며, 이러한 발생은 혈족 · 종교 · 직장 · 학교 등을 중심으로 한 여러 사람들과의 연계를 북돋는 계기가 되었다. 소속집단에 대한 통일적인 감정과 오늘날의 내셔널리즘과의 차이점은 후자가 어디가지나 근대국민 국가의 테두리 속에서 등장하고 있는 점으로서 연대감이 국가 수준에까지 확대되고 있는 경우가 많다.[19] 내셔널리즘과 유사한 개념에 국익(national interest)이 있다. 특정집단의 감정이 국가수준까지의 고조를 보이는 점에서 양자는 공통점을 가지고 있다. 양자가 상이한 것은 내셔널리즘이 막연한 심리적 터전을 둔 운동인데 대하여 구체적인 이해관계를 의미하고 있다는 점이다.

2. 내셔널리즘의 성격

국제기업과 내셔널리즘에 대하여[20] 먼저, '국제기업의 본질적 이질성'으로는 다음과 같은 것을 말할 수 있다.

첫째, 압도적인 기업규모를 들 수 있다. 인재, 자금조달, 기술개발, 시장 점유력 어느 것에 있어서도 현지기업은 압박을 받지 않을 수 없다. 둘째, 국제기업의 범세계적 전략에 터전을 둔 이윤극대화 행동은 그 수용국의 국가 목표와 길을 같이 하지 않으며, 국가 주권의 입장에서는 국제기업은 그 통제가 미치지 않는 일종의 블랙박스와 같다. 셋째, 수용국의 문화 · 사회와 국제기업이 가져오는 문화나 기업시스템과의 차이를 들 수 있다. 국제기업이 채용하고 있는 합리적 경영, 대량, 생산기술, 공격적인 시장화전

19) 송면 & 김영래, 편역, 국제경영론, 박영사, 1985, pp.262-263

20) 전게서 pp.264-268

술 등은 자칫하면 종래의 조직이나 인간관계 또는 전통적인 생산시스템 · 유통시스템에 중요한 영향을 끼친다.

다음으로 '경제내셔널리즘'을 보면, 1960년대에 있어서 정치적인 주체성의 회복뿐만 아니라 경제적인 주체성도 획득하려는 운동이 고조되었다. 그 초기의 정책은 '소유정책'을 기조로 하여 국제기업의 현지(現地)자회사(子會社)의 자본을 국유화하고 그 지배권을 장악하는 것이었다. 그러나 성급하고 과격한 완전국유화 정책에 의해서 많은 외국자본이 철수하고 동시에 보상을 둘러싼 분쟁이 격화하는 등의 폐해다 컸기 때문에, 점차 수용(受容)국 정부와 국제기업간의 합의에 의해 장기간에 걸친 점진적인 국유화(fade-out방식)의 방책이 취해졌다.

특히 이런 '내셔널리즘의 자본 현지화 정책'은 크게 3가지 즉 '합병의 강제', '매저러티(majority) 정책', '페이드 아웃 정책(fade-out policy)'으로 나눌 수 있는데, 첫째, '합병의 강제'를 살펴보면, 처음에는 외국인의 100% 출자에 의한 기업설립을 인정했던 나라도 현재는 극히 한정된 부분에만 이것을 인정하고 있다. 이것이 인정되는 것은 리스크가 아주 높은 부문이거나 수입국이 갈망하는 부문으로의 투자이거나 다른 전략적 배려가 있는 정도이다. 둘째, '매저러티 정책'을 보면, 외국투자기업에 대해서 진출국의 출자비율을 50%미만으로 한다는 것이 매저러티 정책이다. 최근에는 진출초기부터 이 조건이 부여되어 있는 경우가 많다. 이것은 합작강제정책의 연장으로 대등 합작기업의 형태도 있다. 보통 이와 같은 경우를 파트너 관계라고 부르고 있는데, 이는 타협의 산물적인 성격이 강하며 실제 경영에 대해서도 대등한 권한을 행사한다. 대다수의 개발도상국에서 비교적 역사가 깊은 외국계기업은 진출기업 측에 매저러티가 있는 경우가 많다. 그것은 이들 기업은 당해 국의 외자정책이 무조건 외자유치를 선호하고 있을 때 진출하기 때문이다. 셋째, '페이드 아웃 정책'(fade-out policy)은 자국에 있는 외자계 기업의 외국인 지분을 단계적으로 감소시키는 것이다. 즉 간단히 이야기 하면 외자비율 삭감정책이다. 페이드 아웃이라고 하면 외국자본의 완전구축을 상상하는 사람도 있을 것이나 실제로는 민족자본에 의한 매저러티(다수)의 획득인 경우가 많다. 따라서 외자의 출자비율은 49%이하가 된다.

페이드 아웃의 내용은 첫째, 투자 전에 외국투자가와 수용 정부국 간에 조업개시 후 15~20년의 기간 내에 주식을 단계적으로 수용국에 양도하는 것을 결정한다. 둘째, 이 기간 중 수용국 정부는 외국투자가 주식의 전부 또는 과반수 소유를 인정하고, 또 본국에의 이익 송금의 자유를 인정한다. 셋째, 페이드 아웃에 의해 외국투자가가 잃게되는 기업 또는 주식에 대해서 보상을 결정한다.

즉 수입국의 페이드 아웃정책은 여러 가지 측면에서 실행되는데, 처음의 진출 허가

조건 안에 구체적인 페이드 아웃의 스케줄이 삽입되어 있는 경우도 있다. 비교적 오래된 기업의 경우에는 설비의 증설과 증자의 허가조건으로서 제시되는 것이 보통이다. 현재와 같이 수입국에서의 여러 가지 마찰이 문제가 되면 진출 측의 투자 정책에도 이 페이드 아웃정책이 채택될 수가 있다. 이 경우에는 투하자본의 원본과 그것에 대한 정당한 이윤의 확실한 회수가 전제된다. 따라서 이익의 재투자와 추가투자는 경원시되어 진실로 수입국을 위한 것인가 그렇지 않은가 의문인 경우도 있다.

이러한 자본의 소유구성을 현지화 해 가는 방향뿐만 아니라 국제기업이 지니는 구체적인 우위성(기술이나 경영 등)의 현지화 촉진요구가 수용국 측에서 강하게 일어났다. 기술에 관해서는 현지측에의 이전(transfer)이 문제로 되고 국제기업이 보유하는 기술의 공개나 기업 내 훈련을 통한 현지 측에의 기술이전이 중요시되게 되었다. 경영에 관해서도 한층 더 현지화를 추진하기 위하여 경영간부는 물론 중간층, 현장의 직장에 이르기까지 폭넓은 현지인화가 추구되기에 이르렀다.

마지막으로, '자원(資源)내셔널리즘'을 보면, 자원산업을 전세계적인 조직망으로 지배하는 국제기업의 세력이 너무 강대하기 때문에 천연자원은 당연히 국가주권의 완전한 관리가 마땅하다는 주장이 큰 어려움에 봉착하고 있다. 그 예로서 1951년 이란에서 민족주의운동의 고조와 더불어 모사텍 정권에 의한 앵글로 이라니안(Anglo-iranian)석유회사의 국유화를 들 수 있다. 결국 이러한 국유화는 영국을 중심으로 한 판로(販路)봉쇄조치에 의하여 실패하고 말았다.

1960년대 말에 이르러 경제내셔널리즘에 대응해서 재차 자원 내셔널리즘이 석유와 같은 자원산업을 주름잡는 국제기업과의 사이에 강한 긴장관계를 가지고 등장하였다. 1973년 가을 제4차 중동전쟁을 계기로 OPCE국가가 단결하고 이것에 의해서 자원수출국의 집합적 교섭력에 의하여 국제기업의 지배력에 대항할 수 있음이 처음으로 실증된 것이다. 그 결과로서 1974년 4월 제6차 유엔특별총회에서 채택된 '신국제경제질서 수립에 관한 선언'에서는 천연자원에 대한 항구주권이 명문화되기에 이르렀다.

3. 내셔널리즘의 한계와 문제

자원내셔널리즘의 한계의 사례로는, OPEC의 성공에 자극 받아 많은 자원카르텔이 동일한 집학적 교섭전술을 채용하여 국제기업과의 지위개선을 시도하였는데 대표적인 것으로 CIPEC(銀 수출국정부협력의회, 1968년 설립), ANRPC(천연고무 생산국 협회, 1970년 설립),IBA(보오크 사이트 생산국기구, 1974년 설립)등을 들 수 있었다.

그러나 어느 것이나 기대한 만큼의 성과는 올리지 못하였는데 그 이유는 이들 자원이 자칫하면 대용품의 위협을 받게 되거나 쉽게 공급과잉이 되기 때문이지만, 보다 본질적인 문제는 이러한 자원카르텔이 그것을 충분히 효율적으로 운용할 수 있는 기술 및 인재가 없다는 점 그리고 소비국 시장에 대한 직접적인 접근방법을 가지지 못한다는 점에 있다.

이와 반대로 석유 카르텔이 성공한 한 가지 이유로서 일단은 석유 메이저가 소비개발에서 시장화까지의 경로에 있어서 독점적 지위를 확보하고 OPEC에 위한 가격상승폭을 최종소비자에게 전가시킬 수 있었기 때문이라는 현실이 존재하고 있다.

다음으로 '내셔널리즘과 국제기업과의 분쟁국면'의 문제를 보면, 내셔널리즘과 국제기업과의 관계는 다음의 세 가지로 대별되는데, 그 구체적 내용은 첫째, 경제적 국면으로 자원수탈, 빈부격차확대, 인플레이션증대, 둘째, 사회적 국면으로는 전통문화, 풍속이 파괴, 환경오염, 셋째, 법적 국면을 보면, 탈세, 탈법, 수뢰, 부정장치 헌금과 관련법 부패 행위 등이 있다.

국제기업과 내셔널리즘과의 분쟁에는 두 가지 문제가 있는데, 하나는 정도에 지나친 존재감의 문제이다. 국제기업이 아무리 소유와 경영의 현지화를 추진하고 기술이전을 적극적으로 수행하여 현지경제에 공헌하고 있다 하더라도, 특정한 국제기업이 제조한 제품의 범람, 혹은 빽빽히 들어찬 광고나 네온싸인은 그것만으로도 어느새 과도의 존재감과 자극을 현지사회에 부여한다.

또 하나는 국제기업에 대한 내셔널리즘에 기인한 분쟁이 사실은 현지사회에서의 독자적인 사회문제로 파생하여 대체적으로 발생하고 있는 경우이다. 그 전형적인 것은 외국자본 비판이라는 명목으로 그것과 결합된 정부를 간접적으로 비난하는 것으로 모든 반정부활동이 사실상 금지되고 있는 국가에서 흔히 행하여지는 방책이다.

이외에도 '역사적문제'로 따지면, 국제기업의 모국이 선진국이라는 것을 전제로 한다면 수용국, 그 중에서도 개발도상국과의 관계에서 잊어서는 안될 것은 역사적 조건에서 파생하는 문제이다. 많은 개발도상국은 그 초기조건에 있어서 식민지 내지 반(半)식민지였으며 거기에는 선진국과의 사이에 지배와 종속의 관계가 있었다는 것을 말 할 수 있으며, '국제기업의 모국측의 문제'를 말하자면, 국제기업이 종래 그 모국의 국내에 있었던 생산시설을 해외에 이전하는 것은 바로 고용의 수출, 즉 그만큼 실업자를 발생시키게 된다. 동시에 그것은 기업세의 유출이기도 하다. 특정지역이 한 기업의 활동에 의존하고 있는 경우 그것은 지역주민의 복지수준의 저하를 가져올 우려가 크다. 또한 그것은 일 국의 산업구조의 일부를 공동(空洞)화 시키거나 부메랑 효과를 발생시킬 경우가 있다.

글로벌 마케팅 전략

제9장

제1절 글로벌마케팅의 정의와 글로벌마케팅의 수립

1. 글로벌마케팅의 등장과 정의

글로벌 마케팅은 지구 규모로 사업을 전개하기 위해 국경을 넘어 지구 전체를 하나의 시장으로 파악하는 마케팅을 말한다. 현지 시장에의 적응(현지 적응화) 혹은 세계 표준화를 위해, 세계규모로 다수의 자회사나 경영 · 사업 부서를 갖고, 경영 자원(자원)은 가격이나 품질, 유통 경로 등으로부터 안전하고 가장 비용의 걸리지 않는 지역을 선택해 구입해, 생산은 인건비나 노동의 질, 설비의 충실도 등을 고려해 가장 생산성이 높은 지역에서 실시해, 판매는 제품에의 수요나 소득 수준등으로부터 판매 성과를 추측 그리고 그 비중을 결정한다. 세계 규모로 이러한 조정을 함으로써 정보나 지식, 경영자원을 공유하고 효율을 높일 수 있다.

한편에서는 다국적 기업에서 진행되는 마케팅을 지칭하며 최근에는 세계적인 규제 완화에 의한 상품의 글로벌화(글로벌화)와 인터넷의 보급에 따른 정보의 세계화에 따라 글로벌 마케팅의 흐름은 더욱 가속화되고 있으며, 대기업뿐만 아니라 중소기업에서도 시행되고 있다.

즉, 글로벌 마케팅은 지구 규모로 사업을 전개하기 위해 국경을 넘어 지구 전체를 하나의 시장으로 파악하는 마케팅을 말한다. 1960년대에 탄생한 국제 마케팅(International marketing)과 1970년대에 탄생한 소셜 마케팅(Social marketing)이 발전하여 1990년대 글로벌 마케팅이라는 개념이 탄생했다.[1)]

---

1) International Marketing vs Global Marketing (10 Differences). eduCBA. 16 September 2016.

1) 국제마케팅(International Marketing)

필립스 카테오라(Philip.R.Cateora)는 국제마케팅의 정의를[2] "국제 마케팅과 이익을 위해 1개국 이상의 소비자 또는 사용자를 향해 기업의 재화 및 서비스 흐름을 이끄는 비즈니스 활동의 수행으로 그리고 국내 마케팅과 국제 마케팅의 유일한 차이점은 마케팅 활동이 한 나라 이상의 국가에서 이루어지는 것으로 정의하였다.

2) 소셜 마케팅(Social Marketing)

소셜 마케팅은 영리사업조직인 기업의 이익추구 중심의 마케팅(매니지리얼 마케팅)에 대해 사회와의 관계를 중시하는 마케팅의 사고방식이다. 코틀러와 제럴드 잘츠만[3]은 사회적 아이디어의 수용성(수요)에 영향을 미치는 것으로 의도되어, 제품 계획, 가격 결정, 커뮤니케이션, 유통 및 마케팅 리서치 고찰에 관한 프로그램의 설계, 실행 및 통제로 정의하였다.

3) 글로벌 마케팅(Global Marketing)

글로벌 마케팅은 글로벌 목표에 도달하기 위해 글로벌 운영 차이, 유사성 및 기회를 조정하거나 취하는 전 세계규모의 마케팅으로 정의된다. [4] 필자는 글로벌 마케팅은 전 세계적으로 고객을 발견하고 고객을 유치하며 고객 만족도를 높이는 일련의 활동으로 정의한다.

2. 글로벌 마케팅의 수립

해외시장에 진출하려는 기업은 체계적인 국제마케팅계획의 수립을 필요로 한다. 해외시장에 브랜드를 성공적으로 진출시키기 위해 필요한 국제마케팅계획의 수립과정은 [그림 9-1]과 같다.

2) Philip.R.Cateorar, international Marketing,1977, McGraw-Hill Companies, p8

3) Philip Kotler and Gerald Zaltman, "Social Marketing: An Approach to Planned Social. Change," Journal of Marketing, July 1971, Vol. 35, Issue 3, pp. 3-12.

4) A Dictionary of Marketing". Oxford University Press.

국제 마케팅 환경의 평가

↓

대상국의 결정

↓

해외시장의 결정

↓

해외시장 진출방법 결정

↓

국제 마케팅 프로그램 결정

↓

조직 결정

[그림 9-1] 글로벌 마케팅 계획의 수립과정

첫 번째 단계는 글로벌 마케팅환경의 변화가 우리 기업에게 제공하는 시장기회와 위협정도를 평가하는 것이다. 이는 마케팅계획의 다음 단계인 특정 해외시장에의 진출여부와 진입방법 등의 결정에 직접적인 영향을 준다는 점에서 중요하다. 세계에서 가장 규모가 큰 생활용품 기업인 Procter & Gamble 은 동유럽시장 진출확대의 교두보를 확보하기 위해 1991년 체코 내에서 가장 큰 세제업체인 Rokona를 4,500만 불에 인수하였다. 이러한 결정을 내리기 앞서 P&G는 동유럽 국가들의 세제에 대한 수요량, 미래의 소비자 구매력, 광고 및 유통기관, 매출에 장애가 될 수 있는 무역규제, 정치적 분위기 등을 평가하였다.

국제환경에 대한 분석이 이루어지면, 마케터는 해외시장에서의 시장점유율, 매출, 이익 등의 전반적 마케팅목표를 결정하는 두 번째 단계로 들어간다. 환경분석과 마케팅목표를 토대로 마케터는 특정 해외시장에의 진입여부를 결정하는 세 번째 단계로 넘어간다. P&G는 다양한 환경적 제약요인들이 존재함에도 불구하고 미래의 성장가능성(기회)을 보고 동유럽 시장에 진출하기로 결정하였다. 단기적으로 제품을 판매하는 데 어려움이 예상되지만, 헝가리, 폴란드, 체코 등의 여러 동유럽국가들의 자유시장경제체제로의 전환은 소비자 구매력의 증가, 주요내구재 시장의 성장, 세계수요의 증대를 유발할 것으로 판단하였다. 네 번째 단계는 시장진입전략을 결정하는 것이다. 시장 진입전략은 해외공장의 설립, 현지기업의 인수, 현지기업과의 합작투자, 기술제휴, 혹은 현지 유통경로를 이용한 제품수출 등을 포함한다.

다섯 번째 단계는 제품마케팅 전략을 수립하는 것이다. 이는 진출하려는 시장에서 표준화전략과 현지적응화 전략 중 어느 것을 선택할 것인지를 결정하는 것이다. P&G 생활용품에 대한 욕구와 선호도에서 국가별 차이가 존재함을 고려하여 적응화전략을 채택하였다. 인수시점에는 Pokona가 생산하는 세제가 체코 내에서만 판매되었으므로, P&G는 폴란드와 헝가리 시장에 대해 제품의 수정이 필요한지를 결정하기 위해 소비자 욕구와 제품용도에서 국가 간의 차이가 있는지를 조사하였다. 만약 폴란드와 헝가리 시장에 대해 별개의 세제상표를 도입하기로 결정한다면, 제품관리자는 각 상표에 대한 가격, 광고, 유통전략도 함께 결정해야 한다. 국제 마케팅 계획수립과정의 마지막 단계는 제품의 성과를 평가·통제함으로써 차기의 마케팅 전략수립에 반영한 것이다.

1) 국제마케팅 환경 분석

글로벌화시대에서 살고 있으며 정보화시대에 살고 있는 우리는 국제시장에 진출하려면 국제마케팅 환경을 철저하게 이해하여야 한다. 앞에서 언급하였던 바와 같이 지난 20년간 그러한 환경에 커다란 변화가 있었고, 이에 따라 새로운 기회와 문제점들이 발생하였다. 세계경제가 글로벌화되고 세계무역과 투자가 급격히 증가함에 따라, 서구와 동구, 중국, 태평양 연안국가 및 러시아 등 세계 도처에서 새로운 시장이 개방되어 다국적기업들에게 매력적인 시장으로 등장하였다. 다른 한편, 선진국들을 중심으로 자국의 산업 보호를 위하여 보호무역주의 정책을 강화하고 있는 추세에 있고, 우리나라는 미국을 비롯한 선진국으로부터 수입시장 개방 압력을 받아 대부분의 상품시장과 금융 및 서비스 시장을 개방하지 않을 수 없게 되었다. 따라서 국내기업의 입장에서 보면 기업 간의 경쟁이 국내에서 그치는 것이 아니라 국제적으로 무한대의 경쟁을 하지 않으면 안되게 되었다.

이러한 상황 변화는 우리나라가 해외 의존적인 경제체질을 지니고 있는 특징과 함께 단순상품 수출의 형태로 경제를 유지해 오던 방식을 탈피하여 근본적으로 새로운 접근 방법이 필요하게 되었음을 시사하고 있다.

국제마케팅 환경은 [그림 9-2]의 해외시장의 환경 분석에서 나타나듯이 복잡하고 다양한 환경요소들로 구성되어 있다.

상이한 특성/차별적 영향

↑

시장 환경 특성

1. 시장 특성
   - ① 1인당 GNP
   - ② 발전 단계
   - ③ 제품 수명주기상의 단계
   - ④ 소비자 행동
   - ⑤ 사회/문화적 요인
   - ⑥ 물질적 환경
   - ⑦ 시장 규모/성장률
2. 마케팅 하부구조
   - ① 유통체제
   - ② 커뮤니케이션 매체
   - ③ 마케팅 조사 서비스
3. 법률적 환경(법률, 규정, 규약, 관세, 조세 등)
4. 산업 특성
   - ① 경쟁 규모
   - ② 기술 발달 정도
5. 정부의 정책 및 태도
6. 자원 보유 현황
   - ① 인적자원(가용성, 기술 수준, 잠재력, 임금)
   - ② 자본(가용성, 자본비용)
7. 재무적 환경(국제수지, 외환, 규제 등)

↓

유사한 특성/동일한 영향

국제마케팅 전략 수립에 반영

자료: W. J. Keegan, Global Marketing Manegement(4th ed). Englewoods, N. J.: Prentice Hall. 1989. p.47.

[그림 9-2] 해외 시장의 환경분석

키간(W.Keegan)은 시장환경 특성을 시장 특성과 마케팅 하부구조의 마이크로적 요소와 법률적 환경, 산업특성, 정부의 정책 및 태도, 자원보유현황, 재무적 환경 등의 마크로적 요소로 구별하고 있다.[5] 해외시장환경에 대한 마이크로적 접근과 마크로적 접근이 있는데 어느 한쪽만 치우치게 되면 일방적인 요인만 보게 되므로 효율적인 국제마케팅 전략의 전개를 이룰 수 없다. 중국에 진출한 외국기업이 시장 특성과 마케팅 하부구조만 보고 진출했다가 중국 내의 법률적 환경과 정부의 정책의 변화로 어려움을 겪고 있는 것도 환경 특성 분석의 미비로 볼 수 있다.

5) Keegan W. J, Global Marketing Management, 1989, Prentice Hall International

해외시장의 환경 분석에는 시장 특성, 마케팅 하부구조, 법률적 환경, 산업 특성, 정부의 정책 및 태도, 자원보유 현황, 재무적 환경 등이 포함된다.

2) 표준화와 세분화 현지적응

글로벌 마케팅에서는 글로벌 표준화와 현지적응과의 밸런스가 논의의 요점이 된다. 일찍이 레비트는 소비자 기호는 수렴한다고 하여 글로벌시장의 도래를 예측했다.[6] 그러나 아직도 나라 사이의 기회의 차이는 존재하고 앞으로도 결코 사라질 것같지도 않다. 그러나 이러한 소비자 기회의 나라마다의 차이는 시장의 분할에서의 하나의 측면에 지나지 않는다. 그 밖에 세대, 성별 등 나라를 넘어 성립되는 세분화(segment)가 있다.

또한 나라의 차이는 소비자 기회 외에도 유통 시스템의 차이, 광고 선전의 차이, 가격정책의 차이 등 다양한 측면에서 인정된다. 그리고 그러한 어느 것에서도 이러한 글로벌 표준화와 세분화(현지적응화)의 밸런스가 중요하다. 예를 들어 세계 표준의 선전 광고는 경제적으로는 효과적이지만 각국 고유의 문화나 규제에 대응할 수 없다.

가격정책도 때로는 나라마다 차별화하는 것으로써 이익을 주기도 하지만, 시장이 국제적인 상호의존, 상호침투의 관계에 있는 오늘날에는 나라마다의 시장정보의 격리는 극히 어렵다. 어느 나라에서 과격한 가격전략(가격 인하 정책)으로 진출하여 타국에서 경쟁 타사의 참가를 단념시키는 등 혹은 경제의 상호의존의 현실을 교묘하게 파악한 전략도 필요하다. 또한 마케팅이라는 기능 중에서도 제품 브랜드 전략처럼 글로벌 전략이 보다 적합한 것에서 판촉활동처럼 현지적응 전략이 전적으로 중요한 것까지 다양하다.

현지시장에 대한 진출의 진전과 함께 마케팅 정책이 중요해진다. 수출 시에는 수출업자를 통하는 간접수출, 해외 수입업자를 통하는 직접수출의 어느 경우도 기업은 현지국에 대해 직접적으로 마케팅 전략을 실시하는 경우는 없다. 그러나 현지에의 수출의 확대와 함께 현지국에 대한 직접투자를 실시하여 자회사를 설립하여 현지 시장과의 접점을 갖게 된다. 처음에는 현지 유통업자에 의한 판매를 실시하지만 이윽고 판매 자회사를 시작해 직접 판매에 진전한다.

이 단계에 이르러서는 현지시장에서의 마케팅 정책이 중요한 경영상의 논점이 된다. 제품은 본국으로부터 수입, 현지 생산 혹은 그 외의 나라에서의 수입이라는 선택이 있다. 현지의 판매회사를 스스로 설립할지 혹은 업자를 매수할지의 선택도 있다.

현지기업과의 합작을 취하는 경우, 현지시장의 요구 및 현지 유통 시스템에 대한 보

6) Levitt, T., "The Golbalization of Marketings", Harvard Business Review, 1983, 61(3), pp.92~102.

다 세밀한 배려가 가능해진다.

세계 대형할인점의 선두주자 월마트와 까르푸는 지금까지 중남미, 동유럽, 남유럽, 아시아와 같은 지역에 진출해 왔지만 북미나 서구에서는 거의 성공했지만, 한국에서는 철회할 수밖에 없었다.

또한 1995년에 일본에 진출한 미국의 스타벅스도 처음에는 엄선된 커피콩 사용, 마음을 안정시키는 공간 등 시애틀 스타일이 일본에서도 통용될지 불투명했다.

1996년에 긴자에 출점한 해외 1호점은 미국식 그 자체였지만 그 후 일본풍 메뉴도 매년 내놓았다. 미국커피와 일본문화의 합작으로 표현되는 긴자 스타벅스 커피점은 스타벅스 일본상륙 15주년을 맞이하여 일본사람들이 좋아하는 커피와 쿠키를 내놓아 절찬을 받았다. 전 세계 공통의 브랜드 이미지와 현지 특유의 상황에 대한 적응 밸런스를 잡기 위해서 얼라이언스 전략을 잘 활용한 예이다.[7]

3) 글로벌 브랜드의 구축

기업이 자사 제품 브랜드를 전 세계 규모로 구축하려고 시도할 경우 글로벌 브랜드 팀을 활용하는 경우가 있다. 그 팀은 통상 각국에서 다양한 브랜드 개발 단계에 종사하고 있는 브랜드 렙(brand representatives)으로 구성된다. 또한 광고 선전, 시장 소비, 판촉 등의 담당자도 더해지는 경우가 있다.

이 글로벌 브랜드 팀이 갖는 문제점으로서는 전 세계적인 규모로의 브랜드에 관한 의사결정의 책임자가 갖는 애매한 점으로 여겨진다.[8]

포스코의 경우 기존의 고로 방식이 아닌 새로운 공법인 파이넥스를 브랜드화하여 자사의 차별적인 제품, 기술 능력을 강조하고 있다. 핀란드의 철강회사 라우타루키(Rautaruukki)는 레이저 절단용 철강 제품에 토탈 솔루션 서비스를 제공하면서, RAEX LASER라는 브랜드를 붙여 차별화된 제품 컨셉을 알리는 데 성공했다.

브랜드 가치의 향상으로 뜻하지 않은 사업의 기회가 찾아오기도 한다. 세계적인 건설장비 제조업체인 캐터필러(Caterpillar)사는 캐터필러 브랜드를 의류와 액세서리에까지 확대시켰고, 지난 10년간 라이센싱을 통해 얻은 수익만도 8억 달러에 달한다. 신규 사업에서 브랜드 라이센싱으로 거두어들인 수익은 중장비 사업에서 브랜드 마케팅을 위해 지출한 투자액을 회수하기에 충분했다고 한다.

섬유 제품인 라이크라 브랜드는 화학 기업인 듀폰의 이미지와는 차별적으로 의류, 패션 산업에까지 확장되고 있다. GE 플라스틱도 자사의 폴리카보네이트 제품에 렉산

---

7) 〈日本經濟新聞〉, 2002년 7월 4일.

8) Aaker D. & E. Joachinhales, "The lure of Grobal branding", Harrvard Business Review, Nov p.99.

(LEXAN)이라는 브랜드를 사용하여 기존의 플라스틱과는 다른 제품의 우수성을 강조한다.

아카 등은 듀퐁의 Lycra 브랜드를 문제 삼아 다음과 같이 설명하고 있다. 이 합성섬유는 오랜 세월 전 세계에서 사용되어 왔지만 그 응용 범위의 때문에 브랜드 전략에서 고생해 왔다. 수영복 디자인을 리드하고 있는 브라질, 패션 관련에서는 프랑스와 같이 듀퐁은 각 응용 제품에서 가장 강한 나라의 매니저에 그 권한과 책임을 위양해 왔다. 그리고 Lycra의 글로벌 브랜드 매니저의 역할은 이러한 다양한 응용 제품의 브랜드 전략이 전체적으로 정합성을 유지하도록 지켜보는 것이다.

제2절 시장세분화와 제품포지셔닝

1. 시장세분화와 제품 포지셔닝

1) 시장세분화(market segmentation)

① 개념

시장세분화(market segmentation)란 글로벌 표준화 개념과 달리 각 시장에 따라서 소비자들의 기호와 욕구가 다르고 그 결과 특정 제품에 대한 수요도 시장에 따라 다를 것이라는 가정하에서 출발한다. 따라서 여러 가지 환경변수를 이용하여 시장을 마케팅 활동에 반응을 보일 것으로 예상되는 세분시장(market segment)으로 구분하는 것을 말한다. 결국 여러 시장을 동질적인 특성을 갖는 여러 세분시장으로 나누는 일이라 할 수 있다.

시장세분화는 표준화와 달리 특정 제품에 대한 특정 시장 소비자들의 기호가 전혀 이질적이고 나아가 이러한 이질적인 소비자들을 어떤 동질적인 세분시장(homogeneous segment)으로 모아서 분류할 수 있으며 동시에 이렇게 세분화된 시장이 특정 제품이나 특정 마케팅 믹스에 대해 전혀 다른 반응을 보이게 될 때 그 의미를 갖게 된다.

② 글로벌시장 세분화 전략

글로벌시장 세분화는 소비자들이 전 세계 여러 지역에서 산재해 있음에도 불구하고 유사한 소비자 반응(구매 특성)을 갖고 있으면 그들에 대한 동일한 마케팅 전략을 적용할 수 있다는 사고를 기초로 한 것이다. 사실, 글로벌기업이 서로 다른 기호와 욕구를 갖고 있는 상이한 환경하의 모든 소비자를 다 만족시킨다는 것은 불가능한 일이다.

이런 경우 시장을 각 변수들에 따라서 세분화하고, 동질성을 가지고 있는 이들 세분시장의 소비자 욕구를 만족시키는 방안을 강구하는 것이 훨씬 더 바람직하다.

예를 들면 기후, 지역, 도시 규모 등의 지리적 세분화에 의해 의류나 음료수의 욕구의 동질성이 있을 수 있으며 연령, 성별, 소득수준에 의해 소비자 욕구가 유사할 수 있다는 것이다.

글로벌시장 세분화는 가전업체 및 소비재시장 모두에 있어서 대단히 중요한 마케팅 전략이다. 가전업의 경우 냉장고를 생산하는 기업은 전 세계 시장을 냉장고를 사용하여 생산하는 여러 가지 제품의 생산업자별로 세분화할 수 있다. 또한 스카치위스키나 〈뉴스위크〉와 같은 소비재의 경우 시장을 동일한 기호를 가진 소비자를 기준으로 세분화할 수 있다. 결국 글로벌시장 세분화는 전 세계 시장을 유사한 제품이나 가격, 촉진 그리고 유통에 대해 동일한 반응을 보일 것으로 생각되는 세분시장으로 나누는 것이다.

글로벌기업은 시장세분화를 통해 특정시장에 대한 침투를 극대화하고 전략적 우위를 확보함으로써 마케팅 효율을 증대시킬 수 있다. 또 특정 소비자 그룹의 기호와 욕구에 부응할 수 있도록 마케팅 계획을 수립할 수 있을 뿐 아니라 특정(세분)시장에서 선도기업으로 발돋움할 수 있는 기회를 포착할 수도 있다. 시장세분화는 보다 높은 수준의 소비자 욕구를 충족시키고 동시에 기업의 자원을 보다 효율적으로 극대화할 때 가장 효과적인 전략이 된다.

2) 제품 포지셔닝(product positioning)

① 개념

제품 포지셔닝이란 자사의 제품이 타 경쟁회사의 제품과 비교하여 아주 특별한 어떤 고유한 특성을 가지고 있다는 점을 고객의 마음에 확고하게 심어 주는 것을 뜻한다. 이것은 자사의 제품을 경쟁회사의 제품과 차별화하기 위하여 제품의 특성, 즉 상표, 포장, 가격, 유통, 광고 등을 변화시키는 것을 뜻한다.

특정 제품의 포지셔닝은 고객들이 그 제품의 속성, 즉 가격, 기능, 품질, 스타일, 디자인, 등에 대해 어떻게 평가하고 있는가를 조사하여 그 결과를 2차평면이나 그 이상의 공간에 표시함으로써 파악이 가능하다.

이렇게 표시된 제품의 포지셔닝은 고객이 생각하는 그 제품의 특성을 나타내게 되는데, 그것은 또한 그 기업의 차별적 우위를 나타내는 것이기도 하다. 자사 제품의 포지셔닝이 경쟁회사 제품의 포지셔닝과 근접하게 위치할수록 비슷한 특성을 가진 경쟁회사가 되고, 반대로 멀리 떨어져 위치할수록 직접적인 경쟁 대상에서 제외됨을 의미한다. [그림 9-3]는 조한슨과 트로렐리의 소형 승용차에 대해 미국 소비자들이 경제성과 성능을 기준으로 평가한 포지셔닝을 나타내고 있다. 혼다 어코드와 포드무스탕, BMW320i와 VW Rabbit의 포지셔닝은 의미해 볼 만하다.

3) 제품 포지셔닝 관리

기업이 제품을 성공적으로 수출하기 위해서는 제품의 포지셔닝 전략을 분석 개발하는 것이 대단히 중요하다. 이를 위해서 먼저 자사 제품을 포지셔닝하는 것이 필요한데, 제품의 포지셔닝은 다음의 절차를 통해 이루어진다. 첫째, 자사 제품의 특징을 분석한다. 이때 제품의 특성은 가격, 기능, 품질, 스타일, 디자인 등으로 나타낼 수 있는데 그 특징은 제품마다 그리고 시장마다 다르다. 예컨대 자동차의 경우 안전성, 경제성, 내구성, 스타일, 운전의 안락성, 색상, 마력 등의 특성이 특히 중시된다.

둘째, 제품의 여러 특성 중 현지의 잠재적 소비자가 가장 중요하게 고려하는 특징을 파악해야 한다. 예를 들면 자동차의 경우 현지소비자들이 자동차를 구입할 때 안전성, 경제성, 스타일, 색상 중 어떤 특성을 가장 중요하게 고려하는가를 파악한다.

제3절 글로벌 마케팅 환경

글로벌화 시대에서 살고 있으며 정보화시대에 살고있는 우리는 국제시장에 진출하려면 국제마케팅 환경을 철저하게 이해하여야 한다. 앞에서 언급하였던 바와 같이 지난 20년간 그러한 환경에 커다란 변화가 있었고, 이에 따라 새로운 기회와 문제점들이 발생하였다. 세계경제가 글로벌화되고 세계무역과 투자가 급격히 증가함에 따라, 서구와 동구, 중국, 태평양 연안국가 및 러시아 등 세계 도처에서 새로운 시장이 개방되어 다국적 기업들에게 매력적인 시장으로 등장하였다. 자동차, 식품, 의류, 전자제품 및 기타 다수의 제품들이 세계적인 브랜드로 확대되었다. 다른 한편, 선진국들을 중심으로 자국의 산업보호를 위하여 보호무역주의 정책을 강화하고 있는 추세에 있고, 우리나라는 미국을 비롯한 선진국으로부터 수입시장 개방 압력을 받아 대부분의 상품시장과 금융 및 서비스 시장을 개방하지 않을 수 없게 되었다. 따라서 국내기업의 입장에서 보면 기업 간의 경쟁이 국내에서 그치는 것이 아니라 국제적으로 무한대의 경쟁을 하지 않으면 안 되게 되었다.

이러한 상황변화는 우리나라가 해외 의존적인 경제체질을 지니고 있는 특징과 함께 단순상품 수출의 형태로 경제를 유지해 오던 방식을 탈피하여 근본적으로 새로운 접근 방법이 필요하게 되었음을 시사하고 있다.

1. 그린마케팅(Green marketing)

그린 마케팅이란 다른 제품보다 환경에 대한 부하가 적은 것으로 간주되는 제품의 마케팅 활동이다. 즉, 환경적 역기능을 최소화하면서 소비자가 만족할 만한 수준의 성능과 가격으로 제품을 개발하여 환경적으로 우수한 제품 및 기업 이미지를 창출함으로써 기업의 이익 실현에 기여하는 마케팅을 말한다. 하지만 그린 마케팅은 환경보호를 위해 소비를 줄여야 한다는 극단적인 환경보호주의적(Environmentalism) 마케팅과는 달리 기업의 생존과 경쟁력 확보를 위해 능동적으로 자연의 오염 흡수 능력(자정능력)을 초과하지 않는 한도 내에서 자원을 사용하는 지속 가능한 개발의 이념에 바탕을 두고 환경보존 및 소비자의 건강에 대한 기업의 사회적 책임을 강조하는 마케팅 개념이라고 할 수 있다.

그러나 그린 마케팅을 정의하는 것은 쉽지 않다. 그린 마케팅은 여러 가지 의미로 사용되며, 서로 중복되거나 서로 상반되기 때문이다. 예를 들면 이 용어는 사회, 환경 및 비즈니스 분야에서 다양한 의미로 사용되기 때문이며 유사한 용어로 환경 마케팅과 생태 마케팅이 있다.

2. 로하스(LOHAS)

로하스(LOHAS)는 'Lifestyles Of Health And Sustainability'(건강과 지속가능성을 중시하는 생활양식)의 의미로 현재 급속히 확대되고 있는 상품과 서비스의 시장이다. 이것은 환경과 사회적 책임의 의식이 높고, 구매 행동에 그것이 나타나고 있는 소비자에게 어필하고 있다.[9] 미국의 조사 기관인 Natural Marketing Institute(이하 NMI로 약칭함)에 따르면 미국의 LOHAS 관련 제품 및 서비스 시장은 2,090억 달러로 세분화된 모든 소비자가 구매하고 있다고 추정된다.[10]

NMI에 따르면 LOHAS에 대해 다음 5개의 세그먼트가 정의되어 있다: LOHAS: 환경

---

9) Suchard, H.T. and Polonski, M.J. (1991): A theory of environmental buyer behavior and its validity: the environmental action-behaviour model. in Gilly, M.C. et al. (Eds), AMA Summer Educators' Conference Proceedings, American Marketing Association, Chicago, IL, 2, 187-201.

10) Todd, kaiser: Eco-marketing: a blooming corporate strategy, 2008

문제에 대해 능동적인 사람들의 모임이며, 자신도 지구도 건강한 것에 열심한 층이다. 그들은 녹색 제품과 사회적 책임을 가진 제품을 가장 잘 구입하는 소비자이며 조기 채용자로 다른 세그먼트에 강한 영향을 미친다.

- Naturalites(자연발생형): 자신의 건강이 첫째로 그것이 동기가 되어 행동하는 층이다. 그들은 (수년간 사용 가능한) 내구재보다 LOHAS 소모품을 구입하는 경향이 있다.
- Drifters(방랑자): 반드시 나쁜 의미는 아니지만, (LOHAS의 재화나 서비스가) 간편하고 저렴한 상품 · 서비스인 경우에 시류를 타는 층이다. 그들은 현시점에서 녹색 소비 행동에 적극적으로 참여하고 있다.
- Conventionals(기존형): 현실주의자이며 상황을 개선할 수 있다고 믿을 때 LOHAS를 받아들이는 계층. 그러나 주로 중시하고 있는 것은 스스로의 재산의 증감과 그 행동이 절약으로 이어질지 어떨지이다.
- Unconcerned(무관심형): 환경 문제나 사회 문제에 대해 무자각 혹은 무관심한 층이다. 그 주된 이유는 그들은 매일의 삶을 보내는데 힘들고 그러한 문제에 대한 시간도 수단도 가지고 있지 않기 때문이다.

3. 그린마케팅믹스(Green Marketing Mix)

그린 마케팅 믹스는 원칙적으로 다음 네 가지 'P'로 구성된다.

- 제품(Product): 생산자는 생태적인 제품을 제공해야 한다. 환경을 오염시키지 않을 뿐만 아니라 환경을 보호하고 기존 환경 피해를 제거하는 제품을 제공해야 한다.
- 가격 (Price): 이러한 제품은 기존 제품보다 약간 가격이 높을 수 있다. 그러나 그 목표인 LOHAS와 같은 소비자층은 고가격의 그린제품을 자발적으로 구입한다.
- 유통(Place): 유통 관리는 매우 중요하며 주로 중요한 것은 이코로지컬(생태) 패키징이다. 현지 제철 농산물(예를 들어, 현지 농장에서 채취한 야채)은 수입된 농산물에 비해 '그린'으로 유통시키기 쉽다.
- 프로모션(Promotion): 시장과의 커뮤니케이션에서는 환경 측면에 무게를 두어야 한다. 예를 들어, 기업인증증명서인 CP(Certificate Policy)인증을 보유하고 있고 ISO14001 인증을 받고 있음을 강조해야 한다. 환경 측면의 공표는 기업의 이미지가 상승될 수 있다. 또한 회사가 환경보호에 돈을 쓰고 있다는 사실도 홍보되어야 한다. 그리고 세 번째로 자연환경 보전에 자금원조를 하는 것도 중요하다. 마지막으로, 에코 로지컬 제품은 특별한 판매 촉진 활동이 필요하다.

네드라 클라인 바인라이히(Nedra Kline Weinreich)는 위의 4P에 다음의 4P를 추가하면서 소셜(그린) 마케팅의 마케팅 믹스 8P로 제안했다.[11)]

일반 시민(Publics): 소셜 마케팅을 효과적으로 하기 위해서는 그 상대를 알고 여러 집단에 대해 어필해야 한다. 이 "일반 시민"은 프로그램의 외부 및 내부에 관련된 사람들을 의미합니다. 외부인은 표적으로 하는 대상, 2차적 대상, 정책 입안자, 감시자로 구성된다. 한편, 내부 사람들은 프로그램의 승인 또는 실행에 어떤 형태로 참여하는 사람이다.

- 파트너십(Partnership): 사회적 변혁을 수반하는 문제의 대부분은 '그린' 이니셔티브를 비롯하여 너무 복잡해서 한 사람 또는 한 집단에서는 다룰 수 없다. 다른 집단이나 이니셔티브와 연계함으로써 성공할 가능성이 높아진다.
- 정책(Policy): 소셜 마케팅 프로그램은 개인이 행동을 바꿀 수 있도록 동기 부여함으로써 잘 작동합니다. 그러나 오랫동안 변화를 지원하는 환경을 제공하지 않으면 지속적인 것으로 만드는 것은 어렵습니다. 종종 정책 전환이 필요합니다. 미디어를 통한 지원 프로그램은 소셜 마케팅에 도움이 된다.
- 재정 관리(Purse Strings): 이 전략적 노력에 얼마나 많은 비용이 드는가? 누가 이니셔티브에 자금을 제공하는가?가 중요하다.

제4절 글로벌 전략

일류 경영의 회사인가 아닌가 하는 것은 그 회사가 효과적인 글로벌전략을 입안하고 그것을 전개하고 실행할 수 있는가 없는가와 관계가 있다. 글로벌전략은 입지, 세계적인 규모의 경제성, 또는 글로벌 브랜드의 세계적 배치에서 나타나는 경쟁우위를 확립하는 것이다. 즉 글로벌 경영을 구축하고 국내시장지배를 방어하고, 각 국별로 전략분산을 극복하기도 한다. 오늘날 글로벌 전략책정은 경영자로서 가장 강렬한 도전의 하나로 인식되고 있다.

---

11) Nedra Kline Weinreich(2010)Hands-on Social Marketing: A Step-by-Step Guide to Designing Change for Good,SAGE Publications,

1. 글로벌 산업의 요인

산업이 글로벌화 되면 시장글로벌화가 되고 비용글로변화가 이루어지고 정부관계의 글로벌화로 이루어진다.

1) 시장글로벌문화 요인

시장요인은 고객행동의 성격과 유통경로의 구조에 의존하고 있다. 시장글로벌화의 공통요인은 다음과 같다.

(1) 공통의 고객욕구

경제발전의 정도와 문화에 의해 고객의 욕구가 공통화로 이루어진다.

(2) 글로벌고객과 유통경로

글로벌고객은 분산적으로 사용하기 때문에, 본사에서 집중적으로 또는 공통적으로 주입한다. 이러한 글로벌 고객이 존재하기 때문에 타기업으로서는 글로벌 시장 참가, 제품서비스의 글로벌화, 글로벌 사업활동의 입지 선정이 촉진되게 필요하게 된다.

(3) 이전 가능한 마케팅.

브랜드명, 가격설정전략 등 마케팅, 믹스의 요소는 각 시장 안에 이전 가능하다. 이 의미는 이러한 요소는 진입 장벽을 높게 하거나 또는 낮게 하거나 하는 2개의 목적에 유효하게 이용할 수 있다는 점이다.

2) 비용글로벌화의 요인

비용의 요인은 당해 비즈니스의 경제 상태와 관계가 있다. 이 요인은 생산입지의 결정과 글로벌시장참가 및 글로벌 제품개발에 특별이 영향을 준다.

(1) 글로벌규모의 경제성과 범위의 경제성

글로벌적인 규모의 경제성은 단일국가의 시장이 경쟁기업으로서는 최적규모를 달성하기 위해서는 충분하게 크고 없을 때 등장한다.

이러한 예는 전자사업이라고 하겠다. 범위의 경제성을 규모의 경제성이 있거나 없거나 개별의 사업소의 내부에서 많은 종류의 재화, 서비스를 생산하기 위해서는 그 제조설비나 제조공정을 공용하기 위한 때 나타난다. 범위의 경제성이 눈에 띄는 영역은 소비자 리서치, 제품 개발 및 마케팅프로그램 작성이다.

(2) 글로벌조달 활동의 효율

원재료나 구성부품의 조달 활동의 조정에 의해 효율이 좋아진다.

(3) 국별 코스트의 차이

나라별로 요소비용의 차이 외에 환율의 차이가 절대적비용의 안정성에 대해 상당히 큰 영향을 준다.

3) 경쟁적 글로벌화 요인

경쟁적 기업의 존재는 그것이 소속하는 산업의 글로벌화 잠재력을 높혀, 글로벌 전략 레벨의 반응의 필요성을 높인다. 통상적으로 경쟁적 요인은 다음과 같다.

(1) 고도의 수출입 최종대화

서비스 및 중간재, 서비스의 수출입의 레벨, 즉 각 나라별로 경제상호 교류와 정도가 기업의 글로벌 전략의 전개에 상당히 큰 영향을 준다.

(2) 서로 다른 나라로부터 의 경쟁 기업

다른 대륙에서 온 라이벌 간의 글로벌 경쟁은 심화되는 경향이 있다.

(3) 글로벌화 경쟁기업

산업글로벌 잠재력은 철저하게 이용하기 위해, 어느 한 기업과 경쟁관계에 있는 어떤 기업의 글로벌 전략을 사용할 때 앞의 기업은 경쟁기업들과의 글로벌 전략에 대항하거나 그 전략을 선정할 필요가 있다.

멀티 도메스틱 전략과 글로벌 전략을 구별하는 의미는 무척 크다. 멀티 도메스틱 전략에서는, 기업은, 그 구체사업 활동을 포토폴리오처럼 관리한다. 그 기업의 세계 중에 산재하고 있는 자회사나 사업가 각각 별도의 자회사든지 사업소와는 독립적으로 자기의 사업영역에서 이익극대화에 필요한 모든 중요활동을 통제한다.

어느 자회사도 자중성을 갖고 이 기업의 각국시장의 사업활동은 각각 나라의 경쟁조건에 의해 결정된다.

이것과는 대조적으로 글로벌 전략은 각 국가 간의 연계를 세계적으로 장악하고 전세계를 국경 없는 단일 시장으로 취급하기 때문에 그 기업의 전 사업활동을 세계 기준으로 통합한다.

제5절 하이퍼 경쟁

하이퍼컴피티션 (hyper competition)은 시장 참여자 증가로 경쟁 강도가 심화되고, 빠른 기술변화로 인해 경쟁의 속도가 빨라지는 상황으로 광범위하게 이해되기도 한다. 한 연구에 따르면 신기술에 대한 정보가 경쟁 기업에 유출되는 데 평균 12~18개월이 소요된다고 한다. 그러나 많은 학자들은 초경쟁이라 불리는 하이퍼컴피티션을 단순히 해당 산업 내에서 치열해지는 경쟁과 빠른 기술변화로 촉발되는 것이 아니라, ▲세계화, ▲더욱 매력적인 대체재의 출현, ▲지식화되고 분화되는 소비자의 취향, ▲규제 완화, 그리고 ▲새로운 사업 모델의 등장 등이 경쟁의 본질을 바꾸는 것으로 해석하고 있다. 이러한 요인들로 인해 해당 산업은 구조적 불균형 상태에 빠지거나 진입장벽이 낮아지고, 업계의 리더들이 권좌에서 물러나는 경우가 빈번해진다. 경쟁에 관한 이러한 관점은 끝없는 변화를 가정하고 있고 이 가정은 하이퍼 경쟁 전략의 배후에 있는 기본적인 것으로 기업활동의 최대의 초점을 시장을 교란하는데 있다는 견해이다.

하이퍼 경쟁의 기본전체는 모든 기업이 침략적 경쟁의 한 형태로 직면하고 있다는 점이다. 그 경쟁형태는 과점적 또는 독점적 경쟁보다도 격화되어있지만 개별기업이 원자적으로 시장 수요에 어떤 영향력을 갖지 않는 완전 경쟁 일수록 엄격하지 않다.

하이퍼 경쟁은 많은 기업이 4가지의 무대에서 경행할 것을 규정하고 있다.[12)]

1) 비용과 품질

일본의 기업은 미국의 경쟁기업과 유럽의 경쟁기업에 저비용과 고품질이 동시에 달성가능하다는 점을 확인 시켰다. 첫 번째 무대는 가격과 품질의 양면에서 경쟁한다.

이 경쟁은 코스트 리더십, 차별화, 니치 전략의 형태를 취한다.

그림 [9-3]은 조한슨과 트로렐리(Johny Johansson and Hans Thorelli)의 소형승용차에 대해 미국 소비자들이 경제성과 성능을 기준으로 평가한 포지셔닝을 나타내고 있다.

---

12) D'Aveni, R. A. (1994). Hypercompetition. New York, NY: Free Press.

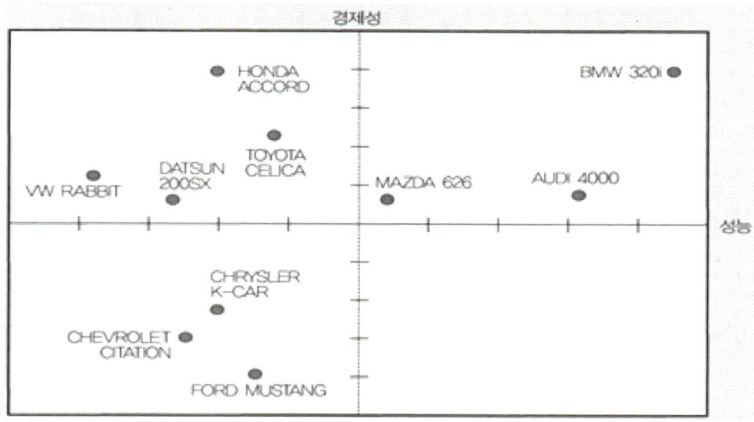

출처: J. K. Johansson and H. B. Thorelii, "Internationnal Product Positioning," Journal of internationnai Business Studies(Vol. 16, No. 3), 1985. p.59.

[그림 9-3] 소형승용차의 포지셔닝

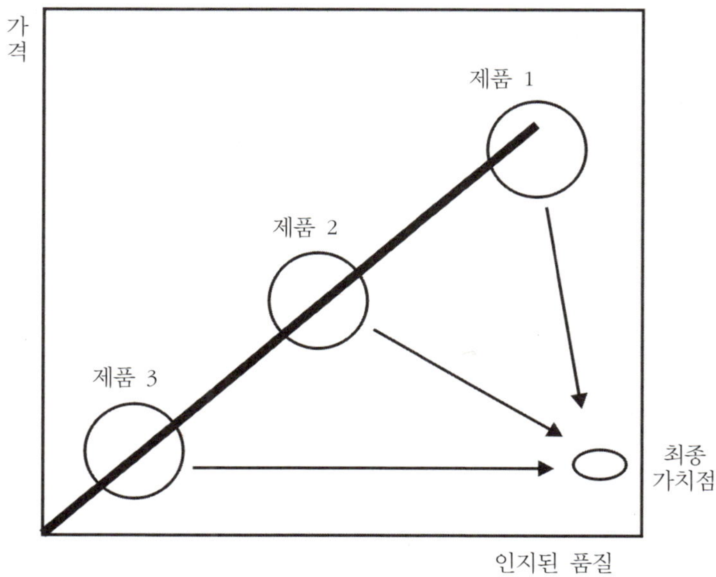

출처: Triad Power: Hypercompetition: Managing the Dynamics of Strategic Maneuvering, p.62 Copyright ©1994 by Richard A. D'Aveni.

[그림 9-4] 가격/품질트레이드오프 및 최종 가치점

시간 경과와 함께 경쟁에 승리하기 위해 시장에 있는 기업은 가격과 품질의 양면에 서로 유사하다. [그림 9-4]에서 나타내는 것처럼 모든 기업의 최종의 가치점보다 좋은 품질과 보다 낮은 가격이라는 점에 이동하려고 한다. 제조기술의 전보에 의해 이전보다도 여러 기업이 고품질, 저가격 전략에 접근하는 것이 가능하게 되었다.

2) 타이밍과 노하우

이 전략은 시장에 제일처음 진입한 기술리더가 되는 여러 요인에 관계한다. 우선 경쟁이 타이밍과 노하우분야에 이전하면 기술, 마케팅기법 및 기업이 소유하는 타자산이 시간 면에서의 우위를 획득하기 위해 경쟁자에 대한 무기가 된다.

지금은 기업이 자사가 공급하는 제품분야의 시장에서 개척자 가 되려고 한다.[13] 이 신제품의 전부가 시장에 성공한 것은 아니지만 워크맨, 8미리 비디오, DVD 등을 판매하여 개척자적우위를 추구한 회사는 소니이다. 그러나 현실적으로는 개척자적열위도 존재한다.

3) 강력한 시장거점

자사가 강한 지리적시장 세분화나 타시장세분화를 의미하는 강력한 시장거점을 지칭한다. 기업이 어느 시장세분화에서 강력한 경쟁우위를 갖기 위해서는 그 기업이 경쟁상대를 별도의 세분화로 공격하는 능력을 주는 것이 된다.

4) 재무재산

재무재산은 최신의 기술을 달성하였거나 타기업의 기술을 샀거나, 또는 자사의 경쟁상대가 어디에 있건 간에 선 돌파하거나 회피하기 위해서는 재무재산이 필요하다. 예를 들면 스웨덴의 에이시아(Asea)와 스위스의 브라운 보베리(Brown-Boveri)의 합작은 그 경영자원과 글로벌진출능력 이라는 점에서 미국의 GE와 세계적으로 경쟁할 만큼의 초글로벌기업을 탄생시켰다.

---

13) Gerard J. Tellis and Peter N. Golder, first to market, First to Fail? Real Causes of Enduring Market Leadership, Sloan Management Review, 37, Winter, 1996, pp.65-75.

제6절 글로벌 마케팅전략

다국적 기업은 점점 글로벌 마케팅을 실행하여 성공하고 있다. 예를 들면 네슬레는 모든 국가에서 많은 제품에 공통브랜드를 사용하여 코가콜라와 광고 테마를 제록스와는 글로벌 라이센싱 정책을 그리고 델 컴퓨터와는 직매전략을 채용하고 있다.[14] 그러나 글로벌 마케팅은 무엇이든 글로벌 베이스로 마케팅 프로세스를 표준화하는 것은 아니다. 마케팅 프로세스의 가각의 요소, 즉, 제품 디자인, 제품브랜드 포지셔닝, 브랜드명, 포장, 가격설정, 광고전략과 광고실시, 판매촉진과 마케팅경로는 표준화후보에는 들어가지만 표준화는 글로벌 마케팅전략의 일부분이면서 표준화는 제품, 시장의 여러 조건, 시장발전의 여러 단계 및 다국적 기업경영자의 성격 등의 조합기업이 채용하거나 한다. 예를 들면 마케팅의 한 요소는 그 내용과 시장커버 범위에서 100% 통일되지 않더라도 글로벌화 되어 있다고 하겠다.

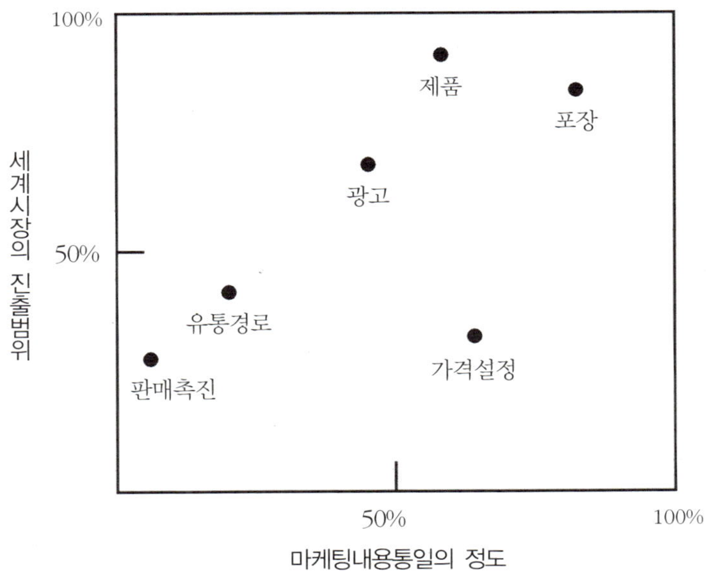

출처: George S. Yip, Total Global Strategy: Managing for Worldwide Competitive Advantage (Englewood Cliffs, N.J.: Prentice Hall, 1992), p.136. N.

[그림 9-5] 글로벌마케팅의 내용과 범위의 다양성

14) Silvia Ascarelli, Dell finds U.S Strategy Works in Europe, Wall Street Journal Feb. 3, 1997.

[그림 9-5]의 글로벌마케팅의 내용과 범위의 다양성에서 시장의 커버 범위와 통일내용의 양면에서 50% 이하의 크기를 갖은 유통경로에 대해 보기로 하자.

이 도표에 대표되는 기업이 그 제품을 판매하는 각국시장별로 제품설비를 갖고 있지 않다고 가정한다면 그 기업이 여러 시장에서 공통된 마케팅내용을 갖으며 아마도 유사의 활동을 하고 있는 한 그 기업은 자사의 글로벌네트워크내의 한곳을 제품설비간의 조정을 할 필요가 있다. 그리고 마케팅 내용이 공통되지 않는 곳에서는 유통경로가 공통으로 되어 있어 필요한 무엇인가의 변경은 그것이 상응하는 제품 및 또는 포장면에서 변경을 할 필요가 있다. 따라서 글로벌마케팅전략은 그 기업 내의 직능부문, 예를 들면 연구개발, 제조 및 재무부문과의 더욱 긴밀한 연계를 필요로 한다.

바꾸어 말하면 글로벌마케팅전략은 글로벌전략의 한 구성요소에 지나지 않는다는 점이다. 비유로 생산을 최적화하기위한 단일의 제조공장에서 이용되고 있는 JUST IN TIME 재고와 제조시스템을 생각해도 좋다. 이 JIT라는 사고를 재무와 마케팅에 확장하여 세계 중에 산재하는 모든 자회사를 포함하기로 한다. 이 경우 글로벌전략을 책정하고 실행하려는 경영자가 하여야 할 과제의 크기와 복잡함을 상상할 수 있다. 이것이 의미하는 것의 하나는 이 회사의 글로벌마케팅전략의 요구하는 여러 가지 요소와 맞물리는 연구개발부문, 제조부문 및 제조부문의 글로벌전략 없이는 이 기업은 마케팅전략을 최선의 방법으로 실행할 수는 없다.

1. 글로벌 마케팅의 이점

글로벌마케팅전략은 4개의 주요글로벌화의 잠재적 이점, 즉, 비용삭감, 제품과 판매프로그램의 질적개선, 고객선호의 향상 및 경쟁우위의 하나 또는 그 이상을 실현 할 수 있다.[15] GM과 Ford는 글로벌마케팅에 대해 서로 다른 접근 방법을 취하고 있다. 이러한 전략상의 차이는 미국자동차 업체인 2회사가 글로벌 마케팅에서 서로 다른 이점을 획득하려고 하기 때문이다.

1) 비용삭감

비용삭감은 노동력과 원재료의 상방의 절약에서 나타난다. 다수국에 걸친 마케팅직능이 통합되면은 마케팅제활동의 중복회피에 대해 인건비가 삭감된다. 비용은 글로벌

15) George S Yip, total Global Strategy, Managing for Worldwide Competitive Advantage, Prentice Hall, 1992, pp.21-23.

광고나 광고제작, 판매촉진자료의 작성, 그리고 포장 면에서 삭감된다. 표준화된 포장에 의해 경비절약과 재고비용의 삭감을 포함한다. 매출액 20%라는 전형적인 재고보유비용의 경우는 재고량이 어느 정도 삭감되더라도 판매에 큰 영향을 준다. Exxon의 '당신의 차에 타이거 표 가솔린' 운동은 다수국의 같은 광고 테마를 사용하기 때문에 타이거의 위력과 우아함을 연상시키고 있다.

2) 제품과 프로그램유효성의 개선

이것은 글로벌마케팅전략의 최대의 이점이라고 할 수 있다. 사업활동의 무대에서 좋은 아이디어는 비교적 많지 않다. 따라서 좋은 마케팅을 보급시키기 위해 현지의 반대를 극복하는 글로벌화 프로그램은 그 유효성을 세계기준으로 하여 사용했을 경우 증대한다. 전통적인 여구개발은 글로벌회사의 본사 소재 국에 집중하고 있다. 이것이 세계에서 좋은 아이디어의 융합이라는 시너지 효과를 저해하고 있다.

3) 고객선호의 향상

세계에서 어느 제품이 인지되어 판매되면 그 제품의 가치를 높인다. 글로벌마케팅전략은 강화작용을 통해 고객선호의 높이는 인지를 확립하는 일조를 한다. 글로벌시대의 통일된 마케팅 메시지는 브랜드건 포장이건간에 제품의 서비스에 대한 지각, 인식, 태도를 보강하고 있다. 펩시는 세계의 마케팅커뮤니케이션에서 일관된 테마를 추진하고 있다. 그것은 젊음과 세계의 어느 곳에서도 펩시를 마실 수 있는 즐거움이기 때문이다.

4) 경쟁우위의 증대

소수의 마케팅 프로그램에 경영자원을 집중함으로써 글로벌전략은 이 프로그램의 경쟁력을 증대시킨다. 기업규모가 큰 경쟁자는 국별로 고품질프로그램을 전개할 수 있는 경영자원을 갖고 있지만, 소규모기업은 이러한 자원을 갖고 있지 못하다. 집중적 글로벌 마케팅 전략을 이용하면, 소기업도 대기업에 대해 효과적 방법으로 경쟁할 수 있다.그러나 글로벌전략의 가장 중요한 이점은 기업조직전체가 하나의 아이디어하에 집결하여 이 아이디어의 성고의 찬스를 증가시킬 수 있다는 것이다. Avis는 우리 회사는 업계 넘버투이다. 그렇기 때문에 우리 회사는 더욱더 노력한다는 아이디어를 고객만이 아니고 종업원에게 전달하는 글로벌캠페인을 처음으로 만들었다.

제7절 글로벌 마케팅의 한계

국제비즈니스의 심리적, 물리적장벽을 양면에서 보면, 국경의 중요성이 없어 졌지만 현지환경의 중요성, 특히 문화적, 정치적, 법제적환경은 지금 더욱 글로벌마케팅전략 책정의 촉진요인 이 아니고 오히려 저해요인으로 역할을 하고 있다. 사실 우리는 30년 전에 환기되었던 문제를 지금도 논하고 있을 정도이다. 그 문제는 가치사슬에 의해 전략을 책정할 때 일극집중 대 다극분산이라는 상반되는 견해에 부딪히고 있다는 점이다.

물론, 지금도 표준화 대 적응화, 글로벌화 대 현지화로 이어지고 있지만 다국적 기업이 직면하는 전략딜레마의 본질은 변하고 있지 않다.

따라서, 여기에서의 문제는 성공하는 다국적 기업이 현지 환경의 다양성의 충격을 어느 정도까지 회피할 수 있느냐 하는 데 있다. 제품표준화와 현지적응화의 문제가 여기에 있다.

경영전략의 발전과 전략경영

제10장

제1절 경영전략에서 전략경영으로

1. 기초이론 시대 : 1950~1960년대

1) 조직유지로서의 경영자의 역할

전략론의 대가로 알려진 버나드(Chester Irving Barnard)는 경영자의 역할〈The Function of the Executive〉이라는 저서에서 전략을 조직의 입장에서 목적을 달성하기 위한 중요(결정적)요인을 조정하는 것으로 정의하였다. 1927년부터 약 20년간, 미국의 벨 전화 시스템 산하의 뉴저지 · 벨 전화 회사 사장을 맡아, 사장 재임중인 1938년에 우리에게 알려진 「경영자의 역할」을 간행해, 그에 의해 과학적 관리법의 프레드릭 테일러와 와 함께 초기의 경영학자로서의 명성을 확립했다.

버나드

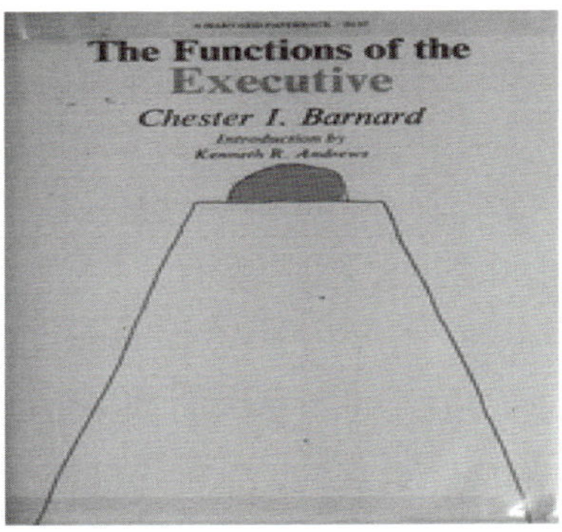

경영자의 역할

특히 미국전화회사의 벨전자회사의 최고경영자로 있으면서 관리경험과 연구를 통하여 저술된 경영자의 역할은 과학적 관리법이나 인간관계론이 어느 일면만을 강조하는 것에 반하여 이들을 종합하는 입장으로서 근대적 조직이론의 시초로 평가되고 있다.

버나드는 1930년대에 이미 조직을 시스템으로 정의하고 "의식적으로 조정된 두 명 이상의 사람들의 활동과 제력의 시스템(a system of consciously coordinated activities or forces of two or more people)"이라고 주장했다. 이것은 공식 조직의 정의이지만, 그 성립을 위한 조건으로서 조직의 3요소를 강조하였는데 공통 목적(조직 목적) · 협동의지(공헌 의욕) · 커뮤니케이션 이라고 주장하였다.

버나드는 협동시스템으로서의 조직은 인간의 협동적 노력의 결합체로서 개인목적과 조직목적의 통합이 조직의 존속 조건임을 강조한다. 조직은 개인이 모인 협동시스템으로서 협동의 목적이 어느 정도 달성되는가 하는 효과성(effectiveness)과 참여한 개인의 동기가 얼마나 충족되는가 하는 능률(efficiency)의 양자에 의하여 조직의 존속이 결정된다.

조직은 개인이 모인 협동시스템으로서 협동의 목적이 어느 정도 달성되는가 하는 효과성(effectiveness)과 참여한 개인의 동기가 얼마나 충족되는가 하는 능률(efficiency)의 양자에 의하여 조직의 존속이 결정된다. 여기서 구성원은 조직에 공헌을 하고, 조직은 그에 대한 대가로 보상을 주어 이것이 균형을 이룰 때 조직은 유지 · 존속된다.

버나드는 전략을 조직의 입장에서 리더가 조직의 존속과 유지의 목적을 달성하기 위한 중요(결정적)요인)을 조정하는 것으로 정의하여 간접적인 조직전략의 설립자로 불려지고 있다.

2) 기업의 성장요인으로서의 드러커전략의 등장 – 기업의 목적은 고객창조

군사에 관한 개념이었던 전략(strategy)을 경영으로 진입시킨 것은 피터 드러커(Peter Ferdinand Drucker)였다. 드러커는 기업이 사회의 기본적제도를 구성하고 사회의 성장과 발전을 지탱하는 중요한 기능을 수행할 존재로서의 전략을 인식하였다. 또한, 드러커는 기업경영에 관한 최초의 저서인 기업의 개념(Concept of the Corporation, 1946)에서 기업의 활동을 사회 공학의 관점에서 기업의 일반 활동을 명백히 하여야 할 뿐만 아니라 사회적, 정치적 조직의 분석을 하여야 한다고 주장하고 있다.

드러커는 GM을 미국 정부와 비교했을 만큼 대단하고 훌륭한 회사라고 칭찬하였다. 따라서 Drucker는 회사가 많은 자율 사업에서 조직되어야 한다고 느꼈기 때문에 이를 설명하기 위해 미국의 "연방 지방 분권화"라는 용어를 사용하며 다중사업부 구조(multidivisional structure)를 주장하였다. 당시 GM의 경영자였던 알프레드 슬론(Alfred

Sloan)회장과 임원들은 드러커에 강한 불쾌감을 나타나며[1] 이 책의 내용이 마음에 들지 않아 이 책에 대해서 언급을 하지 않는 것은 물론 슬론 앞에서는 이 책에 대해 언급하는 것도 허락하지 않을 만큼 이 책을 혹평하였을 정도였다.

이처럼 이 책이 제너럴 모터스(GM)에서는 혹평을 받았지만 미국사회에서는 다중사업부 구조(multidivisional structure)가 대중화되면서 이에 관한 다양한 논문들이 등장하는 계기가 되었다.

사회적으로 드러커는 기업의 본질과 목적을 경제적 실적이나 공식에 규칙의 관점이 아니라 기업 내의 사람의 관계 및 기업과 시민과의 관계에서 파악[2]한 것이다. 이것은 거의 80년전에 이런 사고로 기업을 접근한 학자는 거의 없기 때문에 경영학의 아버지로 존경받고 있는 것이다.

드러커

기업의 개념

경영의 실제

피터 드러커는 『경영의 실제(The Practice of Management, 1954)』에서 기업 목적을 고객의 창조(The purpose of the business is to create customer)라고 표현하였다.[3] 당시의 대부분의 경영자들이 기업을 '영리를 추구하는 조직'이라고 하는 반면 피터 드러커는 '영리추구'보다는 기업의 존재 이유를 '고객창조'이며 목적은 '시장'이라고 주장했다.

즉 기업의 목적은 고객이 원하는 제품 · 서비스를 생각하여 만들어서 사회에 제공하는 것이라고 표현할 수 있다. 그리고 이 기능을 수행하는 것이 드러커는 마케팅과 혁신기능이라고 하였다. 이미 1950년대에 두 요소를 드러커는 기업가적 기능(entre-preneurial

---

1) Sloan,Alfred P.(1964),McDonald,John(ed.),My Years with General Motors,Garden City,NY,U S : Doubleday

2) Peter Drucker, Concept of the Corporation, The John Day Company, 1946, pp.12-13.

3) Peter Drucker, The Practice of Management(New York: Harper & Brothers,1954, pp.37-39.

function)이라고 표현하고 있다.

드러커는 암시적이었지만, 기업의 전략이란

① 우리의 사업이란 무엇인가?
② 그것은 어떻게 해야 하는 것인가?에 대한 질문의 답이라고 주장했다.

즉, 기업의 성장을 위해서 경영자는 어떤 일을 다루는가 하는 전략론의 시점이라고 하겠다. 드러커는 경영에 관한 수많은 서적을 현재에 남기고 있지만, 경영전략론이라고 하는 영역에 있어서 많은 공헌가운데 필자는 목표에의한 관리라고 생각한다. 드러커는 「명확한 목표(비전)가 없는 조직은, 키 없는 배와 같다」고 주장하여 목표의 중요성을 지적하여[4] 목표관리를 도출한 점이다.

목표관리는 드러커가 1954년에 저술한 『경영의 실제(The Practice of Management)』에서 등장한 용어인 'Management by objectives'의 약어로 '목표에 의한 관리'를 의미한다. 좀 더 구체적으로 설명하면, 목표를 달성하기 위해서 경영자와 종업원들이 설정된 목표에 동의하고 그들이 조직 내에서 무엇을 해야 할지를 이해해 가는 일련의 과정을 뜻한다.

자세히 분석하면 기업이 목표를 달성하기 위한 행동은 전략이라고 할 수 있다. 피터 드러커는 기업의 경영의 중심에 경영자보다는 기업외적인 요소인 고객을 최고로 두고, 종업원을 비용이 아닌 자산으로 인식시키려 했다는 점이 새로운 경영의 접근방법으로 현대 경영학에남긴 피터 드러커의 가장 큰 업적으로 높이 평가받고 있다.

3) 챈들러의 '조직은 전략을 따른다(Structure follows strategy)

1950년대에는 추상적인 개념의 전략을 제시했다면 1960년대에 들어서면서 기업에서 경영전략의 개념이 기본적으로 제시되었다. 우선, 전략과 조직 구조 간에 명확한 관계가 존재하는 것을 미국 대기업 4사, 즉 듀퐁, GM, 스탠다드·오일, 시어즈·로벅의 실증연구에서 이끌어낸 것이 알프레드. 챈들러(Alfred DuPont Chandler, Jr)이다. 현대 경영전략의 아버지로 일컬어지는 하버드경영대학원의 알프레드 챈들러 교수는 1962년에 발간한 『전략과 구조(Strategy and Structure)』라는 저서를 출간했다.

챈들러는 기업의 성장을 계획하고 이행하는 것이 "전략"(strategy)이며 이러한 확장된 활동과 자원 관리를 위해 고안된 조직을 구조(structure)로 생각하고, '조직은 전략에 따른다'(structure follows strategy)라는 기념비적 명제를 주장한 것이다.[5]

---

4) Peter Drucker, The Practice of Management, Harper and Row, New York, 1954.
5) Alfred DuPont Chandler, Jr,Strategy and Structure, M.I.T. Press, 1962, p.14.

챈들러

전략과 구조

챈들러는 미국 의 대기업 4개사의 역사적 연구를 통해 미국 기업의 전략과 조직의 관계에는 단계적인 발전의 순서가 있음을 발견했다. 기업의 전략 프로세스를 ①양적 확대 ②지리적 확산 ③수직 통합 ④제품 다각화의 4단계로 나누고 프로세스의 발전 단계로서의 흐름을 다음과 같이 밝혔다.

① 양적 확대 → 관리 부문의 발생
② 지리적 확산 → 지역마다 입지하는 현업 조직의 발생
③ 수직통합 → 개발이나 생산 등의 수직직능을 통합화함으로써 직능성조직 생성
④ 제품 다각화 → 사업부제조직 도입

즉, 사업 활동의 양적 확대나 지리적 분산, 혹은 수직적 통합이나 다각화에 따라 전통적인 직능 부문 조직에서 사업 부제와 같은 조직으로 바뀌어 가는 것을 사례 중에서 확인했다. 예를 들어 듀폰은 1차 세계대전 이후 흑색화약이나 다이너마이트 사업 감소로 다각화를 진행했지만, 인조피혁, 셀룰로이드 수지, 염료, 도료, 광택제로 사업을 확대 하면서 다수의 공장, 연구소, 구매부 등의 조정에 힘쓰게 되었다. 마찬가지로, 잇따라 합병과 인수로 커진 GM은, 단일 차종 T형으로 승부하는 포드에 대항하기 위해서, 차종간의 일관성을 붙여 제품을 정돈하는 경영 과제에 임할 필요가 있었지만, 기업연합체와 같은 GM에서는 기능적 조직으로는 컨트롤할 수 없게 된 것이다. 양사는 각각의 전략적인 요구로부터 사업부제를 채용하기에 이른다.

이러한 사례로부터 챈들러는「조직구조는 전략에 따른다(structure follows strategy)」라고 하는 결론에 이르렀다. 챈들러는 위와 같은 전략 프로세스의 차이에 따라 조직 구조가 바뀐다는 현상에서 '조직은 전략에 따른다'는 유명한 명제를 도출했다. 환경변화에의 적응이 내부의 조직구조를 규정하고 있다고 주장한 것이다.

챈들러의 영향을 받아 많은 미국의 많은 기업이 직능별 조직에서 사업부제 조직(divisional structure)으로 전환해 갔다.

챈들러 교수는 사업을 운영하는 기업의 조직은 그 기업이 추구하는 전략의 실행에 부합해야 한다고 주장했다. 즉, 기업은 생존과 성장을 위한 사업계획과 실행전략을 수립해야 하고, 수립된 전략의 실행력을 뒷받침하고 극대화하기 위해 조직을 설계하고 운영해야 함을 역설하고 있다. 그리고 전략적 결정과 전술적 결정이라는 용어를 구별하여 전술적결정은 일상 업무적 결정이며, 전략적 결정이란 기업 전체의 기본적인 목적을 결정하고 목적을 수행하기 위한 행동양식을 선택하여 자원을 분배하는 결정으로 인식하였다.

4) 앤드류스(Kenneth R. Andrews)의 기업정책으로서의 전략

전략의 기본으로 알려진 SWOT 분석은 주체의 내부 요인과 외부 요인(환경)의 적합을 모색하는 전략을 책정하기 위한 도구로서 사용되고 있다. 이 프레임워크는 하버드 비즈니스 스쿨의 크리스텐센(C. Roland Christensen) 앤드류스(Kenneth R. Andrews) 보우어(Joseph L. Bower) 등에 의해 집필된 '비즈니스 정책: 텍스트와 사례(Business Policy: Text and Cases)'를 기원으로 한다고 한다.

앤드류스

비즈니스 정책

앤드류스 는 SWOT 분석을 통해 ①자사의 강점(Strength)과 약점(Weakness)과 ②환경에서의 기회(Opportunity)와 위협(Threat)을 검토해야 할 필요성을 주장했다. 이것이 각각의 이니셜을 취한 SWOT 분석이 되고 나중에 컨설턴트 등에 의해 더욱 정교화되면서 현대에도 가장 단순하고 명쾌한 전략으로 평가 되고 있다. 기업의 내부적인 면을 분석하는 강점/약점 분석과, 외부적 환경적인 면을 분석하는 기회/위협 분석으로 나누어서 긍정적인 면을 보는 강점과 기회 그리고 그 반대로 위험적요인의 약점, 위협을 가름질하는 전략도구이다.

이러한 분석을 통해 경영자는 회사가 처한 시장 상황에 대한 인식을 할 수 있으며 앞으로의 전략을 수립하기 위한 중요한 자료로 삼을 수 있다.

하버드 비즈니스 스쿨에서는 1965년에 당시에는 전략으로서 가장 영향력 있는 교과서인 "비즈니스 정책: 텍스트와 사례(Business Policy : Text and Cases)"가 출판되었으나 이 교과서는 1971년에 앤드류스의 이름으로 별도로 출판되었으며 당시에 앤드류스가 가르치는 전략 형성의 구체적인 관점은 아마도 공식적인 과정에서 일상적으로 가르치는 비즈니스 전략의 가장 초기 개념이었다고 알려지고 있다. 또한 대학에서 기업정책(Business Policy)의 이름으로 가르치는 전략 문헌의 일부 분야에서 전략이란 무엇인가? 에 대해 가장 근본적인 교훈을 많이 제공한 것으로 알려져 있다.

앤드루스는 몇 가지 전략에 대한 지침을 소개했지만 전략이 무엇인지에 대한 확실하고 명확한 개념과 정의는 하지 않았다.

그는 기업전략을 목표, 의도 또는 목표의 패턴과 이러한 목표를 달성하기 위한 주요 정책 과 계획을 수립하고 회사가 속해 있거나 속하게 될 사업(비즈니스 범위)과 현재 또는 앞으로 있을 회사(비즈니스)의 종류를 정의하는 방식으로 정의했다.

그런데 여기에서 중요한 것은 회사가 추구하는 비즈니스 범위를 결정하고 앞으로 가야할 비즈니스(경제 및 인적 조직의 종류), 그리고 현재 또는 앞으로 있을 회사의 (비즈니스)의 종류를 정의 했다는 점이다.

앤드류스의 전략의 정의의 중요한 부분은 다음과 같다.

① 목표, 의도, 목적－회사가 달성하고자하는 것(임무, 목적, 목표).
② 정책과 계획－목표를 달성하고 임무를 완수하는 방법은 무엇인가?
③ 비즈니스 범위－외부 환경(시장, 지역, 규모 등)에서 회사의 위치 지정
④ 경제 및 인적 조직의 종류－내부 환경, 여러 차원의 회사의 아키텍처(경제 모델, 조직 구조, 기능 구조, 비즈니스 프로세스 등)의 관점에서 회사의 정의
⑤ 기여－회사가 어떻게 가치를 창출하는가?, 누구를 위해 가치를 창출하는가?

그런데 앤드류스는 "목표, 목적, 정책, 행동계획을 구별하는 문제를 더 이상 지적하지 않았다는 점은 아쉽다.

앤드루스가 뛰어난 점은 전략에 대해 그가 설정한 모든 교훈을 만들어냈다고 주장하지 않았으며, 1957년에 필립 셀즈닉이나 1962년에 알프레드 D. 챈들러에 의해 이전

에 도입된 것도 지적되었다. 앤드류스는 전략이 신중하고 의식적으로 결정되고 경영진이 채택해야 한다고 규정했다.

5) 앤소프(H. I. Ansoff)의 전략

경영전략의 체계와 그 전략을 개발해 가는 프로세스를 체계적으로 처음 취급한 사람은 앤소프(H. I. Ansoff)이다. 그는 우선 기업의 활동을 "자원을 상품이나 서비스로 바꾸어, 그것을 고객에게 판매하며 신뢰를 얻는 과정을 통하여 그 목표를 추구하는 것이다"고 정의했다. 물론 기본적인 자원으로서는 물적 자원, 금전적 자원, 인적 자원이 있다. 그리고 의사결정의 시점에서 보면 기업경영상의 전체적인 문제는 기업의 목표달성을 최적으로 가능케 하는 방법으로, 자원의 변환 과정의 방향을 잡는 것이다. 이 자원 변환 과정에서 보면 기업에서의 의사결정은 ① 업무적 의사 결정, ② 관리적 의사 결정, ③ 전략적 의사 결정전략적·관리적·업무적 의사결정으로 나뉜다.

① 업무적 의사결정－현재 기업의 수익성을 극대화하기 위한 의사결정으로, 부문이나 제품라인에 대한 자원배분(예산화), 업무 목표계획, 실적 모니터링 등.
② 관리적 의사결정－기업의 자원을 조직화하기 위한 의사결정으로 권한과 책임의 관계, 일의 흐름, 정보의 흐름, 여러 시설의 입지 등에 관한 것.
③ 전략적 의사결정－기업의 외부문제에 관한 의사결정으로 제품 믹스나 시장의 선택 등 시장과 제품에 초점이 있다.

이 가운데 전략적 의사결정 가운데 제품 · 시장이라는 기준 아래 기업이 선택해야 할 사업 영역과 그 전략을 4개의 매트릭스로 제시했다. 이것은 기업의 성장 방향(벡터)을 나타내므로 "성장 벡터"라고 한다.

2. 경영전략에서 전략경영으로 : 1970년대

1970년대에 들어서면서 다각화의 진행이 급속히 이루어졌다. 1970년대 경영전략론의 대부분은 규모와 성장 · 포트폴리오 이론을 중심으로 하고 있었다.

그러나 경영자원은 한정되어있어 다각화하는 사업에 대해 경영자원, 특히 자금을 어떻게 배분하고 또한 전체적인 사업구성안에서 각각의 사업에 어떤 역할을 부여할 것인가가 큰 과제로 등장하였다.

이 과제에 접근하는 수법으로서 개발된 것이 프로덕트·포트폴리오·매니지먼트(product portfolio management, PPM)이다. 보스턴컨설팅그룹이나 맥킨제이 등 미국의 컨설팅

회사와 함께 GE 사가 개발하여, 일약 각광을 받았다. 그 기초에 있는 것이 대부분의 기업분석에서 얻은 경험곡선(experience curve)이다. 어느 제품의 생산의 시작부터 현재까지 누적생산량이 증가하는 만큼, 단위당의 생산코스트가 체감한다고 하는 경험이다. 경쟁 기업보다 높은 점유율을 획득하면 상대보다 저생산코스트로 생산할 수 있어 경쟁상 우위에 서는 것과 동시에 높은 이익을 올려 투자자금을 회수할 수 있다. 이 자금을 성장성이 높은 사업에 선택적으로 투입하여 최적의 사업 구성을 목표로 한다. 즉, 포트폴리오 전략이다.

포트폴리오 경영은 그 나름의 성과를 올렸으나 데이터를 분석하기 위해 많은 본사 스텝을 필요했다. 또한 현실적인 경영보다도 데이터만 분석하는 움직임으로 옮겨 갔다. 전략개발은 실제 사업집행에 임하지 않은 본사 스태프에게 이동되면서 경영이 경직화되는 위험도 있었다. 또한 사업의 금후 성장성을 예측할 수 있는 것 등, 장래의 환경이 어느 정도 예측할 수 있는 것도 전제였다. 1970년대의 PIMS(Profit Impact of Market Strategies) 연구는 시장 전략이 시장 점유율에 미치는 영향을 대표하고 있다 제너럴 일렉트릭(GE)에서 시작된 이 연구는 1970년대 초에 하버드 대학으로, 1970년대 후반에 전략 계획 연구소(Strategic Planning Institute)로 이관되면서 70년대의 전략사상의 중심을 이루었다.

PIMS 연구가 시작된 초기 무렵에는 "시장 점유율이 커지면 수익률도 커진다"는 결과 밖에 얻지 못했다. 이 결과는 "시장 점유율이 높은 기업은 규모의 경제와 학습 곡선 효과를 얻을 수 있어 그것이 수익률 향상으로 이어진다"고 해석되었다.[6] 이시기의 시장 점유율이 높으면 수익률 향상으로 이어진다는 명제는 기업의 확대 · 성장 전략에 주목을 받고, 수평 통합, 수직 통합, 다각화, 프랜차이즈, M&A, 조인트 벤처, 유기적 성장 등에 대해 활발하게 논의가 이루어졌다.

1970년대의 BCG의 흐름을 받은 학술계는 리처드 루멜트(Richard Rumelt)의 연구로 대표되는 바와 같이 어떠한 다각화가 수익성을 높이는지를 과학적으로 검증하는 움직임이 중심을 이루었다.[7] 그러나 시장 자체의 성장이 정체되기 시작하면 여러 사업의 포트폴리오를 검토하는 전략적 의사 결정보다 그 산업 내에서 어떤 경쟁 전략을 취해야 하는지에 관한 지식이 필요하게 된다.[8] 논의의 여지는 있지만, 1970년대 경영전략

6) Buzzell, R. and Gale, B. The PIMS Principles: Linking Strategy to Performance, Free Press, New York, 1987.

7) Richard P. Rumelt, 1974. Strategy, Structure, and Economic Performance. Boston; Cambridge, Mass.: Harvard University Press.

8) Mintzberg, H. 1978. Patterns in Strategy Formation. Management Science, 24(9): 934-48.

의 주된 발전은 앤소프의 이론을 실증하는 것이 논의의 중심이었다. 앤소프 이후, 그 주장을 뒷받침하기 위해 실증 연구가 진행되고, 또 실무가가 참고할 수 있는 보다 세밀한 공정표, 각각의 분석이나 입안 수법의 구체적인 해설이 꾸준히 축적되어 갔다.[9)]

3. 경영전략의 틀의 확립으로 : 1980년대

1981년 GM 사는 잭웰치(Jack Welch)에 의해 기업변혁에 착수했다. 1970년대의 포트폴리오 전략에 의해 많은 사업을 정연하게 평가해 보았지만 그 효과는 충분하지 않았다. 한편으로 본사의 기획 스태프는 200명에 이르러 관료화되었다. 전략은 물론 경영혁신력도 희미해졌다.

잭 웰치(Jack Welch)는 1980년대와 1990년대 미국에 불어닥친 구조조정(정리해고) 열풍을 불러 일으킨 인물이기도 하며, "경영의 신"과 "중성자탄 잭"이라는 별명을 양면처럼 지니고 있다. 건물은 놔두고 안에 있는 인원만 싹 죽여버리는 중성자탄처럼 인수한 회사의 외양은 놔둔채 기업의 내부 인원을 전부 물갈이해버리는 무시무시한 구조조정을 추진했기 때문이다. 그는 이러한 구조조정을 통해 GE를 핵심사업 분야 · 첨단기술사업 분야 · 서비스사업 분야의 3개 분야로 정리하였고, 이에 따라 그의 취임 당시 170개에 이르던 사업부 중 110개 부문이 정리되었다.

잭웰치는 우선 기획 스태프를 큰 폭으로 삭감하여, 막대한 데이터를 분석해 책상 위에서 전략을 생각하는 방법을 큰 폭으로 간소화했다. 동시에 사업영역을 3개의 중핵적인 영역으로 좁혔다.

① 대형가전이나 조명기구와 같이 오늘날의 GE의 성장을 지탱해 온 영역
② 반도체, 통신 시스템, ME 기기와 같은 새로운 하이테크 영역
③ 금융 서비스 등 GE에 있어서는 새로운 서비스의 영역

이 사업 영역 중에서 적극적인 매수와 철퇴를 시행하여 사업구성을 재편화 했다. 모든 사업구조의 리스트럭처링(restructuring)이라 할 수 있는데, 6년간에 걸쳐 매수한 사업은 약 350개, 철퇴한 사업은 약 200개에 달한다. 동시에 예산관리 시스템을 바꾸어 기업문화의 활성화를 도모했다. 그 결과 GE는 오늘날에도 높은 성장을 지속하고 있다.

---

9) Hofer, C. W. & Schendel, D. 1978. Strategy Formulation: Analytical Concepts. St. Paul: West Pub. CO

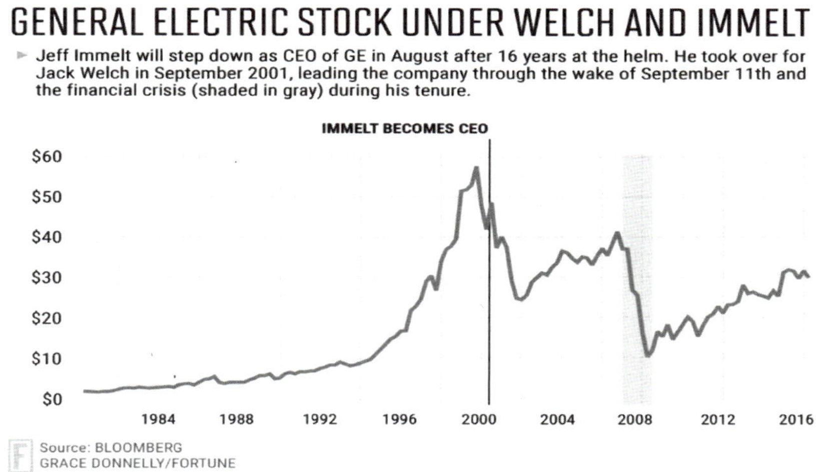

[그림 10-1] GE의 잭웰치 재임시의 주가의 성장

잭웰치가 GE 회장으로 일하는 20년 동안 GE 그룹 매출은 4배 이상 증가했고, 시가총액은 30배 가까이 늘었다. 취임 당시 주당 1달러대에 그쳤던 GE 주가는 그의 재임 막바지인 2000년 9월 55달러로 치솟았다. 지금도 깨지지 않는 기록이다. 2020년 3월 2일 현재의 GE 주가는 11달러로 잭 웰치 재임 시절의 5분의 1에 불과하다고 한다.

산업구조론적인 관점은 포터(M. E. Porter)가 창시하였다. 1980년대는 포터를 중심으로 포지셔닝 이론(Positioning School)이 유행되었던 시대이기도 했다. 1980년 포터는 경쟁전략(Competitive Strategy)이란 저서에서 경쟁전략은 기업 내부의 시점만으로는 판단할 수 없고, 소비자가 경쟁상대와 비교하여 어떻게 인식하는지에 달려 있다는 것이다. 전략을 수립하고 수행하기 위해서는 고객의 마인드에 기업의 포지션을 만들어야 한다는 것이다.

그래서 등장한 것이 Porter의 산업구조분석 모델(5 Forces Model)이다. 포터의 5 포스분석(5 Forces Analysis) 모델은 산업구조의 매력도 (가치) 분석을 통하여 외부환경(경쟁)요인을 사업단위 내부에 반영시키는 전략도구이다. 포터의 5 포스분석(5 Forces Analysis)은 특정 산업 내 경쟁 수준을 분석하는 데 도움이 되는 프레임워크이다. 이 프레임 워크에 따르면, 경쟁력은 경쟁자에서 뿐만 아니라 새로운 참가자의 위협, 공급업체의 협상 힘, 구매자의 협상 힘, 대체 제품이나 서비스의 위협, 기존 산업 경쟁 등에 의해서 결정된다고 하였으며 전략에서 경쟁〈Competitive〉이라는 단어를 처음 사용하였다.

마이클 포터는 1985년 자신의 두번째 저서인『경쟁우위－탁월한 성과를 지속적으로 창출하는 법』(Competitive Advantage: Creating and Sustaining Superior Performance)에서 경쟁우위를 얻기 위한 '비용 우위 전략(Cost Leadership Strategy)', '차별화 전략(Differentiation Strategy', '집중화 전략(Focus Strategy)' 세 가지 전략을 제시하였다. 포터는 차별화, 코스트 우위, 특정의 세그먼트(segment)를 특화하여, 차별화나 코스트 우위를 목표로 하는 집중화에 의해 경쟁기업에 대한 우위성을 확립하려는 사고로 지금까지와는 전혀 다른 경쟁이라는 개념을 도입하기도 하였다.[10]

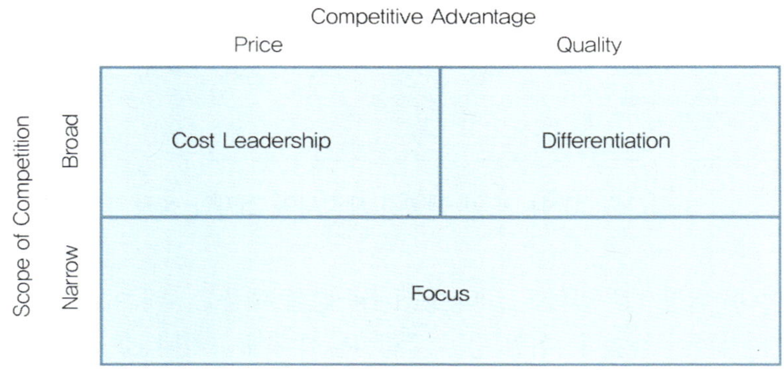

[그림 10-2] 포터의 경쟁우위 전략

또한 포터는 기술의 집합체로서 경영의 집합체로서의 가치사슬(value chain)을 주장하였다.[11] 가치사슬(value chain)은 기업에서 경쟁전략을 세우기 위해, 자신의 경쟁적 지위를 파악하고 이를 향상시킬 수 있는 지점을 찾기 위해 사용하는 모형이다. 마이클 포터의 가치사슬은 모든 조직에서 수행되는 활동은 본원적 활동(primary activity)과 지원활동(support activity)으로 나뉘어질 수 있다. 본원적 활동은 제조, 물류, 마케팅, 기술개발, 인사관리, 전반적인 관리 시스템을 말하고 지원활동은 기업의 (1) 인프라스트럭처(회계, 재무, 경영), (2) 인적자원 관리, (3) 기술 개발, (4) 조달 프로세스 등에 의해 골고루 지원된다.

기업의 핵심역량을 단순한 기능별 능력이 아닌 여러 기능별 능력이 종합된 조직상의 능력으로 이해하기 위한 분석방법을 제시함으로서 높게 평가 받았다.

10) Porter, Michael E.(1985). Competitive Advantage: Creating and Sustaining Superior Performance, Free Press, p.12.

11) Porter, Michael E.(1985). Competitive Advantage: p.167.

1981년 리처드 파스케일(Richard Pascale)과 앤서니 아토스(Anthony Athos)는 공저 〈일본의 경영기법(The Art of Japanese Management)〉에서[12] 일본 기업의 성공의 주된 이유는 그 뛰어난 경영 기술이라고 주장했다. 이들은 관리를 전략 · 구조 · 시스템 · 스킬 · 스탭 · 스타일 · 공유가치의 7가지 차원(7S)로 나누어 설명했다. 전략 · 구조 · 시스템을 하드웨어적 요소, 스킬 · 스탭 · 스타일 · 공유가치에 대해서는 소프트웨어 요소로 분류했다. 이들은 미국 기업이 하드웨어 요소에서는 뛰어나지만 소프트웨어 요소에서는 뛰어나다고 말할 수 없다고 주장했다.

1982년, 톰 피터스(Tom Peters)와 로버트 워터맨이 일본 기업의 도전을 정면에서 분석하는 초우량기업의 조건(In Search of Excellence)에서 우수하다고 여겨지는 62개 기업 중에서 43개사를 선발해 중요한 경영진에 인터뷰를 거듭했다.[13] 그 결과, 이들은 우수한 기업에 공통된 행동의 중요성, 고객밀착성, 간단한조직 등 8개의 특징을 발견했다.

4. 비연속적인 변화 : 1990~2000년대

1) 1990년대

1990년대에 들어서면서 자원 기반 전략(Resource-Based View, RBV)이 등장하는데 이는 Barney(1991)가 주장이 새롭게 인식되면서 시작되었다. 자원기반이론이 1980년대에 주목을 받았던 마이클 포터의 이론과 가장 큰 차이를 두는 것은 기업수익의 원천을 외부 요소가 아닌 기업 내부의 잠재 요소에서 분석했다는 점이다. 제이 바니는 본인의 논문 '기업의 자원과 지속적인 경쟁우위'에서[14] 산업 구조를 중심으로 한 포터의 포지셔닝 학파에 대한 반대의견으로 지속 가능한 경쟁우위는 우수한 역량과 자원을 개발하는 데서 비롯된다고 주장했다.

바니는 Porter의 외부 분석에 조직의 자원과 능력에 주목보다는 내부 분석을 주장한다. 포터의 전략론의 본질은 (1) 기업을 둘러싼 외부 환경을 5개의 경쟁 요인으로부터 분석하고, (2) 3개의 기본적 전략에 의해, 자사 독자적인 포지셔닝을 취함으로서 경쟁을 중요하게 생각했다.

이에 비해 바니의 전략론의 본질은 '경쟁 우위의 원천'을 기업 내부에 존재하는 경영

---

12) Pascale, R. and Athos, A. The Art of Japanese Management, Penguin, London, 1981,

13) Peters, T. and Waterman, R. In Search of Excellence, HarperCollins, New york, 1982.

14) Jay Barney(1991). Firm Resources and Sustained Competitive Advantage. Journal of Management, 17(1), 99-120.

자원에 요구하고 있다는 점에 있다. 우선 그는 내부 환경에 주목하고 지속적인 경쟁우위를 좌우하는 요인은 소속된 업계의 특징에 있는 것이 아니라 그 기업이 업계에 제공하는 (능력)에 있어 이것이 수익성을 결정한다고 한다고 주장한다.

포터에 따르면, 매력이 부족한 업계에서는 수익성을 얻기가 어렵기 때문에 이러한 업계를 선택해서는 안된다는 반면, 버니는 경쟁이 심하고 매력이 부족한 업계에서도 높은 수익성을 실현하고 있는 기업이 있다고 주장하고 있다. 포터의 주장은 비슷한 환경을 공유하는 기업들의 수익성은 같아야 한다는 전제를 갖고 있어 늘 이론적 약점으로 지적됐다. 기업의 현실을 반영하지못한 것으로 지적되고 있었다. 경쟁이 심하고 비슷한 환경하에서도 기업들이 서로 다른 수익을 내고 있다는 사실은 수익의 원천이 외부환경이 아닌 내부의 요인에 의해 결정된다는 것을 간접적으로 반증하고 있다는 것이 자원기반이론의 출발점이 된다.

월마트, 아마존, 델 등이 그 사례이다. 유통업계라는 경쟁이심하고 매력이 부족한 업계에 위치하면서도 월마트는 지속적 경쟁우위를 유지해 미국에만 머무르지 않고 유럽, 아시아 등 세계로 진출하여 성공을 거두었다.

바니는 이와 같이 경쟁우위를 얻기 위해서는 희소성이 있고 모방에 비용이 많이 드는 능력를 장비하고, 이를 통해 고객의 요구에 부응하는 전략을 채택하는 것이라고 말했다. 구체적으로는「VRIO」라고 하는 프레임워크를 이용하는 것으로, 그 기업의 능력이 경쟁우위를 획득할 수 있다고 주장한다. 1990년 리처드 파스케일(Richard Pascale)은 끊임없는 변화에 노출되는 상황에서의 비즈니스는 끊임없이 자신을 개혁해야 한다고 주장했다.[15] 어제의 강점이 오늘의 약점으로 바뀌는 것을 의미하는 '성공은 실패를 부른다(Nothing fails like success)'라는 유명한 말은 파스케일의 것이다. 1996년, 클레이너(Art Kleiner)는 변화에 대응할 수 있는 기업 문화를 육성하기 위해서는 이단자, 영웅, 무법자, 공상가(visionary)를 고용해야 한다고 논했다.[16]. 계층 조직에서 뛰어난 중간관리직으로 기능되어진 보수적인 관료는 최근에는 도움이 되지 않는다고 하였다. 1997년, 클레이튼 크리스텐센(Clayton Christensen)은 그의 저서 '이노베이션의 딜레마 The Innovator's Dilemma'에서 위대한 기업은 옳은 일을 정확히 수행하기 때문에 실패한다고 주장했다.[17] 기업의 능력(capability)은 기업의 강점이자 기업의 약점(disability)이기 때문이다. 크리스텐센의 이론은 위대한 기업이 파괴적 기술에 직면했을 때 그 리더십을 잃는다는 것이다.

---

15) Pascale, Richard Managing on the Edge, Simon and Schuster, New York, 1990.

16) Kleiner, Art The Age of Heretics, Doubleday, New York, 1996.

17) Clayton Christensen, "The Innovator's Dilemma", Harvard Business School Press, Boston, 1997.

많은 전략가들은 변화에 대응하기 위해 시나리오 계획(scenario planning) 기술을 사용하고 있다. 예를 들어 Kees van der Heijden(1996)은 변화와 불확실성은 최적의 전략 결정을 불가능하게 만든다고 말한다.[18] 우리는 이러한 사건을 다루기에 충분한 시간도, 정보도 얻을 수 없기 때문이다. 우리는 최적이 아닌 자기가 할 수 있는 "가장 숙달된 프로세스(the most skilful process)" 밖에 대응할 수 밖에 없기 때문이다.

2) 2000년대 이후

포춘은 지난 2006년에 '미안해요! 잭(Sorry, Jack)!'이란 제목의 표지 기사를 10쪽에 걸쳐 실었다. 포춘은 '잭 웰치의 경영지침서를 찢어버려라(Tearing up the Jack Welch playbook)'는 제목의 기사에서 한 때 성공의 지름길로 여겨졌던 잭 웰치식(式) 경영 비법이 빠르게 변화하는 현실에는 맞지 않는 `낡은 공식`이 됐다고 평가한다.

2000년대에 들어서면서 뷰카(VUCA)시대의 4차 산업혁명에 진입하면서 기업은 디지털 혁신, IoT, AI, 빅 데이터 및 사이버 물리적 시스템에 의해 성공요인이 변화되면서 최근까지 성공을 이루었던 전통적인 비즈니스 모델과 전략이 맞지 않음을 간접적으로 평가한것이며 이는 뷰카(VUCA)시대의 완전히 새로운 비즈니스 모델을 기대했던 것으로 파악된다.

리차드 멀캐스터(Richard Mulcaster)는 전략 자체에 대한 연구에는 많은 연구가 축적되었지만 전략적 의지 결정 및 전략 수행시 효율성에 영향을 미치는 요인에 대해서는 거의 연구가 축적되지 않았다고 논했다. 예를 들어 2007~2010년의 글로벌 금융 위기는 은행이 위험에 조금 더 많은 관심을 기울였으면 피할 수 있었을지 모른다. 그렇다면 어떻게 의사결정 프로세스를 개선할 수 있는것인가? 멀캐스터(Mulcaster)는 의사결정 또는 전략 수행 시 고려해야 할 11가지 요인(시간, 적대 요인, 정치, 지각, 전체 영향, 부가가치, 인센티브, 학습 능력, 기회 비용, 위험, 스타일 등)을 예로 들었다.[19]

2000년 말콤 글래드웰(Malcolm Gladwell)은 대전환점(tipping point)의 중요성을 설명했다.[20] 우리말로 대전환점으로 번역되는 티핑 포인트(tipping point)는 터닝포인트와는 다르다. 진행 방향과 다른 새로운 길을 갈 때 '터닝 포인트'라고 하는 반면, '티핑 포인트'는 수면 아래에 있던 노력의 결과가 수면 밖으로 튀어 오를 때 쓰는 용어다. 대전환점이란, "어떤 아이디어나 유행 혹은 사회적 행동이, 문턱을 넘어 단번에 흘러나와, 화재처럼 퍼지는 극적 순간"을 말한다. 2000년 게리 해멀은 두 번째 저서인 '꿀

18) Kees van der Heyden, Scenarios: The art of strategic conversation, Wiley, New York, 1996.

19) Richard Mulcaster, "Three Strategic Frameworks", Business Strategy Series, Vol 10, No1, pp.68-75, 2009.

20) Malcolm Gladwell, The Tipping Point, Little Brown, New York, 2000.

벌과 게릴라(원제 Leading the Revolution)'를 발표했다. 그리고 여기에서 전략의 쇠퇴(strategic decay)에 대해 논했다. 그에 의하면, 아무리 뛰어난 전략이라도, 때때로 그 빛은 잃어지고, 전략의 가치는 자연스럽게 잃어간다고 한다[21].

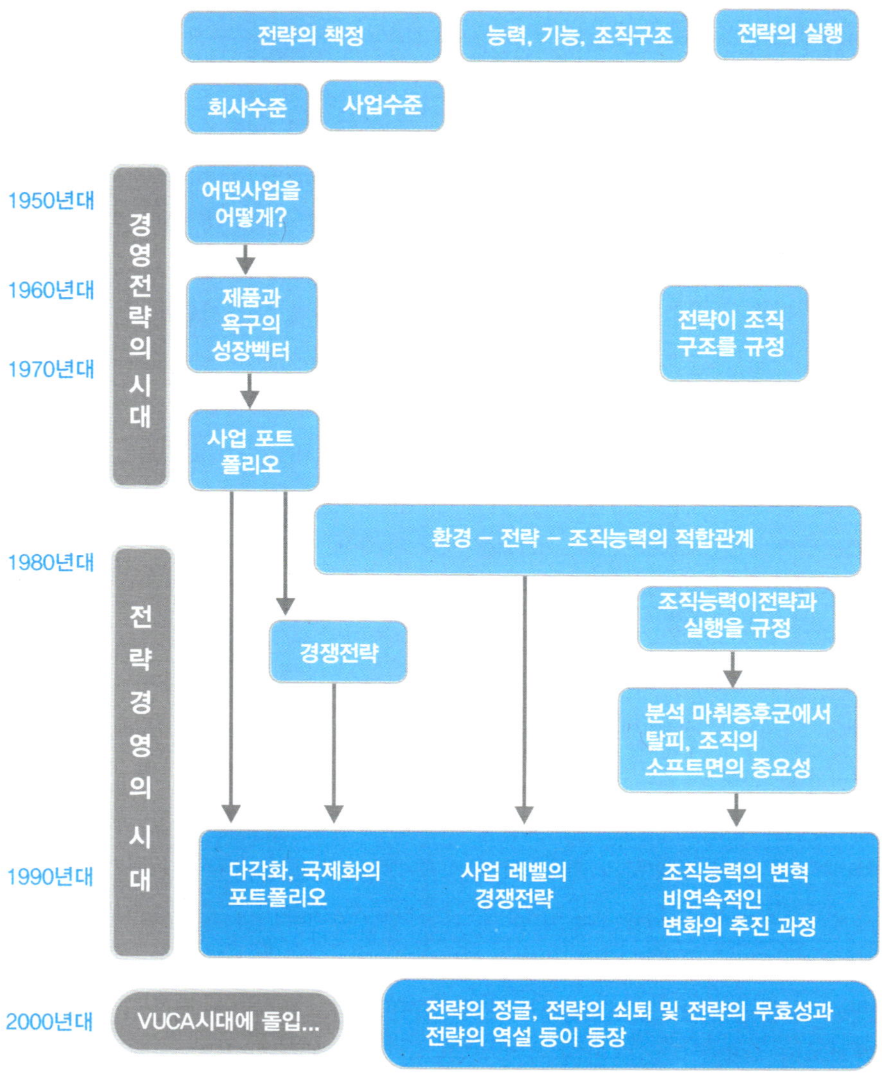

[그림 10-3] 경영전략에서 전략경영으로의 발전

21) Gary Hamel, Leading the Revolution, Plume (Penguin Books), New York, 2002.

말 그대로 뷰카시대를 대변하는 전략의 정글, 전략의 쇠퇴, 전략의 무용론으로 불려지기도 하지만 최근의 '전략'에 대한 접근은 사업(business)에서 경영(management)으로 흐름이 변하고 있다. 탈공업화 사회에서 경쟁 우위의 전통적인 원천에 의존하는 사업 수준의 전략은 사실상 사라지고 있다고 해도 과언은 아니다.

일반적으로 경영전략에서 전략경영으로의 발전적인 흐름을 [그림 10-3]에서 나타내고 있다.

제2절 전략경영의 등장

1. 전략경영(strategic managment)의 의미

요즈음 전략경영이란 용어가 매스컴은 물론, 일반인들 사이에서도 다양하게 사용되고 있다. 그럼에도 불구하고 전략경영이란, 경영전략이나 기업전략과 비슷하게 사용되는 경우가 많다. 그러나 엄밀히 따져 보면 약간 다른 의미로 사용되고 있다고 하겠다. 루와 홀랜드(Leslive Rue and Phyllis Holland)는 최고경영자 수준의 장기적 계획의 일환으로 보고 있으며 그린레이(Gordone E Greenley)도 전략적 경영에 대해 관리적 결정과의 구별을 통해 회사의 장기간에 영향을 주는 의사결정으로 해석하였다.

전략적 경영의 정의는 일반적으로 상술한 것과 같이 광의적 정의와 협의적 정의로 나눌 수 있다. 광의적 정의는 소가와 히로구니(十川廣國)처럼 포괄적인 정의로, "조직을 환경에 적절하게 조화시켜 가는 계속적이고 반복적인 과정"으로 정의하고 있다. 그러나 이와 반대로 협의적 정의는 피어스와 로빈슨(pearce & Robinson)처럼 "기업의 목적을 달성하기 위해 계획과 실행에 의해 생겨난 행동과 의사결정"이라 정의하고 있다. 그리고 핵스와 매주라프(Hax & Majluf)는 "기업 내의 모든 조직계층에서 전략적인 의사결정과 업무적인 의사결정을 연결하는 시스템을 만들어 내는 것"이라고 정의하고 있다.

그러나 광의적이든 협의적이든 전략적 의사결정을 정의할 경우에는 CEO의 의사결정을 중심으로 전개되는 시스템적 설명이므로 상황이론 및 그 패러다임으로서의 전략적 선택이론(strategic choice theory)이 타당하다고 하겠다. 즉, 상황이론이 인간 본성을 가정으로 하는 결정인 데 반해, 전략적 선택이론은 시스템을 가정하고 있다는 점이다. 이 논점에 따르면, 조직과 환경의 연결 역할을 하는 CEO(인간)의 역할을 중시한다는 점이다. 전략경영은 이 논리에 서 있다.

기업은 최종목표인 "기업의 존속"을 이루기 위해, 장기간에 걸쳐 성장성이나 수익성을 계속 확보해야 한다. 그러기 위해 기업이 나아가야 할 장래의 방향을 결정하고 기업이 지니고 있는 사람, 상품, 돈(금전), 정보 등의 귀중한 경영자원을 전개해 나가야 한다.

이와 같이 "조직 방향을 확립하고, 목표를 설정하여, 조직이 수행해야 할 계획을 만들어 내는 전반적인 관리 기능을 전략의 책정(Strategic Formulation)"이라고 한다. 그러나 책정된 전략이 아무리 효과적이라 해도 그것을 실행하기 위한 시스템이 준비되어 있지 않으면 조직목적을 달성할 수 없다.

조직목적의 달성은, 전략책정과 전략실행에 따라 크게 좌우된다. 이를 위해 조직이 가지고 있는 내부의 경영자원을 책정된 전략적인 방향을 향해 효과적으로 전개시켜 갈 필요가 있다.

그렇기 때문에 전략의 실행을 선택된 전략의 내부에서 배분하여 목표를 실제로 만들어 낼 수 있도록 전략책정과 전략실행이라는 두 기능을 적합하게 기능함으로써 조직목적을 달성하게 된다.

그러므로 전략경영이란 전략적인 의사결정과 일상적·업무적인 의사결정을 통합하기 위한, 조직구조, 관리시스템, 조직문화를 포함한 통합적인 경영관리 활동이라 하겠다.

전략적인 의사결정과 업무적인 의사결정을 연결하는 역할을 하고 있는 관리활동은, 장기적인 경영활동에서 생겨난 독자의 관리 스타일이 있으며, 또한 독자적인 신념이나 가치관에 깊이 뿌리 내리고 있는 것에서 그것들이 조직문화로 되어 전략을 실행하는 인간 행동을 규제하고 있다. 이를 위해 관리활동은 전략경영 시스템의 중핵적인 역할을 짊어지고 있다고 생각할 수 있다.

2. 전략경영의 단계

전략경영의 흐름과 단계는 학자에 따라 다르게 표현되나 피어스와 로빈슨(John Pearce and Richard Robinson)은 전략경영의 단계를 다음과 같은 9종의 의사결정이나 행동으로 성립하고 있다고 서술하고 있다([그림 10-4] 참조).

① 회사의 vision을 정의할 것. 회사의 목적이나 생각, 철학, 목표에 대한 폭넓은 성명까지도 포함하여, 기업이 어떤 사명을 갖고 존재하고 있는가에 대한 정의에 관련된 결정

② 회사의 내부 상황이나 능력을 반영한 회사의 프로필(Profile)의 작성에 관한 결정
③ 회사가 직면하고 있는 경쟁상황에 관한 요인과 배후에 있는 환경요인을 명백히 하여, 회사의 외부환경을 평가하는 결정
④ 회사의 프로필과 외부의 환경을 서로 비추어 보아 현재는 대상으로 하고 있지 않으나, 자사의 능력으로 보아 가능성이 있는 여러 대안을 분석할 것
⑤ 그 가능성을 회사사명과 서로 비추어 보아 회사에 있어서 바람직한 대안을 명백히 할 것
⑥ 회사에 있어서 바람직한 대안을 달성하기 위해 필요한 장기목표와 중요한 전략을 선택하여 결정할 것
⑦ 장기목표와 중요한 전략과 조화된, 연차 목표와 단기 전략을 작성해 낼 것
⑧ 예산으로서 배분된 자금에 근거하여, 전략안을 실행하기 위한 일, 인간, 조직구조, 기술, 정보시스템과의 적합관계를 강화할 것
⑨ 통제 활동을 위한 기초로서 유용하게 활용시키기 위해 혹은 장래의 의사결정에 활용하기 위해 성공한 전략의 책정, 실행과정을 평가하고 비평할 것. 이것들의 의사결정이나 행동은 다음과 같은 전략경영 시스템으로서 체계화되어 있다.

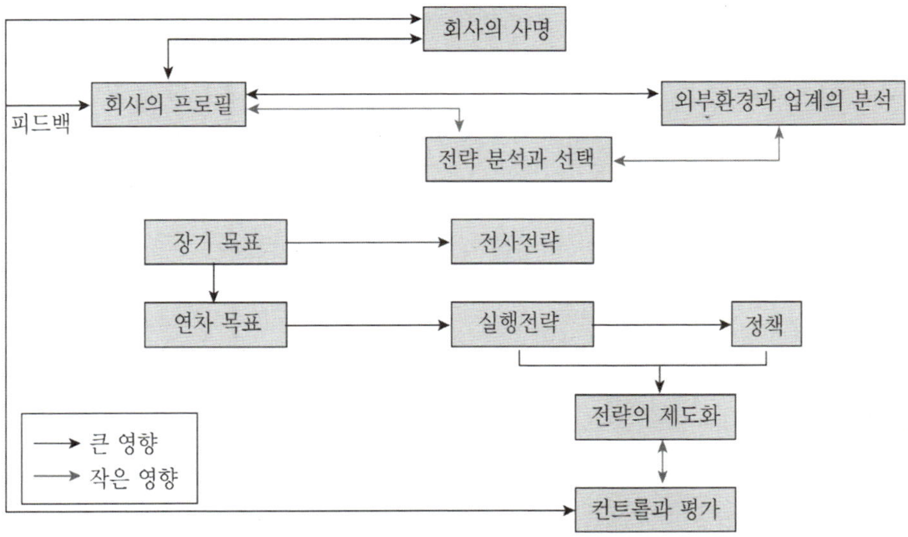

자료 : John Pearce and Richard Robinson Jr., *Formulation and Inplementation and Control of Competitive Strategy*(Fourth Edition), Irwin 1991, p.12.

[그림 10-4] 경영전략에서 전략경영으로의 발전

전략경영의 제1단계는 기업의 미션(사명)이 어떤 것인가를 정의하는 것이다. 자사가 어떤 사업을 시행하는가에 대해, 제품이나 시장이나 기술의 범위, 확장을 정하는 것이다. 사업영역(도매인)의 결정이다.

제2단계는 기업이 내부에 지니고 있는 자원의 프로필을 작성하고, 자사의 내부자원에서 판단하여 자사의 강점과 약점을 명백히 하여야 한다.

제3단계는 자사를 둘러싸고 있는 외부환경을 평가하고, 업계의 평가, 환경변화 예측 등의 경쟁 상황을 평가하는 것에 의해, 외부환경의 기회와 위협을 분석하는 것이다.

제4단계는 자사의 내부 분석, 외부의 환경 분석을 통해 자사에 있어서 가능성이 있는 대안을 명백히 하여 각종의 전략대안에서 기업의 미션(사명)과 비추어 보아 특정한 전략을 책정하는 것이다.

그리고 제5단계는 책정된 전략을 장기전략과 단기전략으로 구체화하는 것으로 구성되어 있다.

이상과 같이 미션(사명)의 책정에서 구체적인 장기, 단기 전략의 책정까지의 흐름을 전략책정의 과정이라 할 수 있다. 또한 책정된 전략은 그것을 실행하기 위해 어울리는 조직구조, 급여시스템, 조직문화 등의 실행시스템과 실행전략을 구체적인 정책으로 의도하고, 전략을 제도화하는 것에 의해 가능해진다. 이와 같이 전략경영 시스템은 전략책정과 전략을 실행하는 프로세스를 포괄하는 전사적인 시스템으로 생각되고 있는 것을 이해할 수 있겠다.

톰슨과 스트릭랜드(Thompson & Strickland)는, 전략경영에 관련된 경영관리자의 일을 5가지로 분류하고 있다. 그것들은 다음과 같다.

① 사업의 개념을 개발하고, 조직을 이끄는 장기 비전을 만들어 낼 것
② 미션(사명)을 특정한 장기·단기의 업적 목표로 번역할 것
③ 조직의 상황에 적합하고, 목표로 할 성과를 낼 전략을 만들어 낼 것
④ 선택된 전략을 능률적·효과적으로 실행할 것
⑤ 업적을 평가하고, 상황을 감안하여 잘못 없이 조정할 것

그리고 5가지의 전략경영 프로세스를 [그림 10-5]와 같이 도식화하고 있다.

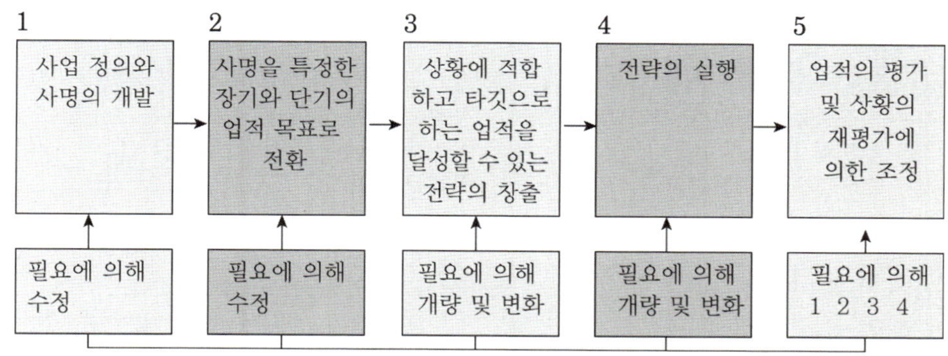

자료 : Thomson A. A. Jr. and A. J. Strickland Ⅲ, *Strategy Formulation and Inplementation: Tasks of the General Manager*, Irwin 1989, p.12.

[그림 10-5] 톰슨과 스트릭랜드의 전략 경영의 프로세스

톰슨과 스트릭랜드의 전략경영의 단계도 피어스와 로빈슨과 마찬가지로 비전책정으로 시작되어, 사명을 기초로 한 전략의 책정, 전략의 실행 컨트롤의 활동에서 성립하고 있음을 알 수 있다. 그중에서도 제일 중요한 것이 사업의 정의와 비전 책정으로, 이것이 흔들리면 전략 자체가 흔들리므로 비전을 어떻게 책정하였고 사업영역을 어떻게 정의하였는가가 중요한 요인으로 작용하고 있다. 사업영역의 결정에서 외부환경과 제품적 정의와 욕구 중심적 정의를 어떻게 변화시키는가에 의해 기업전략도 바뀌게 된다.

1) 사업영역의 결정

경영자가 소비자의 원초적 욕구를 중심으로 사업영역을 정의하려는 사고를 갖게 되면 독창적 전략 대안을 개발하는 데 필요한 창의력을 크게 향상시킬 수 있다. 새로운 사업 기회를 발견하는 데 있어서도 경영자의 창의력이 중요시되므로 욕구 중심적 정의는 경영자의 창의적 의사결정을 촉진시킬 뿐 아니라, 궁극적으로 기업이 새로운 성장 방향을 발견하는 데 도움을 준다(〈표 10-1〉 참조).

이 방법에 의하여 사업영역을 정의하는 데 따르는 한계는 소비자의 원초적 욕구가 구체적인 개념이 아니기 때문에 실제의 의사결정에 유용한 지침이 될 수 없다는 데 있다. 다시 말해 기업의 현재 제품시장과 미래의 제품시장 간의 관계가 명확하게 연계되지 못하기 때문에 기업의 장기적인 성장방향을 구체적으로 제시하는 데 있어서 미흡하다.

표 10-1 ― 사업영역의 결정방법

제품 중심적 정의	원초적 욕구 중심적 정의
우리는 화장품을 생산한다.	우리는 미에 대한 희망을 판다.
우리는 철도회사이다.	우리는 사람과 물건을 이동시킨다.
우리는 가솔린을 판매한다.	우리는 에너지를 제공한다.
우리는 영화를 제작한다.	우리는 오락을 제공한다.
우리는 에어컨과 난방기기를 생산한다.	우리는 쾌적한 주거환경을 선사한다.
우리는 비료를 판매한다.	우리는 농업생산성을 증대시킨다.
우리는 백과사전을 판매한다.	우리는 정보의 생산 및 유통산업에 종사한다.
우리는 드릴(송곳)을 생산하고 판매한다.	우리는 구멍(홈)을 판매한다.

자료 : 어윤대·방호열, 『전략경영』, 학현사, 1996. P. Kotler, *Marketing Managenent: Analysis, Planning, Inplementation and Control*, Prentice-Hall, Englewood Cliffs, 1988, p.39.

3. 전략적인 의사결정의 특질

1) 전략의 구성요소

전략적인 의사결정이란, 어떤 내용의 의사결정을 의미하는 것일까? 앤소프(Ansoff)는 "기업과 환경과의 관계를 확립하는 결정"으로 정의하여 어떠한 사업, 또는 어떤 제품, 시장을 선택하여야 하는 가로 축소하였다. 다시 말해 기업을 위해 제품과 시장의 콘셉트를 결정짓는 것으로 자원전환의 과정을 방향 짓는 것이 전략이며, 기업이 어떤 방향으로 진출하는가 하는 것과 같은 외부환경과의 관계에 대한 의사결정이 '전략적 의사결정'이라고 한다.

또한 전략을 "환경변화가 만들어 내는 기회와 리스크에 자원을 매치시켜, 조직능력을 유효적이고 동시에 능률적으로 발휘시키는 것"이라고 정의하기도 한다.

이상의 정의에서, 전략에 관련된 의사결정에서는 다음과 같은 특징을 엿볼 수 있다. 즉, 전략적인 내용은 다음의 요소를 포함한다.

① CEO의 결정을 필요로 할 것
② 회사가 갖고 있는 대부분의 자원배치를 포함하고 있을 것
③ 회사의 장기 전략과 발전에 중요한 요인을 포함할 것
④ 외부환경의 요인을 고려할 필요가 있을 것

이러한 것을 고려하면 어떤 전략도 4개의 구성요소로 분류할 수 있다고 여긴다. 호퍼와 쉰델(Hofer & Schendel)은 전략의 구성요소를 다음과 같이 구분하고 있다. [22)]

① 영역(domain)이나 범위 : 조직이 목표를 달성하려는 행동 영역
② 독자적 능력(distinctive competences) : 조직이 목표를 달성할 때 사용하는 기능이나 자원
③ 경쟁우위성 : 조직이 기능이나 자원을 사용하여 영역의결정을 통해 경쟁자에 대하여 달성하려고 생각하고 있는 우위성(독자적인 포지션)
④ 시너지 : 조직의 자원 개발 및 영역 결정에서 요구되는 상호 작용

첫 번째 구성요소인 '영역이나 범위'란 조직이 환경과의 상호작용을 이룰 범위를 의미하며, 제품과 시장의 선택에 관련된 요소이다. 두 번째의 '독자 능력'이란 자원전개라고도 생각되나, 조직이 과거로부터 어떻게 경영자원을 전개하여 현재에 이르고 있는가 하는 조직 독자의 자원전개능력을 의미한다. 세 번째의 '경쟁우위성'이란 주로 조직이 가지고 있는 독자적 능력이나 제품, 시장에 있어서 포지션(위치선정)에서 생긴다고 생각되어 경쟁자에 대한 우위성을 초래하는 요소이다.

목표와 정책이 그렇듯이 전략에도 계층이 있다고 주장하고 있다. 전략을 세 단계로 나누고 있다. 각 전략의 단계는 서로의 제약을 받기 때문에 조화 · 일관성 · 일관성이 중요하다.[23)]

1) 전사 전략(corporate strategy) : "우리는 기본적으로 어떤 사업으로 집중해야 하는가"
2) 사업 전략(business strategy) : "특정 산업 또는 제품/시장 세그먼트에서 경쟁하는 방법"
3) 기능분야별 전략(functional strategy) : 각 기능별과 분야별의 전략

호퍼와 쉰델(Hofer & Schendel)은 각 전략들이 내적인 일관성과 조화를 유지하여야 한다고 강조하였다.

전략경영에서 1980~1990년대 가장 많이 등장했던 영역(사업영역)이라는 단어를 전략론에서의 처음 사용한 학자는 호퍼와 쉰델(Hofer & Schendel)이 사용한 도메인(domain)이었으며 일본에서는 1980년대초에 도메인(domain)을 「영역(領域)」이라고 번역하였다.

영역(domain)을 미국 기업은 구체적인 시장에서의 성공 요인에 가까운 '기능적 정의'를 하는 경우가 많은 반면, 일본 기업은 조직의 활성화로 이어지는 '방향 감각적 정의'를 하는 경향이 있다고 지적하고 있다.[24)]

---

22) Dan E. Schendel & Charles W. Hofer ,Strategic Management: A New View of Business Policy and Planning, 1979.

23) Dan E. Schendel & Charles W. Hofer, p.35.

24) 加護野忠男 · 野中郁次郎 · 榊原清則 · 奥村昭博(1983)『日米企業の経営比較―戦略的環境適応の理論―』日本経済新聞社。

가고노 다다오(加護野忠男) 등은 사업영역을 다음과 같이 기술하고 있다.[25] 이들이 주장하는 도메인 (domain)은 기업의 독특한 생존 영역이며 도메인 정의는 가장 전형적으로는 "우리회사의 사업은 무엇인가"라는 기업의 사회적 존재 이유를 밝히는 것으로 주장하였다.

따라서 여기에서의 영역은 기업이 그 경영자원을 전개해야 할 기회 집합의 범위를 특정하는 것이며, 누구에게 어떠한 기술로 어떠한 기능을 제공할지에 대한 논리를 포함한 것으로 미국보다는 더 구체적으로 접근하였음을 알 수 있다.

제3절 전략경영시스템

1. 전략경영시스템으로의 진화 단계

1) 글럭, 카프만, 월렉(Gluck, Kaufman, Walleck)의 견해

글럭, 카프만, 월렉 등은 많은 회사의 경우를 조사하고 검토한 결과, 이들은 공식적인 전략계획 시스템으로 발전하는 단계는 어느 회사에서나 비슷한 패턴을 보인다고 지적하고, 전략계획 시스템이 발전하는 단계를 4가지 측면으로 분류하고 있다. 공식적인 전략계획은 4단계의 진화로 이루어진다고 〈표 10-2〉는 정리하고 있다.

제1단계의 기본적인 재무계획의 단계는 '예산 징수', 제2단계의 예측에 근거한 계획단계는 '미래 예측', 제3단계의 외부지향의 계획 단계가 되면 '전략 발상'이라는 전략적인 사고가 중요시된다. 그리고 제4단계의 전략경영에서는 '미래 창조'에 중점이 놓인다. 이와 같이 계획의 진화 과정에서, 제2단계의 예측에 근거한 계획에서 제3단계인 전략적 계획에 이르는 흐름에는 큰 차이가 존재한다. 즉, 기업계획 시스템을 전략적 계획으로 이행하기 위해서는 상당히 큰 질적인 변화를 필요로 한다.

제3단계에 있어서 회사는 외부환경을 중시하는 첫걸음을 내디뎌 "계획 활동의 중심이 매출액과 이익의 예측에서 벗어나, 자원을 변화하는 고객욕구, 기술발전, 경쟁적 지위, 경쟁 상대의 출현의 이해를 위해 동원하는 것으로 이행하는 것이다. 또한 제4단계의 전략경영 시스템에서는 전략계획과 업무결정을 직결시켜 시장의 제일선에서 그 계획을 실행하는 것이다. 뛰어난 경영자는 경쟁에 이긴다는 신념에서 꿋꿋한 의지와

---

25) 加護野忠男 外 전게서(1983), pp.63-64.

신념을 지탱할 경영 스타일이나 시스템에서 보인다고 주장하여 미래를 창조하는 것에 가치를 이끌어 낸다는 점을 강조하고 있다.

경쟁상의 이점을 만들어 내기 위해 모든 자원이 동원되고 창조적이며 유연한 전략 정책 프로세스로 전략이 책정되고 동시에 전략실행을 지지하는 가치시스템과 풍토가 형성된다. 더욱이 경쟁에 이길 수 있도록 경영방법을 수정하고, 재평가하여 경영방법을 개선하고 자기혁신이 가능한 기업으로 하는 것이다. 이를 위해서는 조직구조나 전략, 그것을 실행하기 위한 시스템, 사원, 조직의 문화와 가치 등이 상호로 관련하여 복합효과를 찾아낼 필요가 있다.

표 10-2 — 공식적인 전략계획의 진화

단계 1	단계 2	단계 3	단계 4	단계 5
기본적 재무계획	예측 중심의 계획	외부 지향의 계획	전략적 경영	
예산 통제년도별 예산부문 중심	성장을 지향한 효과적 계획. 환경분석 다년도 예측. 자원의 정태적 배분.	시장과 경쟁으로의 대응 관계. 철저한 상황 분석과 경쟁력 평가. 전략대체안의평가. 경영자원의 동태적 배분	• 경쟁우위창출을 향한 모든 경영자원을 결집 • 계획구조를 전략적으로 선택. • 창조적이며 유연한 계획책정프로세스. 그것을 돕는 가치 시스템과 기업문화	경영계획의 실효성 가치시스템
예산징수	미 래 예 측	전 략 발 상	미 래 창 조	

자료: Gluck F W., S. P. Kaufman, A S Walleck, Strategic Management for competitive advantage, Harvard Business Review, Jul-Aug 1980, p.157

2) 핵스와 매주라프(Haxand Majluf)의 견해

핵스와 매주라프는 전략경영의 사고가 등장한 배경과 전략경영에 이르는 진화단계를 5단계로 분류하고 있다.

① 예산과 재무 통제
② 장기계획
③ 사업전략계획
④ 전사적 전략계획
⑤ 전략경영

기업의 규모가 그렇게 대규모는 아니고, 기업이 직면하는 외부환경 변화나 복잡성도 그렇게 급격하지 않은 경우에 기업의 계획시스템은 제1단계의 '예산과 재무통제'에 의해 충분히 환경에 대응할 수 있다. 그러나 기업의 규모가 확대되고 업무가 증가함에 따라 기업의 계획시스템은 점차로 고도화되고 단기적인 생각에서 장기적인 생각으로 변화하게 된다.

이처럼 장기경영계획이 등장한 것은 기업을 둘러싼 상황이 변화하고, 장기적인 시점에서 계획할 필요성이 증대하기 때문이다. 그것이 사업 레벨에서의 전략적인 발상의 필요성을 불러일으켜 전략계획의 등장을 촉진한 것이다.

㉠ 기업의 비전: 전사적인 철학, 기업미션(사명), SBU의 명시와 상호작용
㉡ 전략적인 자세와 계획(가이드라인): 전사적인 전략정책, 전사적인 업적목표, 도전적 계획
㉢ 사업의 미션: 사업의 스코프와 제품시장 세그먼트의 명확화
㉣ 사업전략과 넓은 행동계획책정
㉤ 직능전략의 책정: 사업계획으로의 참가, 사업전략의 제안에 대한 일치불일치, 넓은 액션프로그램
㉥ 사업전략과 직능전략의 전사레벨에서의 통합
㉦ 사업레벨에서의 특정한 행동프로그램의 정의와 평가
㉧ 직능레벨에서의 특정한 행동프로그램의 정의와 평가
㉨ 자원배분과 관리통제를 위한 업적측정의 정의
㉩ 사업레벨에서의 예산화
㉪ 직능레벨에서의 예산화
㉫ 예산의 통합전략직능자금의 승인

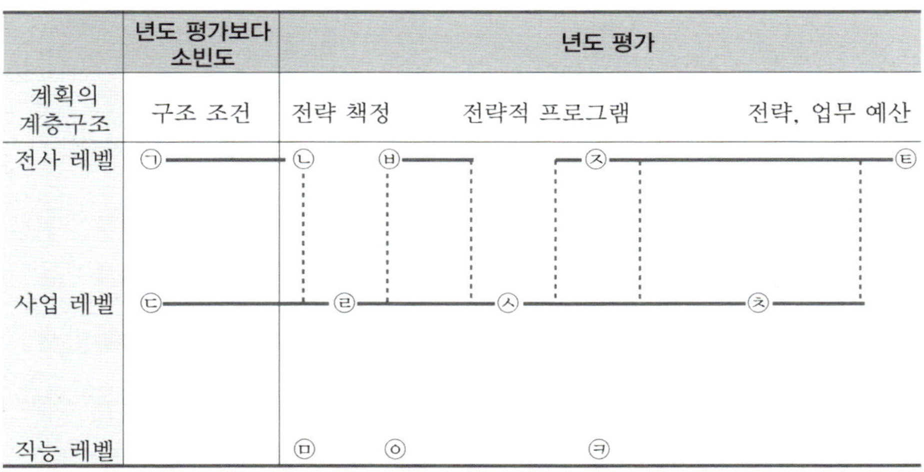

자료: Hax A C and N S Majluf, strategic management - An Integrative Perspective prentice-hall 1984, p.42

[그림 10-6] 경영전략에서 전략경영으로의 발전

사업전략계획의 책정은 계획의 중요성에 의해, 전사 레벨과 사업 레벨로 나눌 수 있다. 사업 레벨에서는 사업의 방향성과 비전의 정의가 이루어져, 기업의 내부 상황의 파악, 외부환경의 평가에 의해 사업전략, 행동 프로그램이 책정된다. 전사 레벨에서는 사업 레벨의 업적 측정과 예산의 배분이 이루어진다.

이러한 과정을 flowchart로 보면 ㉠사업의 미션(사명)의 정의 ㉡·㉢사업 레벨에 있어서 내부분석, 사업 레벨에 있어서 환경 스캐닝을 통한 사업전략의 책정과 특정행동 프로그램의 책정 ㉣사업전략과 행동 프로그램이 전사 레벨에 올려져, 자원의 배분과 컨트롤을 위한 업적평가 척도의 정의, 그리고 ㉤사업 레벨에서의 예산이 책정되어, 다시 ㉥전사 레벨에서의 예산안이 승인이 된다는 과정으로 성립되고 있다.

다음으로, 네 번째의 전사적 전략계획의 단계가 되면, 전략의 책정은 다시 복잡해지며, 보다 정밀화된다. 즉, 전략의 계획과정이 전사레벨, 사업레벨, 직능부문레벨과 3계층이 되며, 조직의 관리계층과 대응하여 각 레벨에서 역할이 분할된다. 전사적인 레벨에서는, 다른 사업부에 걸친 전사적인 내용에 대한 안이 계획되고, 사업레벨에서는 직면하는 시장의 상황에 접합한 제품·시장 전략이 책정된다. 이 프로세스는 [그림 10-7]에 나타나 있듯이 12개의 행동이나 의사결정으로 성립하고 있다.

[그림 10-7]에 있어서 조직의 구조적인 조건, 전략의 책정, 전략적인 프로그램, 전략적 및 실행상의 예산이라는 프로세스에 붙여져 있는 기호는 위에서 서술한 전략책정에 관련된 12개의 구체적인 활동을 나타낸 것이다.

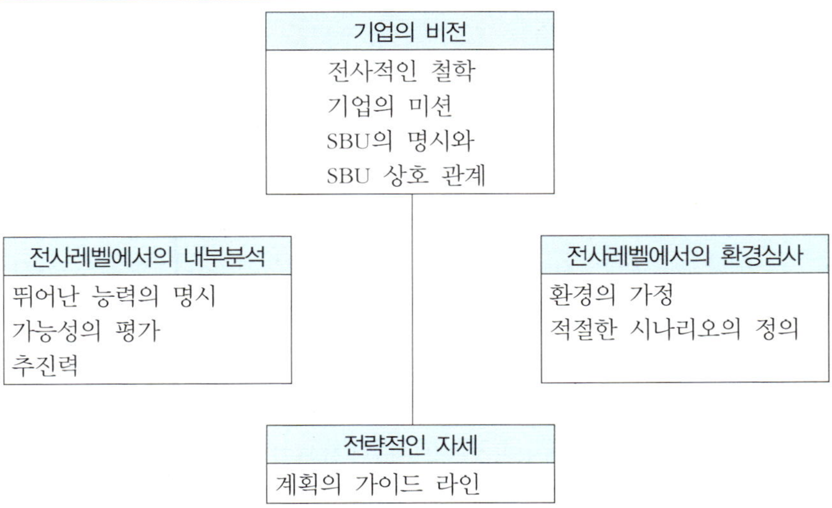

[그림 10-7] 기업의 비전과 전략적인 자세

전사적 전략계획은, 전사 레벨에 있어서 기업의 비전을 정의하는 것에서 시작된다. 비전에서는 전사적인 철학, 기업의 미션이 정의되고, SBU(전략적인 사업의 단위)가 정의되어, 각 SBU 간의 상호관계가 명확해진다.

다음으로 정의된 기업비전과 기업이 지니고 있는 뛰어난 능력, 가능성 등의 전사 레벨에서의 내부분석 및 전사 레벨에서 이루어지는 환경 스캐닝에 의해 전략적인 자세와 계획의 가이드라인이 작성된다. 가령, 전략적인 자세란, 전략적인 공격, 전사적인 업적목표, 전사·사업·직능 레벨에서의 도전적 계획 등으로 성립하고, 기업의 전략적인 방향성을 가리키는 것이다. 또한 계획의 가이드라인이란, 계획의 예정표, 형식, 관리책임의 할당 등에 의해 나타내듯이 계획의 개념적인 구조 틀을 보이는 것이다.

이와 같은 기업의 비전에서 전략적인 자세와 계획의 가이드라인의 작성에 이르는 과정은 [그림 10-7]과 같이 도식화되어 있다.

3) 카플란과 노튼의 견해

카플란(R. Kaplan)과 노턴(D. Norton)의 전략실행 프리미엄(The Execution Remium)은 BSC의 한계와 문제점을 개선하려는 노력으로 작성된 책이다.[26)]

카플란(R. Kaplan)과 노턴(D. Norton)은 [그림 10-8]에서 나타내듯이 전략의 책정 및 계획을 업무실행과 연결하는 포괄적이고 통합적인 매니지먼트 시스템의 아키텍처를 구축해 왔다. 이 시스템에는 6개의 주요 스테이지가 있다.

- 스테이지 1 : 경영자는 앞에서 기술한 전략 툴을 이용해전략을 구축한다(Develop the strategy).
- 스테이지 2 : 기업은 전략 맵이나 밸런스 토스코어 카드와같은 도구로 전략을 기획한다(Plans the strategy)
- 스테이지 3 : 높은 레벨에서 구축되는 전략 맵과 밸런스 토스코어 카드가 명확해지면 경영자들은 전략 맵과 밸런스 스코어 카드를 모든 조직 유닛과 결합시켜 ᅮ떨어뜨림으로써 전략의 조직에 대한 알라인먼트를 실시한다. 경영자는 공식적인 전달과정을 통해 종업원의 개인목표 및 인센티브를 전략목표와 연동한다.
- 스테이지4 : 전략으로 방향지어진 모든 조직 유닛과 종업원을 동반하여 경영자들은 이제 품질관리와 프로세스 매니지먼트 리엔지니어링, 프로세스, 대시보드 롤링 예측, ABC, 자원 커패시티 계획, 다이내믹 예산이라는 툴을 이용하여 업무를 계획

26) Kaplan, R. S., & Norton, D. P.(2008). The execution premium: Linking strategy to operations for competitive advantage. Boston, Mass: Harvard Business Press.

할 수 있다.

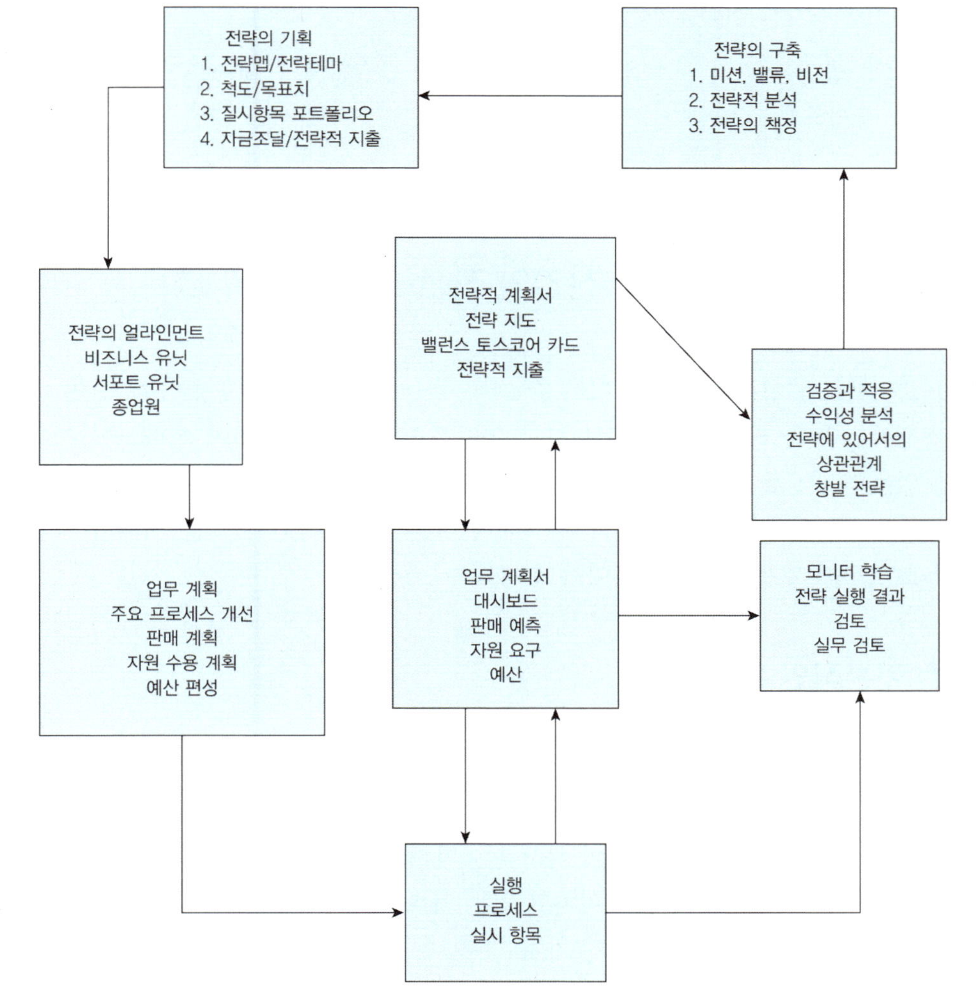

[그림 10-8] 경(영)매니지먼트시스템 : 전략과 업무의 연락[27]

- 스테이지 5 : 전략 및 업무계획이 실행됨과 동시에 기획은 문제, 저해요인, 도전적 과제를 모니터하고 학습한다. 이 프로세스는 업무 및 전략검토회의의 주의 깊게 설계된 구조하에서 업무와 전략의 정보를 통합한다.

27) Kaplan, R. S., & Norton, D. P. (2008). The execution premium: Linking strategy to operations for competitive advantage. Boston, Mass: Harvard Business Press.

• 스테이지 6 : 경영자는 내부업무 데이터와 새로운 외부환경 및 경쟁상의 데이터를 이용해 통합된 전략적 계획과 업무실행 시스템에 관련된 또 하나의 다른 루프를 시작함으로써 전략을 검증하고 적응시킨다.

다음으로 통합한 관리 시스템의 6단계 중 1개씩 간결하게 기술한 후, 본 책 각 장에서 이를 상세하게 설명한다

제4절 경쟁우위와 산업의 진전

기업은 자기가 행하고 있는 사업이 잘 진행되어가고 있는가를 판정할 때, 산업 내에서 경쟁하고 있는 타 기업의 사업보다 우위인가 열위인가를 알아야 한다. 즉, 경쟁우위에 있는 방향으로 자사의 강점을 이끌어야 하기 때문이다. 한편, 사업이 지금은 잘 번창해가고 있으나 미래에도 계속 지속해 간다는 보증은 없다. 그를 위해서 산업이 어떻게 진전해 가는가를 관찰하여야 한다.

1. 기본적인 경쟁전략

어느 기업이든 경쟁상대에 대해 장점 · 단점을 갖고 있다. 장단점에 대해서는 수없이 많이 있으나, 기본적으로는 저 비용인가 차별화인가의 두 가지로 결정된다고 하겠다. 기업이 지닌 장점 · 단점도 깊이 하고 들어가 보면 경쟁상대의 비용 대자사의 비용 혹은 차별화에 어느 정도 영향을 미치고 있는 가로 정해진다. 경쟁상의 우위를 위해서는 두 가지 타입중 어느 것으로든 가지 않을 수 없다.

이 두 가지 타입의 경쟁우위는 기업이 산업 내에서 평균이상의 업적을 달성하기 위해 행하는 활동 폭과 연결되어 3가지 기본전략이 된다.[28)]

1) 비용상의 우위(overall cost leadership)
2) 차별화(differentiation)
3) 집중화(focus)

---

28) Porter, Michael E. (1985). Competitive Advantage: Creating and Sustaining Superior Performance, Free Press, p.12.

경쟁우위의 원천과 활동폭의 관계에서 이 셋의 관계를 [그림 10-7]과 같이 나타낼 수 있다.

집중은 경쟁우위와 결부되어, 비용집중과 차별화집중으로 나누어진다.

이 기본전략의 어느 것을 취하는가는 기업의 경쟁우위를 원하는 방향을 결정하는 일이다. 따라서, 근본적으로 전략이 다를 수밖에 없다. 비용우위와 차별화는 산업전체를 전망하여, 폭넓게 세분화를 취하고, 그 후에 경쟁우위를 구하는 행동을 하는 것이다. 산업 안에서의 좁은 세분화에 들어가 취할 수 있는 전략집중이다. 그러나 이 경우도 그 세분화 중에서, 비용우위를 원하는가, 차별화우위를 원하는가의 차이를 추구할 수는 있다.

우위의 원천인 비용우위와 차별화우위를 양립시키는 일은 거의 불가능하다. 그것은 일반적으로 다른 방향으로 전진하는 길이며, 동시에 그 길을 나아가는 것이 어렵기 때문이다. 이 세 가지 기본전략이 어떤 것인가를 알아보기로 하자.

1) 비용상 우위

자사가 속하는 산업에 있어서, 저비용의 업체라는 이미지를 갖추는 것이 비용우위의 전략이다. 기업은 폭넓게 활동을 해두어, 많은 세분화를 취하여 제품을 공급하고 있다. 기업활동이 어느 정도 폭넓게 행해지고 있는가? 이것이 비용우위를 추구하는데 있어서 중요하다.

비용우위의 원천은 많이 있으며, 산업구조에 의해서도 정해진다. 즉 규모의 경제성이 추구되거나 독자적으로 기술원재료를 확보하여 타사보다 유리한 방법을 취하고 있는 것과 같이 기업이 비용우위를 달성하여 유지된다면, 산업내의 평균가격 혹은 그것에 가까운 가격으로 판매하는 한, 이 기업은 평균이상의 수익을 올릴 수 있다.

경쟁기업과 같은 가격이나, 그것보다 어느 정도 싼 가격으로 판매해도 저 비용의 위치에 있으므로 라이벌 이상의 수익이 된다. 그러나 비용우위도 차별화를 기반으로 하는 기업은 무시할 수는 없다.

어느 제품을 구매자가 타사의 것보다 바람직한 것이라고 인정해주지 않는다면 매출액 확보를 위하여 경쟁기업이상으로 가격인하를 하여야 하기 때문이다. 이러한 사태가 되면, 비용상 우위에 서 있는 강점은 없어져버린다.

비용상 우위는 그 경쟁우위를 비용우위에 걸고 있는 것이지만 산업평균이상의 업적을 올리기 위해서는 차별화에 대해, 경쟁상대와 거의 같은, 혹은 가까운 상태로 해 두어야 한다. 차별화에 있어서 거의 같은 정도라면 비용우위는 그대로 경쟁상대보다 높은 수익을 초래하게 된다.

차별화에 있어서 경쟁상대에 근접하고 있다면, 시장점유율을 늘리기 위해 가격인하를 했다고 해도 비용우위가 무너져버리는 일은 없다. 따라서 산업평균이상의 수익을 올릴 수 있다.

비용우위의 전략논리에서 보면, 비용우위로 되는 것은 한 회사뿐이며, 이 지위를 원하여 경쟁하고 있는 기업중의 한 회사로는 충분하다고 말할 수 없다. 비용우위를 누리고 싶어하는 기업이 많다면 기업간 경쟁은 격심해지기 때문이다.

2) 차별화

차별화란 산업전체에서 고객이 중요하다고 생각하는 속성(제품이나 서비스)을 하나 이상 선택하여, 그 욕구를 만족시키기 위해 특이한 지위를 구축하는 일이다. 그 특성이 있기 때문에, 타사보다도 높은 가격으로 팔 수 있다.

차별화의 수단은 산업마다 달라진다. 제품자체의 차별화, 판매를 위한 유통시스템의 차별화, 마케팅의 방법 등의 다양한 차별화가 시행된다.

차별화전략의 논리는 고객들이 브랜드를 인지하고 신뢰하기 때문에 가격이나 비용을 따지지 않기 때문에 경쟁기업과의 대결에서 차별화를 할 수 있다.

3) 집중화

이것은 산업내의 세분화의 하나 또는 몇 개를 선택하여 그것에 적합한 전략을 만들어 내는 것을 말한다. 즉, 목표로 한 특정 세분화만으로 전략의 최적화를 꾀하는 것이므로 산업전체의 경쟁우위는 없어도 목표로 하는 부문에서의 경쟁우위를 얻을 수 있다.

목표에는 특이한 욕구를 지닌 고객이 있음으로, 그것에 적합한 제조방법이나 유통시스템은 산업내의 타기업 과는 크게 다르다는 것을 생각할 수 있다. 광범위한 목표의 기업은 특정한 세분화전략을 따로 취급하여 대응하는 일은 어렵다. 그 틈새를 찌른 전략이라 말할 수 있다.

4) 기본전략의 지속력

기본전략이 잘 작용했다고 해도, 그 전략이 경쟁기업에 대해 지속력을 지니지 않으면 평균이상의 업적은 이루어지지 않는다. 세가지 기본전략에 지속력을 갖게 하기 위해서는 기업의 경쟁우위가 경쟁상대의 행동이나 산업계의 발전에 의해 타격을 받지 않도록 하여야 된다.

3가지 기본전략에는 〈표 10-1〉과 같은 위험이 있다.

기본전략에 지속력을 지니게 하기 위해서는 그 전략의 모방을 어렵게 하는 장벽을 기업이 갖고 있어야 한다. 그러나 모방에 대해 장벽을 설치해도 어느 순간 뛰어넘을 수 있다. 거기에서 그 지위를 항상적으로 끌어올리기 위한 투자를 하여 장애를 넘으려 하는 경쟁상대에는 타겟을 이동시키는 일이 필요하다.

기본전략은 서로에게 위협을 주고 있다. 그것을 〈표 10-1〉에서 볼 수 있다. 집중전략을 시행하는 기업은 타겟의 넓은 전략을 취하는 기업에 대해 고심하여야한다. 또한 반대인 경우도 있다.

산업에 따라서는 산업구조의 특성을 위해 기본전략중 아무리해도 취할 수 없는 것도 있다. 몇 개의 기업이 규모의 경제성에서 경쟁을 하고 있으면 비용우위의 전략은 어렵고, 또 몇개의 제품에 차이가 없는 경우도 차별화는 어렵다. 원래 세분화가 적은 산업에서는 집중화전략은 취하기 힘들다는 현상은 몇 개의 산업에서 생각할 수 있다.

기본전략이라는 것을 생각하는 전제는 산업구조의 특성의 차이에 의해 경쟁우위를 확보하는 방법은 여러 가지가 있다는 것이다. 어떤 산업내의 모든 기업이 경쟁전략의 원리에 따라 움직인다면, 각각이 생각하는 대로의 경쟁우위방향을 탐구하게 될 것이다. 모든 기업이 성공하는 것은 아니나, 기본전략은 타사보다 뛰어나기 위한 길을 보여주는 일이다.

2. 경쟁우위를 만드는 법

마이클 포터는 '경쟁우위는 기업을 전체로 볼 때는 이해될 수 없다,[29] 고 했는데 경쟁우위는 기업의 활동에서 생겨난다. 제품을 표준화하고 규모의 경제를 살려 생산활동에서 생산의 비용우위가, 특수한 원료를 소재에 첨가하여 만들어진 제품에서 차별화의 우위라는 식으로 경쟁우위는 만들어지는 것이다.

경쟁우위의 원천은 기업이 행하는 모든 활동을 분석하는 것에 의해 찾아낼 수 있다. 그 분석의 기초개념으로서 포터는 가치사슬을 제안했다.

즉 포터는 가치사슬은 비용의 행위및 차별화가 현존하는 원천 혹은 잠재하는 원천을 이해하기 위해 기업을 전략적으로 중요한 활동으로 분해하는 것으로 인식하였다.

기업이 개개인의 활동을 어떻게 행하는가는 기업마다 다르다. 각각의 기업에는 그 역사의 차이, 전략과 그 실시방법 및 활동의 기초로 되어있는 경제성에 차이가 있기 때문이다. 그러나 이러한 기업의 여러 활동의 가치사슬에서 경쟁우위가 나타나는 것이다.

29) Michael E Porter, Competitive Advantage of Nations, The Free Press, 1990, p.33

제5절 글로벌 경영전략

1. 글로벌 경영전략의 등장배경

1) 산업과 경쟁의 글로벌화

글로벌화(globalization) 또는 우리말로 세계화에 대한 정의는 학자마다 상이할 수 있으나, 글로벌화란 일반적으로 기업이 개별국가시장에 대해 각기 다른 전략을 취하기보다는 전세계시장을 하나의 시장으로 보고 통합된 전략을 수립하는 것을 의미한다.

글로벌화는 국제화와도 비교가 되는데, 국제화(internationalization)가 종전의 국가단위로 시장이 구성되었던 상황에서 한 국가에 있던 기업이 다른 국가로 진출하는 것을 의미하는 반면, 글로벌화는 국경에 따른 시장구분의 의미 자체가 없어졌다는 것을 뜻한다. 글로벌화된 환경에서는 제품 · 기술 · 서비스가 각국으로 자유롭게 이동하며 인적자원과 자본의 흐름도 자유롭다.

이와 같이 국경으로 나누어졌던 시장들이 전 세계적으로 하나의 시장으로 통합되는 과정은 현대에만 나타나는 현상이 아니다. 글로벌화의 근간을 이루는 각국별 시장이 통합되는 과정은 인류역사에서 끊임없이 계속되어 왔던 지극히 일반적인 추세중의 하나이다.

2) 글로벌화의 촉진요인

① 규모의 경제

글로벌화을 촉진시키는 첫 번째 요인은 무엇보다도 자본집약적인 생산방식과 규모의 경제가 점점 더 중요해진다는 사실이다. 전세계적으로 거의 모든 산업에서 나타나는 가장 두드러진 변화 중의 하나는 생산방식이 점차 노동집약적인 생산방식으로부터 자본집약적인 생산방식으로 전환하고 있다는 점이다. 따라서 거의 모든 산업에서 인간의 노동력이 자동화된 기계, 로봇, 컴퓨터로 조작되는 정밀기계로 대체되고 있다.

② 기술의 자본

글로벌화를 촉진시키는 또 하나의 요인은 빠른 기술진보와 함께 이를 가능하게 하는 연구개발(R&D) 투자에 있다. 예를 들어 첨단산업이라고 할 수 있는 전자, 통신, 컴퓨터, 정밀화학, 의약품제조 산업 등에서 총매출액에서 연구개발비용이 차지하는 비율이 평균적으로 낮게는 7~8%에서 높게는 15%까지도 소요된다.

이와 같이 연구개발비용이 많이 투자되는 사업에서는 국내시장의 수요만으로는 그처럼 높은 연구개발비를 충당하기가 힘들다. 이와 같은 첨단산업에서는 국내시장의 수요만으로는 그처럼 높은 연구개발비를 충당하기가 힘들다. 이와 같은 첨단산업에서는 전세계시장을 염두에 두고 신제품개발과 판매를 하여야 지속적으로 연구개발에 투자를 할 수 있다.

③ 소비자의 수요동질화

앞서 글로벌화의 요인으로서 살펴본 자본집약적 생산방식과 기술발달, 그리고 연구개발비의 증가로 인한 '규모의 경제'의 확대는 글로벌화를 촉진시키는 필요조건은 될지 모르지만 충분조건은 되지 못한다.

글로벌화의 가장 큰 요인 중 하나는 과거 이질적이었던 각국의 소비자의 기호가 점차 동질화되어 간다는 점이다. 코카콜라와 펩시콜라가 전세계적으로 각광을 받는 청량음료가 되고, Levi's 청바지가 한국에서도 유행하며, McDonald 햄버거가 러시아에서도 성공하고 있는 것은 그만큼 젊은 세대를 중심으로 소비자의 수요나 구매행태가 동질화되고 있다는 것을 의미한다.

이 같은 소비자수요의 동질화를 이루게 한 것은 다름 아닌 커뮤니케이션 기술의 발전이다.

④ 무역장벽의 감소

마지막으로 전 세계적으로 무역장벽이 낮아지고 있으며 자본의 이동도 자유로워지고 있다는 점에서 글로벌화는 보다 급속히 진행될 것으로 보인다.

WTO 체제의 출범에 따라서 각국에서 무역장벽이 제거되고 있으며 기술에 대한 특허권의 이전과 함께 기술이전도 과거보다 훨씬 자유로워졌다. 자본시장 역시 점점 개방되어 국가간 자본이동이 전세계적으로 활발하게 일어나고 있다.

2. 글로벌경영전략의 과제

최근 기업들은 지역별 대응을 요구하는 현지화(localization)와 더불어 범세계화(globlization)라는 글로벌경영환경의 변화를 경험하고 있다. 즉, 한편으로는 혁명적인 교통 · 통신수단의 발달, 국가간 무역장벽의 완화, 생산기술의 발달과 더불어 국내소비량을 능가하는 규모의 경제단위의 확대, 개도국들의 소득 수준 향상으로 인한 세계시장의 확대, 소비자 욕구의 동질화 등으로 세계가 하나의 큰 시장으로 변해 가는 범세계화현상이 일고 있고, 다른 한편으로는 국가마다 상이한 시장구조와 소비자의 선호 등 현지화의 요구가 여전히 상존하고 있다.

물론 이러한 국가별 차이도 국제적인 교통, 통신수단의 발달로 점차 완화되기는 할 것이나 아직도 이러한 국가별 제품에 대한 선호, 기호 등은 상당한 차이를 보이고 있다.[30] 특히 비관세 장벽과 같은 정부의 규제 및 간섭 등도 지역별 대응을 여전히 중요한 요인으로 만들고 있는 정부측면의 현지화 요인들이다.

따라서 이처럼 "상반된 두 갈래의 글로벌경영변화에 대해 기업들이 어떻게 조화로운 대응을 해가느냐"가 기업의 글로벌 경영전략의 수립에 중요한 과제로 등장하고 있다.

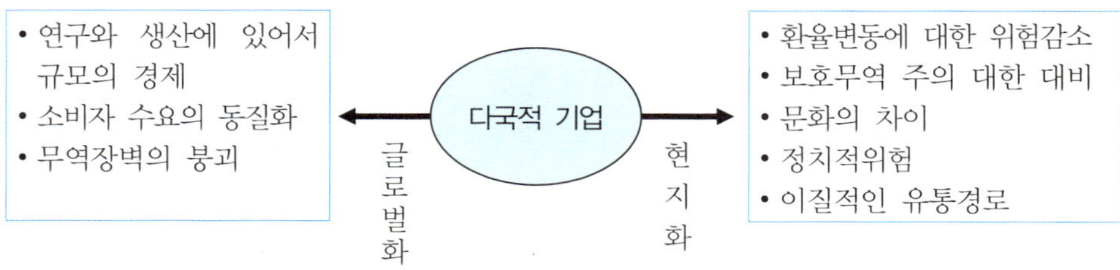

[그림 10-9] 글로벌화와 현지화간의 조화[31]

3. 글로벌 경영 전략의 모델

글로벌 경영전략을 수립한다는 것은 국가들간의 비교우위(comparative advantage)와 기업의 경쟁우위(competitive advantage)를 최적으로 결합하는 것이다.[32] 국가 특유의 우위라고 불리 우는 비교우위는 기업의 부가가치사슬(value - added chain)상의 특정한 활동을 어느 국가에서 수행할 것인지에 대한 의사결정 시에 중요하다.

기업특유의 우위라고 불리 우는 경쟁우위(차별화 우위)는 부가가치사슬 상의 여러 활동 중에서 어떤 활동에 기업의 자원과 노력을 집중하여 경쟁력을 확보할 수 있는가에 대한 의사결정에 영향을 미친다.

또 한편으로는 저 원가와 차별화라는 경쟁우위를 달성하기 위해서는 경쟁우위의 원천이 되는 부가가치의 각 기능을 범세계적으로 어떻게 배치(configuration)하고 조정(coordination)하여 각 기능들의 효율성을 제고 할 것인가가 중요하다.

30) George S. Yip prentice-Hill, 1992.
31) 장세진. 글로벌 경영, 박영사.
32) Michael E Porter(1985),Competitive Advantage, The Free Press.

이 경우 배치의 차원은 가치사슬 내의 각 활동이 수행되는 국가의 결정에 관한 문제이며, 조정의 차원은 각 국가에서 수행되는 각 활동의 상호 연결에 관한 문제이다. 따라서 국가의 요소 부존도를 나타내는 비교우위는 기업의 제반활동을 어느 나라에 위치시킬 것인가를 결정하는 배치의 측면에 많은 영향을 미치고 기업이 갖고 있는 경쟁우위는 여러 국가에서 수행되는 가치 활동의 조정측면에서 영향을 미친다.

다음으로는 이상에 대하여 좀 더 구체적으로 연구된 글로벌경영전략의 모델을 소개하고자 한다. 포터에 의해 글로벌경쟁전략이 고찰된 것과 거의 비슷한 시기에 프라할라드 & 도즈(Prahalad and Doz 1987)는 글로벌 통합(Integration)과 현지 적응(반응)(Local Responsiveness)의 2개의 상반되는 압력(pressure)의 조합이 산업에 따라 다르다는 것을 주장했다.[33)]

1) Integration – Responsiveness(IR) 모델

먼저 글로벌 세계적 통합의 압력(pressures for global integration)으로 작용하는 요인들을 구체적으로 살펴보면 다음과 같다.

① 글로벌 소비자들의 존재(이와 같은 소비자들은 전세계에 걸쳐 있는 공급자들의 가격 및 서비스 등을 비교하여 제품구입을 결정하게 된다)

② 글로벌 경쟁자들의 출현(특정지역에서 벌어지는 기업간 경쟁을 통해 여타지역에서의 경쟁에 영향을 끼침으로써 범세계적 경쟁을 촉발시키는 경쟁자들이 출현하게 된다.)

③ 첨단산업을 중심으로 한 R&D 집약적인 산업의 등장(이 경우 대규모의 투자를 회수하기 위해 보다 넓은 세계시장을 상대로 한 마케팅활동을 전개하게 된다. 이는 특히 초기에 대규모 투자가 소요되는 투자집약적인 사업의 경우에 해당된다.)

④ 비용절감에 대한 압력(요소비용이 낮은 지역에서 생산을 추구하고 대규모 공장을 건설하여 규모의 경제와 경험효과를 추구한다.)

⑤ 소비자욕구의 동질화경향(이는 국가들간에 존재하는 벽을 허물어, 전 세계를 하나의 단일시장으로 파악하고 전략을 수립하는 글로벌경영을 요구하고 있다.)

이에 반해 지역별 대응의 압력(pressures for local responsiveness)으로 작용하는 요인들을 보면 다음과 같다.

---

33) C.K. Prahalad and. Yves L. Doz. 1987. The multinational mission: Balancing local demands and global vision. Free Press,

① 소비성향의 이질성(국가 혹은 지역별로 다양한 소비자 요구를 충족시키기 위해 지역적 대응전략이 필요하다.)
② 시장구조의 상이성(즉, 각 국간에는 유통경로, 가격결정, 제품포지셔닝, 판매촉진과 광고 등의 상이성이 존재한다)
③ 대체품의 존재(진입시장에서 상이한 가격체계를 가진 현지 대체품과 만날 경우 경쟁력을 유지하기 위해 현지적응전략이 요구된다)
④ 현지국 정부의 압력(국가발전 및 국가안보 등 다양한 이유로 현지국 정부의 요구가 있을 때 각국별 적응전략이 요구된다.)

이상에서 보았듯이 글로벌기업이 범세계적 통합과 지역적 대응의 요구 하에서 어떠하나 전략을 택할 것인가는 각 기업에 작용하는 개별요인들의 크기에 따라 달라질 것이다. 이 모델은 범세계적으로 경영활동을 통합할 것인가 아니면 개별, 지역별로 적응하여 대응할 것인가에 따라 3가지 전략을 제시하고 있다.

즉, ① 글로벌 통합전략(global integratin strategy), ② 지역별 대응전략(local responsiveness strategy), ③ 절충형태의 다중초점전략(multi-focal strategy)을 들 수 있다.

글로벌 통합전략은 다국적기업의 여러 자회사가 본사에 의해서 직접적으로 지휘, 통제를 받으며 특히 생산이나 판매면 에서 자회사 들 간에 긴밀한 상호의존성을 갖는 경우의 전략을 말한다. 통합의 필요성은 비용절감과 투자의 효용극대화이며 이를 위해 임금이 싼 국가에 공장을 설립하여 타국시장으로 선적하고 규모의 경제를 실현하기 위해 대규모의 전문화된 공장을 건설한다.

이 전략은 보통 중앙집권적 조직구조를 가진다.

다중초점전략은 자회사 들 간의 독자적인 자율 경영원칙 하에서 각 지역의 자회사간 조정과 상호협력을 갖는 것을 의미한다. 즉, 연구개발의 우선 순위를 조정하고 범세계적 소비자에 대한 가격결정을 조정하며 본사에서 자회사로 혹은 자회사간에 기술이전을 촉진하는데 그 특징이 있다.

이 전략은 자회사들에게 차별화된 목표를 할당하는데 이는 경쟁능력을 개발하기 위한 것이다.

지역별 대응전략은 개별국가의 환경에 맞추어 마치 그 나라의 기업처럼 현지국에서 자율적으로 활동하도록 하는 것을 말한다. 따라서 자회사는 현지의 경쟁사나 소비자의 요구에 대응하여 독자적으로 자원의 실행결정을 내리게 된다. 따라서 지역별 대응전략은 주로 분권적 조직구조를 요구하게 된다.

2) 부가가치활동의 배치와 조정모델

이 모델은 기업의 경쟁력의 원천은 R & D, 생산, 마케팅, 애프터서비스 등의 주요 경영기능들의 효율성을 제고하는데 있음을 강조하고, 저 원가와 차별화라는 경쟁우위를 달성하기 위해 각 기능들의 활동을 범세계적으로 배치하고 조정하는 모델이다.

가치 활동의 배치(configuration)라는 개념은 전 세계를 대상으로 수행되는 가치사슬 내의 각 활동들이 얼마만큼 특정국에 집중되어 있는가 또는 분산되어 있는가를 의미하고, 가치 활동의 조정(coordination)이란 개념은 각 국가에서 수행되는 가치사슬간의 상호조정정도를 의미한다.

따라서 가치사슬의 집중은 본국을 중심으로 소수지역에 각 가치 활동을 집중 배치하는 것을 의미하며, 분산을 각 기의 가치 활동을 분산시켜 극단적으로는 모든 진출지역에 본사와 동일한 가치사슬(value chain)을 갖는 자회사를 두는 것을 의미한다.

그리고 높은 조정수준이라는 것은 높은 통제(가치 활동의 통합)를 추구하는 중앙 집권식 경영을 말하며, 낮은 조정수준은 높은 자율성을 추구하는 분권화 된 경영방식을 시사한다. 예를 들면 한국, 미국, 영국에 세 개의 생산공장을 가지고 있는 기업의 경우 세 개의 공장을 각각 완전히 자율적으로 운영할 수도 있고, 아니면 똑같은 생산방식과 부품 등을 사용하게 함으로써 본사에서 철저하게 통제할 수도 있다.

가치활동의 범세계적인 배치와 조정을 구체적으로 살펴보면 다음과 같다.

① 순수 글로벌전략(pure global strategy)은 기업의 가치사슬 중 규모의 경제에 민감한 부분들은 기업의 가치사슬 중 규모의 경제에 민감한 부분들은 가급적 하나의 국가에 집중하여 행하고, 현지화에 충실해야 할 기능들만 최소한으로 분산시킨다. 그것도 개별국가간의 차이를 좁히도록 높은 조정수준을 유지한다. 이는 저 원가를 달성하는데 유용한 전략이다.

② 개별국가 중심전략(country-centered strategy)은 기업활동의 대부분이 개별국가에 분산되어 행해지지만 자회사간 가치 활동의 조정이 이루어지지 않는 전략의 형태이다.

③ 고도의 해외직접투자 전략(higy FDI strategy)은 대부분의 가치 활동을 각국에 분산배치 하는 면에서는 개별국가중심전략과 유사하나 분산된 가치 활동에 대해서는 철저한 중앙통제 및 조정을 행하는 점에서 다른 측면을 가지고 있으며, 반면 자회사간의 조정수준이 높은 전략이다.

④ 수출중심전략(export strategy)은 가치활동을 지역적으로 집중시키되 가치활동간 조정은 별로 하지 않는 전략이다. 즉, 순수글로벌 전략처럼 기업의 가치사슬 중

규모의 경제에 민감한 기능들은 가급적 한곳으로 집중시켜 관리하고 최소한으로 현지화에 필요한 기능만 분산시켜 각 지역별 적응의 요구에 대응하는 수출위주의 전략이다.

배치와 조정의 매트리스 내에 있는 전략 중 어떤 것을 선택하여 실행하는가 하는 것은 어떤 전략이 자사의 국제적인 경쟁우위를 확보하는 데에 효과적인가에 따라서 결정되기 때문에 자사에게 가장 유리한 전략을 선택하기 위해서는 가치활동의 지역적 집중에 따른 장단점과 분산된 가치활동의 조정 및 통제에 따른 장단점을 이해해야 한다.

3) 경쟁범위에 따른 전략모델

경쟁범위는 기업이 경쟁하는데 있어서의 활동의 폭을 의미한다. 기업이 글로벌 경영을 수행하는데 있어 경쟁의 범위를 어떻게 선택하는가에 따라 글로벌경영전략의 추구가 달라진다.

글로벌기업은 어떻게 가치활동을 전 세계적으로 배치하고 조정함으로써 경쟁우위를 향상시킬 수 있는가 여부와 시장세분의 범위를 어느 정도로 정할 것인가의 여부에 따라 전략이 구분된다. 가치활동의 지역적 배치 및 조정에 따라 범세계적 전략과 개별국가 중심전략으로 분류하고 세분시장을 다수와 소수로 구분한다.

각 전략들을 살펴보면 다음과 같다.

① 차별화전략(global cost leadership or differentiation)이란 광범위한 제품라인에 걸쳐 경쟁하기 위해 기업의 가치활동을 지역적으로 집중하며 또한 가치활동을 강력하게 통제하는 전략이다. 즉, 각 개별시장을 독립된 개개의 시장으로 보지 않고 하나의 범세계적 시장으로 보고 전략을 수립한다.

② 글로벌적세분화 전략(global segmentation)이란 자동차 산업의 메르세데스 벤츠와 같이 특정세분시장을 대상으로 하여 범세계적 경쟁전략을 추구하는 것이다. 즉, 기업의 자원이 한정되어 있을 경우 범세계적 시장의 특정시장을 목표시장으로 하는 전략이다.

③ 보호된 시장침투전략(protected markets)이란 관세, 쿼터, 수출 자율규제, 보조금 등을 통하여 정책적으로 보호를 받는 산업 내에서 광범위한 세분시장을 대상으로 하는 전략이다. 각 나라안에서의 경쟁이 서로 독립적인 산업, 즉 한 국가안에서의 경쟁이 여타국가에서의 경쟁에 무관한 식품산업과 같은 산업에서 수행되는 전략이다.

④ 현지시장 적응전략(national responsiveness)은 현지국의 독특한 시장상황으로 인

하여 생겨나는 세분시장에 선별적으로 진출하는 전략이다. 즉, 각국의 현지시장의 불규칙한 수요에 부응하여 한정된 자원을 특정시장에 집중하는 전략이다.

4) Total Global Strategy 모델[34)]

현재의 글로벌환경은 산업의 범세계화가 급속히 추진됨에 따라 기존의 다국가 전략은 점차 그 실효성을 잃어 가고 세계각국에서의 사업들을 통합된 관점에서 바라보는 글로벌 전략에 대한 필요성이 점차 증가되고 있는 추세이다.

이러한 글로벌 전략을 수행하는데 있어서 중요하게 고려될 점들로서는 기업이 속한 산업이 얼마나 글로벌화 되어 있는가를 평가하는 일과 기업의 전략을 산업의 글로벌화의 정도에 맞게 글로벌화 시키는 것이 요구되고 있다.

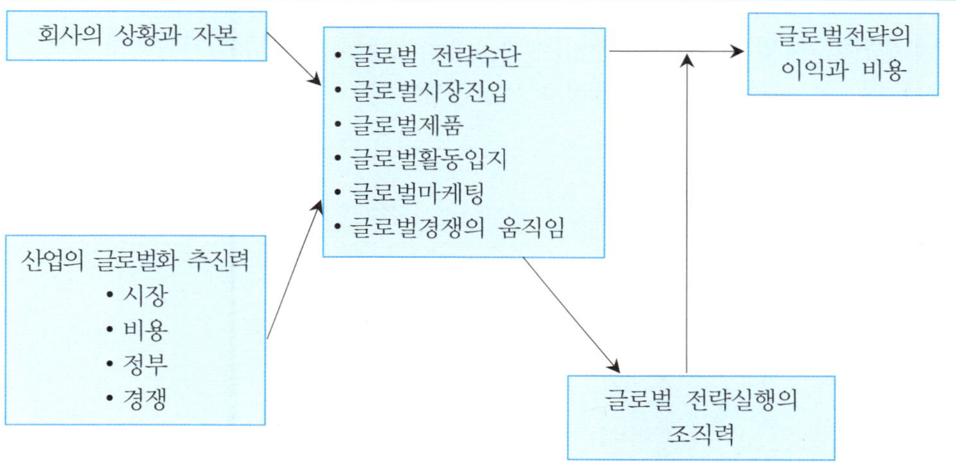

[그림 10-10] 입(Yip)의 모델

이러한 원칙을 중심으로 Total Global Strategy의 프레임 워크(framework)를 제시하면 다음과 같다. 우선적으로 글로벌 전략을 수행하기 위해서 가장 고려되어야 할 점으로는 과연 해당기업이 글로벌전략을 수행할 수 있는 경쟁적 지위와 자원들을 지니고 있는지를 확인하는 것이다.

YIP은 우선 글로벌전략의 이익과 비용의 요인으로서 글로벌 전략수단과 산업의 글로벌화 추진력, 글로벌 조직요소를 글로벌화 트라이 앵글로 칭했다. 좀더 구체적으로는 회사의 상황과 자본(기업의 글로벌화) 및 산업글로벌 추진력의 각요소가 글로벌 전

34) George Yip (1992).

략수단에 영향을 주어 이것이 글로벌 전략의 이익과 비용에 영향을 준다는 구도이다.

이러한 점들이 충분히 고려되고 평가된 후에는 이상의 두 가지 요소들에 적합한 글로벌 전략 수단들을 선택해야 하는데 이러한 전략들이 모두 통합된 관점에서 선택되어질 때만이 글로벌 전략이 성공되어질 수 있다.

이러한 글로벌 전략수단들로는 글로벌 시장진입 전략, 글로벌 제품전략, 글로벌 가치활동의 입지전략, 글로벌 마케팅전략, 글로벌 경쟁자 대응전략 등을 들 수 있다.

한편 이러한 글로벌 전략수단들의 실행에는 조직의 능력이 뒷받침되어져야 하는데 기업의 조직이 과연 글로벌 전략을 실행할만한 체계를 갖추고 있는 지를 평가해야만 한다. 이를 위해서는 조직이 전략의 실행에 미칠 수 있는 영향력과 역으로 글로벌 전략이 조직에 미칠 수 있는 영향력에 대한 고려를 해야 한다.

마지막으로 글로벌 전략의 실행이 기업에 주는 이익과 손실을 계산하여야 한다. 글로벌 전략의 실행이 기업에게 반드시 이익만을 가져다주는 것만이 아니라 손실도 동시에 수반할 수 있으므로 이러한 이익과 손실을 정확히 계산하여 기업에게 주는 이익을 예측한 후 글로벌 전략을 수립하고 실행해야 한다.

글로벌경영의 조직론

제11장

제1절 전통적 조직에서 트랜스내셔널조직으로

1. 전통적 조직모델

바트렛과 고샬(C.A. Bartlett & S. Ghoshal)은 미국, 일본, 유럽의 다국적기업 마츠시다 전기, NEC, 花王(Kao),GE, IT&T, P&g, 필립스, 에릭슨, 유니리버 등의 9사의 사례를 분석하여 각각의 기업이 전통적 조직모델의 영향을 강하게 받은 것을 발견하였다.[1)]

바트렛과 고샬이 주장하는 전통적인 모델은 다음의 네 가지로 나뉜다.

(1) 멀티내셔널 (multinational)조직
(2) 인터내셔널 (international)조직
(3) 글로벌(global) 조직
(4) 트랜스 내셔널(transnational)

① 멀티 내셔널(multinational): 서로 다른 환경 컨텍스트로 다양한 경영 활동을 전개하고 있지만 능력의 분권 개발과 국경을 넘은 지식과 자원의 공유는 한정적이다. 자회사에 의사결정 권한이 집중화되어 내면화 경향이라고 하겠다. 멀티내셔널 조직은 경영자원과 조직능력을 해외자회사에 분산하고 있다. 해외자회사는 연구개발, 생산, 판매 등의 기능을 갖고 어느 정도는 자율적으로 현지경영을 행하고 있다. 해외자회사가

---

1) C. A. Bartlett & S. Ghoshal, Managing Across Border: The Transnational Solution, Harvard Business School Press, 1989.

현지 소비자의 욕구를 파악하여 대응하는 것이 가능하기 때문에 현지 환경에의 적응에는 이 조직모델이 적합하다.

② 인터내셔널(international): 다양한 국가에서 국경을 넘은 경영자원의 운용이 중심으로 이루어져 중앙 본부에서의 능력 개발이 열쇠이다. 본사에서 국가에 대한 지식과 자원의 이전이 활발하게 이루어진다. 연구 개발 등의 핵심 경영 기능에는 공식화이지만 그 외의 경영 기능에서는 비공식화의 경향이라고 하겠다. 인터내셔널 조직은 경영자원과 조직능력을 어느 정도는 해외에 분산시켜 해외자회사에 어느 정도의 자율성을 주지만은 기본적으로 본사가 글로벌적으로 조정을 한다. 이 조직모델은 글로벌조직과 멀티내셔널 조직의 중간 형태에 해당한다.

③ 글로벌(global): 공급과 수요의 글로벌 네트워크 통합 관리로 효율성과 운영의 신축성을 추구.하지만 중앙 본부에서의 능력 개발에 중점을 이루어진다. 본사가 비즈니스 프로세스와 정책을 지휘하기 위해 사업 활동의 글로벌 조정 프로세스는 본사에 집중화하고 의사 결정 과정은 공식화이다. 글로벌조직은 경영자원과 조직능력을 본사에 집중하고 있다. 이러한 조직모델을 채용하는 기업은 본사에 집중하는 연구개발, 글로벌적인 규모에서의 생산, 표준화제품의 세계판매를 본사의 중앙관리체제하에 추진하여 글로벌적인 규모의 경제성을 추구했다.

④ 트랜스 내셔널(transnational): 규모 경제와 현지 반응의 동시 추구. 통합된 네트워크 활용. 기술과 능력의 글로벌 개발과 공유. 글로벌과 로컬의 적정 밸런스를 취한 공동 의사 결정의 수행한다.

한편, 미국, 일본, 유럽의 다국적 기업등은 각각의 특정의 조직모델을 형성하여 왔다. 일본기업의 전통적 조직모델은 글로벌조직이다. 주지하는 것처럼 일본기업은 1970년 이후 본격적으로 국제화를 추진하여 왔다. 유럽과 미국의의 경쟁회사에 대한 경쟁우위를 확립하기 위하여 일본기업은 저가격, 고품질의 제품을 만드는데 주력을 다했다. 일본기업은 연구개발, 생산을 중앙에서 관리하여 상대적으로 저환율을 무기로 수출전략을 전개하여 실천하여 왔다.

그리고 일본기업은 집단주의의 경영관행이 있기 때문에 문화가 다른 외국인이 이해하기 힘든 문화가 있기 때문에 일본인들끼리의 중요결정을 행하고 외국인 종업원들은 의사결정을 따르는 중앙집권적인 경영이 이루어지고 있다. 따라서 일본기업에서는 경영자원과 조직능력을 본사에 집중시키는 글로벌조직이 발전되어 왔다.

유럽기업에서는 멀티 내셔널조직이 발전되어 왔다. 1900년대 전반에 국제화된 유럽

기업은 본사와 해외자회사를 분산시키는 노력에 경주하였다. 각 시장을 연결하는 수송과 통신의 미발달과 미국의 보호주의에 대응하기 위해서이다. 이러한 원인으로 유럽기업의 해외자회사는 제조, 판매등의 활동의 자기충족성과 자율성을 획득하고 있다.

미국기업은 인터내셔널조직을 형성하여 왔다. 제2차 세계대전후 미국의 기술우위가 압도적이던 시대에 미구기업은 본국의 기술과 지식을 해외에 이전하였다. 이렇기 때문에 어느 정도의 현지 지향적으로 제품 개량하는 능력은 있지만 연구개발은 본사에 의존하여 왔다. 미국기업은 전통적으로 전문경영자와 스탭이 권한이양과 경영시스템에 의한 조정을 사용해 왔다.

2. 트랜스내셔널 조직

전통적 조직모델에서는 글로벌효율성, 현지 환경에의 적응, 이노베이션과 학습이라는 오늘날 다국적기업으로서 중요한 전략과제를 동시에 추구할 수는 없었다. 그러나 트랜스내셔널조직에서는 이러한 것을 극복할 수가 있다.

그렇다면 전통적 조직모델과 트랜스내셔널 조직의 차이는 무엇일까?

전통적 조직 모델과 인터내셔널 조직 모델에서는 경영자원과 조직능력을 본사에 집중하는 경향이 강했다. 그렇지만 트랜스내셔널 조직에서는 멀티 내셔널 조직처럼 경영자원 과 조직능력을 세계에 분산하여 해외 자회사에 활동의 자율성을 주어 현지 환경에의 적응을 달성시키려고 한다. 그러나 분산의 방법은 멀티내셔널 조직처럼 단순하지는 않다.

트랜스내셔널 조직을 구축하려고 하는 마츠시타와 필립스를 보면은 마츠시타에서는 대만자회사가 컬러텔레비전의 부품과 재료 중 많은 부분을 대만에서 생산하지만 얼마간의 중요부품은 본사의 공급을 받는 것처럼 해외자회사에 어느 정도의 개발과 생산을 허가 하지만 중요한 부분은 본사에서 개발이나 생산을 행한다. 또한 필립스에서는 영국자회사가텔레텍스트 텔레비전의 주도권을 잡고 벨기에의 자회사가 스테레오 세트의 개발, 제조의 책임을 지는 해외자회사 별로특정의 활동을 전문화 하고 있다. 트랜스내셔널 조직에서는 이처럼 활동의 전문화를 실현할 수 있도록 경영자원과 조직능력을 분산 시킬 필요가 있다.

또한 트랜스내셔널 조직에서는 본사와 자회사, 해외 자회사간의 상호의존을 전제로 하여 쌍방향적인 글로벌조정을 행하기도 한다. 예를 들면 NEC에서는 디지털교환기 NEAC61E의 개발에 대해 본사가 하드웨어의 개발에 미국자회사가 소프트웨어의 개발에 집중하고 있다.

미국자회사가 하드웨어에서는 일본본사에 의존하고 소프트웨어에서는 일본본사가 미국자회사에 의존하는 가운데에 일본본사와 미국자회사가 서로 조정함으로서 글로벌적인 효율성을 꾀할 수 가 있다.

전통적 조직 모델에서는 이노베이션과 학습의 프로세스는 본사의 이노베이션의 성과를 자회사에 이전하던지 현지에서 나타난 이노베이션을 현지에서만 활용하는 방법밖에는 없었다.

트랜스내셔널 조직에서는 자회사의 이노베이션 을 세계에 이전하거나 본사와 자회사가 공동으로 연구개발을 행하는 프로세스를 고려하고 있다. 자회사의 이노베이션을 세계에 이전하는 경우는 유니리버의 독일 자회사의 경우를 들을 수 있고 본사와 공동으로 연구개발을 행하는 경우는 P&G의 유로 브랜드 팀의 액체세제 비즈아가 성공한 경우이다.

3. 트랜스내셔널 조직의 관리

전통적인 조직 모델을 채용하는 기업이 유엔형 모델과 본사권력증후군을 전제로 해외자회사를 관리하는 것으로 버트렛과 고샬이 주장한다.

유엔형 모델은 큰 나라이던 작은 나라이던 똑같이 한표의 권리를 주는 것처럼 모든 해외자회사가 동등하게 취급된다. 모든 해외자회사가 현지시장에 한정된 역할을 주어 본사의 전략과 계획에 같은 정도의 관련과 현지의 관리자의 평가도 표준적으로 행해진다.

본사권력증후군은 본사가 글로벌전략을 책정하여 해외자회사는 역할을 현지시장에 한정함으로서 본사가 책정한 글로벌전략을 실행하는 것에 지나지 않는다.

그러나 글로벌전략을 성공적으로 수행하기 위해서는 현지시장의 전략적중요도와 해외자회사의 경영자원, 조직능력이라는 2가지 변수로 해외자회사의 역할을 4가지로 분류하고 있다.[2)]

(1) 전략적 리더(strategic leader)
(2) 공헌자(contributor)
(3) 블랙 홀(black hall)
(4) 실행자(implementer)

2) Bartlett, C.A. & Ghoshal, S. 1986 Tap Your Subsidiaries for Global Reach, Harvard Business Review, 64(4), pp.87-94.

해외자회사의 역할 차별화 모델은 다양한 환경에 대해 필요한 유연성을 갖추기 위해 조직을 분산화시키는 방법을 제시하였다. 전통적인 조직모델에서는 일율적인 관리로 모든 자회사를 동등하게 취급하여 그 역할을 현지에만 국한시키고 있다. 트랜스내셔널 조직에서는 자회사를 분화한 단위로서 취급하여 글로벌적인 역할을 담당하는 전략적 리더의 역할을 강조하고 있다.

트랜스내셔널조직에서 자회사의 이노베이션을 세계에 이전하거나 본사와 자회사가 공동으로 연구개발을 하는 프로세스를 충분하게 활용시킬 수 있는 것은 조직을 분산화 하여 특정의 자회사에 전략적 리더의 역할을 주기 때문이다.

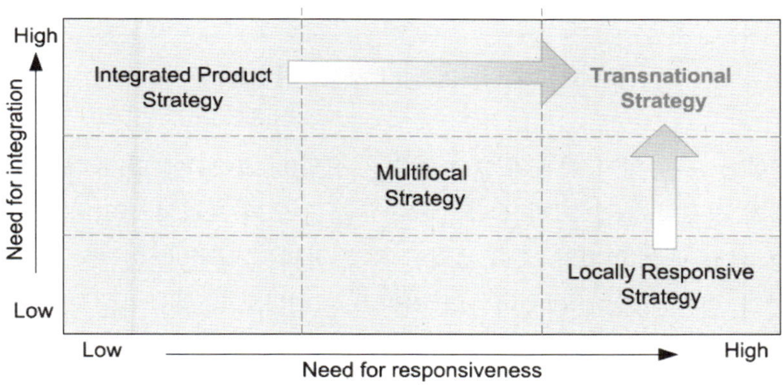

[그림 11–1] 트랜스 내셔널 조직

4. 트랜스내셔널 조직과 유사개념으로서의 멀티포칼 전략 관리

1) 멀티포칼 전략(multi focal strategy)모델

프라할라드와 도즈(Prahalad & Doz, 1987)에 의한 멀티포칼 전략(Multi focal strategy)모델도 트랜스내셔널 기업경영모델 과 유사한 개념이다.[3] 이들도 글로벌 통합(integration)을 세로축에, 로컬 적응(responsiveness)을 횡축에 있던 2 차원 매트릭스(I-R 그리드)에 의해서, 양자를 높은 레벨로 동시에 달성할 수 있는 전략을 「멀티포칼(Multi focal strategy)」 전략이라고 하고 있다. 즉, 이 멀티포칼·모델의 특징은, 글로벌 통합과 현지 적응의 균형을 얼마나 잘 취하는가 하는 것이 우선 과제가 된다.

3) Prahalad, C.K. and Y. Doz(1987), The Multinational Mission: Balancing Local Demand and Global Vision, New York : Free Press.

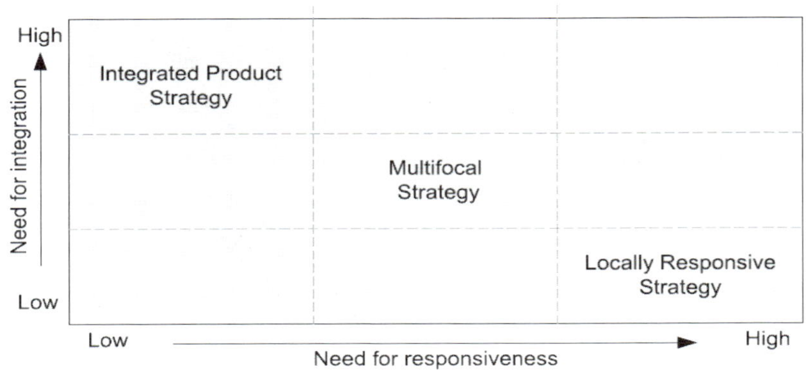

자료: Prahalad and Doz 1987, The Multinational Mission, p.25

[그림 11-2] 멀티 포칼전략 모델

글로벌 통합 또는 현지 적응에 대한 압력은 산업(business)에 따라 다르며, 글로벌형 산업과 현지 적응형 산업, 그리고 그 절충으로서의 멀티 포컬형 산업이 있다. TV 산업이나 안경 제조 관련 업계가 그 구체적인 예로 꼽히고 있지만, 이러한 산업에서는 글로벌 통합과 현지 적응에 대응이 1의 전략적 선택만으로 완료되는 것은 아니고, 두 압력에 동시에 동시에 유연하게 대응할 필요가 있으므로 IR-Grid의 위치도 시계열로 변경할 수 있다. 이러한 이유로 글로벌 통합과 현지 적응, 그리고 멀티 포컬형의 경계선은 모호한 것이 되지 않을 수 없다. 이것은 IR 그리드에서 [그림 11-2]와 같이 표현된다(Prahalad and Doz 1987:25).

기업의 최고경영자의 시점으로부터, 많은 업계를 I-R그리드 위에 그리면서, 각회사의 사업 포트폴리오를 분명히 하고 있다. 이에 의해, 글로벌 통합에 중점을 두어 글로벌·비즈니스를 실시하는 기업, 로컬 적응을 중시해 로컬·비즈니스를 실시하는 기업, 한층 더 글로벌 통합과 로컬 적응의 쌍방을 동시에 달성하는 멀티포칼·비즈니스를 취하는 기업으로 유형화하고 있다는 점이 높이 평가받고 있다.

5. 새로운 트랜스내셔널 조직의 형태 메타내셔널 조직구축

도즈와 윌리암슨(Doz, Santos& Williamson,2001)은 다국적기업의 경영 지향으로서 메타내셔널 (Meta National)의 접근을 제창했다.[4] 도즈는 대표적인 저작으로 꼽히는

4) Doz, Yves, J. Satos, and P. Williamson(2001), From Global to Metanational: How Companies

〈세계화에서 메타내셔널로 : 기업이 지식경제시대에서 이기는 방법(From Global to Metanational: How companies win in the knowledge economy)〉을 공동 집필하였다.

다국적 기업은 전 세계를 대상으로 하는 경영방식을 택하고 있지만, 주 목적은 가능한 저렴한 자원을 활용하고 전 세계를 상대로 제품 판매를 극대화한다는 데 국한되어 있다. 이에 따라 본사는 물론 연구개발(R&D) 및 핵심부품의 생산기능은 국적지, 즉 그 기업의 출발지역에 남겨 두는 게 특징이다. 그의 한 예로 세계적 신발ㆍ의류업체 나이키(Nike)를 들 수 있어요. 다국적 기업인 나이키는 전 세계에 판매망과 제조업체를 두고 있지만, 연구개발ㆍ품질관리ㆍ디자인개발ㆍ금융 등 핵심사업은 미국 오리건주 비버톤(Beaverton) 본사에 집중해 놓고 있다. 최근에는 많은 외국 기업이 메타내셔널 기업(Metanational Enterprise)을 지향하는 추세이다. 즉, 제품 생산과 연구개발(R&D) 등 핵심사업뿐 아니라 아예 본사 핵심기능까지도 해외 지사 등에서 담당하고 있는 기업이 늘어나고 있는 것이다. 이제는 기업 경영체제가 다국적 기업 대신 메타내셔널 기업 방식으로 탈바꿈하고 있는 추세라고 주장하고 있다.

다국적 기업이 글로벌 시장에서 성공을 거둔 경우 본국에서의 우위성에 의존하는 경우가 적지 않다. 도즈는 이 책을 통해 지식경제사회에서 다국적 기업이 성공하기 위해서는 본국의 지식의 우위성에만 의존한 경영을 초월하여, 전 세계에 분산되어 존재하는 지식을 활용해 글로벌 규모로 우위성을 발휘하는 메타 내셔널 경영으로 전환시키는 데 있다고 주장했다.

다시말하면 20 세기형의 다국적기업의 마인드에 대해서는, 글로벌교육기관의 달성에 제일 우선 순위로 「세계의 각국 시장에 깊게 침투할 수 있는 생산, 판매, 서비스의 자회사로부터 완성되는 효율적인 글로벌·네트워크를 구축하는 것」이 전략적인 최대 중요 과제였다. 그러나 21 세기형 다국적기업에 있어서의 마인드 는, 온 세상에 확산하고 있는 미개척의 지식, 기술, 시장 정보를 감지해, 그것들을 국경을 넘는 것에 동원시키는 것과 동시에, 재빨리 오퍼레이션의 규모와 형태를 최적화하는 것으로, 글로벌인 지식과 가치의 창조 프로세스를 구축하는 패턴으로 변화시킨다고 하는 것이, 그것이 메타내셔널·어프로치이다.[5)]

메타(Meta)는 비욘드(beyond)를 의미하면서, 메타내셔널·어프로치란, 구가를 초월하는 자국 우위성에 입각한 전략을 넘어 글로벌 규모로의 우위성을 확보하는 전략이다. 즉, 본국만이 아니고, 온 세상에서 가치 창조를 실시해, 경쟁 우위를 구축하는 기

Will Win in the New Knowledge Economies?, Harvard Business School Press..

5) Santos,J., Y. Doz and P. Williamson, "Is Your Innovation Process Global?," MIT Sloan Management Review, Summer 2004, pp.31-37.

업 전략이다. 종래의 제조업을 중심으로 한 다국적기업은, 자국의 우위성을 기초로 국제 제품 사이클의 물결을 그리면서 글로벌 표준화와 현지 적응의 균형을 잡으면서 국제 전개를 실시해 왔다. 이러한 전통적 발상을 한순간에 타파하는 것은, 용이한 것은 아니기 때문에 메타내셔널·어프로치가 전개 되어있는 기업은 많지 않다.[6] 자국우선주의의 사고 내지 나라의 힘의 고정 관념으로부터 탈피해, 세계의 모든 지역에 대해서도 골고루 주시하여, 잠재적 이노베이션의 싹을 탐색해, 지적능력을 신속하고 적확하게 사내에 획득, 사내 각부 문간에서 이전·공유해 활용할 수 있다. 도즈 교수등이 정의하는 메타내셔널 기업을 어떻게 구축할 수 있을까? 도즈와 윌리암슨은, 메타내셔널·어프로치를 실시하려면, 다음 3개의 생각으로부터의 탈피가 필요하다고 주장하고 있다.

① **자국 지상 주의로부터의 탈피:** 자국은 특별한 것으로, 본사 소재지인 자국이 최대의경쟁 우위의 원천이라고 하는 생각을 재검토한다.

② **기존의 파워관계로 부터의 탈피:** 아무래도 대국의 시장을 존중해, 소국의 시장을 무시하는 경향이 있다. 새로운 혁신은 이러한 소국의 변경지역으로부터 예상치 않는 이노베이션이 나타나기도 한다.

③ **현지 적응은 어디까지나 현지로부터 라는 기성 개념으로부터의 탈피:** 특수한 나라의 특수한 시장을 위해서 고생해 적응한 경험이, 실은 그 외의 나라에 있어서의 큰 이노베이션의 근원이 될 가능성이 있다.

6. 글로벌기업과 지역전략

러그만(Rugman) 베배케(Verbeke)은 두 학자는 리저널(Regional) 전략을 주장하고 있다.[7] 이들은 원래 글로벌 전략이란 신화(myth)이며, 현실의 다국적 기업은 지역전략을 추구하고 있으며, 기본적으로 일본, 미국, 유럽을 중심으로 한 세 그룹이 기초로 활동하고 있다고 한다. 그 근거로, 세계를 트라이어드(세그룹)로 나누어, 샘플 기업 500사의 지역별 매출 데이터를 바탕으로 분석한 결과 진정한 글로벌 기업은 겨우 9개사이며, 지역주도의 바이 리저널 기업이 25사, 그 외의 대다수의 다국적 기업은 본국본사의 존재하는 지역에서의 활동이 중심이 되고 있는 리저날(Regional)기업이 중심이 된다고 결론 짓고 있다[8]. 똑같은 관점에서 러그만과 핫재츠는[9] 순수한 글로벌 전략

6) 浅川和宏(2003年), 『グローバル経営入門』, 日本経済新聞社, pp.70-77.

7) Alan Rugman and Alain Verbeke; , 2004,Regional and Global Strategies of MNEs Journal of International Business Studies, 2004, 35, pp.3-18.

도 아니고 순수한 로칼 적응 전략도 아닌, 통합과 로컬 적응을 혼합한 지역전략이 다국적기업이 성공할 수 있는 전략이라고 주장하고 있다.

제2절 다양한 환경하에서의 조직 대응

상술한 조직모델은 몇 가지 유형을 나눈 것으로 일면 타당한 부분이 없지 않으나 다양한 조직에서 어떻게 대응 하는가 에서는 그 대답의 유형도 다를 수 있다. 주지하는 바와 같이 다국적 기업은, 국경을 걸친 다양한 환경에서 활동하고 있다. 다국적 기업을 둘러싼 각 국의 현지 환경에 대한 전략, 조직면에서의 적응에 따라, 현지의 정당성을 확보하고, 현지 마켓의 고객이나 유통업자 등에게도 받아들여지기 쉽다. 이러한 현지적응에 대한 논리는, 단순히 현지 고객의 기호나 현지정부의 요구에 응한 수요·요인뿐만이 아닌, 그 고장 특유의 자원(예를 들면, 정보, 지식, 노하우, 인재 등)을 확보하기 위한 공급요인으로서도 효과있는 정책으로 되어있다.

그러나 다국적기업은 각 국의 다양한 환경에 둘러싸여져 있고, 각각의 환경으로부터 여러 가지 요청은 반드시 일치한다고 할 수 없다. 오히려 각각이 서로 모순된 요구를 해오는 경우가 많다. 그것이 분화(differentiation)로의 압력이다.

한편 기업으로서의 일관성을 유지하기 위해, 그러한 분산된 행동은 내적으로 통합할 필요도 있다. 전략적으로는 규모의 경제, 범위의 경제에 의한 효율을 추구, 글로벌 규모에서의 지식 노하우 공유에 의한 라닝의 촉진 등이 이 논리적 배경에 있다. 이것이 통합(integration)에 대한 압박이다.

해외현지에서의 적응과 다국적 기업으로서의 내적 일관성을 동시에 달성하기는 대단히 힘드나, 그것이 기업업적과 올바른 상관관계에 있다고도 말하고 있다. [10)]

조직론에서의 콘틴젠시 이론에 의하면 복합조직은 그 다양한 외부 환경조건에 적응하기 위해 조직을 각 부문으로 분할하고, 부문별로 해당 외부환경에 적합시키거나 동

---

8) 러그만과 베배케(2004)에 의하면, 지역주도의 바이 리저널 기업의 대부분은 미국의 규모에 집중된 유럽 및 아시아의 다국적 기업으로, 본사가 있는 지역과 미국의 두 지역에서 사업활동을 하고 있다고 주장하고 있다.

9) Rugman,A. and Hodgetts,R.(2001), The End of Globa is Strategy' European Management Jourual, 19(4), pp.333-343.

10) Nohria N and S. Ghoshal(1993), Horses for Courses: Organizational forms for multinational corporations, Sloan Management Review 34 (2):23-35

시에 전체로서 통합기능 역할을 하는 부문을 함께 준비하는 것이 업적 향상으로 연결된다고 한다.

다국적 기업의 경우도, 각 국, 각 지역마다 다른 환경조건에 대한 적응과 다국적 기업 전체의 통합을 함께 겸비한 역할이 기업업적과 올바른 상관관계에 있다고 한다.

더구나 다국적 기업을 둘러싼 환경은 항상 변동하고 있다. 현지 환경에 대한 적응도, 정태적 적합(靜態的 適合 : Static fit)은 안 되며, 항상 변화하는 환경에 대응 가능한 동태적 적합(動態的 適合 : Dynamic fit)이 요구된다. 그에 수반되어, 그 때마다 통합 메커니즘도 대응해 가야함이 요구된다. 즉 끊임없고 유연한 조정이 다국적 기업에는 필요하다.

1. 환경, 전략과 조직구조: 다국적 기업조직의 발전단계 모델

1) 챈들러의 명제

미국의 경영사가 챈들러는, 미국기업의 역사적 발전과정에 관한 실태조사를 하여, 저서 『경영전략과 조직』에서, 다음과 같은 유명한 명제를 제시했다.[11)]

- 조직은 전략에 따른다(조직구조는 기업의 성장전략에 따른다)
- 미국 기업의 전략과 조직간의 관계에는, 단계적인 발전 순서가 존재한다. 즉, 단일 직능제에서 직능부문제 더 나아가 사업부제 조직으로라는 발전 단계이다.
- 비효율적이며 바꿀 수밖에 없게 되기까지, 조직은 그 구조를 변화시키지 않는다. 즉, 다음 단계로 이동하는 것은, 경제적 위기를 느낀 후이다. 왜냐하면, 전략 책정자와 조직의 변혁자와는 다른 타입의 인격이기 때문이다.

이들 명제를 기초로, 전략론, 조직론 분야에서 많은 실증연구가 행해졌다. 그리고 이들에 대한 명제는 정교하고 치밀하게 확장되어 갔다. 다국적 기업론에서도 그 예외는 없었다.

2) 전략과 조직구조: 챈들러의 전략과 조직

(1) 이론의 전제

챈들러는「전략과 조직」(Strategy and Structure) 이후에도 보이는 손(The visible hand)과 규모와 범위(Scale and Scpoe)등의 저서를 발표하여 초기의 경영관리사에서 기업가

11) Chandler, Strategy and Structure : Chapeers in the History of Industrial Enterprise, MIT press.

사, 국제비교경영사로 이동하였다. 그러나 그중에서도 가장 경영전략론의 영역에 큰 영향을 미친 저서가 전략과 구조라 할 수 있다.

특히 전략과 구조에서는 미국기업의 다각화 전략 추진과 사업부제 도입의 인과 관계를 역사적으로 명백히 했다. 그 결과 도출한 사실은 사업부제(divisional structure, 事業部制)라는 조직구조와 다각화라 성장 전략에 같이 도입된 현상이며 여기에서 그의 유명한 명제 "조직(구조)은 전략에 따른다"는 가설이 도출된다. 다각화된 기업내부의 비효율성을 줄이고 효과적인 통제를 가능케 하며 관리기능의 전문화가 등장한다. 다시 말하자면 조직운영과 관련된 잡무에서 해방됨으로서 최고경영자는 장기계획과 평가를 수립할 수 있게 된다.

전략과 구조는, 한마디로, 미국에 있어서의 대기업의 경영 조직 개혁의 성공 이야기이다. 즉, 분권적 사업부제의 성립 이라고 하는 조직 이노베이션이 얼마나 미국에서 흥했는가 하는 이야기이며 자립한 독립 채산의 현업사업부와 직능 스탭을 거느리는 종합 본사로부터 이뤄지는 사업부제가, 1920년대에, 두퐁, GM, 스탠더드 석유(뉴저지), 시어즈·로벅의 4개 회사에 대해 얼마나 선구적으로 이루어졌으며 또 타기업에 보급되었는가를 리얼하게 서술하고 있다.

그러나 전략과 구조는 단순한 사업부제의 성립사는 아니다. 오히려 챈들러는, 다각화한, 다양한 상품을 취급하는 대기업에는 사업부제라고 하는 조직 형태가 친숙해지는가를 가설적으로 상정해, 이것을 역사적으로 검증 했다고 생각할 수 있다. 그리고 이 가설은, 사업부제가 오늘, 다각화 한 대기업의 대표적인 조직 형태로서 정착하고 있음을 보여주었다.

덧붙여서, 전략과 구조에는 상술의 4개사의 경영자를 시작해 많은 인물이 등장하지만, 챈들러는 인물 평가의 「흑백」을 확실히 하는 경향이 있어 사업부제의 성립에 공헌한 인물을 높게 평가하는 한편, 사업부제를 부정적으로 한 인물의 평가는 낮다. 예를 들면, 듀퐁 일족의 유력한 경영자로서 역사에 이름을 남긴 알프레드·듀퐁에 대해서, 챈들러는, 「광범위한 조정, 평가, 목표 설정의 능력이 부족해」, 경영자로서 「실격」이라고 지적하고 있는 것을 보면, 전략과 구조라는 책이 단순한 사실을 기술한 사사(社史)나 경영가사에서는 볼 수 없는 것을 나타내 보이는 일례라고 할 수 있다. 챈들러는, 방대한 자료를 읽어, 스스로의 가설에 따른 경영자의 행동, 스스로의 주장과 합리적인 역사적 사실을 혼합시켜 이것을 일관성이 있는 스토리로서 구성하여 사업부제의 성립을 검증하였다고 할 수 있다.

전략과 구조는 간략하게 [그림 12-1] 처럼 표현된다.

자료: Alfred Chandlertr, 1962.

[그림 11-1] 경영전략과 조직구조의 틀

우선 챈들러는 경영학에서의 전략개념을 명확하게 정의하였다. 챈들러에 의하면 전략은 '기업의 기본적인 장기목적이나 목표의 결정과 이러한 목적을 실행하기 위해 필요한 행동의 과정(코스)과 자원의 배분'이라고 하였다.

(2) 사례

듀퐁, GM, 스탠더드 석유와 시에즈 로빅의 4개회사를 예로 들었는데, 그 이유는 미국기업 중에서도 선구적으로 전통적인 직능별의 집권적인 조직구조에서 분권적인 사업부문별의 조직구조로 전환하여 미국 기업의 모범이 되었다는 것이다. 사업부제는 하나의 제품계열을 담당하는 부서 내에 생산, 판매, 기술개발, 관리 등을 포함시켜 최고경영층의 의사결정권한을 단위 부서장에게 대폭 위양하는 동시에 각 부서가 마치 하나의 독립회사처럼 자주적이고 독립채산제적인 경영을 하는 시스템이다. 사업부제 조직의 변형으로 주요 사업부문별로 전략사업단위(SBU : Strategic Business Unit)를 설정하고 전사적인 방향성을 추구하는 SBU 조직의 필요성이 강조되기도 하였다

듀퐁과 GM은 1차 대전 후에 조직개편이 시작되었으며 스탠더드는 1935년 시어즈 로빅은 1929년에 개편이 시작되었다. 그리고 챈들러는 이들 기업이 서로 다른 목적과 과정을 거치면서 자생적으로 비슷한 조직구조에 도달한 것과 타회사를 모방한 것이 아니었다는 것을 강조한다. 듀퐁에서는 신제품개발에 의한 신시장 진출이라는 다각화 전략이 조직재편의 실마리가 되었다. 1918년까지의 듀퐁사의 성장은 화약사업이라는 단일제품계열의 생산량의 확대에 의한 것이었지만 1919년까지의 전후 1년간에 본격적으로 다각화가 이루어져 다종의 신제품계열을 취급하는 대규모화로의 질적인 전환이 이루어졌다.

이 전략은 전시중의 군수요에 의해 확대한 인적, 물적, 자금적인 잉여자원을 낭비하지 않기 위해 전용과 신활용이 기대되는 유망한 시장후보를 탐색한 결과였다. 그러나 이 진출은 서로 다른 사업의 운영을 동시에 취급하는 관리의 복잡함이 나타나 집권적인 기능별조직으로만 대응할 수 없어 1921년에 새로운 조직체제를 도입 확립시켰다. 이제도가 각제품별로 분리되어 독립된 각각의 부문을 관리하는 사업부제 조직이었다

([그림 12-2] 참조).

GM에서는 수직통합전략이 새로운 관리조직을 필요로 하였다. 1차대전 후 자동차의 제품계열을 늘리면서 각종의 제품회사와 판매금융회사를 산하에 설립, 통합하는 등 적극적인 전략이 추진되었지만 조직에 대해서는 이렇다 할 만한 관심이 없었다. 1920년대가 되면서 생산계획의 삭감이 책정되어도 각사업의 책임자가 자재, 설비발주부터 자금의 차입 등 자금운용의 전권을 갖고 있어 자금수요가 점점 증가 하였다. 1921년대에 새로운 조직 안이 제시되었는데 집권적인 조직체제가 아니고 분권체제의 사업부의 자립성을 유지하는 것이 전제가 되었다. GM의 사업부제 조직 운영 방식은 1920년대 GM을 이끌던 알프레드 슬론(Alfred Sloan)에 의해 체계화됐다. 사업부별 성과가 명확히 드러나기 때문에 성과 제고를 위해 사업부들이 필사적인 노력을 하게 된다. 사업부제가 GM 성장의 견인차가 되고 있다는 얘기가 알려지면서 많은 기업의 벤치마킹 대상이 됐다. GM 도 듀퐁과 거의 같게 사업의 확대가 관리의 복잡함을 초래해 신조직이 필요하게 되었다.

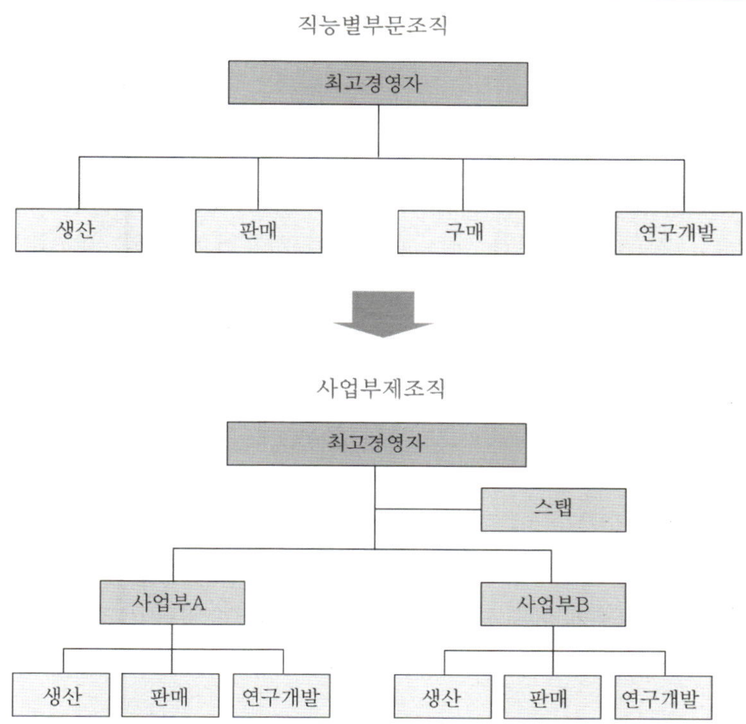

[그림 11-2] 직능별 부문조직과 사업부제 조직의 개념도

다각화에 의한 신규사업진출이나 수직통합이 진행되면서 기존의 직능별조직으로는 효율운영이 되지 않게 되자 그 결과 제네널 스텝이 필요하는 통합본사의 설립과 사업부제가 성립되어 전략에 구조가 따라가게 된다. 그러나 이 명제는 전략과 구조의 직선적인 인과 관계와 지체없는 연동관계를 상기시키지만 챈들러는 전략변경의 용이함과 구조변경의 곤란함 그리고 전략변경에서 구조재편에 이르기까지 시차와 다양한 매개요인도 계속지적하고 있다.

외부환경이 변하면 다각화와 수직통합, 지리적확대등이 진행되면서 환경변화에 따른 기존자산의 낭비를 피하려고 경영자원의 효율활용도 전략변경의 동기가 되었다. 그러나 전략에 적절한 조직구조가 금방 설계되는 경우는 거의 없었고 전략확대는 복잡한 관리문제를 초래해 경영자는 위험한 성과가 눈에 보이기까지 착수하기 어렵다.

사례 1

듀퐁

프랑스혁명 때 미국에 망명한 E.I.뒤퐁 드 느무르(E. I. du Pont de Nemours : 1771~1834)가 1802년 델라웨어주 윌밍턴에 창립한 화학공장이 기원이다. 대영전쟁(對英戰爭)과 남북전쟁을 거쳐 19세기 말에는 미국의 대화약회사가 되었다.

1912년 셔먼법에 의하여 뒤퐁과 허큘리스(Hercules Inc.) 및 아틀라스(Atlas Chemical Industries Inc.)로 나누어졌다. 현재의 회사는 이때 분할된 뒤퐁을 1915년에 계승하여 설립한 것이다. 제1차 세계대전 때는 연합국이 사용한 탄약의 40%를 공급하였다. 1930년대에는 영국의 ICI와 독일의 이게파르벤과 함께 세계 3대 화학기업의 하나가 되었다. 제2차 세계대전 중에는 원자폭탄을, 대전 후 1950년부터는 수소폭탄을 제조하였다.

화학섬유 · 염료 · 합성고무 · 필름 · 플라스틱 등도 제조하고 있는데, 나일론 · 올론 등의 개발은 유명하다. 그외 의류 · 생활용품 · 건축 · 전자 · 수송 · 농업 · 식품 · 영양 및 보건 등 1,800여 종에 이르는 다양한 산업용 소재를 생산 · 판매하고 있다.

1921년 미국 대기업으로서는 처음으로 사업부제 조직을 채택하였으며, 2000년 현재 70여 개국(화학공장 135개)에서 8만 5000여 명의 직원이 일하고 있으며, 본사는 델라웨어주 윌밍턴에 있다. 2000년 현재 재무상태는 총매출 283억 달러, 당기순이익 23억 달러이다.

3) 포렉커와 스톱포드에 의한 챈들러의 대응과 실증

포레커와 스톱포드(Fouraker and Stopford, 1968)는, 챈들러의 전략과 조직에 관한 유형론을 적용하여, 다국적 기업에서의 전략·조직의 실증연구를 시행했다. 챈들러는 기업의 성장발전 단계를 3단계로 나누었다.[12)]

1단계는 경영자 개인의 관심, 능력의 연장선상에 있는, 통상 단일제품 라인 혹은 단일 직능에 그 초점이 놓여진, 소위 기업가형 조직이다.

2단계는, 수직 통합되어, 직능을 축으로 조정된 조직이다. 아직 소수의 제품라인에 한정되어, 경영자원이나 직능활동이 집약적으로 조정된 조직이었다. 여기에서는 소수의 경영자에 대한 해정상의 부담이 과도하게 걸린 점이 문제이었다. 그것을 극복해야 할 3단계가 등장한다.

그들에 대한 실증연구 결과, 2단계인가 3단계인가는 최고경영자의 경영적 선택에 의하여 논해진다고 주장하였다. 즉, 어떤 경영자는, 2단계를 선택하여 범위의 초점을 좁힌 사업전개를 행하여 주된 활동을 국내에서 찾았다. 그와 반대로, 어떤 경영자들은, 3단계를 지향하여, 유능한 경영자를 육성하며 세계화를 꿈꾸며 다각화를 꾀했다.

포렉커와 스톱포드에 의하면, 국제화의 맥락에서도 같은 발전단계를 볼 수 있었다. 즉, 기업이 아직 해외개척에 관심이 별로 없는 단계에서는, 해외활동 담당자를 한 사람 두는 정도였으나 해외시장이 성장하고, 해외에서의 비즈니스 기회를 활성화시키기 위해서는 국제사업부의 확충, 폐지와 세계적 제품별 사업부의 창설, 그리드조직(매트릭스 조직)으로의 변환, 그리고 무엇보다도 국제적 시야를 갖춘 제너럴 매니저가 필요해 졌다. 그리고 이와 같은 조건을 갖춘 조직은 유능한 제너럴 매니저의 능력개발에 성공한(챈들러의) 3단계조직이라고 논했다.

구미기업의 국제화에서의 전략과 조직구조와의 관련에 관한 실증연구로서 하버드대학 다국적 기업연구 프로젝트가 있다.

4) 스톱포드와 웰스의 조사

스톱포드(Stopford)는, 미국의 다국적 기업을 포춘 500사에서 선택하여, 전략이 같다면 동일 조직구조를 취할 것을 명백히 했고 이를 모델화 했다.

우선 첫 번째로, 국제사업부의 창설이 있다. 국제화의 진전에 따라, 기업은 제품별 사업부제 조직에 국제사업부를 추가했던 것이다. 즉, 국내사업과 해외사업의 관리가

12) Fouraker L. E and Stopford J, Organizational Structure and multinational strategy, Administrative Science Quarterly 13, 1968, pp.47-64.

완전히 분리되었다.

이에 따라 국내사업 우선으로 자칫하면 우선순위가 낮아진 해외사업에도 충분히 배려할 수 있게 되었다. 또한, 개별 사업부내에서는 소액에 지나지 않는 사업을 국제사업부에 통괄함에 따라 상당한 액수로 뭉쳐지는 것도 이점이었다. 더 나아가 국제 사업부에 해외사업의 통제를 맡김으로써 경영자는 통제범위를 줄일 수 있었다. 또한 국제사업부에서, 국제적 경험을 지닌 경영관리직을 경제적으로 양성할 수 있었던 점도 장점이었다.[13)]

더욱이 스톱포드와 웰스의 조사 결과 직능 부문제 조직 혹은 국제사업부제를 채택한 기업에서는 모두, 국외의 제품다각화가 10% 이내, 그리고 해외매출비율이 50% 이내이었다. 그리고 그 중 어느 한쪽 혹은 쌍방이 그 선을 넘으면 새로운 조직형태를 택했다. 해외 매출증가에 의한 기업성장 전략을 택할 것인가 세계적 제품다각화에 의한 성장전략을 택할 것인가에 따라 조직의 존재형태도 달리한다.[14)]

두 번째로, 국제사업부의 폐지와 새로운 조직구조의 선택(즉, 세계적 제품별 사업부제 혹은 지역별 사업부제)이다. 어느 쪽의 조직구조를 택하는가는, 국제성장전략에 따라 다르다고 한다. 즉 다각화한 국내제품 라인을 해외로 넓혀간 기업은 세계적 제품별 사업부제를 택하며, 한편, 주력 사업만을 해외전개로 한 경우는 지역별 사업부제를 택했다.

그 어느 경우도 국제사업부의 폐지로 나아갔다. 먼저 해외에서의 다각화 비율이 높아지면, 국제사업부라는 단일 조직구조에서는 다양성을 관리할 수 없다는 이유로, 국제사업부가 폐지되어 세계적 제품별 사업부제가 채용된다고 한다. 이것은 해외에서의 사업전개가 확대됨에 따라, 국제사업부에서는 다수 제품이 많은 지역에서의 사업활동을 대처할 수 없게 된다. 그래서 각 제품단위에서 볼 수 있는 조직으로 분화할 필요성이 생긴다.

소위 환경의 다양성에 대응할 만큼의 다양성을 조직이 지닐 필요가 있다는 최소 다양성의 법칙(소위 아슈비의 법칙)과 일관하고 있다.

또한 해외에서 다각화하지 않고 주력사업에서 해외매출을 올리는 기업의 경우, 이미 국제사업부가 지역별로 편성되어 있는 경우가 많다는 점에서, 국제사업부를 폐지하고 지역별 사업부로 전환하는 것은 자연스러운 흐름이라고 할 수 있다. 특히 국내 각 사

13) Galbraith and Nathanson 1978 Strategy Implementation : The Role of structure and process, St Paul, West.

14) Lawrence E. Fouraker and John M. Stopford(1968),Organizational Structure and the Multinational Strategy,Administrative Science Quarterly, 13 (1) (1968),pp47-64

업부는, 국제사업부가 국내 최대사업부와 같은 규모에 달했을 때, 연합하여 국제사업부의 분할에 박차를 가하여, 지역별 사업부제를 택한다는 사실도 명백해 졌다.

이 상황을 나타내면 [그림 12-3]과 같이 된다.

해외에서 다각화 비율이 높은 경우, 국제사업부라는 단일한 조직구조에서는 다양성을 모두 관리할 수 없는 점이 국제사업부의 폐지와 세계적 제품별 사업부제의 채택의 주된 이유이다. 또한 주력사업 중심에서 국제 성장하는 경우, 더욱이 지리적 확대에 의한 경영관리자에 대한 부담 증가가 지역별 담당으로 이행시켰다고 생각할 수 있겠다.15)

스톱포드 와 웰스의 조사에 의해, 몇 개의 흥미 깊은 경향이 명백해 졌다. 예를 들면, 해외에서의 매출액이 차지하는 비율은, 각 조직구조 안에서 지역별 사업부제 조직을 택하는 기업이 가장 높다. 또한 지역사업부에 대해서는, 국제사업부가 미국 내 최대 사업부와 같은 규모로까지 성장했을 때 채택된다고 한다. 그리고 해외에서의 제품 다각화률이 10%, 국외에서의 매출비율이 50%라는 범위를 넘은 경우, 기업은 세계적 제품별 사업부제 혹은 지역별 사업부제를 택한다고 논했다.

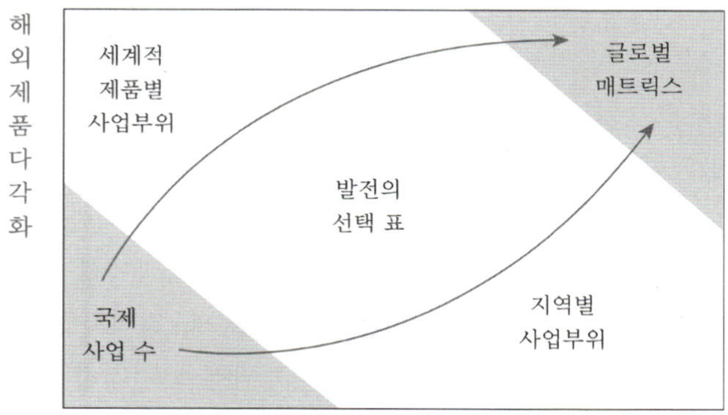

[그림 11-3] 스톱포드와 웰스의모델

스톱포드 팀은 다음 단계에 대해서도 언급하고 있다. 즉, 세계적 제품별 사업부제를 택한 기업이 국외에서의 매출비율을 늘리거나, 혹은 지역별 사업부제를 택한 기업이 다각화를 더욱 추진해 갔을 경우, 다음에 올 조직구조는 무엇인가라는 문제이다. 그것

15) John M. Stopford and Louis T. Wells, Jr. , Managing the Multinational Enterprise : Organization of the Firm and Ownership of the Subsidiaries(New York : Basic Books, 1972) pp. 11－18.

은 글로벌 매트릭스제 혹은 글로벌그리드라는 구조이다.

5) 프랭코의 조사

같은 시기에 프랭코(Franko)(1974, 1976) 는, 유럽기업에 관해 포춘 200사로부터 전략과 조직구조 관계에 대한 실증 연구를 하고 있다.[16)]

프랭코는 종래로부터의 전통적 유럽형 조직을 모계조직(mother-daughter)이라고 부르며, 이하의 특징에 주목했다. 즉, 직능책임자나 자회사 사장은 직접 모회사 톱에게 보고하고 있다는 점이다. 즉, 인적접촉·인간관계를 기초로 하는 컨트롤이다. 명문화된 룰, 절차를 기초로 수치화 된 업적관리를 시행하는 미국의 다국적 기업과는 대조적으로, 유럽계의 다국적 기업에서는, 신뢰할 수 있는 인물을 해외 현지 나라에 파견하여, 가치관 등을 사장과 공유한 그들에게 현지 매니지먼트를 맡기는 방식이었다. 에스트롬과 갤브레이스(Edstrom and Galbraith(1977) 는, 이러한 방식을 문화적 컨트롤 메커니즘으로서의 주재원 역할을 예로 들었다.[17)] 그러나 유럽에서 특히 1970년대 이후, 이와 같은 모계형 조직이 급속히 감소했다. 그 배후에는, 유럽 내외에서 기업 간 경쟁이 격화하고, 이제까지와 같은 관계성을 주체로 하는 모델로서는 통용할 수 없게 되어, 사업부제 조직으로 이행한 예를 많이 볼 수 있었다고 한다. 여기에서도 경쟁변화에 따라, 조직구조도 변화하고 있음을 보이고 있다.

스톱포드 팀에 의한 미국의 다국적 기업 연구, 프랑코에 의한 유럽 다국적 기업 연구를 살펴보면, 미국과 유럽기업 간에 국제화 전략에 따른 조직구조변화 패턴에 큰 차이가 있음을 알 수 있다. 양자의 차이는, 그 국제발전과정에서 미국계 기업이 국제사업부의 설치를 거치고 나서, 세계적 제품별 사업부제, 지역사업부제 혹은 글로벌·매트릭스제로 이행하는데 반해, 유럽계 기업은 그 과정을 거치지 않고 세계적 조직구조로 이행하는 경우가 많다고 한다.

6) 글로벌 전략과 조직 디자인(로스 팀의 실증연구)

다국적 기업에서의 전략과 조직구조 관계에 대해서는, 이제까지 몇 가지의 선행연구가 있었다.[18)]

---

16) Franko l, The move toward a multidivisional structure in European organizations, Administrative Science Quarterly19, 1974, pp.493-506.

17) Edstrom A. and J. Galbraith, Transfer of managers as a coordination and control strategy in multinational organizations, Administrative Science Quarterly 22, 1977, pp.248-267.

18) 예를 들면 Daniels, Pitts and Tretter 1984, 1985: Egelhoff 1982,1988a: Fouraker and Stopford

그러나 보다 최근의 연구흐름은, 단순히 이러한 마크로적인 시점으로 전략과 조직구조를 생각하는 것뿐만이 아닌, 보다 상세하게 변수간의 인과관계를 살피어 연구하는 경향이 많아졌다. 또한 전략과 조직구조의 적합관계와 업적과의 상관관계를 실증적으로 분석한 연구도 출현했다. 예를 들면, 로스와 모리슨(Roth, Schweiger and Morrison, 1992)은 글로벌전략(멀티도메스틱에 대한)의해외자회사역할의 스타일을 2가지로 분류하고 있다.[19] 하나는 글로벌 합리화타입과 글로벌위임(Global Mandate)타입이다.

전자의 글로벌 합리화 타입은 글로벌합리화 프로세스에 일부가 되는 자회사이며 가치활동의 좁은 범위로 전문화하여 이 자회사의 실적을 이 다른 자회사에 의존하는 타입을 지칭하고 있다. 후자의 글로벌맨데이트 타입은 한제품이나 또는 제품라인에 관한 가치활동을 원세트로 세계적인 책임이 주어지는것이며 그 제품 또는 제품라인의 개발,생산,마케팅을 글로벌적으로 관리하는 자회사이다.따라서 이러한 글로벌위임(Global Mandate)자회사는 자원의 흐름을 다국적기업이라는 상호의존성의 네트워크중에서 임무를 하는 것을 기대하고 있다. 따라서 본사의 역할을 크게 변화되는 것이 요구된다.

7) 부르크와 레머스에 의한 다국적 기업유형

Brooke and Remmers (1978)는 다국적 기업을 A에서 D까지의 네 타입으로 유형화했다.[20]

(1) 타입 A : 이 타입의 기업은 통상 소규모로, 단일제품을 취급한다. 해외 자회사는 본사에 대해, 자회사 「전반」에 걸친 사항에 대하여 보고한다. 그러나 이 타입은 일반적으로 불안정하고, 다음 단계로 이행하기 쉽다.

(2) 타입 B : 이 타입은 국내에서는 제품 사업부별로 조직되는 한편 해외 운영 관리는 지리적 단위로 구성된다. 해외와의 접점은, 소위 국제사업부라는 부문으로 통괄된다. 이 지리적 단위를 확대한 지역사업부, 지역통괄본부라는 부서도 있다. 이 타입의 문제점은, 국내의 제품사업부 팀은 해외시장에 관심을 갖지 않고, 본사내에서 제품 사업부와 국제사업부 간의 커뮤니케이션이 불충분해 진다는 점이다.

(3) 타입 C : 이 타입은 제품사업부문이 세계규모로 조직화되어, 해외 운영은 모두 국제사업부를 통하지 않게 되었다. 따라서 제품 사업부문은 해외에서의 사업전개까지

1968: Stopford and Wells 1972: Franko 1976 등 이다.

19) K Roth, AJ Morrison. Implementing global strategy: Characteristics of global subsidiary mandates, Journal of International Business Studies,1992 23 (4), 715-735,

20) Brooke M and H. L Remmers, The strategy of Multinational Enterprise, Pitman, 1978.

도 스스로의 컨트롤 하에 두게 되었다. 그러나 그 한편에서, 특히 국내시장에 주로 주목할 경우, 국제사업부문 폐지에 의해, 바야흐로 국내와 해외사업을 묶는 파이프 역할에 대한 존재가 결여되어, 타입 B 때보다 한층 국내와 해외의 커뮤니케이션이 나빠지는 경우도 있다.

(4) 타입 D : 이러한 커뮤니케이션 문제를 해소하기 위해서는, 제품 축과 지리 축을 조합한 조직화가 합리적이라 하여, 이것을 타입 D라 불렀다. 이 타입은, 훗날 글로벌·매트릭스 구조로 통하는 선구적 개념이다.

타입 A는 주로 단일제품 기업으로, 개별적인 지리적·제품그룹조직을 갖지 않는다. 타입 B에서는, 지리적 조직이 해외 운영과의 주요한 링크가 되어 있다. 타입 C는 세계적으로 구성된 제품군을 축으로 하는 조직이다. 그리고 타입 D는, 다른 타입의 복합체라고 했다. 그리고 국제사업부를 폐지함에 따라, 타입 B에서 타입 C로 재빨리 이행이 가능해 지고 있으나 통상은 그 이행은 보다 유연하며, 현재 어떤 타입에 속하는가에 대한 판명이 어려운 경우가 많다고 한다.

일반적으로는, 타입 A 기업은 소규모이나 급속히 성장하고, 타입 B·C로 됨에 따라, 성장은 완만해 진다. 타입 D 기업에서는 다양한 타입의 복합체이기 때문에 그 성장속도도 제각각이다.

2. 진화한 다국적 기업조직 모델

이제까지 환경·전략에 대응한 조직의 진화 과정을, 다국적 기업의 발전단계 모델을 중심으로 보아왔다. 이제부터는 그 진화과정에서 오늘날 도달점의 양상을 살펴보기로 하자. 오늘날 다국적 기업의 존재도 진화과정에 있음은 말할 것도 없다. 그러나 일찍이 스톱포드 팀이 그린 미래형 다국적 기업조직의 많은 요소가, 오늘날도 다국적 기업에는 존재하고 있다. 그래서 오늘날 다국적 기업이 다양한 환경 속에서, 어떤 특징을 갖고 있는가에 대하여 알아보기로 하자.

1) 글로벌·매트릭스 조직

위에서 본 지역별 사업부제 혹은 세계적 제품별 사업부제는, 다국적 기업조직이 그 조직형태의 진화과정에서 국제사업부제에서 탈각한 하나의 발전단계로서 규정된다. 그러나 어떤 경우도 글로벌 경영의 복잡함에서 보면 매우 단순한 형태이며, 이윽고 상황에 맞지 않는 경우가 생겼다.

한편은 지리 축만을 강조한 결과, 각 지역에서의 제품다각화가 진전됨에 따라 그 복잡·다양한 제품시장에 대응할 수 없게 된다. 또한 동일 지역 내에서 복수의 제품간의 이해대립에 대한 조정문제도 생긴다. 다른 한편, 세계적 제품별 사업부제 쪽은, 담당 제품에 관련된 전 세계적 관리를 장악하기 위해, 전 세계 시장에 대한 대응이 곤란해진다. 각 국에 대한 아주 세세한 현지 적응이 필요한 경우도, 현지 나라에 관한 특수지식·노하우가 결여되어 있으며, 더욱이 단독 제품사업부에서 필요한 원조를 모두 감당할 여유도 없다.

소위, 한편은 자칫하면 현지 적응에 과도로 기울어진 조직대응이며, 다른 한편은 과도로 글로벌통합, 표준화에 맞춘 조직대응이라고 말할 수 있을지도 모르겠다.

이러한 편중을 교정하기 위해 고안한 것이 글로벌·매트릭스 구조이었다. 지역 축과 제품 축을 50% 씩 맞춘 조직구조 이다.

각 사업부 모두 단독으로는 의사결정을 할 수 없고, 항상 지역부문과의 절충 하에서 결정된다. 각 레벨에는 2명의 보스가 존재하고, 항상 쌍방에 보고한다. 빈번히 양자의 의견 차이가 생긴다는 내부모순을 항상 안고 있다. 그 때마다 대립을 뛰어넘어, 우리 회사에 바람직한 것은 어느 쪽인가, 하는 시점에서 의사결정을 한다. 중간층이나 프로트라인의 매니저들은, 강한 의지와 자기 자신을 갖는 것이 필요하다.

장점 쌍방 축의 밸런스가 맞는 매니지먼트가 가능. 편중된 국소 이익이 아닌 전 회사에 걸쳐 이익 최적화를 실현할 가능성을 갖고 있다.

단점 매니지먼트의 비용이 팽대하다. 갈등을 조직 내에 내포하여, 항상 불안정하다. 내부에서 일하는 자에게 많은 스트레스를 주며, 의사결정도 매듭지어지지 않는 경우가 발생한다.

2) 차별화 된 통합 네트워크로서의 다국적기업

글로벌·매트릭스 조직으로 대표되는 오늘날의 다국적 기업조직구조의 특징을 한마디로 나타낸다면, 「차별화된 통합 네트워크로서의 다국적기업」이라 표현할 수 있겠다.

다국적기업은, 한편에서는 차별화를 추진하면서, 다른 한편에서 그것을 내포한 형태로 글로벌 통합을 촉진한다. 그 쌍방 압력의 상대적 강함은 기업에 따라 다르다. 뒷장에서 상세히 설명하겠지만, 본국으로부터의 내적 일관성을 우선시하는 어프로치는 일반적으로 일본 기업(혹은 미국 기업)에서 많이 볼 수 있다. 여기에 반해, 해외 각 국 사정에 맞추어 현지적응을 위한 지향이 보다 강하게 작용하는 어프로치는, 일반적으로 유럽 기업에서 많이 볼 수 있다고 말해진다. 그 양방향의 역학이 균형을 이룬 시스템을 노리아와 고샬(Noria N and S Ghoshal)은, 차별화 된 통합 네트워크(differentiated network) 로 표현했다.[21)]

이러한 논점의 배경에는, 다국적기업이 서로 모순된 복수의 다른 커뮤니티에 속해 있는 경우가 있다.

첫 번째의 커뮤니티는, 다국적기업의 본거지인 홈컨트리(본국)이다. 다국적기업은 세계규모로 활동을 전개하고 있어도, 그 홈베스인 본국의 경영환경(정치, 경제, 법률, 기술, 문화, 관습 등)에서 많은 영향을 받고 있다.

두 번째의 커뮤니티는, 다국적기업의 해외활동이 전개되고 있는 해외 현지국이다. 다국적기업은 본국 커뮤니티의 경영환경으로부터 상당한 영향을 받으면서도 그 한편에서 해외진출국(호스트컨트리)의 경영 환경으로부터도 영향을 받는다는 것은 말할 필요도 없다.

세 번째의 커뮤니티는 기업 전체로서의 내부 커뮤니티이다. 네슬러나 ABB사로 대표되듯이, 다국적기업 자체가 독자적인 강력한 기업문화를 창출하고, 세계규모로 분산하는 오페레션의 구심력으로 되어있다.

3) 글로벌 경영과 동형화

동형화(isomorphism)란, 조직 사회학에서 신제도화 이론(Neo-institutional Theory)의 중심적 개념이다. 조직은 외부 환경의 불확실성에 대처하기 위해 같은 패턴을 취하는 경향에 있다. 인과관계가 애매하고 어떻게 하면 좋을지 모르는 경우, 다른 것과 같은 패턴을 취함으로서 불확실성을 삭감하려고 노력한다. 이것을 모방적 동형화(mimeticisomorphism)라 한다. 그 외에도, 정부를 비롯한 법적 규제 하에서, 조직에 제약을 가하여 규정을 준수하게 함으로써 정당화를 제공하는 강제적 동형화(coercive isomorphism)가 있다.[22)](표 1 참조)

글로벌 경영에서는, 해외 진출처에서 다양한 불확실성에 직면하며, 그 대처로서 종종「로마에 가면 로마법을 따라야만 적응이 행해진다. 이것은 불확실성 하에서의 모방적 동형화의 예이다. 또한 현지국 정부에 의한 수많은 규제를 준수함에 따라, 현지에서의 사업전개에 대한 정당성을 얻을 수 있다(이것은 법적 제약 하에서 강제적 동형화에 관한 예이다). 더 나아가 업계에 따라서는 그 높은 전문성으로 인해 업계 특유의 다양한 규범이 존재하며, 그것에 적합하지 않으면, 집단 내에서 인지되지 않는다(이것은 전문적 직업에서의 규범적 동형화의 예이다).

---

21) Noria N and S Ghoshal, The Differential Network: Organizing Multinational Corporations for Value Creation, San Francisco: Joeesy-Bass.

22) DiMaggio P and W. Powell, The Iron cage revisited : Institutional isomorphism and collective rationality in organizational fields, Administrative Sociological review 48, 1983, pp.147-160.

표 11-1 — 동형 조직 변화의 메커니즘

메커니즘 = 동형 조직 변화의 원천(source of isomorphic organizational change)
• 경쟁적동형화(competitive isomorphism) 개체군생태학이 취급하는 메커니즘
• 제도적동형화 (institutional isomorphism) • 강제적동형화(coercive isomorphism) 의존하는 조직으로부터의 압력 사회에서의 문화적 기대 예) 법적 규정
• 모방적동형화(mimetic isomorphism) 조직은 더 정통적이거나 또는 더 성공적인 것으로 인식되는 유사한 조직을 모방하고 모델링한다. 불확실성은 모방을 조장한다.
• 규범적동형화(normative isomorphism) 주로 직업적 전문화(professionalization)에 기인하는 것으로, ① 대학 전문가에 의한 공식 교육과 정통화, ② 직업적 네트워크의 성장과 세련이 중요하다. 인원의 선별도 중요한 메커니즘

또한 다국적 기업은, 회사 밖에서 뿐만이 아니라 사내에서 다양한 환경조건(사풍, 기업문화 등)에 노출되어 있으며, 사내적인 동형화의 압력도 받고 있다. 다국적기업의 도전과제로서는, 이들 대부분의, 더구나 상호 모순적인 동형화의 압력에 어떻게 대처할 수 있는가를 들 수 있다.

다국적기업이 본국의 요청에만 응하고 있다면, 그것은 국내기업의 행동과 하등 변화가 없는 것이며, 그러한 자국 중심주의적 행동은 본국의 논리를 해외에 강요하는 나쁜 결과를 초래할 것이다.

또한 다국적기업이 만약 해외현지 환경에만 적응하고 있다면, 각 진출국에서의 국내기업의 행동과 하등 차이가 없게 된다. 각 국 자회사가 현지국 외부환경의 니즈에 응하고 있다면, 다국적기업 전체로서의 통일성은 상실될 뿐만이 아닌, 본국환경에 대한 대응은 전혀 행하지 않은 상태가 된다.

이러한 환경은 메너지먼트에 다대한 노력을 하게 되나, 그 반면, 큰 창의적인 노하우를 만들어 내는 환경으로도 될 수 있다.

이와 같은 상호 모순된 환경에 대한 대응압력에 합리적인 최적의 해결책을 만들어 내기 위해, 다국적기업은 자국에서도 해외 현지국 대응만이 아닌, 제3의 환경대응의 길을 찾아낼 필요성에 처하게 된다. 그래서 다국적 기업은, 조직혁신, 제품개발 등, 각 레벨에서의 이노베이션을 글로벌 규모로 만들어낼 가능성을 갖는다.

로젠위크 와 싱(Rosenzweig and Singh(1991)은, 다국적기업의 조직형태를 마치 현지로의 동형화와 내부 일관성간의 긴장관계에 대한 관점에서 논했다.[23] 국경을 사이에 둔 다른 사회·문화·정치경제 환경에서 활동하는 다국적기업은 높은 불확실성에 직면해 있으며, 외부환경으로의 동형화의 압력도 높아지나, 다국적기업은 본국, 현지국의 양국에 걸쳐, 서로 모순된 압력에 대처해야만 한다. 이와 같이 다국적기업이란, 본국·현지국의 각기 다른 환경 속에서 분열된 존재라고 말할 수 있다.

4) 외적·내적 「동형화」와 다국적기업

특히 다국적기업의 해외 자회사는, 이들의 다른 압박에 항상 직면해 있다고 해도 좋다. 해외 자회사는, 통상, 본국, 현지국의 사회적 환경, 그리고 기업내 환경이라는 세 가지 다른 압박을 만나고 있다고도 말할 수 있다. 그것은 세 가지 다른 커뮤니티로의 동형화(isomor phism)에 관한 과제라 할 수 있다. 동형화(그 커뮤니티에 있어서, 어울리는 방식으로의 동일화 프로세스)에 대한 압박은 일반적으로 그 환경에서의 불확실성이 증대할 경우에 현저해 진다고 한다. 따라서 불확실성이 높은 환경에 존재하는 다국적기업은, 항상 동형화에 대한 압박에 직면해 있다고 하겠다.

제3절 다국적기업에서의 컨트롤

1. 다국적기업과 컨트롤

다국적기업에서 왜 컨트롤이 중요한가. 그 외부환경의 다양성 때문에, 다국적기업은 외부로부터의 다른 요구에 분열이 생기는 일이 자주 있다. 그런 만큼, 조직으로서의 일관성을 유지하기 위해 다국적기업의 통합 메커니즘으로서의 컨트롤이 필요해진다.

공식 메커니즘과 비공식 메커니즘이 있다. 양쪽 모두 그 나름대로 중요하나, 경향의 흐름은, 공식적인 것에서 비공식적인 것으로의 중요성을 알아 가는데 있었다.

---

23) Rosenzweig, P. and Singh, J. (1991) Organizational Environments and the Multinational Enterprise. Academy of Management Review, 16, 340-361.

① **공식 메커니즘** : 룰화, 매뉴얼화 등에 따라, 사안의 진행방식, 결정방식을 룰틴화하는 방식. 표준화(standardization), 형식화(formalization)라고도 말한다.

② **비공식 메커니즘** : 인적 네트웍이나 문화적 메커니즘을 통한 수법. 인휘멀한 인적 모임, 교류는 사회화나 이념 공유를 촉진하고, 멤버 전원이 이념이나 가치관을 공유하게 됨에 따라, 사람들의 행동에도 영향을 미친다. 행동을 컨트롤하지 않아도, 기업으로서 바람직한 결과를 낳는다.[24)]

글로벌·매트릭스와 같은 복잡한 조직의 경우, 이들 쌍방의 메커니즘이 함께 필요하다. 한편에서 자신의 역할이 무엇인가 명확한 규정이 필요하지만, 다른 한편에서 서로 모순된 지역 축과 사업 축과의 사이에 서서, 개개인은 자신의 판단으로 행동하는 국면이 많기 때문이다.

그래서 기업이념이나 가치관이 사원에게 침투해 있으면 그들의 판단으로 회사에 올바른 방향으로의 판단이 내려질 가능성이 높아진다. 문화에 의한 컨트롤이 중요해 지는 이유가 여기에 있다. 뒤에서 말하겠지만, 다국적기업의 해외 거점에 대한 컨트롤에서도 주재원 자신이 문화적 컨트롤의 메커니즘으로서 기능했다.[25)]

2. 다국적기업에서의 컨트롤에 관한 연구

여기에서, 다국적기업의 컨트롤 메커니즘에 관하여 논한 과거의 대표적 연구를 약간 소개하자.

발리가와 에저(Baliga and Jaeger, 1984)는, 컨트롤 시스템과 권한 위양(委讓) 문제는, 지리적으로 분산되고 복합적 지식인 다국적기업에 있어서 특히 큰 문제라고 논했다.[26)] 페어웨더(Fayerweather)도 다국적기업은 그 복잡성, 이질성, 안정성, 혹은 때로는 적대적인 관계로 컨트롤의 문제가 중요하다고 지적하고 있다. 다국적기업에서, 컨트롤 및 의사결정 시스템은 어떻게 결정되는가. 조직에서의 컨트롤 메커니즘은, 다양한 각도에서 분류되어 왔다. 컨트롤이란, 조직이 그 궁극의 목적을 달성할 수 있도록 활동을 규정하는 것을 의미한다.

---

24) Rosenzweig P. and J. Singh, Organi- zational enviornments and enterprise, Academy of Management Review16, 1991, pp.340-361.

25) Edström, A., & Galbraith, J. R. (1977). Transfer of managers as a coordination and Control Strategy in Multinational Organizations, Administrative Science Quarterly, 22 (2), 248-263.

26) Balgia r and A Jaeger, Multinational Corporation: Control system and delegation issuees, Journal of International Business studies, 15, 1984, pp.25-40

그러나 그 수법에 대해서는, 여러 가지 분류가 행해져 왔다.

오우치(Ouchi,1977)의 발표한 논문에서는,[27] 행동(behavior)과 성과 (output) 타입의 모니터링이 있는데 전자는 인프트·컨트롤이라고도 하며, 개개인의 행동을 직접 규제하는 것이다. 이것에 대해 후자는, 행동에 대해서는 간섭하지 않고, 그 결과, 실적을 갖고 평가하는 방식이다. 이와 동일하게 민츠버그(Mintzberg,1973, 1972)는 "개인적 조정시스템(Personal Control System"과 "관료적 조정시스템(Bureaucratic Comtrol System)"으로 구별했다.[28]

에스트롬과 갤브레이스(Edstrom and Galbraith,1977)는 여기에 덧붙여, 제3의 컨트롤 시스템으로서, "사회화에 의한 콘트롤(조정),Control by Socialization)"을 제시했다.[29] 즉, 사람들이 서로 교류함으로써 가치관·이념에 영향을 주고, 결과로서 다른 행동에도 영향을 주는 비공식 메커니즘이다. 다국적기업의 문맥에서는, 주재원을 해외에 파견하여, 문화적 컨트롤의 수단으로서 활용하는 것을 들 수 있다.

발리가와 에저(Baliga and Jaeger,1984)도, 대다수의 구분에 따라 "문화적 콘트롤(Cultural Control"과 "관료적콘트롤(Bureaucratic Control)"로 구분했다.[30] 관료적콘트롤(Bureaucratic control)이란 공식화·명문화된 규칙을 따라 엄격히 행동 혹은 성과를 관리하는 방식이다. 여기에 대해 문화적 콘트롤(Cultural control)이란 보다 비공식적인 수단이며, 조직 구성원에 조직공통의 가치관·이념·심정을 침투시킴으로써 그 행동을 유도하는 방식이다. 때로는 오우치가 주장하는 Z 이론(Theory Z) 이라고 말해졌던 것이다.[31]

발리가와 에저(Baliga and Jaeger)의 분류에 의하면, 이들 컨트롤의 특징은 〈표 11-2〉와 같이 정리된다.

---

27) Ouchi, W. G. 1977. The relationship between organizational structure and organizational control. Administrative Science Quarterly, 43.

28) Mintzberg h, The Nature of managerial work, Harper&Row, 1973.

29) Edström, A., & Galbraith, J. R. (1977). Transfer of managers as a coordination and ... Control Strategy in Multinational Organizations,pp 248-263.

30) Balgia r and A Jaeger, Multinational Corporation: Control system and delegation issuees, Journal of International Business studies, 15, 1984, pp.25-40.

31) Ouchi, W. G. (1981). Theory Z: How American business can meet the Japanese challenge. Reading, MA: Addison-Wesley.

표 11-2 — 콘트롤의 종류

	유형	
콘트롤의 목적	순수의 bureaucratic / formalized control	순수한 cultural control
성과(output)	공식의 파퍼먼스레포트	파퍼먼스에 과한 공유된 가치관
행동(behavior)	기업 메뉴얼	관리의 고유된 철학

도즈와 프라할라드는 1980년대에 일련의 다국적기업의 전략적 조정에대한 패턴에 관한 저술에서 다국적기업에 의한 전략적 컨트롤(조정)이라는 개념을 내놓아, 그 유형을 제시했다.[32] 이들은 항상 최고경영자의 시점에서 다각화 다국적 기업의 경영자가 해야 할 역할·능력으로 세 가지를 들었다. 그것은 컨트롤, 변화, 유연성이다.

컨트롤이란, 제공된 전략을 확실히 실시하기 위해 본사와 해외 자회사의 역할을 적확하게 인식하고, 실천해 가는 것을 가리킨다.

변화란, 현재의 전략을 수정하거나 새로운 전략을 입안하기 위해, 현재의 본사와 해외 자회사의 역할을 변경해 가는 것을 의미한다.

유연성이란, 자사의 전체적 전략의 틀 내에서 유연한 대응을 하기 위해, 본사나 해외 자회사의 역할을 항시 능란하게 조정하는 일이다.

이들의 경영관리상의 직무를 밸런스 좋게 해나가는 것이, 전략적 컨트롤이다. 이것은 단순히 조직구조나 조직과정에 관한 것이 아닌, 톱 매니지먼트가 해나가야 할 전략적 역할에 관련된 사항이다. 그런 의미로 이것은 조직론이라기보다 전략 프로세스론의 영역이라고 말할 수 있겠다.

사례 2

미니케이스 : HOYA의 글로벌화 프로세스

1941년에 일본 최초의 광학 유리 전문 메이커로 생겨난 HOYA는 그 후, 광·전자 분야로의 다각화를 적극적으로 전개해 나갔다. 국제화의 흐름도 사업부마다 해외전개, 지역마다 3지역총괄 본사제, 더 나아가서는 지역 축과 컴퍼니 축과의 밸런스를 취한 글로벌본사 체제로 변화해 갔다. 73년에 미국 현지법인을 설립한 것이 동사의 본격적 국제화의 시작인데 당시의 해외 거점은 각 사업부의 진출처로서의 기능밖에 없었다.

32) Doz. Y and C. K Prahalad, Patterns of strategic control in multinational corporations, Journal of International Business Studies, 15, 1981, pp.55-72.

이윽고 89년에는, 일본·미국·유럽 3지역 총괄 본사제가 도입되어, 사내에서는 이 해를 국제화 원년으로 규정지었다. 이제까지처럼 각 사업부마다의 해외전개가 아닌, 회사 전체로서의 글로벌화를 추진해 가는 방식으로 바꾸었다. 유럽지역 총괄 본사는 네덜란드의 아르트혼, 북미지역 총괄 본사는 미국 캘리포니아주 프리몬트에 설립했다. 또한 일본본사는 아시아, 오세아니아 8사를 총괄하는 지역본사가 되었다. 이 시기에 90년부터 국제사원제도라는 국제간부육성 프로그램을 발전시켜, 입사 때부터 정년까지 해외에 근무하는 인물을 육성함으로써 기업의 진정한 글로벌화 추진을 꾀했다.

이윽고 98년에는 소회사 제도를 도입하여, 사업마다 경영의 독립성이 높아졌다. 각각의 회사에 대한 경영책임도 보다 명확해 지고, 시장밀착·고객 중시형 경영이 강화되었다. 현재는 지역 매니지먼트와 컴퍼니 매니지먼트의 2중 구조를 취하고 있다. 일본을 중심으로 한 글로벌 본사 체제 하에서, 3지역 총괄본사가 지역별 사업을 정리하여, 그 사업이 지역 내에서 확고한 지위를 구축하는 것을 지원한다. 한편, 각 컴퍼니는 해외 비즈니스를 적극적으로 지원함과 동시에 각 지역내 뿐만이 아닌, 글로벌적 시야로 사업전략을 수행하는 역할을 담당하고 있다. 이와 같이 사업 축, 지역 축의 추 사이를 흔들리면서 동사(同社)의 글로벌화가 진행 중이다.

3. 국제조직의 통합

성공적인 조정은 집중화를 통해 이루어야 한다.

1) 국제조직의 전략과 조정

핵심역량을 이전함으로써 이익을 창출하려는 조정(제품과 기술 등)에 대한 필요성은 다국적 기업(지역반응 기반)에서는 낮고 국제기업(수출기반)에서는 높으며, 글로벌 기업에서는 좀 더 높고 초국적 기업에게는 상당히 높다. [33)]

일례로 글로벌 기업의 조정은 세계적 가치사슬을 통해 제품의 유연한 흐름을 보장하여야 한다. 국제기업에서의 조정은 하부단위로의 핵심역량 이전을 필요로 한다. 핵심역량의 다양한 이전을 달성하려는 초국적기업의 목적은 제품과 마케팅 전략이 지역 조건에 맞게 분산된 기업의 가치창출 활동을 조정할 필요성을 주고 있다.

표에서 보듯이 전략과 구조를 일치시키는 것이 기업의 성과에 긍정적으로 작용한

33) Hill, Charles W. L. *International Business* Irwin/McGraw Hill, 1998.

다. 기업은 환경과 산업에 따라 글로벌, 국제 또는 초국적 전략이 또 다른 산업에서는 다국적 전략이 중요하게 된다.

표 11-3 — 국제조직의 전략, 구조, 통제 시스템

	전략			
	다국적	국제	글로벌	초국적
수직적 차별화	분권화	분산된 핵심역량	약간의 분권화	집중과 분권의 통합
수평적 차별화	세계지역구조	세계제품사업부	세계제품사업부	비공식적 매트릭스
조정에 대한 요구	낮음	중간	높음	매우 높음
통합체계	없음	적음	많음	매우 많음
성과 모호성	낮음	중간	높음	매우 높음
문화적 통제에 대한 요구	낮음	중간	높음	매우 높음

자료: Hill, Charles W. L. International Business, Irwin/McGraw Hill, 1998, p.398.

사례 3

ABB 회사

1887년에 C. E. L. 브라운이 스위스 바덴에 전기기기 공장을 설립하였는데, 1890년 W.보베리가 경영에 참가하여 브라운보베리(Brown Boveri)로 정식 설립되었다. 1900년 회사조직을 개편하고 동시에 증기 터빈의 제조를 개시하였으며, 만하임에 같은 이름의 자회사(子會社)를 설립하였다. 1988년 전통 깊은 스웨덴 기업인 아세아(Asea)그룹(1883년 설립)과 합병하여 지금의 회사명으로 바꾸었다. 미국의 제너럴일렉트릭, 독일의 지멘스와 함께 발전설비 부문의 세계 3대업체이다.

대형 발전장치·터빈·차단기·기관차·고주파 기기 및 각종 제어장치(制御裝置)를 주로 생산하며 발전, 송전, 배전, 일반산업(야금학, 공정자동화 등), 운수, 환경보호, 금융 서비스 및 기타활동(로봇공학, 과급기 등) 등의 8개 부문에서 사업을 벌이고 있다.

독일·프랑스·이탈리아·오스트리아·에스파냐·노르웨이 등 유럽 각국과 인도·브라질에 자회사가 있으며, 세계적 규모로 생산활동을 하고 있다. 한국법인은 ABB코리아(주)이다. 재무 상태는 2001년 총자산 323억 4400만 달러, 매출액 237억 2600만 달러이다.

5) 게마와트의 CAGE 프레임 워크

세계는 아직도 세미 글로버리제이션 상태에 있다는 것은 여전히 국경간에는 무시할 수 없는 큰 차이(Cross-border differences)가 있는 것을 의미한다. 게마와트는 4가지 측면(Dimennsion)에서 이러한 차이의 정도를 분석하고 있다.[34] 4가지 측면이란 문화적(Cultural), 제도적 · 정치적(Administrative /political), 지리적(Geographical), 그리고 경제적(Economic)측면을 말하며 CAGE 프레임워크로서 제기하고, 이것에 의해 국가별의 전략적 차이를 인식할 필요성을 설명하고 있다.

게마와트는 구글이나 월마트 등의 사례를 이용해 해외에서의 전략, 특히 중국이나 러시아에서의 실패한 요인을 CAGE 프레임워크를 이용해 설명하고 있다. 예를 들어 두회사가 이들 국가에서 고생한 이유로서 문화적 차이로서의 언어적 격차, 제도적 차이로서의 검열과 같은 제도적 · 정치적 틀의 격차, 지리적 차이로서의 시차나 물리적 격차 그리고 경제적 차이로서의 자금 결제에 필요한 인프라의 미정비 등이 예시되고 있다. 이들을 도식화하면, [그림 11-4]와 같이 된다.

C(문화)	종교, 민족, 언어 사회규범등
A(정치)	법적, 제도적, 정치적규제
G(지리)	물리적거리, 시차, 기후 물류비용
E(경제)	노동비용, 자본비용, 소득수준, 인프라

자료: P.Ghemawat(2007), pp.40-45

[그림 11-4] CAGE 프레임워크

[그림 11-4]에 나타난 바와 같이, 국가마다, 지역마다의 차이(격차)는, 산업이나 제품 특성도 존재한다. 예를 들어, 반도체와 같은 문화적 특성을 갖지 않는(Culture-free) 제품의 경우와 화장품이나 식산업 같은 문화적 특성이 강한(Culture-specific) 제품과는 분명히 문화적 차이가 다르다.

마찬가지로 정치적 · 법적 차이에 관해서도 군사 · 교통 · 전력 · 정보 · 천연자원과 같은 국가적으로 전략적 의미를 가진 산업부문일수록 제도적 규제가 커진다. 지리적 격차에 의해 영향을 받기 쉬운 예는, 단위 가격이 낮은 것에 비해 중량이 크고 부피가

---

34) Pankaj Ghemawat(2007),Redefining Global Strategy: Crossing Borders in A World Where, Harvard Business Review Press.

큰 운송 비용이 드는 제품이 그 전형적이다. 마지막으로, 경제적 격차는 공급측으로부터의 임금 비용 수준과 수요 측으로부터의 소득 수준이 기본적인 요소이다. 사업을 국제적으로 전개함에 따라, 이러한 CAGE 프레임워크 총체로부터의 경쟁 우위성의 비교가 불가피해진다.

6) AAA(Adaptation, Aggregation, Arbitrage) 삼각형전략

한편, 사업이 국제적으로 전개됨에 따라, 시장면과 생산면에서, 각각 「해외 시장이 갖는 특이성에의 적응화」와 「생산의 집약화에 의한 규모의 경제성」이 중요한 고려 대상이 될 수 밖에 없다. 게마와트는 이러한 두 가지 요인, 즉 Adaptation(적응, 현지화)과 Aggregation(집약, 표준화, 규모의 경제), 그리고 나라마다의 차이를 활용하는 Arbitrage(재정, 경제적 차이)를 통합한 AAA(Adaptation, Aggregation, Arbitrage) 삼각형 전략을 제기하고 있다.

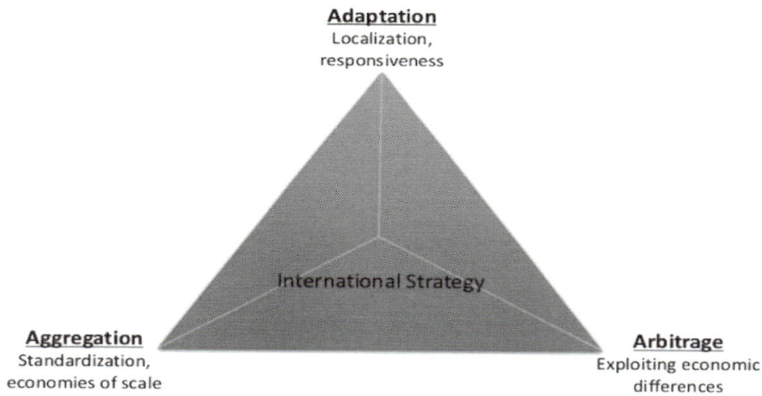

[그림 11-5] AAA 삼각형

이들을 간략화하여 표시한 것이 도 2이다. AAA 전략의 에센스는 CAGE 프레임워크에 의해 각국마다의 특수성과 공통성을 분석하여 특수성에의 적응화와 공통 요소의 집약화를 도모하고 동시에 각국마다의 차이를 전략적으로 활용하는 곳에 있다.

이렇게 CAGE 프레임워크에 근거한 AAA 전략이 세미글로벌리제이션 시대의 유효한 국제 경영 전략이라고 말하고 있다.

국제경영과 이문화

제12장

기업의 국제화는 기업이 사업에 필요한 자원을 얻기 위하여, 또는 해외시장을 개척하기 위해서 해외로 진출하는 과정을 지칭한다. 이러한 과정에 대해 챈들러(A. Chandler)는 기업 진화론적[1]으로, 오마에 겐이치(大前硏一)는 기업의 통합과정[2]으로, 요한슨과 발네(Johanson& Vahlne)는 국제개입도(international involvement)의 증가과정으로 설명하고 있다.

기업의 국제화는 경영의 국제화를 초래하여 국경 없는(borderless) 초국가적인(transnational)기업이 이루어지고 있다. 이러한 기업의 글로벌화는 상품, 자본, 기술뿐만 아니라 사람까지도 국경을 넘어 이동시키고 있다. 이는 지구화(globali- zation)로 이어지고 있는데, 지구화 추세를 가져다준 요인으로는 통신과 대중매체의 발달, 무역장벽과 외환규제의 완화, 기업 간 경쟁의 국제화 등을 꼽을 수 있다.

초국가적 기업이 등장하면서 문제점이 나타나고 있다. 상품이나 자본, 기술은 국경을 넘더라도 본질적인 그 특성은 변하지 않고 유지되며 사용될 수 있다. 그러나 사람은 다른 나라나 다른 문화권에 이동할 경우에는 언어, 음식, 습관, 가치관 등의 차이에 의하여 특성이 변하는 것은 물론 많은 충격과 변화를 겪는다.

따라서 국제경영에 있어서 인적자원을 이해하는 것이야말로 가장 기본적이고도 중요한 열쇠가 되고 있다.

특히 여러 국가를 대상으로 사업을 할 경우 각기 다른 문화권 속에서 인적자원을 관리하는 국제경영자의 역할이 증대된다. 그러나 우리나라는 대기업의 경영자들조차 이러한 문화적 차이를 인식, 이해하지 못하거나, 자기 문화적 발상의 고정관념이나 습관 등에 얽매여 문화적 차이를 거부하는 경향이 나타나 치명적인 기업 손실을 초래하기도 한다.

이러한 관점에서 보면 국제기업의 인적자원 관리에 대한 가장 중요한 요소는 동질적인 문화, 생활패턴과 의식으로 살아온 경영자들로 하여금 새로운 환경에 적응할 수 있도록 다른 문화를 이해하고 관리하는 것이라 하겠다. 인간의 학습된 행위인 문화는 사회와 떨어질 수 없는 관계를 형성하고 있으며, 또한 사회 속에서 존재하는 문화는 사회 없이는 존재할 수 없는 불가분의 관계이기 때문이다.

따라서 국제화와 함께 나타난 경영 마찰의 배후에 있는 문화를 중심으로 국제경영자의 필요성과 이문화(異文化)의 적응관리 등을 논하기로 한다. 특히, 지금까지 소홀하게 취급되었던 해외파견 관리를 중심으로 새롭게 접하는 이문화 연구와 그들의 적응, 그리고 귀환 후의 역적응(逆適應) 관계 등을 다루기로 한다.

제1절 국제경영자와 이문화 문제

1. 경영마찰과 문화

해외진출 기업의 경영에 있어서 최대의 과제는 진출국의 국적, 인종, 언어, 종교, 습관 등과 현지 종업원, 진출국 정부, 지역사회, 경쟁기업, 학생운동, 제3국계 기업 사이에서 여러 가지 형태로 발생하는 마찰 방지와 회피이다. 국내에서 기업경영을 하는 경우에도 마찰은 있지만 해외진출 기업의 경우 마찰이 발생하는 국면이 광범위하고 또한 그 빈도도 높고 마찰의 심각도도 다르기 때문이다.

해외진출에 동반하는 마찰은 진출국의 정치적 · 문화적 관계, 진출국의 경제 · 사회 사정 등 환경의 여하에 좌우된다. 마찰의 종류를 정확하게 나누는 것은 쉬운 일은 아니나 필자는 다음과 같이 구분하기로 한다.

① **사회 문화적 마찰**: 두 나라의 역사적인 문제로 인하여 무의식적인 배타감정에 의한 진출기업과 현지인의 마찰
② **현장 마찰**: 진출기업의 노사분규나 공해 등에 의한 현장을 통해서 일어나는 현지인과의 마찰
③ **제도적 마찰**: 진출기업과 현지국의 법률 및 제도에 의한 마찰
④ **전략적 마찰**: 현지국의 외교 전략과 진출기업의 전략적 의도 및 제삼자의 이해에 의한 마찰
⑤ **정치적 마찰**: 현지인이 진출국의 정부, 지도자를 대신하여 진출기업을 목표로 하여 일어나거나, 또는 두 국가 간의 정치문제에 의해 일어나는 마찰

여기에서 일반적으로 마찰이라 할 경우에는 ① 사회 문화적 마찰, ② 현장 마찰, ③ 제도적 마찰 등을 지칭한다. 이러한 마찰의 대부분은 국내시장과 다른 인적자원에 의해서 나타나는 경우가 많은데, 노동시장의 차이, 경영 스타일과 습관의 차이, 노동자의 국제이동문제가 주를 이룬다.[3)]

일반적으로 마찰이 일어나는 경우는 서로 다른 문화의 가치관에서 오는 의사소통의 문제(cross-cultual communication)가 제일 크게 작용한다고 볼 수 있다. 이러한 의사소통의 문제 중 제일 큰 것이 언어장벽(language barriers)이라 할 수 있는데, 그 내용은 [그림 12-1]과 같다.

같은 언어권일 경우 A는 장벽이 있기는 하지만 그래도 언어장벽은 적다. B는 서로 다른 언어권에서 한 국가의 언어를 사용할 경우, 예를 들면 한국인과 미국인이 영어로 의사소통을 할 경우 한국인의 영어가 부족하다고는 하나 서로 인지할 수 있어 한국인이 영어를 어느 정도 하면 의사소통이 가능하다. C는 서로 다른 언어권에서 국제언어를 갖고 사용할 경우로, 다시 말하면 프랑스인과 한국인이 영어로 의사소통할 경우 여러 가지 오해가 생길 수 있다. 언어갈등의 차이는 일반적으로 A, B, C의 순으로 갈등이 적다고 하겠다.[4)]

같은 언어권이라 할지라도 프랑스어를 사용하는 캐나다의 퀘벡주에 사는 사람은 프랑스인과 대화할 때 보이지 않는 갈등이 있을 수 있고, 우리나라 말을 사용하는 조선족과 우리나라 사람들이 대화할 때에도 생각보다도 많은 갈등이 존재한다. 이것은 같은 언어권에서도 문화가 다르기 때문에 일어나는 현상으로, 외국인과 접할 경우에는 외국어를 완전히 습득했다고 하여 의사소통이 해결되는 것이 아니라는 것을 알 수 있다. 다시 말하면 언어 습득도 중요하지만 지각장벽과 비언어 소통이 해결되지 않으면 안 된다.[5)] 예를 들면, 외국어 능력이 뛰어난 우리나라 주재원들의 경우 외국인에게 친절하여야 한다는 고정관념 때문에 웃을 자리도 아닌데 항상 웃어 이상한 분위기를 자아낸다거나, 예의를 차려야 한다는 관념 때문에 무게를 잡고 행동하여 곧잘 외국인에게 지적당하곤 한다.

우리가 객관적으로 사물을 인식하려 해도 지각은 무의식 중에도 외부로부터 선택적으로 메시지를 전달받기 때문에 같은 언어권에서도 오해를 사는 경우가 많고 문화적 배경이 다른 경우에는 지각장벽(perceptual barriers)이 심하다고 할 수 있다.

비언어로는 손짓, 표정, 몸짓, 눈짓 등의 보디랭귀지(Body Language)가 있고, 효과적인 의사소통을 하기 위해서는 언어와 비언어 모두가 필요하다. 그러나 외국을 전혀 모르는 관리자들이 성공한 경우도 있는데, 이러한 경우는 현지인과의 바람직한 인간관계를 필요로 한다. 바람직한 인간관계, 상대방을 이해하려는 마음이야말로 마찰을

피할 수 있는 지름길이라 할 수 있다.[6)]

일반적으로 국제경영에서 일어나는 마찰이나 실수는 무의식적인 자국 중심적 문화인식에 근거하여 사고하고 행동하는 데서 비롯된다.

외국인을 대상으로 하는 사업계획과 사업전략에서 자국 중심적 문화인식은 외국인이 볼 경우에는 불합리하다고 판단한다. 예를 들면 이란에서 미국의 맥도날드 햄버거 판매를 시도한 라바크라는 음식점이 '세계적인 맛', '이란에서는 최초' 등의 광고문구를 사용하여 회교과격파의 분노를 불러일으켰고 '우리 형제들이 미국 회사의 희생자가 되게 할 수 없다'고 강경한 항의가 일어나자 이란 당국이 페르시아 음식만을 팔도록 조치한 것은[7)] 이란 중심의 자국중심적 문화인식에 의거한 행위라 할 수 있다.

일반적으로 우리 한국인 중에서 유학생활, 해외파견, 해외연수 등 여러 가지 해외생활을 경험한 사람들은 대개 두 가지 타입으로 나눌 수 있다. 첫 번째는 두 번 다시 외국에는 가고 싶지 않고 금수강산 우리 한국이 세계에서 제일 살기 좋은 나라라고 생각하는 타입이고, 두 번째는 다시 기회만 주어진다면 언제든지 해외에서 생활하고 싶다라고 생각하는 타입이다.

첫 번째 타입은 사업이든 연구든 어떠한 이유에서인지 본래 목적을 달성하지 못한 경우가 많으며, 장기간의 체류보다는 단기간의 연수를 경험한 사람이 많다. 두 번째 타입은 타국의 문화에 적응할 수 있는 능력을 갖춘 사람으로 대체로 장기간의 체류자가 많고, 해외 생활에 있어서 많은 준비를 한 사람이 많다. 기업도 이와 마찬가지이며 첫 번째 타입의 기업은 국내시장 장악만을 목적으로 움직이는 기업으로 현재와 같은 국제세계 속에서는 살아남기 힘든 기업이라 할 수 있다.

한국 시장이 개방되고 한국 기업의 해외진출이 증가되면서 국내 기업환경만을 생각하는 경영자들은 중소기업의 경우에도 드물다고 할 만큼 국제화는 우리 주변에 와 있다. 그러나 이문화(異文化)에 우리가 어떻게 적응할 것인가에 대한 연구는 활발하지 않았고 요즈음 와서야 겨우 국제화에 적응하기 위한 우리들의 의식이 각성되고 있다.

과거에는 외국 주문자들의 주문대로 값싼 노동력을 이용한 단순 수출 위주였기 때문에 몇몇 기업을 제외하고는 우리 기업인들은 외국문화에 대한 관심도 알 필요성도 없었을지 모른다. 그러나 우리나라도 노동력 위주의 단순수출시대는 끝나고 급격한 임금향상으로 우리 기업은 우리나라보다 인건비가 저렴한 베트남, 중국, 필리핀 등으로 이전을 하게 되었다. 해외 경험이 부족하고, 새로운 문화환경에 적응해 본 경험이 적은 우리 기업은 베트남, 중국, 필리핀 등에서의 각종 마찰을 일으키고 있는데, 이러한 마찰의 배후에 있는 문화문제에 관심을 불러일으키고 있다. 그리고 이것은 비교경영연구의 필요성을 느끼게 하고, 해외 판매가 증가하면서 현지국 문화를 이해하는 것이 필수 불가결한 경영요소로 등장하게 되었다.

일반적으로 한국 기업은 현지문화에 적응하기가 어려운 이유를 여러 가지로 들고 있는데, 필자의 경험으로 보면 필리핀에 진출한 한국과 일본 기업의 현지적응문화는 다음과 같이 달랐다. 일본 기업들은 우리보다는 해외 경험이 많았기 때문에 여러 가지 배울 점이 많았는데 그중에서도 우리가 노력하면 고칠 수 있고 우리도 할 수 있는 것을 예로 든다면 다음과 같다. 일본 기업들은 커다란 식당에서 일본 관리자들과 필리핀 관리자 및 현장 종업원들과 함께 식사를 하며 필리핀을 이해하려고 노력하고 있었으나, 한국의 중견기업인 M기업의 경우는 한국인 전용식당이 마련되어 한국인 관리자들끼리만 식사를 하고 있었다. 물론, 한국인이 해외에서 김치 없이 식사하는 것은 쉬운 일은 아니고, 김치나 고추장을 같이 먹으며 식사를 할 수 있는 외국인들도 많지 않다. 그러나 필자의 경험으로는 일본에서 일본 음식을 먹으며 일본인과 친해지려고 노력하는 외국인을 볼 때 우리 기업들의 노력 부족이라 아니할 수 없다.

2. 경영과 문화

기업의 국제화와 욕구의 공통화로 인하여 수출, 합작투자, 자회사 등을 이용하여 사업활동을 전개하고 있는, 현재에는 말 그대로 세계시장에서 사업활동을 영유하고 있는 국제기업은 다양한 문화를 접하여야 한다.

한국인이 외국에서 사업을 할 경우에는 직무수행에 관한 기술적 · 기능적 지식과 한국인의 가치의식이 병존하여 소위 한국식으로 사업을 하게 된다. 또 외국에서 우리 국내에서 사업을 할 경우도 마찬가지이다. 직무수행의 배경에는 자기도 모르게 문화적 요인이 관련되어 있다. 자기문화 지상주의에 빠져 외국문화와 제도를 무시할 경우에는 국제적인 사업이 뜻대로 되지 않고 갈등이 나타난다.

그렇다면 문화란 무엇인가?

본래 문화란 타일러(E. B. Tylor)에 의해 인류학에서 소개된 단어로 '지식, 신앙, 예술, 법률, 도덕, 습관 그리고 사회의 한 구성원으로서의 인간에 의하여 얻어진 다른 능력이나 습관들을 포함하는 복합 총체'[8]로 인식되어 왔으나, 일반적으로는 생활양식(life style)으로 표현하기도 하고 사고방식(thinking style), 행동양식, 반응양식을 포함하여 정의하기도 한다.

예를 들면 바노우(V. Barnouw)의 주장처럼 "집단구성원의 생활양식과 학습된 행동의 상응적 패턴현상을 말하는 것으로 언어와 모방의 수단을 통해 다음 세대로 이어지는 것"[9]과 "문화의 본질적인 핵심은 전통적 아이디어와 특히 그들이 지니는 가치관이며, 문화의 체계는 한편으로는 행위의 산출물로 다른 한편으로는 미래행동의 조건반사적인 요소"[10]들이 그것이다. 최신판 웹스터 대학 사전에 의하면[11] 문화란 ① 교육 등에 의한 지적, 도덕적 능력을 개발하는 활동, ② 통합된 인간행동의 패턴이며, 인간의 학습능력과 전승지식에 의존하여 세대 간에 전하는 사상, 회화, 행동, 공예 따위, ③ 인종적, 종교적, 사회적, 관습적인 신념, 사회규모 및 물적 특성이다.

영어의 'Culture'는 라틴어의 'Cultura'에서 유래하여 교육 등에 의해 지적, 도덕적 능력을 개발하는 활동의 의미로 사용되고, 독일어인 'Kultur'의 경우 문명의 지적 측면과 동일시된다고 한다.[12]

이처럼 문화란 개념 자체가 광범위하고 그 연구도 사회학, 문화인류학 중심으로 되어 있어 그들의 정의 및 개념이 중시되어 왔지만, 여기에서는 그들의 성과와 함께 경영학적인 개념을 찾아야 한다. 즉 문화의 어구적 이해, 또는 사회학적 · 문화인류학적 이해가 아닌 실제의 생활 속에서 그 내용을 파악할 필요가 있다. 문화를 이해하는 것이 그 나라의 경영을 이해하는 지름길이 되기 때문이다.

문화를 포함하는 요소는 다음과 같은 요인이 포함된다.[13]

① 커뮤니케이션(Communication)과 언어
② 옷과 자태
③ 음식물과 식습관
④ 시간 및 시간의식
⑤ 보수와 인정
⑥ 상호관계
⑦ 가치
⑧ 자기 공간의 감각
⑨ 뇌의 움직임과 학습
⑩ 신앙, 신념과 태도

물론 이러한 요소들은 각기 서로 독립적으로 존재하는 것이 아니라 상호작용을 하면서 한 종족이나 민족의 독특한 문화를 형성하므로 세 가지 속성으로 표현되기도 한다.

① 태어날 때부터 획득되는 것이 아니라 사회에서의 성장과정을 통해 터득된다.
② 지식, 가치, 믿음, 풍속, 관습 등의 개념을 대변하는 총체성(integrated whole)을 띤다.
③ 사회구성원들에 의해 공유되는 학습된 행동특성(learned behavior traits)을 나타낸다.

요즘, 상술한 문화적 요인이 해외기업관리에 어떠한 영향을 주고 있는가에 대해 국제경영론, 국제기업론의 영역에서도 연구가 진행되고 있다.[14)]

일반적으로 경영학에서는 기업을 인간조직의 구성체로 파악하고, 그러한 인간행동의 가치적 측면에 이질적인 문화적 배경을 갖고 있는 가치의식을 더하는 것으로 파악한다. 이러한 의미에서 인간조직의 문화적 측면의 검토는 기업활동의 국제화의 진전에 의존하기 때문에 오히려 실제적으로는 더 빨리 진행되리라고 생각한다.

이질적(異質的)인 문화적 배경을 가진 사람들이 특정한 목적을 달성하기 위한 기회가 국제기업의 진전으로 증가하고 있지만 상호의 교류가 빈번해지면서 개개인의 이문화(異文化) 충돌 기회도 증가한다. 기업의 활동범위가 한 문화권에서 다른 나라, 그것도 복수 문화권으로 진행되기 때문이다.

따라서 이문화 연구(異文化 硏究)는 "인간은 모두가 자기의 소속 문화 시스템에 크게 좌우된다. 문화를 알고 있으면 그 사람이 어떻게 행동할지를 예측할 수 있다. 나아가서 상대의 사회적 역할, 인격 등을 알면 예측은 더 정밀해진다."[15)]는 것처럼 행동과학적 접근이 나타나기 시작하였다.

문화가 조직 및 개인의 태도에 어떻게 관련하는가를 나타낸 모델은 [그림 12-2]와 같다.

이 모델의 특징은 문화가 조직과 명확히 관련되어 있고, 그 문화 자체가 일종의 여건이 되어 있다. 문화적 가치가 조직을 통해서 개인의 태도, 행동에 영향을 주고 피드백해서 조직에도 작용한다. 이 사이에 개인의 태도, 행동에 문화적 요인이 조직 특성을 매개 또는 중화하는 것에서 문화적 요소의 존재를 나타내고 있다.

또한 레빈(Lewin)은 조직에서의 인간의 행위(B)를 개인(P)과 환경(E)의 두 가지 요인의 함수로 가정하여 다음과 같은 등식으로 표현하였다.[16)]

$$B=f(P,\ E)$$

다시 말하면 인간의 행위는 개인과 주어진 환경(문화적 요인)의 상호작용(함수)으로 정의할 수 있고, 개인과 환경이 인간의 행위에 직접적인 영향을 끼치며 두 가지 요인에 의한 상호작용의 효과가 인간의 행위에 간접적으로 영향을 미친다는 것을 나타낸다.

문화적 변화의 중개인으로서 국제경영은 사업활동을 통해 이전되는 기술 및 신상품, 신제도 등이 현지국에 바람직한 것으로 평가되어[17)] 각기 독특한 문화 속에서 경영이 범세계화되고 있다.

그러나 특정국에서 발전한 경영 시스템이 타국에서는 유용하거나 또는 수정을 필요로 하거나 어떤 때에는 효력이 전혀 없는 경우가 발생한다.[18] 이문화권에의 직접투자, 현지 종업원의 모집, 선택, 훈련은 현지에서 효과적인 경영 시스템의 구축과 관련하여 현지국의 문화를 반영하여야 한다. 즉 진출국의 경영 시스템과 현지국에 맞는 문화가 절충된 하이브리드(hybrid)적 접근으로 가야 한다.

3. 국제경영자 육성과 이문화

요즈음 같이 기업의 글로벌화에 즈음하여 해외기업에 있어서 중요한 성공요인의 하나가 국제경영인의 육성이라 할 수 있는데, 특히 해외사업의 초기 국면과 우리가 접하기 어려운 발전도상국에 진출하는 경우가 더욱 그렇다.

국제기업은 본국인에 의해 움직이고 관리될 수 있다는 점 때문에 전문적인 해외파견 경영인이 요구된다. 물론, 국제경영인이라 함은 세계적으로 움직이고 활동하기 때문에 요즈음은 해외파견 시의 언어장벽, 이문화의 적응 등을 고려하여 현지인의 채용도 늘고 있다. 어떤 점에서는 해외진출 기업의 성공 여부는 유능한 현지인의 채용이라 할 수 있는데, 여기에서는 현지인을 대상으로 하지 않고 해외파견인을 중심으로 한 국제경영자를 중심으로 논하고자 한다.

종래에는 해외파견 경영자를 과거 업무실적, 지식, 기술 등에 많은 비중을 두었으나 현재에는 현지문화적응능력(cross-cultural adaptation)이 많이 강조되고 있다. 다른 환경에서 성공적으로 적응할 수 있는 능력이 지금까지는 무시되어 왔으나 현재에는 외국 문화에 대한 관심, 언어능력, 적응력 등이 중요한 요인이 되고 있다.[19]

해외업무에 있어 나타나는 이문화문제를 관리할 경우에는 다음과 같은 점이 필요하다.

① 해외 근무의 순응 및 직무수행 능력
② 이문화에 대한 긴장감 해소
③ 적절한 해외인재 파견과 육성 프로그램의 향상
④ 현지에 필요한 경영 시스템
⑤ 해외생활자에 대한 가족 배려
⑥ 한 나라의 관리자뿐이 아닌 지구형의 관리자를 육성
⑦ 문화적 편견을 없앰

이러한 관리는 용이하지 않으므로 장기간의 축적을 통해 이루어져야 한다. 특히 필자의 경험으로 보면 해외진출 기업의 갈등 이유로는 다음 사항이 있다.[20]

① 문화적 환경의 차이
② 한국 기업의 해외경영 부족
③ 현지 종업원 교육 부족 등

문화적 환경의 차이란 이문화 적응능력 교육의 결여라 할 수 있고, 한국 기업의 해외경영 부족이라 함은 한국식의 사고방식으로 현지 종업원을 취급하기 때문에 나타나는 문제이고, 현지 종업원 교육 부족이라 함은 일본 기업의 경우에는 우수 종업원의 '일본 연수'를 통해 일본 문화를 이해시키고 일본식 경영을 이해시키는 것처럼 우리 기업들도 '한국 연수'를 통한 한국의 문화 이해가 절실히 요구된다.

또 하나는, 필자의 경험으로 보면, 우리 기업의 해외파견자들의 긍지 측면에서 미국, 일본 등의 파견자는 무척 긍지를 느끼고 있었으며 태국, 필리핀의 파견자는 위축되는 느낌을 갖고 있었다. 또한 중국, 러시아 등에 진출해 있는 해외파견자들은 긍지를 느끼고 있었으나 가족들 특히 어린이들의 교육문제가 심각하게 고려되고 있었다.

우리나라의 경우 삼성은 중장기 목표전략으로 선진 일류기업의 종업원과 대등한 능력으로 갖추기 위해 국제경영인이 갖추어야 할 요건으로 외국어 구사 능력, 전문 지식, 국제적인 식견과 상식, 이문화 적응 능력, 현지인 관리 능력, 그리고 전략적 사고 능력 등을 제시하고 있다.[21] 소니(sony)는 국제화 전략의 일환으로 간부회의를 영어로 진행하고 있는 것으로 알고 있는데, 우리나라에서도 쌍용그룹은 1994년 이후 해외지사장 확대회의 때 일부 회의 일정을 영어로 진행하도록 의무화한 것으로 알려졌다. 그리고 해외 순방 때 현지에서 갖는 회의는 영어나 현지어로 진행한다는 방침도 갖고 있는 것으로 밝혀지고 있어 우리나라도 국제경영자 양성에 전력을 쏟고 있는 것으로 보인다.[22]

해외에 파견되는 경영자들은 낯선 환경에 생활하는 데 대한 보상과 더불어 본국에서 받고 있는 이상의 임금 수준이 되길 바라고, 생계비가 높은 일본과 같은 경우는 이를 보상해 줄 조정수당이 필요하다. 따라서 해외파견 경영자들은 기본금, 부가 근무수당은 물론 인사적인 문제에서도 적절한 보상이 이루어지지 않으면 안 된다.

해외파견자들은 여러 가지 프로그램을 거쳐 현지에 파견되는데 처음에는 문화적 충격(cultural shock)으로 인하여 심리적 혼란 상태에 빠지기 쉽다. 현지 국어를 완전히 구사할 수 없고, 비음성적 언어의 부족, 현지국의 문화 및 상식의 부족으로 인하여 현지인과의 접촉 시에는 불안, 당황 그리고 긴장감을 느낀다. 이러한 문화적 충격에 대한 흥미로운 자료가 있다.[23]

자료에 의하면 놀랍게도 해외파견 근무 경험이 많은 대부분의 유능한 국제경영자들이 가장 심각한 문화적 충격에 괴로워하고, 대조적으로 유능하게 평가되지 않는 관리자들은 문화적 충격이 거의 없는 것으로 나타난다.

문화적 충격이란 간단히 말하자면 국제경영자의 새롭고, 예측 불가능한 불확실한 환경에 대한 반응이다.[24] 이러한 문화적 충격을 빨리 극복하기 위해서는 문화적 상황(cultural situation)[25] 특히 자신의 업무와 관련되는 상황에 초점을 맞추어 학습훈련을 하여야 한다.

문화적 충격에 대해 알고 있어도 충격을 극복하는 데 큰 힘이 된다. 이 문화적 충격과 관련해서 국제경영자들의 외국생활의 적응과정에서 또 하나의 지식은 일정한 유형이 있다는 사실이다. 새로운 문화에의 적응과정은 대개 1 ~ 2년의 기간을 두고 U자형의 커브를 그린다.

국제경영자가 외국 문화에 적응하여 본국보다 외국문화에 젖게 되면 해외지사를 연결하는 중개인으로서의 역할을 수행할 수 없게 된다. 이러한 이유에서도 국제경영자는 일정 기간을 두고 근무지를 바꾸거나 귀환한다. 그러나 이번에는 외국의 습관이나 생활양식, 그리고 미묘한 표현방식 등에 익숙해져 있을 때 본국으로부터의 귀환소식이 국제경영자를 당황하게 한다.

해외근무를 마친 종업원의 20%는 그들이 본국으로 귀환할 때 자신의 회사를 떠나기를 원한다. 34개의 다국적기업을 대상으로 연구한 〈월스트리트저널〉의 보고에 의하면 "경영진은 외국으로부터 귀환한 달갑지 않은 종업원들로 인해 회사의 경비가 가중된다면 매우 민감하게 반응한다"[26]는 것이다.

귀환하는 경영자들은 해외로 나갈 때는 일반적으로 새롭고 낯선 환경을 기대하지만 본국으로 귀환할 때는 역문화 충격(reverse culture shock)을 받는 수가 있다. 이것도 사람에 따라 다르겠지만 대부분의 사람들은 외국 문화에 적응하는 단계와 마찬가지로 U자형의 커브 형태를 그린다. 즉 처음에 매우 고조된 기분이다가 급속히 저하되고 그 다음에 천천히 정상을 되찾게 된다.

많은 경영자들이 해외 경험 시 단기적으로 볼 경우에는 귀환 경영자의 2/3 이상이 '안 보면 마음도 멀어진다는 병' 때문에 괴로워한다.[27] 즉 그들에게 있어서 해외근무 경험은 많은 흥분과 도전을 제공하고 많은 공부가 되었을지라도 그들의 경력은 멈추었고, 회사조직은 근로습관, 규범, 절차 등이 변해 회사의 이방인처럼 느끼는 등 귀환한 국제경영자들은 직무책임과 직무범위뿐만 아니라 귀환에 따른 눈에 보이지 않는 어떤 불합리한 상황에 대하여 본국의 조직문화에 재적응해야 하는 문제에 직면하게 된다. 그러나 우리나라의 경우와 달리 미국, 일본 등의 선진국의 파견 관리자들은 밸리데이션(validation)이 높다.[28]

일반적으로 밸리데이션이 높은 귀환자들은 그렇지 못한 귀환자들보다 회사를 위해 더욱 열심히 일한다. 국제경영자 육성은 늦은 감이 없지 않으나 내적인 요소로서는 모티베이션 향상에 힘써야 함과 동시에 가족들의 적응문제, 귀환 후의 대우문제 등을 고려해야 한다. 또한 외적인 요소로서는 ① 경의를 갖고 전달하는 능력, ② 지식과 지식을 자기 것으로 하는 능력, ③ 공감을 표하는 능력, ④ 상호의 관심을 표명하는 능력, ⑤ 비독단적으로 처리하는 능력[29)]을 육성하도록 훈련하여야 한다.

따라서 현재와 같은 개방화시대에는 자의든 타의든 간에 국제화가 이루어지기 때문에 기업도 글로벌화하지 않을 수 없어 기업을 둘러싼 환경도 변화하게 되는데 국내기업과 다른 점은 문화적 차이에 의한 점이라 하겠다.

다시 말하면, 기업이 성장하여 감에 따라, 국내에서 국제로 그 무대가 옮겨 감에 따라, 기존의 국내 문화와는 다른 이질적인 문화권과의 접촉이 불가피하고 문화적인 차이에 대한 경영상의 어려움에 부딪히게 된다. 한 나라의 문화를 형성하는 문화 요소, 즉 언어, 종교, 사회적 관습, 가치관, 규범 등은 국제기업을 운영하는 기본적인 시각이지만 그 시각은 자국중심적인 것과 다국중심적으로 나눌 수 있다.

이문화권에서의 직접투자, 현지 종업원의 모집 · 선택 · 훈련에서 효과적인 경영 시스템의 구축을 위해서 다국적기업은 현지국의 문화를 반영하지 않으면 안 되며, 이문화 담당자로서의 국제경영자들의 관리와 프로그램의 현실화가 긴급히 요구된다.

특히 해외파견자들은 문화적 충격을 받으며 서서히 현지에 적응되어 가는데 그들이 두려워하는 것은 문화적 충격보다는 귀환 후의 보상 및 대우라 할 수 있으며, 귀환하는 경영자들의 귀환 시 역문화 충격이 해외파견 시의 문화적 충격보다 더 크기 때문에 이들을 관리하는 새로운 시스템 형성이 중요하다고 할 수 있다. 그리고 해외파견 경영자들은 현지인과 함께 기업활동을 영위해야 하므로 기업은 현지인의 모집, 선발, 채용 등에 관한 능력도 배양시켜야 함과 동시에 파견 경영자 가족들의 처우 및 보상도 고려해야 한다.

국제기업을 영위하기 위해서는 복합적인 문화연구와 문화에 의해 발생되는 새로운 기업 시스템도 체계화하여야 하며 국내에서는 귀환자들을 위한 새로운 시스템도 마련하여야 한다.

이러한 의미에서 이문화를 경영학적으로 접근하는 경우에는 ① 국제경영 활동으로서의 이문화문제, ② 진출 기업의 문화와 현지인의 행동, 태도, 정책의 결정문제, ③ 귀환자들의 역문화 충격 관리문제 등의 세 가지 측면에서 연구되고 검토되어야 한다.

제2절 이문화 분석모델

기업문화의 가장 핵심적인 요소는 구성원들의 가치관이기 때문에 국제경영에 있어서는 구성원들의 가치관에 영향을 주는 타문화를 이해할 필요가 있다. 일반적으로 자국 문화에 젖어 있다 보면 타민족의 문화를 자국 문화적으로 인식하여 갈등이 일어나는 경우가 많다. 특히, 현재처럼 다문화사회에 살고 있는 현대인이지만 타국의 행동이나 가치관을 자국의 가치관으로 인식하여 일부 다국적기업은 타국의 문화를 이해하는 것이야말로 국제경영의 최초의 이해라고도 한다.

다문화사회에서의 문화적 행동, 가치관을 이해하기 위해서는 이문화의 분석모델은 필수이며, 여기에서는 상황에 따른 문화적 변수를 분석해 보려 한다.

1. 이문화의 분석모형

1) 클라크혼(Florence Kluckhohn)의 모형

각 문화의 가치체계에 따라 문화적 차이를 비교하기 위하여 클라크혼 부부는 다섯 가지의 기본적인 질문에서 사회의 주류가 어떻게 답변을 하는가에 따라서 그 사회의 문화를 구분하고 있다. 물론 한 문화권 내에도 수많은 사람이 있고 그들은 제각각 다른 가치관과 행위 유형을 갖고 있겠지만, 그중에서도 다수의 구성원이 갖고 있는 공통적 가치관과 사고방식을 찾아내 보자는 것이다.

클라크혼의 다섯 가지 질문은 다음과 같다.

① 인간의 본성은 기본적으로 선한가, 악한가?
② 인간과 자연의 관계는 어떤가?
③ 삶의 주 관심사가 과거인가, 현재인가, 미래인가?
④ 사람의 활동양식이 정적인가, 동적인가?
⑤ 인간관계는 개인주의적인가, 그룹 중심적인가, 권위주의적인가?

경영자는 우선 자기 문화나 자기의 가치관이나 혹은 행위가 어떤가를 이 질문을 통해서 확인한 후, 비교하고자 하는 외국 문화의 가치관 및 행위의 차이를 음미해 볼 수 있다. 이 질문에 대한 답변은 〈표 12-1〉과 같다.

클라크혼 모형은 물론 외국 문화의 여러 측면 가운데 일부만을 보여 주므로 이것만

가지고 외국 문화를 완전히 비교할 수 있다는 것은 아니다. 그러나 이 모형의 매력은 그것이 아주 간단하다는 데 있으며, 그러면서도 이를 통해서 외국 문화에 대한 이해를 높일 수 있다는 점이다.

표 12-1 — 클러크 혼 모형

Human nature	Evil	1. mutable	2. immutable			
	Neutral	1. mixmutable	2. immutable			
	Good	1. mutable	2. immutable			
Man–nature	Subjugation	1. to Nature Harmony	2. with Nature Mastery	3. over Nature		
Time	Inner development	Working for rewards				
Activity	*Past*	*Present*	*Future*			
Relational	*Being*	*Being-in-Becoming*	*Doing*	*Lineality*	*Collaterality*	*Individualism*

자료: Kluckhohn and Strodtbeck, 1961; 12

2) 홀의 모형

문화적 차이를 이해하기 위해 문화를 비교하는 또 하나의 비교문화적인 분석방법으로 홀(E. T. Hall)의 모형을 들 수 있다. 그는 각 국가의 문화를 고배경 문화(High-Context Culture, HCC)와 저배경 문화(Low-Context Culture, LCC)의 개념으로 이원화하였다. 여기에서 배경(context)은 사상을 보는 방법들 중의 하나로 각 국가의 문화를 평가하는 데 중요한 역할을 한다고 보고 있다.

홀이 고배경 문화(HCC)와 저배경 문화(LCC)로 각 국가의 문화를 분류하는 데 있어 기준으로 삼는 몇 가지의 문화 요소 또는 차원을 중심으로 양자의 차이점을 평가한 것을 개략적으로 살펴보면 다음과 같다.

먼저 HCC에서는 커뮤니케이션 또는 메시지의 정보가 대부분 신체적 배경 또는 개인에 내부화되고 명백하게 부호로 나타나거나 메시지로 옮겨지지 않는다. 다시 말해서 의사전달자의 배경, 연상, 기본적인 가치관 등 커뮤니케이션의 배경에 더 많은 정보를 포함하기 때문에 실제로 구두로 나타난 메시지에는 정보가 적게 포함된다는 것이다.

반면에 LCC에서는 메시지가 명백한데 커뮤니케이션에 있어서는 실제의 대화를 통해서 대부분의 정보가 교환된다고 보고 있다. 이러한 차원에서 볼 때, 중국, 일본 및 아랍의 문화는 HCC에 속하며, 미국 또는 독일의 문화는 LCC로 분류된다. 미국의 경영자들이 일본 기업의 경영자들과 협상을 할 때 일본의 파트너들이 분명하게 그 핵심을 밝히지 않는다고 불만을 표시하는 이유의 하나가 이와 같은 문화적인 차이에서 기인한다고 할 수 있다.

이상에서와 같이 홀은 각 국가의 문화를 몇 가지 요소들을 기준으로 분석하였는데, 이 모형은 지나치게 기술적이고 주관적이라는 한계점을 지니고 있다. 아울러 HCC와 LCC로 구분하는 데 있어서 경계가 불분명하다는 약점을 가지고 있다. 그러나 국제경영의 관점에서 각 국가의 문화적 차이를 이해하는 데 클라크혼 모형보다 유용성이 높다고 하겠다.

3) 홀의 문화적빙산

에드워드 홀(Edward T. Hall) 교수는 문화를 빙산과 유사하다고 주장하였다. 빙산은 빙산의 약 10 % 만이 수면위에 보인다고 한다. 빙산의 대부분은 수면 아래에 숨겨져 있기 때문이다. 그리고 그는 '문화'의 전체를 빙산에 비유하기도 한다. 이를 '문화적 빙산(Culturaral Iceberg)' 또는 문화의 빙산이라고 한다.

에드워드 홀은 그림과 같이 빙산을 이용하여 문화를 설명하고, 문화는 두 가지로 분류될 수 있다고 주장했다. 첫 번째는 눈에 보이는 문화이다. 음식, 패션, 언어, 문학 등은 수면에 표출하고 있는 빙산의 일부에 비유되며, 외부적(External)이고 명시적(Concious)인 문화이다. 그리고 두 번째는 보이지 않는 문화이다. 구체적인 예로서 가치관, 신념, 규범, 기본적 전제, 사고 패턴 등으로 이것은 내부적(Internal) 및 암시적(Unconscious) 부분이다. 더욱이, 보이지 않는 문화는 보이는 문화를 뒷받침하는 것으로 알려져 있다. 즉, 해면 아래 눈에 보이지 않는 문화에 따라 산출된 것이 눈에 보이는 문화라고 할 수 있다.

홀은 의식 문화와 무의식 문화 사이에는 큰 차이가 있다고 하여 구분하였다.

내부	대	외부
암시적으로 학습됨		명시적으로 학습됨
무의식		의식
변경하기 어렵다		쉽게 변경됨
주관적인 지식		객관적인 지식

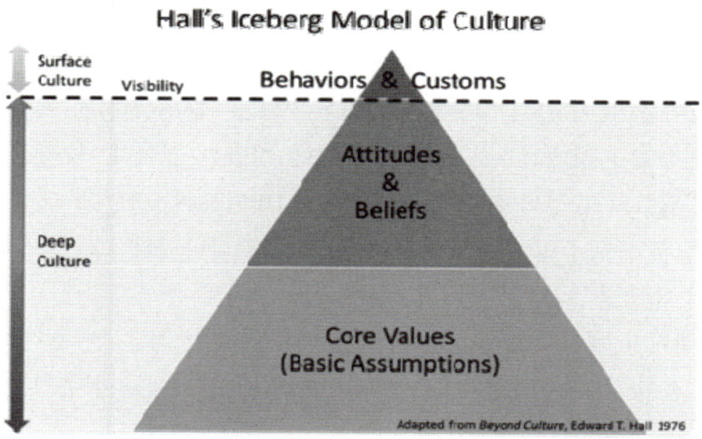

[그림 12-1] 홀의 문화적 빙산

4) 홉스테드의 모형

국가 간의 문화적인 차이를 비교 · 분석하는 또 하나의 모형으로 호프스테드(G. Hofstede)의 연구를 들 수 있다.[30)]

홉스테드는 네 가지의 기준, 즉 ① 개인주의 대 집단주의(individualism versus colectivism), ② 대 · 소 권력 간격(large or small power distance), ③ 불확실성에 대한 회피성의 강약(strong or weak uncertainty advoidance), 그리고 ④ 남성다움 대 여성다움(masculinity verse feminity)에 따라 국가 간의 문화적인 차이를 비교 · 분석하였다. 예를 들어 권력간격과 개인주의-여성다움과 불확실성에 대한 회피성 등과 같이 서로 독립적인 두 가지 차원을 결합하여 각 국가들을 다양한 문화집단으로 분류하였다. 홉스테드가 표현한 네 가지 차원들의 개념 또는 의미에 대해 간략하게 살펴보기로 한다.

① 개인주의

이는 사람들이 그들 자신과 직계가족에게만 관심을 갖는 것으로 간주되는 느슨하게 짜여진 사회구조를 의미한다. 반면에 개인주의는 사람들이 자신의 집단과 외부집단 사이를 엄격히 구별하는 사회적 특징을 보이는데, 그들은 그들 내부 집단(친척, 당파, 조직 등)이 자신들을 좀 보아 주기를 기대하며, 내부 집단에 절대적인 충성을 보인다. 예를 들면, 미국, 영국, 네덜란드 등은 매우 개인주의적인 국가이고, 콜롬비아, 파키스탄, 대만 등은 매우 집단주의적인 국가이며, 일본, 인도, 오스트리아, 스페인 등은 양자의 중간에 위치하는 국가로 나타났다.

② 권력 간격(권위주의)

이는 한 사회가 어떤 기관이나 조직에 있어서의 권력이 불평등하게 분산되어 있다는 사실을 받아들이는 정도를 의미한다. 모든 사회는 불평등하나, 어떤 사회는 다른 사회보다 그 정도가 상대적으로 심하다는 점에 착안한 것이다. 필리핀, 베네수엘라, 인도 등은 권위주의적 문화에 속하는 것으로 나타났으며, 반면에 덴마크, 이스라엘, 오스트리아 등은 평등주의적 문화에 속하는 것으로 나타났다. 그런데 재미있는 현상은 권력 간격과 집단주의를 결합시켜 보면 집단주의의 특성이 강한 국가는 항상 큰 권력을 나타내지만 개인주의의 특성이 강한 국가는 항상 작은 권력 간격을 나타내지는 않았다는 점이다. 다시 말하면 개인주의적이면서 동시에 권위주의적인 문화가 존재하는 것이다.

③ 불확실성에 대한 회피

이는 한 사회가 불확실한 미래를 어떻게 받아들이는가를 설명한다. 불확실성에 대한 회피가 약한 사회에서는 미래에 대해 위협을 별로 느끼지 않아 일을 열심히 하지 않고 다른 사람의 의견이 자신의 것과 달라도 별로 신경을 쓰지 않는다. 반면에 불확실성에 대한 회피가 강한 사회에서는 초조, 불안 등이 뚜렷하게 나타나며 이에 따라 각종 법적·규범적 제도로써 위험을 줄이고 안전을 기하기 위해 많은 노력을 기울인다. 불확실성에 대한 회피성과 권력 간격 차원을 결합했을 때, 불확실성에 대한 강한 회피성과 함께 큰 권력 간격을 보이는 국가들에는 모든 라틴 국가(라틴유럽과 라틴아메리카), 유고, 그리스, 터키 등의 지중해 연안 국가들과 일본, 한국 등이 속하는 것으로 나타났으며, 그 반대의 경향을 보이는 국가들에는 덴마크, 스웨덴, 영국, 아일랜드 등이었다.

④ 남성다움

이는 한 사회 안에서 지배적인 가치가 어느 정도로 남성다운가를 나타냈는데, 남성과 여성의 역할을 구분하는 데 있어서 성의 사회적 역할을 최대한으로 구분하는 사회를 '남성다운' 것으로 보고, 상대적으로 그것을 작게 구분하는 사회를 '여성다운' 것으로 본다. 가장 남성다운 국가는 일본으로 나타났고, 그 반대로 여성다운 국가는 네 개의 노르딕 국가들과 네덜란드로 나타났다. 특히 흥미를 끄는 지수는 남성 중심의 정도에서의 한국, 대만, 일본, 덴마크와 개인주의 정도에서의 한국, 일본, 미국과 대만이다. 같은 아시아에서도 서로 다른 지수는 문화적 차이에 기인한다고 할 수 있다(〈표 12-1〉 참조).

이상에서 홉스테드가 각 국가의 문화를 비교하기 위해서 제시한 네 가지 차원에 대해서 살펴보았다. 홉스테드 모형은 방법론에 있어서 클라크혼 모형이나 홀의 모형과는 달리 계량적인 분석방법을 도입하였기 때문에 객관성이 훨씬 높다고 볼 수 있다. 그리고 이 모형으로 얻은 결과는 국제기업 또는 국제경영인이 본국과는 달리 분류되는 국가에서 리더십, 조직설계, 동기유발 등의 문제에 효과적으로 대응하는 방안을 모색하는 데 도움을 줄 것이다.

그러나 홉스테드의 모형을 이용할 때, 그의 연구가 어느 정도 타당하며 일반화될 수 있을지에 대한 문제점이 제기될 수 있다. 그가 연구를 위해 추출한 표본이 과연 각 국가의 문화를 대표할 수 있는가 하는 대표성 문제와 그가 표현한 차원의 문제가 제기된다.

홉스테이드의 문화 차원 이론(cultural dimensions theory)은 어느 사회의 문화가 그 사회 구성원의 가치관에 미치는 영향과, 그 가치관과 행동의 연관성을 요인분석으로 구조를 통하여 설명하는 이론이다. 이 이론은 비교문화심리학, 국제경영학, 문화간 의사소통 등 여러 분야의 연구에서 실험 패러다임으로 널리 사용되고 있다. 홉스테이드는 1960년대와 1970년대에 IBM이 수행한 세계 고용인 가치관 조사 결과를 검토하기 위해 요인분석법을 사용하여 처음으로 이 모델을 만들었다. 이 이론은 관측되는 문화간 차이점을 수치화하여 설명하려 한 최초의 시도에 속한다. 홉스테이드의 모델의 한계점을 주장하는 사람도 많지만 2020년인 지금도 세계적으로 제일 활용되고 있는 지수이기도 하다.

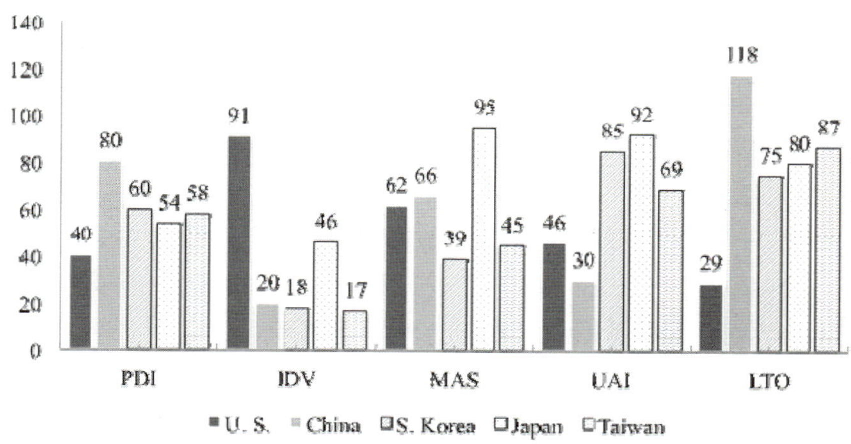

[그림 12-2] 홉스테이드 지수로 보는 한 미 중 일 대만 비교

필자가 제일 놀랐던 점은 남성다움(남성적,Masculinity) 여성다움(여성적,Femininity)의 홉프스테이드 지수에 일본(95), 한국(39), 대만(45), 중국(66) 미국(62)에 놀랐다. 물론 이 지수가 한나라의 남성적 문화와 여성적 문화를 상징하는 것은 아니지만 일본이 남성다움(남성적 문화)이 세계적으로 강하다는 것과 한국이 여성다음(여성적 문화)에 강하다는 것에 상당히 놀랐다.

많은 한국인들은 한국이 더 남성적 사회인 줄 알았는데 필자도 처음에는 결과를 보고 잘못된 평가라고 느꼈지만 일부 수긍할만한 점도 있었다는 점이다.

남성적 사회이니 남성성이니 하는데 이는 한국사회가 독특한 문화라는 점이다. 가부장적 문화이면서도 한국에서는 여성적 문화가 강하다. 한국인들도 이 지수에 많이 놀란다.

홉스테이드의 남성다움이나 남성적 사회는 과업지향성을 말하는 것이지 꼭 남성우위사회나 남성중심 사회를 말하는 것도 아니라는 점이다.

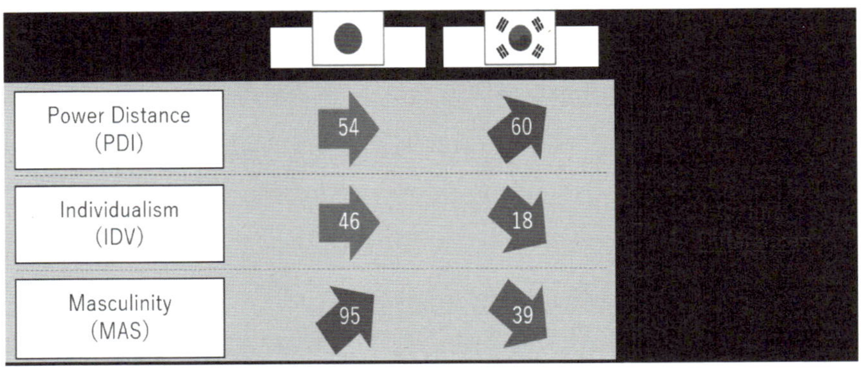

[그림 12-3] 한일의 홉스테이드 지수의 남성적지수와 권력간격,개인주의

홉스테이드의 남성적 문화의 가치관은 경쟁력, 자기주장, 유물론, 야망, 권력과 같은 것을 중시한다. 반면에 여성적 문화에서는 대인관계나 삶의 질 같은 것을 보다 높게 평가한다. 남성적인 문화에서는 성역할의 차이가 크고 유동성이 작다. 이에 비해 여성적인 문화에서는 정숙이나 헌신 같은 개념을 남녀 양성이 똑같이 강조받는다. 남성적 지수는 노르딕 문화권에서 극단적으로 낮은 수치를 나타낸다. 노르웨이가 8점이고 스웨덴은 5점에 불과하다. 이에 비해 일본(95점)과 헝가리, 오스트리아, 스위스 등 독일 문화권 유럽 국가들에서는 남성성 지수가 매우 높게 나타난다. 앵글로계인 영국은 66점으로 상대적으로 높은 편이다.

홉스테이드의 조사 결과(2001년), 세계53개국을 남성적문화가 높은 순서대로 살펴보면 다음과 같다.

(1) 일본, (2) 오스트리아, (3) 베네수엘라, (4) 이탈리아 · 스위스, (6) 멕시코, (7) 아일랜드 · 자메이카, (9) 영국 · 독일, (11) 필리핀 · 콜롬비아, (13) 남아프리카 · 에콰도르, (15) 미국, (16) 호주, (17) 뉴질랜드, (18) 그리스 · 홍콩, (20) 아르헨티나 · 인도, (22) 벨기에, (23) 아랍권, (24) 캐나다, (25) 말레이시아 · 파키스탄, (27) 브라질, (28) 싱가포르, (29) 이스라엘, (30) 인도네시아 · 서아프리카, (32) 터키 · 대만, (34) 파나마, (35) 이란 · 프랑스, (37) 스페인 · 페루, (39) 동아프리카, (40) 살바도르, (41) 한국, (42) 우루과이, (43) 과테말라, (44) 태국, (45) 포르투갈, (46) 칠레, (47) 핀란드, (48) 유고 · 코스타리카, (50) 덴마크, (51) 네덜란드, (52) 노르웨이, (53) 스웨덴

파시즘과 인종차별주의는 남성적인 가치가 뚜렷한 문화에서 잘 자라난다. 독일, 이탈리아, 일본이 바로 그런 경우다. 역설적인 점은 이 세 나라들이 전쟁 후에 경제적 기적을 이룩하는 데에도 그런 특성이 기여했다는 점이다.

홉스테이드는 남성적 문화를 지닌 국가는 성취지향 사회를 추구하는 반면 여성적 국가는 복지 사회를 지향한다고 말한다.

홉스테드의 조사에선 한국이 41위로 남성성이 약한 나라로 나타났지만, 많은 한국인들은 남녀공통으로 믿기 어려운 결과로 받아들이고 있다.

한국은 유교문화를 중심으로 혈연중심사회이다 보니 후계문제로 남성을 대접한 것은 사실이다. 그리고 학문을 중시하는 선비사회이다보니 무술보다는 학문을 높이 평가 하였다. 혈연중심사회이다 보니 남성우대를 하였지만 남성이 필요한 곳, 즉 전쟁에서는 조선시대에서는 양반의 아들들은 면제받았으므로 지금도 한국에서는 제일문제가 되는 것이 교육문제와 병역문제이다. 일반적으로는 한국에서는 본인의 아들은 병역을 피했으면 하는 마음이 강한 사회이다. 조선 시대의 양반들도 전쟁이 나면 노블리주 오블레제는 없었던 것은 아니지만 유럽이나 미국, 그리고 일본보다는 적게 나타난다.

한국에서는 장관이나 고위공직자들의 청문회에 병역필한 사람은 그다지 많지 않아서 노블레스 오블리주(noblesse oblige)가 심각하게 논의되기도 하였다.

노블레스 오블리주는 프랑스어로 '고귀한 신분(귀족)'이라는 노블레스와 '책임이 있다'는 오블리주가 합해진 것이다. '높은 사회적 신분에 상응하는 도덕적 의무'를 뜻한다. 시오노 나나미는 『로마인 이야기』에서 "로마제국 2,000년 역사를 지탱해준 힘은 노블레스 오블리주의 철학"이라고 한다. 로마가 한니발의 카르타고와 16년간 제2차 포에니 전쟁을 치렀을 때, 최고 지도자인 콘술(집정관)만 13명이 전사했다.

영국에서도 560여 년 전통의 영국 최고의 사학명문 '이튼(Eton) 칼리지'의 교내 교회 건물에는 전사한 졸업생의 이름이 새겨져 있다. 제1차 세계대전 1,157명, 제2차 세계대전 748명이다. 제2차 세계대전에서는 엘리자베스 2세 영국여왕이 영국 여자국방군(ATS)에 입대해 운전병으로 활약하기도 했으며 포클랜드 분쟁에도 앤드루 왕자 등이 영국해군으로 복역하기도 하였다.

2차대전중 엘리자베스 여왕

앤드류 왕자

한국은 남성우대문화가 강한 나라이긴 한데, 그렇다고 해서 여성을 보호해 주는 남성적 문화였느냐 하면 그건 아니었다.

세계경제포럼(WEF)은 2021년 세계 성격차 보고서(Global Gender Gap Report)에 따르면 성격차 지수가 가장 적은 나라는 1위 아이슬랜드, 2위 필란드, 3위 노르웨이, 한국의 성격차 순위는 조사대상인 156개국 중 102위로 하위권에 머물러 있다.

한국의 성 격차 지수는 0.687(1에 가까울수록 평등)로 102위에 머물렀다. 108위였던 직전 조사(2019년 12월 발표)보다 6계단 상승했지만 조사를 시작한 2006년 92위(0.616)보다는 떨어졌다.

영역별로는 교육 104위, 건강 · 생존 54위, 정치적 기회 68위로 나타났으며, 경제적 참여·기회 부문 성 격차 지수가 123위로 가장 낮았다. 특히 국회의원 및 고위직 · 관리직 여성 비율은 15.7%로 세계 134위에 그쳤다. 이는 유교문화와 남존여비사상, 가부장제, 사회구조 속에서 만들어진 당연한 결과일지도 모른다.

156개국 가운데 성평등이 가장 잘 이뤄지고 있는 나라는 아이슬란드(0.892)로 12차례 연속 1위 자리를 지켰다. 이어 핀란드, 노르웨이, 뉴질랜드, 스웨덴 순이었다. 독일이 11위, 프랑스 16위, 미국 30위, 중국 107위, 일본 120위 등으로 나타났다.

5) 트롱페나르의 모형

홉스테이드와 홀의 연구가 학술적이었다면 트롱페나르(Fons Trompenaars)의 연구는 실천적이었고 구체적이었다고 하겠다. 그의 연구는 1979년에 개시한 로열더치쉘 그룹의 5개사(네덜란드, 스웨덴, 싱가포르, 그리스, 베네수엘라)와 의류업체 5개사(미국, 오스트리아, 네덜란드, 스페인, 이탈리아)를 대상으로 한 조사가 발단이 되었으며, 7개의 차원으로 연구되었다.

트롱페나르가 15년에 걸쳐 진행한 경영문화 연구의 성과를 집대성한 책이 『기업문화 혁명(Riding the Waves of Culture)』(1993)이다. 그는 30개사의 협력을 얻어 세계 50개국에서 이루어진 조사의 결과를 발표하였다. 트롱페나르가 중요시한 것은 첫째로 기업의 경영과 조직에는 유일한 방법이 없다는 것, 둘째로 자국의 문화와 타국의 문화를 이해하여 비즈니스로 그것을 살리는 것, 셋째로 국제적인 조직에서 글로벌과 로컬이라는 딜레마에 조직적 통찰을 줄 것 등이다.

그리고 그는 보편주의와 개별주의, 개인주의와 집단주의, 중립적과 감정적, 특정적과 확산적, 업적과 속성, 시간과의 관계, 환경과의 관계 등 일곱 가지 차원을 축으로 각국의 비교분석을 행하고 있다.

① 보편주의와 개별주의(Universalism vs Particularism)

보편주의적 인간은 규칙을 중시하고 예외를 인정하지 않는 경향이 있고, 개별주의적 인간은 규칙을 무시하고 상황에 의하여 다른 판단을 하는 경향이 있다. 조사결과에 의하면 프로테스탄트계의 국가는 보편주의의 경향이 강하여 문제가 발생한 경우 법원에 가는 경향이 많다. 또한 보편주의에서는 비즈니스에서 계약이 무척 중요하게 취급된다.

개별주의적 인간은 규칙은 하나의 가이드라인 정도로 생각하고 오히려 인간관계를 중시하는 경향이 있어 보편주의적 사람들과 비즈니스를 할 경우 알력이 일어날 가능성이 있다.

② 개인주의와 집단주의(Individualism vs Collectivism)

개인주의는 개인을 주체로 생각하는 경향이며, 집단주의는 공통의 목적을 중시하는 경향이다. 조사에 의하면 이스라엘, 루마니아, 나이지리아, 캐나다 등은 개인주의가 강한 국가이며, 프랑스, 일본, 중국 등은 집단주의의 경향이 강하다.

③ 중립적과 감정적(Neutral vs Emotional)

감정을 어느 정도 표현하는가를 나타내는 차원이다. 가장 중립적인 국가는 에티오피아와 일본이다. 유럽의 경우는 나라에 따라 다르며 오스트리아가 유럽에서는 가장 중립적이며 스페인, 이탈리아, 프랑스는 감정적인 정도가 강하다. 중립적인 국가의 사람이 감정적인 국가의 사람과 잘 적응하기 위해서는 상대를 따뜻하게 접대하며 정열적으로 대응하고 이야기의 중심이 사람이고 물건이 아니라는 것을 알 필요가 있다. 반대로 감정적인 사람이 중립적인 사람들과 잘 적응하기 위해서는 교섭 전에 될 수 있는 한 서류를 준비하고 구체적인 화제를 중심으로 할 필요가 있다.

④ 특정적과 확산적(Specific vs Diffuse)

특정적이라는 것은 비즈니스의 상하관계와 직책이 일하는 것에 한정되어 있는 경우를 말하며, 확산적이라는 것은 일 이외의 사생활에도 이 입장이 침투되어 있는 경우를 말한다. 미국, 영국, 스위스 등 유럽 국가들은 특정적이며, 중국, 네팔, 나이지리아 등은 확산적이다.

홀(Hall)의 이론과 부합시켜 본다면 저배경 문화는 특정적 문화와 관계가 있고 고배경 문화는 확산적 문화와 관계가 있다고 하겠다.

⑤ 업적과 속성(Achievement vs Ascription)

업적문화는 그 사람의 업적에 의해 사회적 평가가 정해지는 문화이며, 연령이나 계급, 지위, 학력 등 소위 속성에 의해 평가되는 속성문와 구분된다. 프로테스탄트계 나라의 사람들이 업적을 중시하고 가톨릭, 불교, 힌두교의 국가들은 속성을 중시한다고 되어 있다. 우리나라와 일본은 유교국가이지만 속성문화의 특성과 관계가 있다고 하겠다.

⑥ 시간과의 관계(Attitudes to time)

시간에 대한 감각도 문화에 따라 다양하며, 과거, 현재, 미래의 관계에 문화에 대한 차이가 명확하게 등장한다. 러시아와 베네수엘라 등은 과거, 현재, 미래의 연결이 단절되어 있지만 프랑스, 캐나다, 노르웨이 등은 과거, 현재, 미래가 연결되어 있고 특히 일본과 말레이시아 등은 겹치는 부분이 크게 나타나 과거, 현재, 미래가 밀접한 관계가 있다고 하겠다.

⑦ 환경과의 관계(Attitudes to the Environment)

환경과의 관계는 자연을 조정할 수 있는 자세와 자신이 자연의 일부로서 존재하는가 하는 2차원의 접근방법이다. 이것은 또한 자신의 인생을 자신이 조정하려고 하는 자세와 자신 이외의 힘을 인정하는 자세와의 차이이다. 북미는 자신이 조정하려는 경향이 강하고, 러시아, 중국은 그런 경향이 약하게 나타난다.

2. 이문화환경에의 적응

외국의 지사나 현지법인에서 장기근무를 하게 되는 관리자는 자신의 감정과 무관하게 이문화를 이해하고 그것에 적응해야 하는 당위에 직면하게 된다. 종종 한국 기업의 관리자들이 외국에 나가서 언어 및 문화에 적응하지 못해 부임한 지 1년 가까이 되도록 제대로 기능을 하지 못하는 경우가 종종 있다. 이처럼 수개월간 비교적 장기적으로 처음 외국에 나가면 심리적 부담감을 느끼게 된다.

이러한 현상을 문화충격(culture shock)이라 한다. 이 충격의 증상은 불안감, 신경질, 반항감, 심한 향수증, 우울증 등으로 나타나고, 심한 경우에는 신체적인 병이 유발될 수도 있다고 한다. 이처럼 개인의 심리적인 변화는 가족이나 부부관계를 어렵게 하고, 때로는 과도한 음주를 유발하기도 하며, 결국에는 맡은 일을 제대로 수행할 수 없게 되는 결과를 가져온다. 또한 이 충격에 대한 사람들의 반응은 외국 내에서 자기 나라 사람만을 접촉하여 업무상 필요한 경우를 제외하고는 현지인을 가급적 피하려는 경향을 보이는데, 이와 같은 행위는 외국에 나가 있는 한국인, 일본인은 물론 미국인 등에서 공통적으로 나타나며 충격의 영향을 장기화할 수 있는 바람직하지 못한 상태이다.

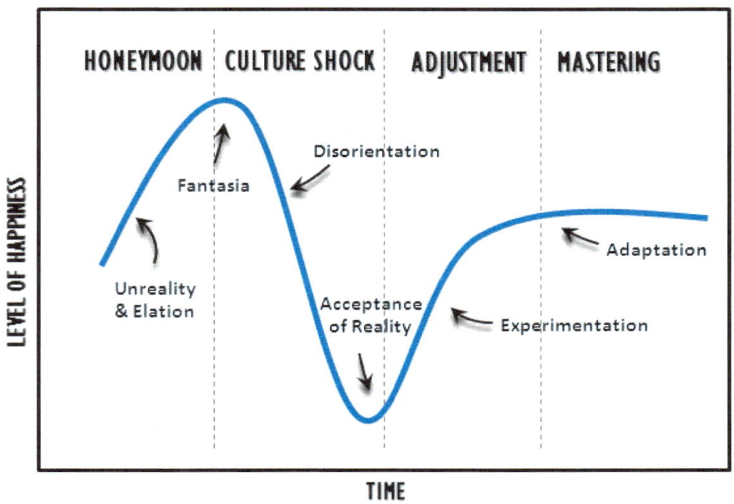

[그림 12-4] 문화적 충격

그러면 문화충격이 일어나는 이유는 무엇인가? 우선 자기 문화 속에서 익숙해져 있던 일들, 예컨대 인사하는 방식이라든가 팁을 주는 행위라든가 손님을 초대하는 일과 같은 일상적인 일들에서 단절감을 느끼기 시작하며, 지속적인 경험을 통해 지금까지는 절대적이라고 생각했던 여러 믿음들이 흔들리면서 충격은 더 심해진다. 예를 들어서 한국인 같으면 서구사회에 가서 한국적 가치관과 상반되는 남녀의 사회적 위치, 여자를 대하는 법, 가족제도의 차이 등의 가치관에 접하게 될 때 매우 심한 갈등을 느끼게 된다. 이처럼 불안정한 상황 아래서 업무를 수행해야 하고 실적을 올려야 할 때, 마침내 갈등과 충격으로 인한 증상이 노출된다.

물론 사람에 따라서는 이러한 심리적인 변화가 오지 않는 사람도 있겠지만, 대부분의 사람들은 정도의 차이는 있어도 대체로 이문화의 충격을 경험하게 된다. 이러한 경험을 하게 되면 우선 그러한 반응이 자연적으로 발생한 점을 인식하는 것만으로도 도움이 되며, 더 나아가서 그러한 충격은 감정 내지는 심리적인 것이기 때문에 반드시 합리적으로 해결할 수 없다는 점을 인식해야 할 것이다. 이처럼 이 현상에 대해서 알고만 있어도 충격을 극복하는 데 도움이 된다.

이문화의 충격과 관련해서 외국생활에의 적응을 도울 수 있는 또 하나의 지식은 대부분의 사람들이 새로운 문화에 적응하는 과정에는 유형이 있다는 것인데 각 단계별 특징을 보면 다음과 같다.

① 최초 도취기

대개 외국에 처음 부임을 하게 되면 큰 기대감과 긍정적인 마음자세를 가지고 임하게 된다. 또한 현지 문화나 국민에 대해서 호감을 가지며, 새로운 것을 접해도 좌절감보다는 오히려 약간의 흥분을 느끼기도 한다. 그리고 무엇보다도 '사람이란 결국 어딜 가나 마찬가지다'라는 생각을 갖게 되고, 문화적 차이점보다 공통점을 크게 느낀다. 이 시기는 한두 달 동안 지속된다고 한다.

② 초조 불안기

차츰 문화적 차이를 인식하게 되고 그것으로 사람이 괴로워하기 시작하여 사소한 일에도 화를 내거나 말썽을 일으킨다. 이 기간을 문화충격의 증상이 나타나는 때로 본다.

③ 점진적 적응기

불안감이 차츰 사라지고, 외국생활의 안락함을 느끼고 소외감을 덜 느끼게 된다. 그 전까지는 무심히 지나쳤던 사소한 생활습관의 차이 등을 알게 되고, 여유아 자신감도 생긴다.

④ 이중문화기

새로운 문화의 충격으로부터 완전히 벗어나 적응하게 되며, 이제는 두 문화권에서 제대로 기능할 수 있다는 자신감이 생긴다. 외국의 습관이나 생활양식, 그리고 미묘한 표현방식들에 익숙해져, 다시 본국으로 돌아가더라도 그러한 것을 그리워하기까지 한다.

외국 문화에 완전히 젖어 버리면 다시 귀국했을 때 역문화충격(reverse culture shock)을 받을 수도 있다. 이것은 사람에 따라 다르겠는데, 상당수의 사람들이 국내에서 오히려 자신이 외국인 같다는 느낌을 갖고, 경우에 따라서는 다시 4단계와 흡사한 적응과정을 거치는 수도 있다. 국제기업의 관리자가 이처럼 완전하게 외국 문화에 젖어 버리고 본국의 것을 잊게 되면 본사와 해외지사를 연결 짓는 중개인으로서의 역할을 효과적으로 수행할 수 없다. 이러한 이유 때문에도 일정한 기간을 두고 근무지를 바꾸는 정책이 필요하다. 문화적응의 단계를 [그림 12-3]과 같이 나타낼 수 있다.

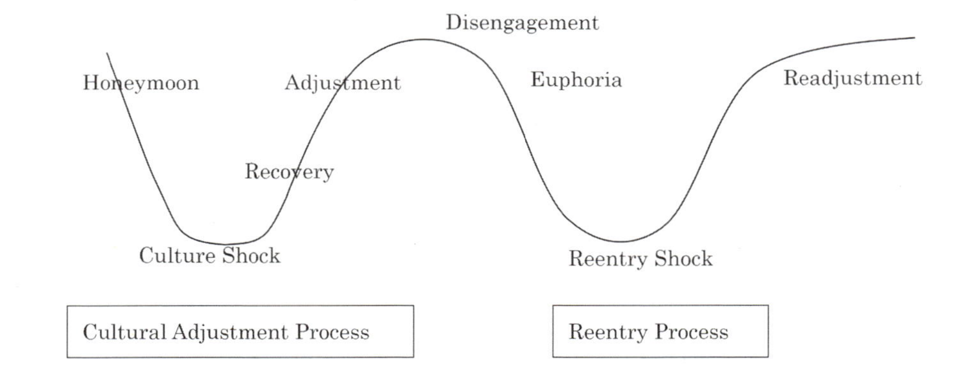

[그림 12–5] 역문화 충격

그림에서 보듯이 초조, 불안기가 사람에 따라 반복해서 나타나는 경우도 있고 또한 기간도 개인에 따라 많은 차이를 보임을 염두에 두어야 한다. 상술한 문화충격은 누구에게나 있다. 그렇다면 그 충격을 줄이는 방법은 없을까?

문화적응에서 가장 중요한 점은 자기중심적인 기준(self-reference criterion, SRC)을 버리는 일일 것이다. 즉 자기 문화는 '옳고' 외국 문화는 '그르다'는 생각은 버려야 한다. 문화란 각 사회집단이 주어진 환경 아래 그들의 의식주문제를 해결하는 데 있어서 습관적, 경험적으로 축척해 온 사고와 행위인 만큼, 언뜻 보기에 우스꽝스럽고 불합리해 보이는 습관이라도 나름대로 논리적인 이유가 있기 마련이다.

예를 들면 인도의 정통파 이슬람교도들은 식사할 때 나이프나 수저 등의 도구를 사용하는 것이 '더럽다'고 믿고 손을 직접 사용하는데 거기에는 나름대로의 이유가 있을 것이다. 자기 문화적 기준으로는 불합리하다고 해도 일단 그와 같은 문화를 낳게 한 이유를 논리적으로 생각해 보면 이해할 수 있고, 그렇게 하면 외국 문화를 무조건 야만시하거나 외국인을 피하려는 반응도 줄일 수 있을 것이다.

그런데 해외 현지에 직원을 파견하고 있는 기업 중에서 다음과 같은 경험을 갖고 있는 기업들은 현지 문화에 대한 적응 훈련을 실시할 필요가 있다.

① 계속적인 불만을 토로할 때
② 현지 근무 중 개인적 또는 상호문화적인 특성의 차이로 인해서 사기 및 생산성의 저하를 가져올 때
③ 현지 활동에 있어서 파견 직원이 현지 고용인, 고객, 일반대중 또는 정부와의 관계에 지나친 우려를 나타낼 때
④ 해외에 파견되었던 직원이 본국 문화로 되돌아와서 재적응상의 문제를 겪었을 때

그러나 국제기업의 해외파견 직원에 대한 현지 문화의 적응 훈련이 중요함에도 불구하고, 이것이 실제로는 잘 실시되지 않고 있다. 그 이유는 성공적인 업무 기록을 가진 직원은 해외에서도 성과는 마찬가지일 것이라는 인식이 깊이 박혀 있기 때문이다. 더구나 우리나라의 경우 해외파견 직원들에 대한 현지 문화 적응훈련에 회의적인 반응을 보일 수도 있는데, 그것은 현지 문화 적응을 위한 훈련프로그램이 피상적이 될 우려가 있기 때문이다. 다시 말해서, 현지 문화에 대해 심층적으로 알고 있는 지역전문가가 적어 이에 대한 대비책이 없기 때문이다. 따라서 해외사업을 전개하는 기업들은 해외파견 직원의 현지 문화 적응의 실패가 개인적 만족 등의 면에서 그 기업과 파견 직원 양자에게 모두 큰 손실을 가져다줄 수 있음을 깊이 인식하고, 효율적인 현지 문화 적응을 위한 훈련프로그램의 개발이 필요하다 하겠다.

제3절 문화변형의 과정과 국제경영자

국제경영자는 문화적 요소가 변화하는 과정에서 대표하는 소비 집단의 역할을 이해해야 한다. 문화적 변화는 그 문화에 속해 있는 각 개인의 행동양식의 변화를 가져오기 때문이다. 혁신의 관점에서 관리해야 할 집단을 구분하면 다섯 집단으로 나눌 수 있다.

1) 혁신자 집단

혁신자 집단은 자기들이 속한 문화의 규범으로부터 이탈자로 간주된다. 이들은 모험심이 강하고 다른 문화에 대해 많은 것을 보아 온 사람들이다.

2) 조기 수용자 집단

조기 수용자 집단은 혁신자들보다 높은 사회적 지위를 갖고 있으며 일반적으로 여론 선도 집단으로 일컬어진다. 이 집단은 자기들 이후의 수용자들에 대해 강력한 영향력을 미친다.

3) 전기 수용자 집단

전기 수용자 집단은 신중함이 특성으로, 다른 저명인사들이 혁신을 수용하기 전까지 받아들이지 않으며 결코 전면으로 나서지 않는다.

4) 후기 다수 수용자 집단

후기 다수 사용자 집단의 특성은 회의적 태도에 있다. 이들은 여론이 압도적으로 혁신에 대해 호의적인 반응을 보이기 전까지는 결코 움직이지 않는다.

5) 낙오자 집단

낙오자 집단은 나이가 많고 혁신에 대해 의심이 많으며 과거의 전통을 행동 기준으로 고수하는 사람들이다.

이들 집단의 변화과정은 혁신의 확산 개념과 관련이 깊다. 문화변화를 수용하는 과정이기 때문에 혁신의 개념으로 이해되는 것이다. 이들은 인지단계-관심단계-평가단계-시험단계-수용단계로 이루어진다. 인지단계는 공식적이기보다는 평가단계에서 공식적인 광고가 보다 혁신적이므로 인적원천이 가장 큰 영향력을 미친다.

어떻게 보면 국제기업은 변화의 중개인이기 때문에 이러한 과정을 책임지고 변화에 대한 결과를 예상하여야 한다. 이 경우 국제기업은 경영방식의 수정을 불가피하게 해야 할 필요도 대두된다.

전략적 제휴

- 국제시장진입전략으로서 -

제13장

기업은 국내 또는 국제적으로 사업을 전개할 때 '다각화 전략(또는 네트워크)'이나 '수직적 통합'을 구성하게 된다. 문제는 과연 기업이 이를 '단독'으로 수행할 것인가 아니면 타 기업과 전략적 제휴 또는 합작투자, 그리고 인수합병의 방법을 취할 것인가를 선택해야 한다. 최근 이 범주의 전략에서 가장 많이 행해지고 있는 것이 '전략적 제휴 (strategic alliance)'이며, 이는 국내에서[1] 이루어지는 것보다 자원의 제약성(인적, 물적, 자본 등) 때문에 국제간에 많이 이루어지고 있다.[2] 그러므로 본 장에서는 이를 중점적으로 논하고자 한다.

---

1) 다각화와 수직적 통합에서 국내에서는 중소업체들의 제휴 즉 한 시장에서 생산의 연대를 통해 공동적인 마케팅과 공통적인 브랜드명을 구축하여 생산을 기반으로 한 마케팅 확대에 이용하고 있는 실정이며, 대기업의 경우 중소기업과의 제휴보다는 중소기업이 흡수·합병되는 경우가 종종 일어나고 있다.

2) 최근 국제경영분야에 나타난 변화 중 기업들의 국제사업 활동범위의 증대와 성숙화, 그리고 그에 따른 국제 네트워크의 구축경향이 두드러진다.(Gilroy, 1993) 예로 N. V. Philips는 세계 60여개국에 200여개의 사업단위를 두어 이들의 생산, 유통, 마케팅 등의 활동을 연결하여 '세계기업화'하고 있으며,(Ghoshal, S. and Bartlett, C. A. "The Multi- national Coporation as an Interorganizational Network," Organization Theory and the Multinational Coporation, St. Martin's Press, 1993) 또한 국제네트워크는 기업간 전략적 제휴를 통하여 기업집단으로 확대되고 있다. 즉 자동차 산업의 경우 미국의 Ford, 일본의 Mazda, 독일의 Volkswagen, 그리고 한국의 기아자동차 등은 공동기술개발, 부품공유, 그리고 판매제휴 등을 통하여 미국의 GM과 일본의 Toyota의 협력체제에 대응하고 있다.(Gilroy, 1993) 그리고 전자, 통신, 자동차, 석유화학 등 첨단제조기업을 중심으로 시작된 국제네트워크의 추구경향은 90년대 들면서 금융, 유통 등 서비스부문을 포함한 전산업부문으로 확산되고 있으며, 이 업종간 교류를 통하여 산업간 네트워크로 발전하고 있다. (G. Yip, "Total Global Strategy", Prentice Hall, 1992)

제1절 전략적 제휴의 등장

1. 전략적 제휴의 네트워크적 속성

글로벌 경쟁의 심화는 세계기업들이 기술을 통해 경쟁능력을 향상시켜 규모와 범위의 경제를 확보할 수 있게 해주고 있으며[3] 최근 소비자의 요구가 다양해지고 제품의 수명주기도 단축되어 기술혁신의 중요성이 더욱 강조되고 있다. 또한 기술확산속도가 빨라지고 산업간에 기술의 복합화 및 융합화가 활발해지면서 기술개발에 따른 투자비용과 위험이 막대해지고 있다.

국제 기업들은 국제적으로 분산되고 현지중심적인 경영조직과 자원으로는 효과적으로 대응할 수 없게 만들었다. 이러한 연유로 국제적으로 분산된 경영조직과 자원으로 대응하려는 것이 아니라 이들은 연계시켜 기업목표를 일치시킴으로써, 기업 내부적 네트워킹을 통해 글로벌 경쟁환경에 대응하려는 것이다.[4] 또한 본사 및 해외자회사의 경영활동과 관련되는 기업외부의 고객, 공급자, 정부 등의 제조직을 연계시키는 외향적 협력관계를 유지하려는 노력도 활발해 지고 있다.[5]

이와 같은 네트워크를 이마이(Imai)는 시장과 위계간을 상호 침투하는 형태(interpenetration of market and organization)로 정의하고 있다.[6] 즉 네트워크는 시장과 위계를 결합한 자원배분의 진행형태로서 시장거래와 위계조직의 장점을 흡수하여 효율적으로 자원을 배분하려는 것이다.[7]

---

3) Bradley S. P., J. A. Hausman and R. L. Nolan, *Globalization, Technology, and Competition*, Boston, MA.; Harvard Business School Press, 1993, p.3.

4) Ghoshal, S., and C. A. Barlett, "The MNC as an Interorganizational Network", *Academy of Management Review*, 1990, Vol.15, No.4, pp.603-628.

5) Gilroy Bernard M., *Networkin in Multinational Enterprises*; University of South Carolina Press, 1993, pp.1-2.

6) Imai, Ken-ichi, and Hiroyuki Itami, "Interpenetration of Organization and Market; Japan's Firm and Market in Comparison with the U.S.," International Journal of Industrial Organization, 2, 1984, pp.285-310.

7) Imai는 이러한 네트워크를 Williamson(1975)의 시장과 위계이론에 비추어 다음과 같은 그림으로 표현하고 있다.(Imai, Ken-ichi, "Evolution of Japan's Corporate and Industrial Networks," in *Industrial Dynamics: Technological, Organizational, and Structural Change in Industries and Firm*, ed. Bo Carlsson: Kluwer Academic Publishers, 1989, p.125 참조.)

시장(Market) 계층구조(Hierarchy)

└── 네트워크(Network) ──┘

따라서 이러한 네트워크에서는 조직의 기본단위가 단일기업이나 고립되어 있는 여타 경제행위주체가 아니라 여러 다양한 경제주체들간의 관계(a basic unit is a relation among various economic agents)로 규정된다.[8] 이러한 네트워크조직은 특히 장기적 계약관계를 중시하는 일본의 기업집단조직이 전형적인 사례들로 지적되고 있다.

그런데 이러한 네트워크는 크게 기업내부 네트워크(internal network)와 기업외부 네트워크(external network)로 구분할 수 있다. 기업내부 네트워크는 기업 내 가치사슬 선상에서 각 가치활동 조직을 특정의 과제나 목표를 중심으로 전문화하면서 동시에 전체적으로 통합시키는 체제이다.[9]

반면, 기업외부 네트워크는 외부기업간에 형성된 기업집합으로서 기업간에 상호작용하는 관계를 관리하는 경제적 시스템으로 볼 수 있다. 기업간 추상적인 관계까지도 포함하여 지속적인 연결관계를 가진 제 조직들의 통합체로서 계층구조를 가지고 있다는 특징이 있으며, 경쟁분석에서는 기업과 산업간의 중간 차원이라는 분석단위로 새로운 시각에서 구분하기도 한다.[10] 네트워크가 형성되면 기업들은 전략적 기업집단화되어 일종의 시스템적 경쟁체제를 갖추게 되고, 이러한 경쟁체제하에서는 개별 기업 차원이 아니라 시스템적 차원에서 경쟁력을 강화할 필요가 있게 된다.[11]

요약하면 네트워킹(networking)은 기업 내 네트워킹을 통하여 국제적으로 분산된 내부의 경영자원을 통합하여 각 조직이 경영자원을 공유함으로써 기업전체의 시너지(Synergy)적 경쟁능력을 확대시키는 동시에, 외부적 네트워킹을 통하여 외부연계조직이 보유하고 있는 경영자원을 활용하려는 것이다.

---

8) Imai, Ken-ichi 전게서.

9) Rockart, J. F. and J. E. Short, "The Networked Organization and the Management of Interdependence," in *The Corporation of the 1990s*, ed. Michael s. Scott Morton, New York: Oxford University Press, 1991, pp.189-219.[가치사슬상의 개별조직간에 경계를 약화시켜 조직간의 원활한 정보교류는 물론 공동의 특정과제를 위하여 통합·조정되는 자원배분기능 등도 수행되기도 한다. 특히 수직다각화 기업의 경우 기업내 단위사업간 연결이나 또는 자본참여 계열기업을 연계하는 형태로서 개별조직의 경계를 넘어 네트워크로서 통합시키게 된다.]

10) 이러한 점 때문에 네트워크를 구체화된 기업간 관계의 실체보다는 형성과정으로 인식되기도 한다.(今井賢一, 金子郁容, 『ネットワーク組織論』, 1991 참조.)

11) 今井賢一, 『資本主義 のシステムス間 競爭』, 1992. [즉 네트워크 체제간 경쟁이라는 국제경영환경의 새로운 경기규칙이 만들어지는 것이다. 이 경우 개별 기업들은 자신이 속한 네트워크 체제 내에서 경쟁능력을 갖추어야 하고, 자신들의 전략적 입지로 안정성을 얻을 수 있게 된다. 반면에 네트워크 밖의 기업에 대해서는 진입장벽을 쌓고, 그러한 진입장벽은 집단내 기업의 이동에 대해서도 장벽을 쌓아 개별기업의 전략적 위치가 자동적으로 결정되는 결과를 초래하기도 한다]

더욱이 정보통신과 컴퓨터기술의 발달은 세계 각국에서 다양한 형태의 조직으로 활동중인 해외자회사들의 정보를 효과적으로 수집하여 전달할 수 있게 해주고 있다. 기업들은 이러한 정보기술을 네트워킹에 활용하여 해외자회사들이 정보를 공유하는 동시에 새로운 정보를 창출함으로써 사업활동의 영역을 확대할 수도 있다. 네트워킹은 기술변화가 격심한 전자 등의 글로벌 산업을 중심으로 특히 활발한데 최근에 국내 및 국제간 전략적 제휴의 확산은 이러한 추이를 잘 보여주고 있다.[12)]

이상에서 전략적 제휴 발생의 배경을 살펴보았는데, 전략적 제휴란 무엇인가?에 대해 반문할 필요가 있다. 이의 답을 얻기 위해 본 장에서는 국제네트워크에 대해 그 범위를 살펴봄으로서 전략적 제휴의 개념을 이해할 수 있을 것이다.

2. 국제네트워크의 정의

국제네트워크에 대한 정의는 다양하게 나타나고 있지만, 크게 보아 장기적 기업내·외 협력관계를 바탕으로 하는 '조직구조론'(organizational relation)과 재화, 기술 정보, 서비스 등 경제적으로 가치가 있는 활동의 교환과 교환에 영향을 주는 주변관련요소를 보는 '재화흐름론'(resource exchange argument)의 입장으로 대별할 수 있다.

그러나 국제네트워크의 다양한 속성 및 형태를 모두 포괄적으로 설명하기에는 한계가 있을 것이다. 이는 연구의 목적과 범위에 맞게 설정하여 하드웨어적 성격과 소프트웨어적 성격을 병행해야 할 것으로 보인다. 따라서, 이를 기본개념 및 유형으로 나누어 보면 다음과 같다.

1) 하드웨어적 분류(구조)

우선 국제사업활동의 주체가 되는 기업 내 또는 기업간 관계를 소비자, 공급자, 정부 등 외부 환경활동 등과 구분하기 위하여, 전자를 기업네트워크로 규정하며, 환경관련 활동주체간 또는 활동주체 내 관계는 외부네트워크로 구분한다.

기업네트워크는 네트워크 구성주체간 관계에 따라 모회사와 관련 자회사의 집합인 기업내 네트워크와 서로 다른 기업간 관계에 따르는 기업간 네트워크로 구분한다. 기업간 네트워크는 다시 투자 모국 관련기업과의 동반진출 경우와 해외기업과의 협력 경

12) 초기에 많은 학자들이 기존이론으로는 설명이 어려웠던 다국적 기업내 본사와 자회사간의 관계 등 일부 현상을 국제네트워크라는 새로운 전략개념으로 이용하여 이해하려고 노력하였다. (Ghoshal, S. and Nohria, N., Internal Differential Within Multinational Corporation', SMJ, 1990.)

우를 구분하기 위하여 동반기업간 네트워크와 해외기업간 네트워크로 구분한다.

특히 국제네트워크의 구조적 특성을 파악하기 위한 개념으로는 네트워크 크기(network size), 지역적 분산(area dispersion), 그리고 구성주체간 다양성(diversity)등을 들 수 있으며, 이들을 기준으로 지점형(point-net, 차륜형 네트워크), 지역밀착형(area-net, 분산형 네트워크), 그리고 범세계형(global-net)네트워크 등으로 구분할 수 있다.

2) 소프트웨어적 분류(운영)

국제네트워크는 관련주체간 국제사업활동에서의 협력을 목적으로 구성된다. 따라서 국제네트워크는 협력의 형태를 기준으로 X-type, Y-type,[13] 그리고 Z-type으로 구분할 수 있다. X-type네트워크는 관련주체간 협력이 서로 상이한 분야에서 상대방을 보완하는 방식으로 협력하는 것이다.[14] 반면에 Y-type 네트워크는 동일한 활동분야에서 서로 협동하는 방식으로 협력하는 경우를 의미한다.[15] Z-type 네트워크는 X-type과 Y-type의 혼합형태를 의미한다.

또한 협력의 내용과 기능을 바탕으로 기술개발, 생산, 구매, 마케팅, 물류, 유통, 인사, 정보 등 가치사슬(value-chain)상 단위영역에서의 협력을 목적으로 한(단순)기능네트워크와 여러 기능 면에서의 유기적 협력관계를 목표로 하는 복합네트워크로 나눌 수 있다.

그리고 협력의 방식 및 의사결정과 관련하여 네트워크 내 거점별로 독자적인 의사결정권과 독립성을 가지고 분리하여 운영하는 분산형 네트워크와 네트워크 전체의 목표추구를 위하여 전체 거점을 글로벌 한 입장에서 묶어서 운영하는 통합형 네트워크로 구분할 수 있다.

---

13) X형은 기업간에 한 산업에서 활동을 분담하는 형태로 한 파트너가 제조를 맡으면 다른 파트너는 시장을 담당하게 된다. Y형은 기업들이 하나 또는 그 이상의 가치활동의 실제적 성과를 공유한다. 예로 '조인트 마케팅 계약'을 들 수 있다. 이는 X형 제휴보다는 Y형 제휴가 더욱 안정적이라고 볼 수 있는데, 파트너의 '가치사슬간'의 연결성이 약하다. (Poter, M. E. and Fuller, M. B. "Coaliation and Global Strategy", Competition in Global Industries, HBS Press, 1986. pp.336-338.) 그리고 X, Y형 제휴의 구조형태에서 X형 제휴는 조인트 벤처(9%), 라이센스(31%), 공급계약(31%), 그 외 계약(29%)를 차지하는 반면, Y형 제휴에서는 조인트 벤처(56%), 라이센스(4%), 공급계약(3%), 그 외 계약(37%)를 차지하고 있다.(상게서, p.363)

14) 기업간 협력의 형태로 보면, 한 파트너가 주요하게 자금을 공급하는 조인트 벤처가 될 수 있지만, 장기간 공급 계약, 라이센스, 또는 마케팅 계약 등이 있다. 본사와 자회사간의 관계에서는 핵심부품의 개발-생산-공급관계의 축으로 볼 수 있다.

15) 이는 빈번하게 조인트 벤처의 형태를 취하지만, 기술공유, 교차 라이센스, 또는 다른 협력관계를 의미한다.

이 밖에도 네트워크의 운영 특성을 파악하기 위한 개념으로 재화교환의 빈도(frequency)와 분산(variance), 그리고 관계 거점간 분업의 정도를 표현하는 전문성(specialization)등을 들 수 있다.[16)]

다음에서 설명하는 전략적 제휴는 기업이 경영자원의 공유를 통하여 경쟁력을 높임으로써 세계적 경쟁에 대응하기 위한 기업이 채용하는 네트워크 형성의 경영전략이라는 견해 하에 설명하기로 한다.

제2절 전략적 제휴의 이점

1. 전략적 제휴의 개념

전략경영이란 의도적으로 장·단기적으로 경영목표를 취하기 위해 비전설정(경영자의 합리적 의지)을 통해 기업자원과 조직을 최적화 하여 경쟁적 환경에서 우위를 취하고자 하는 개념이라고 할 수 있다. 그러므로 전략이란 그 자체가 의도적인 장기적 관점을 가지게 된다. 반면 제휴는 경쟁환경에서 기업 독자적으로 취하기에 비용 또는 시간적 제약이 존재하여 기술, 경영능력, 자산 등을 타 기업과 공유하여 협력관계(partnership)를 유지하는 것을 말한다.

'전략의 문제'로서 처음 단계에서는 각각 연구 프로젝트에 관한 파트너의 전략이 자신의 것과 호환 가능한 것인지 아닌지 평가해보아야 한다. 이 단계에서 중요한 일은 자신의 프로젝트 전략뿐만 아니라 파트너의 프로젝트 전략을 평가해서 분석하여야 한다고 할 수 있다. 다음으로 '자원의 문제'로서 각 파트너는 좋은 조건에서 프로젝트를 수행하기 위해 현재 자신의 자원과 필요한 자원이 주어지는지 아닌지 그리고 수행이 가능한지 아닌지도 결정하여야 하여야 하는 것이다.

그러나 이러한 실행의 의미는 우선적으로 '제휴'가 성립되는 이유부터 알아볼 필요가 있다. 즉 기업의 환경이 경쟁우위를 취하지 못하면 적자생존의 원칙이 적용되어 도태되는 것이 현실의 상황이므로 간단히 자원의 공유를 의미하는 제휴보다는 경쟁우위 확보를 위한 전략적 경영의 주요한 수단으로서 활용하고 있는 것이다. 즉 환경자체가 시대의 흐름에 따라 핵심전략의 일부분으로서 그 성격이 변화하고 있는 것이라 할

16) Ghoshal & Bartlett, St. Martin's Press, (1993), 전게서.

수 있다. 그렇다면 제휴란 현재 새로이 나타나는 흐름인가? 이는 그렇지 않다고 추정이 가능하리라 보며, 이 점에서 핵심전략으로서 전략적 제휴와 과거 제휴의 비교를 통해 현실적인 문제를 접하기로 한다.

전략적 제휴의 특성을 종래의 제휴와 비교하면 다음과 같다.

표 13-1 — 종래의 제휴와 전략적 제휴의 비교

	종래의 제휴	전략적 제휴
체 제	선 · 후진국 기업간 수직적 분업체제	주로 선진국 경쟁기업간 수평분업 체제
설 립	신규사업체 설립	대부분 기존기업 유지
추 진	산업협력 혹은 해외진출 전략의 일환으로 추진	주로 경쟁기업 쌍방 추진
제휴목적	시장접근, 기술이전 및 전수	경쟁기업간 세계적 경쟁우위 확보를 위한 협력

자료: 한국무역협회, 전략적 제휴의 실태와 활용방안, 1993, p.24.; 대외경제정책연구원, 전략적 제휴와 기술혁신의 국제화, 1994, p.20.

종래의 제휴는 직접적인 경쟁을 피하기 위하여 수동적인 시장접근이나 기술이전을 취하였으나 전략적인 성격이 이와는 차이를 나타나게 된다. 그 차이점은 다음과 같다.[17]

첫째, 과거에는 협력업체간의 경영능력 · 자산 면에서 불균형적인 경우가 많았으나 최근의 제휴에서는 상호 대등한 경우가 많다.

둘째, 과거에는 경쟁업체간의 협력관계가 미미하였으나 최근에는 경쟁이 치열한 기업간에 부분적 협력을 강화시키고 있다.

셋째, 협력 업체간의 협력 내용 면에서도 과거에는 불균형적이었으나 보다 균형적인 내용으로 변하고 있다.

넷째, 과거의 협력동기는 시장접근, 규모의 경제성, 자원의 확보 등 경제적 요인이 위주였으나 최근에는 전략적 · 경쟁적 요인이 더 큰 비중을 차지하고 있다.

또한 전략적 제휴는 공격적인 전략이 되기도 하지만 방어적인 전략이 되는 효과를 가지고 있다. 이는 전략적 제휴가 급격한 구조변화 혹은 기술변화를 겪고 있는 산업에서 매우 활발히 나타나는 특징이 존재하므로 도입기, 성장기, 성숙기에 걸쳐 본래의 공격적 전략을 취하면서 방어적인 전략(예로 진입장벽의 구축)으로 나타난다. 이에 대해 나타내면 다음과 같다.

17) 竹田志郎, 國際戰略提携, 同文館, 1992, pp.41-43.

표 13-2 — 전략적 제휴의 경영 전략적 동기

		시장에서의 위치	
		선도기업	추종기업
기업의 능력	핵심기업	방어적	추격적
	주변기업	현상유지	구조조정

자료: Lorange, Peter and Roos, Johan, Strategic Alliance, 1992, p.7.

그렇다면 국제사업방식과 전략적 제휴의 관계는 무엇인가? 기업의 국제화는 일반적으로 수출중심의 마케팅 → 해외직접투자(생산 및 R&D의 국제화 → 글로벌화로 나타나고 있으므로, 수출과 직접투자 사이에서 전략적 제휴가 존재하게 된다. 이에 대한 설명이 다음의 그림이다.

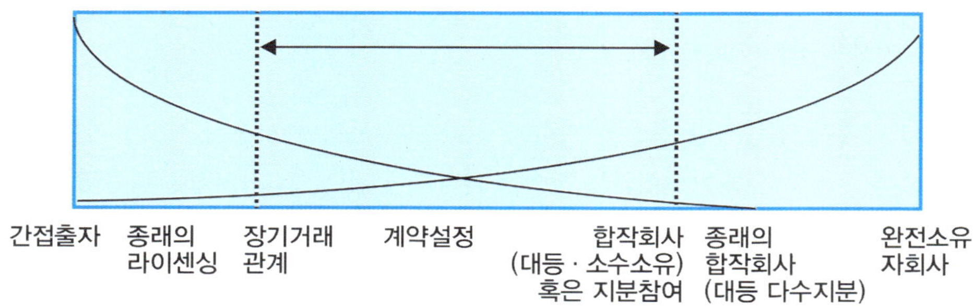

자료: 한국은행

[그림 13-1] 해외사업방식과 전략제휴[18)]

수출은 유연성이 높은 대신 의사결정력이 낮으며 불확실성이 매우 높고, 반면 직접투자에 의한 완전소유 자회사 운영은 경영지배력과 의사결정력이 높은 대신 유연성과 불확실성이 모두 낮은 특징을 보인다. 전략적 제휴는 이 양자에 위치한다고 할 수 있다.

이와 같이 전략적 제휴의 개념을 통해 그 정의를 내리면 다음과 같다.

"'전략적 제휴'는 다수의 기업들이 자신의 경쟁우위요소를 바탕으로 하여 각자의 독립성을 유지하면서 상호협력관계를 형성함으로써 제 3의 기업에 대하여 경쟁우위

18) 이 모델은 F. Simyar & K. Argheyd의 모델로 "Export Entry and Expansion Strategies," in P. J. Rosson and S. D. Reid(eds), Management Export Entry and Expansion, Praeger, 1987.)을 竹田志郎이 정리 작성한 것이다.

를 확보하고자 하는 새로운 경영전략"으로서, 일방적이 아니며 쌍방의 경영전략의 결과라는 점에서 과거의 제휴와 구별된다.[19]

표 13-3 ─ 전략적 제휴의 산업별 현황

산 업	제휴의 주목적(전체 중 차지하는 비중%)							
	제휴의 건수	위험분산	금융자원의 부재	산업기술 표준화	신제품 개발속도	연구개발 투자의 공동부담	시장접근	시장진입을 위한 기술획득
생화학	847	1	13	35	31	10	13	15
신소재	430	1	3	38	32	11	31	16
정보통신	1,660	4	2	33	31	3	38	11
-컴퓨터	198	1	2	28	22	2	51	10
-사무자동화	278	-	3	41	32	4	31	7
-전자공학	383	3	3	33	33	5	52	6
-소프트웨어	344	1	4	38	36	2	24	11
-통 신	366	11	2	28	28	1	35	16
-기타정보통신	91	1	-	29	28	2	35	24
자동차	205	4	2	27	22	2	52	4
항공/방위산업	228	36	1	34	26	-	13	8
화 학	410	7	1	16	13	1	51	8
가 전	58	2	-	19	19	-	53	9
식 품	42	1	-	17	10	-	43	7
중전기	141	36	1	31	10	4	23	11
정밀측정장치/의료제어	95	-	4	35	40	2	28	10
기 타	66	35	-	9	6	0	23	8

자료: The Economist, March 27, 1994, p.16.

산업별에서는 자동차, 항공기, 통신, 컴퓨터, 전기에서 빈번하며 이들 5업종만으로 전체 90% 가까이 달한다. 이것들은 모두 글로벌화 한 산업이며, 진입 장벽이 높고 규모의 경제성, 급속한 기술변화가 항상 따르는 곳이다. 이에 대해 나타낸 것이 다음의 표이다.

또한 이런 기업간 협력에는 사업 위험(risk)이 높다는 특징을 갖는다. 또 미국기업은 항공기, 통신, 유럽기업은 컴퓨터, 항공기의 분야에서 적극적으로 합작을 추진하고 있는 것에 대해 일본기업은 자동차, 전기에 집중해 왔다.

---

19) 전용욱, "반도체산업의 다국적 기업간 협력과 한국기업의 대응 전략(Ⅰ)", 산업동향, 1990. 9, p.31-32. 한국무역협회, "전략적 제휴의 실태와 활용방안", 1993, p.19. 삼성종합연수원, "전략적 제휴를 통한 경쟁우위의 확보", 1989, p.3.

2. 전략적 제휴의 이론적 배경

기업이 글로벌 경쟁전략을 전개중 경쟁기업과 협력관계를 맺는 움직임이 활발하다. '내부화 가설'에 따르면 국제 비즈니스를 전개할 때 완전 소유자 회사인가, 협력관계인가의 두 대체 안이 가능하다. 완전소유 자회사보다는 타기업과 제휴를 설립하여 연결형태를 미약하게 하는 별개의 옵션(option)이 선택되는 이유는 다음과 같다.

먼저 이는 내부화 가설의 배경을 지닌다. 내부화(Internalization)란 기업이 지닌 재화나 자원을 거래할 때 어떤 조건하에서는 시장을 통하여 행해지며, 어떤 경우에는 기업 내에서 거래되는가를 명백히 하려는 하나의 가설이다. 기업이 國際化時에 현지설비가 當地에서의 경쟁에 통용될만한 독특한 자원을 이동하지 않으면 안되므로 이 자원이 얼마나 거래되는가 라는 측면에 대해 내부화 가설이 적용될 수 있다. 시장에서 거래된다는 것은 자원이 제 3자의 생산시설로 이동 판매되는 일이며, 라이센스 공여에 의한 해외전략을 의미한다. 다른 한편 기업내의 거래란 자원을 기업내부에서 이용하는 것임으로 완전소유자 회사에 의한 해외생산전략에 상당한다.

이제까지 내부화 가설에서는 완전소유자 회사설립에 대한 기업국제화야 말로 '다국적기업'의 '독특한 자산'을 이용하기 위한 최선의 수단이었다. 기업이 해외 사업 활동을 확장할 때 파트너가 존재하면(즉 합작) 시장에서의 파트너는 기회주의적일 수 있다. 이를 통해 경쟁우위요소를 소산(Dissipate)해버릴 수 있는 것이다.

이와 같이 내부화 가설에서는 순수한 기업 내 거래인가, 순수한 시장거래인가라는 두개의 대체안밖에 상정해오지 않았고, 시장에서는 경제주체가 '기회주의'를 잘 처리할 수 없기 때문에 소산문제를 해결할 수 없어 완전소유자 회사가 선택될 수밖에 없었다.

그러나 이하에서 보듯이 타기업과 협동하는 일에 장점이 있는 경우 완전소유자 회사에서는 협동의 장점이 있으므로, 제휴에서는 일정의 조건하에서 적절히 조정이 되면 기회주의를 회피함과 동시에 협동의 장점도 향유하는 것이 가능해진다.

3. 전략적 제휴의 이점

오늘날 국제비즈니스 환경에서 완전소유자회사에 의한 단독진출에서는 얻을 수 없지만 다국적기업이 타기업과 협동하여 얻는 이점에는 다음과 같다.

1) 위험(risk)의 분산

불확실한 환경에서 사업은 커다란 위험(risk)을 동반하므로 타기업과 협력하는 것으로 위험감소(risk sharking) 효과가 얻어진다. 가령 해운업이나 자원개발에서는 종래부터 전쟁, 천재, 정치적 위험 등 여러 가지 위험이 있다. 더구나 거대한 설비투자가 소요되는 사업이 중지될 경우의 손실은 막대한 것이 된다. 이 경우 복수의 다국적기업이 연합체를 구성하여 자원개발에 임하면 위험분산이 가능해진다.

최근에는 위험회피수단으로서 연구개발부분에서의 기업간 협력이 눈에 띄게 증가해 왔다. 메카트로닉스, 유전공학, 제약, 바이오 테크놀리지, 위성통신 등의 '하이테크 분야'에서는 기술 제품개발에 시간이 들고 불확정 요소가 많으며, 기술의 수명주기(life cycle)도 짧으므로 자금을 회수할 수 없는 위험이 높다. 더구나 기술이 급속히 진보하는 상황에서 그것이 어느 방향으로 진전하고 있음이 불투명하여 독자개발 노선에서는 기술변화의 동향에 뒤따를 수 없는 위험이 크다.

또 비디오, 퍼스널 컴퓨터, DAT, 통신 등 수명주기 초기단계에 있는 제품은 규격이 통일 되어있지 않아 독자로 개발을 추진하면 자사가 개발해 온 시장에서 표준으로 되지 않을 위험이 있다. 이와 같이 사업에서 위험을 분산하고 완성된 기술을 응용하는 단계에서 경쟁하려면 연구개발의 중복이나 시장점유를 위한 과도한 투자를 피하고 저비용에서의 제품공급이 가능해지도록 자원배분의 효율성을 유지하는 것이 바람직하다.

2) 규모의 경제성 가능

생산 설비가 규모적일 때 또는 자사의 마케팅력만으로 규모의 경제성을 획득할 수 없을 경우 공동 생산을 행하여 상호시장에서 판매하면 해결 가능하다. 최근은 기술이나. 제품의 개발 단계에 있어서도 규모의 경제성이 점점 중시되어 오고 있다. 특히 연구개발은 초기에 막대한 투자를 필요로 하므로 개발의 성과를 공동 이용하여 거대한 시장을 배경으로 단위당 개발비용을 감소하는 것이 중요하다.

신기술이나 신제품의 개발이 수명주기를 위협하는 경우에는 매우 중요한 일이며, 특히 '규모의 경제성'을 일단 획득하면 타 경쟁기업이 극복하는 일은 매우 곤란해진다. 그러므로 선발자의 우위성(First-mover Advantages)이 형성된다. 이 때문에 시장을 개척하기보다는 기업제휴가 빨리 시장을 점유할 수 있다.

3) 자원의 상호보완 가능

상호간 천연자원, 기술, 현지유통체널, 기술자, 현지에서의 생산이나 마케팅의 노하우를 익힌 인적자원 등의 부족은 기업간 제휴를 통해서 극복할 수 있다. 현재 치열한 기술개발 경쟁 결과 한 가지제품을 생산하기 위해 필요한 각종기술의 특허가 여러 나라의 기업에 분산되어 있는 일이 많다. 그 경우에 합작산업이나 크로스 라이센싱(cross-licensing)을 행하여 부족한 특허기술을 보완할 필요가 있다.

4) 외국시장으로의 진입용이

스톱포드(J. M.Stopford and L. T. Wells, jr)에 의하면 현지기업과 합작하여 시장접근 또는 진입이 가능해지는 경우가 있다. 가령 다국적 기업이 현지 시장에 관한 마케팅 지식을 지니지 않은 경우에 현지 파트너의 유통망을 이용하는 경우이다. 또 역으로 현지의 파트너가 생산한 제품을 외국시장에 판매하기 위해서도 합작이 이루어지기도 한다.

5) 수용국의 내셔널리즘(nationalism)회피

다국적 기업이 수용국에서 정치 리스크 회피를 위해 현지기업과의 협력관계를 맺는다. 가령 수용국에서 외국기업에 대한 완전소유의 사업이 금지되어 있는 경우 다국적 기업은 현지기업과 합작하여 사업을 한다. 수용국으로서는 자국의 자원이 외국의 소유 하에 이용되는 것에 위기감을 느끼기도 하지만 반면 특히 개발도상국인 경우 다국적기업의 다양한 기술이나 노하우를 취할 수 있다.

6) 시너지 효과(synergy effect)

시너지 효과란 다른 주체간의 결합에 의해 각 주체의 독립적인 총 능력을 상회하는 경우를 말한다. 자원간에 상호보완성은 공통 목적 하에서 상승효과가 생길 가능성이 많기 때문이다. 부족한 자원을 타사로부터 보완하는 수단으로써 합작은 입력에서 '경제성'이 중시되었지만 '시너지효과'는 출력에 있어 2+2는 5를 창출해 내는 것을 말한다. 즉 이질분야를 상호 융합시키는 것은 새로운 정보나 지식을 만들어 내려는 동태적인 형태이다. 이상의 내용을 표로 정리하면 다음과 같다.

표 13-4 — 국제제휴의 목적

형 태	목 적
위 험 분 산	- 제품포트폴리오의 다각화를 통한 이익의 안정 - 고정비용의 분산경감 - 신속한 시장진입 및 투자자금 회수
규모의 경제/비용절감	- 보다 많은 생산량에 따른 평균비용절감 - 제휴기업의 저원가 능력 활용에 다른 비용절감

기 술 확 보	- 공동연구 · 개발을 통한 기술의 효율적 확보 - 기술적 시너지효과의 증대 - 특허 및 관할지역의 교환
경쟁입지의 강화	- 제휴를 통한 경쟁의 감소 - 시장점유율 증대
준수직적 통합을 통한 제휴기업의 경쟁우위활용	- 원자재에 대한 접근 용이성 - 기술습득의 용이성 - 노동력 획득 - 자본획득 - 정부규제회피 - 유통경로에 대한 접근 용이성 - 상품인지도 제고 - 구매자들과의 연계관계 구축

자료: 대한상공회의소, "한국 중소기업의 국제네트워크 전략" in 한국기업의 국제네트워크 전략, 1994. p.23.

4. 전략적 제휴의 유형과 효과

1) 제휴의 형식 및 내용

전략적 제휴의 형태를 분류하는 한 가지 방식은 기업간 제휴의 형식에 초점을 두는 것으로 자본참여, 계약 설정, 거래관계로 구분하는 것이다. 가장 많이 사용하는 분류 방식은 제휴의 내용에 다라 분류하는 것인데, 학자들에 따라 다소 차이가 있으나, 대체로 기술제휴, 조달제휴, 생산제휴, 판매제휴로 구분한다.[20] 이 두 가지 분류방식을 결합하여 전략적 제휴의 형태와 동기를 요약하면 〈표 13-5〉와 같다.

다음 표를 간단히 그 중점만 살펴보면 다음과 같다.

① **기술제휴**: 상호기술교환 및 공동기술개발
② **조달제휴**: 물자의 안정적 공급원 확보
③ **생산제휴**: 생산비용절감 및 시장지위의 확보
④ **판매제휴**: 상대국 시장 접근 및 판매 강화

이들 중 어느 한가지만 선택되기도 하지만, 복합적으로 이루어지는 경우도 많으며, 특정 첨단 제품의 경우 신기술개발 참여기업만을 대상으로 하여 참여비율에 따라 판매량을 할당하는 배타적인 개발 · 판매 제휴를 실시하는 경우도 있다.

---

20) 이상의 분류는 竹田志郎의 방식에 따른 것임.

표 13-5 — 제휴의 형식 및 내용에 따른 전략적 제휴 형태와 동기

	기술제휴	조달제휴		생산제휴		판매제휴
		부품조달	생산위탁	공동생산	생산위탁	
자본참여	• 시장확대 • 사업다각화(기술확보)	• 안정적 공급원 확보 • 기존설비의 전용(기술확보, 안정적 공급원 확보)		• 시장진출 및 확대 • 생산비절감과 위험분산(기술확보, 경쟁기업에 대한 대응)		• 시장확대 • 시장확대(판매망의 이용)
계약설정	• 기술상호공급 • 시장진출확대 • 공급체계와 개선(기술확보, 신분야진출)	• 안정적 공급원 확보 • 관련부품의 상호공급원 확보(안정적 공급원 확보)	• 품목구비(보완, 보강 포함) • 동일제품 상호보완 • 특정제품라인의 특화(시장확대, 생산여력충당)	• 기술의 공동활용 • 설비의 유효이용 및 신규사업의 진입 • 시장진출 및 확대 • 생산비 절감과 위험 분산	• 생산진출 및 확대 • 제품상호 보완(품목구비, 잉여설비 활용)	• 판매망의 상호이용 • 시장확대 • 제품사양확립(특정제품라인 강화)
생산관계		• 생산비 절하와 품질의 안정화				

주: ( )는 상대기업의 동기임
자료: 竹田志郎, 전게서, p.72.

이상에서 언급한 네 가지 형태 중 선택의 여지는 기업이 처한 상황, 여건 및 전략적 목적에 따라 좌우된다고 할 수 있다. 이를 비교하면 다음과 같다.

표 13-6 — 전략적 제휴의 종류 및 특성

	목 적	종 류	특 징
기술제휴	기술의 공동개발과 상호교환	- 공동기술개발 - 기술도입 · 교환 - 특허공유 - 연구참여	- 자사의 부족한 기술에 대해 타기업의 기술 · 특허 · 노하우를 도입, 공유하여 기술력 격차 해소 - 신기술, 제품의 공동개발추진(계약 또는 합작기업 형태) → 생산, 판매제휴로 발전하는 경우가 많음
조달제휴	세계적 조달활동으로 비용절감 및 조달일체화	- 생산위탁 · 수탁 - 부품조달 - 단순외주가공	- 상대기업에 대한 생산 위탁, 부품조달 제휴 - 전세계적 차원에서 조달활동 전개
생산제휴	생산비절감 및 자사브랜드의 시장지배력 강화	- 공동생산 - 생산위탁 · 수탁 - OEM - second sourcing*	- 각사의 경영자원을 상호공급, 공동생산 - OEM 및 생산위탁 → 수탁을 통하여 생산비 절감, 자사 브랜드 지배력 강화 - 생산에서 판매단계까지 지속되는 경우 많음(주로 합작기업 형태)
판매제휴	상대국 시장접근 및 판매강화	- 공동브랜드 - 위탁판매 - 공동규격 설정	- 판매능력(경로,노하우 등)을 활용, 자사품목의 상호공동판매 - 판매지역이나 제품의 선택적 활용으로 Cross Marketing

주: *는 자사의 기술 통제하에 생산을 위탁하되, 판매권한은 수탁업체에 부여하여 수요를 분담하는 형태
자료: 한국무역협회, 전략적 제휴의 실태와 활용방안, 1993, p.23.

2) 제휴기업간 상호 역학관계에 의한 형태

최근의 전략적 제휴는 과적의 단일방향적인 상호관계로부터 상대기업의 우위요소를 상호 활용 할 수 있는 쌍방적인 관계로 변화하고 있다. 특히 대규모의 기업들간에 각자의 경쟁우위 요소를 중심으로 한 쌍방향 제휴가 점증하고 있다.

표 13-7 — 상호관계에 의한 제휴전략의 분류

	일방적	쌍방적
기술제휴	기술도입, 특허매입	기술교환, 공동개발, 교차라이센싱 기술 컨소시엄
생산제휴	OEM 공급, 하청, Second Souring, 생산계약	상호 OEM 공급, 공정분업
판매제휴	대리점, 프랜차이징, 조달,	공동브랜드 활용, 시장창출협력
자본제휴	M&A	합작, 개발 컨소시엄

자료: 한국무역협회, 전게서, p.29.

5. 전략적 제휴와 산업조직

국제화시대의 전략적 제휴는 반경쟁적 행위, 담합, 독점형 경쟁 및 다국적기업, 다변화기업, 거대기업 등에 이르는 다양한 시장 구조적 측면과 연관되어 있다. 이러한 시장 구조적 측면과 기업간 전략적 재휴사이의 상관관계는 기업규모와 상업집중이라는 두 가지 시장구조변수를 중심으로 논의할 수 있다. 최근 공동 R&D나 합작기업 등의 전략적 제휴가 후생에 미치는 영향이나 참여기업 R&D의 파급효과 등에 관한 이론적 연구가 Tirole, d'Aspremont & Jacquemin, Katz 등에 의하여 이루어져 왔다.

표 13-8 — 산업에서 전략적 제휴와 담합 행태에 대한 학자들의 견해

학자	견 해
Chenais	집중화된 산업 또는 과점적 경쟁으로 특징지어지는 비집중화된 산업보다 전략적 제휴관계를 더 많이 맺는다.(국제화에 관한 고전적 이론과 Hymer의 초기이론에 기초하여 집중화된 산업에서는 선도기업이 국제경쟁측면에서 시장력을 확보하기 위하여 제휴관계를 맺는다고 보았다.)
Kogut	합작기업의 역할은 참가기업의 시장지배력 향상을 위한 기업간 전략적 행태 및 경쟁의 측면에서 이해(산업의 집중화와 선도기업의 시장력이 증가함에 따라 기업간 합작행위의 빈도도 같이 증가하는 것으로 나타난다.)
Mytelka & Delapierre	이해 측면은 상동(시장내에서 선도적 과점지위를 차지하는 기업의 적응력을 증가시키는 전략적 제휴의 역할을 강조)-공동 R&D에 관한 Link, Bauer의 실증분석에 따르면 기업간 시장점유율 차이가 기업제휴에 큰 역할을 하고 있다. 기업이 직면한 국제경쟁과 시장점유율의 증가정도는 기업간 공동 R&D의 성장과 正의 관계를 갖는다.
Chesnais, Mytelka	최근 몇 년동안 전략적 제휴관계 자체가 증가하였을 뿐만 아니라, 이러한 관계가 기업간 동맹관계를 형성하는 대규모 과점기업 네트워크의 출현에 기여했다고 주장했다.
Casson	시장선도기업이 제휴 네트워크를 형성하는 과점형 경쟁을 강조
Porter	2기업들의 취약성 측면에서 전략적 제휴를 설명
Hagedoom, Schakenraad	선도기업들이 전략적 제휴관계에서 중요한 역할을 하나 그들 핵심적 활동에는 꼭 그렇지 않다는 중도적인 입장(전략적 제휴의 유형은 기존 시장서열구조를 부분적으로밖에 반영치 못한다. 전략적 제휴는 상대적으로 적은 매몰원가(sunk cost)를 소요하기 때문에 언제든지 탈퇴가 가능하고, 타기업의 협력기업 네트워크에의 진입도 제휴관계를 설정할 수 있는 기업이나 다른 기업들에 매력적인 파트너의 경우가 용이하다.

자료: 洪裕洙, 전략적 제휴와 기술혁신의 국제화, 대외경제정책연구원, 1994.1, p.36을 정리.

특히 산업조직과 관련하여 전략적 동기로 제휴관계에 참여한 기업들에 의한 담합 내지 배태적 행태에 대한 분석이 있어 왔는데, 협력을 통한 공동 R&D가 진입을 제한하여 결국 경쟁을 줄이고 산업집중을 심화시키는 담합행위로 귀결될 것 인지의 여부가 주요 논점이었다.[21)]

위의 주장들을 종합해 보면, 대규모 다국적 기업이 전략적 기술협력에 있어 주도적인 역할을 수행하며 이러한 제휴관계가 종종 과점형 경쟁관계와 일치한다고 할 수 있다. 그러나 이러한 구조적인 특성은 정태적으로 보아선 안되고 기존 네트워크 내에서의 적응성에 따라 동태적 구조변화가 이루어지고 있음을 간과해서는 안 된다. 전략적 기술제휴는 협력기업간에 상대적으로 안정된 네트워크를 형성하지만, 이러한 네트워크들은 진입 및 탈퇴가 매우 어려운 폐쇄적 장치와 같은 것이 아니다.

정태적으로 이 테트워크에서는 주도적인 역할을 하는 기업집단은 진입 및 탈퇴를 통해 변형될 수 있다. 따라서, 전략적 기술제휴관계의 구조가 기존의 국제 시장 내 서열구조를 유지하는 것으로 보는 관점은 너무 기계적이며 단순하다고 보겠다. 선도기업들이 시장점유율의 순위로 표현되는 시장 내 서열구조는 전략적 기술제휴에 상응하는 참여도를 반드시 반영하지는 않는다. 물론, 그렇다고 전략적 제휴가 대부분 2류 기업들에 의해 이루어진다는 것은 아니다.

결론적으로 전략적 기술제휴는 대부분 대규모 다국적기업 및 다변화기업에 의해 이루어진다. 이러한 기업들은 기술 및 전략 능력을 발전시킬 목적으로 다양한 기업들과 제휴를 맺는다. 그러나 제휴관계의 일부분만이 그들 핵심사업과 관련된 것이고 대부분은 다방면의 현재 및 미래 기업이익과 연관된 여타 활동과 관련된다. 다시 말해서 전략적 기술제휴의 현존 서열구조는 기존의 시장구조를 단순히 반영한 것이 아니라, 주도기업들의 일반적 전략 행태와 복잡한 기업간 네트워크의 광범위한 영역 내에서 이루어지는 행태적, 유동적 산물이라 하겠다.

---

21) 洪裕洙, 전략적 제휴와 기술혁신의 국제화, 대외경제정책연구원, 1994.1, pp.36-41. (Hagedoom, John and Schakenraad, Jos, "The Economic Effects of Strategic Partenerships and Technology Cooperation," MERIT 91-003, 1991을 참고)

제3절 전략적 제휴의 제고

전략적 제휴는 해외시장 개척하여 신제품개발에 필요한 연구개발비를 분담함으로써 비용, 신시장 진입 비용의 절감, 그리고 제품생산 및 공정기술의 습득과 규모의 경제에 의한 생산비 절감, 조직 및 경영과 관련된 노하우의 습득, 불안정한 시장에서 영업활동을 전개함에 따라 수반되는 정치적 경제적 위험분산 등의 이점을 가지고 있다. 그러나 많은 긍정적 결과에도 불구하고 전략적 제휴는 독립기업간 느슨한 연결로 인하여 관계 자체가 붕괴할 가능성이 있다. 다른 방식과 비교하면 다음과 같다.

■ 시장거래

장점은 거래의 선택과 중지가 자유로워 위험이 적다. 단점은 유리한 거래를 하기 위해서는 상당한 시장탐색시간과 비용이 필요하다. 또한 교섭상대 및 과정의 통제가 어려워 정확한 계약이 필요하다.

■ M&A

장점은 필요한 자원을 신속하게 일괄조달이 가능하다. 단점은 실패할 경우 상당한 위험부담이 따른다.

■ 내부조달

장점은 자원축적과 실행과정 모두를 완전히 통제할 수 있으며 조정과정의 비용이 적게 든다. 단점은 상당한 시간이 소요되며 모든 것을 단독으로 부담하므로 위험부담이 크다는 점이다.

■ 전략적 제휴

장점은 자원을 신속하게 조달할 수 있으며 위험분산효과를 얻을 수 있다는 점이다. 단점은 독립된 기업간의 관계이므로 상호조정이 어려우며 제휴관계가 쉽사리 붕괴될 가능성이 상존한다는 점이다.

사례

유한킴벌리의 전략적 제휴

화장지, 티슈, 기저귀 등으로 유명한 유한킴벌리 는 한국회사인줄 알고 있는 사람이 많다. 그러나 유한킴벌리라는 기업은 유한양행과 킴벌리클라크(Kimberly-Clark)의 제휴로 성공한 회사이다. 1970년에 시작하여 52년 동안 유한킴벌리처럼 전략적 제휴 관계를 오랜 기간 유지하는 것은 정말 어려운 일이다. 각자의 이익을 추구하기 위해 손을 잡은 두기업은 제휴의 성공케이스이다.

유한킴벌리는 한국 최초 기록을 많이 갖고 있는데 예를 들면 미용티슈 '크리넥스'(1971), 1회용 생리대 '코텍스'(1971), 화장실 전용 화장지 '뽀삐'(1974), 팬티형 기저귀 '하기스'(1983) 등이 각 분야에서 한국 최초이다

해외직접투자

제14장

해외직접투자(foreign direct investment)는 일반적으로 해외간접투자(international indirect investment)와의 비교에 의한 상대적 개념으로 정의된다. 즉, 해외직접투자나 해외간접투자는 국제간의 자본이동이라는 측면에서는 동일하나, 후자는 투자하는 기업이 경영에 직접 참가함이 없이 주식투자의 경우에는 배당수익, 채권투자의 경우에는 이자수익을 바라고 투자하는 반면, 전자는 투자하는 기업이 경영에 직접 참가함을 목적으로 한다는 점이 제일 큰 차이점이라 할 수 있다.

해외직접투자는 수출의 상대개념으로 정의되기도 한다. 즉, 수출이 자국내의 생산요소들을 자국 내에서 결합하여 제품의 상태로 국경선을 넘어 해외로 이전시키는 것인 반면, 해외직접투자는 자국내의 생산요소인 자본, 생산기술, 경영기술 등을 해외로 이전하여 그 나라의 생산요소인 노동, 토지 등과 결합하여 생산 및 판매를 한다는 점에서 구별된다.

제1절 해외직접투자의 개념과 특징

1. 개념

해외직접투자는 피투자기업의 경영에 직접 참가함을 목적으로 자본, 경영능력, 기술, 상표 등의 생산요소를 복합적으로 해외에 이전시키는 기업활동이다. 국제간의 직접투자는 보는 관점에 따라 두 가지 개념으로 나누어 볼 수 있다. 즉, 투자국의 입장에서 본 '해외직접투자'와 피투자국의 입장에서 본 '외국인 직접투자'가 그것이다.

각국의 실질적인 기준은 해외직접투자를 어떻게 규정하고 있는지 보기로 하자. 미국상무성은 다음과 같은 요건을 갖는 미국의 해외지분을 직접투자로 간주하고 있다. 첫째, 의결권주의 10%이상이 미국국민에 의하여 보유되고 있는 외국법인기업, 둘째, 의결권주 총수의 50%이상이 미국에 거주하는 주민들에 의해 보유되고 있는 외국법인기업, 셋째, 미국국민이 보유하고 있는 해외자산, 넷째, 미국법인기업의 해외지사에 대한 투자이다. 일본정부는 원칙적으로는 일본측의 자본참여가 25%지상이라는 최소지분비율을 택하고 있으나 경영의 통제를 가능하게 하는 임원의 파견, 제조기술이나 원재료, 투입물의 제공, 재정적 원조 등 다양한 형태의 투자도 직접투자에 포함시키고 있다. 한편 우리 나라는 해외직접투자의 요건을 투자자, 투자방법, 투자업종에 따라 규정하고 있는데, 투자비율은 투자사업수행에 적합간 비율(원칙적으로는 50%이상이나 그렇지 않은 경우에는 실질적인 경영통제권을 갖고 있는 경우) 이상이면 된다. 기타 주요국의 규정을 보아도 정도의 차이는 있지만 기본적인 공통점은 통제권 확보를 위한 일정비율 이상의 해외지분을 해외직접투자의 요건으로 명시하고 있다.

2. 특징

첫째, 해외직접투자는 투자 동기면 에서 단순히 이자나 유동성 확보만을 지향하는 유가증권투자 또는 배당소득만을 목적으로 하는 주식매입과는 달리, 해외사업에 대하여 직접적으로 영향력을 행사하여 경영지배를 하는 것이 목적이다. 따라서 단기적인 이익획득의 가능성은 직접투자에 있어서 중요문제가 안되며, 투하자본의 이자만을 목적으로 한 것은 직접투자가 아니다. 그러므로 채권이나 주식의 취득, 모든 종류의 단기 자본투자, 이자나 배당금 위주의 장기투자, 사업목적을 수반하지 않는 토지의 취득 등은 직접투자에 포함될 수 없다.

이와 같이 해외직접투자는 경영참여를 목적으로 하고 있다는 점에서 간접투자와 구별된다. 그러나 주식투자의 경우 투자형태상 공통점이 많고 외견상 구분이 곤란하므로 경영지배권을 출자비율에 의해 구분하여 일정 수준이상의 주식보유를 직접투자로 보는 것이 일반적이다. 이에 관하여 명확한 기준은 없으나, 미국, 일본 등의 국가에서는 출자비율25% 이상을 직접투자로 분류하고, 우리 나라는 외국환관리법상 원칙적으로 50%이상을 직접투자로 분류하고 있다.

둘째, 해외직접투자는 그 구체적 형태면에서 단순한 화폐적 형태의 자본이동뿐만 아니라 유형무형의 경영자원 즉 외면상으로는 경영자를 중핵으로 하고 실질적으로는 경영관리상의 지식과 경험, 특허(patent), 노하우(know-how)는 물론 '마케팅' 방법 등을 포함한 광범위한 전문적. 기술적 지식, 판매, 원료구입. 자금조달 등 시장에 있어서의 지위. 상표 혹은 신용. 정보수집. 연구개발을 위한 조직 등을 포함한 포괄적 이전을 의미하고 있다는 점에서 수출이나 라이센싱과 구별된다.

한편, 직접투자에 필요한 자본은 반드시 모기업의 거주지 국가로부터 이전될 필요는 없으며, 필요자금을 현지국의 자본시장에서 조달할 수도 있다. 그러나 해외직접투자의 기본성격이 이윤동기에 의한 현지기업의 실질적 지배에 있으므로 그 기본속성은 자본수출에 있으며 여기에 기타 유형무형의 여러 경영자원의 수출이 복합되어 있다 하겠다.

셋째, 해외직접투자는 자본의 수출이니 동시에 기업의 수출로서 한 국가의 기업이 국내지향 및 해외지향경영에서 현지지향 및 세계지향경영으로 전환하기 위한 필요조건이다. 이를 기업의 일반적인 성장과정에서 보면 기업은 생성초기단계에서는 국내시장개척에 주력하나, 기업이 성장하면서 국내판매에서 야기되는 제문제, 즉 시장의 제한성. 경쟁의 심화 등을 해소하기 위하여 수출에 의한 해외시장개척을 도모하게 된다. 이러한 해외시장개척에 의해 기업은 수출확대기에 돌입하나, 이 시기가 지나면 수입국의 제반 여건변화, 제3국과의 경쟁심화 등의 이유로 인하여 현지생산에 의한 시장기반확보 및 생산원가절감을 추구하게 된다. 이상을 정리하면 다음과 같다.

- 경영지배목적
- 직접경영을 위한 포괄적인 이동
- 현지생산을 위한 필요요건

해외직접투자는 이와 같이 기업이 현지생산기에 접어들면서 이루어지며, 따라서 해외직접투자는 다국적기업의 발생과 성장을 위한 기반이란 할 수 있다. 여기에서 한 걸음 더 나아간 기업이 세계시장을 상대로 유기적 경영을 수행하는 세계지향기업에 있어서도 해외직접투자는 그 기본조건이 되는 것이다.

제2절 해외직접투자의 동기와 유형

1. 해외직접 투자의 동기

다국적기업이 어떠한 동기에서 자국과 여러 가지로 상이한 환경에도 불구하고 해외투자를 하는가를 고찰하는 것은 대단히 중요하다. 그러나 유감스럽게도 전세계의 해외직접투자가 어떠한 동기에서 이루어지는가를 총체적이고 체계적으로 분석한 연구는 아직 이용가능하지 않을 뿐만 아니라 해외직접투자의 동기가 환경변환에 따라 크게 달라지기 때문에 그 동기를 한마디로 얘기할 수는 없다. 그러나 지금까지의 경험적 연구들을 토대로 직접투자의 동기를 살펴보면 개략적인 몇 가지 유형화가 가능할 것이다.

표 14-1 — 각국의 해외직접투자동기

국가 순위	미 국	서 독	일 본		개도국	인 도	한 국
			대선진국	대개도국			
1	시장수요 및 시장확보	시장확보	경영의국제화	유리한 노동비	시장수요	수출시장보호	기존시장보호
2	무역제한	저임금	무역장애극복	경영의국제화	무역제한	피투자국의 유사기술요구	신시장개척
3	규모의 경제	저렴한 수송비	원자재 확보	현지국의우대조치	규모의 경제	피투자국의 투자유인	무역규제회피
4	원료확보	수입규제회피	현지국의 우대조치	제3국수출유리	민족적 유대	신시장확대	수입규제회피
5	투자규제	외환불안정	생산비유리	무역장애 극복	위험의 감소	국내정상제약	생산코스트 유리
6	현지국의 투자유인	우대조건의 현지외자도입정책	제3국 수출유리	원자재확보	본국의 정치적 불안	코스트상의 유리	기술기계판매형투자
7	저임노동비	조세부담경감	유리한노동비	생산비유리	교역상대국과의 사업관계강화	기타	선진국기술습득

자료원: 1) Kyung-Il Ghymn, "Multinational Enterprise from the Third World," Journal of International Business Studies, Fall 1980, p.119.

2) 한의영, 『국제마케팅론』, 다산출판사, 1985. p.116 재인용

3) Louis T. Wells, Jr, Third World Multinationals(Cambridge, Mass.: MIT Press, 1983), p.69.

4) 대한상공회의소, 『국내기업의해외직접투자의실태분석및 애로점조사』 1987.6.

먼저 투자기업이나 설문내용 및 설문시점이 모두 다르기는 하지만 경험적 연구들이 보여주고 있는 해외 직접투자의 동기를 순위별도 살펴보면 〈표 14-1〉과 같다.

위의 〈표 14-1〉을 통하여 알 수 있는 바와 같이 해외직접투자의 동기는 선후진국을 막론하고 시장확보 및 개척이 가장 큰 비중을 차지하고 있다. 해외시장개척 및 확보가 기업국제화의 관건이 된다고 볼 때 이것이 해외직접투자의 동기로서 우선적으로 고려되는 것은 당연하다고 하겠다. 또 최근의 신보호무역주의를 고려할 때 시장확보 및 개척의 중요성은 제언의 여지가 없다. 한국의 경우도 1980년 이후 기업의 국제화가 크게 진전되고 있고 또 수출 지향적 경제전략을 추구하고 있기 때문에 신 시장 개척이나 기존시장의 보호, 기업의 국제화 등이 해외직접투자에 있어 우선적으로 고려되고 있다.

그런데 〈표 14-1〉을 자세히 살펴보면 몇 가지 특징을 발견할 수 있다. 즉 선진국의 경우에는 시장개척이나 확보도 중요하지만, 대개도국투자가 상당부문을 차지하기 때문에 동기면에서 현지국의 투자유인이 높은 수위를 차지하고, 미국과 일본의 경우에는 원자재확보도 중요시되고 있다. 반면 개도국의 경우에는 시장개척 및 확보가 우선적이기는 하나 본국의 정치적 불안정, 기술상의 동기 등이 상위에 리스트 되어 있다.

그리고 기업의 해외투자는 기업의 경제 지위와 기업가의 특성 등에 따라서 공격적 동기와 방어적 동기로 구분할 수 있는데, 이를 표로 나타내면 〈표 14-2〉와 같다.

표 14-2 ─ 해외투자의 공격적 · 방어적 동기

	공격적 동기	방어적 동기
성 장	신시장개척, 판매거점 확보, 사업다각화, 수직통합	보호무역 대처
자 원	자원개발	자원의 안정공급
부품생산	부품공급기지 구축, 핵심부품생산, 부품생산 원가 절감	저급 부품의 해외이전
생 산	생산 효율 추구(원료, 임금)	공해 산업이전 등
판 매	판매거점확보,현지시장개척	수입규제 대처,우회수출
기 술	기술수출,기술획득	사양기술이전
경쟁력	경쟁우위 활용과 확보	경쟁우위유지

자료원: 삼성 경제 연구소, 업종별 해외투자유형 분석, 1988.12. 미 발간자료 P.17

표 14-3 — 투자동기별 산업 유형

동기별		자원의존	연속공정	노동집약	조 립	기술집약	서비스	네트워크
자원확보		○						
생산효율	원료		○					
	노동			○	○			
시장확보			○	○	○		○	○
기술획득						○		
기술수출			○					

자료: 상게서, p.21을 투자 동기별로 분류

2. 해외직접투자와 다국적기업의 관련성

다국적기업과 해외직접투자의 차이점으로는 다음과 같은 것을 들 수 있다.

첫째, 해외직접투자는 정부 또는 개인과 같은 기업 이외의 경제주체(economic agent)에 의해서도 행해질 수 있다.

둘째, 해외직접투자는 다국적기업의 해외활동범위를 정확히 반영하지 못한다. 다국적기업의 해외활동에는 해외직접투자 외에도 수출이나 라이센싱이 포함될 수 있기 때문이다.

셋째, 해외직접투자액은 다국적기업이 소유하고 있는 해외지사의 자본만을 포괄하고 있으며 기업통제하에 있는 모든 자원의 크기를 반영하지 못한다.

그러나 일반적으로는 해외직접투자를 통해서 다국적기업이 생성, 발전되어 왔으며 현재는 해외직접투자의 거의 대부분이 다국적기업에 의해 일어나고 있기 때문에 해외직접투자나 다국적기업에 대한 연구에 있어서 양자는 명확한 구분이 불가능하거나 이러한 구분이 실질적으로 무의미한 경우가 많다고 할 수 있다. 해외직접투자는 해외로의 생산요소의 복합적 이전이기 때문에 해외직접투자는 다국적기업(multinational enterprise)으로 볼 수 있으며, 이를 구분하는 것은 사실상 무의미하다고 할 수 있다.

3. 해외직접 투자의 유형

기업의 해외시장진출유형은 업종이나 기업 그리고 국가에 따라서 여러 가지 형태로 나타낼 수 있지만 여기에서는 산업조직론적 관점 및 전략적 관점에서의 유형을 고찰해 본다.

1) 산업조직론적 관점에서의 유형

(1) 수평적 해외직접투자

수평적 직접투자란 투자기업이 자국에서 생산하고 있는 제품라인(Line)과 동일한 제품을 생산하기 위해 해외시장에 진출하는 것을 뜻한다. 즉 동기업의 제품라인을 지리적으로 다각화하는 것을 의미하는데, 이화 같이 생산이 공동관리통제하에서 분산되어 이루어지는 경우 무형자산을 소유한 기업은 거래적 우위를 누릴 수 있다.[1)]

이러한 수평적 통합의 요인으로서는, 첫째 복수공장운영으로 인한 높은 경제성, 둘째 잠재적 소비자가 있는 지역에 분산 위치함으로써 강력한 마케팅기법을 보유할 수 있다는 점을 둘 수 있다. 이러한 투자의 대표적인 예로서는 미국의 금속컨테이너, 제과업, 양조업, 자동차기업 등을 들 수 있는데, 이들은 무형자산인 전문적 기술이나 마케팅 노하우를 이용하여 수 개의 자회사가 여러 곳에서 수평적 통합의 형태로 발전하고 있다.

(2) 수직적 해외직접투자

수직적 해외직접투자란 국내생산과정에 원료를 공급하기 위한 중간재생산을 위해 해외에 진출하거나 (후방통합) 또는 최종소비자에게 제품을 사용하거나 판매할 목적으로 (전방통합)투자가 이루어지는 경우를 말한다. 후방적통합의 전형적인 예는 광산회사가 해외자원개발을 위해 직접투자를 하고 본국에서 정산하는 경우 석유회사가 원유의 채굴에 직접투자하고 정제는 수요국에서 하는 경우 등을 들 수 있으며, 전방적 통합은 조립공장이나 판매대리점 등의 수출활동에서와 같이 판매망조직을 위해 직접투자 하는 경우를 들 수 있다.

후방적 직접투자가 이루어지는 데에는 다음과 같은 몇 가지 이유를 들 수 있다.[2)] 즉 ① 단순한 필요, ② 과점적 불확실성의 제거, ③ 과점적 대응책, ④ 새로운 진입기업에 대한 장벽의 구속, ⑤ 수직적 통합의 기술적 우위 등이다.

(3) 다각적 해외직접투자

이는 공장생산물이 수직적으로도 수평적으로도 연결되지 않은 다각기업형태이다. 즉 특정기업이 여러 분야의 사업활동을 전개함으로써 사업상의 위험을 분산시키는 데

---

1) 보다 자세한 내용은 다음 문헌을 참조[Richard E.Caves, Multinational Enterprise and Economic Analysis(Cambridge: Cambridge Univ. press, 1982) pp.3 - 15]

2) Franklin R. root, international Trade and lnvestment, 5th ed(Cincinnati : South - Western publishing co. 1984) pp.463.

그 목적이 있다. 기업의 다국적화는 다양화된 수익을 가져다주며 총수익은 기업이 지리적으로 뿐만 아니라 생산영역을 다양화할 때 최대가 된다. 특정기업이 한 가지보다는 두 가지의 사업을 영위할 때 그것으로부터의 현금흐름은 한 가지 사업에서의 현금흐름보다 불확실성이 작게 된다. 따라서 기업은 국민경제내의 경기후퇴, 정부정책의 변화에 직면하게 되면 국제적인 다각화를 생각하게 된다. 모회사의 국내생산계열로부터 다각화되었든 그렇지 않든 간에 해외투자는 분명히 다각화가치를 가져다주게 된다.

2) 전략적 동기 면에서 본 유형

(1) 시장지향형 직접투자

먼저 기술이나 마케팅 또는 관리기법상의 우위를 점하고 있는 기업이 독점적 우위요소를 이용하여 해외현지에서 생산 판매하는 직접투자를 들 수 있다. 기업은 세계시장을 독점적 내지 과점적으로 지배하려고 하는 동기가 강하기 때문에 이러한 직접투자를 통해서 신 시장을 개척하거나 또는 기존시장을 유지 · 확대할 수 있으며 본국에의 역수출도 가능하다.

다음으로 자사제품의 수입국이 관세장벽이나 비관세장벽을 구축 또는 강화하는 경우 기업은 현지의 공급을 충당하기 위해 수출 대신 직접투자를 하게된다. 이렇게 함으로써 수출규제를 우회할 수 있다.

또 제품수출의 경우 현지국은 소비습관이나 기호 등이 자국과 상이하며 제품특성이나 서비스 또는 유통체계 등도 각기 다르기 때문에 수출시장이 일정 규모에 달하면 현지에 생산공장을 세우는 것이 효율적이다. 한편 국내시장이 과점적이 되어 있는 경우 어떤 한 기업이 해외에 직접투자를 하게 되면 여타 과점기업도 기존수출시장을 고수하고 해외시장에서의 경쟁적 지위 저하 또는 모국시장의 과점적 안정성을 유지하기 위해 해외에 직접투자를 하게 된다.

또한 개도국기업들은 국내부가가치를 높이기 위해 현지의 국내계열회사를 요구하기 때문에 직접투자가 발생하기도 한다. 이상 여러 가지 경우에 있어서의 해외직접투자는 결국 기업이 자사제품시장을 개척하고 유지. 확대시키기 위한 것으로서 시장지향형 직접투자라고 할 수 있다.

(2) 천연자원지향형 직접투자

천연자원지향형 직접투자는 특정자원을 국내에서 생산하지 않거나, 또는 국내에서 생산하는 경우라 할지라도 비용이 많이 소요되는 경우 해외 주요자원을 지배할 목적으로 주로 광업분야에 투자하는 것을 말한다. 1940년대 말에서부터 1950년대 말까지의 미국이나 영국의 투자는 대부분 이러한 유형에 속하는 데, 미국 및 기타 외국기업이 캐나다, 자메이카, 베네주엘라, 오스트레일리아 등의 광산을 소유하고 기타 국가들이 미국의 석탄광산을 소유하고 있는 것은 그 대표적인 예라고 할 수 있다.

자원의 안정적 확보를 위한 기업의 천연자원지향형 직접투자는 천연자원의 부존 상태가 극히 편재되어 있고 수급의 불균형이 불가피할 뿐 아니라 1970년대 초 자원민족주의의 대두 이후부터는 자원의 확보가 더욱 중요한 문제로 부각되었기 때문에 그 중요성을 더해가고 있다.

천연자원지향형 직접투자는 광물의 채취, 가공, 판매 등이 수직적으로 통합되어 있어 시장을 통한 거래비용을 절약할 수 있으며, 또 수직적 통합에 있어서는 각 생산단계마다 시장지배력을 갖고 있을 뿐만 아니라 그 지배력이 다른 단계로도 파급되어 산업전체의 과점화가 가능하게 된다.

한편 광물 등 천연자원에 대한 투자는 투자기간이 장기적이고 대규모 자본이 소요되기 때문에 여타기업이 동 분야에 신규로 투자한다는 것은 대단히 어렵다. 따라서 광업분야에 있어서는 몇몇 기업들이 과점적 경쟁형태를 띤다.

(3) 노동지향형 직접투자

노동지향형 직접투자는 자본, 용역 등의 가격이 상승하여 임금이 매년 동결되고 있는 선진국이 해외에서의 저렴한 노동을 이용하여 표준화제품을 저렴하게 생산하기 위한 투자로서 오랫동안 대부분의 개도국들이 이러한 노동집약적 표준화제품의 생산입지역할을 해왔다. 여기에는 일반적으로 생산공정 전체를 저임금 국으로 이전하여 제품을 생산하는 경우와 부품 및 반제품을 저임금 국에서 생산하여 본국에서 완성시키는 방법이 있다.

한국이나 대만 그리고 여타 제3세계 국가들을 대상으로 이루어진 미국이나 일본의 직접투자는 모두 이러한 유형에 속한다고 할 수 있으며 일부 개도국은 미국이나 일본에서 사양화되어 가는 제품생산을 이어받기 위한 수단으로서 자유무역지역을 설정하여 해외직접투자를 유치한 바 있다. 한국이 마산수출자유지역이나 대만의 카오싱 자유무역지역 드리고 멕시코 마킬라도라(Maquiladora)보세가공지역들은 그 대표적인 예이다.

투자국의 입장에서 보면 임금비용의 차이나 제품을 저렴하게 생산하여 판매할 수 있다는 점에서도 유리하지만 한편으로는 본국으로 역수출하는 경우가 많기 때문에 더욱 중요한 요소가 된다. 최근에는 한국기업체들도 저임금을 활용하기 위해 스리랑카나 필리핀 등의 개도국에 노동지향형 해외투자를 확대하고 있다.

제3절 해외직접 투자이론

1. 해외직접투자이론의 요건

해외직접투자는 다국적기업의 뚜렷한 특징이다. 그러므로 해외직접투자이론은 또한 세계경제주체로서의 다국적기업에 관한 이론이기도 하다. 그러나 해외직접투자가 다국적기업활동의 전부는 아니며, 지금까지의 해외직접투자이론은 정치적, 사회 문화적 요소뿐만 아니라 기업내부관리과정을 고려하지 않고 있기 때문에 다국적기업의 모든 측면을 설명하는 다국적기업 자체의 이론이 되지는 못한다.

현재까지 해외직접투자현상을 규명하기 위하여 많은 이론들이 제시되었는데 이들 이론은 다음과 같은 세 가지의 근본적인 문제에 초점을 맞추고 있다.[3)]

① 왜 기업은 해외로 진출하는가
② 친숙한 기업환경에서 영업하는 현지기업의 고유한 우위성에도 불구하고 어떻게 해외투자기업들이 현지기업과 성공적으로 경쟁하는가
③ 왜 기업은 수출이나 라이센싱을 하지 않고 외국에서 직접 생산하려 하는가

이를 해외직접투자이론의 선택요건에서 살펴보면,

① 왜 과점적 대기업이 해외직접투자를 지배적으로 하고 있는가.
② 왜 해외직접투자가 어떤 산업에서는 많이 발생하고 다른 산업에서는 거의 발생하지 않는가.
③ 왜 국가 및 산업분야에서 역투자(reverse investment)가 발생하는가.
④ 왜 소수의 국가(예컨대 미국)만이 대부분의 해외직접투자의 원천이 되고 선호되는가.

2. 해외 직접투자 이론의 체계

19세기만 하더라도 국가간 자원이동(資源移動)의 주류는 자본이었으며, 자본시장의 발전에 따라 포트폴리오투자가 확대되었다. 그러나 20세기에 들어와 특히 전후에는

3) Franklin R. Root, International Trade and Investment (6th ed. Cineinnati : South-Western Publishing Co.1990) pp.619.

자본, 생산기술, 경영기술 등이 복합적으로 이동하는 해외직접투자가 주류를 이루면서 1960년대 이후 많은 기업들이 해외직접투자를 통해 다국적기업으로 성장하였다. 이처럼 전후 해외직접투자가 급증한 것은 경제적 환경변화와 더불어 운송. 통신 등의 비약적인 발전으로 해외생산에 따른 장애요인들이 제거되었기 때문이다.

해외직접투자가 급증하고 다국적기업이 세계경제에서 중요한 비중을 차지하게 됨에 따라 국제자본이동의 일반이론만으로는 해외직접투자의 여러 가지 독특한 성격을 충분히 설명할 수 없음을 인식하게 되었다. 이에 따라 해외직접투자현상을 설명하려는 이론들이 여러 가지 관점에서 제시되었다.

그간 제시된 주요 해외직접투자이론들을 몇 가지 접근방법으로 구분하면, ① 산업조직론적 관점, ② 국제자본이동론적 관점, ③ 거시경제론적 관점, ④ 종속이론적 관점, ⑤ 기업행위론적 관점, ⑥ 기업성장론적 관점, ⑦ 통합이론의 모색 등으로 구분해 볼 수 있다. 이 외에도 연구목적이나 연구자에 따라 제반 이론들을 여러 가지 관점으로 나누어 분류해 놓고 있으나 통일된 기준이나 이론적 배경을 갖고 있지는 않은 상황이다.

본 장에서는 연구대상으로서의 해외직접투자현상을 보는 관점에 따라 ① 거시경제론적 접근, ② 미시기업행태론적 접근, ③ 미시-거시 통합이론등 세 가지 방향에서 제 이론들을 분류. 정리하고자 한다.

3. 해외 직접투자에 관한 거시경제론적 접근

1) 전통적 국제자본이동이론

앞에서 언급한 바와 같이 제2차 세계대전 이전가지만 하더라도 해외투자의 주류는 증권투자였으며, 이는 자본의 한계생산력, 즉 이자율의 격차에 의해 국제간 자본이동을 설명하는 전통적인 국제장기자본이동이론으로 그 해명이 가능하였다. 그러나 제2차 세계대전 이후 급증하기 시작한 해외직접투자는 자본이동에 수반하여 기술 또는 경영기법까지도 함께 이동되는 새로운 형태의 투자현상이어서 전통적인 자본이동이론으로는 이 이론적 규명이 어렵게 되었다. 그러나 복합적인 새로운 형태의 해외직접투자도 어디까지나 자본이동이 대부분이고 기술 및 경영기법은 이전된 자본의 효율적인 활용을 위해 부가적으로 필요한 요소라는 점을 감안하면 자본이동이론의 설명력은 일단 받아들여질 수 있다.

〈한계점〉

① 동일산업 내에서 국가 혹은 경제그룹간에 상호 직접투자가 이루어지고 있다.[4]

② 전통적인 자본이동론은 완전경쟁을 가정하고 있는데 이러한 가정 하에서는 해외 직접투자가 발생할 수 없다.[5]

③ 실증적인 자료에 의하면 투자국의 이자율이 피투자국의 이자율보다 반드시 낮다고 볼 수 없다.

이와 같은 한계점에도 불구하고 국제자본이동이론은 해외직접투자에 대한 거시경제적 분석의 기초를 마련해 주었다는 점에서 큰 의미가 있다 하겠다.[6]

2) 국민 경제적 접근이론

국민 경제적 접근을 주장하는 학자들은 해외직접투자가 이윤극대화 내지는 시장점유율확대를 목적으로 개별 기업적 입장에서 이루어지게 되면, 투자국과 피투자국간의 갈등을 심화시키게 될 뿐만 아니라 역무역적(逆貿易的)으로 작용하기 때문에, 개별기업이 아닌 투자국과 피투자국의 국민경제적 차원에서 이루어져야 된다고 강조하고 있다. 즉, 투자국과 피투자국간의 잠재적(潛在的) 혹은 현재적(顯在的)비교생산비를 기초로 하여 투자국에서는 비교열위에 있는 피투자국에서는 비교 우위화되고 있는 산업에 해외직접투자가 이루어져야만 양국간에 조화 있는 발전을 이루게 되고 무역도 확대된다고 한다.

3) 급진주의적 견해

최근에 다국적기업의 해외직접투자활동에 관한 주류경제학적 이론에 대하여 비판적인 급진주의적 견해가 많은 사람들에 의해서 제기되고 있다. 이들 급진주의적 견해는 그 내용 및 관점에 있어서 큰 차이를 보이고 있으나 공통적인 점은 첫째, 모두 다국적기업의 직접투자에 관한 신고전(新古典)주의적 낙관론을 거부하고 있으며, 둘째, 정도의 차이는 있지만 다국적기업을 제국주의(帝國主義)의 새로운 실행기관으로 보고 있다는 것이다.[7]

---

4) 박상철 "해외 직접 투자의 흐름 방법에 관한 연구" 『월간지역경제』. 제2 권 제 8호(1981.8.) p.7

5) Franklin R.Root. op. cit. p.520.

6) john Fayerweather, international Business Management(New York : Hill Book Co.1969) p.170

7) 손명환. "미국의 직접 투자와 개발도상국의 공업화" 『경상 논집』 제4권 제1호(충남대학교 경상대학 부설 경영경제 연구소. 1982.6) pp.12-13.

4. 해외직접투자에 관한 미시기업 형태론적 접근

1) 성장동기이론

기업성장이론은 해외직접투자현상을 설명함에 있어 제일 먼저 제기되었을 뿐만 아니라 아직까지도 매우 설득력이 있는 이론으로 평가되고 있다. 이 이론은 해외직접투자를 기업성장의 자연발생적인 결과로 보고 있다.[8] 기업은 성장함에 따라 그 사업영역을 국내시장에서 해외시장으로 확대해 나간다. 이 때 사업영역의 국제화 정도에 따라 기업형태는 수출기업, 다국적기업, 세계기업의 단계를 거치면서 발전해 가는데, 해외직접투자활동은 국내시장이 중심이고 해외거래는 무역활동에 그치는 수출기업으로부터 해외부문의 비중이 높아지고 해외사업도 무역 대신 해외투자를 중심으로 하는 다국적기업으로 옮겨가는 과정에서 활발히 이루어진다고 보는 것이다.[9]

2) 산업조직이론

산업조직론은 개개의 기업을 섬유산업, 자동차산업 등과 같이 산업이라는 범위로 구분하고 각 산업의 시장불완전성에서 해외직접투자의 원인을 찾는 이론으로서, 구미선진기업의 해외직접투자의 원인을 찾는 이론으로서, 구미선진기업의 해외직접투자현상을 잘 설명해 주고 있다.

하이머(Hymer)에 의하면 해외직접투자는 독점 또는 과점적 우위를 지니고 잇는 기업들이 이윤극대화를 위해 불완전한 시장을 지배할 목적으로 행해진다고 한다. 그는 이러한 시장의 불완전성을 초래하는 주요 원인으로 제품차별화, 경영능력, 자본조달능력, 규모의 경제, 정부정책 등을 들고 있다.[10] 또한 케이브즈(Caves)는 신제품은 제품차별화 때문에 그 자체가 독점화되는 성향을 보이고, 석유를 비롯한 주요 자원의 예에서 볼 수 있는 것처럼 개발로부터 판매에 이르기까지의 수직적 통합9 vertical integration)역시 기업의 독점적 지위를 더욱 강화시킨다고 주장하였다.[11] 이 범주에 속하는 이론에는 독점적 우위이론, 과점적 경쟁이론, 제품수명주기이론 등이 있다.

---

8) K. Kojima. op.cit. p.59 : Charles P. Kindleberger. op. cit. p.48

9) Richard D. Robinson. International Business Management(Hort Rinehart and Winston, 1978), pp.635-691.

10) Stephen Hymer, "United States Investment Abroad," in Peter Drysdale ed, Direct Foreign Investment in Asia and Pacific(Australian National University Press, 1972), p.41.

11) Richard E. Caves, "International Corporation : The Industrial Economics of Foreign Investment," Economica(1971), p.1.

① 독점적 우위이론

특정국에서 사업활동을 할 때 외국기업은 현지기업에 비해 여러 가지 불리한 점이 있다.[12) 그럼에도 불구하고 이들이 외국에 투자를 해서 사업활동을 할 때에는 그러한 불리점을 극복하고도 남을 어떠한 우위요인이 있을 것임에 틀림없다. 이처럼 현지기업이 갖지 못하는 우위가 무엇인가를 규명하려는 것이 독점적 우위이론이다. 그러나 이 이론은 국가간의 비교우위에 바탕을 두고 있는 순수무역이론과는 달리 개별기업의 독점적 우위요인에 기초를 두고 잇다는 점에서는 직접투자를 설명하는 데 유용하나 이러한 독점적 우위가 직접투자의 필요조건이지 충분조건은 아니라는 사실을 감안할 때 비판의 여지가 있다.

② 과점적 경쟁이론

과점산업에 속하는 기업들의 특유한 행동양식(과점적 경쟁)에 착안하여 해외직접투자를 설명하려는 이 이론은 니커바커(F.Knickerbocker)에 의해 처음 제시되었다.[13) 과점산업에 속하는 기업들은 경쟁기업의 행동에 극히 민감하며, 기업들간의 이러한 상호의존성은 과점적 경쟁이라는 과점산업 특유의 기업형태를 낳는다.[14) 예컨대, 한 기업이 신제품을 도입하거나 새로운 시장을 개척하거나 또는 새로운 원료원을 확보함으로써 경쟁적 우위를 확보하려고 하면, 경쟁기업은 이에 상응하는 행동으로 대처하게 된다. 그렇지 않을 경우 선도기업의 우위에 의해서 여타 기업들은 시장에서의 위치를 상실하거나 상장의 기회를 상실할 위험마저 발생하게 되는 것이다.

이렇게 볼 때 과점기업의 1차적 목표는 이익극대화라기보다는 최소한 경쟁기업과 같은 속도로 성장하여 기업간 균형을 유지하는 일이라 하겠다. 따라서 전체시장의 급속한 팽창으로 기업의 절대적인 이익 및 매출액이 증가하는 경우에도 시장점유율의 하락과 경쟁기업의 행동을 경계하게 되는 것이다. 그러나 이 이론은 선진국간의 상호투자와 동일업종내의 많은 미국기업들이 단기간에 같은 투자대상국에 직접투자를 하는 현상을 잘 설명해 주고 있으나, 선도기업의 최초투자에 대해서는 설명을 못하고 있다.

③ 제품수명주기이론

선후진국간의 기술격차와 제품수명주기(product life cycle)에 따른 기업의 시장전략

---

12) 외국 기업이 갖는 불리함은 현지소비자들의 기호, 법률규제, 사회적 관습 차이, 거리로부터 오는 비용 등이 있다.

13) Frederick Knickerbocker, Oligopolistic Reaction and Multinational Enterprise (Boston : Harvard University Press 1973.

14) Raymond Vernon, "Competition Policy toward Multinational Corporation" American Economic Review(May, 1974) p.278.

변화에 착안하여 각국간의 무역패턴과 선진국기업의 해외직접투자를 설명하는 이론으로, 버논에 의해 제시되고 허쉬(S. Hirsh), 웰즈(Wells) 등에 의해 발전된 동태적 생산입지이론이다. 버논에 의하면 신제품의 도입기에는 신제품을 개발한 기업의 독점적 우위 또는 제품차별화 때문에 이 제품에 대한 수요의 가격탄력성이 비교적 자고 따라서 생산입지에 따른 비용차이가 크지 않으므로 기업은 국내에 생산입지를 선택하게 된다.

그러나 두 번째 단계인 성장기에 이르면 대량생산이 가능해지지만, 동시에 경쟁기업이 등장하며 수요의 가격탄력성이 커짐에 따라 기업의 생산비에 대한 관심도 높아져 규모의 경제실현과 경영능력의 제고가 기업의 성패를 좌우하는 가장 중요한 요소가 된다. 세 번째로 성숙기에 접어들면 제품생산이 표준화되며 생산기술보다는 생산비가 기업의 최대 관심사로 되어 생산입지는 임금이 낮은 개도국으로 이전하게 되어, 궁극적으로는 해외 자회사로부터의 역수입이 일어나게 되어 결국 '헥셔-올린'의 세계로 돌아가는 셈이 된다.

3) 행동과학적 접근이론

기업의 해외직접투자현상을 기업조직 내부의 의사결정과정과 독특한 기업행태적 현상으로 파악하여 설명하려는 것으로, 이 이론에 의하면 해외직접투자가 반드시 경제적인 또는 합리적인 동기에 의해서만 이루어지는 것은 아니라고 한다. 최초의 투자를 유발하는 것은 해외시장에 대한 조직적이고 합리적인 조사라기보다는 어떤 강한 외부적인 자극이라는 것이다. 아하로니(Yair Aharoni)는 이러한 외부적인 자극으로, ① 외국정부나 기업의 고객과 같이, 기업내부와는 관련이 없는 원천으로부터의 제안, ② 시장상실의 위험, ③ 밴드웨건(band wagon)효과, ④ 해외로부터의 강력한 경쟁 등을 들고 있다.[15)]

이 이론은 투자가 일어나는 동기나 과정을 지나치게 일면적으로 파악했다는 비판을 면치 못하겠지만, 다른 여러 경제적 접근이론들과의 상호보완적인 측면에서 매우 의미있다고 보아야 할 것이다.

4) 자본시장 접근이론

독점적 우위이론이 직접투자를 실물 면에서의 우위를 통해서 설명하는데 반해서 이 이론은 화폐 면에서의 우위를 통해서 투자기업이 가진 이점을 설명한다. 투자기업이

---

15) Yair Aharoni, The Foregin Investment Decision(Boston : Harvard University Press, 1966) pp.54-55.

현지기업에 비해서 갖는 화폐상의 이점은 투자국의 화폐가치의 안정성과 자본시장의 발달을 들 수 있다. 일반적으로 전자를 통화가치우위이론[16] 또는 통화지역이론이라하고, 후자를 자본시장불완전이론[17]이라 한다.

5) 내부화 이론

완전경쟁시장에서는 가격기구의 자동조절작용에 의해 자원배분이 효율적으로 이루어지며 파레토최적(Pareto Optimality)이 달성된다고 한다. 파레토최적이란 경제적 후생의 극대화기준으로서, 타인에게 피해를 입히지 않고서는 어느 한 사람도 더 잘살게 할 수 없을 정도로 자원이 잘 이용되고 있는 상태라고 정의된다.[18]

그러나 현실세계에서는 자연적 또는 인위적인 시장불완전성의 존재로 시장실패가 나타나며, 이러한 시장실패 하에서는 자원배분이 왜곡되고 경제적 후생도 감소한다. 시장실패는 외부경제나 공공재 등에 의해 영향을 받으며,[19] 기업은 시장실패로 인한 거래비용이나 제반 위험을 피하기 위해 안정감 있는 내부시장을 창조하려고 한다. 해외직접투자를 시장불완전성의 측면에서 연구하려는 시도는 하이머의 독점적 우위이론이 제시된 이후 해외직접투자이론의 주류를 형성해 왔다.

특히 다국적기업은 시장실패에 대한 대체적 제도로 간주되기도 하는바, 이는 기업이 불확실한 시장거래에서 발생하는 비용을 제거 또는 감소시키기 위해 이러한 거래를

---

16) 통화가치우위이론은 투자국의 기업이 환율이나 통화가치의 차이 등에 의해서 피투자기업보다 유리한 위치에 있으므로 비교우위를 누린다고 한다. 즉, 국제금융시장으로부터 자본을 조달할 경우 장래통화가치가 오를 것으로 예상되는 통화표시로 채권을 발행하는 기업은 그렇지 않은 타기업 보다 유리한 조건으로 차입할 수 있고 약세통화국의 기업은 미래의 불확실한 환위험에 대해 일정한 '프리미엄'을 투자가들에게 지급해야 하기 때문에 그만큼 강세 통화국의 기업보다 차입비용이 높아지게 된다는 것이다.

17) 자본시장불완전 이론은 통화의 안정성 보다는 자본시장 자체의 불완전성에서 직접투자의 결정요인을 찾고 있다. 즉, 직접투자는 기술우위나 독점적 행위가 존재하지 않더라도 자본시장의 비효율성으로 인해 국제포트폴리오 분산투자이익을 누릴 수 없을 때, 투자가들은 비율적인 현지국의 자본시장보다는 직접투자를 통해 이익을 얻으려고 한다는 것이다. 이 이론은 다른 사업대안 대신에 왜 직접투자를 하느냐는 문제의 해답에는 도움이 되지만 이 이론을 뒷받침할 실증적 연구가 아직은 매우 미흡하다고 하겠다.

18) A.쿠쪼니아스 저, 정병휴 역. 『현대미시 경제학』(박영사 1984) pp.622-626

19) 시장실패의 요인인 외부성이란 어떤 소비자의 효용함수나 생산자의 생산 함수가 다른 경제 주체의 작용으로 시장을 통하지 않고 무상으로 이용되거나 불리한 영향을 박는 것을 말한다. 외부성이 존재하면 사적생산비와 사회적 생산비가 차이가 나게 되며, 공해는 대표적인 외부불경제라 하겠다. 한편, 공공재란 여러 사람이 사용하여도 다른 사람의 소비가 감소되지 않는 성질의 재화를 말하며, 지식이나 기술 등도 일단 연구개발이 이루어지면 공공재의 성격을 갖게 된다.

기업 시스템 내에서 수행하려는 목적으로 형성한 제도가 다국적기업이라고 보기 때문이다. 1970년대 이후 내부화의 개념은 기업의 해외활동을 설명하는 데에 폭넓게 적용되어 왔다. 코오스(R.H. Coase)에서 시작된 내부화의 개념은 윌리엄슨(O.E. Williamson)에 의해 체계화되었고, 이를 바탕으로 버클리(P.J. Buckley)와 카슨(M. Casson)은 해외직접투자에 내부화의 개념을 처음 도입하였으며, 러그맨(A.M. Rugman)은 내부화 이론이 해외직접투자 현상을 설명하는 일반이론이라고까지 주장하였다.

내부화 이론에 의하면 효율적인 국제무역과 투자를 막는 세계적인 시장 불완전성에 대해 기업은 상응하는 반응을 보인다. 다시 말해 기업은 기업외부의 시장기구를 통하여 이루어지는 여러 가지 기능을 다국적기업 시스템 내에 내부시장을 창조하여 수행하려고 한다는 것이다.

5. 미시-거시통합적 접근방법

이상에서 개별 기업적 혹은 산업조직 속에서의 기업 형태론적인 관점에서 해외직접투자를 설명하는 여러 이론들을 살펴보았다. 이러한 미시적 접근이론들은 다소 차이는 있지만, 대부분 해외직접투자를 행하는 기업주체적인 입장에서 이론을 전개하고 있어서 다국적기업이 해외직접투자를 하는 이유, 비교우위의 원천 등을 구체적으로 잘 설명하고 있다. 그러나 이들 대부분은 부분적이고 일면적인 설명력 밖에 갖고 있지 못해서 보다 일반적이고 보편적인 이론의 필요성이 대두되고 있다.

여기에서는 미시요인과 거시요인을 동시에 고려하는 보다 진전된 통합모델을 살펴보기로 한다.

1) 더닝의 절충이론

더닝은 해외직접투자가 이루어지려면 기업 특유의 독점적 우위요소(ownership-specific advantages)이외에도 내부화의 우위(internalization incentive advantages)와 입지 특유의 우위(location-specific advantages)가 있어야 한다고 하였다. 다시 말해, 해외직접투자가 이루어지려면 외국기업으로서의 불리함을 극복하고도 현지에서 경쟁해 나갈 수 있는 기업 특유의 독점적 우위가 있어야 함은 물론, 국내보다 외국이 생산입지 상에서 우위에 있어야 하며, 또한 기업 특유의 독점적 우위를 외국기업에게 라이센싱 해주는 것보다 내부거래를 통해 이전하는 것이 유리해야 하는 내부화의 우위가 있어야 한다는 것이다.

이는 독점적 우위이론만으로는 수출이나 라이센싱에 대한 해외직접투자의 우위를 설명하기 어렵고, 내부화 이론은 입지 특유의 우위에 대한 설명력이 약하기 때문이다. 이에 따라 더닝은 수출. 라이센싱. 해외직접투자를 동시에 포괄하는 국제생산이론을 모색하였는데, 이것이 독점적 우위이론, 내부화이론, 입지이론을 포괄하고 있는 절충이론이다.[20)]

절충이론에 의하면 기업 특유의 독점적 우위를 외부시장에서 판매하는 것보다 내부화하는 것이 유리할 때에 기업은 라이센싱 방식을 버리고 수출이나 해외직접투자를 택할 것이고, 자본 · 기술 · 경영 기법 등을 해외로 이전하여 현지의 생산요소와 결합하는 것이 국내생산보다 유리할 때에 즉, 입지 특유의 우위가 있을 때 기업은 수출 대신 해외직접투자를 한다는 것이다.

6. 해외직접투자이론들의 설명능력 비교

해외직접투자이론의 요건에서 보았듯이 국제 경영적 측면에서의 해외직접투자이론은 기업이 해외에 진출하는 동기가 무엇이며, 익숙하지 않은 해외의 기업환경에서 현지기업과 경쟁하여 이길 수 있는 우위의 원천은 무엇이며, 여러 가지 해외영업활동방법 중에서 해외직접투자라는 방식을 택하게된 요인이 무엇인가를 설명해 줄 수 있어야 한다.

이러한 관점에서 지금까지 살펴본 해외직접투자이론의 줄기를 잡아보면 이론의 출발점은 경쟁우위의 원천을 밝혀 주는 독점적 우위이론으로 볼 수 있다. 그러나 이 이론은 국제경영의 세 가지 기본형태, 즉 수출, 라이센싱. 해외직접투자 중 어떤 형태를 취할 것인가는 설명해 주지 못한다.[21)] 즉 해외직접투자에 대한 필요조건은 제시하나 충분조건은 설명하지 못했다.

이에 1970년대 중반부터 라이센싱과 해외직접투자의 선택기준으로서 내부화이론이 개발되었고, 한때는 해외직접투자의 일반이론으로까지 일컬었으나, 수출과 해외직접투자 중 어느 것을 선택할 것인가 또는 해외직접투자를 한다면 어느 곳에 할 것인가에 관련된 입지요인의 설명이 약했다. 이에 더닝은 기존의 독점적 우위이론과 내부화이론에 생산입지이론을 합한 절충이론을 개발했던 것이다. 따라서 해외직접투자이론의 큰 줄기는 '독점적 우위이론 → 내부화이론 → 절충이론'으로 보이며, 여타의 이론들은 각기 해외직접투자의 특정한 부분만을 설명해 주는 단편적인 것이다

20) 김병순 "국제경쟁력에 관한 이론적 고찰" 『단국대학교 논문집』 제22집. 1988. pp.12-17.
21) 민상기. "한국 제조기업의 해외직접 투자". 『한국 경영론』 (도서출판 한울. 1985)

표 14-4 — 해외직접투자이론의 설명 능력 비교

이 론	해외진출의 동기	경쟁우위의 원천	해외직접투자의 선택이유
거시경제이론적 접근방법			
- 국제자본이동이론	○	*	*
- 국민경제적 접근이론	○	*	○
급진주의적견해			
- 신제국주의	○	*	○
- 종속이론	○	○	*
미시기업형태론적 접근방법			
성장동기이론			
- 기업성장이론	○	*	○
- 금융의 내부원천이론	○	*	*
- 투자의 유기족 접근이론	○	*	○
산업조직이론			
- 독점적 우위이론	*	○	*
- 과점적 경쟁이론	○	*	*
- 제품수명주기이론	○	*	○
행동과학적 접근이론	*	*	○
자본시장 접근이론			
- 통화가치우위이론	*	○	*
- 자본시장 불완전 이론	○	*	○
- 포트폴리오 분산이론	○	*	○
- 자본형성이론	○	*	○
내부시장이론	*	○	○
미시 - 거시통합 모델			
- 절충이론	○	○	○

자료: 21세기를 위한 국제경영, 조동성 저. 경문사 p.402

7. 외국인투자 기업의 한국의 투자의사결정 요인

1) 투자의사결정 요인[22)]

외국인직접투자(FDI)기업이 자회사(子會社)·지사·합병회사·공장 등을 확보하고, 생산·판매활동을 국제적 규모로 수행하기 위하여 투자처에 투자결정시 고려하는 시장, 노동, 부동산, 금융, 행정서비스, 조세, 교통, 생활환경요인에 대한 많은 견해와 그와 반대되는 이론이 늘 존재한다.

박경로(2011)[23)]는 대공항과 글로벌 금융위기는 모두 규제받지 않는 금융혁신이 핵심적인 역할을 하였던 위기였으며, Crockett(1999)[24)]는 금융기관과 금융시장이 안정적으로 작동하는 상태가 금융안정이라 주장하였다. 또한, Caballero 등(2008)[25)]은 국가간 생산성차이, 경기변동성의 차이 그리고 인구구조 차이 등이 글로벌 불균형이 발생한다고 하였으며, 김한성(2011)[26)]은 생산 네트워크의 효율적 운영을 위하여 상품개방 못지않게 투자시장 개방을 확대하는데 집중하고 제도적장치를 도입하는 방안이 필요하다고 연구결과를 발표하였다.

박용규 등(1999)[27)]은 인센티브 지급심의 및 결정절차를 협상 점접부서 중심으로 하향조정하여 신속한 대응체계 구축이 필요하다고 주장하면서, 〈표 14-5〉에서와 같이 선진국 투자시에는 고급인력, 기술·R&D, 고성장잠재력 순이며, 개도국 투자시에는 저임금, 자원, 부동산·금융이익 순으로 해외 투자입지 결정요인의 중요성을 강조하였다.

---

22) 이 자료는 이영석, 박인철, 이덕훈, "외국인직접투자기업의 투자의사결정요인의 중요도와 만족도에 대한 비교분석연구," 기업경영연구 21권6호, 2014년12월, 한국기업경영학회.

23) 박경로(2011), "글로벌 금융위기와 대공항 금융위기의 비교," **대외경제정책연구**(대외경제정책연구원), 104.

24) Crockett, A.(1997), "Why is Financial Stability a Goal of Public?," *Economic Review*, 82(4), 16-32.

25) Caballero, R., E. Farchi, and P. O. Gourichas(2008), "An Equilibrium Model of Global Imbalances and Low Interest Rates," *American Economic*, 375-386.

26) 김한성(2011), "국제통상환경의 변화와 동아시아지역통합," **대외경제정책연구**(대외경제정책연구원), 2, 624-625.

27) 박용규·송영필·강신겸(1999), "외국인직접투자 촉진을 위한 정책과제," **삼성경제연구소**, 27-148.

표 14-5 — 기업의 해외투자 입지결정요인 연구

보고서	결정 요인
Bachtler(1996)	① 시장접근성 ② 노동력 확보 ③ 인프라 ④ 재정지원 ⑤ 고급인력확보
Dicken(1994)	선진국 투자시 : ① 고급인력 ② 기술 · R&D ③ 고성장 잠재력 개도국 투자시 : ① 저임금 ② 자원 ③ 부동산 · 금융이익
Singh(1995)	① 정치적 위험성 ② 사업여건 ③ 거시경제 상황

출처: 박용규 · 송영필 · 강신겸(1999), p. 27 재인용(시정연 1997, p. 56)

[그림 14-1]에서와 같이 외국인직접투자동기는 국내시장의 수요 및 성장가능성, 우수인력 수급용이, 아시아시장진출 교두보 마련 및 생산기지 활용, 생산비용측면유리, 우수한 기술력, 모회사 시장진출 및 주변국가로의 수출가능성 순으로 나타났다.

또한, 〈표 14-6〉에서와 같이 선진국과 개도국의 외국인투자기업의 투자동기에서도 개도국은 현지시장, 인센티브, 합작 및 제휴 순이며, 선진국은 현지시장, 기술이전, 제3국 시장진출 순으로 중요하다고 하였다.

김진용 · 전광명(2001)[28]은 현지시장규모, 안정된 노사관계 등이 투자의사결정에 영향을 미치고, Agodo(1978)[29]는 해외투자 현지국의 정치적 위험에도 투자의사결정에 부정적이라고 하였으며, Woodward와 Rolfe(1993)[30]은 기업이 현지국에 투자할 때 수출의존도가 매우 높고 현지생산 제품의 수출지향이 정치적 위험을 경감한다고 주장하였다. 임성훈(1999)[31]은 시장지향, 생산효율지향, 전략적자산 및 능력습득지향, 천연자원지향 등이 다국적기업의 해외 투자동기로 그 중에서 전략적자산 및 능력습득지향은 선진국의 첨단기술이나 핵심역량을 획득하기 위하여 해외 진출하는 경우가 있다고 이를 강조한 반면에, Coyne(1944)[32]는 금융 인센티브보다는 조세 및 시장편의 인센티브를 더 중요하게 보았으며, Itami(1987)[33]도 기술, 경쟁, 자원, 조직, 고객요소를 외국인

28) 김진용 · 전광명(2001), "외국인투자의 변동요인분석," Monthly Bulletin(한국은행), 2001(4), 32-38.

29) Agodo, O.(1978), "The Determinants of US Private Manufacturing Investments in Africa," *Journal of International Business Studies*, 9(3), 98-128.

30) Woodward, D. P. and R. J. Rolfe(1993), "The Location of Export-oriented Foreign Direct Investment in the Caribbean Basin," *Journal of International Business Studies*, 23(First Quarter), 126-153.

31) 임성훈(1999), "외국인투자정책의 전략적 접근", 대한무역투자진흥공사, 26-27.

32) Coyne, E. J.(1994), "An Articulated Approach to Developing Country FDI-attraction Research," *MBA thesis, Nova Southeastern University, Fort Lauderdale, Florida.*

투자정책 적합성으로 제시했다.

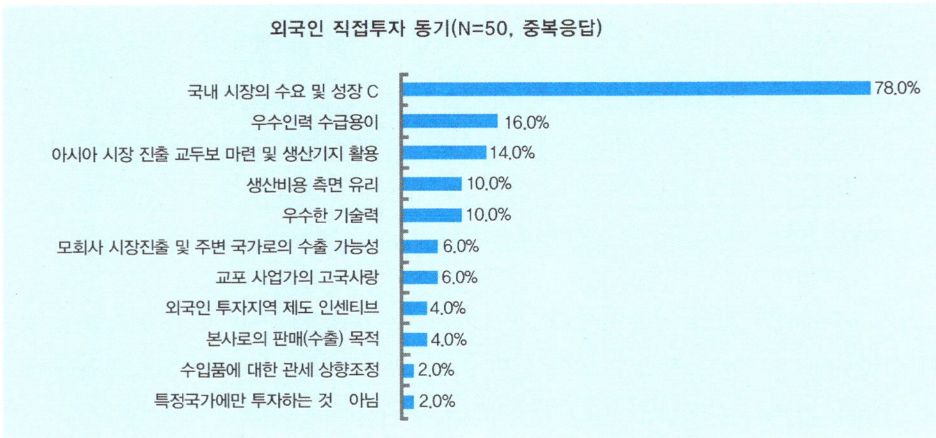

출처: 이인범(2009)

[그림 14-1] 외국인직접투자동기

표 14-6 — 외국인 투자기업의 투자동기

순위	선진국		개도국		전체	
	진출 동기	중요도[1]	진출 동기	중요도	진출 동기	중요도
1	현지시장	3.67	현지시장	4.32	현지시장	4.51
2	기술이전	2.98	인센티브(host)	3.32	인센티브(host)	3.12
3	제3국 시장진출	2.94	합작 및 제휴	3.07	합작 및 제휴	2.96
4	자원확보	2.66	수입규제 회피	3.00	제3국 시장진출	2.92
5	합작 및 제휴	2.84	제3국 시장진출	2.91	기술이전	2.90
6	인센티브(host)	2.60	기술이전	2.87	수입규제 회피	2.79
7	인센티브(home)	2.34	저렴한 노동력	2.59	자원확보	2.64
8	수입규제회피	2.23	인센티브(home)	2.57	인센티브(home)	2.47
9	저렴한 노동력	1.89	자원확보	2.56	저렴한 노동력	2.24

주: 중요도의 범위는 1 ~ 5이며, 수치가 클수록 중요도는 높음
자료: 전경련(1998), 아태지역의 외국인 직접투자 환경비교, p.7

33) 전국경제인연합회(1998), "아태지역의 외국인직접투자 환경비교," 7.

국제기업과 협상전략

제15장

협상(negotiation)은 정치, 경제, 사회의 모든 영역에서 기본적으로 갈등을 최소화하고, 개인과 개인, 개인과 기업, 기업과 기업, 기업과 국가, 그리고 국가와 국가간에 각 주체가 목적으로 하는 자기이익을 기회비용적 관점에서 극대화하는 수단으로 사용하는 기술이라고 바라보는 것이 일반적이다.

인간은 기본적으로 모든 일에 기회를 추구하며 협상자체의 형태가 아닌 협상과정의 행동을 영위한다고 할 수 있으며, 점차 사회가 복잡 · 다양해지면서 이해관계가 얽혀 개인과 사회간의 문제로 발전하게 되었다. 특히 세계가 글로벌화 해가면서 이러한 관계는 국제적인 수준으로까지 확대되어, 기업을 매개로 개인과 국가간의 제관계가 이루어지고 있으며, 협상시 그 타결점을 찾는 것은 매우 어렵다고 할 것이다.

우리는 이러한 국제적인 협상에 대해 매우 친숙하게 접하고 있으리라 보는데, 기업은 국제적인 사업(무역, 특히 전략적 제휴, 직접투자 등)관계에서 자기이익을 위해 전략적인 관점에서 자원의 분배, 그리고 기업이익까지 그 대상으로 삼고 있다. 물론 국제 정치적인 문제에서도(일례로 북한의 핵문제) 협상에 대한 문제를 인식하는 것, 즉 이것도 크게 보면 국가의 경제적 이익에 관련된 문제라고는 할 수 있으나, 지금 논의하고 있는 것은 기업의 국제화가 진전되면서 일어나는 협상에 대한 문제를 살펴보고자 하는 것이므로 이 부분은 배제하기로 하는 것이 옳을 것이다.

따라서 본 고에서는 우선 협상의 정의와 그 이론은 국제기업에 어떠한 의미를 던져주고 있는가를 살펴보고, 국제기업의 협상문제와 국제기업간 구체적인 협상을 이루어내는 당사자들에게 대두되는(물론 기업수준에서 문제가 되는 것이 이문화이지만 협상행위 당사자는 기업의 구성원이다) 이문화적인 문제로 협상을 다루고자 한다.

제1절 협상의 정의와 이론

1. 협상의 개념

일반적으로 협상이란 서로 갈등이 있는 둘 이상의 주체가 그들의 갈등을 해결하기 위해 상호작용하는 행위와 그 과정을 말하며, 이해당사자들을 서로 만족시키기 위해서 수세기 전부터 여러 가지 방법의 협상(negotiation)과 교섭(bargaining)이 사용되어져 왔다. 이러한 협상에 대한 범위는 가정적인 일상생활에서부터 국제거래 관계 속에서 그 가능성은 언제나 존재하며, 특히 이 점에서 아담 스미스는 '國富論'에서 인간의 교환본능을 강조하고, 이러한 인간의 본능이 바로 협상욕구로 이어질 수 있다고 했다.

그러나 협상의 '속성'에 대해서 간혹 지나쳐 버리는 경우가 있는데, 이것은 주의의 환경에 의해 많은 제약, 일례로 기업의 전략과 자원이 제한적이면, 협상력에 있어 열위에 있을 수 있으므로 이러한 점이 협상의 속성에 대해 알아보고 대처할 수 있는 능력을 제공한다는 점에서 그 타당성이 있을 것이다. 이러한 협상의 개념에 대해서는 1950년대 사회적 환경이 급변하면서 과학적 방법을 통한 양자 그리고 다자간 협상의 접근방법이 발전하게 되었다.

1965년 Sawyer과 Guetzkow에 의해 대부분 개발되었는데, 이후 Kelly, McGrath, Vinacke, Terhune, Druckman 등이 연구의 맥을 이었다고는 하나 그렇게 과학적이진 못했다고 할 수 있다. 그래서 Lall, Ikle이 가정검증식 접근을 사용하였으나 이 또한 단편적이며, 훈련되지 않거나, 실험에 노출된 실행자에 의존했다는 점이 지적되고 있다.[1)]

협상의 몇 가지 개념은 협상과정의 특별한 양상에 초점을 맞춘 사회학자들에 의해 제공되고 있는데, McGrath(1966)[2)]는 타협의 특별한 형태를 만들어내는 대표적인 행위 즉 그룹의 위치, 협정 도달, 독창성 획득, 건설적인 해결 등을 강조하며, 또한 '상상력'(representation:개념작용)을 강조한다. David 와 Triandis(1965)[3)]는 협상과 교섭사이

1) Daniel Druckman, Human Factors in International Negotiations: Social-Psychological Aspects of International Conflict, Sage Publications, Inc., 1973. p. 5-6.

2) McGrath, J. E. "A social psychological approach to the study of negotiation." in R. V. Bower(ed.), Studies on Behavior in Organization: A Reserach Symposium athens: Univ. of Georgia Press, 1966.

3) Davis, E. E. and H. C. Triandis, "An exploratory study of inter-cultural negotiations." Urbana: University of Illinois Group Effectiveness Research Laboratory Technical Report 26, ARPA Contract NR 177-472, Nonr-1834(36). 1965.

의 차이를 강조하며, 협상은 '태도와 가치'에 있어 단체들의 차이를 해결하기 위한 것을 말한다. Ikle(1964)[4]은 협상을 교섭을 통한 '이익의 갈등'을 해결하는 것이라고 한 반면, Hammond 와 Brehmer(1973)[5]은 '정책결정과정'의 불확실하고 확률적인 속성을 말하고 있다.

이러한 특징은 국제적인 협상과정 즉 기업의 입장에서 건설적인 해결을 위한 상상력, 국제기업간의 태도와 가치, 이익의 갈등, 전략결정과정 등에서 충분히 일어날 만한 내용들이라 할 수 있겠다.

다음으로 연구 방법론적인 논쟁에서 사회심리학적 접근을 들 수 있는데, 이는 주로 노사관계에 초점이 맞춰지는 것으로, Walton과 McKersie(1965)[6]는 시스템, 상황 그리고 태도적 변수사이의 노사관계에서 집단교섭(collective bargaining)의 모델로 나타내고 있다. 그러나 이러한 집단교섭적 노사관계는 국제협상에서 쉽게 이전되지 않는 부분이라고 할 수 있는데 이는 법적인 면과 부수적인 목표의 상이성에서 오는 것이기 때문이다.

Jervis(1972)[7]와 Holsti(1970)[8]은 국제적 과정에서 시스템적인 부분에 의존할 필요는 없다고 하며, 시스템적이지 않은 사회심리학적 요인 즉 개념, 의도, 목적, 구성원의 영향 등이 국제적이 부분에서 정책결정에 중요한 부분이라고 인식하고 있다. 또 다른 사회심리학적 접근은 실험적 방법(Walton & McKersie(1965)[9] 또는 Sawyer & Guetzkow(1965)[10])이라고 할 수 있는데, 이것은 중요한 변수 즉 사전협상경험, 의사소통의 기회, 협상단체의 수, 대안전략, 상대편의 시간압력, 인센티브 등을 제공할 수는 있지만, 일반화하려는 실험자들에게 더욱 복잡한 상황을 만들어 내는 등 잘못된 상황을 연출하고 있다고 할 수 있다.

---

4) Ille. F. C. How Nations Negotiation, New York: Harper, 1964.
5) Hammon, K. R., and Brehmer, "Quasi-rationality and distrust: implications for international conflict," in L. Rappoport and D. A. Summers(eds) Human Judgment and Social Interaction, New York: Holt, Rinehart & Winston, 1973.
6) Walton, R. E. "Variables in Experimental games: toward a field theory. Psych. Bull. 71: 293-318. 1971.
7) Jervis, R. The Logic of Images in International Relations. Princeton, N.J.: Preceton Univ. Press. 1972.
8) Holsti, O. R. "Individual differences in 'definitions in the situation.'" J. of Conflict Resolution 14.:303-310. 1970.
9) Walton & McKersie, 전게서, 1965.
10) Sawyer, J. and H. Guetzkow, "Bargaining and negotiation in international relations." in H. C. Kelman(ed)International Behavior: A Social-Psychological Analysis. New York: Holt, Rinehart &Winston, 1965.

결과적으로 Singer & Ray(1966)[11]은 특별한 이익시스템의 정상적 모델에서 유추한 '규범적(normative) 모델'이 '기술적(description) 모델'보다 더욱 적절하다고 말하고 있다. 다시 말하면, 협상의 연구에서는 경영학적으로 유용한 사회심리학적 방법론은 국제적인 단계에서는 규범적인 연구가 바람직하다는 것을 볼 수 있다.

그렇다면 이러한 배경 속에서 협상은 어떠한 정의를 가지고 있는가?

Kapoor(1975)[12]는 "협상(negotiation)이란 주어진 상황에 최선의 접근법을 결정하기 위하여 기능(마케팅관리, 재무, 제조), 갈등의 문제(기분, 관리, 통제, 소유권의 보호), 커뮤니케이션과 통제시스템, 절차, 일반적인 환경, 다국적기업과 상대정부관계들을 결합시키는 일종의 예술적 성격을 갖는 활동"으로 정의했으며, Harsanyi(1977)[13]은 협상(bargaining)은 둘 이상의 행위자가 가능한 협조 행위를 통하여 서로의 입장차이를 양보함으로써 타협(negotiation)하는 것을 말한다."라고 했다.

그러나 Harsanyi 의 입장에서 타협이라는 협상(negotiation)은 그 자체가 상태가 아니고 행위이라는 점에서 Negoatition은 타협(settlement)와 구분되어야 할 것이다. 또한 Cohen(1980)[14]은 "협상(negotiation)이란 공동의 이익 교환이나 실천에서 이해 충돌이 있을 경우 의견을 일치시킬 목적으로 자신의 의견을 분명하게 개진하는 과정이라고 정의하며, 긴장이 가득한 상황 속에서 정보와 힘의 사용에 어떤 바람직한 결과를 가져오는 것"이라고 하고, Raiffa(1982)[15]는 "행위자들의 공통이해를 증진시키고 상반된 입장을 절충하는 것이 협상이다"라고 하고 있다.

따라서 협상이란 주체적인 둘 이상이 상호작용을 가지며 주체들의 목적 즉 이해관계에서 이익을 위해 서로 다른 의견이 서로의 불이익이 최소한 상태로 타협되도록 하는 일련의 행위와 과정이라고 정의할 수 있다.

그렇지만 정의만으로 협상에 대해 이해하기가 곤란한 점이 있지 않나 한다. 그러므로 이러한 정의에 따라 더욱 이해를 돕고자 협상 이론의 발전과정(거시적 수준에서 미시적 수준으로 발전하고 있다)을 살펴보고자 한다. 물론 협상은 행위이고 실천적 과

---

11) Singel, S. and L. E. Fouraker, Bargaining and Group Decision Marking: Experiments in Bilater Monopoly. New York: McGraw-Hill, 1960.

12) Ashok Kopoor, Planning for International Business Negotiations, Cambridge, Mass: Ballinger Publisher Co., 1975, ch.6.

13) Harsanyi, John, Rational Behavior and Bargaining Equilibrium in Games and Social Situations, Cambridge, UK: Cambridge Press, 1977.

14) H. Cohen, You Can Negotiate Anying, Toroto, A Bantam Books, 1980.

15) Raiffa, Howars, The Art and Science of Negotiation, Cambridge: Harvard University Press, 1982.

정이기 때문에 이 논의의 뒤에 살펴보기로 한다.

2. 게임 이론적 협상이론

1) 협조적 게임에 기초한 협상이론

협상을 두 이상의 사람들간의 게임으로 보고 게임이론에 의해 협상을 설명하고자 하는 시도가 많이 이루어져 왔다. 게임이란 두 명 이상의 사람(경기자)들이 상호 연관관계를 통해 자신의 이익을 추구하고 있으나 어느 누구도 그 결과를 마음대로 좌지우지 할 수 없는 경쟁적 상황을 의미한다고 할 수 있다.[16)]

이 가운데 협조적 게임이란 경기자들이 기본적으로 자신의 이익에 관심을 가지면서도 상호간의 의사교환을 통해 공동으로 추구해야 할 것에 관해 합의를 도출하는 과정을 의미한다. 즉, 협조적 게임이란 협상에 있어서 상호 이익을 극대화하는 데 있어서 경기자들이 협조적인 태도를 나타내며, 따라서 많은 대안 가운데 효율적인 대안만을 놓고 그 가운데 합의를 도출하는 과정을 나타낸다고도 할 수 있다.

라이파(Raiffa)는 이와 같은 협조적 경기자를 "이해의 차이점을 인식하고 기본적으로는 자기자신의 이익에 관심을 가지면서 타협을 도출하려고 하는 경기자를 의미하며, 상대방에 대해 전적으로 신뢰하지도 않고 전적으로 불신하지도 않는 경기자, "상호간의 합의를 존중하는 경기자를 의미한다" 고 정의하였다.[17)]

협조적 게임에 의한 협상이론은 내쉬(Nash)의 공리주의적 접근방법으로 대표된다. 내쉬는 협상문제를 경기자의 선호를 나타내는 효용함수들과 협상이 결렬될 경우를 나타내는 결렬점(disagreement point)들로 나타내어진다고 주장하고, 파레토최적(Pareto optimality)과 대칭성(symmetry)등의 공리를 만족시키는 협상의 해(解)를 제시하였다.[18)] 이와 같은 내쉬의 이론은 과거 에즈워드(Edgeworth)상자도 모형으로 대표되는 일반균형이론(또는 협상이론)이 파레토최적인 결과를 제시할 뿐 이 가운데 어떤 결과가 실제도 선택되는지를 설명하지 못하는 단점을 극복한 이론으로 평가되고 있다.

■ 에즈워드 상자도 모형

에즈워드(Edgeworth)상자도 모형은 두 사람(A, B)과 두 재화(X,Y)가 있는 단순한 순수교환경제에 관한 모형이다. 예를 들어 A는 X재 10단위와 Y재 5단위를 갖고 있고,

---

16) 이준구, 「미시경제학」, 법문사, 1994, p.425.

17) Raiffa, H., *The Art & Science of Negotiation*, Harvard University Press, 1995, p.18.

18) Nash, J., "Two-Person Cooperative Games", *Econometrica,* Vol.21, 1953.

B는 X재 6단위와 Y재 7단위를 갖고 있다고 하여 보자. 이와 같은 상황을 에즈워드 상자 안에 나타내면 점 E로 나타내어진다.

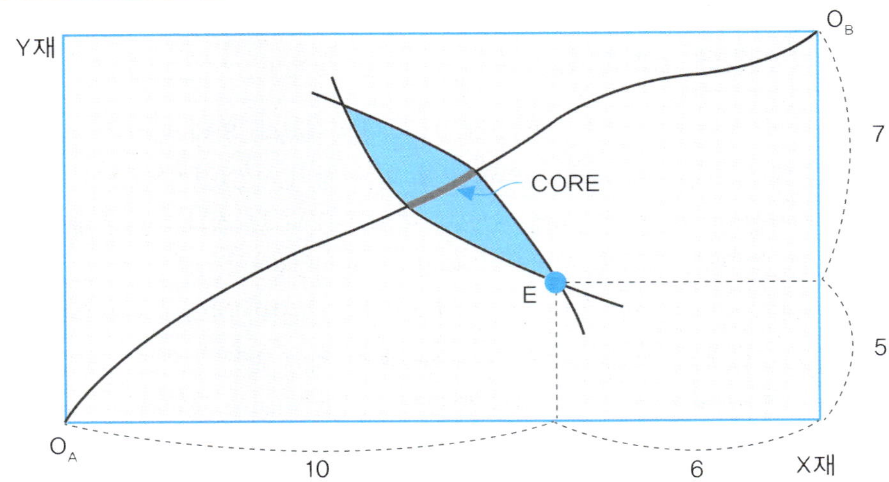

[그림 15-1] 에즈워드상자도

이 상황에서 두 사람은 교환의 필요성을 느끼게 된다. 그것은 점 E로부터 재화의 교환을 통해 빗금친 영역 안으로 움직일 경우 보다 높은 무차별곡선에 도달함으로써 두 사람의 만족이 모두 증가하기 때문이다. 이것을 파레토개선(Pareto improvement)이라고 하며, 어 이상의 파레토 개선이 이루어지지 않는 상태를 파레토 최적인 상태(다른 사람의 만족을 희생하지 않고는 어느 누구의 만족도 증가할 수 없는 상태)라고 한다.

파레토 최적인점을 점들을 이은 것을 미시경제학에서는 계약곡선(contract curve)이라고 하며, 계약곡선 가운데 빗금친 영역 안에 있는 부분을 코어(core)라고 한다. 에즈워드 상자 모형은 따라서 순수교환경제에서 파레토최적이면서 두 사람에게 모두 이익이 되는 교환들을 나태 내주기는 하지만, 그 가운데 어떠한 점이 선택되는가를 설명하지 못하는 단점이 있다.

2) 비협조적 게임에 기초한 협상이론

협상의 결과가 항상 파레토 효율적인 것은 아니며, 복잡한 협상의 경우에서는 심지어 어떤 것이 파레토 효율적인 결과인지도 모르는 경우도 있다. 게임에서 경기자들이 상호의 이익을 극대화하기 위해 협조적인 자세를 취한다는 가정도 현실과는 동떨어져 있다. 비협조적 게임이론에 바탕을 둔 협상이론은 이와 같은 인식 하에 모든 경기자들은 오로지 자기자신의 이익에만 관심을 갖는 이기적인 경기자라고 가정하고, 경기자들이 자신의 이익을 극대화하기 위한 전략을 분석하고 있다.

비협조적 게임에서의 협상 가운데 대표적인 사례가 범인(犯人)의 딜레마(prisoner's dilemma)이다. 범인의 딜레마는 범행용의자로 체포된 두 사람의 공범에게 자백을 유도하기 위해 채찍과 당근을 동시에 제공하는 상황을 나타내는 게임이다.

▪ 범인의 딜레마

검찰에 붙잡힌 공범에 대해 심증은 있되 물증이 없는 경우, 두 공범이 담합하는 것을 방지하기 위해 서로 격리시켜 놓고 다음과 같은 제안을 했다고 가정하자.

> "만약 두 사람이 모두 범행을 자백하면 두 사람 모두에게 징역 5년을 구형하겠소. 만약 한 사람이 범행을 자백하고 다른 사람은 자백하지 않은 경우, 범행을 자백한 사람에게는 관용을 베풀어 풀어 주되 자백하지 않은 사람에게는 법정 최고형인 10년을 구형하겠고. 만약 두 사람이 모두 자백하지 않으면, 우리(검찰)로서는 당신들의 유죄를 증명하기는 어렵겠지만 법원의 최종판결이 있을 때(1년)까지 두 사람 모두를 구치소에 수감하겠소"

이와 같은 제안이 주어질 경우, 두 범인은 고민에 빠지게 된다. 이 게임을 분석하기 위해 두 범인의 가능한 선택과 그에 따르는 처벌을 수량화한 보수(報酬: payoffs)로 나타내면 〈표 15-1〉과 같다. 처벌의 크기가 클수록 만족 또는 효용이 감소해야 하므로 보수는 마이너스로 표시한다.

〈표 15-1〉을 자세히 살펴보면, 범인들은 서로 협력하여 자백하지 않을 경우 무죄판결을 받고 1년 내에 풀려남으로써 자신들의 이익을 극대화 할 수 있다.

표 15-1 — 범인의 보수행렬

	자백	부인
자백	(-5, -5)	(0, -10)
부인	(-10, 0)	(-1, -1)

그러나 불행하게도 범인의 딜레마에서 자신의 이익만을 생각하는 범인들은 두 사람 모두 자백을 선택하게 되는 딜레마에 빠지게 된다. 그것은 두 경기자 모두 상대방의 선택이 무엇이건 간에 그 주어진 선택 하에서 자백하는 선택을(다른 범인에 협조하지

않는 것) 택하였을 때 더 큰 보수를 받을 수 있기 때문이다.

예를 들면, 범인 1이 범인 2가 자백할 것이라고 믿을 경우, 자신도 자백하면 -5의 보수(5년 징역)을 받고 자신은 자백하지 않으면, -10의 보수(10년형)을 받는다. 따라서 이 경우 범인 1은 자백을 선택할 것이다. 반대로 범인 1이 범인 2가 자백하지 않을 것이라고 믿을 경우, 자신도 자백하지 않으면, -1의 보수(1년 수감)를 받고 자신은 자백하면 0의 보수(사면)를 받는다. 따라서 이 경우에도 범인 1은 자백을 선택할 것이다. 결국, 범인 1은 범인 2가 어떤 선택을 할 것이라고 믿건 간에 자백하는 편이 낫게 되며, 따라서 범인들은 자백을 선택할 수밖에 없는 딜레마에 빠지게 되는데, 이것이 범인의 딜레마이다.

이와 같은 결과는 파레토비효율적인(즉, 경기자 모두에게 바람직하지 않은)결과를 가져온다는 점에서 파레토효율적인 결과를 가져오는 협조적 게임에 있어서의 결과와는 다르다. 이는 경기자들간에 협조가 가능하였다면, 자백하는 일은 일어나지 않았을 것임을 의미한다.

이 밖에도 주어진 크기의 파이를 나누는 협상을 비협조적인 게임으로 보고 여기에 있어서의 균형을 도출하고자 하는 시도 등도 이루어졌다. 협상에 응용되는 또 하나의 대표적인 게임으로는 겁쟁이 게임(game of chicken)이 있는데, 겁쟁이 게임은 협상에서 누가 양보하느냐를 설명해 주는 좋은 예라고 할 수 있다.

■ 겁쟁이 게임

치킨 게임(chicken game, game of chicken) 또는 매-비둘기 게임(hawk-dove game) 또는 눈덩이 게임(snowdrift game)이라고도 불리며 게임 이론의 모델 중 하나로, 어떤 사안에 대해 대립하는 두 집단이 있을 때 한쪽이 그 사안을 포기하면 상대방에 비해 손해를 보게 되지만, 양쪽 모두 포기하지 않는 경우 가장 나쁜 결과가 벌어지는 게임이다. 일종의 겁쟁이 게임으로서, 누구든지 먼저 포기하면 겁쟁이(chicken)가 되지만, 양쪽 모두 끝까지 포기하지 않으면 모두에게 최악의 상황이 벌어지는 게임이다.

'자유의 댄스(Footloose)'라는 영화 가운데는 두 학생이 학교에서의 주도권을 놓고 위험한 대결을 벌이는 장면이 나온다. 대결은 둑방길 양쪽에서 서로를 향해 트랙터를 빠르게 모는 것으로, 나중까지 핸들을 돌리지 않고 버티는 사람이 이기는 방식으로 되어 있다. 여기서 주인공은 겁이 많았음에도 불구하고 가속기에서 발이 빠지지 않아 끝까지 버틸 수밖에 없었으며, 따라서 결과는 주인공이 승리하는 것으로 끝이 났다.

가격협상이나 파이를 나누는 단순한 협상은 겁쟁이 게임과 유사한데, 이는 양측이 모두 양보를 하지 않을 경우 모두 피해를 보고, 한 사람이 양보하는 경우에 그 사람은 협상결렬시 보다는 낫지만 낮은 보수를 받는 반면 양보하지 않은 사람은 매우 높은 보수를 받기 때문이다. 이와 같이 겁쟁이 게임은 협상에서 누가 양보하느냐, 그리고 언제 양보하느냐 하는 것을 설명해 준다는 면에서 협상이론에서 중요한 위치를 차지하고 있다.

비협조적인 게임에 기초한 협상이론은 협상을 보다 현실적으로 설명해준다는 강점을 갖고 있다. 그러나 분석의 방법이 어려울 뿐만 아니라 다수의 균형 가능성으로 인하여 그 결과의 예측이 어렵다는 문제점도 아울러 나타내고 있는 것이 사실이다.

3. 협상기술에 관한 이론

협상의 이론가운데는 이 밖에도 협상의 구조와 요인을 분석하고 협상에 있어서 필요한 지식과 기술에 대해 설명하고자 하는 이론들이 있다. 이론의 정치함에 있어서 게임이론보다 뒤떨어지는 것이 사실이지만, 협상기술에 관한 이론은 실제 협상에서 많이 응용되고 있다.

협상의 구조와 요인을 분석하여 협상기술에 대해 설명하고 있는 이론은 내용이 다양하기 때문에 모든 이론을 여기서 설명하기 어렵다. 따라서 여기서는 그 가운데 협상의 종류, 협상의 요소, 협상의 단계, 협상에 있어서의 공정성 등에 대한 내용을 간략하게 정리하고자 한다.

1) 협상의 종류

협상은 특성에 따라 분배적 협상(distributive negotiation)과 통합적 협상(integra- tive negotiation)으로 나누어진다. 분배적 협상이란 주어진 크기의 파이를 나누는 때와 같이 한쪽이 이익을 보면 다른 쪽은 손해를 보는 경우의 협상을 의미하여, 윈-루즈(win-lose)협상이라고도 불린다. 이 경우 협상에서 경기자들 간의 협조를 얻어내기란 그다지 쉽지 않다.

반면, 통합적 협상은 거래를 하는 때와 같이 협상의 결과에 따라서 양쪽이 모두 이익을 볼 수 있는 경우의 협상을 의미하며, 윈-윈(win-win) 협상이라고도 불린다. 이 경우 협상 당사자간에 무조건적인 협조를 기대하기는 어렵겠지만 어느 정도의 협조는 불가피하다. 따라서 통합적 협상에 있어서는 협조를 통해 협상 당사자 모두의 이익을 증대시키는 일(creating)과 자신의 몫을 크게 하려는 일(claming)간에 조화를 모색해야 한다.

경우에 따라서는 분배적 협상인 것과 같은 협상도 실제로는 통합적 협상인 경우도 많이 있다. 예를 들면, 두 아이가 아이스크림을 나누는 경우 언뜻 보기에는 분배적인 것으로 보이지만, 협상과정에서 아이스크림이 녹는다는 것을 협상 당사자들이 인식하는 경우, 협상 당사자들은 자신의 몫을 크게 하는 것과 빨리 협상을 마무리지어야 하는 두 가지 목표 가운데서 적절한 선택을 강요받게 되는 것이다.

2) 협상의 단계

협상은 그 단계에 따라 촉매단계(catalyst stage), 협상전단계(prenegotiation stage), 협상단계(negotiation stage), 협상후단계(post-negotiation stage), 재협상단계(renegotiation stage)로 나눌 수 있다. 촉매단계는 협상에 있어서의 의제에 대해 폭넓은 의견을 교환하는 단계라고 할 수 있으며, 협상 상대방의 선호 등을 파악하고 자신의 선호를 상대방에게 알리기도 한다. 협상전단계는 협상을 벌이기 전에 상호간에 접촉을 통하여 사실을 확인하고 협상의 참가자, 의제, 방법, 계획, 선택대안 등을 구체적으로 정하는 단계를 의미한다.

이때에는 상대방의 의견 등을 들음으로써 상대방에 대한 이해를 넓히는 작업도 동시에 진행된다. 협상단계는 본격적인 협상을 벌이는 단계로서, 구체적인 제안과 양보 등이 이루어진다. 협상 단계에서 성공적인 결론을 도출하기 위해서는 많은 협상기술을 필요로 함은 물론이다. 협상후단계는 협상이 타결된 후 협상을 실행에 옮기는 단계이며, 통산협상의 경우에는 각국이 협상의 결과를 행정적 · 법적으로 뒷받침하고 이를 실행에 옮기는 단계이다.

마지막으로 재협상단계는 협상이 타결되었더라도 타결된 결과를 바탕으로 협상 참여자 모두에게 보다 나은 결과를 도출하고자 다시 협상을 벌이는 단계를 의미한다. GATT의 다자간 무역협상이 한번으로 끝나지 않고 반복되어 제8차 협상인 우루과이 라운드 협상에까지 이르렀다는 것이 그 좋은 예이다.

3) 협상의 요소

협상에 있어서 중요한 요소에는 여러 가지가 있겠지만, 피셔(Fisher)교수는 이 가운데 7가지를 강조하고 있다. 그것은 ① 협상실패시의 대안(best alternative to negotiated agreement: BATNA), ② 관심사항(interest), ③ 선택대안(options), ④ 의사소통(communication), ⑤ 관계(relationship), ⑥ 정당성(legitimacy), ⑦ 약속(commitment)이다. 이를 간략하게 설명하면 다음과 같다.[19)]

---

19) Fisher, R., *Getting to Yes*, Penguine, 1991.

첫째, 협상에 있어서 협상실패시의 대안은 매우 중요하다. 왜냐하면 협상타결의 결과가 실패시의 결과보다 나아야 할뿐만 아니라 협상실패시의 대안을 염두에 두어야 협상이 결렬되는 것을 막을 수 있기 때문이다. 바람직한 협상자는 상대방에게 협상실패시의 결과가 바람직하지 못하다는 것을 일깨워야 한다. 가격을 흥정하면서 옆 가게의 가격을 제시하거나 협상 결렬시 상대방이 입는 피해를 넌지시 암시하는 것 등이 그 예가 된다. 협상타결이 늦어질 때 입는 피해도 여기에 포함이 되며, 때로는 상대방의 BANTA를 낮추기 위해 협박수단을 이용하기도 한다.

둘째, 협상에서 좋은 결과를 가져오기 위해서는 자기자신은 물론 상대방의 진정한 관심사항(interesting)이 무엇인지를 정확히 파악하여야 하며, 자기자신과 상대방의 미래에 대한 계획에 대해서도 깊이 생각해 보아야 한다. 많은 협상에 있어서 협상자들은 자신의 관심사항 대신 입장(position)에만 집착함으로써 협상을 실패에 이끄는 경우가 많다. 협상에서의 관심사항이 얼마나 중요한가는 이스라엘과 이집트간의 협상사례에서도 잘 드러난다.

사례

캠프 데이비드 협상(1978)

캠프 데이비드(Camp David) 협상은 이스라엘과 이집트 구 국가간의 평화협상이었다. 이 협상에서 구 국가는 평화협정을 원하였으나 6일 전쟁의 결과 이스라엘이 점령하고 있던 시나이 반도의 반환문제가 걸림돌이 되어서 협상은 실패로 돌아가는 듯이 보였다. 이스라엘은 시나이 반도의 반환을 받아들일 수 없었으며, 이집트 역시 시나이 반도 전체의 반환 없는 평화협상을 받아들일 수는 결코 없었기 때문이다.

그러나 이 협상에 중재로 나선 미국은 두 국가가 협상에서 진정으로 얻으려고 하는 것이 무엇인가를 먼저 파악하였다. 사실 이스라엘의 관심사는 국가안보이지 시나이반도의 소유는 아니었다. 이스라엘은 시나이반도에 이집트 군이 주둔할 경우, 국가안보에 위협을 느꼈기 때문에 시나이 반도의 반환에 반대하였던 것이다.

반면 이집트는 군사적인 목적으로 시나이반도를 원한 것이 아니라 주권의 회복, 즉, 시나이반도에 이집트의 국기가 펄럭이는 데에 관심이 있었던 것이다. 협상에 있어서 두 국가의 진정한 관심사를 파악한 미국은 중재 안을 제시하였으며, 이스라엘과 이집트는 이를 받아들였다. 그 중재 안은 시나이 반도를 이집트에 넘기는 대신 시나이 반도 내에 일체의 군사력을 배치하지 않는다는 것이었다.

셋째, 협상에서 많은 선택대안을 개발하는 것은 매우 중요하다. 연봉 협상과 같이 제로섬(zero-sum)게임으로 여겨지는 협상에서도 계약기간, 회사의 순익에 따른 연봉 등 다양한 선택대안들을 도입할 경우에는 포지티브섬(positive-sum)게임으로 바뀔 수도 있으며, 이에 따라 협상이 쉽게 타결될 수도 있다.

넷째, 의사소통도 협상에서 중요한 위치를 차지하고 있다. 특히 국제협상에 있어서 커뮤니케이션은 매우 중요한데, 이는 단순한 의사소통을 넘어서 상대국의 언어, 문화, 가치 등을 이해하는 것까지 포함한다.

다섯째, 협상에서 좋은 결과를 얻기 위해서는 좋은 인간관계의 확립이 필요하다. 협상상대방을 적대시해서는 곤란하며, 추후 협상을 위해서라도 협상을 전후하여 개인적인 친분관계와 신뢰관계를 쌓는 것이 필요하다.

여섯째, 협상에서 상대방을 설득하기 위해서는 정당한 이유가 있어야 한다. 이때에는 국제적인 규범, 국내적인 법규, 과거의 역사 등이 좋은 참고자료가 된다.

일곱째, 협상에서는 상대방이 얼마만큼의 권한을 가지고 있고, 상대방의 말이 얼마만한 구속력을 가지는지가 중요하다. 가끔 협상에서 합의를 도출하고 나서 상급자의 반대 등을 이유로 다시 협상을 하자고 하는 속임수가 사용되는데, 이와 같은 속임수에 넘어가서는 곤란하다.

협상에서는 이 밖에 불확실성의 존재와 이와 대한 협상자의 인식 등이 중요한 요소로 작용하고 있다.

4) 협상결과의 공정성

협상결과는 효율적이고 공정한 것이 바람직하다. 그렇다면, 어떤 협상결과가 효율적이고 공정한 것일까? 앞에서 설명한 바와 같이 파레토 효율성의 개념은 협상결과의 효율성을 판단하는 중요한 기준이 되고 있다. 파레토효율적인 상태는 다른 사람의 만족을 희생하지 않고는 어느 누구의 만족도 증가시킬 수 없는 상태를 의미하는데, [그림 15-1]에 나타난 바와 같이 협상가능집합 가운데 파레토효율적인 점들의 집합을 파레토곡선이라고 부른다.

여기서 X축과 Y축은 각각 협상자 1과 협상자 2의 효용을 나타내며, 파레토곡선이 우하향함은 한 협상당사자의 만족이 증가하기 위해서 다른 협상당사자의 만족이 감소해야 하기 때문이다.

파레토 곡선은 파레토효율성을 만족하는 선택을 의미하기는 하지만 협상의 결과가 공정한가에 대한 해답은 제시하지 못한다. 그렇다면, 파레토곡선상의 점들 가운데 어떤 점이 공정한가?

협상에 있어서 어떠한 결과가 과연 공정한가는 보는 시각에 따라 달리 나타난다. 이를 예를 들어 설명하면 다음과 같다. 두 협상자가 보다 높은 효용을 얻기 위하여 협상을 하고 있다고 가정하고, 협상자 1과 협상자 2의 효용이 각각 U_1, U_2일 때 협상에서의 제약(협상가능집합을 나타냄)은 $2U_1+U_2 \leq 20$으로 나타내어진다고 가정하자. 또한 협상이 결렬되는 경우 협상자들은 각각3과 4의 효용을 얻는다고 가정하자.

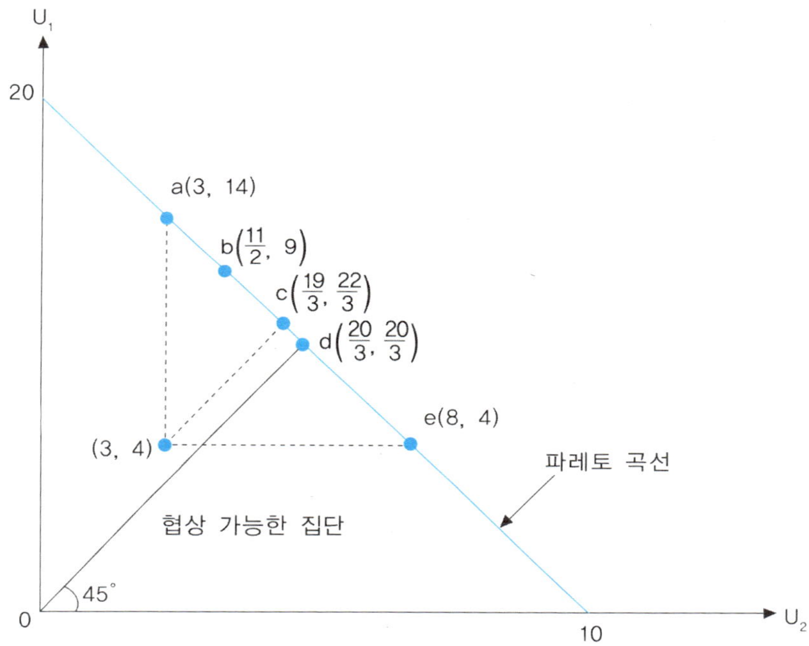

[그림 15-2] 협상의 결과와 공정성

결과의 평등 차원에서 보면, [그림 15-2]에서 두 경기자의 보수가 같은 점, *d*가 공정한 결과를 나타낼 수 있다. 그러나 협상에 의해 증가하는 효용이 똑같아야 한다는 차원에서 보면, 점 *c*가 공정하다. 이와 같은 공정성 개념은 실제로 많은 다자간 협상에서 사용되어 왔다. 또한 $(U_1-3)(U_2-4)$를 극대화한다는 차원에서 내쉬 해결점인 점, *b*가 공정하다. 마지막으로 협상자 1의 극빈 개도국이고 협상자 2가 선진국인 경우에는 선진국이 양보하는 점, *e*가 공정할 수도 있으며, 반대의 경우 점 *a*가 공정할 수도 있다. 따라서 협상에 있어서의 공정한 결과란 보는 사람의 시각에 따라서 크게 달라질 수 있는 것이다.

사례

배트나(BATNA)와 죠파(ZOPA)

배트나(BATNA)는 하버드 대학 휘셔&유리(Fisher&Ury) 교수에 의해 1981년 창안된 개념이다. '협상이 결렬되었을 때 취할 수 있는 최상의 대안, Best Alternative To a Negotiated Agreement: BATNA'의 영문글자를 따서 만들어진 약자인데 협상에 의한 거래가 결렬된 상태에서 한 당사자가 선택할 수 있는 여러 대안 중 가장 선호하는 것을 말한다. 쉽게 말해서 현재 진행 중인 협상이 실패하는 경우 당사자가 선택할 수 있는 최선의 대안을 의미하는 것이다. 배트나(BATNA)와 함께 등장하는 것이 죠파(ZOPA)이다. ([그림 15-3] 참조)

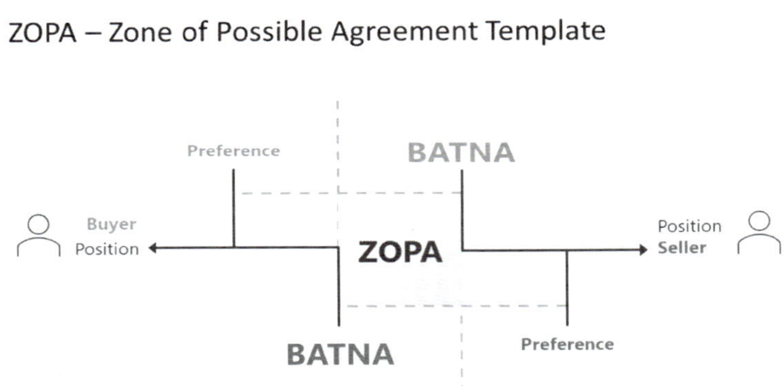

[그림 15-3] 죠파와 배트나

죠파(ZOPA)는 협상의 여지가 있는 조건 범위 즉 합의가능영역(Zone Of Possible Agreement) 또는 흥정영역(Bargaining Zone)으로 불리며 협상타결이 가능한 범위를 말한다. 협상자는 ZOPA내에서 어떻게 협상 결과를 상대의 한계치의 가까이에 가져가는지, 어떻게 자신의 이득을 최대화하는가 하는 것을 목표로 한다. 예를 들면 물건 값을 흥정하는 경우 구매자가 지불하고자 하는 최고 가격과 판매자가 팔고자 하는 최저 가격 사이에 중첩되는 영역인 긍정적 흥정영역(Positive bargaining zone)이 존재해야만 협상이 가능해진다.

제2절 국제기업과 협상

국제기업 협상이란 독립된 각국 기업인, 또는 기업인과 외국 정부 관료들의 공통된 문제를 해결하기 위해 접촉하는 것을 가리킨다. 더구나 다국적 기업은 그 활동영역이 세계적이고, 독특한 경영철학, 문화 · 사회 · 경제구조를 지니고 있기 때문에 협상은 이들간의 이해상충을 해결하기 위한 중요한 수단이며, 협상을 상충된 혹은 공통의 이해관계를 가진 집단간에 서로 이해하고 이해시키면서 이익을 교환하는 과정이라고 한다면 국제기업협상은 상이한 특성을 가진 국제기업간의 협상이라고 할 수 있다.

국제협상에서는 국제집단간의 상이한 문화, 즉 상이한 관습 및 가치관 때문에 서로에 대한 이해가 어려워지고 쌍방 목표의 합일점을 찾는데 많은 장애 요인이 존재하게 된다. 이는 국제기업협상에도 마찬가지다. 따라서 국제기업 협상시 다음과 같은 점에 유의해야 한다.

첫째, 협상에 임하기 전에 특히 중요한 것은 사전 준비가 더 유리한 협상 결과를 가져오는 데 도움이 된다는 것을 인식해야 한다.

둘째, 국제협상의 과정은 국가간의 문화차이에 대한 분석을 전제로 한 것이기 때문에, 성공적이고 효과적인 협상을 위해서 이것에 대한 이해가 반드시 필요하다.

셋째, 협상의 각 단계는 협상과정과 관련이 있는 다양한 환경에 의해 영향을 받는다. 이러한 점에서 협상과 관련이 있는 환경에 대해 정확히 파악하고 있어야 한다.

넷째, 협상과정에 있어서 협상력의 원천, 다양한 환경 그리고 대안에 따른 효용이 계속적으로 변화한다는 점을 명심해야 한다.

다섯째, 협상에 임한 각 참여자들의 목표는 서로 상이하고, 각 참여자는 협상을 그들의 목표달성을 위한 하나의 수단으로 사용하고 있다는 점이다.

이런 협상시의 유의할 점이 있다면 국제기업협상 체계를 파악하여 문제성을 인식하여야 할 것이다. 일단 국제협상의 기초요건은 무엇인가라는 질문으로 본문을 열도록 한다.

1. 국제협상의 기초요건 - 5P · 3S 이론

앞에서 협상의 기초적인 이론에 대해 논의를 하였다. 그러면 실제로 협상을 추진하는데 필요한 요건은 무엇인지 살펴보기로 한다. 이를 5P · 3S 이론이라고 부르는데 이를 표로 정리하면 다음과 같다.

상기와 같이 국제협상은 수많은 기술의 통합적 표현이라고 볼 수 있다. 국제협상에 대해서는 5P · 3S 이론의 조화와 관계된 기능이 요구된다고 하겠다. 협상이 대형으로 참여하는 사람이 많으면 많을수록 5P · 3S의 조화된 기능이 더욱 필요해진다.

표 15-2 — 협상에 필요한 최저한의 요건

협상전의 요건	• strategy(전략) • planning(협상계획) • preparation(사전준비)	• 사업에 고나한 장기 종합계획 • 타협 추진상의 구체적 작전계획 • 정보 사전의 입수와 조직화
협상중의 요건	• presentation(설득력) • speed(빠른 의사결정) • strength(협상력) • patience(인내력) • personality(협상자의 자질)	• 모순없는 논리적 설득력 • 빠른 결단 • 문제해결의 타협을 추진하는 의사력 • 적극적으로 협상을 추진하려고 하는 힘 • 유머를 이해하여, 시련에 도전하는 적극적인 인간상

자료: 山崎清, 竹田志郎편 '텍스트북 國際經營', 有斐閣 選書, 1990. p.192.

2. 국제기업협상의 구성요소

1) 국제기업협상의 참여자

국제기업협상의 참여자는 매우 다양하다. 주요 참여자로는 다른 다국적 기업, 현지기업, 본국 혹은 현지국 정부, 국제기구, 소비자 집단, 노동조합, 시민조직 등을 들 수 있다. 그런데 이러한 주요 참여자는 국제기업협상의 주체인 다국적기업과는 그 목적이 다르며, 이러한 목적의 차이 때문에 협상은 다국적 기업의 국제경영활동에 반드시 필요한 활동이다. 그리고 이러한 주요 참가자들 사이에는 상반되는 이익만이 존재하는 것이 아니라 공통되는 이익이 존재하기도 한다.

이상과 같이 공통이익과 상반되는 이익을 동시에 갖는 주요 참여자들은 그들의 목표와 그들 집단의 기능적 측면, 구조적 측면, 지위에 있어서 독특한 특성을 갖고 있다. 더구나 그들은 다양한 정치적 · 경제적 · 문화적 · 사회적 환경 속에서 존재한다. 이러한 환경은 국제기업협상에 있어서는 더욱 광범위하고 다양한 것으로 이러한 환경의 영향은 협상의 전과정을 통틀어 협상 기술사용에 큰 영향을 미치게 된다.

2) 협상력의 원천

협상상황에 있어서 주요 참가자와 쟁점이 결정되면 협상과정과 결과는 주로 각 참여자의 협상력에 의해서 결정된다. 이러한 협상력의 원천을 기본적인 협상력의 원천과 인식된 협상력의 두 가지로 나누어 살펴보자.

첫째, 기본적인 협상력의 원천은 주로 힘과 시간, 정보이다. 힘이란 다른 사람 혹은 집단으로 하여금 힘의 행사자가 원하는 어떤 것을 하도록 시키거나 원하는 방향으로 행동이 일어나게 만들 수 있는 능력을 가리키는 것으로 보상의 힘, 강압적인 힘, 합법적인 힘, 준거적 힘, 전문적인 힘 등의 다섯 가지가 있다. 시간은 자신의 한계선 뿐만 아니라 상대방의 한계선을 파악하는 것이 중요하고, 정보는 자신과 상대방의 정보를 연계하여 파악하는 것이 중요하다. 다국적 기업과 현 지국간의 협상력의 원천을 간단히 살펴보면 〈표 15-3〉과 같다.

표 15-3 — 다국적기업과 현지국가간의 협상력 원천

	다국적 기업	현 지 국
기 술	• 기술개발능력 보유	• 개발능력 이전단계의 기술수준
재 무	• 내 · 외부 자금조달	• 외환거래 승인 노력 • 현지자금 지원능력 • 조세유인책 제공 능력
마케팅	• 현지시장 개척능력 • 현지 생산제품 수출능력	• 자국시장 통제능력 • 다국적 기업에 의한 수출지원 능력
정치적 관계	• 지원능력 • 본국 · 현지국간 경제 • 정치관계 조성능력	• 우호적인 투자분위기 조성 능력

자료 : 장대환(1992). '국제기업 협상'. 김영사. p153

둘째, 인식된 협상력의 원천에는 기본적인 협상력의 원천 이외에 보다 실제적이고, 실제 협상상황에서 단기적으로 변할 수 있는 인식된 협상력의 원천이 있다. 어떤 점에서는 협상에서 중요한 협상력의 원천은 이러한 인식된 협상력이라고 볼 수 있다. 인식된 협상력의 원천은 주로 협상결과의 가치와 협상결과의 희소성, 각 당사자들이 협상에서 사용하는 협상기술의 세 가지로 구성된다.

먼저, 협상결과의 가치란 협상결과의 중요성에 대한 협상 당사자들의 주관적인 평가를 의미하는 것으로 가치를 적게 두는 쪽이 가치를 크게 두는 쪽에 대하여 상대적으로 협상력의 우위를 가진다고 본다. 다음으로, 협상결과의 희소성이란 협상에서 얻고자 하는 목적을 그 협상 이외의 다른 곳으로부터 획득할 가능성을 의미하는 것이다.

마지막으로, 협상의 기술이란 협상과정에서 자신의 이익을 극대화시킬 수 있는 능력을 의미한다.

3. 현상인식을 위한 국제기업협상 분석 틀

국제기업협상은 다양한 기준에 의하여 분류될 수 있다 이러한 분류기준들은 국제기업협상의 다양한 현상을 인식하는 데 유용한 기준을 제공해 준다. 그러나 이러한 기준 중에서 시간 측면을 제외한 다른 분류기준들은 다양한 현상에 대하여 나타나는 정도가 미미해서 절대적인 분류기준이나 틀의 변수로 사용되기는 어렵다.

한편 현상인식을 위한 틀의 기준으로 사용될 수 있는 국제기업협상의 요소로서는 참여자에 의한 분류, 쟁점에 의한 분류, 지역에 의한 분류, 시장접근유형에 의한 분류 등이 있다. 물론 각각의 분류 기준들을 결합하여 2차원 평면상에 나타낼 때 더욱 유효한 현상인식의 틀을 마련할 수 있다.

첫째, 참여자에 의한 분류로 국제기업협상의 주요 참여자는 다국적 기업이다. 다국적기업들은 그들의 국제경영활동을 수행하면서 다양한 국제기업협상의 상대자를 만난다. 이들 중에는 다른 다국적기업, 현지기업, 현지 혹은 본국 정부, 국제기구, 소비자, 노동조합, 시민압력단체, 희생자 등이 포함된다.

이들 주요 참여자들은 앞에서 설명했듯이 목적이 상이하고, 추구하는 바가 다르기 때문에 갈등과 협력의 이중성 속에서 다양한 쟁점에 부딪히게 된다. 다국적기업 대 여타 다국적기업과 현지기업, 다국적기업 대 본국과 현지국 정부, 다국적 기업 대 국제기구, 다국적 기업 대 소비자 · 노동자 · 시민 · 희생자 · 테러집단 등의 관계 속에서 이러한 현상을 발견 할 수 있다.

둘째, 쟁점에 의한 분류로, 다국적 기업은 국제경영활동을 수행하면서 다양한 쟁점들에 대하여 협상을 하게 되는데, 이러한 것에는 테러리즘, 인권, 정치, 뇌물, 마케팅, 노동문제, 환경, 기술, 경제적 · 재무적 측면 등이 있다.

셋째, 시장접근 유형에 의한 분류로, 다국적기업이 시장에 접근하는 방법으로 수출, 라이센싱, 합작투자, 해외직접투자가 있다. 물론 각각의 경우 협상이 필요하다. 그리고 시간이 지남에 따라 공헌과 혜택의 종합을 재조정할 때 재협상의 문제가 생기기도 한다. 그리고 다국적 기업들은 자신의 능력과 상황의 변화, 글로벌 관점에서 최적화를 위하여 국제경영활동을 지속하면서 협상을 수행한다.

넷째, 지역에 의한 분류로, 다국적기업이 협상해야 할 문제들을 지역에 따라 분류할 수도 있다. 이러한 구분은 주로 각 지역의 사회적 · 문화적 · 정치적 · 경제적 체제의 차이를 고려하여 분류하는 방법으로 유사성이 있는 집단들로 묶는 방법이다.

4. 다국적기업과 피투자국의 협상력

다국적기업과 피투자국은 동일한 해외직접투자 프로젝트에 대해 〈표 15-4〉에서 볼 수 있는 바와 같이 전혀 다른 목적과 협상력 그리고 전술을 가지고 있다. 먼저 해외직접투자의 목적과 관련하여 다국적기업은 제품판매, 현지 투입요소의 활용, 이익확보 그리고 선량한 기업시민 등과 같은 목적을 위해서 해외직접투자를 하고자 한다.

표 15-4 — 다국적기업과 피투자국 정부의 협상력

구 분	다 국 적 기 업	피 투 자 국
목 적	• 제품판매 및 현지 투입요소 활용 • 이익확보 • 선량한 기업시민	• 적정기술 • 이익확보 • 자주권 행사 • 국민 후생 증진(고용 등)
협 상 력	• 기술 • 마케팅 • 자본 • 시장접근 • 규모상의 기업특유의 우위	• 시장접근 • 천연자원 • 인적자원 • 대안적인 공급원 • 인접국과의 지역연대
전 술	• 현지 소유권 • 현지기업 자극 • 고용 • 수출 및 기업내무역 • 사업활동의 입지와 조직의 복잡성 • 법률적 방어 • 본국 정부의 지원	• 개입 및 규제

자료: A. H. Rugman, D. J. Lecraw and L. D. Booth, International Business: Firm and Environment (New York: McGraw-Hill, 1986, p.299.

이에 비해 피투자국은 다국적기업을 통해 적정기술을 습득하고 보다 더 많은 이익을 확보하며 국민의 후생을 증진시키기 위해 외국인투자기업을 받아들이게 된다. 이와 같이 동일한 해외직접투자 프로젝트에 대해 양 당사자가 서로 다른 목적을 가지고 있기 때문에 해외직접투자가 이루어지기 위해서는 해외직접투자와 관련된 여러 가지 조건에 대해 양 당사자간의 합의가 절대적으로 필요하게 된다.

이 때 양 당사자간의 합의는 통상 협상을 통해 이루어지게 되는데, 협상의 결과는 양 당사자가 보유하고 있는 협상력에 의해서 좌우된다. 여기에서 다국적기업과 피투자국이 각기 상대방에 대해 가지고 있는 협상력을 살펴보면 먼저 다국적기업은 피투자국이 다른 방법을 통할 경우 훨씬 더 많은 비용을 지불해야만 획득할 수 있는 기술상의 우위, 마케팅상의 우위, 자본상의 우위, 시장접근상의 우위 그리고 규모상의 우위를 소유하고 있다. 그리고 피투자국은 자국 시장에 대한 접근 통제 및 자국과의 천연자원 및 인적자원 등에 대한 접근 통제 그리고 대안적인 여타 공급원의 활용 및 인접국가와의 지역 연대 등과 같은 협상력을 가지고 있다.

다국적기업과 피투자국은 자신들이 가지고 있는 이와 같은 협상력을 배경으로 해외직접투자와 관련된 여러 가지 조건에 대해 서로 협상을 하게 된다. 그리고 각 당사자는 협상과정에서 자기의 협상력을 증대시키기 위해 여러 가지 전술을 활용하게 되는데, 다국적기업은 현지의 소유권과 고용, 수출촉진 등과 같은 전술을 이용하고 피투자국은 개입 및 규제와 같은 전술을 활용한다.

이와 같은 과정을 거쳐 양 당사자간에 최종적인 합의에 이르게 되면 그 결과로서 다국적기업은 피투자국에 해외직접투자를 하게 되고 피투자국은 외국인투자를 받아들이게 된다.

5. 국제기업협상 준비절차

1) 협상환경 분석

자기자신에 대한 분석이나 상대방에 대한 분석, 또는 구체적 전략수립에 앞서서 고려되어야 할 점이 바로 협상을 둘러싸고 있는 환경에 대한 분석이다. 환경에 대한 충분한 이해는 시행착오를 최대한 줄일 수 있으며 최소의 시도에서 최대의 성과를 거둘 수 있는 협상전략의 수립을 가능케 한다. 이러한 환경분석에 대한 무지는 기업으로 하여금 엄청난 비용손실과 협상실패를 결과로 낳게 될 것이다.

2) 자기 분석

협상을 둘러싼 환경에 대한 분석을 마친 다음에는, 이러한 환경 속에서 협상의 우위를 차지하기 위해서는 자신에 대한 분석이 필요하다. 자신에 대한 정확한 분석은 협상전략의 수립에 있어서 중요한 역할을 담당하게 되는 것이다. 이러한 자기 분석은 다음과 같은 요소들로 구성된다.

첫째, 선례 분석으로, 전에 기업이 지금 직면한 협상과 비슷한 종류의 협상을 경험했는지 여부를 조사하고, 있으면 그것을 바탕으로 하고, 없으면 타 기업의 경우라도 참조하여 협상대책 수립에 이용하여야 할 것이다. 과거의 경험은 절대로 간과해서는 안 된다.

• 선례 존재의 유무
• 선례 수
• 선례 결과 분석
• 현 상태와 비교, 공통점, 차이점 선별하여 전략수립에 반영

둘째, 기업자체 경제력 분석 즉 효과적인 협상을 위해 협상에 투입될 수 있는 자금이 얼마 정도인가를 알아두는 것도 중요하다.

셋째, 인적자원 분석으로, 협상에 임하는 주체들을 뽑는 가장 중요한 과정으로 〈표 15-5〉와 같이 다섯 가지 분석결과를 토대로 하여 가장 적절한 협상대표를 뽑아야 한다.

표 15-5 — 인적 자원 분석

1. 생리학적 분석	2. 심리학적 분석	3. 사회적 분석
• 키 • 몸무게 • 성별 • 나이 • 인종	• 지적 수준 • 성격 • 동기 • 지각적 편견 • 태도(일상시 태도, 협상태도)	• 국적 • 종교 • 사회적 지위 • 문화
4. 행위적 분석	**5. 경험곡선**	
• 옷차림새 • 언어 구사력 • 적극적 • 팀구성 • 경쟁력 • 이타주의	• 노출 정도(상대측에) • 이전에 경험했던 협상 수 • 협상가로서의 기간 • 이전에 경험했던 협상의 실패 · 성공 원인 재조명	

자료: 장대환(1992). '국제기업 협상'. 김영사. p.164-165

3) 조직 요소

협상당사자나 협상상대방이 속한 조직[1]의 여러 특징 및 협상상대방과의 관계는 협상력의 원천을 형성하는 데 중요하며 협상자의 목표, 전략, 태도형성에 영향을 미친다. 조직의 목적은 조직의 형태에 의해 결정되며 조직을 둘러싼 환경과 이해관계자 집단이 조직 목적의 형성에 영향을 미친다. 이러한 조직 목적은 협상의 목표 결정시 매우 중요한 기준으로 고려된다. 조직의 자원과 힘, 크기, 강 · 약점 등 내부 여건은 협상시 협상력의 형성에 중요한 역할을 한다.

조직의 기본 경영전략(예: 다국적 기업의 경우 범세계적 경쟁전략)과 협상전략(예: 다국적 기어비 각 협상상황에 대비하여 사전 작성한 협상원칙 및 지침)은 구체적 협상상황에 대비한 전략 설정시 기초가 된다. 양 협상 주체간의 상대적 협상력을 정확히 인식하고, 해당협상 주제에 대한 이해를 높이려면 협상상대방과 소속조직, 자신의 소속조직, 의사결정 관련정보, 환경정보 등을 철저히 연구해야 한다. 협상가와 조직의 관계는 협상가와 협상과정의 측면에서 고찰할 수 있다.

협상구조는 협상가에 대한 권한 위임 정도, 협상가의 조직 내 지위 및 권력, 구성원들의 수, 응집력, 구조 등의 측면에서 살펴볼 수 있고, 협상과정은 협상가와 조직간의 의견 조정, 조직의 점검, 평가, 피드백, 신뢰, 보상, 처벌, 위협 등의 측면에서 살펴볼 수 있다. 상대협상가와 조직의 관계는 협상가와 조직의 관계를 상대협상가와 조직의 입장에서 본 것이다.

4) 상대방 분석

협상에는 단일상대이건 복수상대들이건 간에 상대방이 있기 마련이다. 최선의 협상결과를 획득하려면 다음 〈표 15-6〉과 같이 상대방에 대한 철저한 분석이 먼저 이루어져야 한다.

표 15-6 — 협상상대방 분석

1. 상대측 목표예상
2. 상대측의 힘 분석
   - 정치력
   - 경제력
3. 선례분석
   - 선례분석 유무
   - 선례 수
   - 선례결과의 집단적 분석
   - 현상태와 비교, 공통점 · 차이점 선별
4. 인적자원 분석
   - 상대협상대표 예측
   - 상태 협상 대표 분석
5. 상대방 문화 분석
6. 상대측 전략에 관한 예상 시나리오 구성
7. 제 3자 요인 분석

자료: 장대환(1992). '국제기업 협상'. 김영사. p.168

5) 상호관계 및 우위확보조건 설정

협상의 진행과정 각 단계에서의 양측의 관계를 미리 구분해보고 각 단계에서 우위를 확보할 수 있는 조건을 설정해본다면 구체적 협상전략 수립에 큰 도움이 될 것이다. 협상의 각 단계에서 또는 전체적으로 어떤 경우에 상대에 비해 협상우위를 확보할 수 있는가를 설정하여 전략수립의 근거로 삼는다.

6) 전략 수립

앞에서 언급한 분석에 근거하여 구체적인 전략을 수립한다. 전략수립과 동시에 각 상황에 따른 세부적 전술 역시 수립해야 한다.

7) 협상대표 훈련

협상가에게 전략인지, 상대방문화, 협상환경, 협상태도, 협상기술교육 등에 대한 확실한 훈련이 필요하다.

8) 국제기업협상 수행

협상에 임한 후 효과적인 진행을 위해 필요한 일반적인 내용을 세 가지 측면에서 기술해보면 다음의 〈표 15-7〉과 같이 요약할 수 있다.

표 15-7 — 협상전술

(1) 협상진전을 위해	(2) 정보교환 촉진을 위해	(3) 상호이해의 증진을 위해
• 대안을 많이 가진다. • 목표의 범위를 넓게 잡는다. • 장기적인 안목을 갖는다. • 상대방의 제안에 금방 다른 제안을 하지 않는다. • 쟁점의 초점을 벗어나지 않는다.	• 질문을 많이 한다. • 중간 중간에 요약을 한다.	• 신경을 건드리는 언어는 피한다. • 공격적이거나 방어적인 자세는 피한다.

자료 : 장대환(1992). '국제기업 협상'. 김영사. p171

(9) 국제기업협상 진행과정

앞에서 본 바와 같이 효과적인 협상을 위해서는 협상환경 분석, 자기 분석, 상대분석, 협상전략, 전술 등의 각 단계가 조화 있게 수행되어야 한다.

제3절 국제기업협상과 이문화

1. 국제협상에서 문화의 의미

문화는 인간의 생존 및 유물을 결정짓는 범례(paradigm)가 된다. 인간은 제각기 자기 나름대로의 주관적인 문화를 만들어내기 때문에 모든 인간관계는 상호문화적(intercultural)이라고 할 수 있다. 국제협상에서는 특히 서로 다른 문화적 배경의 사람들이 서로 다른 생각, 감정, 행동 등을 가지고 부딪치기 때문에 문화적 배경에 대한 이해가 매우 중요하다. 다시 말해서, 국제협상이란 서로 다른 문화적 배경의 사람들이 어떻게 서로를 관리하는가 하는 문제와도 연결된다.

국제협상을 이해하고 공부하기 위해서는 다음과 같은 몇 가지 가정들이 필요하다. 첫째 서로 다른 문화적 배경의 국제협상을 우리는 이해하고 그 과정을 관리할 수 있다. 둘째, 다른 사람의 경험을 통해 협상기술, 유형, 형태, 방법 등을 익힐 수 있다. 셋째, 개인의 성격에 따라 좀더 유능한 협상인이 될 수 있다. 이러한 가정을 바탕으로 우리는 좀더 유능한 국제 협상가를 만들 수 있다고 생각한다.

다음은 일반적인 국제협상에 관한 이해 및 문화적 의미를 정리해 본 것이다.

표 15-8 — 상호 문화적 의미에 기초한 국제협상의 의미

협상이란?	상호문화적 관계의 함축적 의미
• 상황	• 문화의 이해는 서로 다른 문화에서 필수적.
• 상호 이해	• 문화적 차이를 다루려는 의식적인 노력 필요.
• 의사소통	• 당사자끼리 의사소통의 장애와 문화적 장벽 해소.
• 필요한 것의 충족	• 기대 확인과 그들의 성취를 위한 작업.
• 타협과 해결	• 축소시키고 공동의 관심사를 강조.
• 거래	• 문서상 또는, 비문서상의 협상이든 모두 중요.
• 교섭과정	• 거래할 사항을 준비.
• 예상	• 당신 자신을 경영 체계에 익숙하도록 하고, 상대방이 예상하는 것을 정확히 파악해야 함.
• 설득	• 당신의 신뢰성을 쌓고 문제에 대해 상대방이 이해할 때까지 부드럽게 하라.
• 합의 획득	• 차이점을 줄여서 합의에 도달하도록 한다.
• 검정이입의 실행	• 문제를 객관적으로 평가하고 적을 만들지 않는다.
• 대안점 찾기	• 조직적이고 간단한 양식을 취해야 한다.(복잡한 양식으로 상대방에게 부담을 주지 말라.)

협상이란?	상호문화적 관계의 함축적 의미
• 갈등 처리 • 성공	• 대립되는 관심사를 다루는 것은 가능하다. • 문제점을 발견하고 나쁜 감정을 제거.
• 타인으로부터 원하는 것을 얻는 방법	• 다른 사람이 당신에게 원하는 것을 줄 수 있는 방법이다.
• 원하는 사람으로부터 호혜를 얻기	• 진실하고 합리적 방법으로 행동하는 동안 호혜를 얻기쉽다.
• 힘과 정보를 처리하기	• 당신 힘의 한계를 미리 알기: 협상 과정을 처리하는 동안 정보 얻기
• 시간과 기회의 이용 • 과학적보다 기술적으로	• 기회의 분석에 의해 필요한 강점 발견. • 자연스럽게 : 다른 사람의 감정을 건드리지 말라.
• 판매 • 효과적인 분쟁해결 방법	• 먼저 필요성을 창조하라. • 상호 문화적인 협상형태, 양식 그리고 기술을 사용하는 것은 중요하다.

자료 : 장대환(1992). '국제기업 협상'. 김영사. p.40.

국제협상을 다시 정의해 보면, 서로 다른 문화, 가치관, 신념, 필요성, 시각, 언어 등을 가진 사람들이 상호 이해관계를 증진시키는 과정 또는 노력이라고 할 수 있다. 국제 협상가는 협상 상대국의 정치 · 경제 · 문화 · 사회적 배경을 충분히 이해하고 개인적인 유대관계에 신경을 써야 하며 좋은 결과를 낳기 위해서는 다음과 같은 실수를 피해야 한다.

① 자기자신만이 합리적이고 과학적이라고 생각하지 말 것, ② 상대방이 준비가 안 됐을 때 너무 몰아세우지 말고 좀더 적절한 시기를 선택할 것. ③ 자신만의 개인적 이해관계를 떠날 것, ④ 정치적 · 문화적으로 매우 미묘한 문제를 피할 것. ⑤ 상대방의 협상계획을 존중할 것, ⑥ 혼동되는 전문어는 피할 것, ⑦ 조직의 위계를 뛰어넘지 말 것 등이 있다.

즉 문화는 개인적인 자신의 세계관이 아니라 상호 이해하고 존중하는 바탕에서 파악해야 한다는 점을 말해 주고 있는 것이다. 그렇다면 이런 문화적 배경은 국제협상에 어떠한 영향을 가지고 있는가? 이하에서 살펴보기로 하자.

2. 국제협상과 문화

국제협상은 문화적으로 상이한 배경을 가진 사람들끼리 합의에 도달하기 위한 과정이라고 할 수 있다. 국제간의 협상은 협상 당사자의 목표의식, 사고과정, 의사 결정 등에 있어서 국내협상보다 훨씬 복잡하고 고려영역이 넓어지게 되는데 이는 문화적 요인의 상이성에 연유하는 비중이 크며 문화적 요인이란 실제에 있어서 쉽게 인식되고 한정되기 어려운 매우 모호한 개념이다. "결국 사람은 어디를 가나 별 차이가 없다" 라는 생각을 가지고 국제협상에 임한다면 잘못된 생각이며 국내교섭에서의 여러 가지 경험들이 국제간에도 적용되기는 힘들다.

왜냐하면 상이한 문화를 가진 사람들과의 협상에서는 제스처나 비언어적 행동, 예의, 권위 및 지위에 대한 태도 등의 사소한 일들에 대한 인식차이로 오해를 불러일으키거나 심리적 불편을 받고 의사소통이 어려워지게 되는 경우가 비일비재하기 때문이다.

1) 국제협상과 문화 및 심리학

협상은 자신의 협상전술, 전략, 작전, 계획, 자기주장을 뒷받침할 지표, 이해관계, 양보의 한계 등과 상대방의 그것들에 대해서 관심을 집중시켜 서로가 반응해 나가게 된다. 이때 협상 당사자들은 각자가 머리 속에 무엇을 인식하고 어떠한 반응을 보이느냐가 매우 중요하다. 협상과정에서 협상당사자는 자신이 갖고 있는 기존의 지식, 지혜, 신념, 기대 등을 바탕으로 협상상황을 인식하고 정보를 처리하고 판단하는 가운데 인식과 반응의 상호작용에 의하여 실제의 협상 행동을 표출하면서 협상을 진행하게 된다.

이러한 심리적인 상호작용은 개인간에도 차이가 있지만 개인이 몸담고 있는 문화의 차이에 따라서도 크게 달라진다. 따라서 서로 다른 문화를 가진 협상가의 문화적 환경과 상대방의 문화적 차이에 대한 사회심리학적 연구가 필요하게 된다.

국내에 서로 다른 직업이나 사회계층에서의 문화 차이가 다른 국가의 동종직업이나 같은 사회계층에 있는 사람간의 문화 차이보다 더 클 수도 있지만 일반적으로 국제간에는 문화의 상이성이 국내의 경우보다 클 가능성이 많다. 따라서 협상가는 사회심리학적 측면의 지식이 매우 필요하며 고도의 전문적인 영역까지는 미치지 못한다 하더라도 이에 대한 기본적인 안목을 가져야 한다.

2) 국제협상에서의 고려 요인

앞에서 문화가 협상에 미치는 영향에 대해서 보았다. 그러면 협상시 유의해야 할 요인에는 어떠한 것이 있는가? 이를 부분별로 살펴보도록 하자.

(1) **협상 당사자의 상황:** 상이한 문화로 인해 협상 당사자의 협상에 대한 인식, 협상에 대한 태도, 협상에서의 접근과 진행 방법 등이 상이하다.

(2) **의사결정의 형태:** 상대방의 의사결정을 예측하고 이러한 의사결정 과정이 자신에

게 유리한 방향으로 되도록 하는 것은 협상가의 중요한 자질 중의 하나이다.

(3) **국가적 특성의 협상에 대한 영향:** 여러 가지의 기술적, 연구 방법론적 제약 때문에 사회과학자들간에는 '국가의 특성'에 대해서 그 중요성을 크게 부여하고 있지만 그 국가 사회와 고유한 특성의 산물로서 협상 당사자의 개성이 형성되기 때문에 협상에 있어서는 국가의 특성이 중요한 요인이 된다. 여기에서 고려해야 할 사항은 다음과 같다.

자기 국가에 대한 이미지와 상대방 국가의 이미지가 협상에 어떻게 영향을 주는가? 협상 당사자는 어떠한 가치관과 어떤 묵시적인 가정을 하고 있는가? 논리의 전개와 합리화 스타일, 그리고 이에 따른 설득의 방법에 문화적 차이가 존재하는가?

(4) **문화적 차이에 따른 잡음:** 국제협상의 의사전달에 있어서 협상 당사자들 간에 명쾌하게 의사전달이 안 되는 어려운 상황이 발생될 수 있다.

(5) **언어상의 고려점:** 언어는 문화와 밀접하게 관련되어 있기 때문에 한 언어에서 어떤 한 낱말의 의미에 정확하게 대응되는 말을 다른 영역에서 찾아낸다는 것은 매우 어려울 뿐만 아니라 거의 불가능에 가깝다.

3) 의사전달과 국제협상

의사전달이란 목적 달성을 위한 수단으로서 협상 당사자에게는 매우 중요한 것이다. 물론 이러한 내용은 문화적인 충분한 이해 속에서 이루어져야 할 것이다.

(1) 협상가의 개인적 자질

타고난 협상가는 이 세상에서 그리 많지 않으며, 개인적 자질 또한 천양지차다. 협상능력은 얼마든지 교육과 훈련을 통해, 개선시킬 수 있으며 개인적 능력은 크게 협상기술, 협상권한, 협상결과에 대한 기대와 포부, 협상안건에 관한 전문지식에 따라 결정된다.

(2) 협상에 있어서의 욕구

협상준비는 상대방이 협상에서 어떻게 나올까 하는 추측작업을 포함한다. 하지만 추측결과를 전략적 행동에 반영하는 것은 매우 위험한 일이다. 이러한 인식내부의 막연한 추측이 실제협상에서 행동으로 표출될 수 있도록 하기 위해 협상가는 당연히 협상결과가 모두에게 이익이 될 것이라는 강한 확신과 협상을 진행시킴으로써 더 나은 결과를 가져올 수 있다는 신념을 가져야 한다. 따라서 어떤 종류의 협상에서든지 협상가는 성취욕, 협력욕, 힘과 같은 협상의 욕구를 가지고 있다.

(3) 의사전달 성향

협상에 있어서 의사전달 성향은 크게 4가지로 나타난다. 행동, 과정, 관념, 사람을 중심으로 다음과 같이 협상이 전개될 수 있다.

행동 지향적인 협상가는 목적, 결과, 행동, 성취, 일의 수행, 일의 진척, 효율성에 관심을 둔다. · 과정 지향적인 협상가는 조직, 구조, 과정, 사실, 전략, 전술, 선택방법에 관심을 둔다. · 대인관계 지향적인 협상가는 팀워크를 통해 협상에 접근하고 싶어하며, 또한 건전한 의사전달, 좋은 관계, 사회적 사교를 통해 접근하고 싶어한다. · 관념 지향적인 협상가는 개념, 이론, 모델, 사고구조, 감정, 창의성에 초점을 맞춘다.

이러한 기본적인 개념 하에서 협상당사자들의 의사전달을 통하여 서로의 관심분야, 집중적인 태도가 나타난다.

4) 비언어적 의사전달과 국제협상

협상에서는 상대방이 공식적으로 말한 것보다는 오히려 말하지 않는 것이 더 중요한 경우가 많다. 유능한 협상가라면 여러 가지 형태로 전달되는 비언어적 의사전달에도 신경을 써야 하며, 특히 국제협상에서는 각국 특유의 의사전달 형태 및 차이에 관심을 가져야 한다. 더구나 무의식적으로 전달되는 표정이나 몸짓이 협상의 실마리가 될 수 있음을 명심해야 한다.

(1) 비언어적 의사전달

숙달된 협상가가 되려면 전체 의사전달 과정에 상당히 영향을 주는 숨어 있는 의도나 몸짓을 이해하는 방법을 배워야 한다.

- 동작(kinesics): 얼굴 찡그림. 손짓 발동작 등 모든 신체적 움직임.
- 근접(proxemics): 상대방과의 거리 정도
- 시각(oculescis): 눈을 마주보거나 회피함
- 촉각(hapltics): 악수, 포옹 어깨를 치는 것 등의 신체접촉
- 침묵(chronemics): 대화중의 침묵 시간, 횟수, 의미

(2) 메타 커뮤니케이션

메타 커뮤니케이션은 우리가 주고받는 의사전달의 숨은 의미에 관한 것이다. 협상

에서 상대방의 속마음을 읽기란 매우 어렵다. 그렇지만 유능한 협상가는 의사전달과정에서 오고가는 여러 가지 내포된 의미를 끌어 낼 수 있어야 한다.

일례로, "그래서-" "정말이오?" "어떻게 됐어?", "나도 그렇게 생각했어?" 등등의 말은 상대방의 대화를 계속 촉진시키는 말이다.

이상에서 국제기업과 협상에 대한 문제를 이론적인 토대에서 행동적인 실천적 범위까지 살펴보았다. 이러한 부분은 미시적인 협상범위에 들어가는 것으로 거시적으로 본다면, 국제적인 관계에서 힘 겨루기가 항상 일어나는 상황, 즉 보호 무역주의라든가 바꾸어 말하면 자국기업 우선주의로 표현되는 국제 기업 질서에서 국제 분쟁기구인 WTO와 분쟁 속에 있는 자국 기업을 보호하는 국가의 협상력, 또는 경제 블록주의와 자국 기업을 제고할 필요가 있는 것이다.

그러나 이러한 문제는 정치적인 협상력의 범주에 들어가지 않는가 생각한다. 물론 이 부분까지 이해를 하면 좋겠으나 이 장에서는 국제기업과 협상에 대한 기본적인 문제로서, 국제기업과 협상, 그리고 협상과 이문화 문제를 살펴보았다. 우리가 알아야 할 것은 협상이란 그 자체가 자신 또는 기업주체의 환경적인 힘(power)일례로, 자금과 우수인력, 기술 등이 배경에 있어야 한다는 사실을 명심해야 할 것이다.

무역이론

제16장

사례 1

한국 세계무역 8위 등극

산업통상자원부가 2022년1월1일 발표한 '2021년 연간 수출입 동향'에 따르면 지난해 연간 수출액은 전년 대비 25.8% 증가한 6445억4000만 달러를 기록해 역대 최대치를 경신했다. 기존 최고치인 2018년 6049억 달러보다 396억 달러 더 많다고 한다.

2019년과 2020년이 전년 대비 마이너스 성장률을 보였던 수출은 3년 만에 플러스로 돌아섰다. 증가율도 2010년 28.3% 이후 가장 높다. 수출액을 원화로 환산하면 우리나라 올해 예산 607조7000억원보다 103조원 많은 737조7000억원에 이른다.

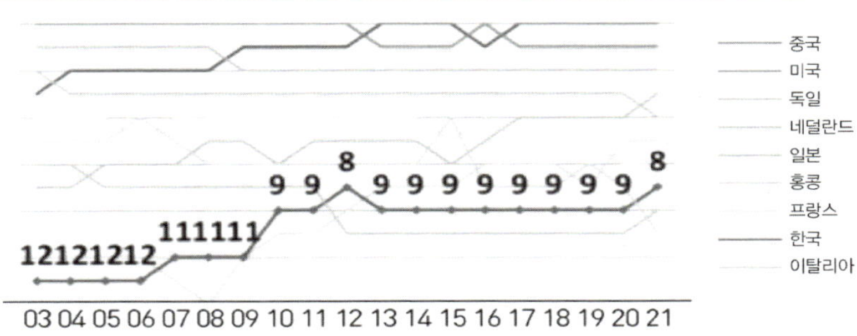

[그림 16-1] 주요국 및 우리나라의 무역순위

특히 반도체, 석유화학, 자동차 등 15대 주요 품목 수출이 모두 두 자릿수 증가율을 기록했다. 반도체(1280억 달러)와 석유화학(551억 달러) 등 전통 주력산업의 수출이 역대 최고 실적을 달성했다. 같은 기간 수입도 31.5% 늘어난 6150억5000만 달러를 기록했다. 수입액이 6000억 달러를 넘은 것은 이번이 처음이다. 수출 · 수입 증가에 연간 무역액은 1조2596억 달러로 사상 최대 규모를 기록했다. 우리나라의 세계무역 순위도 8위로 한 계단 올랐다.([그림 16-1] 참조) 2007~2009년 11위였던 우리나라 무역 순위는 2010년 9위, 2012년 8위로 상승했다가 2013년 다시 9위로 내려와 줄곧 유지 됐다

9대 주요 지역으로의 수출 모두 플러스를 이뤘다. 이는 2011년 이후 10년 만에 처음이다. 대부분 지역(중동 제외)이 두 자릿수대 높은 성장세를 나타낸 가운데, 중국 · 미국 · EU · 아세안 · 인도 등의 수출은 역대 최고 실적을 기록했다.

제1절 무역의 개념과 종류

1. 무역의 개념

무역은 광의로 해석할 때 상품의 교환행위를 일컬으며 이에는 국가 내에서 이루어지는 국내무역과 국가와 국가 사이에 이루어지는 국제무역이 포함된다. 일반적으로 우리가 무역이라 하면 후자, 즉 국가간의 상거래행위인 국제무역을 뜻한다.

무역은 상품의 이동방향에 따라 수출과 수입으로 구분할 수 있는데 수출은 상품이 국내에서 국외로 반출되는 경우를, 수입은 이와 반대로 상품이 국외에서 국내로 반입되는 경우를 말한다. 원칙적으로는 수출, 수입 모두를 국제적 경영활동의 대상으로 볼 수 있으나, 국내생산 및 판매활동에서 출발한 기업이 해외로 진출하는 과정에서 채택할 수 있는 국제화전략으로서 무역을 다룰 때는 아무래도 수출활동을 중심으로 하게 된다.

2. 무역의 종류

무역은 상품의 이동방향에 따라 수출과 수입으로 나눌 수 있다. 따라서 무역에는 반드시 그 주체가 되는 수출국과 수입국이 있게 마련이며, 이렇게 수출국과 수입국에 의해서 직접적으로 이루어지는 무역의 형태를 직접무역(direct trade)이라 한다. 또한

수출국과 수입국 사이에 제3국이 개입하는 경우도 있는데 이러한 형태의 무역을 간접무역(indirect trade)이라 한다.

그리고 수출국과 수입국 사이에 제3국이 개입하는 경우도 있는데 이러한 형태의 무역을 간접무역이라하며 제3국이 포함되지 않는 직접무역과 구별된다.

첫째, 통과무역(通過貿易; transit trade)[1)]으로 수출상품이 수출국으로부터 수입국으로 이송되는 과정에 제3국을 물리적으로 통과하는 경우 제3국입장에서 본 무역을 가리킨다. 이것은 예컨대 국경이 독일. 프랑스. 오스트리아. 이탈리아로 둘러싸여 자신의 항구를 갖지 못한 스위스가 한국으로 기계설비를 선적하기 위해서 이탈리아의 제노바 항구를 이용하여야 하듯이 일반적으로 내륙국가의 무역에서 나타난다.

둘째, 중개무역(仲介貿易; merchandising trade)으로서 수출국과 수입국의 중간에서 제3국의 상인이 자기 자신의 계산 하에서 일으키는 무역을 가리킨다. 이 경우 중개업자는 수출국 대해서 매입자가 되며, 수입국에 대해서는 판매자가 된다. 따라서 중개업자의 매입가격과 판매가격의 차액에서 이에 따르는 제반 경비를 제외한 것이 바로 중개업자의 이윤이 된다. 우리나라 종합무역상사의 해외 현지지사에서 한국이 아닌 제3국과 거래를 할 때 나타나는 무역이 바로 중개무역이다.

셋째, 중계무역(中繼貿易; intermediary trade 또는 intermediate trade)으로서 수출할 것을 목적으로 외국에서 물품을 수입하여, 가공하지 않고 원형 그대로 다시 제3국에 수출하는 것을 말한다. 예컨대, 홍콩에서 재수출을 목적으로 한국산 의류를 수입하여 창고에 보관하고 있다가 영국. 중국 등으로 재수출하는 것은 바로 중계무역에 해당한다.

넷째, 위탁무역(委託貿易; trade on commission)으로서 외국상인에게 수출국이 판매를 위탁하는 무역을 가리킨다. 이와 같이 무역을 외국상인의 손에 맡겨 놓는 바이어무역(buyer's trade)의 한 형태인 위탁무역은, 예컨대 1960년대의 우리 나라와 같이 국제경쟁력이 있는 상품은 있으나, 해외시장에 대한 정보가 어둡거나 무역경험이 미숙하여 직접무역을 하기 어려울 때 나타난다.

---

1) 통과수수료: 통과수수료는 통과 무역이 이루어지는 당사국가의 협약에 의하여 일반적으로 그 징수가 면제된다.

제2절 무역이론

1. 중상주의

1492년의 미대륙발견과 1498년의 동인도 항로 발견 이후 시작된 유럽국가들의 식민지개척과 이에 따른 식민지무역은 1600년 영국의 동인도회사와 1602년의 네덜란드의 동인도회사 설립으로 본격화되었다. 당시 봉건영주로부터 권력을 탈취 당하여 통일된 국가를 세우게 된 유럽의 절대군주들은 막대한 군사력을 필요로 하게 되었으며, 이에 따라 군사력을 유지하는 데 필요한 재정수입을 극대화하기 위한 노력을 경주하게 되었는데, 이러한 경제정책을 중상주의(重商主義; mercantilism)정책이라 일컫는다.

이러한 중상주의정책은 무역활동이 일어나게 된 각국의 주관적인 동기를 설명해 주고 있으나, 유럽의 제국주의 국가가 무역을 통하여 피식민지국을 일방적으로 수탈하는 과정에서 식민지무역을 뒷받침하는 군사력을 전체로 할 뿐 아니라 무역 당사국이 다 함께 혜택을 받는다는 기본전제가 성립되지 않으므로 보편타당성과 가치성을 함께 갖춘 이론체계라고는 할 수 없다.

2. 고전적 무역이론

1) 절대생산비설(절대우위설)

경제학의 아버지로 불리는 애덤 스미스(Adam Smith)는 그의 저서인 [國富論; Wealth of Nation, 1776년)에서 왜 무역이 일어나며 어떤 국가가 어떤 상품을 생산하고 수출하면 좋은가라는 무역의 형태문제를 설명하였다. 즉, 모든 국민이 해마다 생산하는 생산물이 진정한 의미에서의 국부이고, 국부를 증대시키기 위해서는 생산에 참여하는 노동자가 자신의 적성에 따라 전문화하여야 하며, 이러한 분업을 통하여 증식된 국부를 교환함으로써 이에 참여하는 모든 사람이 혜택을 받을 수 있다는 것이다.

스미스는 이러한 관계를 국가와 국가 사이에 일어나는 국제분업에도 적용하여 각국이 그 나름대로 유리한 적성을 가진 상품을 생산하여 전첸 생산물을 증대시키고, 이를 구체적으로 교환하면 여기에 참여한 모든 국가는 혜택을 보게 된다고 설명하였다.[2)]

2) 애덤스미스에 있어서 생산비를 결정하는 것은 노동의 투입량이며, 상품의 가치는 노동의 투입량에 의하여 결정된다. 예컨대, A 국이 B 국에 비하여 甲제품을 생산하는 데 투여되는 노동의 양이 작을 때,A국가는 B국가 보다 甲 제품을 생산하는데 적성이 있다고 할 수 있다.

이것을 스미스의 절대생산비원리(절대생산費原理)라고 한다.

2) 비교생산비설[3)]

데이비드 리카도(D. Ricardo)는 1817년 그의 저서 On the Principle of Political Economy and Taxation에서 比較優位(comparative advantage) 개념을 소개하고 비록 아담스미드가 주장한 絕對生産費差의 경우가 아니더라도 比較生産費의 原理에 의해 貿易이 발생할 수 있다고 주장한다. 즉 아담스미스의 절대생산비차의 경우에는 國財模型下에서 어떤 한 국가는 다른 국가에 비해 한 상품에 있어서는 반드시 생산비가 낮아야만 무역이 이루어지게 된다.

그러나 리카도는 어떤 한 국가가 다른 한 국가에 비해 두 상품생산 모두 有利하고 또 어떤 한 국가는 다른 한 국가에 대해 두 상품생산 모두가 不利하다 할지라도, 두 상품생산 모두 유리한 국가는 유리한 정도가 높은 상품생산에만 특화를 하고 또 다른 한 국가는 두 상품생산 모두 불리하다고 할지라도 불리한 정도가 낮은 상품생산에 特化를 하여 이를 상호교환한다면 總生産量이 증가되고 生産要素를 節約할 수 있으며 세계전체의 消費量이 증가될 수 있다는 것이다.

3) 상호수요이론

아담스미드와 데이비드 리카도는 絕代生産費差 및 比較生産費差를 통하여 供給側面에서 무역이 발생하는 원인만을 규명하고 있지만 貿易을 구체적으로 설명하기 위해서는 供給側面은 물론이거니와 需要側面도 동시에 고려하지 않으면 안되며 무역이익이 交易當事國에 어떻게 配分되는가에 대한 문제에도 대답할 수 있어야 한다.

아담스미스

리카도

3) 비교생산비설은1960년대에 들어서면서 한국, 대만과 같은 개발도상국이 공산품생산과 수출을 추구하여 신흥공업국으로 부상하면서 선진국과 후진국간의 무역패턴을 변화시킬 때까지 그동안 선진국의 공업특화, 후진국의 농업특화라는 국제분업체계를 합리화하는 근거를 마련해 주었다.

이에 대해 밀(J.S Mill)은 수요면을 중시하여 교역상품의 國際交換比率과 교역당사국에 대한 貿易利益의 配分比率을 규명하였는데, 이것이 相互需要均等의 原理(principle of reciprocal demand)이다.

3. 근대무역이론

리카도의 비교생산비설을 중심으로 한 고전적무역이론은 여러 가정[4]을 전제로 하고 있으며, 이들 가정이 현실에 맞지 않게 됨에 따라 이론 자체에 대해서도 수정이 가해지게 되었다. 이러한 고전적 이론에 대한 수정이론을 일괄적이고 근대적 무역이론이라고 부르며, 다음과 같은 학설들이 그 중심을 이루고 있다.

1) 핵셔 – 오린(Hecksher – Ohlin)의 정리

핵셔-오린정의는 두가지명제로 요약될 수 있는데 그 하나는 비교생산비의 결정요인이고 다를 하나는 요소가격균등화 정리이다.

① 비교생산비의 결정요인(제1명제)

한국과 미국 두 나라가 두 생산요소(예컨대, 자본과 노동력)를 투입하여 X와 Y라는 두 상품을 생산한다고 가정하자. 이 중 미국은 자본이 상대적으로 풍부한 나라이고 한국은 노동이 풍부한 나라라면, 미국에서는 상대적으로 자본가격이 싸고 한국에서는 상대적으로 노동가격이 쌀 것이다.

한편, X와 Y는 기술계수(技術係數)가 서로 달라서 X의 생산에는 자본이, Y의 생산에는 노동력이 더 많이 필요하다고 가정하자. 그러면 미국에서는 자본집약적인 X 가, 한국에서는 노동집약적인 Y가 각기 비교우위를 갖는 상품으로 특화될 것이다. 따라서 미국은 X를 수출하고 Y를 수입하는 반면, 한국은 Y를 수출하는 대신 X를 수입하게 된다.

이와 같이 각국간에 생산요소의 분포상태가 서로 다를 경우 산업형태나 무역형태가 달라진다는 것이 제1명제이다.

② 요소가격균등화 정리(제2명제)

제1명제에 따라 미국과 한국간에 무역이 성립되면 미국에서는 무역이 있기 전에 Y를 생산하는 데 사용되던 자본과 노동이 모두 X 의 생산에 옮겨질 것이다. 그러나 X는

4) 고전 무역이론의 가정: ① 불변생산비, ② 완전경쟁에 따른 자유무역주의, ③ 생산 요소의 완전 고용, ④ 기술혁신의 무시, ⑤ 생산요소의 동질성, ⑥ 수송비와 관세의 무시, ⑦ 생산요소의 국제적 이동 무시, ⑧ 2국2상품, ⑨ 생산요소의 공급수준 일정, ⑩ 단일 생산 요소 등

자본집약적인 상품이므로 미국이 X를 집중 생산하는 경우 자본에 해한 수요는 상대적으로 증가하고 노동에 대한 수요는 상대적으로 감소된다.

그 결과 상대적으로 싸던 자본의 가격은 상승하고 비싸던 노동의 가격은 하락하여 이들간의 가격차이가 점점 균등화하는 경향을 보이게 된다. 한국에서도 Y생산에 특화하게 되는 경우 자본가격은 하락하고 노동가격은 상승하게 되어 생산요소의 가격이 균등화하는 경향을 나타낸다. 이처럼 제2명제는 생산요소가 국제적으로 이동하지 않더라도 무역으로 말미암아 각국의 생산요소가격이 균등화한다는 것을 설명하고 있다.

③ 핵셔–오린 정리의 장단점

핵셔-오린정리는 고전무역이론의 한계를 극복하고 교역의 방향을 생산요소부존비율로 설명하고 있으며 불완전특화(incomplete specialization)까지도 설명할 수 있는 장점이 있는 반면, 다음과 같은 단점도 있다.

첫째, 직접투자, 이민 등 생산요소의 국제이동이 빈번한 현대에 있어 핵셔-오린정리의 가정이 비현실적이다.

둘째, 소비재와 같은 교역재 외에 비교역재, 중간재 등이 존재하나 핵셔-오린정리는 만족할만한 답을 제시하지 못한다.

셋째, 각국의 생산기술이 같으며 규모의 불변보수적이라는 가정이 비현실적이다. 이러한 제약 등은 이후 학자들에 의해 검증(예: 레온티에프의 역설)되고 기본가정을 현실화하려는 시도가 이루어지고 있다.

2) 레온티에프의 역설

레온티에프(W. Leontief)는 헥셔-오린 정리의 제1명제, 즉 어떤 일국은 타국에 비해 보다 豊富한 生産要素를 만히 투입하는 商品을 생산하여 輸出하고 稀少하게 부존되어 있는 생산요소를 많이 투입하는 상품을 수입한다고 하는 비교생산비의 決定要因을 실증적으로 분석한 것이다.[5)]

레온티에프는 1947년의 미국 생산관계표를 이용하여 1953년과 1956년에 실증검증한 결과 헥셔-오린정리와는 달리 미국은 여타국에 비해서 자본이 풍부하고 노동이 희소함에 불구하고 자본집약재를 수입하고 노동집약재를 수출했다는 것이다.

이러한 逆說에 대한 해명으로서 레온티에프는

첫째, 미국의 노동은 높은 교육수준등으로 외국노동에 비해 훨씬 능동적이지만 이 실증분석에서는 이러한 인적자본이 포함되지 않았기 때문에 상기 결과가 도출된 것이

5) 國際 經營學. 姜 太 求. 宋 勉 共著. 전영사. 1993.

며, 만약 인적자본이 物的資本과 함께 분석에 포함되었다면 미국은 자본집약재를 수출했을 것이다.

둘째, 미국노동자는 노동여건, 경영, 기업가정신에 있어서 외국의 노동자보다 훨씬 능률적이다.

셋째, 분석에 채택된 자본개념에 의문의 여지가 있으며 현실세계의 무역현상의 요소부존이론이 성립될 수 있는 제가정과는 너무나 거리가 멀다는 등의 논거를 제시하고 미국노동자의 기업성은 실질적으로 외국노동자의 생산성에 비해 3배정도 높다고 결론짓고 있다.

4. 새로운 무역이론

1) 노동숙련설(Human-skill theory of trade)

키싱(D.B. Keesing)에 의해 주장된 이 이론은 미국노동자의 생산성이 외국노동자의 생산성보다 3배 정도 높다고 하는 레온티에프의 해명에서 출발하여 레온티에프의 역설을 시정하기 위한 이론이다. 同理論이 주장하는 바는 노동을 熟練勞動(技術者, 엔지니어, 科學者, 管理者등)과 미숙련노동(未熟練工등)으로 구분할 때 어떤 노동이 그 국가에서 상대적으로 풍부하느냐에 따라 그 나라의 무역패턴이 결정된다는 것이다.[6)]

2) 연구개발요소이론(theory of research & development factor)

그루버(W. Gruber), 메타(D. Mehta), 버논(R. Vernon) 등에 의하여 제기된 이 이론은 오늘날 선진국의 무역패턴이 주로 연구 · 개발에 의하여 결정된다고 주장하는 이론으로 1960년대 미국의 수출산업이 국제적으로 비교우위를 차지한 이유는 기존상품의 생산비용절감과 신제품개발을 위한 연구에 투입되는 우수한 기술인력이 타국보다 많았기 때문이라고 주장한다.

3) 제품수명주기이론(Product Life Cycle Theory)

버논(R. Vernon)과 웰즈(L. T. Wells)에 의하여 설명되고 있는 제품주기이론(product life cycle theory)은 생물의 생애와 마찬가지로 새로운 제품 역시 도입기에서 성장기를 거쳐 성숙기로 이행하였다가 쇠퇴기로 넘어가는 과정을 밟게 된다고 보고 있다.[7)]

---

6) Donald B.Keesing, 'Labor skills and Comparative Advantage," American Economic Review, May 1963.

7) Raymond Vernon, "International Investment and International Trade in the Product Cycle,"

이러한 제품수명주기이론의 단계는 도입기(introduction stage), 성장기(growth stage), 성숙기(maturity stage), 쇠퇴기(decline stage)[8)]등이다.

4) 대표수요이론(similarity model)

린더(S. B. Linder)에 의해 주장된 대표수요이론은 산업을 農産品과 工産品으로 구분하고 천연자원집약적인 제품의 무역은 요소부존상의 차이에 의해서 설명이 가능하지만 공산품무역은 이에 의해 설명할 수가 없고 대표적수요에 의해 설명되어야 한다고 주장한다.[9)]

이 대표수요이론은 대표수요의 확대가 비교우위를 결정해주는 요인간의 상호관계를 충분히 밝히지는 못하고 있으나 수요를 크게 중시하고 제품수명주기이론과 제품차별화문제에도 크게 기여하고 있다는 점에서 그 의의를 찾을 수 있다.

5) 산업내무역이론(intra-industry trade theory)

앞에서 살펴본 헥셔-오린정리의 요소부존이론은 국가간의 요소부존도의 차이에 따라 발생되는 서로 다른 산업간의 무역만을 설명하고 있다고 볼 수 있다. 그러나 오늘날에는 동종산업에 속하는 상품들간에도 무역이 많이 이루어지고 있다. 이는 국제무역에 있어서 요소부존도가 서로 다른 남북간의 무역보다도 요소부존도가 서로 비슷한 선진국들간의 교역량이 훨씬 높은 비중을 차지하고 있다는 사실로도 쉽게 알 수 있다.

산업내무역이론은 이러한 점에 착안하여 등장한 새로운 무역이론의 하나이다. 동이론은 고전적 무역이론의 제한적 가정에서 벗어나 보다 현실에 가까이 접근하여, 상품교역에 수반되는 운송 및 저장비용, 규모의 경제, 제품차별화 등을 인정한다면 이종산업간의 무역뿐 아니라 동종산업간의 무역도 발생할 수 있음을 이론적으로 규정해주고 있다.[10)]

The Quarterly Journal of economics, May 1966.

8) ① 도입기: 새로운 제품이 시장에 적응하기 위하여 시행착오의 과정을 거쳐 점차개선 되어간다.
② 성장기: 제품이 소비자에게 널리 인식됨에 따라 대량생산이 이루어지고 이에 따라 반숙련노동자에 의한 자본 집약적 생산을 하게 한다.
③ 성숙기: 이 시기에는 제품이 표준화되어 미숙련 노동자에 의한 생산이 가능해지고 생산시설에 대한 자본투자도 멈추어지며 기업규모도 고정된다.
④ 쇠퇴기: 대체상품의 출현으로 기존상품의 수요가 급격히 감퇴하는 단계로서 무역활동도 규모가 축소된다.

9) Steffan B. Linder, An Essay on Trade and Transformation (New York : John Wiley & Sons, 1961)

10) Herbert G. Grubel and Peter J. Lloyd, Intra0Industry Trade (London: Macmillan, 1975),

참고: 산업내 무역이론

무역패턴에 관한 최근의 연구는 주로 제조업 부문에서 나타나는 무역의 상당부분이 산업내 무역의 형태를 띠고 있다. 산업내무역은 동종산업에서 수출과 수입이 동시적으로 이루어지는 현상을 일컬으며, 이는 수출산업과 수입산업이 구분되는 산업간무역(Heckscher-Ohlin 무역)과 대비된단. 산업내 무역은 선진국간의 무역에서 잘 나타나지만, 개발도상국의 무역에서도 그 비중이 증가하고 있다. 특히 신흥공업국의 산업내무역지수는 개발도상국의 산업내무역지수보다 훨씬 크다.[11)]

산업내무역 이론의 형성이 재화의 특성, 시장구조, 분석방법에 따라 몇 가지로 분류된다. Brander(1981)[12)]등은 Cournot 복점모형을 이용해 동질적 재화에 대한 산업내무역현상을 설명하고 있고, Shaked와 Sutton(1984)[13)], Krugman(1979)[14)], Lancaster(1980)[15)] 등은 차별적 제품에 대한 산업내무역을 설명하고 있다. 차별적제품에 대한 산업내 무역은 다시 수직적 제품차별(vertical differentiation)과 수평적 제품차별(horizontal differentiation)로 나누어진다.

이러한 산업내무역이론에서 도출된 가설들은 다음으로 정리되고 있다.[16)] 첫째, 두 국가의 선호가 유사할수록, 또 소득수준이 증가할수록 산업내 무역은 증가한다. 둘째, 규모의 경제가 있고, 제품의 차별화가 잘 이루어지는 산업에서 산업내무역은 증가한다. 셋째, 무역장벽이 작을수록 산업내무역은 증가한다. 즉 양국간의 거리가 가까울수록 관세 및 비관세 장벽이 낮을수록 산업내 무역은 증가한다. 첫째는 국가별 특성을 나타내고, 둘째는 산업별 특성을 나타내고 있으며, 셋째는 무역정책과의 관련성을 나타내고 있다.

---

11) O. Havrylyshyn., and E. Civan, "Intra-Industry Trade and the Stage of Development : a Regression Analysis of Industrial and Developing Countries," in Tharakan, 1983.[산업내무역지수의 평균값이 선진국은 0.59이고, 신흥공업국은 0.42이며, 개도국은 0.15이다]

12) J. A. Brander, "Intra-Industry Trade in Identical Commodities," *Journal of International Economics,* Vol.11, 1981, pp.1-14.

13) A. Shaked, and J. Sutton, Natural oligopolies and international trade, in H. Kierzkowski, ed., *Monopolies Competition and international trade,* Oxford University Press, 1984.

14) P. Krugman., "Increasing Returns, Monopolistic Competition and International Trade," *Journal of International Economics*, Vol.9, 1979, pp.469-479.

15) K. Lancaster., "Intra-Industry Trade under Perfect Monopolistic Competition" *Journal of International Economics,* Vol. 10, 1980, pp.151-176.

16) 김태기, 손용엽, 한국 자동차산업의 산업내무역과 산업정책, 경제학연구 제41집 제3호, 1992, p.201.

제3절 국제무역 이론과 다국적 기업

다국적 기업은 상당 부분의 무역과 대부분의 해외직접 투자를 수행하고 있다. 전통적 무역이론은 市場不安定性으로 인해 그 설명력이 약화되게 되는데, 이는 그 원인이 다국적기업의 무역 및 투자활동에 기인하기도 한다[17]. 다음에서는 무역이론으로 설명되어야 할 다국적기업의 특징을 살펴보자.[18]

1. 요소이동

다국적 기업은 생산요소를 국가간에 이동시키는 가장 중요한 기관이다. 국제간의 요소이동은 상품의 국제적 이동에 대체적이고 보완적인 역할을 한다. 해외직접 투자이론에 있어서도 국제적 요소이동이 깊숙히 관련 된다. 다국적 기업의 무역과 투자활동간의 긴밀한 관계는 무역이론과 직접투자이론의 종합 필요성을 강조하고 있다.

2. 독점과 규모의 경제

다국적 기업은 대부분 독점 사업에 있어서의 대기업들이다. 특히 제조업 분야의 다국적 기업들은 차별화된 상품을 생산하고 판매하는 독점기업들이다. 성장목표, 범세계적 점유율의 유지, 여타 다국적기업의 민감한 행동에 자극받아 다국적 기업들은 가격경쟁 보다는 새롭고 차별화된 제품으로 경쟁한다는 것을 선호한다. 이러한 기업들은 그 독점력을 입증하는 생산과 조직에 있어서 규모의 경제로 특징지을 수 있다.

3. 기업내부거래

다국적 기업은 국경을 초월하여 수평적으로 그리고 수직적으로 종합함으로써 다국적 기업의 국제간 교역은 주로 자국기업간에 이루어 지고 있다. 이러한 현상은 미국공산품 수출의 1/3 이 미국모회사로부터 그들의 관계회사에 이전된 것으로도 입증할 수 있다. 기업간 거래가 존재한다는 사실은 기업간 거래가 비용, 가격 그리고 여타 경제

17) 송면. 강태구 국제경영학 전영사. 1993. p.39-p.41

18) Franklin R. ROOT, op. cit. pp.273-274

적요인에 얼마나 민감한가 하는 문제를 야기시킨다. 상호독립적 판매자와 구매자간의 거래를 가정하는 경우 무역이론은 기업간무역현상을 인정하지 않는다.

4. 기술

다국적 기업은 국내기업보다 훨씬 기술집약적이다. 그루벌, 메타, 버논 등에 의해 증명된 R&D 집약적이고 수출집약적인 미국산업이 모두 다국적 기업에 의해 지배되고 있는 산업이라는 것은 결코 우연한 일이 아니다. 그러한 기업들은 수출제품을 통해서나 라이센싱을 이용한 직접적인 방법으로 또는 외국에서의 생산을 통하여 기술을 범세계적으로 이전할 수 있는 능력을 가지고 있다. 다국적 기업은 국제적 기술흐름을 가속화 시키며 그들이 주로 국제적 기술격차를 창출하기도 하고 해소하기도 한다.

사례 2

자유무역주의의 의미 — 국가간의 모든 무역 거래를 자유방임해야 한다는 주장

1. 자유무역주의의 역사

1) 발생 - 18세기 후반 영국에서 무역에 대한 국가의 간섭을 배제하고, 무역을 당사자의 자유로운 행동에 맡김

2) 전개

(1) 19세기 - 선진공업국에서 유력한 이론이 됨

(2) 제2차 세계대전 후 - GATT(관세 및 무역에 관한 일반 협정)를 설립하여 자유무역을 지향함

(3) 1990년대 - WTO(세계무역기구) 체제를 출범시켜 자유무역을 보다 강화하는 계기가 마련됨

3) 장점 - 국제적으로 자원의 효율성을 증가시킴, 국내 산업의 생산성 향상과 기술개발에 자극을 줌, 품질 좋은 상품을 손쉽게 확보, 물가의 안정 등

4) 단점 - 국내 유치산업의 발전 기반 약화, 장기적으로 후진국의 국제 수지 악화 등

- 문제점 - 자유무역은 경제가 발전된 선진국에는 유리하지만,후진국에서는 불리하여 문제가 되고 있음

제4절 보호무역주의의 이해

무역정책은 일국의 정부가 자국의 특정 경제적 목적을 추구하기 위하여 수출, 수입 등의 대외적 경제활동에 개입하는 행위를 말한다. 전통적 무역이론에서는 시장기구를 이용한 자유무역만이 자원할당의 효율성을 통해 전세계 및 각국의 후생을 증가할 것이라 가정하고 있다. 그러나 현실적으로 각종 보호무역장치들이 존재하는 현실이다.

1. 무역정책으로서의 보호무역의 역사

15세기 말 이후 18세기 중엽까지의 중상주의(mercantilism)적 사고에 입각한 보호무역 태동하였으나 18세기 말 이후부터 A. Smith와 D. Ricardo 등의 자유무역이론이 등장하였다. 그러나 당시에도 미국, 독일 등(산업혁명 후발국)에서는 보호무역을 옹호하고 있었다.

세계무역의 정책에서 보호무역주의가 다시 등장하기 시작한 때는 제1차 세계대전 이후 1929년 미국의 대공황이 주원인이 되었다. 제2차 세계대전 이후 IMF-GATT체제를 기초로 한 자유무역이 주를 이루었다. 그러나 제1차 석유파동(1970년대 중반) 이후 신보호무역주의 태동하기 시작하여 심화되어 온 상태이다. WTO의 태동으로 많은 면에서 자유무역주의가 큰 흐름을 이루고 있으나 신보호무역주의는 항상 세계무역의 갈등을 만들고 있다.

표 16-1 ─ 전통적 보호무역주의와 신보호무역주의

	전통적 보호무역주의	신보호무역주의
실시국	후진국	선진국
보호무역의 목표	특정산업에 대한 지원(미시적)	국내고용문제 해결과 국제수지 개선(거시적)
보호무역의 대상	다자주의(무차별 다수)	쌍무적 상호주의
보호무역 수단	관세장벽	비관세장벽
보호대상 산업	유치산업	사양산업까지도 포괄
보호무역 대상국	선진국	선진국 상호간 외에 개도국(NIEs)가지도 포함

2. 보호무역주의의 이론적 근거

1) 유치산업보호론(Infant Industry Argument)

경제발전수준이 상이한 국가들 사이에 대해 획일적인 고전적 자유무역이론을 적용하는 것은 경제발전수준이 뒤떨어진 후발국 또는 개발도상국에게 힘든 일이다. 한 국가에서 특정 산업이 성장하기 위해서는 초기 및 성장과정에서 생산과 시장에서 규모의 경제효과 경험효과를 어느 정도 확보할 수 있어야 한다. 따라서 자국의 유치산업을 일정 기간(기본적인 경쟁력을 확보하기까지) 보호할 필요가 있다.

2) 최적관세론(Optimal Tariff Argument)

교역량의 감소 없이 자국의 교역조건만 개선하는 관세의 부과를 말한다. 세계시장에서 특정 국가가 수요를 독점하고 있을 경우 공급의 가격탄력성이 극히 미미하게 된다. 이 경우 교역량 감소없이 자국의 교역조건만 개선하는 관세를 부과하는 것이다.

3) 외부효과(Externality)

외부효과란 생산 및 소비로 인한 비용과 편익이 거래당사자(private) 뿐만 아니라 제3자(social)에게 영향을 미치는 경우를 말한다. 외부경제는 개인의 비용과 혜택보다 사회적 비용과 혜택이 유리한 경우이고 외부불경제는 이와 반대되는 개념이다. 외부효과로 인한 보호무역이 발생되는 예는 공해제품에 대한 수입금지 조치나 대량학살무기의 교역금지 등을 들 수 있다.

사례 3

한일 무역 전쟁

한일 무역 분쟁은 2019년 7월 일본이 안보를 이유로 한국에 대한 반도체 재료의 수출 통제를 강화하면서 일어났으며, 한국은 이에 강렬하게 대응했다. 그것은 무역을 둘러싼 양자 갈등이다. "한일 수출 통제 문제", "한국과의 수출 통제 문제", "무역 전쟁", "한일 무역 마찰", "한일 무역 갈등" 등으로 불려진다.

2019년 7월 일본 정부가 반도체 · 디스플레이스 생산에 필수적인 플루오린 폴리이미드(FPI), 포토레지스트(PR), 고순도 불화수소(에칭가스), 품목의 한국 수출을 규제했다. 곧이어 백색국가 명단에서도 제외했다.

플루오린 폴리이미드(FPI)는 불소처리를 통해 열안정성 등을 강화한 필름 디스플레이 제조에 스이는 다양한 폴리이미드의 하나로 일본이 세계시장 점유율 90%를 차지하고 있으며 폴더블 스마트폰 디스플레이,반도체 패키징, 전기 경량화 소재, 3D프린팅 소재 등에 영향을 주고 있다.

포토레지스트(PR)는 반도체 기판제작에 쓰이는 감광액재료로 역시 일본이 세계시장 점유율 90%를 차지하고 있으며 반도체 기판 포토마스크 제작과 관련이 있다.

고순도 불화수소(에칭가스)는 반도체 세정에 쓰이는 고순도불화수소로 일본이 세계시장 점유율 70%를 차지하고 있으며 한국의 일본산 수입비중은 95%이상이라고 하며 반도체 제작공정에 영향을 준다.

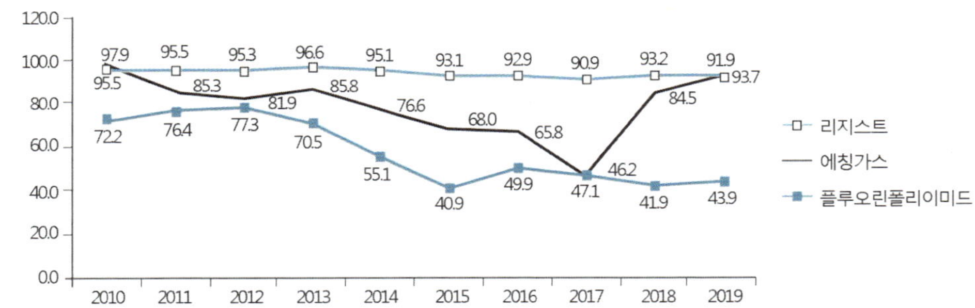

[그림 16-2] 반도체 주요 소재의 대일 수입의존도

2019년 6월 말에 오사카에서 G20이 이뤄진 직후였기 때문에 이 수출 규제는 한국 기업에 대한 기습 공격으로 판단되어 한국인들을 불쾌하게 만들었다. 마치 제2차 세계대전에서 진주만 공격을 연상케 한 것으로 한국에서는 제2의 운양호사건으로 비유되고 있다. 경제적침공으로 엄청난 배신감으로 다가왔다.

한국은 노재팬운동으로 대항하면서 한일무역전쟁이 시작되었다.

노재팬운동은 2019년 한국의 일본 제품 불매 운동(Korean boycotts of Japanese products in 2019)이며 한국 내에서 7월부터 시작된 일본, 또는 관련 기업의 제품을 구매하거나, 소비하지 않겠다는 취지의 운동이다.

대법원의 강제징용 관련 판결 이후, 국내기업에서 반도체 생산에 필요한 원자재 수출을 일본이 규제하면서 발생한 한일 무역분쟁으로 인해서 본격적으로 촉발되었다.

불매운동이 길어지면서 판매량이 급감소한 한국닛산은 8년보증을 약속하고 철수하였다. 유니클로도 국내 진출 이후 처음으로 매장 27개 줄었으며 점포당 매출도 53% 수준으로 급감하였다. 일본맥주도 90% 급감하여 거의 매장에서 사라진지 오래다.

일본의 수출 규제가 강화된 고순도 불화와 저항에 대해 한국 기업은 정부와 함께 국산화를 진행했다. 삼성전자가 2019년 9월까지 중국에서 수입한 한국에서 가공한 불화 수소를 일부 라인에 시험적으로 투입하기 시작 등 한국 기업은 일본산 불화수소에 대한 의존도를 줄이기 위해 시도를 하고 있다. 2020년 1월에는 미국의 화학 기업 듀폰이 한국에 레지스트 생산시설을 마련하기 위한 투자 계획을 발표했다.

저자 약력

■ **이 덕 훈(李悳薰, Lee, Duk-Hoon)**

일본 게이오대학(慶応義塾大学)상학(경영회계학) 박사
일본 게이오대학 상학부 객원교수
미국 뱁슨칼리지(Babson college) Arthur M Blank center 기업가센터 객원교수
한남대학교 일본연구소장, 학술정보처장, 학생처장, 기획조정처장 역임
대한경영학회회장 역임
한남대학교 총장 역임
현) (사)한국전통시장학회 회장

[주요 저서]

- 일본의 기업사회, 학문사(1995)
- 글로벌기업경영, 학문사(1999)
- 국제기업과 환경, 교우사(개정판, 2002)
- 벤처와 창업경영, 글누리(제3판, 2007)
- 국제경영, 교우사(제2판, 2008)
- 일본의 경제발전과 무사도, 비앤엠북스(2009)
- 국제경영, 비앤엠북스(2011)
- 한국의 기업경영, 글누리(제5판, 2012)
- 창업학의 이해, 비엔엠북스(제4판,2021)
- 기업과 환경, 학문사(1996)
- 화교경제의 생성과 발전, 한남대출판부(제4판, 2011)
- 국제기업전략, 한남대출판부(2005)
- 글로벌기업과 전략, 교우사(2007)
- 창업과 경영, 도서출판 서연(2008)
- 글로벌 기업전략, 비앤엠북스(2011)
- 국제기업과 전략, 두남(2015)
- 기업과 환경, 비앤엠북스(제3판, 2017)

[역서] • 유교자본주의 운명과 대안, 시공아카데미(1999)

[논문]

- "The Role of Entrepreneurs in the Development of Japanese Automotive Industry", KEIO Buniness Rebview, No 32, KEIO University
- "東南亞華僑 資本蓄積過程" 三田商學硏究 42卷 4号, 慶応義塾大学商学会, 1999
- "韓国の経済発展と韓国的資本主義の課題" 三田商学研究 52巻 5号, 慶応義塾大学商学会, 2009.
- "글로벌무역으로서의 마닐라 갈레온무역과 중국인과 일본인의 교역" 일본문화학보, 62집, 2014.
- "스페인 식민지시기의 필리핀에서의 중국계 메스티조의 등장과 역할" 동남아시아연구 24권 4호, 2014.외 다수

국제경영학

초 판 1쇄 인쇄 —— 2015년 2월 15일
개정판 1쇄 발행 —— 2022년 2월 20일
개정판 2쇄 발행 —— 2023년 2월 1일
지은이 —— 이 덕 훈
펴낸이 —— 전 두 표
펴낸곳 —— 도서출판 두남
서울시 강동구 성내로 6길 34-16 두남빌딩
신 고 : 제25100-1988-9호
TEL : 02) 478-2065, 2066, 2067, 2311
FAX : 02) 478-2068
E-mail : dnbooks@dunam.co.kr
http://www.dunam.co.kr

정가 32,000원

ISBN 978-89-6414-942-3 93320